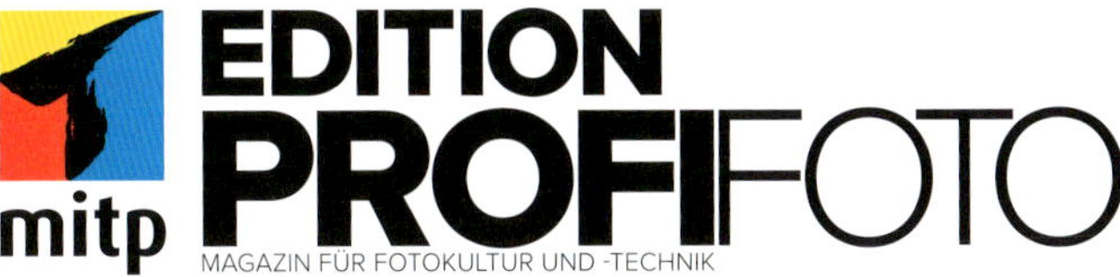

HUNDEFOTOGRAFIE

Ausdrucksstarke Porträts und actionreiche Aufnahmen

Anne Geier

Bibliografische Information der Deutschen Nationalbibliothek
Die Deutsche Nationalbibliothek verzeichnet diese Publikation in der Deutschen Nationalbibliografie; detaillierte bibliografische Daten sind im Internet über <http://dnb.d-nb.de> abrufbar.

Bei der Herstellung des Werkes haben wir uns zukunftsbewusst für umweltverträgliche und wiederverwertbare Materialien entschieden.
Der Inhalt ist auf elementar chlorfreiem Papier gedruckt.

ISBN 978-3-7475-0182-5
1. Auflage 2020
Nachdruck 2021

www.mitp.de
E-Mail: mitp-verlag@sigloch.de
Telefon: +49 7953 / 7189 - 079
Telefax: +49 7953 / 7189 - 082

Lektorat: Katja Völpel
Sprachkorrektorat: Petra Heubach-Erdmann
Covergestaltung: Sandrina Dralle, Christian Kalkert
Coverfoto: Anne Geier
Satz: III-satz, Husby, www.drei-satz.de
Druck: ADverts in Riga, Lettland

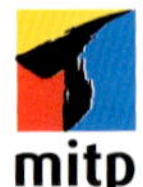

Dieses Buch möchte ich vor allem meiner Hündin Cindy widmen, durch die damals die große Faszination der Hundefotografie begann. Leider ist sie schon seit 2016 nicht mehr bei uns. Noch immer vergeht kein Tag, an dem ich nicht an sie denke. Ich vermisse sie sehr.
Cindy 1.1.2002 - 25.8.2016

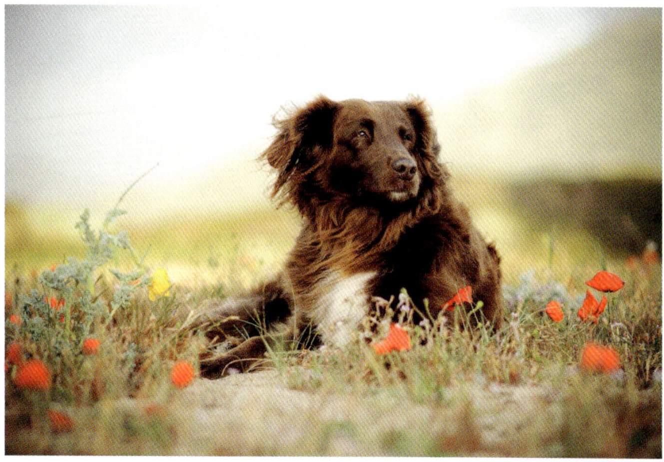

Neben Cindy möchte ich dieses Buch aber auch meinen beiden jetzigen Hunden Finn und Yuri widmen, ohne die so viele Motive nicht möglich gewesen wären und die immer mit viel Geduld und Freude für mich modeln.

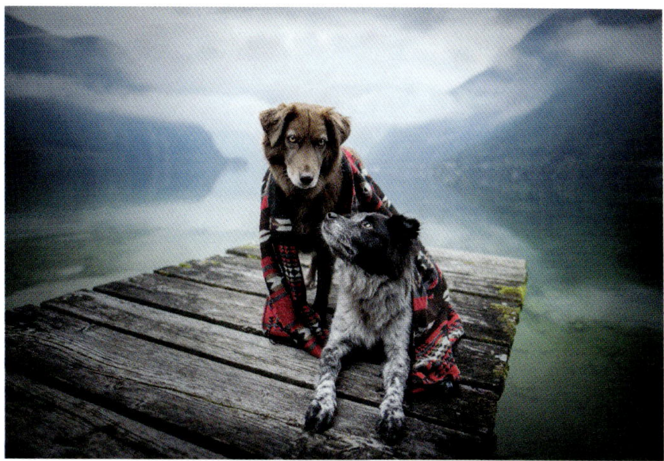

Ein weiteres großes Danke geht natürlich an meine Eltern, meine Schwester und ganz besonders an meinen Freund, die mich immer wieder tatkräftig bei der Umsetzung meiner Fotomotive unterstützen.

Inhalt

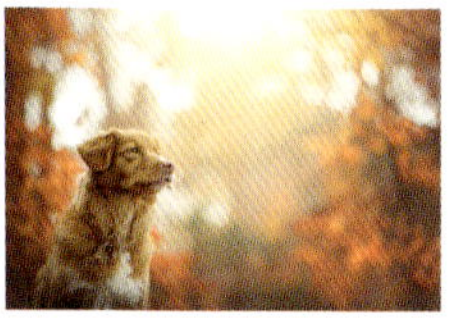

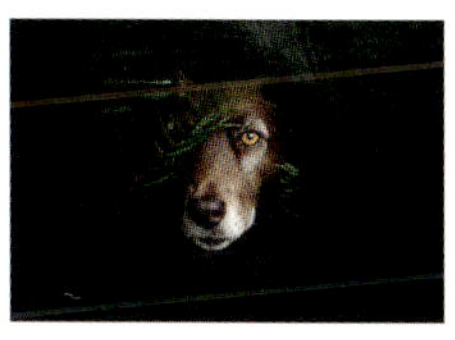

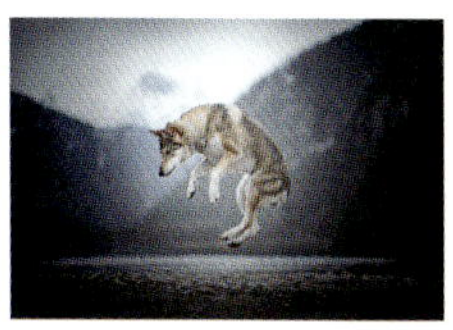

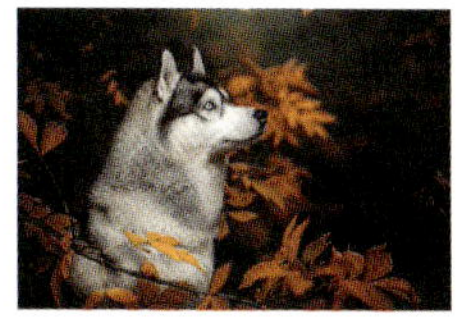

Inhalt

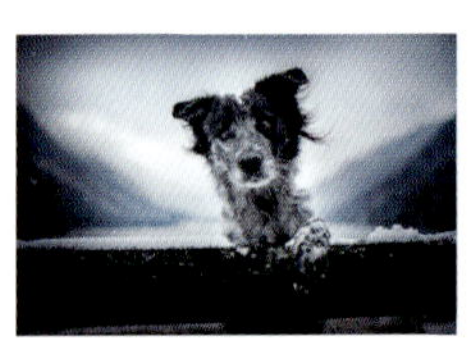

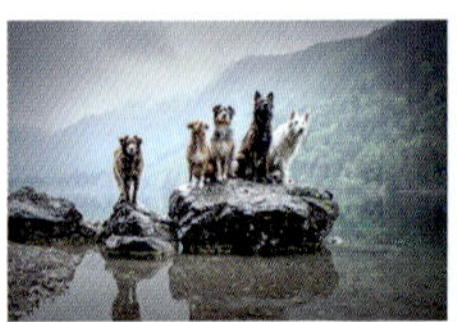

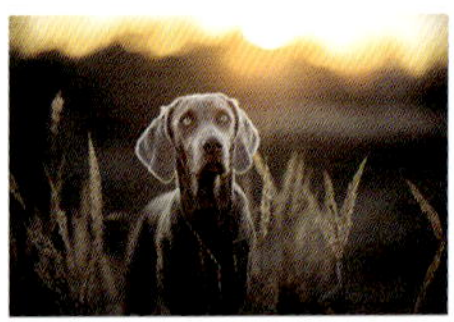

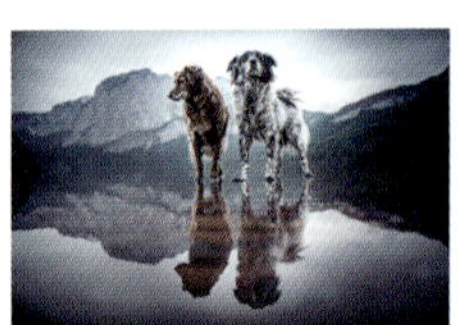

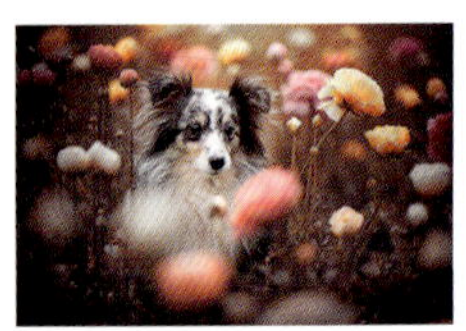

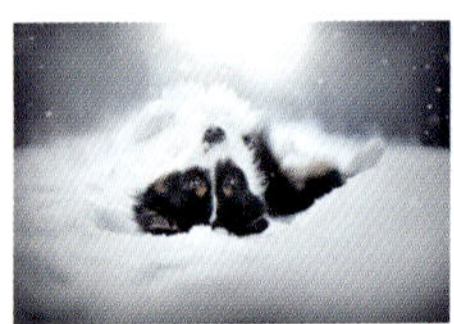

Inhalt

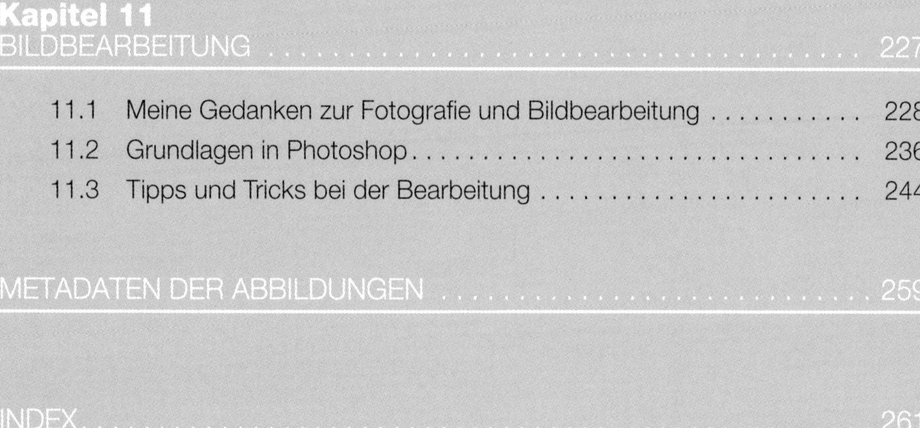

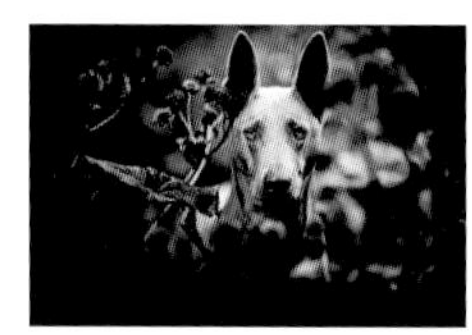

Einführung

WILLKOMMEN IN MEINER WELT DER HUNDEFOTOGRAFIE

Die Arbeit mit Tieren erfordert vor allem eines: Geduld. Dabei haben wir es als Hundefotografen definitiv noch leichter als so manch andere Tierfotografen. Denn Hunde kann man bis zu einem gewissen Grad positionieren. Die meisten Hunde sind leicht zu motivieren und mit dem Lieblingsleckerchen oder dem Lieblingsspielzeug klappt es eigentlich immer, dass sie in die Kamera blicken. Auch wenn die meisten Hunde einen hervorragenden Grundgehorsam haben und man somit eigentlich alle Motive umsetzen kann, möchte ich dir mit diesem Buch vor allem eines mit auf deinen Weg geben: einen guten Mittelweg zwischen gezieltem Positionieren und einem Festhalten der Augenblicke zu finden, die der Hund von sich aus anbietet. Gerade diese freien Posen ohne jeglichen Druck und Kommandos führen zu sehr natürlichen, berührenden und charakteristischen Fotos. In der Hundefotografie ist neben viel Geduld auch viel Einfühlungsvermögen gefragt. Du musst dich voll und ganz auf den Hund einlassen, ihn beobachten, ihn lesen lernen und dann im richtigen Moment abdrücken.

Ein sicherer Umgang mit der Technik wie Blende, Belichtungszeit und ISO ist unumgänglich, wenn man schöne Momente nicht verpassen möchte. Die Gestaltungsrichtlinien sollen so in deinem Kopf verankert sein, dass du sie, ohne nachdenken zu müssen, anwenden kannst. Das soll aber noch lange nicht heißen, dass es ein Muss ist, sich immer daran zu halten und man davon nicht abweichen darf.

»Fotografieren auf Augenhöhe und am besten noch mit dem 70–200 mm f/2.8«, galt lange Zeit als der ultimative Tipp, um schöne Hundeaufnahmen zu machen. Ich möchte dir vor allem zeigen, warum gerade andere Perspektiven und kürzere Brennweiten für die Hundefotografie eine so große Bereicherung sind.

»Fotografieren ist wie Malen mit Licht.« Genau diesen Spruch solltest du dir besonders zu Herzen nehmen. Denn das entscheidende Kriterium, um herausragende Fotos zu erstellen, ist das Fotografieren bei optimalen Lichtverhältnissen. Natürlich kann man auch bei Mittagssonne fotografieren, aber es lohnt sich einfach nicht, genauso wenig wie ein Leben ohne Hund.

Dieses Buch soll dir zeigen, wie wichtig es ist, auf Details zu achten, alle Elemente des Fotos aufeinander abzustimmen, welche große Rolle Farben in der Fotografie spielen und wie du es schaffst, den Betrachter mit deinen Bildern zu fesseln. Mit vielen Beispielen und Erfahrungen aus meinen letzten neun Jahren der Hundefotografie möchte ich dich mit dem wichtigsten Grundwissen ausstatten. Mit diesem Buch möchte ich dir einen Einblick in meine Art der Hundefotografie geben. Ich möchte dich inspirieren, an deine Grenzen zu gehen, unterschiedliche Licht- und Wetterstimmungen zu nutzen, verschiedene Locations aufzusuchen und, wenn nötig, auch großen Aufwand auf dich zu nehmen, um deine Traummotive umsetzen zu können.

Für mich geht es in der Hundefotografie um viel mehr, als nur schöne Hundeaufnahmen zu erstellen. Ich möchte mit meinen Aufnahmen Geschichten erzählen, den Betrachter in meine Welt mitnehmen und jedem zeigen, welche großartigen Charakterköpfe Hunde sind.

Es geht mir darum, die Aufnahmesituation auf den Bildern so wiederzugeben, wie ich sie in diesem Moment empfunden habe. Ich möchte Wärme, Kälte, Düfte und das schöne Gefühl, wenn dich erwartungsvolle Hundeaugen ansehen, vermitteln.

Die Bildbearbeitung gehört für mich definitiv zur Fotografie dazu, denn sie ermöglicht durch ein paar kleine Anpassungen, dem Bild noch mehr Leben zu geben. Deshalb erwartet dich am Ende des Buches noch ein Kapitel über die Bildbearbeitung. Mit der Bildbearbeitung möchte ich die Aufnahme nicht verfälschen. Ich möchte das Foto nur in einem solchen Ausmaß anpassen, dass der Moment so, wie ich ihn wahrgenommen habe, im Foto vermittelt wird. Ich möchte leuchtende Hundeaugen zeigen, denn genau die haben mich in diesem Moment auch angesehen.

Ich wünsche dir viel Spaß beim Lesen dieses Buches und hoffe, du hast einige »Aha«-Effekte.

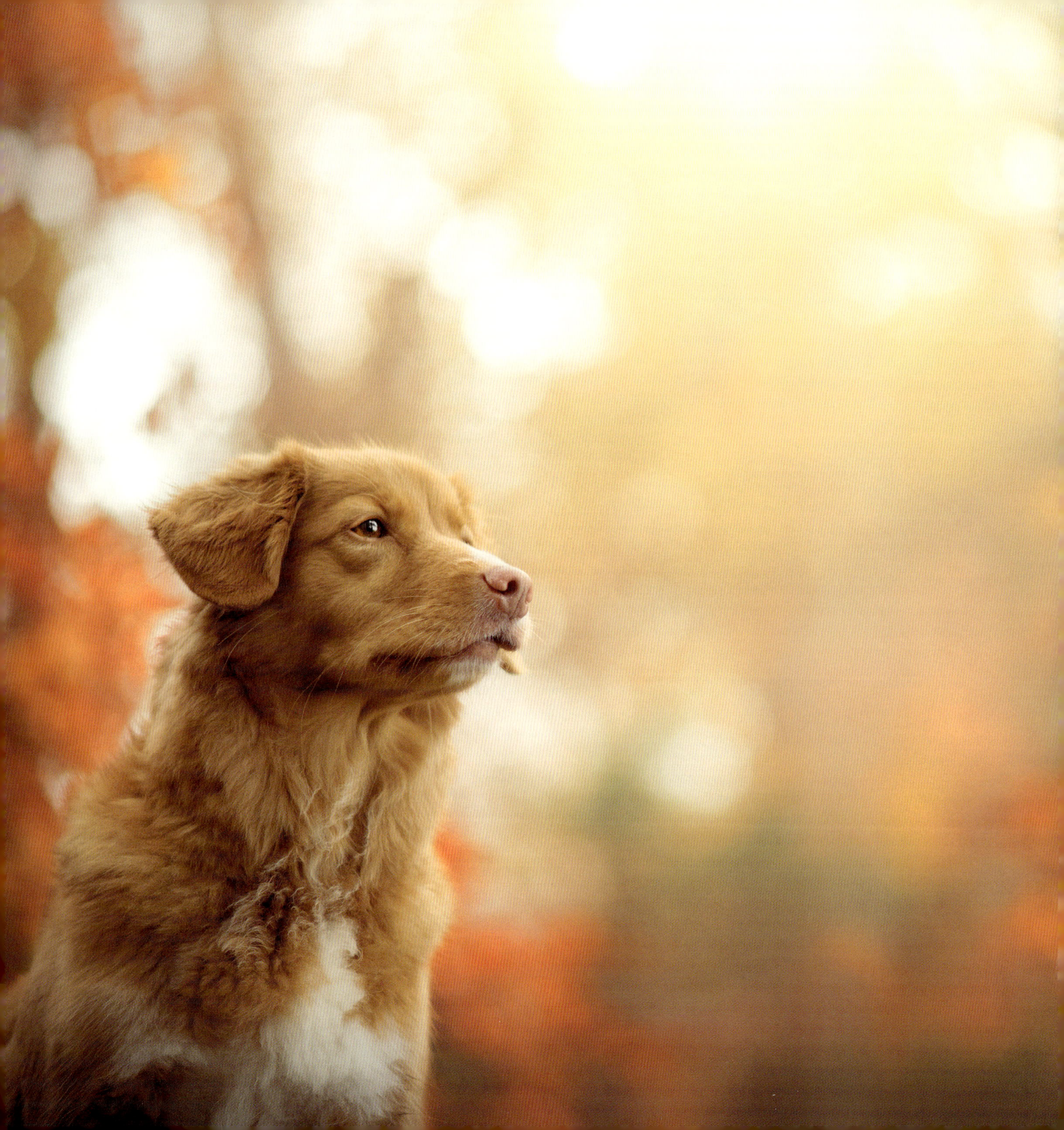

KAPITEL 1
Grundlagen in der Hundefotografie

1.1 DIE RICHTIGE KAMERA-AUSRÜSTUNG FÜR DIE HUNDEFOTOGRAFIE

Natürlich gibt es in der Hundefotografie nicht die eine richtige Ausrüstung, denn jeder hat andere Bedürfnisse, die abgedeckt werden sollen. Trotzdem möchte ich dir ein paar Tipps für den Kauf der Kameraausrüstung geben und zudem meine eigene Kameraausrüstung kurz vorstellen, denn ich denke, das könnte für dich sicher interessant sein.

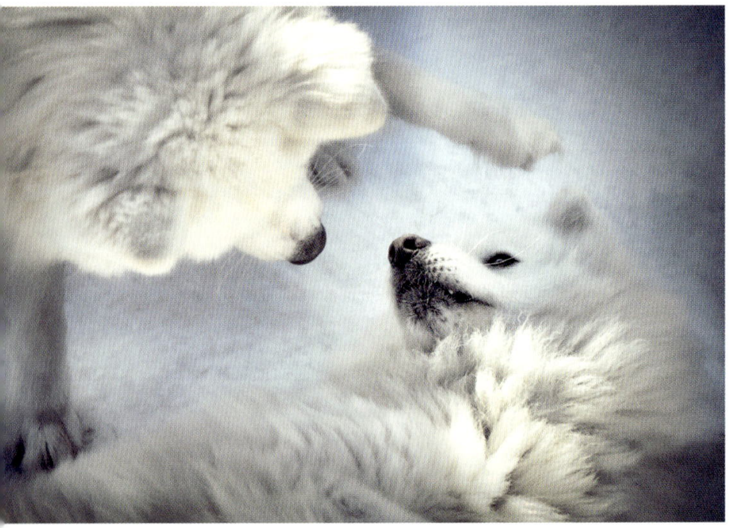

Abbildung 1.1
Zwei spielende Samojeden. Das Bild zählt nach wie vor zu meinen Lieblingsbildern. Aufgenommen mit der Nikon d90 und dem Kit-Objektiv 18–105 mm.

Viele sind der Meinung, eine teure Ausrüstung biete die Garantie, außergewöhnliche Bilder zu machen. Aber das ist definitiv nicht die Realität. Natürlich ist eine entsprechende Ausrüstung, wie ein lichtstarkes Objektiv oder eine Kamera, die viele Bilder pro Sekunde macht, ein wichtiges Hilfsmittel, um schöne Fotos zu erhalten. Das Ausschlaggebendste jedoch ist, dass der Fotograf seine Kamera beherrscht, die Technik dahinter versteht und vor allem das Auge dafür hat. Die Zusammenhänge ISO, Blende und Belichtungszeit kann jeder erlernen, aber den Blick für schöne Momente, passende Locations, Farbharmonien etc. – das hat man oder eben nicht. Um in der Fotografie wirklich gut zu sein und sich auch von anderen Fotografen abzuheben, braucht man sehr viel Kreativität.

Allgemeine Gedanken zur Kameraausrüstung

Für welchen Kameratyp du dich entscheidest, hängt von deinen Ansprüchen ab. Es gibt Kompaktkameras, Bridgekameras, spiegellose Systemkameras und digitale Spiegelreflexkameras. Hast du dich hier erst mal für ein Modell entschieden, kannst du noch zwischen zahlreichen Herstellern wählen: Nikon, Canon, Fujifilm, Sony und so weiter.

Ich bin ganz ehrlich zu dir. Ich habe damals vor 10 Jahren mit einer Nikon gestartet und bin einfach dabei geblieben. Würde ich mir jedoch heute eine Kameraausrüstung neu kaufen, würde ich mich vorab gründlich informieren und die Kamera vor allem auch testen. Zu meinem Glück zählt Nikon zu den führenden Herstellern und heute, da ich mehr über Kameras und ihre Leistung weiß, würde ich mich definitiv immer wieder für Nikon entscheiden. Generell kannst du dir folgende Parameter beim Kamerakauf näher anschauen: Sensor, Bildqualität, Megapixel, Sensortechnik, Geschwindigkeit, Bedienung, Akkulaufzeit, Videoqualität, Preise und mehr. Hast du diese Komponenten verglichen, kannst du schauen, was die jeweiligen Hersteller auf deinem Niveau und für deine Preisvorstellungen bieten. Eine weitere sehr wichtige Frage, die du dir stellen solltest, ist, mit welchen Objektiven du gerne arbeiten möchtest. Da geht zum Beispiel für mich definitiv ein Punkt an Canon, da sie eine Festbrennweite mit 200 mm f/2.8 haben. Diese fehlt bei Nikon leider und es gibt nur eine Festbrennweite mit 200 mm f/2.0, die fast kaum erschwinglich ist.

Ganz wichtig bei der Kamerawahl ist, ob sie gut in deinen Händen liegt und angenehm und schnell bedient werden kann. Was du auf keinen Fall vergessen solltest, die Objektive sind um einiges wichtiger als die Kamera selbst. Viele investieren schnell viel Geld in eine sehr gute Kamera und vergessen dabei die Objektive. Jedoch spielen diese gerade, was den Bildlook betrifft, die entscheidende Rolle.

Mittlerweile könnte ich mir gut vorstellen, in eine Systemkamera zu investieren. Hinsichtlich des ISO-Verhaltens oder des Autofokus können die mit den ganz teuren Spiegelreflexkameras mithalten. Ich konnte selbst schon mal eine testen und war mega-begeistert.

Im Moment kann ich mich jedoch noch nicht mit der sehr kleinen Größe, die natürlich auch viele Vorteile mit sich bringt, anfreunden.

Wichtig bei der Objektivwahl ist auf jeden Fall die Lichtstärke. In der Hundefotografie spielt eine ordentliche Freistellung einfach eine wichtige Rolle. Das für die Hundefotografie sehr beliebte Zoomobjektiv 70–200 mm f/2.8 kostet jedoch relativ viel. Es gibt diese Variante allerdings auch mit einer durchgängigen Blende von f/4.0. Ich würde dir beim Kauf auf jeden Fall immer zu einer fixen Blende raten und nicht ein Zoomobjektiv kaufen, wo sich die größtmögliche Blende mit der zunehmenden Brennweite verändert.

Meine Kameraausrüstung

Wie du schon weißt, gehöre ich zum Team Nikon. Ich arbeite mit einer Nikon d850 und d750 und habe einige Objektive, auf die ich später noch näher eingehen werde.

Meine erste Kamera war die Nikon d90.

Im Jahr 2013, als das mit dem Fotografieren so richtig gestartet ist, habe ich mir die Nikon d300s gekauft. Diese Kamera war wirklich unglaublich hinsichtlich der Bewegungsfotografie aber mega-mies, was das Rauschverhalten anging. Zwei Jahre später bin ich auf meine erste Vollformat, die Nikon d750, umgestiegen. Die Bildqualität einer Vollformat-Kamera ist wirklich noch einmal ganz etwas anderes. Da ich unbedingt eine zweite Kamera haben wollte, habe ich mir 2018 noch die Nikon d850 gegönnt. Für mich hat die Nikon d850 einen entscheidenden Vorteil und auch einen Nachteil gegenüber der d750. Ich liebe den Touchscreen der Nikon d850 am Klappdisplay. Ein Klappdisplay hat die Nikon d750 zwar auch, jedoch muss man den Fokuspunkt noch ganz normal über das Fadenkreuz versetzen, was leider im Liveview sehr lange dauert. Gerade in der Hundefotografie muss man jedoch auf Zack sein beim Fokus versetzen, damit man die schönen Momente nicht verpasst. Ich fotografiere sehr viel über das Schwenkdisplay mit Liveview und die Nikon d850 liefert mir dazu die perfekten Bedingungen, da ich nur mit dem Finger auf den Bildschirm tippen muss, sofort der Fokus dorthin gesetzt wird und die Kamera automatisch auslöst.

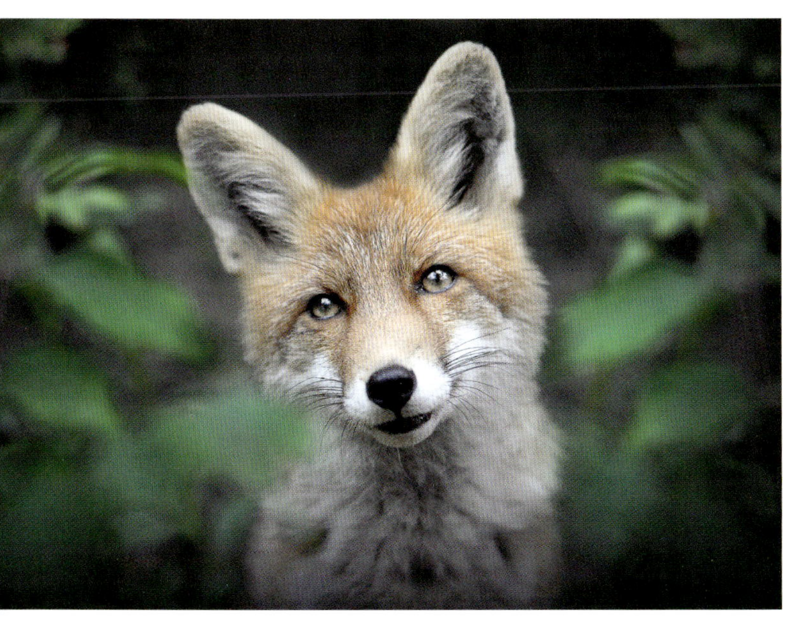

Abbildung 1.2
Dieses Foto zeigt meinen Fuchs Stritzi, den ich im Jahr 2012 aufgezogen habe. Aufgenommen mit meiner alten Nikon d90.

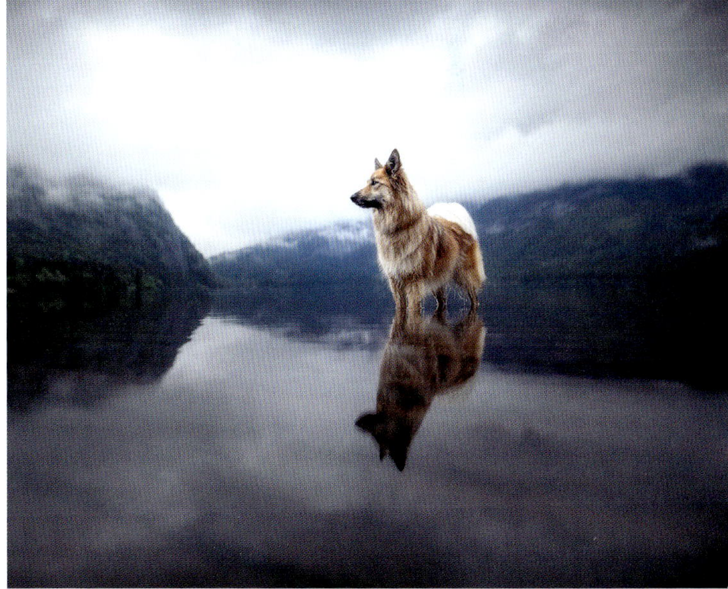

Abbildung 1.3
Aufnahme mit Klappdisplay und Liveview

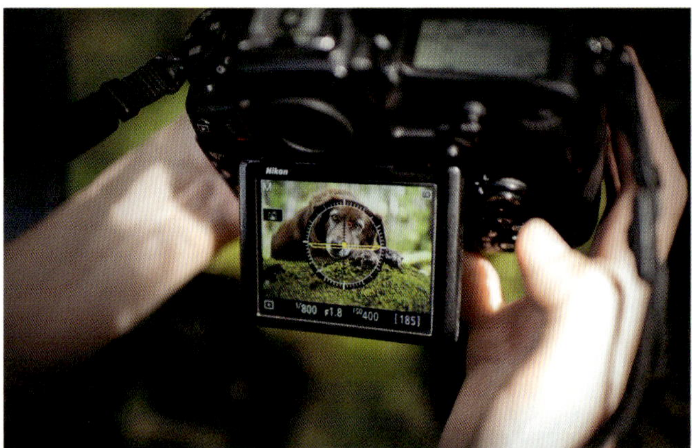

Abbildung 1.4
Das Klappdisplay mit Touchscreen der Nikon d850 ist definitiv mein Lieblingsfeature.

Um die Spiegelung und auch die Wasseroberfläche so toll einzufangen, nutze ich das Klappdisplay und Liveview. Dadurch kann ich die Kamera direkt an der Wasseroberfläche positionieren.

Ein Nachtteil der Kamera ist jedoch die immense Auflösung von 46,89 Megapixeln. Neben dem enormen Speicherplatz, den die Fotos fressen, braucht man natürlich einen entsprechenden Computer, der so große Daten verarbeiten kann. Viele Fotografen sehen natürlich einen Vorteil darin, da man die Bilder ohne Weiteres ein ganzes Stück zuschneiden kann, ohne einen Qualitätsverlust zu erhalten. Ich verzichte jedoch auf das Croppen.

Nun zu meinen Objektiven. Meine allerliebsten Objektive sind das Nikkor 85 mm f/1.4 und das Sigma Art 24 mm f/1.4. Könnte ich jedoch aus irgendeinem Grund nur noch ein Objektiv nutzen, würde ich mich für ein 35 mm entscheiden, weil es ein toller Allrounder ist. 85 % aller meiner typischen verträumten Porträts entstehen bei mir mit dem 85 mm f/1.4. Das Objektiv hat so ein überzeugendes Bokeh und ich kann es gut mit einer Hand halten und somit den Hund noch mit der anderen Hand etwas motivieren oder lenken. Was ich jedoch am meisten liebe, ist die Flexibilität hinsichtlich der Perspektive, ich kann sowohl den Hund etwas von unten oder auch etwas von oben fotografieren.

Das Sigma Art 24 mm f/1.4 ist einfach großartig für weitwinkeligere Aufnahmen, sowohl in tollen Landschaften als auch in der Stadt. Es hat einen wunderschönen Look und man kann damit sehr kreative Fotos aufnehmen.

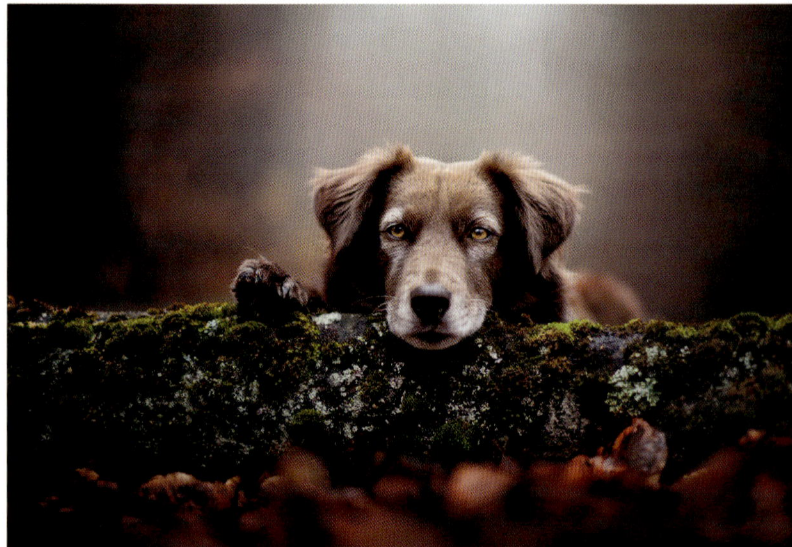

Abbildung 1.5
Ein weiches und verträumtes Porträt gelingt mit dem Nikkor 85 mm f/1.4 auf jeden Fall.

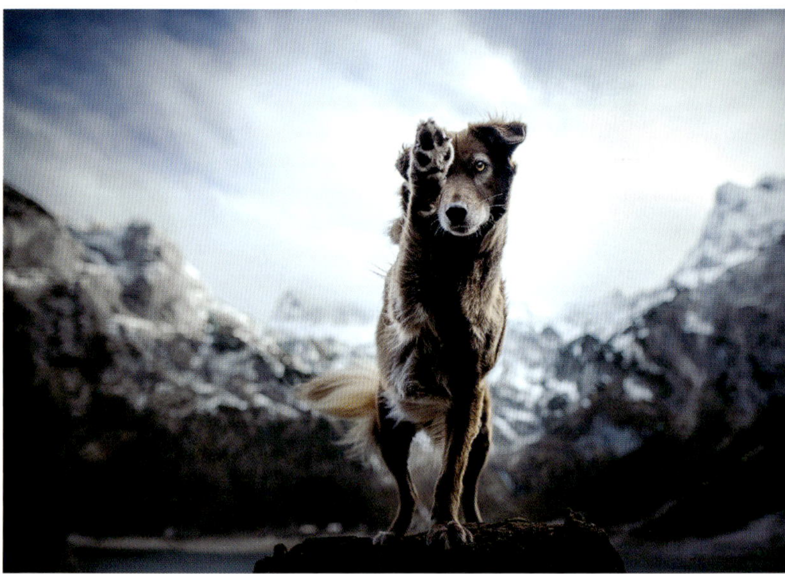

Abbildung 1.6
Der größte Vorteil des 24 mm f/1.4 besteht darin, den Hund groß im Bild abzulichten und dennoch viel Landschaft einzufangen.

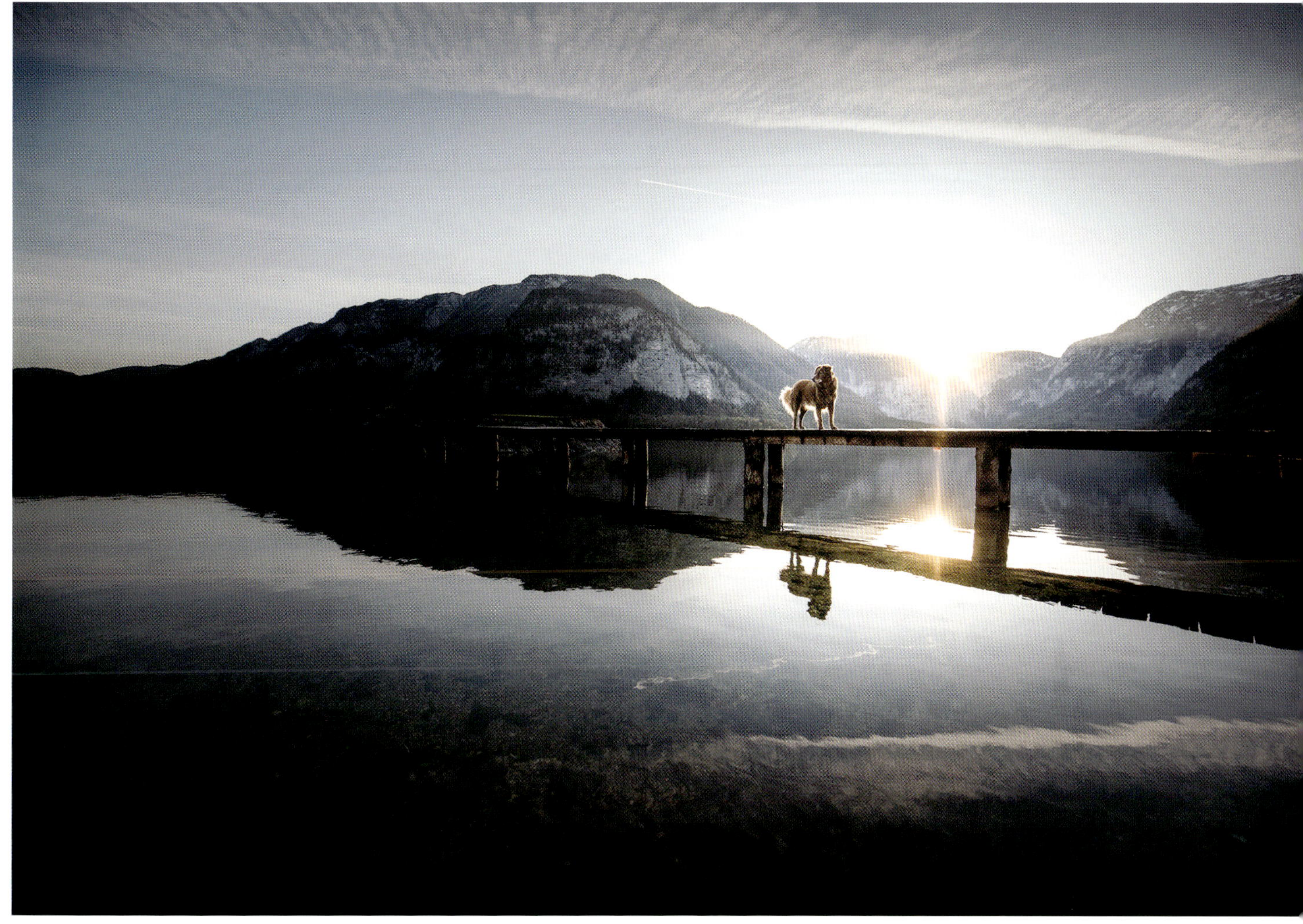

Abbildung 1.7
Das Sigma Art 14–24 mm f/2.8 ist definitiv ein Muss, wenn man einen Hund mit viel Landschaft perfekt in Szene setzen möchte. Das Bild entstand bei einer Brennweite von 14 mm.

Zudem habe ich noch das Sigma Art 14–24mm f/2.8. Dieses Objektiv nutze ich vor allem für Wanderungen und Reisen. Wobei ich ehrlich sagen muss, dass ich die 14 mm sehr selten nutze, da es oft gar nicht so leicht ist, den Hund und die Landschaft in einem so weiten Winkel aufzunehmen, wie man gerne möchte. Aber gerade bei unserer Norwegenreise war es Gold wert, und da habe ich vor allem die Brennweiten unter 24 mm genutzt.Des Weiteren besitze ich mein altes und noch immer sehr geliebtes Nikkor 50 mm f/1.8. Es war mein erstes lichtstarkes Objektiv und es begleitet mich jetzt schon seit unglaublichen acht Jahren. Ich mag den Look, wie es die Hunde darstellt, sehr gerne.

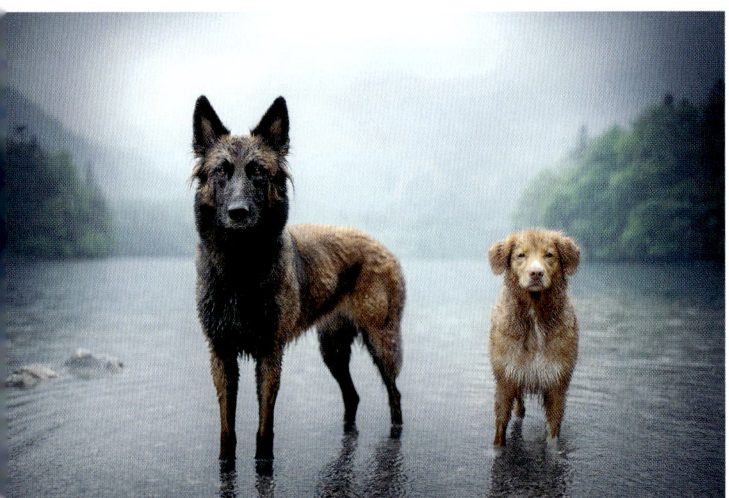

Abbildung 1.8
Regenstimmung an einem See im schönen Oberösterreich. Aufgenommen mit dem Nikkor 50 mm f/1.8.

Mein Nikkor 35 mm f/1.8 ist mein großartiger Allrounder. Man kann damit tolle Porträts, echte natürliche Momente sowohl vom Hund allein als auch gemeinsam vom Hund mit seinem Besitzer aufnehmen und man kann damit sehr gut den Hund in tollen Landschaften in Szene setzen.

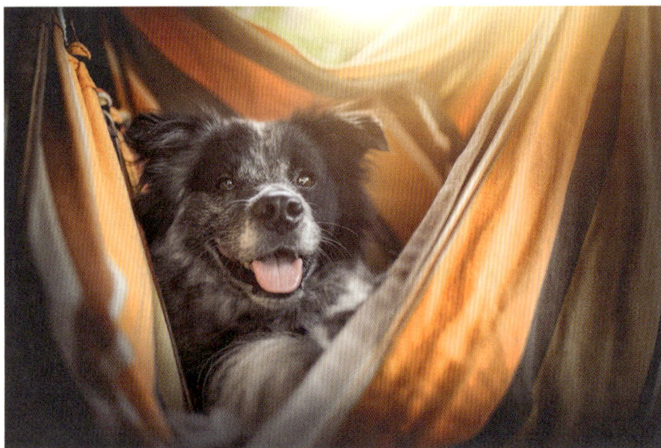

Abbildung 1.9
Echte und natürliche Momente kann man wunderbar mit dem Nikkor 35 mm f/1.8 einfangen.

Voriges Jahr habe ich meine Ausrüstung noch mit dem Sigma Art 135 mm f/1.8 erweitert. Weil ich einfach der totale Festbrennweiten-Fan bin, mir manchmal trotzdem eine längere Brennweite als die 85 mm gewünscht habe und ich mein 70–200 mm f/2.8 nicht gerne für Porträts nutze.

Und nun zum wohl beliebtesten Objektiv in der Tierfotografie, dem 70–200 mm f/2.8. Alle hatten es, jeder, der es nicht hatte, wollte es und so habe ich mir das Objektiv damals natürlich auch gekauft. Ich habe früher sehr viel damit fotografiert, heute nutze ich es kaum noch. Lediglich für Bewegungsaufnahmen. Meine eigenen Hunde kann ich damit gar nicht fotografieren, denn um eine tolle Freistellung zu bekommen, muss ich die 200 mm und f/2.8 nutzen. Diese Distanz zum Hund ist einfach zu weit und ich kann sie nicht mehr richtig motivieren. Zudem ist man hinsichtlich der Perspektive sehr eingeschränkt, man kann eigentlich nur die Perspektive auf Augenhöhe nutzen. Für Bewegungsaufnahmen ist es jedoch wirklich toll, der Autofokus ist sehr schnell und präzise.

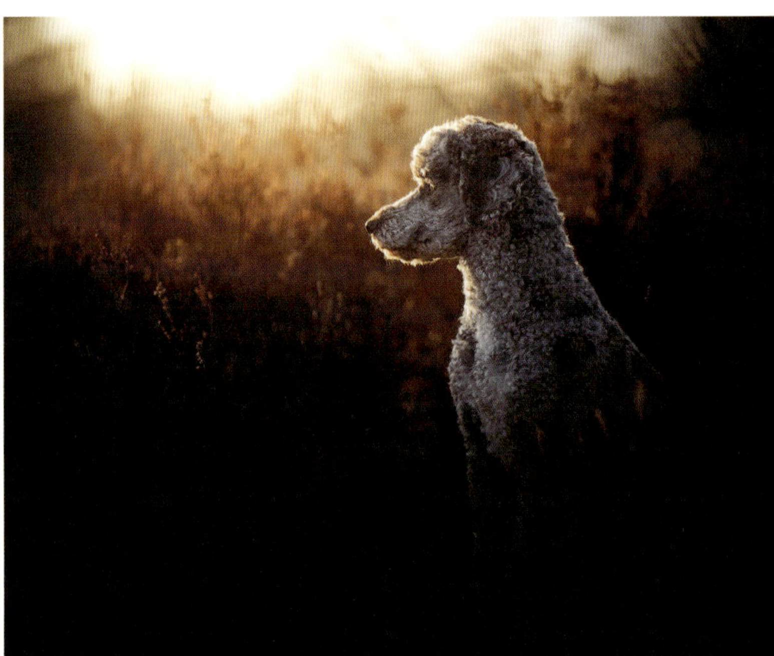

Abbildung 1.10
Dieses Foto entstand bei meiner Fotoreise nach Berlin im Februar 2019 mit dem Sigma Art 135 mm f/1.8.

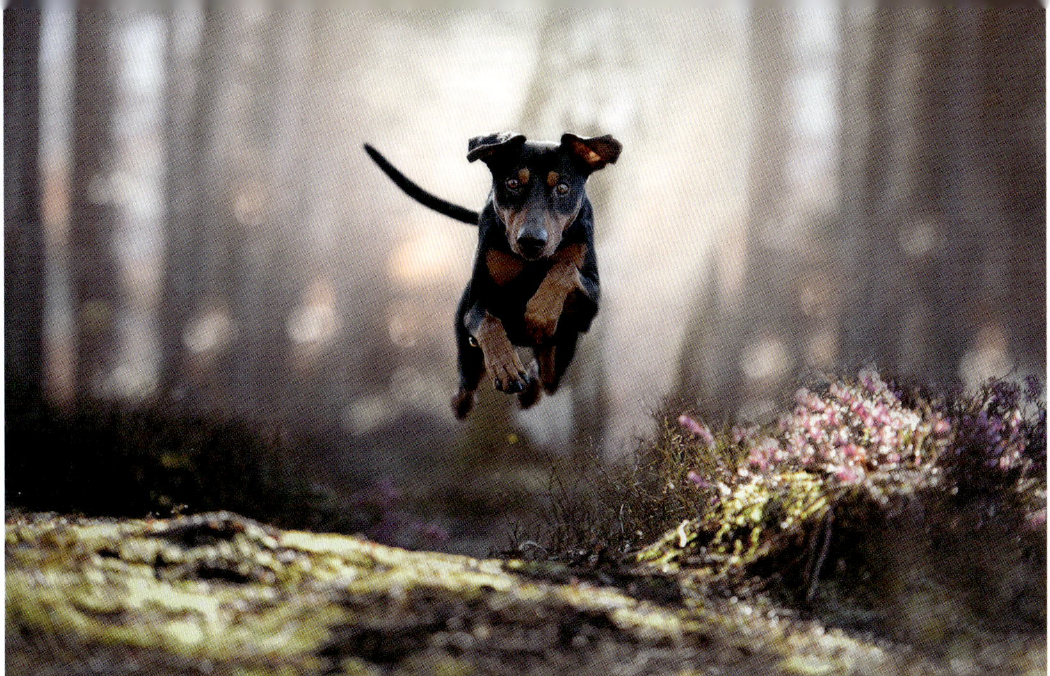

Abbildung 1.11
Das Foto entstand mit dem Nikkor 70–200 mm f/2.8.
Für Actionaufnahmen ist es definitiv meine erste Wahl.

Ein kleines Highlight meiner Ausrüstung ist mein Unterwassergehäuse von Ikelite. Man kann damit wirklich unglaubliche Aufnahmen machen und wortwörtlich in ganz neue Welten eintauchen, jedoch ergeben sich durch den Einsatz einige Schwierigkeiten, die ich vor dem Kauf nicht bedacht habe. Ich habe mir das Fotografieren damit wesentlich leichter vorgestellt. Man muss viele Dinge beachten. Das Gehäuse samt Kamera und Objektiv ist richtig schwer. Man muss eigentlich selbst komplett ins Wasser gehen, was natürlich zeitlich sehr einschränkt. Somit kann man das Gehäuse eigentlich nur in den beiden Sommermonaten nutzen. In der Gegend, in der ich lebe, sind die Gewässer wirklich mehr als klar, jedoch eignet sich noch lange nicht jeder See dafür. Nur ein wenig Schlamm macht das Wasser sofort trüb. Das Ärgerlichste jedoch ist, man kann nicht wirklich offenblendig fotografieren. Man muss die Blende relativ weit schließen, um auch die Unterwasserwelt zu zeigen. Meine verträumten Unterwasserfotos, wie ich sie mir vor dem Kauf ausgemalt habe, fallen somit ins Wasser.

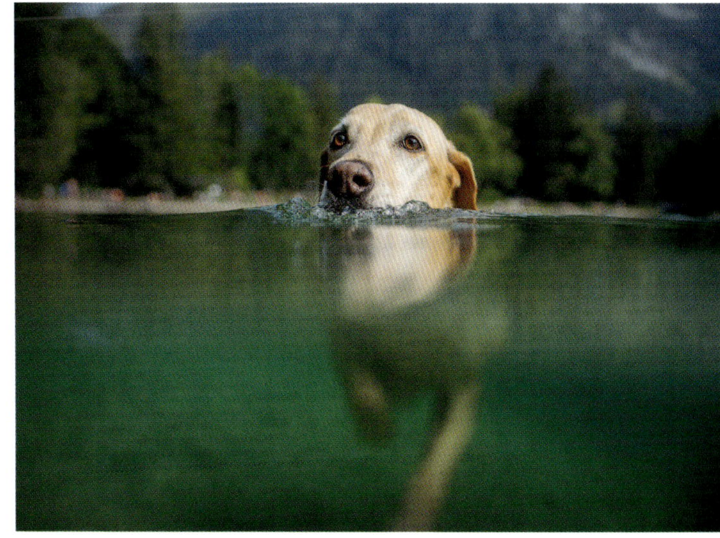

Abbildung 1.12
Unterwasseraufnahme mit dem Iklite-Unterwassergehäuse. Damit solche Aufnahmen klappen, müssen viele Bedingungen erfüllt werden.

1.2 DAS RICHTIGE BILDFORMAT

Gleich zu Beginn möchte ich dir das Fotografieren im RAW-Bildformat ans Herz legen. Das RAW-Format ist ein Rohdatenformat in der Fotografie. Die RAW-Datei umfasst alle Informationen, die der Bildsensor aufgenommen hat. Sie ist sozusagen das digitale Negativ, das innerhalb des RAW-Converters noch entwickelt werden muss. Es schenkt dir eine Vielzahl an Möglichkeiten, dein Bild am Computer so zu entwickeln, wie du es gerne möchtest. Erst innerhalb der RAW-Entwicklung legt man im Bild die Tiefen, die Lichter, die Kontraste und auch die Farbgebung fest und dies, ohne einen Qualitätsverlust zu erhalten. Gerade bei den Tiefen und Lichtern können größere Veränderungen vorgenommen werden, damit im Bild keine ausgefressenen oder abgesoffenen Bereiche entstehen. Dieses Hunde-Porträt enthält große Kontraste. Um die Struktur, die Details und die Farbe des Himmels zu erhalten, musste ich den Hund unterbelichten. Dadurch ist der Hund nun relativ dunkel. Wäre das ein JPEG, könnte man hier nicht mehr viel verändern. Sämtliche Bildinformationen, wie zum Beispiel die Fellstruktur des Hundes, wären weg.

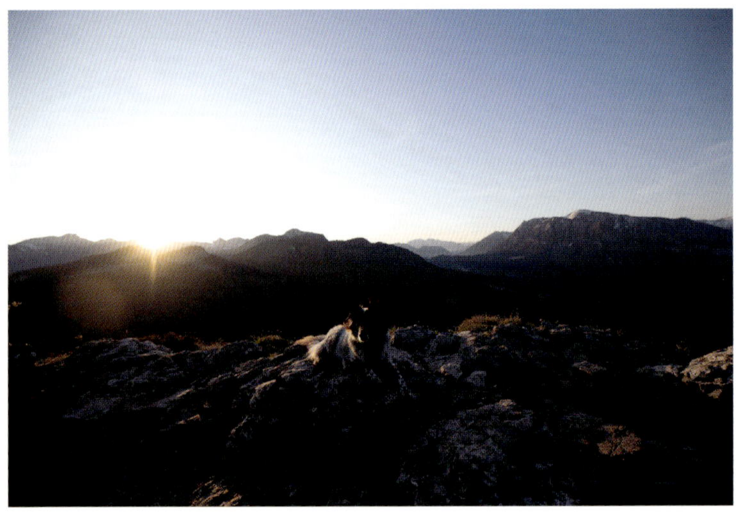

Abbildung 1.13
RAW-Datei: Gerade bei Gegenlichtaufnahmen ist es von großer Bedeutung unterzubelichten, um auch die Strukturen des Himmels zu erhalten.

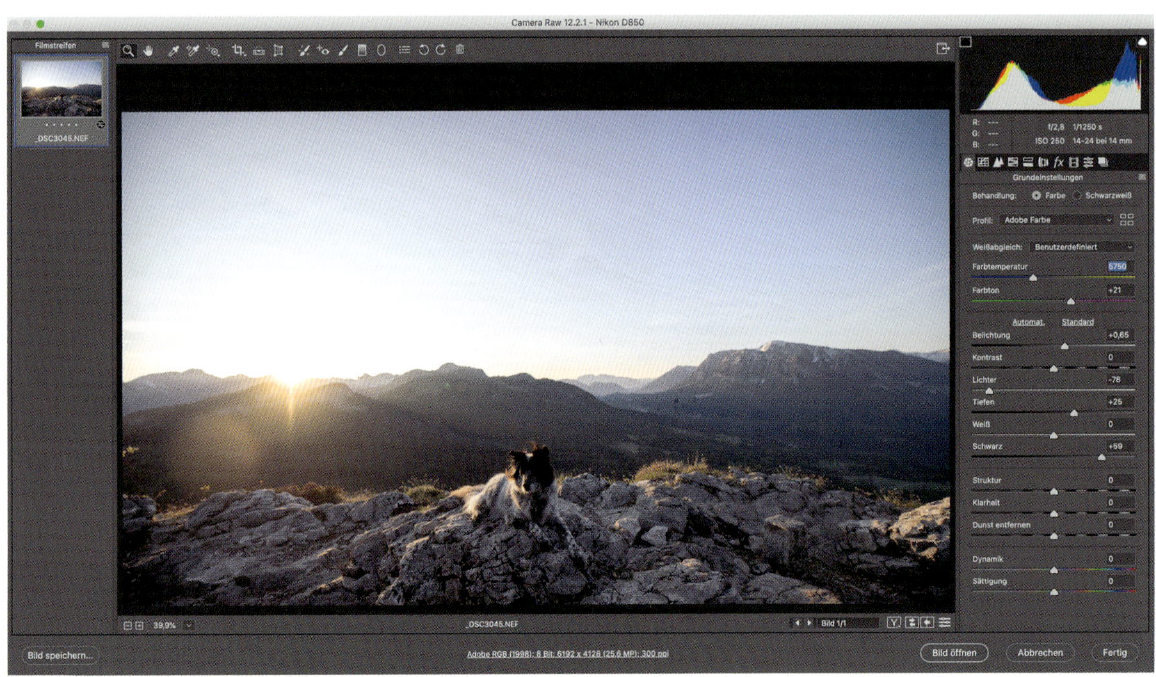

Abbildung 1.14
Der RAW-Converter: Die RAW-Datei ermöglicht die Korrektur der Tiefen und Lichter, damit sowohl der Hintergrund als auch der Hund korrekt belichtet sind.

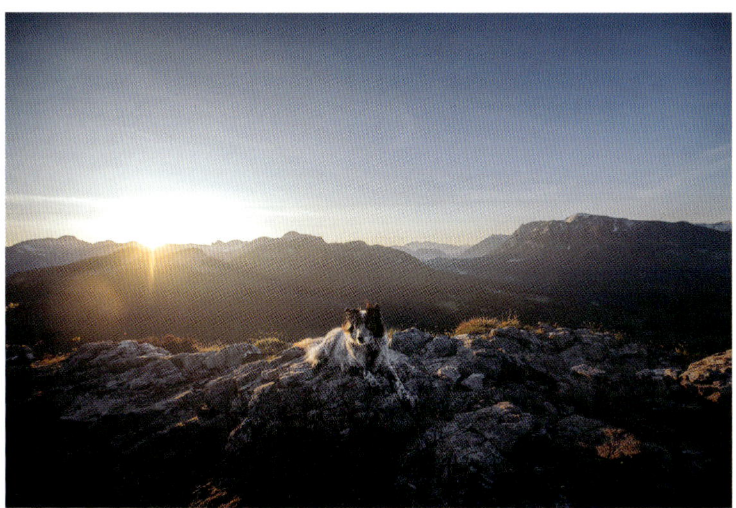

Abbildung 1.15
Das fertige Foto: In Photoshop wurden noch weitere Anpassungen des Bildes vorgenommen. Zum Beispiel wurden der Hund und das Licht noch mehr herausgearbeitet.

Innerhalb der RAW-Entwicklung kannst du mit wenigen Klicks jedoch die Bildinformationen zurückgewinnen. Und wie du sehen kannst, konnte ich dank des RAW-Formats sowohl den Himmel als auch den Hund korrekt belichtet darstellen.

Was ist der Unterschied zwischen RAW und JPEG?

Die Datenmengen im JPEG-Format sind wesentlich geringer. Beim Fotografieren im JPEG-Format werden bestimmte Parameter von der Kamera bei der Speicherung des Bildes festgelegt und können somit nur schwer ohne Verlust korrigiert werden. Natürlich können helle Bereiche etwas abgedunkelt werden, jedoch werden immer Bereiche im Bild bleiben, in denen keine Strukturen mehr zu sehen sind, da keine Bildinformationen vorhanden sind. Das JPEG hat nur einen großen Vorteil, man muss das Bild nicht unbedingt bearbeiten. Hingegen muss das Foto im RAW-Format bearbeitet werden, da es sonst grau und kontrastlos ist. Viele Fotografen sagen, JPEG ist das Fertiggericht. Das Ergebnis ist okay, aber niemals perfekt. Gerade bei schwierigen Lichtverhältnissen wie Gegenlichtaufnahmen oder starken Kontrasten wie dem Fotografieren eines schwarz-weißen Hundes kann man mit JPEG kein optimales Ergebnis erreichen. RAW hingegen liefert die besten Zutaten. Der Fotograf muss selbst kochen und wissen, was zu tun ist. RAW bietet dir einfach alle Möglichkeiten, das Bild so zu gestalten, wie du es möchtest, und somit kannst du etwas Großartiges schaffen und auch schwierige Lichtsituationen meistern.

Hinweis

Für die Verwendung des RAW-Formats braucht man einen speziellen RAW-Converter, wie ihn die Programme Adobe Photoshop oder Lightroom bieten. Zudem darfst du nicht enttäuscht sein, wenn du das Foto am Computer öffnest. Die Ergebnisse sind ja noch nicht entwickelt und sehen daher ganz anders aus als auf der Kamera. Das hat folgenden Grund: Auf dem Kameradisplay wird als Bildvorschau ein JPEG angezeigt.

Du solltest dir nur im Klaren sein, dass Fotografieren im RAW-Format eine Bildbearbeitung nach sich zieht. Wenn du also keine Lust hast, nach dem Fotografieren Zeit am Computer zu verbringen, solltest du lieber das JPEG-Format nutzen.

Des Weiteren darf auch der Speicher von RAW-Dateien nicht unterschätzt werden. Achte darauf bei Speicherkarte, Arbeitsspeicher und Festplatten. Wenn im RAW-Format fotografiert wird, ist eine Speicherkarte mit hoher Schreibgeschwindigkeit notwendig. Dies ist gerade bei Bewegungsaufnahmen entscheidend, da sonst die Kamera nicht die angegebene Serienbildanzahl schaffen kann, da die Speicherkarte zu langsam ist.

Zusammenfassend ist zu sagen: Klar hat JPEG mit den kleineren Datenmengen und der nicht erforderlichen Bearbeitung auch zwei Vorteile gegenüber dem RAW-Format.

Dennoch hat für mich das RAW-Format den einen, und zwar sehr entscheidenden Vorteil gegenüber JPEG: Das Endergebnis ist einfach besser. Das RAW-Format bietet dem Fotografen, das Bestmögliche aus dem Foto zu machen, weil es so viele Bildinformationen abgespeichert hat und das Foto verlustfrei bearbeitet werden kann. Im RAW-Converter kann man bis zu zwei Blendenstufen der Belichtung verlustfrei anpassen und somit das Bild heller oder dunkler machen. Es können Objektivkorrekturen vorgenommen werden. Objektive haben auch Schwächen, wie Verzeichnungen, Vignettierung oder chromatische Aberrationen, die innerhalb des RAW-Converters mit einem einzigen Klick entfernt werden können. Natürlich gibt es aber auch Grenzen. Wo zum Beispiel die Kontraste zwischen Tiefen und Lichtern einfach zu groß sind, kann es auch im RAW-Format passieren, dass gewisse Bereiche ohne Struktur sind und nicht alle Details zurückgewonnen werden können. RAW kann viel retten, aber nicht alles. Bilder, die unscharf sind, bleiben unscharf. Ein gutes Foto entsteht bereits bei den richtigen Einstellungen und somit vor dem Abdrücken des Auslösers. RAW bietet die Möglichkeit, aus einem technisch guten Foto ein großartiges Foto zu machen.

Begriffserklärung

Vignettierung, Verzeichnung und chromatische Aberrationen sind unterschiedliche Bildfehler. Unter Vignettierung versteht man die Abschattung zum Bildrand hin. Preisgünstige Objektive neigen teilweise bei großen Blendenöffnungen dazu. Mit Verzeichnung beschreibt man Bildfehler, die von der Bildmitte zum Rand hin zunehmen. Weitwinkelobjektive neigen zum Beispiel zu tonnenförmigen Verzeichnungen. Chromatische Aberrationen entstehen, weil das Licht unterschiedlich stark gebrochen wird. Das führt zum Beispiel zu lila oder grünen Farbsäumen am Rand des Hundes.

Ein paar technische Zahlen zum Vergleich

JPEG 8 Bit Farbtiefe, 256 Helligkeitsabstufungen pro Farbkanal und insgesamt 16,7 Millionen Farbtöne

RAW 12 Bit, 3096 Helligkeitsabstufungen pro Farbkanal und insgesamt 68,7 Milliarden Farbtöne.

1.3 FOTOGRAFIEREN IM MANUELLEN MODUS

Das Belichtungsdreieck – Blende, Belichtungszeit und ISO

Zu Beginn ist es von großer Bedeutung, die drei Komponenten Blende, Belichtungszeit und ISO zu verstehen.

Generell sind alle 3 Komponenten für die Belichtung zuständig. Blende und Belichtungszeit haben jedoch noch eine weitere entscheidende Aufgabe.

Die Blende

Die Blende steuert die Lichtmenge, die durch das Objektiv auf den Sensor einfällt. Je kleiner der Blendenwert, desto größer die Blendenöffnung, desto mehr Licht fällt ein. Zudem regelt die Blende auch noch den Schärfebereich im Foto. Dies ist gerade für die Hundefotografie ein sehr entscheidendes Kriterium, da man durch eine große Blende einen kleinen Schärfebereich erzielt und das Wesentliche des Fotos hervorheben kann.

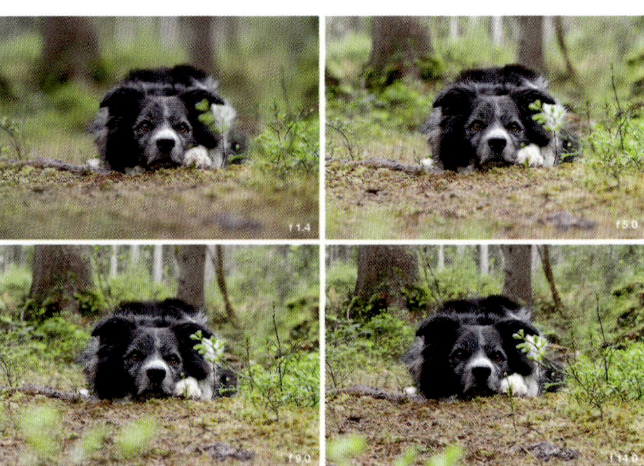

Abbildung 1.16
Die Blende und die Auswirkungen der unterschiedlichen Blendenstufen auf den Schärfebereich

Wie du an den Bildern oben deutlich erkennen kannst, verändert sich der Schärfebereich durch das Schließen der Blende. Bei dem Porträt des Border Collies mit Blende f1.4 lenkt nichts vom Hund ab, der Hintergrund ist schön weich und der Blick des Betrachters wird durch nichts vom Hund abgewendet. Ab Blende f5.0 sind schon deutlich mehr Strukturen zu erkennen, bei Blende f/14.0 kannst du jedes Detail des Waldbodens, der Sträucher und Bäume erkennen. Das Bild wird dadurch viel zu unruhig.

Die Verschlusszeit/Belichtungszeit

Die Verschlusszeit legt das Zeitintervall fest, in dem Licht durch das Objektiv auf den Sensor fällt. Das bedeutet bei einer kurzen Verschlusszeit (z.B. 1/1000) fällt nur für kurze Zeit Licht auf den Sensor und bei einer langen Verschlusszeit (1/100) fällt lange Licht auf den Sensor. Zudem ist die Verschlusszeit für die Bewegungsschärfe oder Unschärfe verantwortlich. Um die Bewegung des Hundes einzufrieren, benötigt man daher eine sehr kurze Verschlusszeit.

Damit verwacklungsfreie Fotos entstehen, solltest du immer eine Mindest-Verschlusszeit einhalten. Diese kann von Fotograf zu

Belichtungszeit

1/8 1/15 1/30 1/60 1/125 1/250 1/500 1/1000 1/2000

viel Licht fällt auf den Sensor = lange Belichtungszeit
bewegte Objekte sind verwischt abgebildet

wenig Licht fällt auf den Sensor = kurze Belichtngszeit
bewegte Ojekte sind „eingefroren“ und klar abggebildet

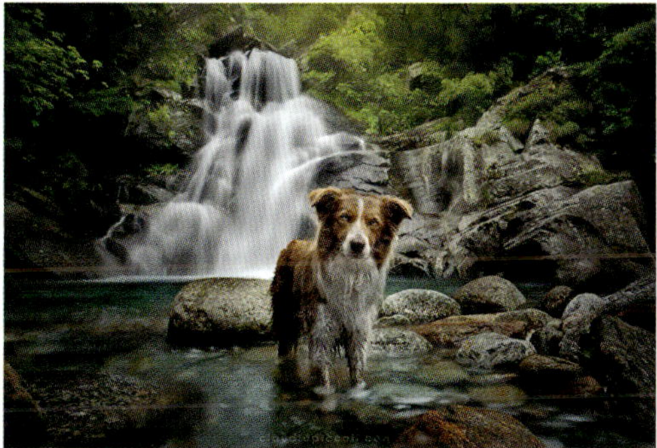

Foto: Claudio Piccoli

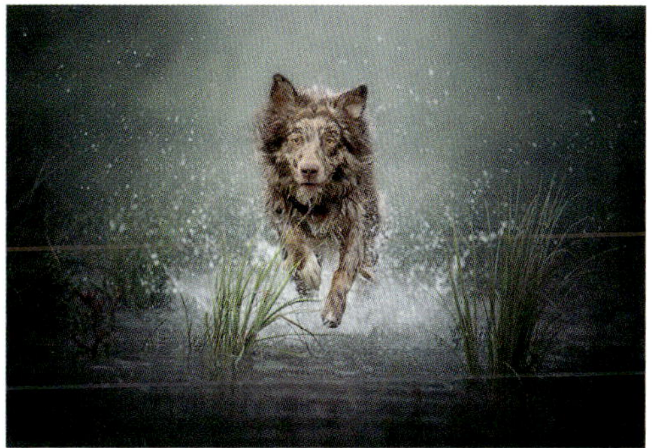

Abbildung 1.17
Die Belichtungszeit und ihr Einfluss auf das Licht und Bewegungsunschärfe bzw. Bewegungsschärfe

Fotograf stark variieren, da es auch entscheidend ist, wie ruhig die eigene Hand ist. Es gibt jedoch einen Richtwert. Dieser besagt, dass die Verschlusszeit immer kürzer sein soll als die Brennweite, die verwendet wird. Wird mit einer 50-mm-Festbrennweite fotografiert, reicht bei einer ruhigen Hand wahrscheinlich eine Verschlusszeit von 1/100.

Hier ist es aber auch wichtig, darauf zu achten, dass die Hunde immer eine leichte Bewegung haben, wenn sie sitzen oder liegen. Bei einem 70–200-mm-f/2.8-Teleobjektiv darf das Gewicht des Objektivs nicht unterschätzt werden. Es sollte unbedingt eine Verschlusszeit von 1/320 oder kürzer verwendet werden.

Die ISO

Die ISO gibt die Lichtempfindlichkeit des Aufnahmesensors an. Eine große ISO-Zahl bedeutet mehr Licht und eine kleine ISO-Zahl wenig Licht. Je weniger Licht zur Verfügung steht, desto höher muss die ISO-Zahl sein. Generell wird der ISO-Wert so niedrig wie möglich eingestellt (ISO 100, 200). Ein hoher ISO-Wert bringt nicht nur mehr Licht in das Foto, sondern auch mehr Rauschen. Aus diesem Grund ist es wichtig, zu wissen, ab welchem ISO-Wert die Kamera Rauschen in das Foto bringt. Dafür kann kein Pauschalwert festgelegt werden, da unterschiedliche Kameramodelle ein unterschiedliches Rauschverhalten zeigen.

Der Iso-Wert und das Rauschverhalten

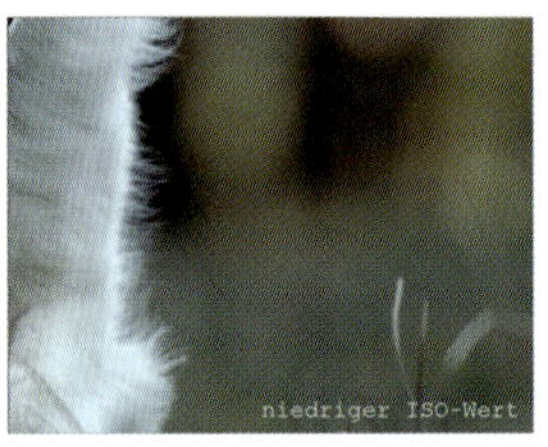

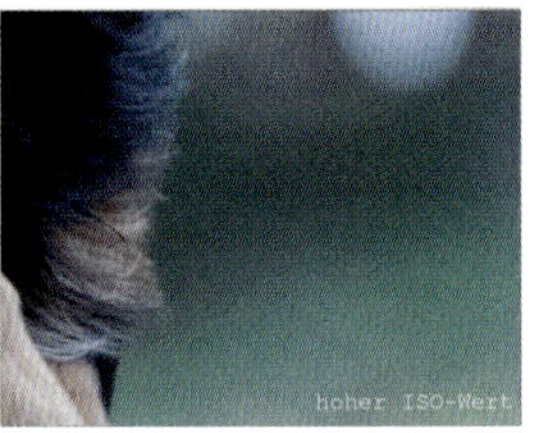

Abbildung 1.18
Vergleich zweier Ausschnitte von Aufnahmen mit niedrigem und hohem ISO-Wert

Diese beiden Ausschnitte zeigen zwei Fotos aufgenommen mit der Nikon d850 und dem Nikkor 70–200 mm f/2.8. Bei einem niedrigen ISO Wert ist kein Rauschen zu erkennen, jedoch bei einem zu hohem Wert leidet die Bildqualität erheblich.

Merke

Wenn du mit einem hohen ISO-Wert arbeiten musst, bei dem deine Kamera schon ein starkes Rauschverhalten zeigt, ist es in den meisten Fällen besser, das Bild heller zu belichten, auch wenn das bedeutet, eine noch höhere ISO-Zahl zu nutzen, da man in einem helleren Bild das Rauschen nicht ganz so stark sieht wie in einem dunklen.

Wie setzte ich nun die Komponenten passend ein?

Im Prinzip ist es immer das Gleiche. Es werden alle drei Komponenten so angepasst, dass das Bild korrekt belichtet ist.

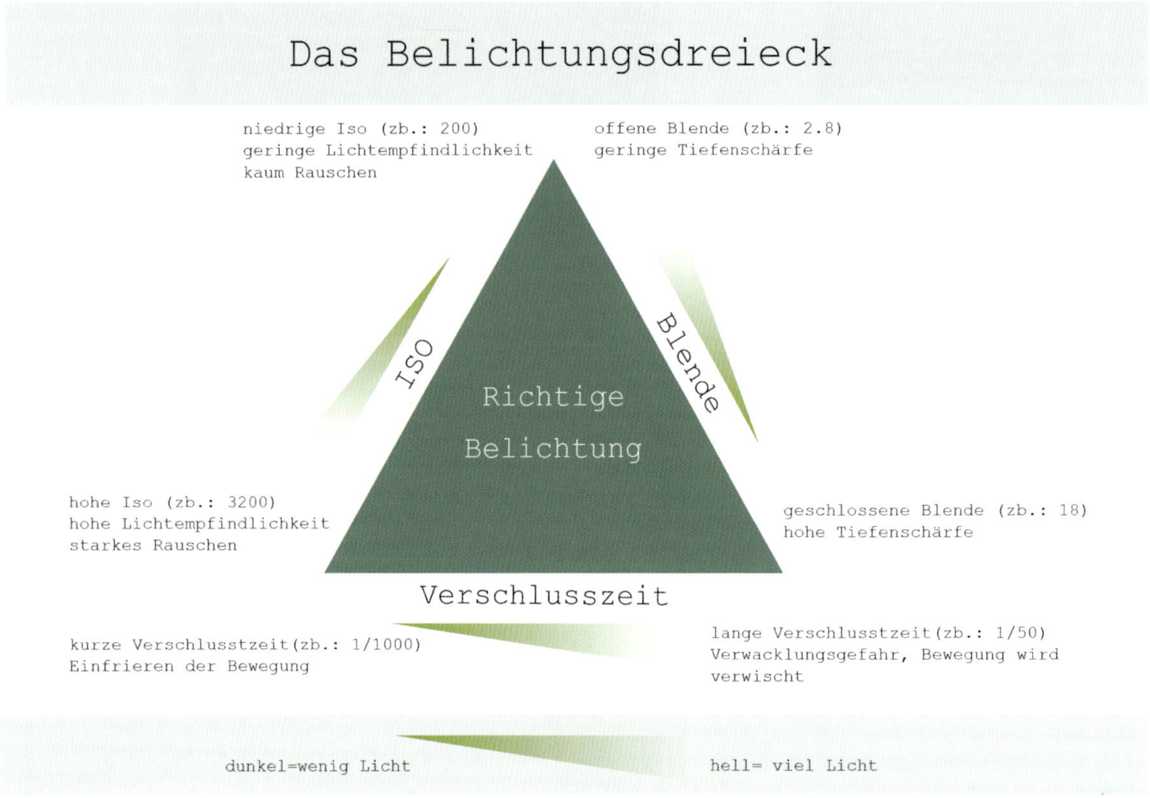

Das Belichtungsdreieck

niedrige Iso (zb.: 200)
geringe Lichtempfindlichkeit
kaum Rauschen

offene Blende (zb.: 2.8)
geringe Tiefenschärfe

ISO

Blende

Richtige
Belichtung

hohe Iso (zb.: 3200)
hohe Lichtempfindlichkeit
starkes Rauschen

geschlossene Blende (zb.: 18)
hohe Tiefenschärfe

Verschlusszeit

kurze Verschlusstzeit(zb.: 1/1000)
Einfrieren der Bewegung

lange Verschlusstzeit(zb.: 1/50)
Verwacklungsgefahr, Bewegung wird
verwischt

dunkel=wenig Licht

hell= viel Licht

Abbildung 1.19
Das Belichtungsdreieck

Den ISO-Wert stellst du zu Beginn am besten ganz niedrig, auf 100 oder 200, und erhöhst ihn erst nach der Einstellung der Blende und Verschlusszeit, wenn das Foto trotzdem noch zu dunkel ist. Im nächsten Schritt ist es wichtig sich zu entscheiden, ob eine Porträt- oder Bewegungsaufnahme entstehen soll, da bei einer Bewegungsaufnahme die Verschlusszeit die entscheidende Rolle spielt, um die Bewegung einzufrieren.

Generell ist in der Hundefotografie immer eine große Blende gefragt, um eine gute Freistellung zu erzielen. Somit stellst du eine große Blende ein und passt die Verschlusszeit passend dazu an. Bei Bewegung sollte diese jedoch mindestens 1/800 oder kürzer sein. Hast du die beiden Komponenten Blende und Verschlusszeit passend für dein Motiv eingestellt und das Foto ist trotzdem zu dunkel, erhöhst du den ISO-Wert.

Wie erkenne ich, ob mein Bild korrekt belichtet ist?

Die Belichtungsskala deiner Kamera zeigt dir, ob das Foto korrekt belichtet ist oder nicht. Dazu drückt man den Auslöser halb durch, die Kamera fokussiert und misst durch die Linse die Belichtung. Wenn du die Belichtungszeit oder die Blende veränderst, wirst du sehen, dass sich der Balken der Belichtungsskala nach links oder rechts bewegt. Bewegt sich der Balken nach rechts, wird das Foto wahrscheinlich überbelichtet sein, und bewegt er sich nach links, unterbelichtet. Der Balken sollte sich daher in der Mitte befinden, damit das Bild korrekt belichtet ist.

Am besten machst du ein Testfoto, um das Bild noch einmal zu prüfen. Du kannst am Display eigentlich sehr gut erkennen, ob das Foto korrekt belichtet ist. Zusätzlich kannst du dir immer noch das Histogramm zum jeweiligen Bild ansehen, um zu prüfen, ob es Ausreißer in den Tiefen oder Lichtern gibt.

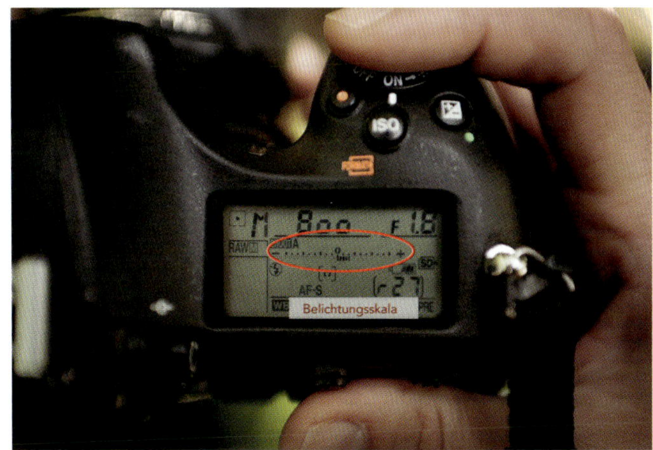

Abbildung 1.20
Die Belichtungsskala zeigt dir, ob dein Foto korrekt belichtet ist oder nicht.

Tipp

Es besteht auch die Möglichkeit, sich eine Überbelichtungswarnung einblenden zu lassen. Die überbelichteten Bereiche des Bildes werden sofort in rot blinkender Farbe angezeigt. Ich empfinde es jedoch eher als störend und werfe dazu lieber einen Blick auf das Histogramm.

Das Histogramm

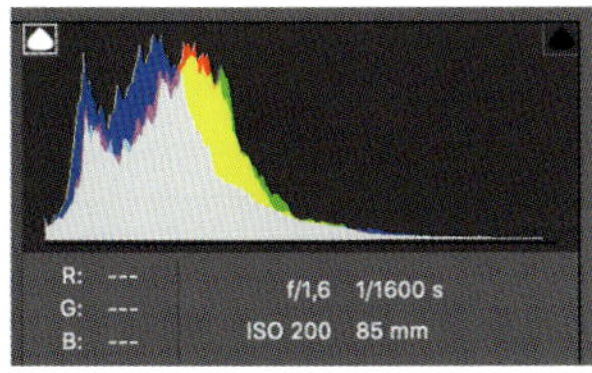

unterbelichtet

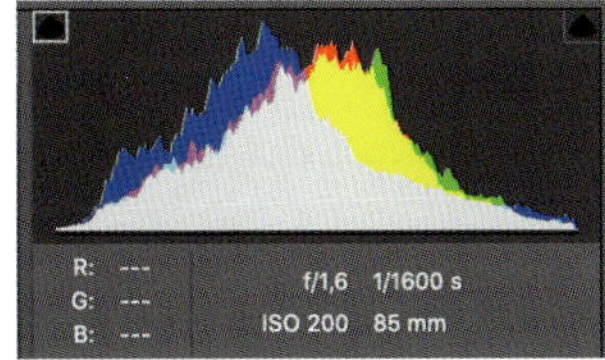

korrekt belichtet

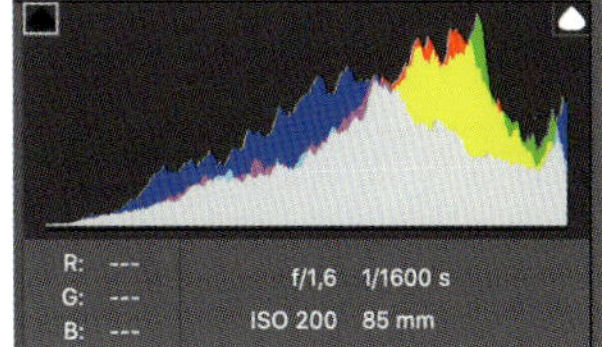

überbelichtet

Abbildung 1.21
Das Histogramm und seine Lichtverteilung

Mithilfe des Histogramms kann die Lichtverteilung geprüft werden. Dabei kommt es aber nicht auf die ausgewogene Verteilung der Tonwerte an. Entscheidend sind die Ausschläge an den Rändern. Ein Ausschlag auf der linken Seite kann bedeuten, dass dunkle Bereiche im Bild bereits absaufen, sowie ein Ausschlag ganz rechts bedeutet, dass Bereiche überstrahlen.

Natürlich ist es jedoch immer Geschmackssache, ob man eher hell oder dunkel fotografiert. Ich persönlich fotografiere gerne etwas dunkler.

1.4 BELICHTUNGSAUTOMATIK UND MESSVERFAHREN

Mithilfe der AE Belichtungsautomatik (Automatic Exposure) kann der Fotograf je nach Situation ein entsprechendes Messverfahren auswählen. Denn eines sollte dir bewusst sein, nicht jede Messmethode ist für jede Situation geeignet. Man unterscheidet die Matrix- oder auch Mehrfeldmessung, die Selektivmessung, die Spotmessung und die Mittelbetonte Integralmessung. Generell kann man die Belichtungsmessung in allen Programmen P, S, A und M selbst einstellen, bei den Motivprogrammen hingegen wird die Messmethode meist vorgegeben.

Die Matrixmessung

Bei der Matrixmessung wird fast die gesamte Motivfläche erfasst und die Kamera ermittelt aus den einzelnen Messwerten einen Mittelwert. In mehreren Fachzeitschriften habe ich schon gelesen, dass die Matrixmessung in einigen Fällen dem Autofokus die Arbeit erleichtert, da durch die Zusammenarbeit von AE- und AF-Messung schnelle Motive besser verfolgt werden können. Der »Nachteil« dieser Messung ist, dass du den Schwerpunkt der Belichtungsmessung nicht selbst bestimmen kannst.

Die Selektivmessung

Bei dieser Art der Belichtungsmessung wird ein kleiner Bereich in der Mitte des Suchers für die Messung herangezogen. Man spricht in etwa von 10 % des Sucherfelds. Der restliche Bereich des Suchers bleibt dabei unberücksichtigt. Diese Methode eignet sich vor allem bei hohen Kontrastunterschieden sehr gut. Zudem ist sie sehr gut für die Hundefotografie geeignet, da sie sich nur auf den Hund bezieht.

Die Spotmessung

Die Spotmessung nutzt einen noch kleineren Teil des Sucherfelds als die Selektivmessung für die Belichtungsmessung. Man schätzt die Fläche auf ca. zwei bis vier Prozent. Der Vorteil dieses Messverfahrens ist die noch präzisere Bemessung eines Punkts. Die Spotmessung eignet sich zum Beispiel sehr gut in schwierigen Lichtsituationen mit hohen Kontrasten, wo es darum geht, ein bestimmtes Detail korrekt zu belichten.

Mittenbetonte Integralmessung

Diese Art der Belichtungsmessung geht davon aus, dass sich das Hauptmotiv in der Mitte des Suchers befindet. Schwerpunkt wird hierbei auf einen relativ großen Bereich in der Mitte des Suchers gelegt, der restliche Sucherbereich wird aber auch für die Belichtungsmessung mit einbezogen.

1.5 DER WEISSABGLEICH

Der Weißabgleich steuert die Farbgebung deines Sensors. Denn im Gegensatz zum menschlichen Auge weiß die Kamera nicht, wie die Farben bei den aktuellen Lichtverhältnissen aussehen sollen. Deshalb musst du als Fotograf die Farbanpassung durchführen. Tageslicht besteht aus den Farben Rot, Grün und Blau. Unterschiedliche Tageszeiten und unterschiedliche Situationen führen zu unterschiedlichen Farben des Lichts. Neben der Helligkeit verändert das Licht ja auch seine Farbtemperatur. Fotografiert man bei Sonnenuntergang im Gegenlicht, dominieren wunderschöne warme Farben. Hingegen werden beim Fotografieren am frühen Morgen an einem See im Schatten kühle Farben vorherrschen. Auch wenn die Kameras von heute schon über gefühlt unendliche Funktionen verfügen, eines können sie nicht, und zwar erkennen, welches Licht gerade dominiert. Deine Kamera weiß nicht, dass das weiße Abzeichen deines Hundemodels weder rötlich noch bläulich ist. Und aus diesem Grund müssen wir der Kamera sagen, bei welcher Farbtemperatur fotografiert wird. Die Farbtemperaturen werden dabei in Kelvin angegeben. Das normale Tageslicht hat 5500 Kelvin und ist neutral, die Dämmerung hingegen hat ca. 3500K und der Schatten ca. 7500K. So sehr schwankt die Farbtemperatur bei unterschiedlichen Lichtbedingungen. Um Farbstiche zu vermeiden, hast du nun unterschiedliche Möglichkeiten, den Weißabgleich einzustellen. Die wohl aufwendigste Möglichkeit bietet der manuelle Weißabgleich.

Dabei wird bei der aktuellen Lichtsituation ein weißes Blatt Papier fotografiert und die Kamera stellt sich auf die Farbtemperatur ein. Ein optimaler Weißabgleich kann jedoch nur mit dem Einsatz einer sogenannten Graukarte erzielt werden.

Eine weitere Möglichkeit bietet der halbautomatische Weißabgleich. Dies ist meine bevorzugte Methode. Dabei nutzt du einfach die Voreinstellungen im Weißabgleich-Menü und wählst die passende Lichtsituation aus Schatten, Wolkig, Tageslicht, Kunstlicht etc. aus.

Die letzte Variante ist der vollautomatische Weißabgleich. Natürlich ist das die einfachste Lösung, doch gibt es hier natürlich auch viele Fehler durch die Kamera. Ich würde dir auf jeden Fall raten einfach den halbautomatischen Weißabgleich zu nutzen.

Der Weißabgleich

Lichtverhältnis	Farbtemperatur in Kelvin	Farbe
Goldene Stunde	2500 K	
Glühbirne	2800 K	
Abenddämmerung	3500 K	
Tageslicht	5500 K	
Bewölkter Himmel	6500 K	
Schatten	7500 K	
Blaue Stunde	12000 K	

Abbildung 1.22
Die Farbtemperatur und die Lichtfarbe

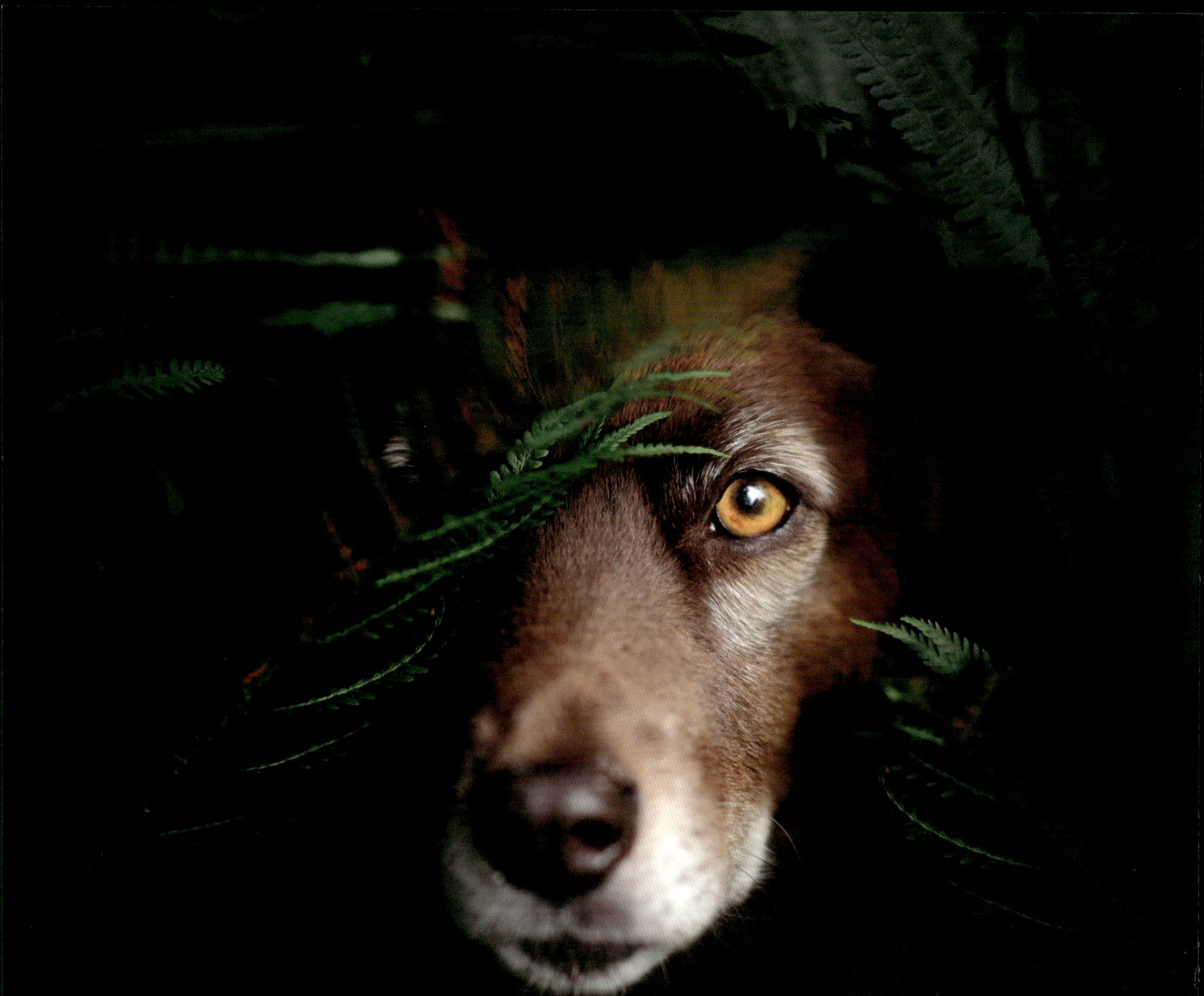

KAPITEL 2
Der Weg zum gelungenen Hundeporträt

Das perfekte Hundeporträt setzt sich aus unterschiedlichen Komponenten zusammen. Viele glauben, eine teure Ausrüstung garantiert ein gutes Ergebnis. Doch neben einer guten Ausrüstung spielen vor allem ein sicherer Umgang mit den Parametern Blende, ISO und Belichtungszeit, Erfahrung und Wissen, Ausdruck und Pose des Hundes, die Location, das Licht, der Bildaufbau, der eigene Stil und der Blick für schöne Momente, Farbharmonien etc. eine wesentliche Rolle.

Das Ziel ist, den Betrachter mit dem Foto zu fesseln. Das nachfolgende Diagramm zeigt alle wichtigen Komponenten.

Die Komponenten Licht, Location und Bildaufbau werden jeweils in eigenen Kapiteln noch genauer beleuchtet.

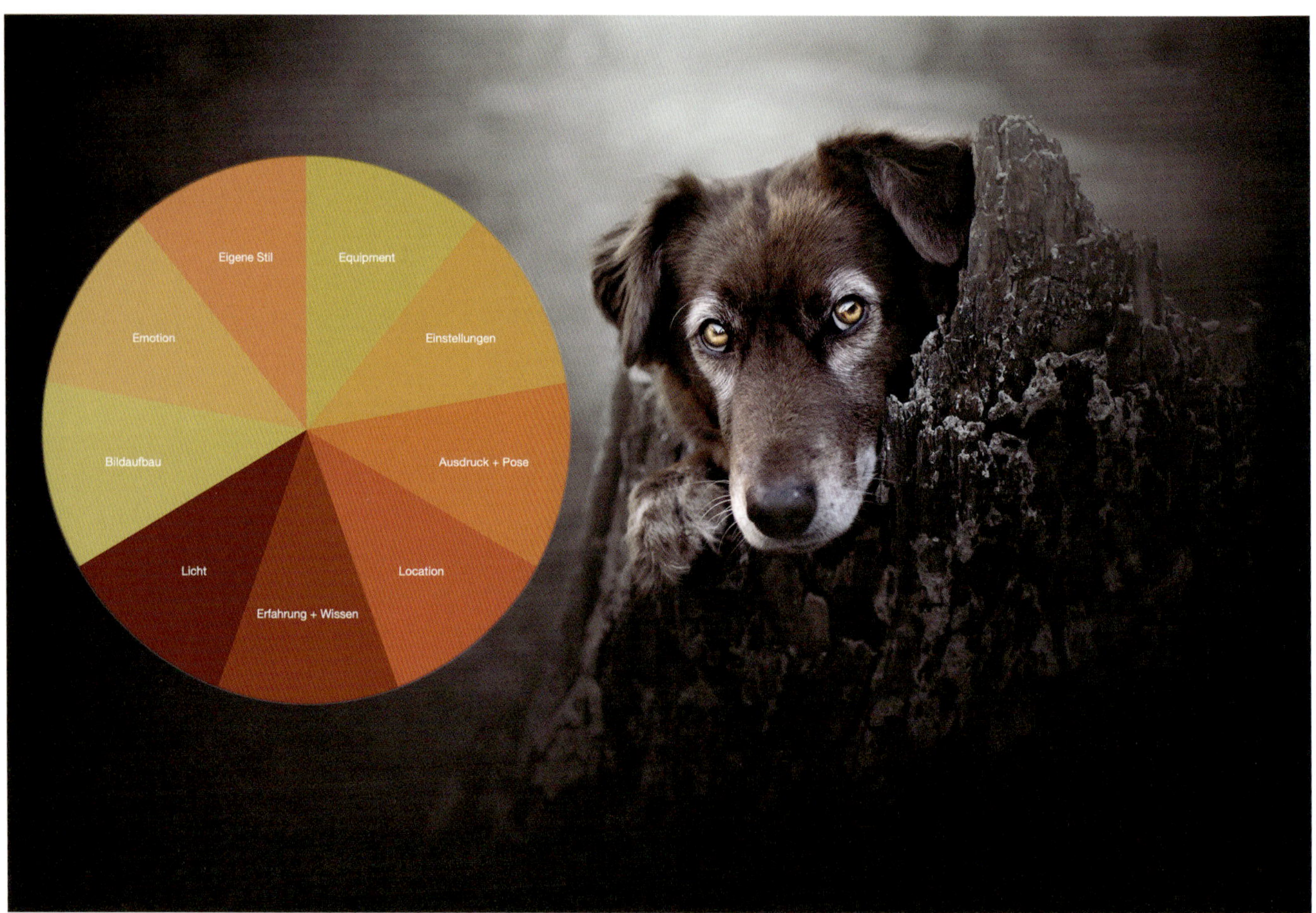

Abbildung 2.1
Die wichtigen Komponenten, um ein gelungenes Hundefoto zu erstellen

Die richtigen Einstellungen

Kameraeinstellungen für Portraitaufnahmen im Überblick

- Modus: Manuell
- Format: RAW
- Blende: situationsabhängig
- ISO: so gering wie möglich
- Autofokus: One Shot, AF-S
- Fokuspunkt: Einzelfeld
- Messverfahren: Selektivmessung
- Weißabgleich: je nach Lichtsituation

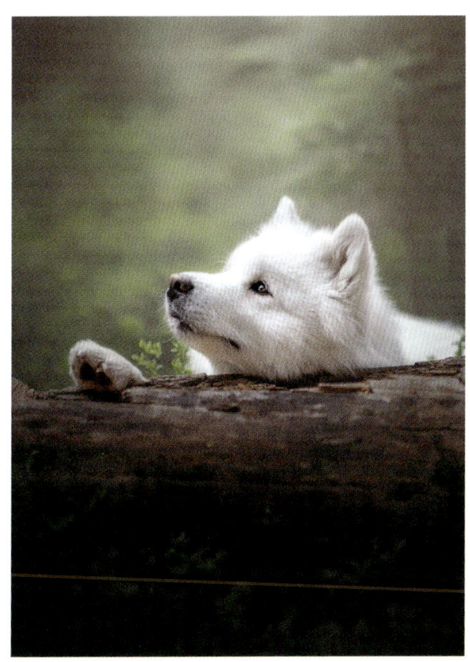

Abbildung 2.2
Die wichtigsten Einstellungen bei der Aufnahme von Porträts im Überblick

Um wirklich das Ergebnis zu bekommen, das du dir vorstellst, ist es von großer Bedeutung, im RAW-Format zu fotografieren und die Kamera manuell zu bedienen.

Die Blende passt du am besten an die jeweilige Situation an. Dabei spielen unterschiedliche Faktoren eine Rolle, welche Blende benutzt wird. Die Wahl der Blende ist zum Beispiel abhängig, ob du einen Hund oder mehrere Hunde fotografierst, ob du die Umgebung des Hundes zur Geltung bringen möchtest oder lieber nicht, und von vielem mehr.

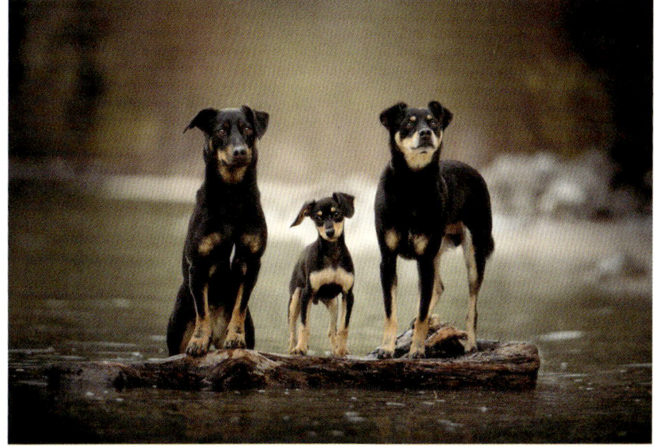

Abbildung 2.3
Die drei Hunde befinden sich annähernd auf derselben Ebene. Mit einer Blende von f/2.8 und 200 mm bekommt man alle Hunde scharf abgelichtet.

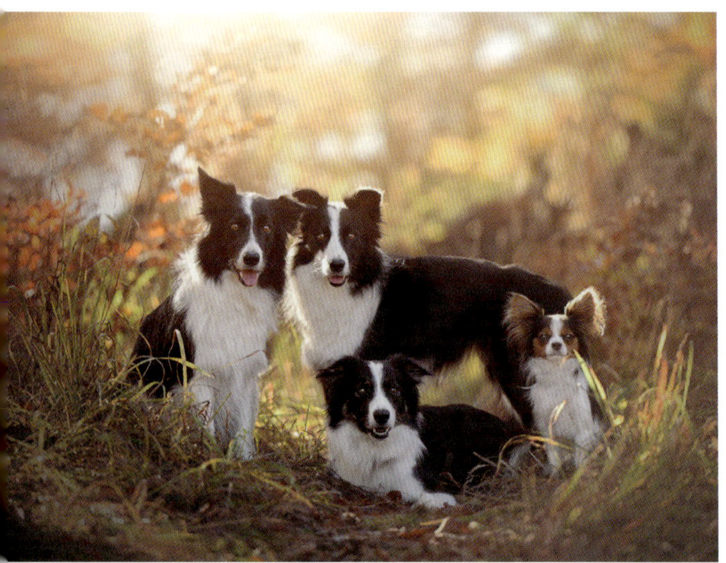

Abbildung 2.4
Die drei Border-Collie-Mädels und die Papillon-Hündin befinden sich nicht mehr auf derselben Ebene, die Blende muss dementsprechend weit geschlossen werden.

Tipp

Bei der Aufnahme mehrerer Hunde ist entscheidend, ob sie sich auf derselben Ebene befinden oder nicht. Je größer nach hinten bzw. vorne der Abstand zwischen den Hunden wird, desto mehr musst du die Blende schließen, um den Schärfebereich zu vergrößern.

Bei der Aufnahme eines Hundeporträts ist in den meisten Fällen eine sehr gute Freistellung erwünscht, daher würde ich dir raten, mit einer sehr großen Blende zu fotografieren. Ich schreibe hier bewusst nicht »mit der größtmöglichen Blende«, da ich bei den Objektiven mit der Blende f/1.4 selbst auch nicht immer die größte Blende nutze. Das hat unterschiedliche Gründe. Zum einen ist der Schärfebereich extrem klein. Das hat bei einer sehr nahen Aufnahme des Hundes die Folge, dass nur die Augen scharf sind und die Nase extrem verschwommen ist. Bedenke auch, dass, wenn du den Hund sehr nahe und nicht direkt frontal fotografierst, die Augen nicht mehr auf derselben Schärfeebene liegen. Das bedeutet, bei einer leicht seitlichen Aufnahme des Hundes und einer Blende von f/1.4 wird nur mehr ein Auge scharf sein.

Des Weiteren weisen viele Objektive bei einer Offenblende auch Schwächen auf. Die Bilder sind oft schwammig, die Schärfe ist nicht mehr dieselbe und auch der Fokus verrutscht leichter.

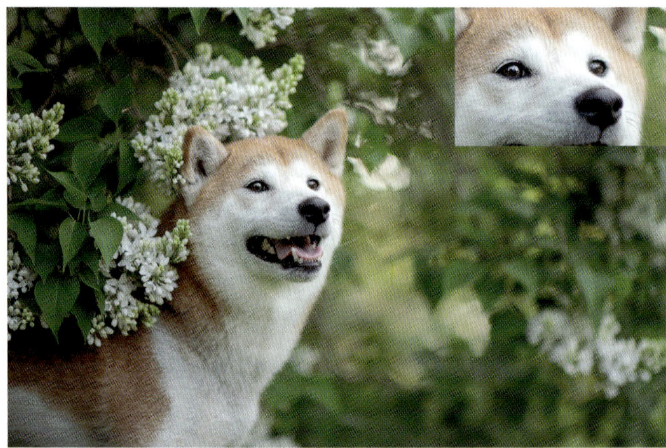

Abbildung 2.5
Dieses Foto von Cain wurde mit einer Blende von f/1.4 aufgenommen. Ich hätte die Blende etwas schließen müssen, um beide Augen scharf abzubilden.

Auch wenn du ein Ganzkörperporträt eines Hundes in einer tollen Landschaft aufnimmst, macht es natürlich Sinn, die Blende zu schließen. Zum einen, um die Landschaft besser zur Geltung zu bringen, zum anderen, um den Hund knackig scharf zu bekommen. Lichtest du den Hund sehr klein auf dem Foto ab, wird er dir bei einer zu großen Blende immer schwammig werden. Deshalb rate ich, je nach Entfernung zum Hund auch die Blende entsprechend zu schließen.

Die Belichtungszeit wird entsprechend der Blende angepasst, um das Bild korrekt zu belichten. Da es sich hier um eine Porträtaufnahme des Hundes handelt, können wir die Belichtung länger wählen, um zum Beispiel fehlendes Licht auszugleichen. Generell ist es natürlich bei Porträtaufnahmen besser, mit einer längeren Belichtungszeit als mit einer zu hohen ISO zu arbeiten. Bedenke aber, dass du eine Mindest-Belichtungszeit nutzen musst, um Unschärfe zu vermeiden.

Faustregel

Die Verschlusszeit soll immer über dem Wert der Brennweite liegen.

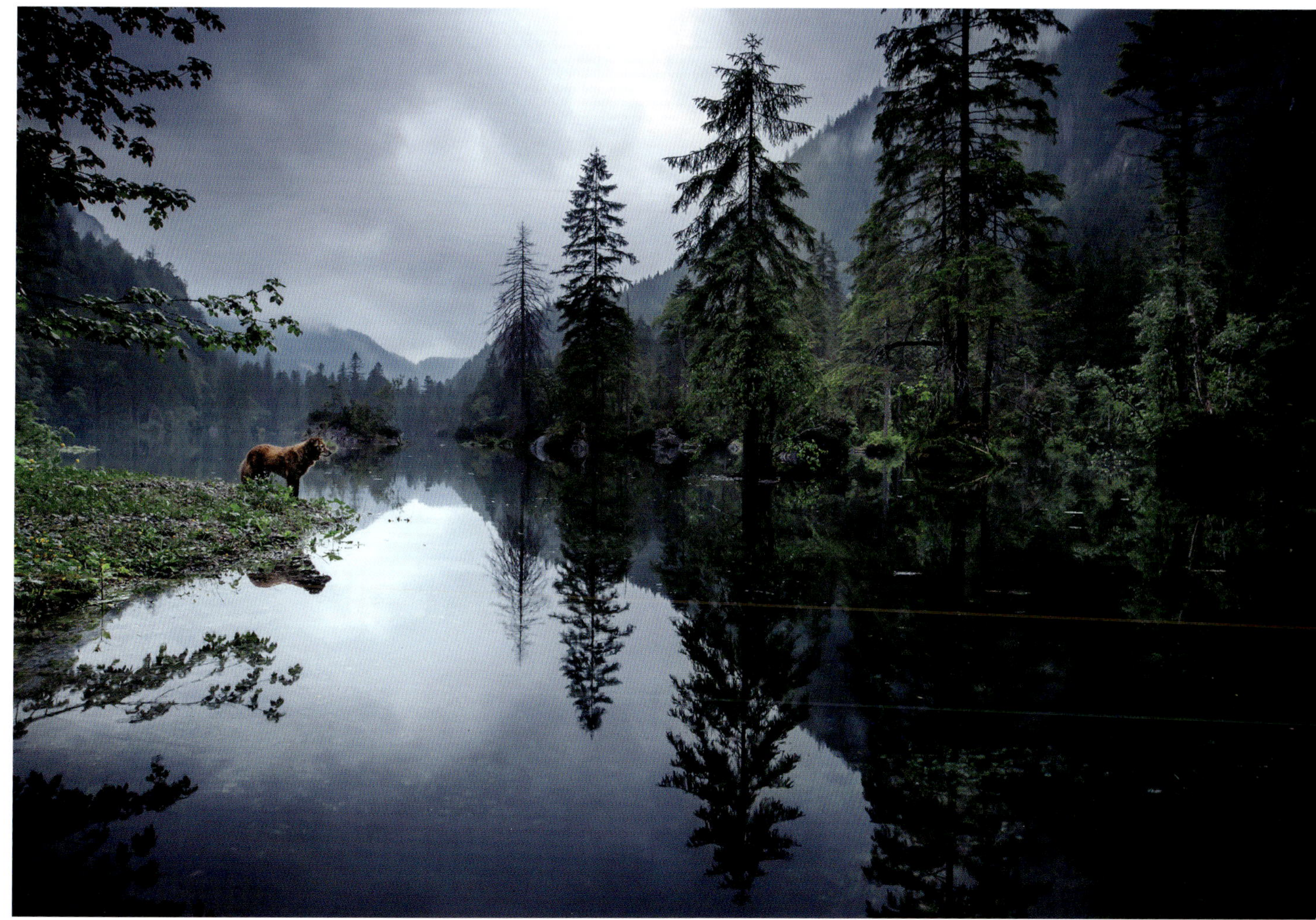

Abbildung 2.6
Bei solchen Aufnahmen ist es entscheidend, die Blende zu schließen. Dieses Bild wurde mit einer ISO 200, Blende f/5.6 und Belichtungszeit 1/320 s aufgenommen.

Hinweis

Fotografierst du bei sehr guten Lichtbedingungen mit offener Blende, kann es sein, dass du relativ kurze Belichtungszeiten von zum Beispiel 1/2000 s verwenden musst. Lasse dich durch diese hohen Werte nicht abschrecken, denn dadurch ändert sich nichts an der Bildqualität.

Die ISO lasse ich immer sehr niedrig, zwischen 100 und 200, und passe sie sukzessiv an, wenn das Bild zu dunkel ist und ich die anderen beiden Komponenten nicht mehr verändern kann.

Für Porträtaufnahmen nutzt du immer den Einzelfokus (Einzelfeldsteuerung), damit du genau bestimmen kannst, wo der Fokus sitzen soll. Nutzt du mehrere Messfelder, entscheidet die Kamera aufgrund der Farb- und Kontrastverteilung, wo sich das Hauptmotiv befindet. Oft stellt der Autofokus auf das am nächsten liegende Objekt scharf, zum Beispiel auf die Nase oder die Pfoten des Hundes. Beim Einzelfokus speichert die Kamera den Fokuspunkt bei halb gedrücktem Auslöser und beim Durchdrücken wird das Foto aufgenommen. Zudem kannst du zwischen Auslösepriorität und Schärfepriorität wählen. Ich habe den Fokus auf Schärfepriorität eingestellt, damit die Kamera auch nur dann auslöst, wenn der Fokus sitzt.

Als Messverfahren verwende ich in den meisten Fällen die Selektivmessung, weil es meiner Meinung nach die besten Ergebnisse liefert. Bei bestimmten Situationen bietet sich jedoch auch die Mehrfeldmessung an. Zum Beispiel beim Fotografieren eines schwarzen Hundes vor einem hellen, bewölkten Himmel.

Den Weißabgleich stimme ich je nach Lichtsituation und Fellfarbe des Hundes ab. Wie schon im Kapitel zum Weißabgleich erwähnt, rate ich dir, die Programme dafür zu nutzen. Natürlich kann man die Farbtemperatur und den Farbton im RAW-Converter anpassen. Jedoch hatte ich persönlich schon manchmal bei bestimmten Fellfarben Probleme, diese auch wirklich realitätsnah wiederzugeben. Gerade bei rötlichen Hunden kann das oft zu Schwierigkeiten führen. Deshalb versuche ich, gleich während des Fotografierens einen guten Weißabgleich einzustellen. Dabei achte ich natürlich auf die jeweilige Lichtsituation und schaue mir genau an, wie die Farbe des Hundes in Zusammenhang mit dem jeweiligen Weißabgleich wirkt. Nur weil es bewölkt ist, fotografiere ich nicht bei jedem Hund mit dem Weißabgleich »Bewölkt«, da einige Fellfarben dadurch oft einen zu rötlichen Stich bekommen.

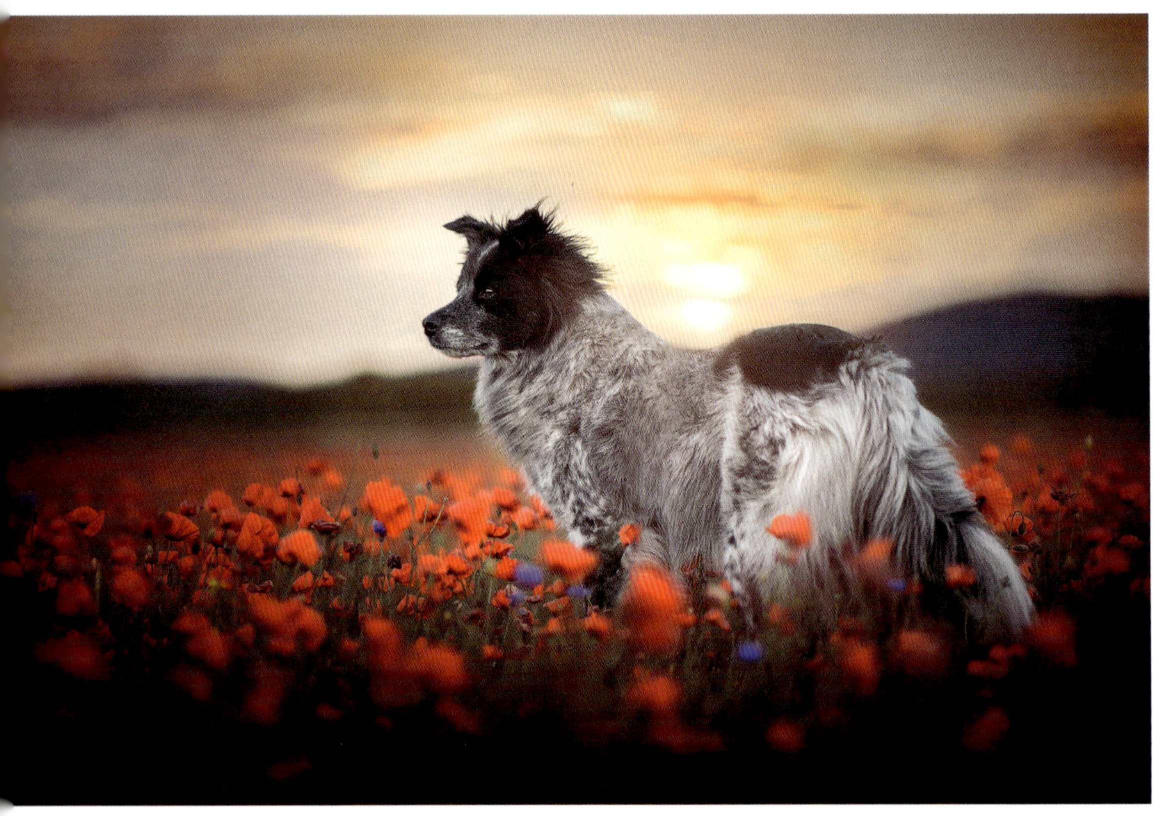

Abbildung 2.7
Bei dieser Aufnahme meines Hundes Yuri habe ich den Weißabgleich »Bewölkt« benutzt, um die Sonnenuntergangsstimmung durch die wärmere Farbgebung noch zu verstärken.

Hast du alle Werte eingestellt, machst du am besten ein Testfoto und korrigierst wenn nötig noch einmal. Danach würde ich dir raten, ein paar Aufnahmen zu machen und sie dir, wenn du ein geduldiges Model hast, immer wieder anzusehen. Nimm dir die Zeit, um das Foto zu reflektieren, um störende Elemente zu erkennen, um zu kontrollieren, ob der Bildaufbau oder die Pose des Models stimmig ist. Hast du dein perfektes Foto geschossen, vergeude nicht Zeit mit weiteren gleichen Aufnahmen an derselben Stelle. Wechsle die Perspektive, probiere dich aus, wähle ein anderes Objektiv oder positioniere den Hund anders.

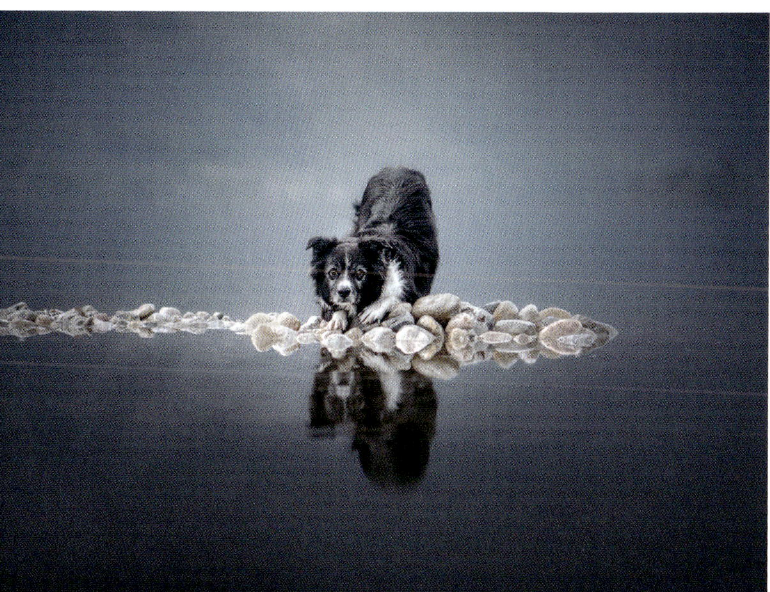

Abbildung 2.8
Dieses Bild entstand mit dem 85 mm f/1.4.

Mit diesen beiden Fotos möchte ich dir zeigen, wie sehr es sich lohnt, Objektiv und Perspektive zu wechseln. Eines sehe ich nämlich sehr oft bei meinen Workshopteilnehmern, dass sie im Fotografieren verharren, nicht die Ergebnisse kontrollieren und den Auslöser viel zu oft drücken.

Zwei unterschiedliche Objektive und eine andere Perspektive erzeugen zwei ganz andere Welten. Geht es beim ersten Foto vor allem um den Hund und dessen Spiegelung, zeigt das zweite Foto die unglaubliche Landschaft. Jedes der beiden Fotos hat seinen eigenen Reiz und es wäre sehr schade, eines der beiden nicht aufgenommen zu haben.

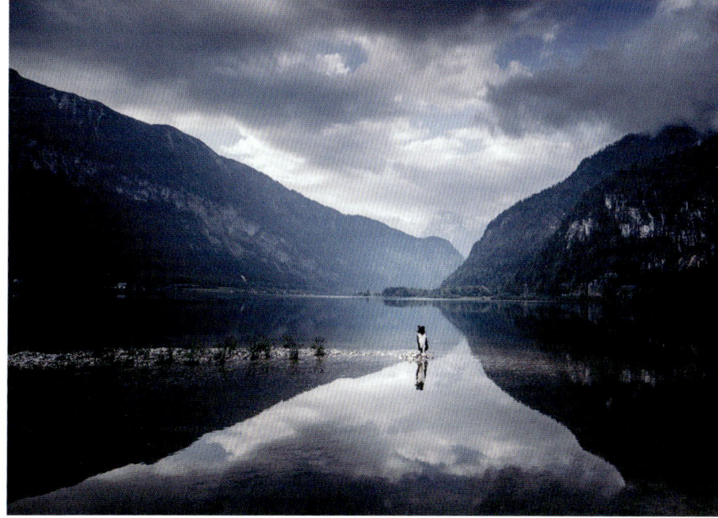

Abbildung 2.9
Das Bild wurde mit dem 24 mm f/1.4 aufgenommen.

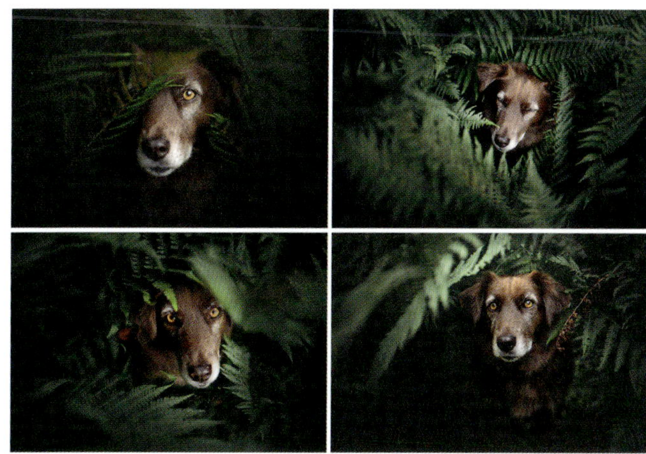

Abbildung 2.10
Perspektivenwechsel und seine unterschiedlichen Ergebnisse

Bei der Collage aus den vier Bildern siehst du, was die Veränderung der Perspektive ausmacht und wie viele unterschiedliche

Ergebnisse du damit erzeugen kannst. Aufgenommen wurden alle Fotos mit demselben Objektiv, dem Nikkor 35 mm f/1.8 in einer ca. ein Quadratmeter großen »Location«, wo ich lediglich die Perspektive und den Abstand zu meinem Hund Finn verändert habe.

Praxisbeispiele zum besseren Verständnis

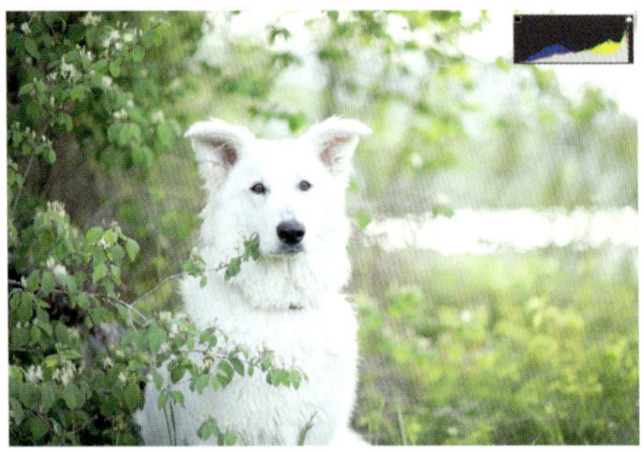

Abbildung 2.11
Die weiße Schäferhündin ist deutlich überbelichtet, es ist keine Struktur im Fell zu erkennen. Einstellungen: 85 mm, f/1.6, 1/1250 s, ISO 200

Amy leuchtet bei dieser Aufnahme richtig und es ist keine Struktur in bestimmten Bereichen des Fells zu erkennen. Das Bild ist deutlich überbelichtet. Was ist in so einem Fall zu tun? Zum einen könntest du die Blende weiter schließen. Du könntest auf f/2.2 abblenden, dadurch fällt weniger Licht auf den Sensor und das Bild wird dunkler belichtet. Jedoch darfst du nicht vergessen, dass sich dadurch auch die Freistellung ändert.

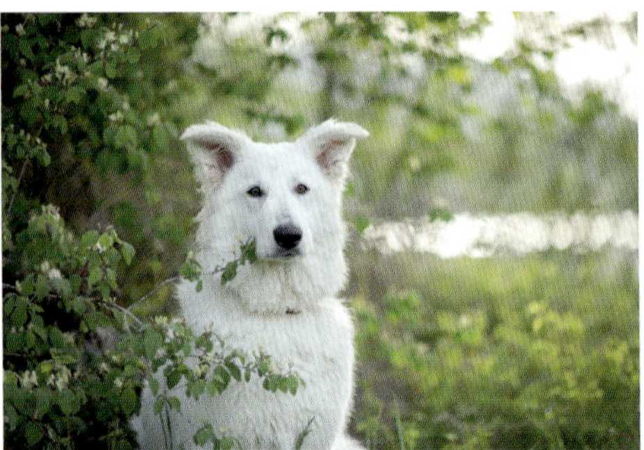

Abbildung 2.12
Ich habe mich dazu entschlossen, einfach die Belichtungszeit dementsprechend zu verkürzen. Im Fell von Amy ist dadurch Struktur zu erkennen und auch die Farben des Hintergrunds wirken nicht mehr so giftig.

Aus diesem Grund würde ich dir bei dieser Aufnahme davon abraten, da Amy direkt vor dem Gebüsch sitzt. Der Strauch würde somit schärfer abgebildet werden und zu mehr Unruhe im Bild führen. Die zweite Möglichkeit ist, die Verschlusszeit zu erhöhen, da hast du noch viel Luft. Die meisten Kameras bieten mindestens eine Verschlusszeit von 1/4000 s oder sogar 1/8000 s. Die letzte Möglichkeit wäre, die ISO zu verringern.

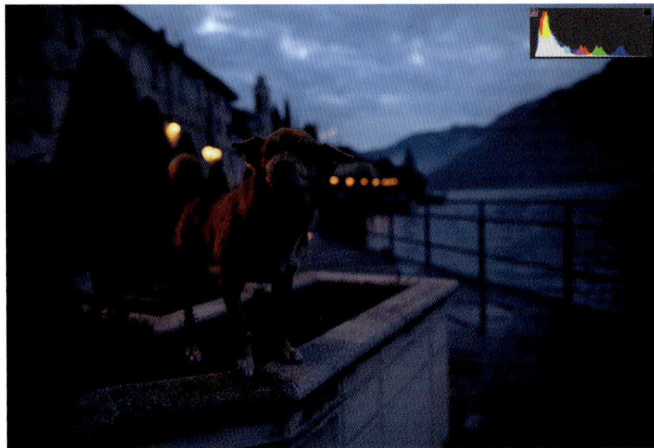

Abbildung 2.13
Hier ist das Bild, wie auch das Histogramm zeigt, etwas unterbelichtet. Einstellungen: 24 mm, f/2.0, 1/320 s, ISO 1000.

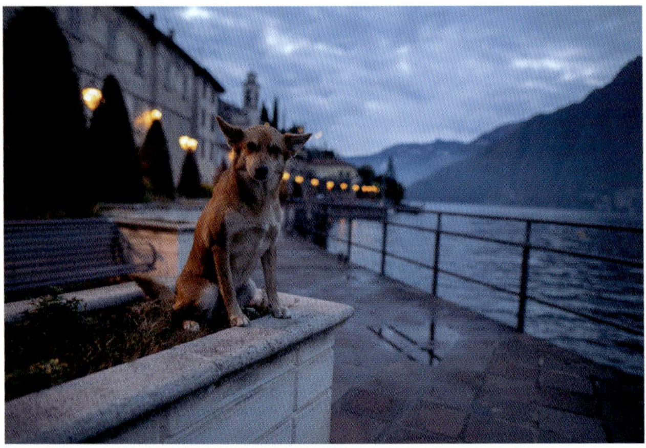

Abbildung 2.14
Durch die Anpassung der Belichtungszeit und ISO waren keine Ausreißer im Histogramm mehr zu sehen.

Gerade bei weißen und schwarzen Hunden ist besonders darauf zu achten, dass man die Struktur im Fell erkennt. Sieht man diese, kann man ziemlich sicher sein, dass der Hund korrekt belichtet ist. Bist du dir sehr unsicher, kannst du immer wieder einen Blick auf das Histogramm werfen. Dabei sollten ganz rechts und links keine Ausreißer zu sehen sein.

Abbildung 2.13 wurde bei Dämmerung aufgenommen und die Lichtverhältnisse waren noch schlecht, deshalb auch der hohe ISO-Wert. Ich wollte das Bild natürlich dunkler belichten, um diese Stimmung auf dem Bild wiederzugeben und um die Lichter und die Wolkenstruktur gut zu zeigen. Trotzdem soll das Bild in diesem Fall nicht unterbelichtet sein. Um die Belichtung etwas zu korrigieren, hätte es natürlich wieder unterschiedliche Möglichkeiten gegeben. Ich hätte zum Beispiel die Blende weiter öffnen können. Das wollte ich jedoch nicht, da ich gerne etwas mehr Struktur von den Häusern und dem Berg im Hintergrund zeigen wollte.

Ich habe mich dafür entschieden, die Belichtungszeit auf 1/250 s zu verlängern. Da das Foto aber immer noch Ausreißer in den Tiefen hatte, habe ich zusätzlich noch die ISO erhöht. Die Belichtungszeit wollte ich nicht noch mehr verlängern, um mögliche Unschärfen im Bild durch Verwacklungen zu vermeiden. Da ich weiß, dass meine Kamera bis zu einer ISO von 2000 ganz gute Ergebnisse zeigt, habe ich die ISO noch um eine Stufe erhöht. Danach war das Foto an keiner Stelle mehr unterbelichtet.

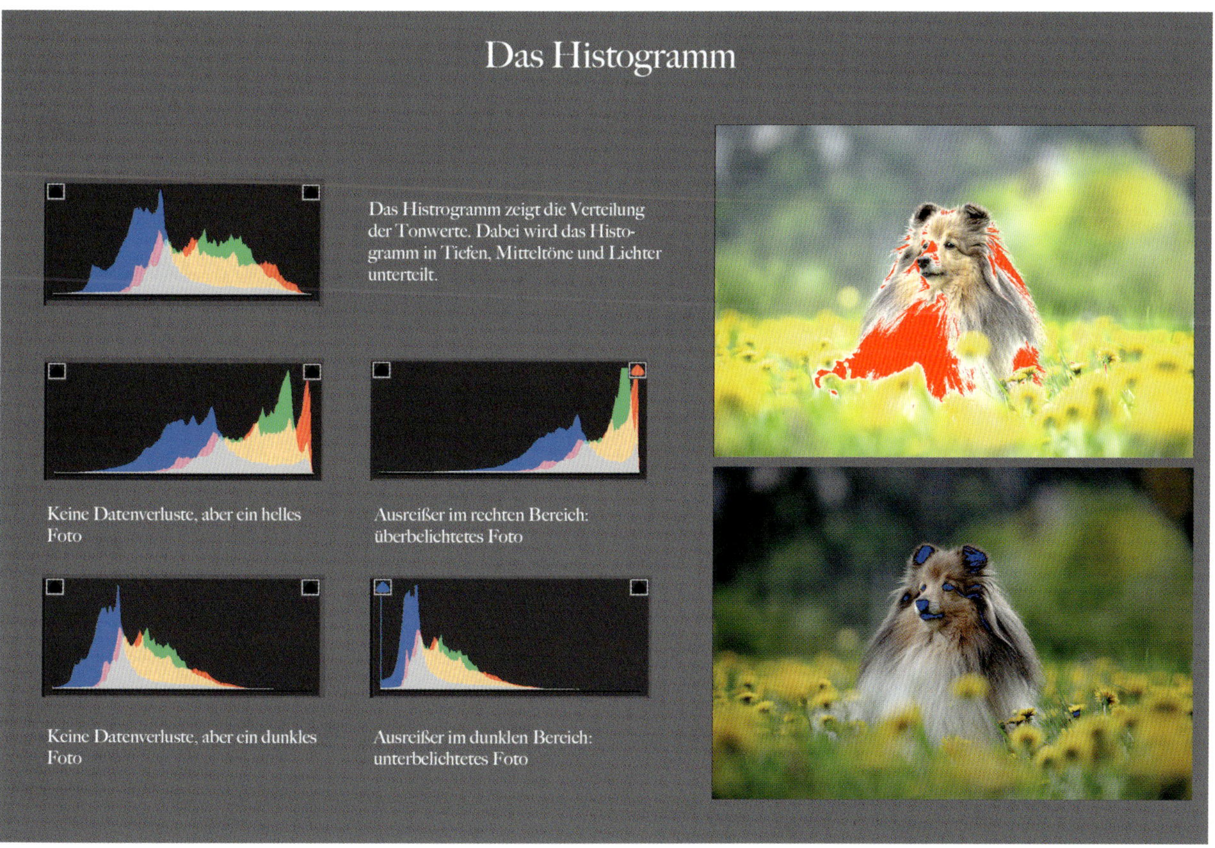

Abbildung 2.15
Das Histogramm richtig lesen

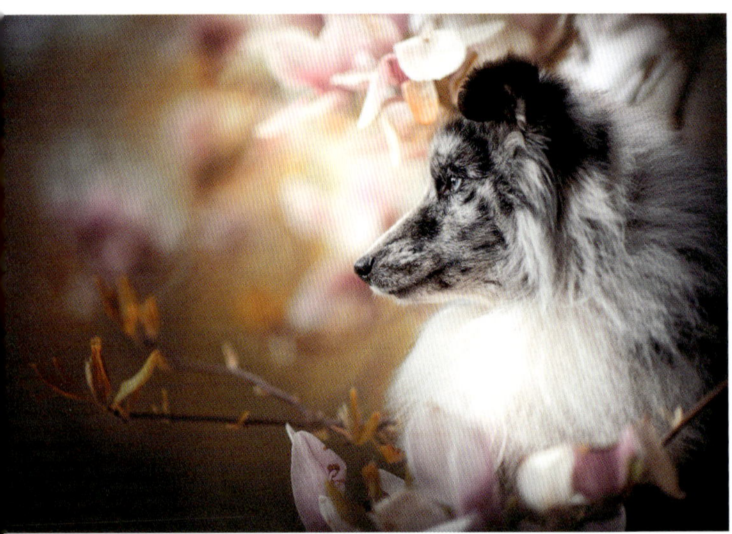

Abbildung 2.16
Die Aufnahme eines Hundeporträts bei guten Lichtbedingungen

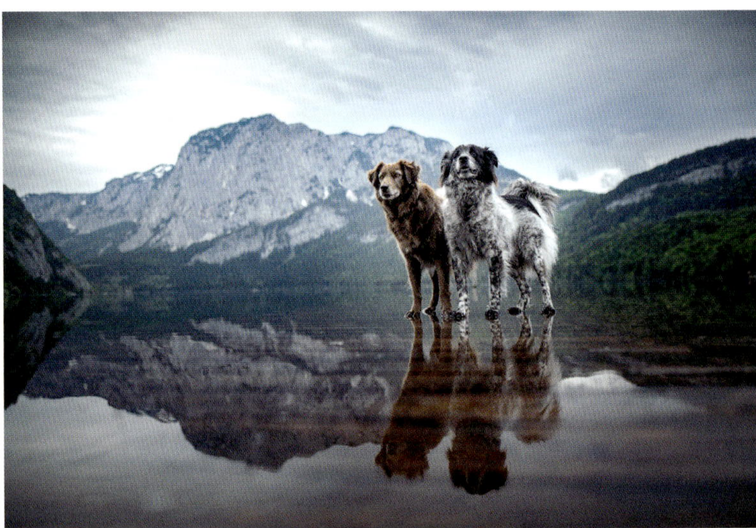

Abbildung 2.17
Das Fotografieren von zwei Hunden auf annähernd derselben Ebene in einer tollen Landschaft erfordert ein Abblenden.

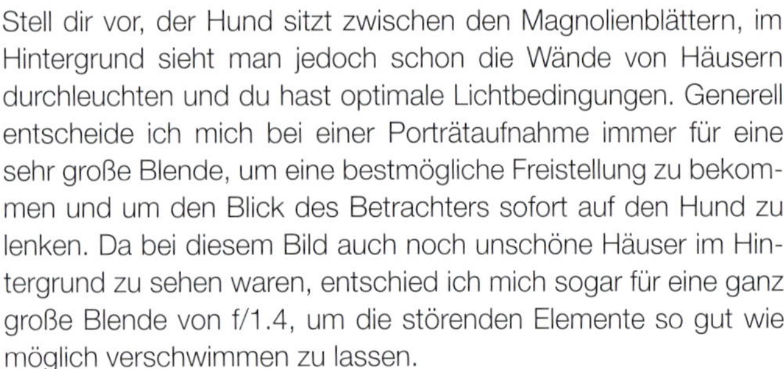

Stell dir vor, der Hund sitzt zwischen den Magnolienblättern, im Hintergrund sieht man jedoch schon die Wände von Häusern durchleuchten und du hast optimale Lichtbedingungen. Generell entscheide ich mich bei einer Porträtaufnahme immer für eine sehr große Blende, um eine bestmögliche Freistellung zu bekommen und um den Blick des Betrachters sofort auf den Hund zu lenken. Da bei diesem Bild auch noch unschöne Häuser im Hintergrund zu sehen waren, entschied ich mich sogar für eine ganz große Blende von f/1.4, um die störenden Elemente so gut wie möglich verschwimmen zu lassen.

Da der Hund hier seitlich aufgenommen wird, ist die Blende von f/1.4 perfekt, da sich Auge und Nase auf derselben Ebene befinden. Hätte ich den Hund frontal aufgenommen, hätte ich wahrscheinlich etwas abgeblendet, damit seine Nase nicht ganz so verschwommen ist. Das Bild wurde bei guten Lichtverhältnissen aufgenommen und deshalb konnte ich den ISO-Wert auf 200, ganz niedrig, lassen. Dazu habe ich einfach die Belichtungszeit angepasst. Die Belichtungszeit beträgt bei diesem Bild 1/1600 s und ist somit sehr kurz. Ich habe mich hier aber nur aus einem Grund für eine so kurze Belichtungszeit entschieden, damit das Zeitintervall so kurz ist, dass nur kurz Licht auf den Sensor fällt und somit mein Bild korrekt belichtet wird.

Hinweis

In der Hundefotografie ist eine sehr gute Freistellung in den meisten Fällen ein sehr wichtiges Gestaltungsmittel. Um bei sehr guten Lichtverhältnissen trotzdem eine offene Blende verwenden zu können, musst du einfach die Belichtungszeit verkürzen und den ISO-Wert so niedrig wie möglich setzen.

Je nach Kamera liegt die kürzeste Verschlusszeit bei unterschiedlichen Werten. Wenn du bei Sonne fotografierst und eine sehr große Blende nutzt, kann es sein, dass die kürzeste Verschlusszeit von zum Beispiel 1/4000 s nicht ausreicht, um das Bild korrekt zu belichten. In diesem Fall gibt es zwei Möglichkeiten. Du kannst schauen, ob du den ISO-Wert noch verringern kannst; wenn auch dies nicht ausreicht, bleibt nichts anderes übrig, als die Blende zu schließen. Durch das Schließen der Blende verändert sich jedoch die Schärfentiefe. Aus diesem Grund ist es ratsam, die Freistellung positiv zu beeinflussen, indem du zum einen den Hund weit genug vom Hintergrund entfernt positionierst und du dir die Nähe zum Motiv zunutze machst. Bei meiner Kamera liegt die kürzeste mögliche Verschlusszeit bei 1/8000 s. Da ich selten bei Sonne und sowieso nur bei sehr guten Lichtverhältnissen fotografiere, hatte ich diese Probleme noch nie.

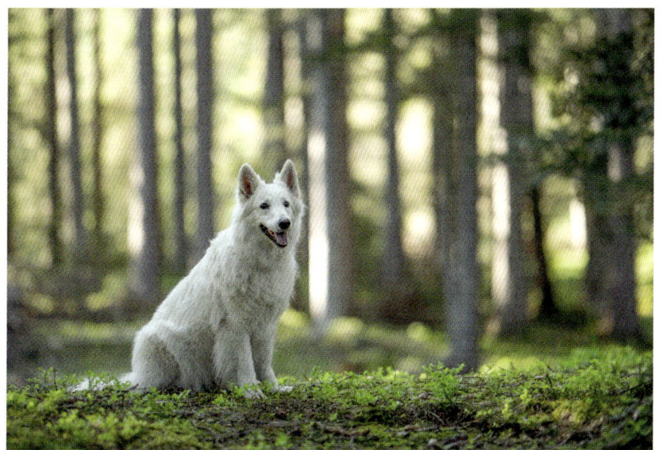

Abbildung 2.18
RAW-Datei mit dem Weißabgleich »bewölkt«

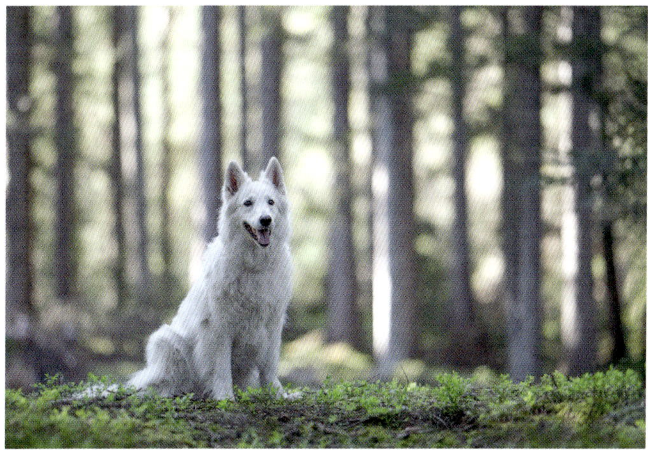

Abbildung 2.19
RAW-Datei mit meinem selbst eingestellten Weißabgleichswert von 4850 Kelvin, der etwas kühler als das Tageslicht ist

Bei dem Motiv (Abb. 2.17) ging es vor allem darum, beide Hunde scharf abzulichten. Die Lichtverhältnisse waren relativ gut. Das Wichtigste ist, wieder die Blende etwas zu schließen. Wenn sich beide Hunde annähernd auf derselben Linie befinden, reicht es schon, die Blende gering zu schließen. Ich habe mich hier aus zwei Gründen für eine etwas geschlossenere Blende von f/2.5 entschieden. Zum einen, um beide Hunde scharf darzustellen, und zum anderen, um auch die Landschaft etwas mehr zur Geltung zu bringen als bei einer Blende mit f/1.4. Die Verschlusszeit und die ISO habe ich wieder der Blende angepasst.

Die Verschlusszeit beträgt bei diesem Foto 1/3200 s und die ISO ist 200. Ich hätte auch noch die ISO verringern können, um nicht eine ganz so kurze Verschlusszeit nutzen zu müssen, aber im Grunde ist es egal, weil die Verschlusszeit nichts an der Bildqualität verändert. Eine Verlängerung der Verschlusszeit ist nur sinnvoll, wenn man damit einen hohen ISO-Wert reduzieren würde, um mögliches Rauschen zu vermeiden.

Um die Auswirkung des Weißabgleichs noch zu verdeutlichen, habe ich dir hier zwei Bilder angefügt (Abb. 2.18 und 2.19). Beide Bilder wurden kurz hintereinander aufgenommen, somit hatte ich bei den Aufnahmen exakt die gleichen Lichtbedingungen. Einmal wurde das Foto im Modus »Bewölkt« aufgenommen und einmal mit meinem voreingestellten Wert von 4850 Kelvin. Dieser Wert liegt etwas unter dem Tageslicht. Eigentlich habe ich aber im Schatten fotografiert. Daraufhin hätte ich den Modus »Schatten« wählen müssen.

Durch die Wahl des Modus »Schatten« mit dem Wert von 7000 Kelvin wäre das Bild jedoch noch wärmer geworden. Es ist natürlich Geschmackssache, ob einem die wärmere oder kühlere Version gefällt. Ich bevorzuge jedoch eindeutig die kühlere Version, weil damit die Fellfarbe des Hundes korrekter dargestellt wird.

Tipp

Mein Tipp für dich ist daher, einfach die unterschiedlichen Möglichkeiten zu probieren und den besten Weißabgleich für den jeweiligen Hund in Zusammenhang mit der Lichtsituation zu wählen.

Gründe für unscharfe Fotos

Ich glaube, eines der häufigsten Probleme in der Fotografie ergibt sich durch unscharfe Fotos. Dafür kann es ganz unterschiedliche Gründe geben. In den meisten Fällen sind unscharfe Fotos auf Einstellungsfehler zurückzuführen. Aber es muss nicht immer am Fotografen selbst liegen. Auch die Kamera oder das Objektiv kann einen technischen Fehler haben.

Unschärfe durch eine zu lange Belichtungszeit

Verwackelte Bilder entstehen zum Beispiel durch eine zu lange Belichtungszeit. Wie ich dir schon als Faustregel genannt habe, soll die Belichtungszeit immer länger als die verwendete Brennweite sein. Das heißt, wenn du mit dem 70–200-mm-Objektiv fotografierst, ist eine Mindest-Verschlusszeit von 1/320 s Voraussetzung. Zudem darfst du nie vergessen, gewisse Hunde können nur sehr schlecht stillhalten. Schlechte Lichtverhältnisse fordern natürlich manchmal lange Belichtungszeiten. Musst du mit einer sehr langen Belichtungszeit arbeiten, ist es auf jeden Fall ratsam, den Bildstabilisator einzuschalten.

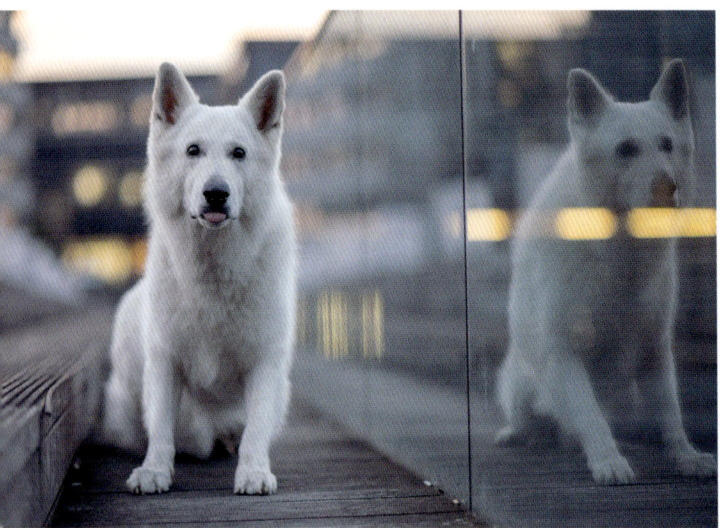

Abbildung 2.20
Das Foto wurde mit einer Belichtungszeit von 1/320 s aufgenommen.

Das Foto des weißen Schäferhundes Athos zeigt deutliche Verwacklungen. Diese sind auf die zu lange Belichtungszeit im Zusammenhang mit der Bewegung des Hundes zurückzuführen. Bei einer Belichtungszeit von 1/320 s muss der Hund wirklich still halten. Bei einem quirligen Hund ist es deshalb auch wichtig, die Belichtungszeit entsprechend zu verkürzen und wenn nötig die ISO oder Blende anzupassen, um das Bild korrekt zu belichten.

Unschärfe, weil der Fokus nicht richtig sitzt

Ein weiterer Grund für ein unscharfes Foto ist ein falsch sitzender Fokus. Der Autofokus leistet oft bei schlechtem Umgebungslicht nicht mehr die zuverlässigste Arbeit. Wenn sich das Motiv dann auch noch schlecht vom Hintergrund abhebt, wird es besonders schwierig. Deshalb ist es wichtig, die Grenzen des Autofokus zu kennen und diesen entsprechend entgegenzuwirken. Zum Beispiel, indem du bei schlechten Lichtverhältnissen einen schwarzen Hund nicht auch noch vor einen sehr dunklen Hintergrund platzierst.

Um den Autofokus aber richtig setzen zu können, ist es in der Hundefotografie wichtig, mit dem Einzelfeld zu arbeiten. Damit kannst du den Fokus ganz präzise an eine bestimmte Stelle setzen. Das ist gerade beim Fotografieren mit Offenblende von entscheidender Bedeutung, damit auch die Augen des Hundes scharf sind. Wenn der Autofokus aufgrund schlechter Lichtverhältnisse Schwierigkeiten macht, schließe ich die Blende immer etwas. Früher habe ich in den meisten Fällen den Fokus zwischen den Augen des Hundes gesetzt, wodurch der Autofokus oft Schwierigkeiten hatte, sich festzusetzen. Heute fokussiere ich bei Porträtaufnahmen meistens nur ein Auge an. Da die Augen des Hundes meistens heller sind, kann sich dort der Autofokus gut festsetzen.

Tipp

Hast du einen schwarzen Hund mit sehr dunklen Augen, aber einer weißen Blesse vor der Linse, kann es wiederum hilfreich sein, die Blesse anzufokussieren. In einem solchen Fall ist es wieder ratsam, die Blende etwas zu schließen, um auch die Augen scharf zu bekommen, da diese meistens etwas tiefer als die Blesse liegen.

Unschärfe durch eine zu große Blende

Unschärfe kann auf die zu große Blende zurückzuführen sein. Wie ich schon erwähnt habe, weisen gewisse Objektive generell bei der größtmöglichen Blende Schwächen auf. Ich hatte, bevor ich mir das 70–200 mm f/2.8 von Nikon gekauft habe, dasselbe Objektiv von einem anderen Hersteller. Lange dachte ich, es liegt an mir, dass ich keine richtig knackig scharfen Hundefotos machen kann. Dem war aber nicht so. Denn das Objektiv hatte bei der größtmöglichen Blende und Brennweite einfach nicht mehr die optimale Abbildungsleistung. Ich habe das damals einfach so geregelt, dass ich immer eine Blendenstufe abgeblendet und nicht mehr ganz die 200 mm ausgereizt habe. Damit waren meine Aufnahmen wieder richtig scharf.

Des Weiteren ist es so, dass die meisten Objektive bei einer Blende von f/1.4 Verwacklungen durch den Fotografen nicht mehr so leicht verzeihen. Der Fokus ist nicht mehr so präzise und verrutscht leichter. Ich merke das zum Beispiel immer stark, wenn ich meine eigenen Hunde fotografiere. Wenn ich zum Beispiel mit dem 85 mm bei Blende f/1.4 fotografiere und mich nicht wirklich auf das Fokussieren konzentriere, verrutscht der Fokus ziemlich leicht. Da ich mit meinen eigenen Hunden meistens allein bin, fotografiere ich nur mit einer Hand, um die Hunde mit der anderen noch zu motivieren oder ihren Blick zu lenken. Dadurch halte ich die Kamera natürlich niemals so still und fokussiere nicht so präzise. Deshalb habe ich mir beim Fotografieren der eigenen Hunde angewöhnt, die Blende immer mindestens auf f/1.8 zu schließen.

Wie ich im Kapitel zu den richtigen Einstellungen bereits erwähnt habe, ist es von großer Bedeutung, die Blende an die Entfernung des Hundes anzupassen. Damit meine ich, wenn man Hunde kleiner im Foto ablichten möchte, ist es wichtig, die Blende entsprechend zu schließen. Denn bei einer Blende von f/1.4 kann der Hund auf größere Distanz nicht mehr scharf abgelichtet werden.

Front- oder Backfokus

Ich möchte dich auch darauf hinweisen, dass ein unscharfes Foto nicht immer am Fotografen liegen muss. Denn deine Kamera oder dein Objektiv kann auch einen Back- oder Frontfokus haben. Der Fehler kann dabei durch das Objektiv, die Kamera oder durch die Kombination von Objektiv und Kamera ausgelöst werden. Mir ist das selbst bereits zweimal passiert. Eines der beiden Objektive habe ich daraufhin wieder zurückgesendet und beim zweiten Objektiv konnte ich den Fehlfokus zum Glück mit der Feinadjustierung über meine Kamera selbst korrigieren.

Falls du prüfen möchtest, ob du einen Front- oder Backfokus hast, kannst du dir im Internet auf traumflieger.de ein Testchart ausdrucken. Hier wird auch noch einmal ganz genau beschrieben, wie du dabei am besten vorgehst.

Unscharfe Bilder sind immer ärgerlich und sollten nur die Ausnahme sein. Du solltest jedoch auf keinen Fall versuchen, aus einem unscharfen Bild mit den unterschiedlichen Nachschärfe-Methoden ein scharfes Bild zu machen. Das wird nämlich nichts. Dennoch musst du unbedingt daran denken, das Foto im RAW-Converter nachzuschärfen.

Wichtig

Wie schon erwähnt, ist das RAW sozusagen ein digitales Negativ, das man noch entwickeln muss. Dabei denken die meisten an die Anpassung der Farbe, des Kontrastes, der Belichtung etc. Oft wird aber die Anpassung der Schärfe vergessen. Deshalb solltest du dein RAW bei der Entwicklung im Reiter »Detail« schärfen.

Erfahrung und Wissen

Viel Erfahrung und auch Wissen sind sehr entscheidend in der Hundefotografie. Je sicherer du im Umgang mit der Technik bist, desto weniger wirst du schöne Momente verpassen. Zudem ist viel Erfahrung mit den unterschiedlichen Locations oder Lichttypen von großer Bedeutung. Denn je reicher du an unterschiedlichen Fotoshootingerfahrungen bist, desto leichter ist es für dich, in verschiedenen Situationen das Beste aus einem Foto rauszuholen.

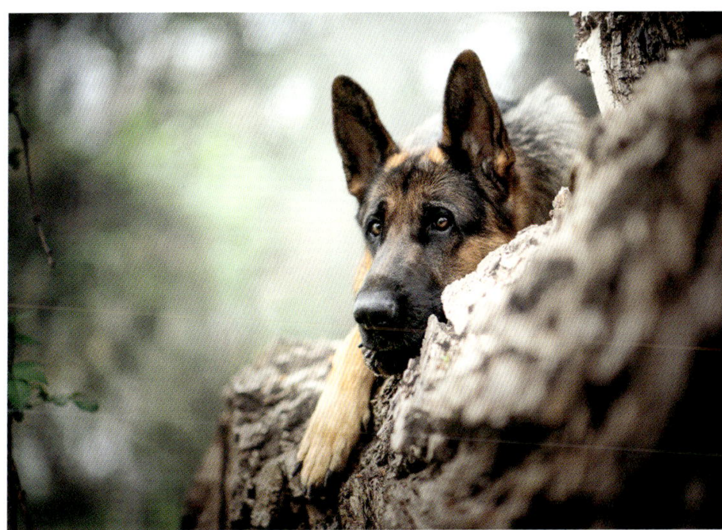

Abbildung 2.21
Als Hundefotograf muss man sich mit der Körpersprache der Hunde auseinandersetzen, um eine entspannte Fotoshootingsituation zu schaffen.

Neben dem Wissen über die Fotografie, die Technik, das Licht, die passenden Locations etc. ist auch viel Wissen über Hunde besonders wichtig. Als guter Hundefotograf ist es notwendig, sich mit der Körpersprache und den Beschwichtigungssignalen des Hundes auseinanderzusetzen. Diejenigen Hundefotografen, die selbst einen Hund oder mehrere Hunde haben, bringen natürlich schon etwas an Erfahrung mit. Dennoch sollte man sich mit diesem Thema gut oder noch besser auseinandersetzen. Hunde kommunizieren durch sehr feine Gesten. Es ist sehr wichtig, diese richtig deuten zu können, denn nur so kann man für den Hund eine entspannte Atmosphäre während des Fotoshootings schaffen. Fühlt sich der Hund nicht wohl, wird man dies deutlich auf den Fotos erkennen. Und keiner will Hunde auf Bildern betrachten, die sichtlich gestresst sind oder Angst haben, geschweige denn möchte man solche Erinnerungen vom eigenen Hund haben.

Der eigene Stil

Der eigene Stil spielt eine entscheidende Rolle in jeder Art der Fotografie. Meistens entwickelt er sich mit der Zeit von ganz alleine. Je sicherer du im Umgang mit der Kamera und den ganzen Gestaltungstechniken bist, desto mehr kannst du dich auf deine eigene Wahrnehmung konzentrieren. Sowohl bei den Fototreffen als auch bei meinen Workshops kann ich eines immer wieder mit großer Begeisterung feststellen: Ein Hund wird von unterschiedlichen Fotografen aus ziemlich der gleichen Perspektive, bei gleichen Bedingungen und gleichwertiger Ausrüstung fotografiert und dennoch sieht jedes Foto am Ende anders aus. Denn jeder hat seine eigene Art und Weise, an das Foto heranzugehen. Jeder nimmt Farben anders wahr. Die einen bearbeiten natürlich, die anderen sehr künstlich. Und so hebt sich jeder Fotograf von dem anderen auch ab. Als ich damals mit der Hundefotografie begonnen habe, gab es eine Handvoll Hundefotografen. Heute sieht die Situation ganz anders aus. Es gibt sehr viele Hundefotografen und speziell in Europa haben alle ein herausragendes Niveau. Ich könnte ohne Probleme 20 Hundefotografen nennen, die wirklich beeindruckende Ergebnisse zeigen. Deshalb ist es von großer Bedeutung, einen eigenen Stil zu finden, wenn man sich als Hundefotograf einen Namen machen möchte. Und der Stil ist alles andere als ein statisches Element. Er entwickelt sich mit uns weiter und wird sich mit der Zeit auch immer wieder verändern.

Meine Bilder heute leben von gewissen Lichtstimmungen, von einem leicht verträumten Look und von atemberaubenden Landschaften. Ich versuche, den Charakter des Hundes so gut wie möglich im Bild festzuhalten und die Bilder emotional fesselnd zu gestalten. Die Fotos sollen eine Geschichte erzählen und ich möchte den Betrachter auf ein Abenteuer mitnehmen. Größtenteils sind meine Bilder sehr natürlich und ich bin darauf bedacht, schon während des Fotografierens das Bestmögliche herauszuholen. Dabei achte ich auf eine natürliche Umrahmung und versuche, eine gewisse Tiefe durch die natürlichen Gegebenheiten zu schaffen. Innerhalb der Bildbearbeitung wird dann meistens nur noch der letzte Feinschliff gemacht.

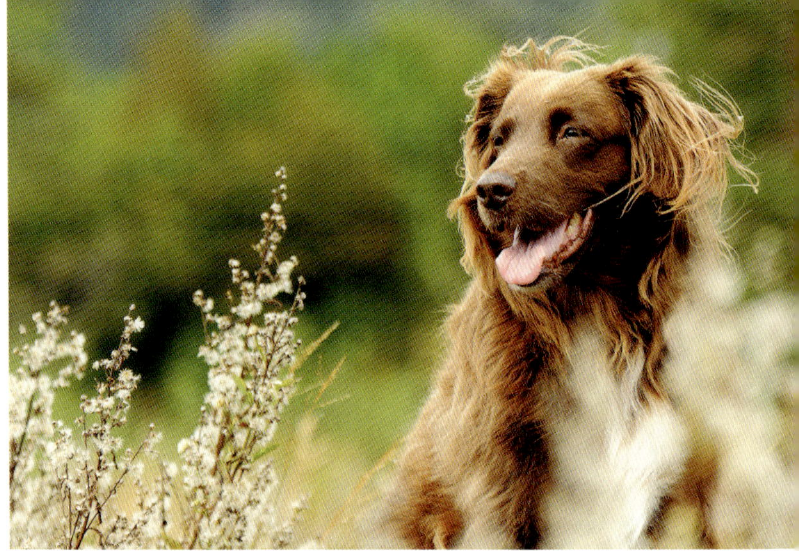

Abbildung 2.22
Das Foto stammt aus dem Jahr 2013. Zu dieser Zeit war ich eigentlich schon ganz zufrieden mit meinen Bildern. Mein Stil zeichnete sich damals vor allem durch Natürlichkeit aus.

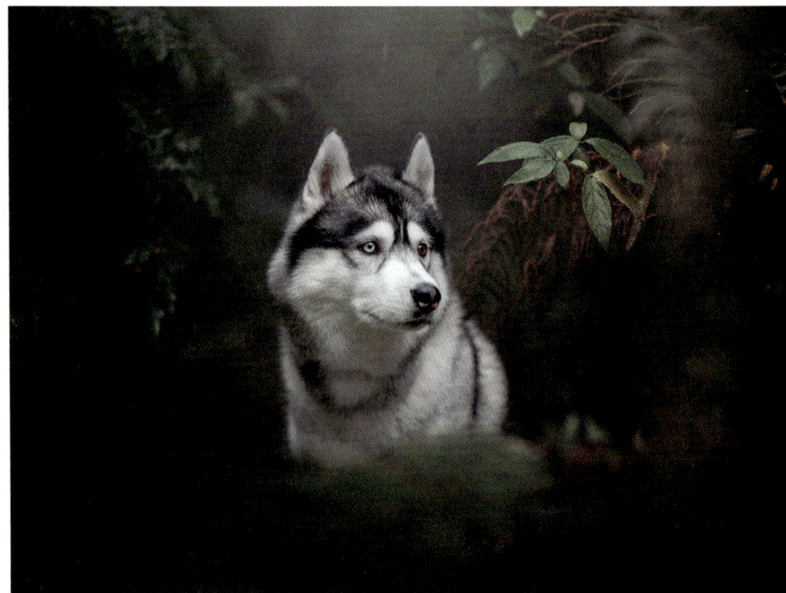

Abbildung 2.23
Das Foto des wunderschönen Husky-Rüden Kiba zeigt meinen heutigen Bildlook sehr gut.

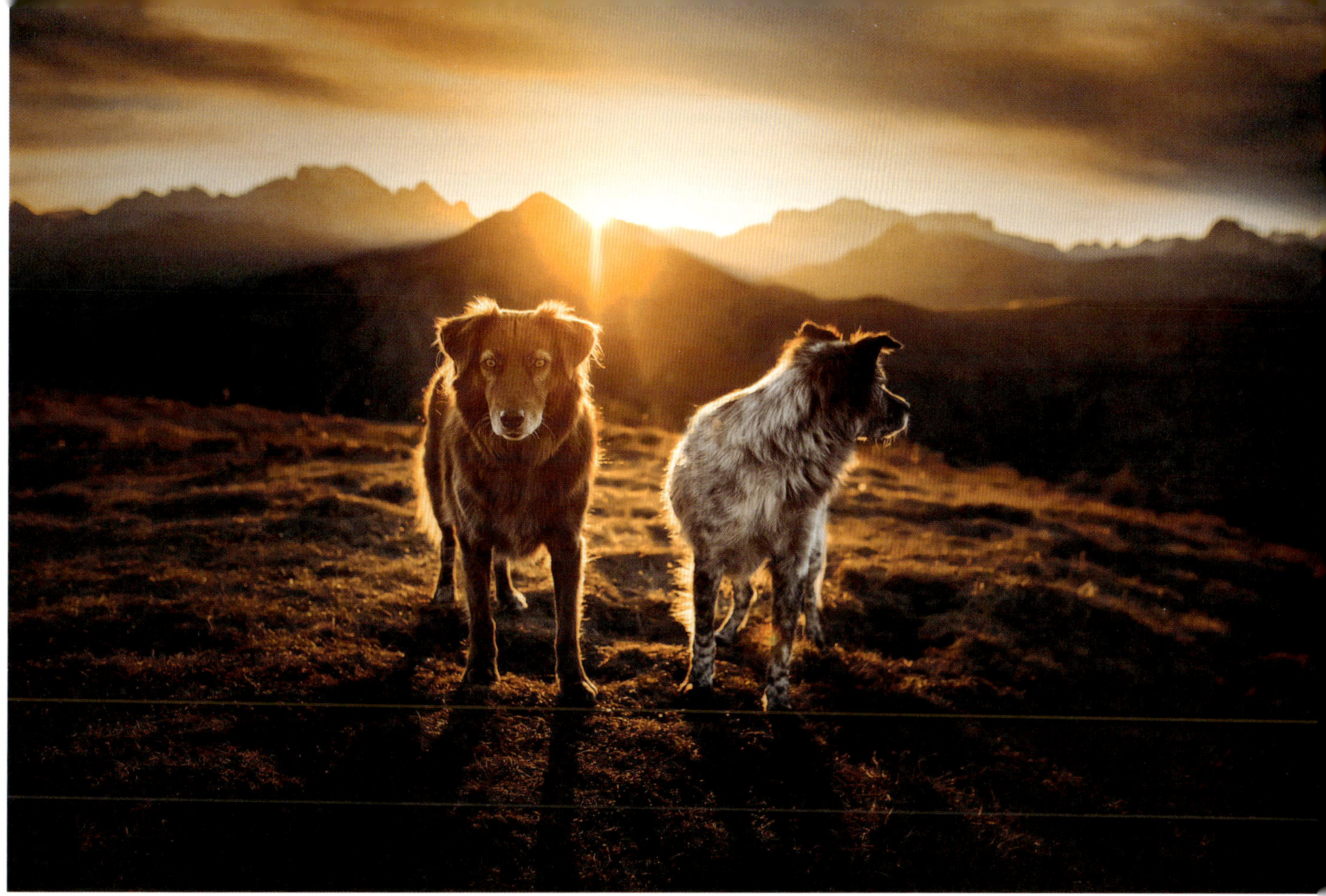

Abbildung 2.24
Neben verträumten Hundeporträts liebe ich es, Hunde in tollen Landschaften in Szene zu setzen.

Positionierung des Hundes

Der wichtigste Erfolgsfaktor Geduld

Bei der Positionierung des Hundes gibt es einige Aspekte zu beachten. Einer der wichtigsten Punkte ist Geduld. Diese sollte man sowohl beim Fotografieren des eigenen Hundes als auch bei Kundenfotoshootings mitbringen. Jeder Hund ist ein Unikat. Er hat seinen eigenen Charakter und sein eigenes Temperament, die aus der Erziehung und der gesamten Prägung resultieren. Viele Hunde stammen aus dem Tierschutz und haben vielleicht schon einige negative Erfahrungen in ihrem Leben gemacht, da kann zum Beispiel eine Kamera mit großem Objektiv oder die Nähe eines fremden Menschen Angst einflößend sein. Jeder Hund hat seine eigene Art und auf diese muss man dementsprechend während des Fotoshootings eingehen. Bei der Arbeit mit Hunden ist immer viel Einfühlungsvermögen notwendig, um die richtige Atmosphäre für das Tier zu schaffen. Am besten legst du zwischen den Fotoshootingphasen immer wieder kurze Pausen ein, damit der Hund den Spaß daran nicht verliert. Für den Hund erfordert das Fotoshooting ein hohes Maß an Konzentration, das darf nicht unterschätzt werden.

Bei Kundenfotoshootings darfst du auch die Besitzer nicht vergessen. Viele meiner Kunden sind oft sehr nervös und können schon Tage vor dem Fotoshooting nicht mehr schlafen, weil sie Angst haben, dass der Hund beim Shooting nicht so gehorcht, wie sie sich das vorstellen. Man kennt ihn ja selbst, den sogenannten Vorführeffekt. Kommandos, die in den unterschiedlichsten Situationen schon einwandfrei geklappt haben, funktionieren auf einmal nicht mehr. Schaffe deshalb von Anfang an nicht nur für den Hund, sondern auch für den Besitzer eine entspannte Atmosphäre. Denke dabei nicht nur an die Positionierung des Hundes, sondern nimm dem Besitzer den Druck und vermittle ihm ein gutes Gefühl. Ist der Besitzer zu nervös, überträgt sich diese Stimmung natürlich auf den Hund. Lobe den Besitzer fürs gute Positionieren, um ihm Sicherheit zu geben, und korrigiere ihn nicht ständig. Es ist ratsam, zu viele Anweisungen am Anfang des Fotoshootings zu vermeiden. Du wirst sehen, sowohl der Mensch als auch der Hund stellen sich relativ rasch auf diese neue Situation des Fotoshootings ein, du musst ihnen nur Zeit dazu geben. Um die Situation etwas aufzulockern, ist es gut, nicht direkt mit dem Fotografieren zu starten. Ein gemeinsames Stück gehen und etwas Quatschen ist dabei sehr hilfreich. Zeige Interesse an dem Hund und stelle ein paar Fragen, denn jeder Hundebesitzer spricht gerne über seinen Liebling. Und sobald die Location erreicht ist, gib dem Hund die Chance, den Platz zuerst zu erkunden, er wird dann bestimmt beim Fotografieren viel entspannter und nicht so sehr durch die Gerüche der Umgebung abgelenkt sein. Die Zeit, in der der Hund die Umgebung inspiziert, bietet eine gute Gelegenheit, um sich nach den Wünschen für die Fotos zu erkundigen und zu fragen, was der Hund gerne mag und alles kann.

Gut erzogen vs. Wirbelwind

Um es gleich vorwegzunehmen. Natürlich erleichtert es das Fotoshooting, wenn der Hund die wichtigsten Grundkommandos kennt, doch ist es absolut kein Muss. Denn das Einfangen schöner Momente ist nicht immer zwingend von einem perfekt positionierten und stillhaltenden Hund abhängig. Ein ganz guter Vergleich hier wäre ein Welpenfotoshooting. Ein kleiner Welpe, der gerade mal ein paar Wochen alt ist, kennt weder Platz, Sitz, Steh oder Bleib und dennoch kann man großartige Fotos von den Zwergen machen. Du brauchst einfach Zeit und Geduld, aber am wichtigsten ist, du brauchst den Blick für den richtigen Moment.

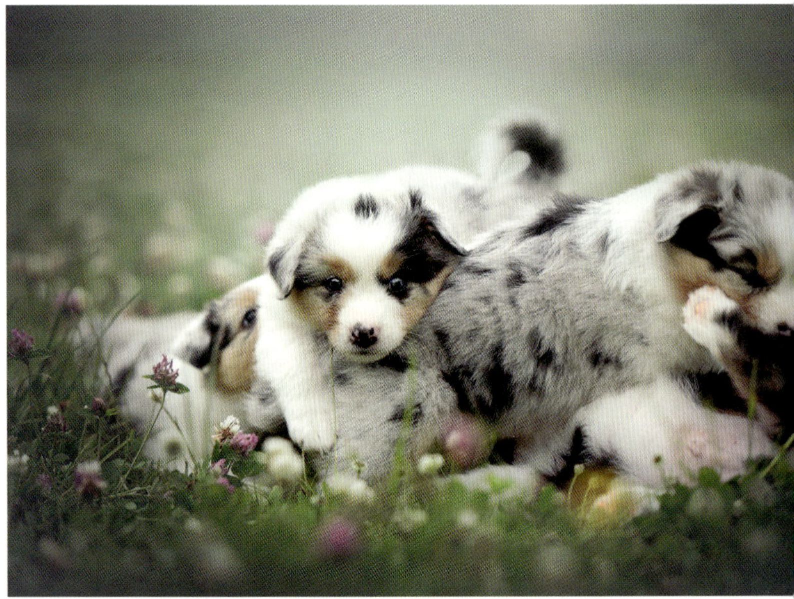

Abbildung 2.25
Bei einem Welpenfotoshooting heißt es vor allem eines: im richtigen Moment abzudrücken.

Bei dem Fotoshooting mit den aufgeweckten Australian-Shepherd-Welpen habe ich mich einfach zu den Hunden in die Wiese gesetzt und sie beobachtet und war jederzeit bereit, im richtigen Moment abzudrücken. Und durch viel Geduld und Ausdauer habe ich einen besonders tollen Moment erwischt, als einer der kleinen Welpen über die anderen krabbelte und direkt zu meiner Kamera blickte. Solche natürlichen Momente sind eigentlich so einfach festzuhalten, denn die Welpen tun lediglich das, was sie am besten können und lieben. Bei solchen Fotos ist es nur wichtig, darauf zu achten, dass sich die Welpen ohne irgendwelche Gefahren frei bewegen können, am besten natürlich in einer großen eingezäunten Fläche. Zudem ist es wichtig, dass die Fläche möglichst frei und der Hintergrund weit weg ist. Hinsichtlich der Lichtstimmung ist diffuses Licht durch bewölktes Wetter oder durch eine große, im Schatten liegende Fläche optimal. Die gleichmäßige Belichtung des diffusen Lichts ist wichtig, denn auch wenn man bei Sonne mit optimalen Lichtbedingungen fotografiert, müsste man die Welpen immer entsprechend zur Sonne oder gegen die Sonne positionieren, damit nicht eine Gesichtshälfte zum Beispiel im Schatten ist. Im Schatten oder bei bewölktem Himmel sind die Kleinen perfekt ausgeleuchtet und können sich in jede Richtung frei bewegen.

Denke immer daran: Du musst natürlich auch bei gut erzogenen Hunden damit rechnen, dass es an einem Tag mal nicht so klappt, wie es eigentlich sollte. Aber das sollte für einen guten Hundefotografen kein Problem, sondern lediglich eine kleine Herausforderung darstellen.

Aber was macht man, wenn ein Hund beim Fotoshooting so gar nicht hören will?

Dann liegt es in deiner Hand, das Beste aus dem Fotoshooting zu machen. Den Hund mit Druck zu irgendetwas zu drängen, macht keinen Sinn. Ich löse die Situation dann meistens so, dass ich mir eine relativ freie und offene Fläche suche. Hier ist es, genau wie bei den Welpen, nicht nötig, den Hund exakt zu positionieren, er kann sich frei bewegen und schnüffeln. Und ich verspreche dir, der Hund wird dir von sich aus ganz viele Posen anbieten und es liegt an dir, im richtigen Moment den Auslöser zu drücken. Lasse dich auf den Hund ein und werde zu einem guten Beobachter.

Bei dem Fotoshooting mit der Dackelhündin waren wir in einem schönen großen Park. Als sie keine Lust mehr hatte, zu posieren, haben wir uns einfach mit ihr auf die Wiese gesetzt und sie einfach Hund sein lassen. Dabei kam diese tolle Pose raus. Ein glücklicher Hund, der sich in der Wiese wälzt. So ein schönes, natürliches Motiv wäre nie entstanden, hätte man den Hund nur Kommandos gegeben. Die Seifenblasen habe ich erst innerhalb der Bildbearbeitung eingefügt.

Eine weitere Möglichkeit ist es, den Besitzer nach der Lieblingsbeschäftigung des Hundes zu fragen. Viele Hunde spielen gerne Ball oder apportieren mit großer Freude. Die beste Voraussetzung für lebendige und glückliche Fotomotive.

Gerade solche Dinge machen ja den Hund aus und du kannst ihn genau so zeigen, wie er ist. Das ist wohl die schönste Erinnerung, die man festhalten kann. Passe das Equipment entsprechend der Situation an und verwende eher ein Zoomobjektiv als eine Fixbrennweite, um flexibel auf die unterschiedlichen Momente reagieren zu können.

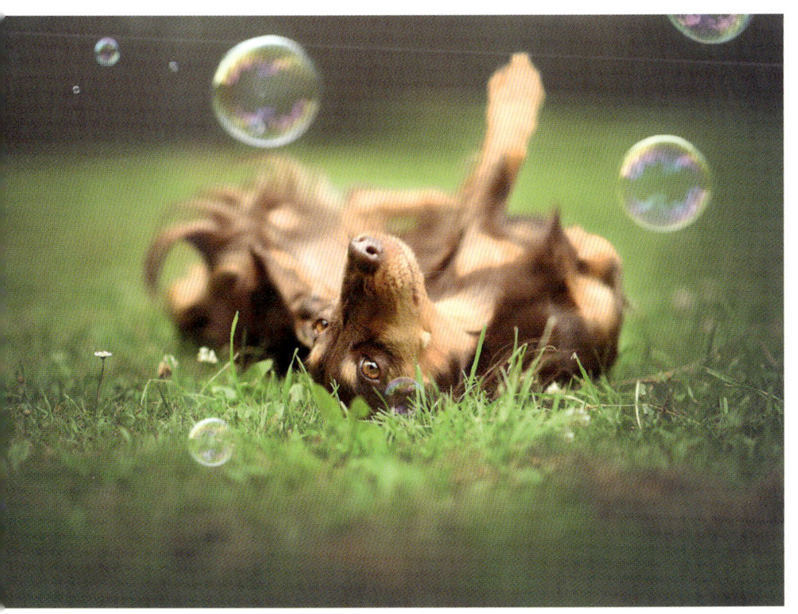

Abbildung 2.26
Dackeldame Elsa fühlte sich sichtlich wohl.

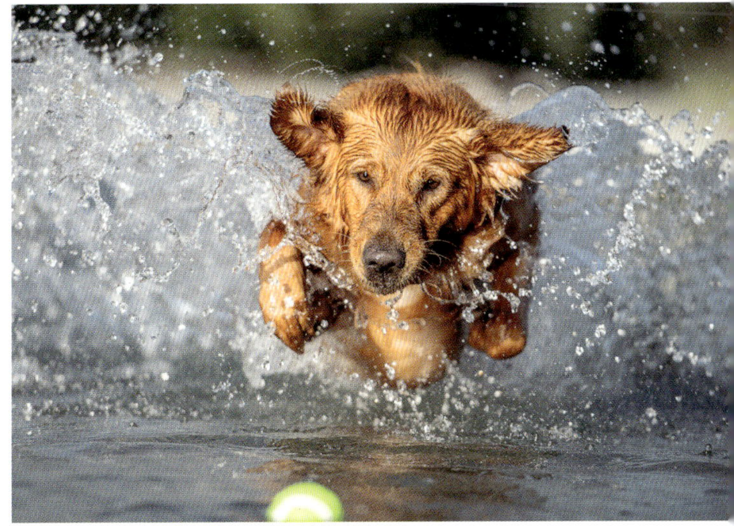

Abbildung 2.27
Beim Spielen strahlen Hunde eine ganz besondere Energie aus.

Die meisten Hunde haben jedoch einen ganz guten Grundgehorsam und dieser kann gut innerhalb der Fotoshootingsituation abgerufen werden. Also, wenn du merkst, der Hund fühlt sich wohl vor der Kamera und ist gewillt, Kommandos durchzuführen, dann kannst du natürlich noch einmal ganz speziell auf seine Haltung achten und ihn viel präziser positionieren.

Auch bei einem Hund mit perfektem Gehorsam ist Geduld gefragt, um einfach die besten Momente einfangen zu können. Gerade wenn man die Bindung zweier Hunde festhalten möchte, dauert das oft eine Weile.

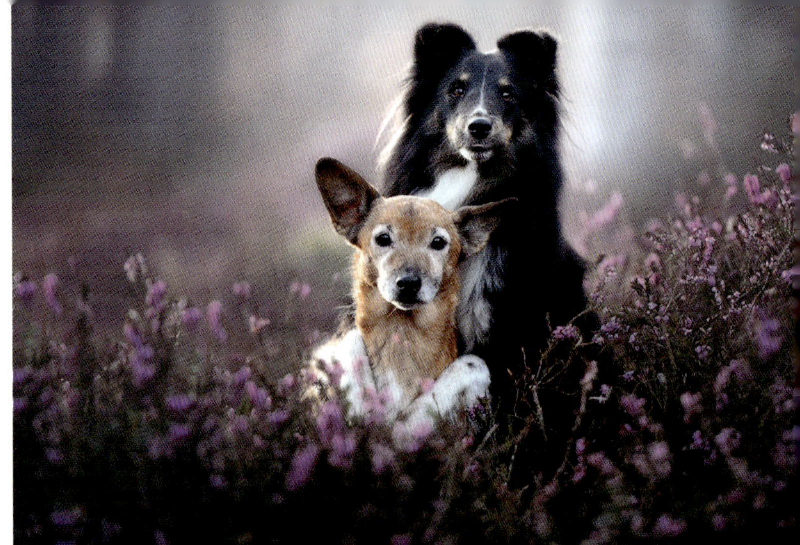

Abbildung 2.29
Toby und Zelda sind ein wirklich tolles Team. Für die beiden ist Nähe kein Problem und so können sie auch den Trick »Umarmen«.

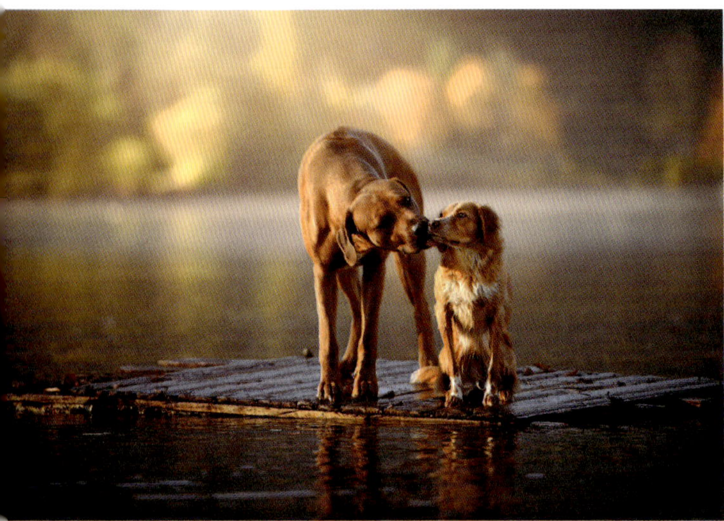

Abbildung 2.28
Dayo und seine Emma. Bei so einer innigen Beziehung gibt es sogar ein Küsschen.

Während des Fotoshootings mit Emma und Dayo habe ich immer wieder bemerkt, wie der Ridgeback-Rüde die Nähe zur Hündin suchte. Ich habe gewusst, ich brauche nur ein wenig Geduld, um einen ganz innigen Moment einzufangen. Dass es sogar ein Küsschen geben wird, damit habe ich allerdings selbst nicht gerechnet.

Denke beim Fotoshooting daran, dass viele Hunde Tricks können, die du mit in die Fotos einbauen kannst. Gerade die Pfote heben oder den Kopf ablegen wirkt immer unheimlich schön auf Fotos. Ich hatte schon einige Hundepärchen vor der Kamera, die sich umarmen konnten. Natürlich sollte man auch solche Fähigkeiten des Hundes unbedingt fotografisch festhalten.

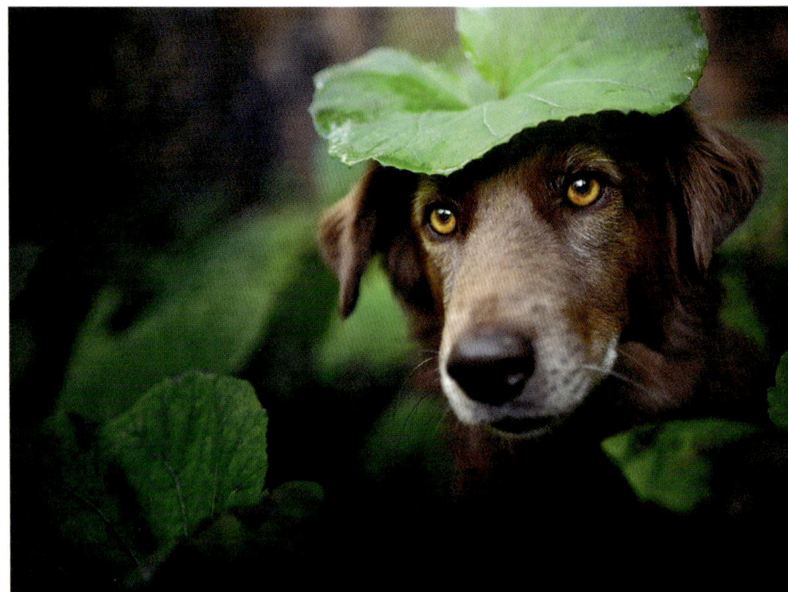

Abbildung 2.30
Durch die jahrelange Modelerfahrung ist für Finn natürlich das Tragen eines Blattes kein Problem.

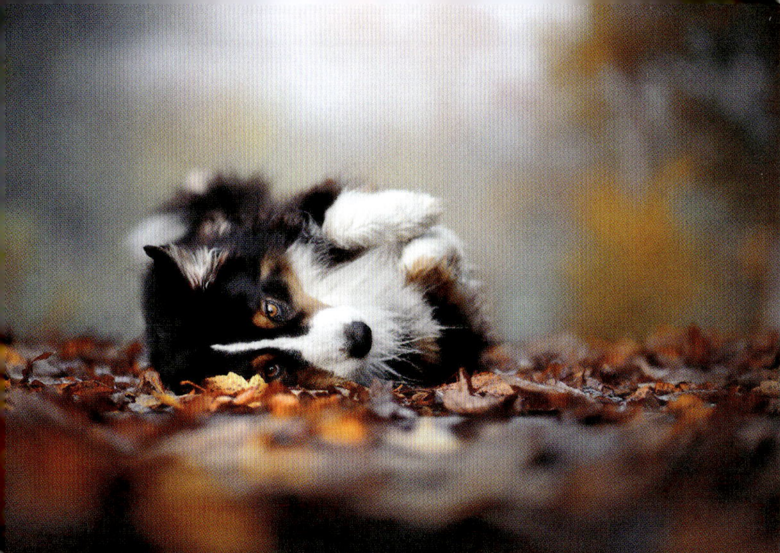

Abbildung 2.31
Chilli, ein echter Profi vor der Kamera. Mit seinen zahlreichen Tricks lässt er jedes Fotografenherz höher schlagen.

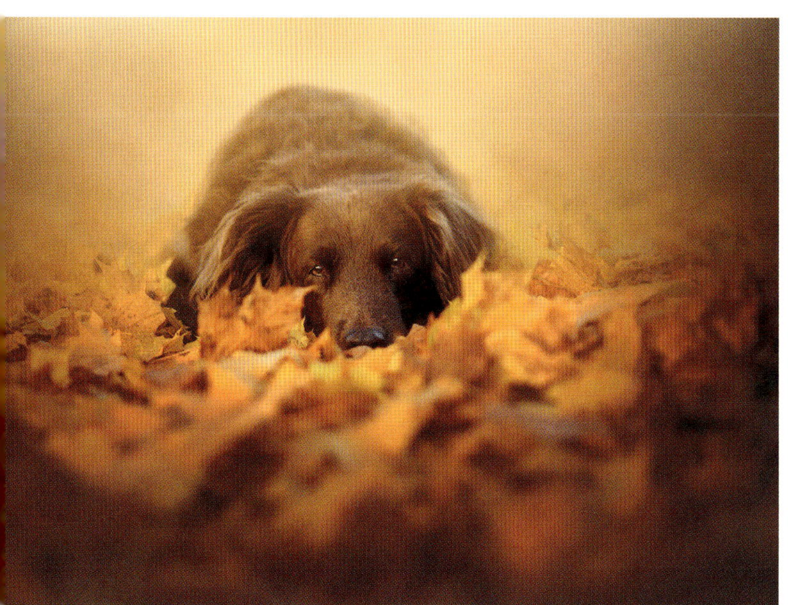

Abbildung 2.32
»Kopf ablegen« ist definitiv mein absoluter Lieblingstrick. Die meisten Hunde wirken sehr entspannt oder verträumt und es ist eine natürliche Position.

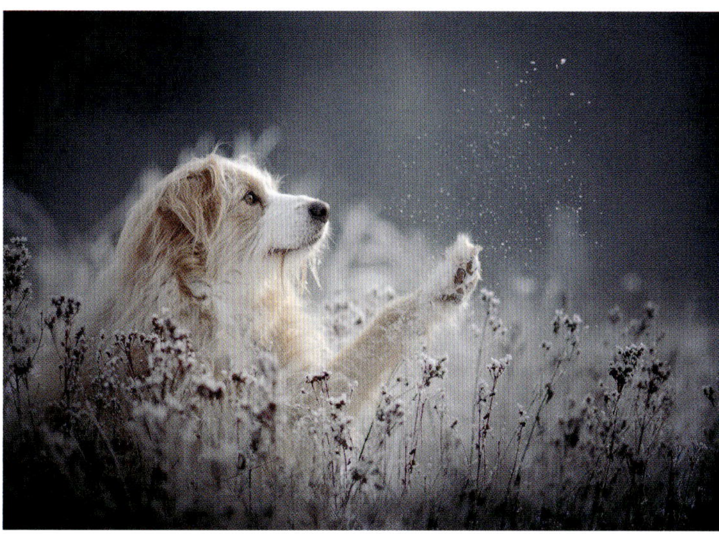

Abbildung 2.33
Auf dem Bild ist der Hund Saito meiner Eltern zu sehen. Das Winken und der spritzende Schnee verleihen dem Foto etwas Besonderes.

Hunde mit starkem Jagdtrieb – ein sehr großes Risiko

Natürlich gibt es auch immer wieder Fotoshootings, bei denen der Hund nicht abgeleint werden kann, wofür es unterschiedliche Gründe gibt. Einer der häufigsten ist ein sehr ausgeprägter Jagdtrieb. Man sollte sich aber dadurch nicht abschrecken lassen, sondern einfach darauf vorbereitet sein. Denn auch mit Halsband und Leine kann man tolle Fotos machen. Was du vielleicht nicht weißt, ist, auch ich fotografiere meinen eigenen Hund Yuri zu 90 % mit Halsband und Leine. Er zählt nämlich zu der Hundekategorie: »Ich habe prinzipiell einen guten Grundgehorsam, aber nicht unter jeder Ablenkung.« Ein Reh oder ein Hase wäre einfach immer eine zu große Verlockung und deshalb wird er meistens mit Leine fotografiert. Das Risiko ist einfach zu groß und die Sicherheit des Hundes steht an erster Stelle. Habe ich ein Kundenfotoshooting, bei dem der Hund nicht abgeleint werden kann, frage ich meine Kunden schon vor dem Fotoshooting, ob sie die Bilder trotzdem gerne ohne Halsband und Leine haben möchten. Wenn dies der Fall ist, nutze ich ein ganz feines Halsband und eine sehr dünne Leine. Wichtig dabei ist nur, dass die Leine nie auf Spannung ist oder sie zu weit über den Körper des Hundes verläuft. Von der Verwendung einer Nylon- oder Angelschnur würde ich auf jeden Fall abraten. Man hat zwar innerhalb der Bildbearbeitung bestimmt weniger zu tun, jedoch ist die Verletzungsgefahr einfach zu groß. Wenn der Hund plötzlich kräftig zieht, kann dies sowohl beim Hund als auch beim Besitzer zu schlimmen Schnittverletzungen führen.

Und mit ein paar Retusche-Kniffen, die ich dir im Kapitel der Bildbearbeitung noch genauer erläutern werde, kann man die Leine und das Halsband ganz einfach verschwinden lassen. Das Endergebnis zeigt dann nur noch einen unvergesslichen Moment von einem perfekten Hundemodel.

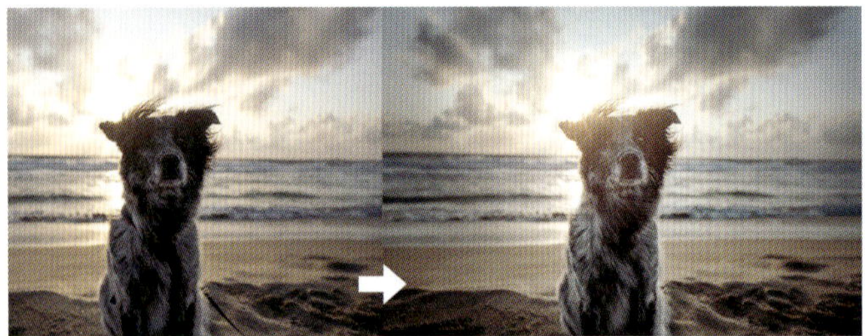

Abbildung 2.34
Innerhalb der Bildretusche können Leine und Geschirr bzw. Halsband ohne Weiteres entfernt werden.

Körperhaltung und Ausdruck des Hundes

In diesem Abschnitt möchte ich dir ein paar Tipps geben, welche Posen und Phasen du nutzen kannst, um den Hund von seiner Schokoseite zu zeigen, auf was du beim Ausdruck des Hundes achten sollst und wie du am besten dabei vorgehst, tolle Momente zu erwischen. Dabei geht es vor allem um eines, eine gute Balance zwischen der gezielten Positionierung des Hundes und dem Fotografieren dessen, was der Hund einem anbietet, zu finden.

Hunde haben eine ganz eigene Wirkung auf die Menschen. Sie sind unsere besten Freunde, sie helfen uns, beschützen uns und bringen vor allem ganz viel Emotion in unser Leben. Mit ihren herzzerreißenden Blicken wickeln sie uns schnell um ihre Pfote. Wenn ich an Hunde denke, denke ich vor allem an Lebensfreude. Hunde haben uns einiges voraus, sie leben im Hier und Jetzt. Sie hängen nicht an der Vergangenheit oder machen sich Sorgen über die Zukunft. Hunde haben einfach eine unglaublich positive Ausstrahlung und unbeschwerte Art.

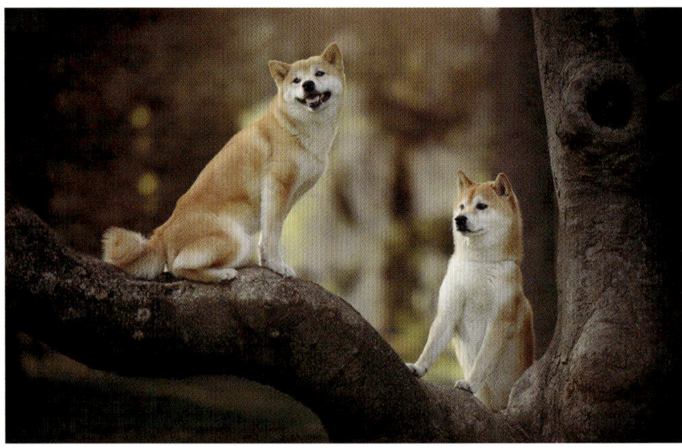

Abbildung 2.35
Die beiden Shiba Inus Ilvy und Toivo haben beide einen ganz anderen Ausdruck. Ein leichtes Hecheln wird einen Hund immer freundlich wirken lassen. Ilvy wirkt auf diesem Foto sehr freudig. Toivo wirkt durch die sehr aufrechte Position und den aufmerksamen Blick sehr stolz.

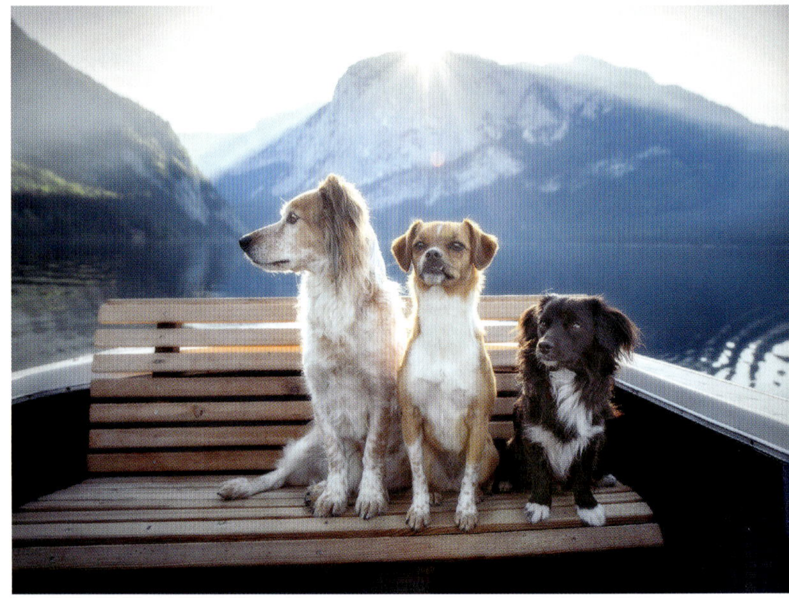

Abbildung 2.36
Ein Foto, drei Hunde und drei ganz unterschiedliche Ausdrücke. Alfie blickt erwartungsvoll in die Ferne und ist schon ganz gespannt, wohin die Tour wohl geht. Fine wirkt selbstbewusst und gelassen. Und der kleine Emil zeigt sich zufrieden und genießt die Bootstour.

Hunde sind aber auch nachdenklich und ernst oder stolz und imposant, edel und wunderschön. Ich glaube, ich könnte diese Aufzählung noch endlos weiterführen.

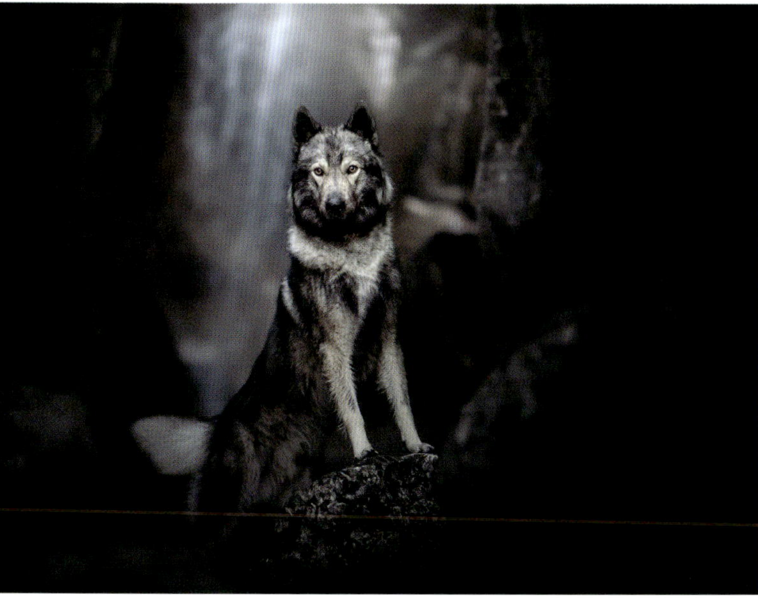

Abbildung 2.37
Tsume präsentiert sich stolz und edel.

Hunde haben einfach so viele Facetten, mit denen sie uns jeden Tag von Neuem überraschen, und genau das sollten wir als Hundefotografen auch einfangen. Aber egal, ob ernst und nachdenklich oder einfach nur lebensfroh, neben einem schönen Ausdruck des Hundes ist auch auf eine entsprechende Körperhaltung zu achten.

Körperhaltung des Hundes

Generell solltest du versuchen, dass der Hund seine Körperspannung einsetzt, eine aufrechte Position einnimmt und nicht wie ein nasser Kartoffelsack sitzt. Der Hals sollte gestreckt und die Vorderhand des Hundes höher oder gleich hoch wie die Hinterhand sein. Du musst den Hund sehen lernen. Bei meinen eigenen Hunden weiß ich genau, wie ich sie positionieren muss, um sie von ihrer besten Seite zu zeigen.

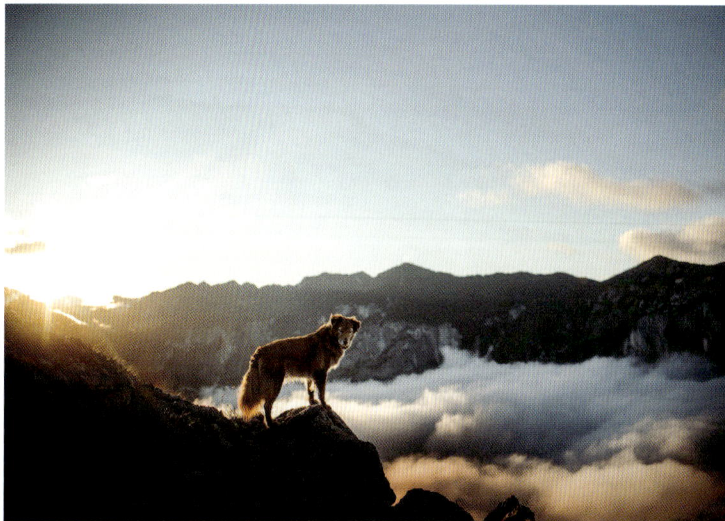

Abbildung 2.38
Je besser man einen Hund kennt, desto leichter kann man ihn von seiner besten Seite ablichten.

Dabei ist die Pose des Hundes, die Perspektive und auch die Brennweite entscheidend. Mit einer längeren Brennweite wird zum Beispiel ein Hundekörper immer proportional korrekt dargestellt. Mit einer kürzen Brennweite wird das Bild verzerrt und der Hund bekommt zum Beispiel einen größeren Kopf im Vergleich zum restlichen Körper.

Ein Hund hat vier Beine und deshalb wirkt es bei einer Standaufnahme meistens besser, alle vier Beine zu sehen. Es müssen nicht alle vier Beine komplett zu sehen sein, geht auch schlecht, da die Vorderbeine teilweise ja die Hinterbeine verdecken. Zudem soll es auf keinen Fall heißen, dass, wenn ein Bein verschwindet, du beginnen sollst, die Beine perfekt auszurichten. Aber du kannst zum Beispiel versuchen, den Hund einen Schritt nach vorne gehen zu lassen und du wirst sehen, auch seine Beinstellung wird sich ändern. Oder du änderst ganz einfach die Perspektive, um die Position des Hundes positiv zu beeinflussen.

Ich habe, glaube ich, das beste negative Beispiel gefunden, das man hier anführen kann.

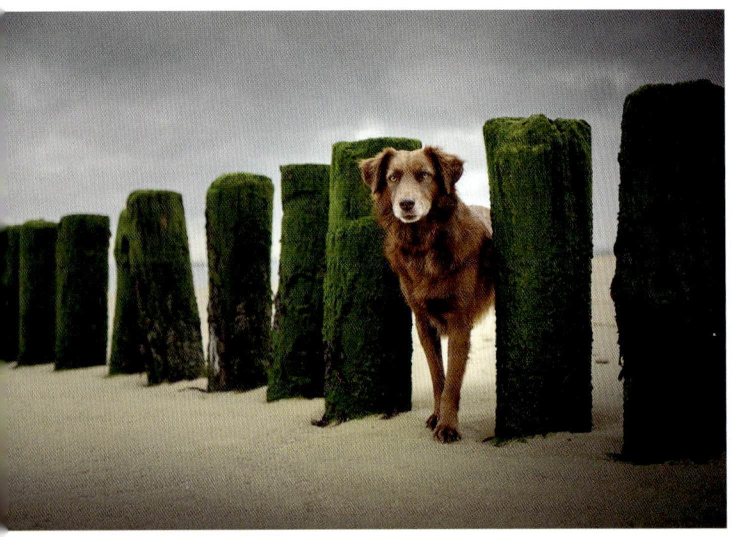

Abbildung 2.39
Durch die ungünstige Positionierung wirkt es, als ob die Hinterbeine fehlen.

Das Bild zeigt Finn in Holland. Dadurch, dass seine Hinterbeine komplett hinter dem Holzblock verschwinden, wirkt es so, als hätte Finn nur zwei Vorderbeine. Und das sieht komisch aus. Ich hätte hier lediglich meine Perspektive etwas ändern müssen oder Finn absetzen, um das Problemchen zu beheben.

Die meisten Hunde positionieren sich ohnehin so, dass alle vier Beine zu sehen sind. Oft wählt man als Fotograf selbst nur die falsche Perspektive.

Die gesamte Haltung des Hundes entscheidet maßgebend, wie der Betrachter den Hund auf dem Foto wahrnimmt. Durch die Körperhaltung und den Ausdruck kann der Betrachter erkennen, ob sich der Hund wohlfühlt oder nicht, ob der Hund glücklich war oder eher gelangweilt. Zudem beeinflussen sie die Bildstimmung stark. Wirkt die Mixhündin auf dem ersten Bild durch die Körperhaltung und die Ohrenstellung eher etwas unsicher, zeigt sie sich im zweiten Bild stolz und selbstbewusst. Der Hund hat dadurch eine viel positivere Ausstrahlung und die gesamte Bildwirkung ändert sich.

Um die Körperhaltung des Hundes positiv zu beeinflussen, kannst du zum Beispiel versuchen, die Vorderhand des Hundes etwas höher zu stellen, denn dadurch bekommt der Hund eine tolle Spannung und diese Pose schmeichelt den meisten sehr.

Hingegen wirkt es meistens nicht so gut, wenn die Hinterhand des Hundes höher steht. Natürlich gibt es auch Ausnahmen – wie zum Beispiel, wenn der Hund zur erhöhten Hinterhand noch eine ganz tiefe Kopfstellung einnimmt.

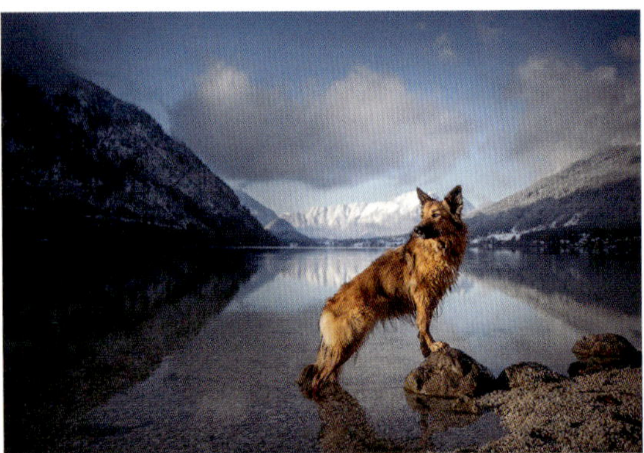

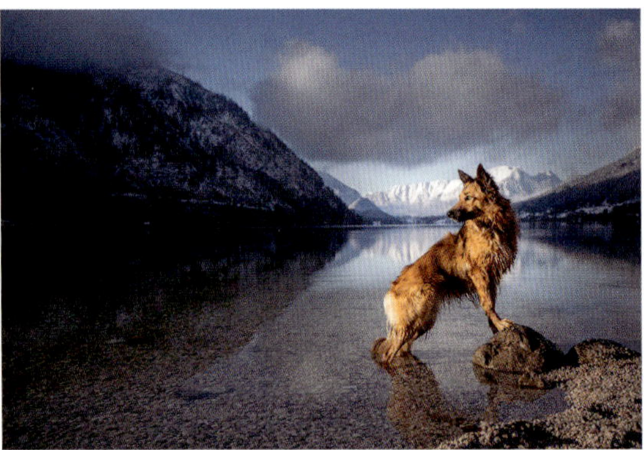

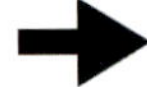

Körpersprache ändert die Bildstimmung

Abbildung 2.40
Derselbe Hund mit einer anderen Körpersprache und die Bildaussage verändert sich.

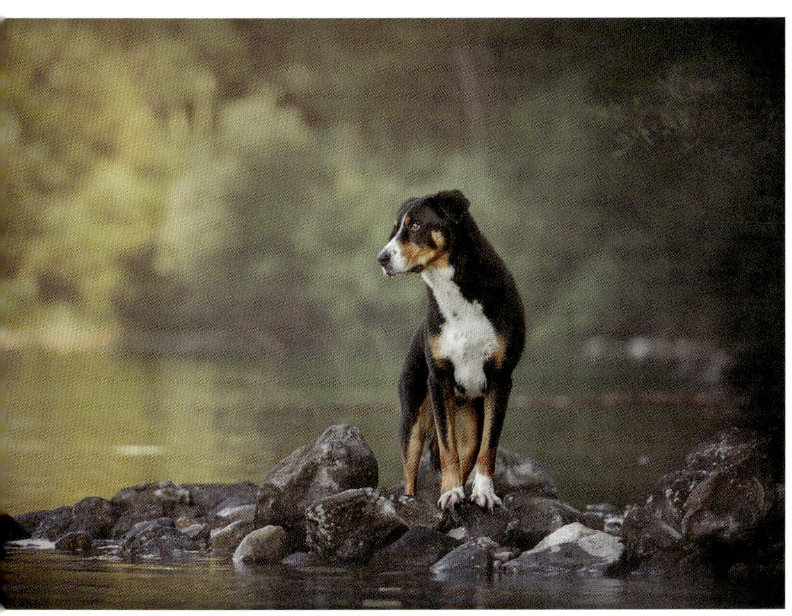

Abbildung 2.41
Alleine durch die aufrechte Haltung des Hundes bekommt das Bild eine ganz wunderbare Wirkung.

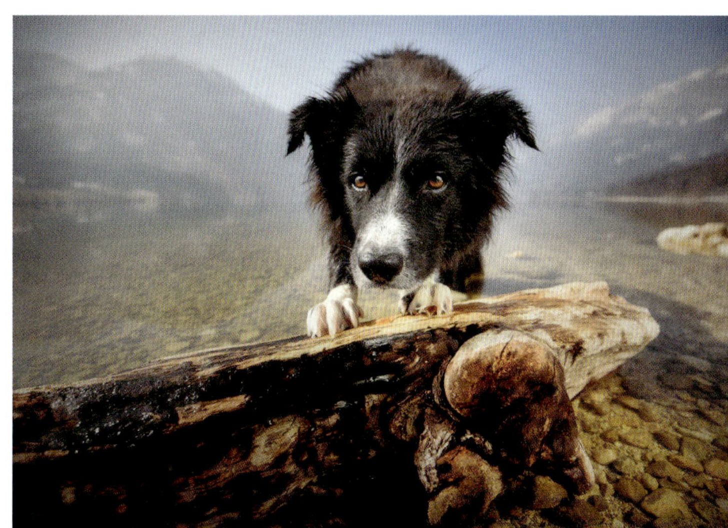

Abbildung 2.42
Durch die tiefe Haltung des Border Collies Grisu bekommt das Bild eine schöne intensive Wirkung.

Bei dem Foto von Dami ist seine Vorderhand etwas tiefer als die Hinterhand, es stört jedoch nicht so sehr, da der Unterschied nicht zu groß ist und der Hund trotzdem noch eine schöne Haltung hat. Die umgekehrte Position wäre natürlich hinsichtlich der Haltung deutlich besser gewesen, jedoch wäre dann direkt vor seinem Gesicht ein massiver Ast verlaufen. Manchmal muss man eben Kompromisse eingehen.

Je nach Rasse tragen Hunde ihre Rute ganz unterschiedlich. Abgesehen von der Rutenhaltung bestimmter Rassen wirkt zum Beispiel ein Hund mit gesenkter Rute viel entspannter, was zu mehr Ruhe im Bild führt und ein Hund mit aufgestellter Rute imposanter, wodurch mehr Spannung entsteht. Auch bei den Bildern 2.44 und 2.45 kannst du wieder gut erkennen, wie sich die Bildaussage aufgrund der Haltung ändert. Wirkt das erste Foto mit den beiden Malamutes ruhig und ausgeglichen, wirkt das andere Bild mit dem Kleinen Münsterländer etwas dynamischer und man fragt sich, was der Hund in diesem Moment wohl gesehen hat.

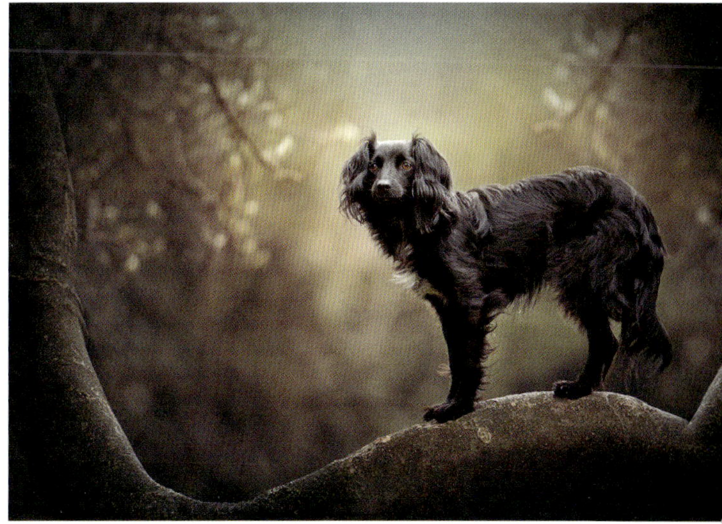

Abbildung 2.43
Markiesje Dami balanciert auf einem Baum.

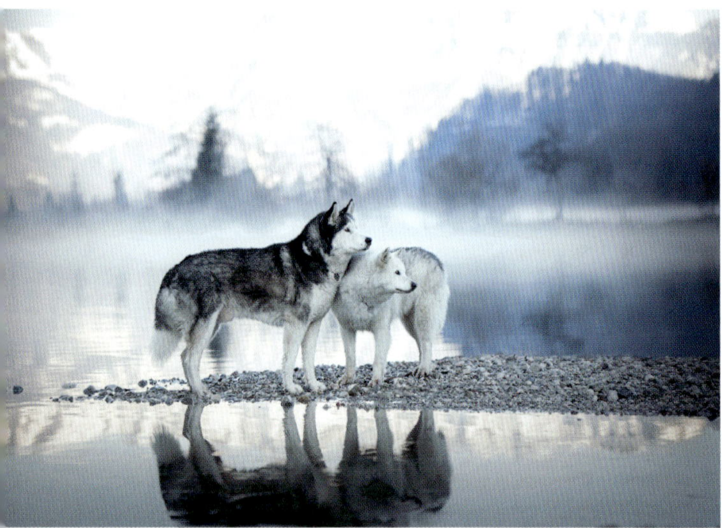

Abbildung 2.44
Die beiden Malamutes vermitteln viel Ruhe und Ausgeglichenheit. Neben der Körperhaltung vermittelt auch die restliche Stimmung wie der Nebel und die Spiegelung des Bildes viel Ruhe.

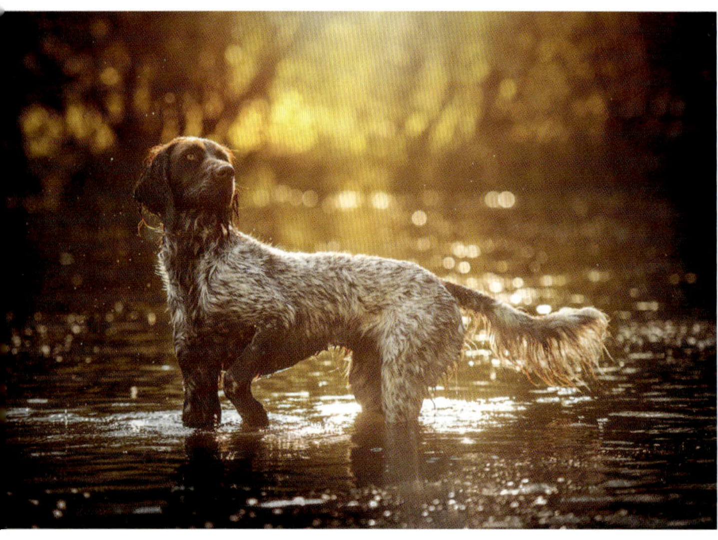

Abbildung 2.45
Die Kleine Münsterländerdame bringt durch die Pfoten- und die Rutenhaltung eine gewisse Spannung in das Foto.

Gerne werden Hunde sitzend von hinten abgelichtet. Ich selbst mag diese Pose sehr. Doch wirken viel Hunde, wenn sie auch noch so schlank sind, in dieser Pose eher dick. Deshalb ist es besonders wichtig, auf einen geeigneten Aufnahmewinkel zu achten. Ungünstig ist hier die Aufnahme auf Augenhöhe oder darunter und eine sehr nahe Position. Bei solchen Fotos ist es besser, den Abstand zum Hund zu vergrößern und leicht von oben zu fotografieren.

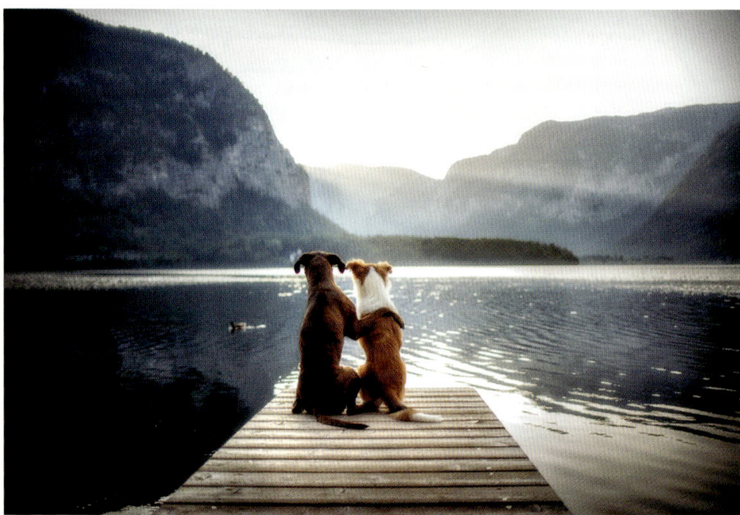

Abbildung 2.46
Tini und Sunny blicken in die Ferne.

Alle Hunde sind schön so, wie sie sind, und daran gibt es nichts zu rütteln. Ob ganz schlank oder eben etwas dicker, ob klein oder groß, ob kurzhaarig oder langhaarig. Wichtig ist es für uns als Fotografen, bei Hunden mit einem etwas unvorteilhaften Körperbau, wie starkem Übergewicht oder einer höheren Hinterhand als Vorderhand, auch dementsprechend zu reagieren. Die Pose des Hundes so wählen, dass sie vorteilhaft ist und aus so einer Perspektive zu fotografieren, dass bestimmte Problemstellen kaschiert werden. Zum Beispiel kannst du einen Hund mit etwas mehr Gewicht in einem Gebüsch absetzen, sodass die feinen Äste bestimmte Bereiche überdecken und er dadurch im Sitzen nicht ganz so massig wirkt. Oder bei Hunden mit einer hohen Hinterhand im Vergleich zur Vorderhand würde ich dir raten, den Hund nicht direkt von der Seite zu fotografieren. Du kannst auch versuchen, ihn mit den Vorderbeinen auf etwas draufzustellen.

Man muss auf jeden Fall zu einem guten Beobachter werden, um zu sehen, welche Posen für den jeweiligen Hund vorteilhaft sind oder nicht. Denn auch der allerschönste Hund kann aus einem gewissen Aufnahmewinkel in einer unvorteilhaften Position komisch auf dem Foto wirken.

Ausleuchtung der Augen

Unabhängig vom Charakter des Hundes ist die Ausleuchtung der Augen von ganz großer Bedeutung. Der Glanz in den Augen ist für ein gelungenes Hundeporträt entscheidend. Ohne Glanz wirken Bilder oft recht leblos und das Porträt wird ausdruckslos.

Wenn du Schwierigkeiten hast, Glanz in die Augen des Hundes zu bringen, reicht es oft schon, den Hund in die andere Richtung blicken zu lassen, um den Lichteinfall in das Auge zu lenken. Bei einigen Hunden ist es rassebedingt oft schwieriger, den Lichteinfall in den Augen einzufangen. Meistens kannst du das aber ganz einfach erreichen, indem du versuchst, den Hund weiter nach oben in Richtung Himmel blicken zu lassen.

Der Vergleich der beiden Bilder von Yuri zeigt deutlich, wie sich die Haltung des Kopfes auf den Lichtglanz in den Augen auswirkt. Das Foto entstand im dichten Wald und es war nur wenig Licht vorhanden. Als Yuri direkt in die Kamera blickte, fiel kaum Licht in die Augen. Die Augen wirken leer und ausdruckslos. Mit erhobenem Kopf fällt das Licht sehr gut ein und die Augen beginnen, durch den Glanz zu leben.

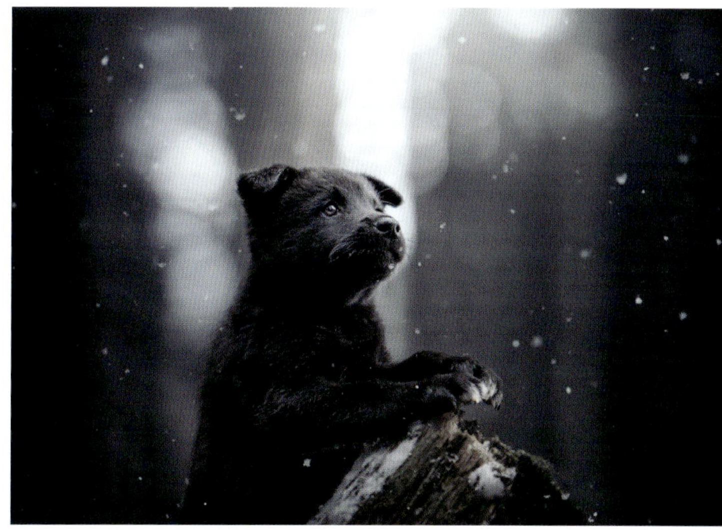

Abbildung 2.47
Um den Bildern Leben zu geben, ist der Glanz in den Augen das Wichtigste.

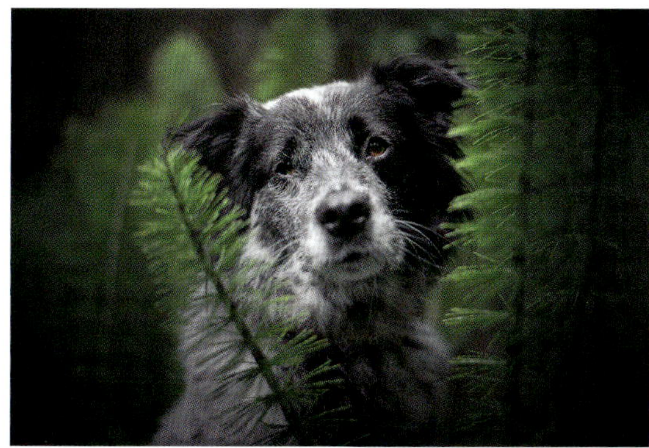

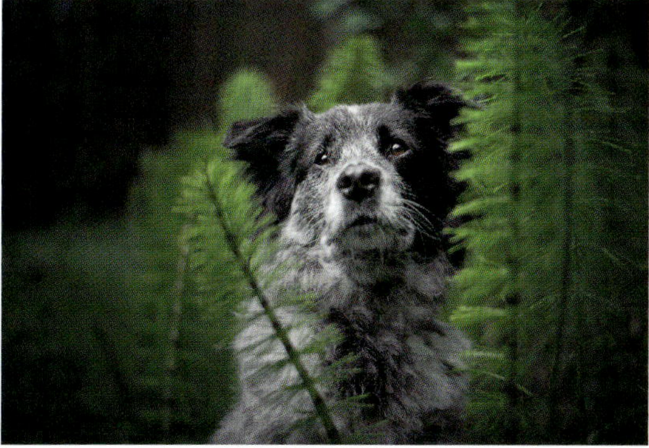

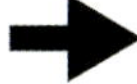

höherer Blick des Hundes - besserer Lichteinfall und Glanz in den Augen des Hundes

Abbildung 2.48
Wenn der Hund weiter nach oben blickt, fällt das Licht besser ein.

Auch hier ist es wieder von großer Bedeutung, den Hund gut zu beobachten, um zu sehen, wann er die aufmerksamen Blicke zeigt. Um schöne Momente nicht zu verpassen, solltest du ruhig öfter abdrücken. Ich habe dadurch schon oft genau den Moment eingefangen, in dem der Hund zum Beispiel die Augen schließt, was zu einer ganz eigenen Stimmung im Bild führt.

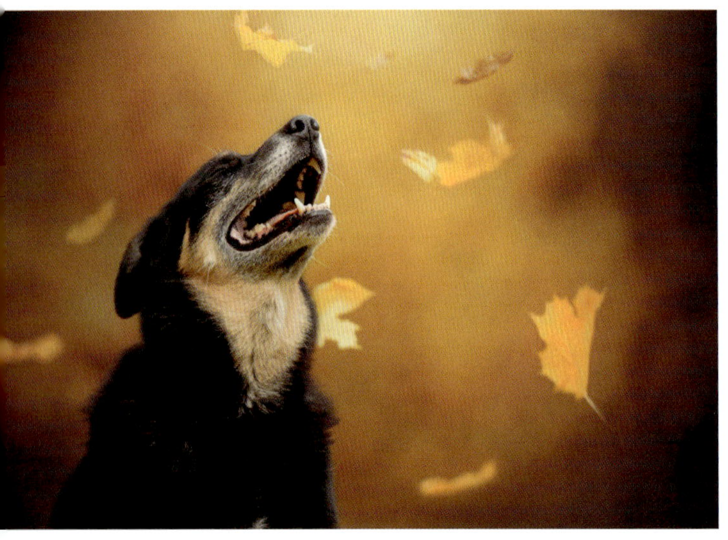

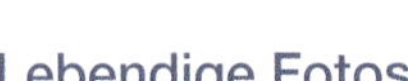

Abbildung 2.49
Durch die geschlossenen Augen und den offenen Mund bekommt dieses Foto eine sehr schöne Bildaussage – man spürt richtig, dass der Hund den Herbst genießt.

Lebendige Fotos

Ein weiterer wichtiger Punkt ist es, lebendige Fotos zu schaffen. Wie schon erwähnt, ist es nicht notwendig, dass der Hund wie angewurzelt an einem Platz steht. Gerade in »leichter« Bewegung entstehen tolle und vor allem natürliche Momente.

Bei diesem Bild haben weder die Besitzerin noch ich der Hündin Anweisungen gegeben. Wir haben Tamani einfach das Wasser erkunden lassen und ich habe versucht, dabei schöne Momente einzufangen. Durch die leichte Bewegung wirkt das Foto sehr natürlich.

Um lebendige Fotos einzufangen, ist es wichtig, auf den richtigen Moment zu warten und genau beobachten zu lernen. Genau das habe ich bei dem Foto von Cindy gemacht. Wir saßen ganz gemütlich am Strand und ich habe sie nur beobachtet. Als ich gesehen habe, sie nimmt etwas in der Ferne wahr, war ich schon bereit, abzudrücken. Sie sah einen anderen Hund und das machte ihren Blick aufmerksam. Ihr Blick leuchtet richtig, sie ist voller Erwartung und bereit, auf den anderen Hund zuzulaufen, und genau das bringt so viel Leben in dieses Foto.

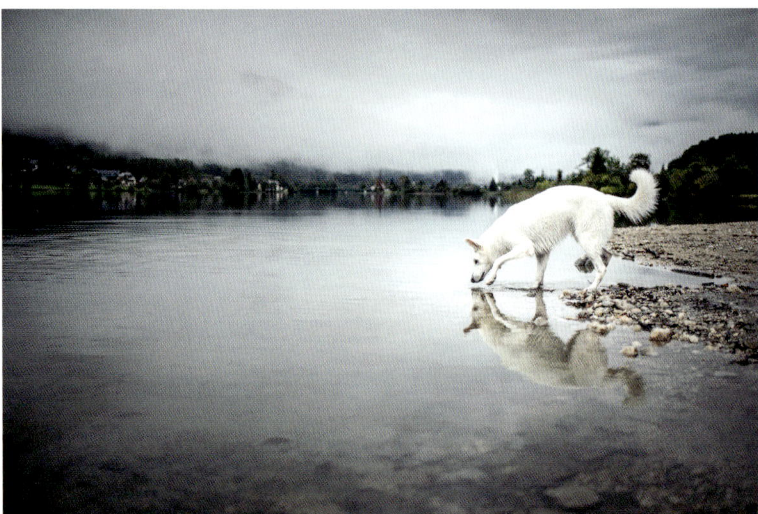

Abbildung 2.50
Die weiße Schäferhündin Tamani erkundet das Wasser.

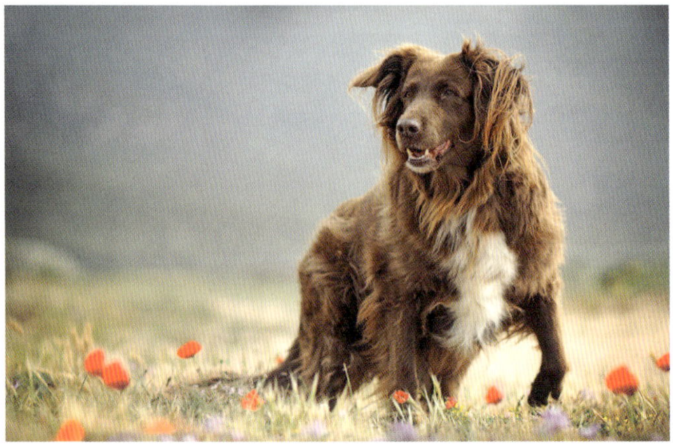

Abbildung 2.51
Cindy am Strand von Korsika, als sie in der Ferne einen Hund entdeckt hat

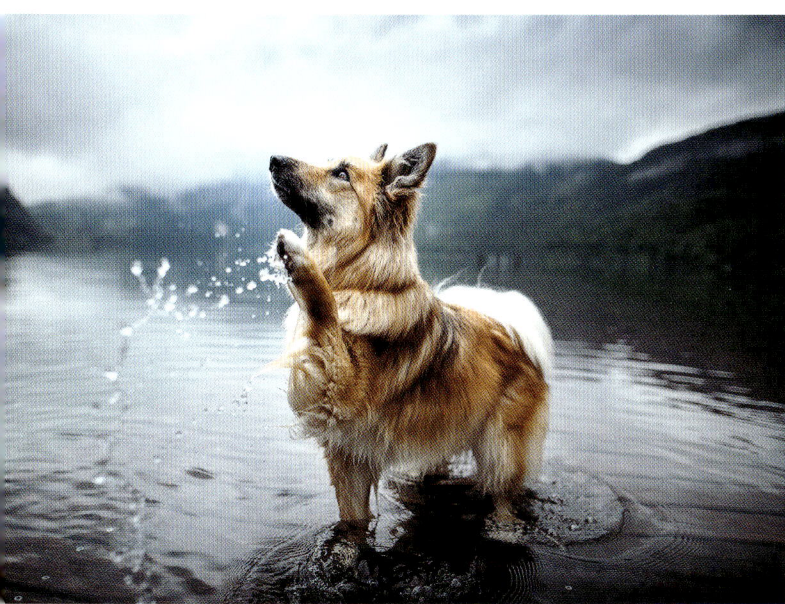

Abbildung 2.52
Das Heben der Pfote bringt Lebendigkeit in das Foto.

Mit dem Trick »Pfote heben« kann man dem Foto auch etwas Leben einhauchen. Ich nutze das Kommando bei meinen eigenen Hunden, aber nicht immer, um sie beim Winken abzulichten, sondern oft nur, um ihre Aufmerksamkeit wiederzugewinnen. Hunde müssen sich beim Ausführen eines Kommandos sehr konzentrieren. Dadurch bekommen sie meist eine schöne Spannung und einen aufmerksamen Blick.

Der Ausdruck ist wichtig für die Bildaussage und erzählt mehr über den Charakter des Hundes

In dem Moment, in dem Hunde mit ihren Besitzern agieren, haben sie meiner Meinung nach einen besonders schönen Ausdruck. Zum Beispiel, wenn ihnen der Besitzer ein Kommando gibt und sie absetzt oder das Kommando wieder auflöst. Oft ist vielleicht der Mensch bzw. noch die Hand des Menschen im Bild zu sehen, das kann man aber meistens relativ leicht innerhalb der Bildretusche entfernen. Sie zeigen viel mehr Ausdruck, wenn sie sich bewegen dürfen. Deshalb ist es ganz wichtig, den Hund nie zu lange in einer Position verharren zu lassen, viele Hunde verlieren dadurch ihren schönen Ausdruck und sehen dann eher gelangweilt als glücklich aus. Die Hunde haben einen besonders aufmerksamen Blick, wenn die Ohren nach vorne gerichtet sind und der Mund geschlossen bzw. leicht geöffnet ist.

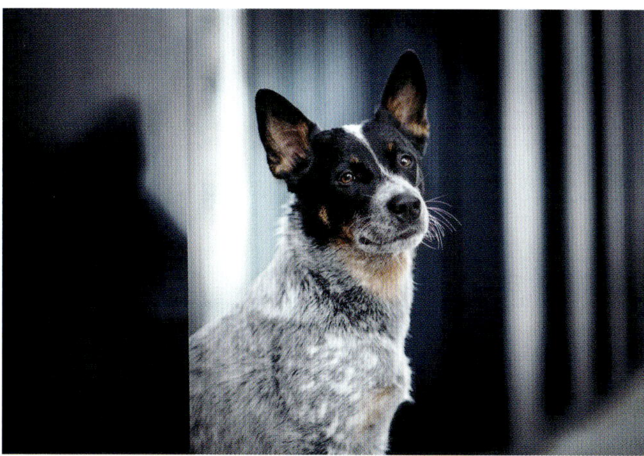

Abbildung 2.53
Der Cattle-Dog-Rüde Kalle hatte auch im städtischen Umfeld immer einen aufmerksamen Blick für mich.

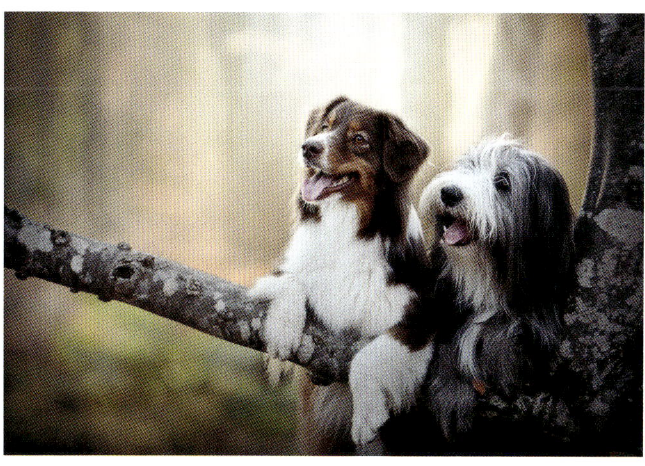

Abbildung 2.54
Die Australian-Shepherd-Hündin Kaylee und die Bearded-Collie-Hündin Elsa haben den Mund leicht geöffnet. Viele Hunden sehen dadurch sehr freundlich aus und es wirkt, als würden sie lächeln.

Ganz wichtig ist es, einen aufmerksamen Blick des Hundes einzufangen. Starkes Hecheln beim Hund solltest du eher vermeiden.

Deshalb ist es immer besser, zu Beginn die Porträtaufnahmen zu machen und erst dann mit den Bewegungsaufnahmen zu starten. Manche Hunde neigen jedoch generell schnell zum Hecheln. Da hilft es oft, ihnen ein Leckerchen zu geben, da während des Kauens immer mal wieder der Mund geschlossen ist. Oder du überrascht den Hund wieder mit einem besonderen Geräusch oder einem Pfiff, sodass er vor lauter Staunen den Mund kurz schließt.

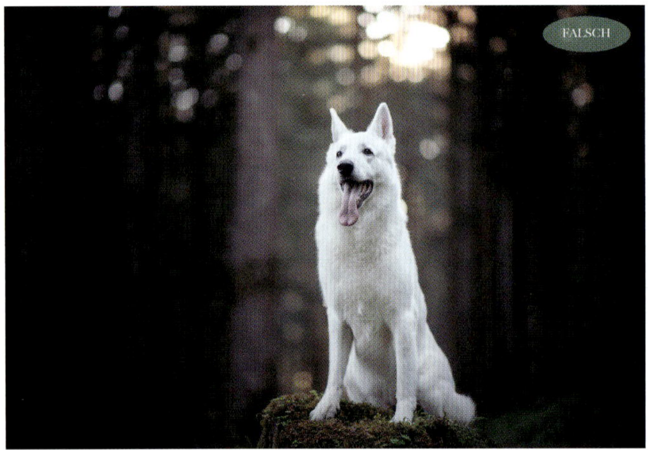

Abbildung 2.55
Cyrill hechelte während des Fotoshootings zeitweise stark aufgrund der Temperaturen.

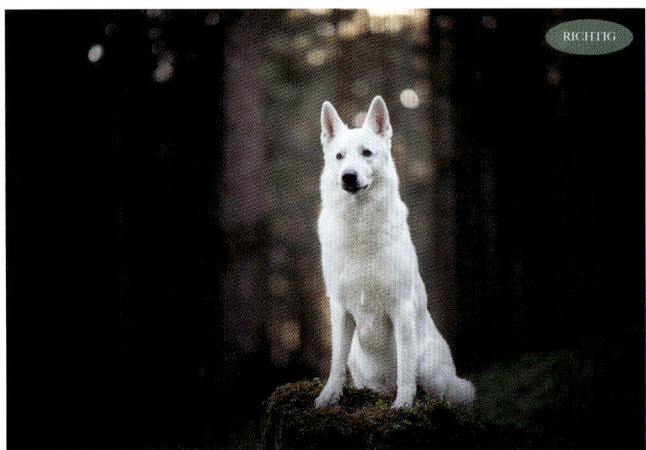

Abbildung 2.56
Mit geschlossenem Mund wirkt der Ausdruck viel besser.

Der Ausdruck ist besonders wichtig, denn er entscheidet nicht nur maßgeblich die Bildaussage, sondern sagt vor allem auch viel über den Charakter des Hundes aus. Aus diesem Grund ist es sehr wichtig, den Charakter des Hundes richtig wahrzunehmen. Kannst du den Hund nicht ganz einschätzen, ist es am besten, den Besitzer zu fragen. Finde heraus, ob der Hund eher ein Quatschkopf oder eine sehr ruhige Persönlichkeit ist. Je nachdem wirst du versuchen, andere Ausdrücke des Hundes einzufangen, um seinen Charakter auf dem Foto zu zeigen. Ausdrücke, die zu dem einen Hund gar nicht passen, sind vielleicht gerade die Ausdrücke, die den anderen Hund ausmachen. Die Charaktereigenschaften können zudem Impulsgeber für Ideen hinsichtlich der Wahl des Hintergrunds, des Bildaufbaus, der Farbgebung etc. sein. Stellen wir uns mal einen etwas tollpatschigen Welpen vor, der gerade nur Quatsch im Kopf hat und dabei ist, die Welt zu entdecken, und eine stolze, ausgeglichene Weimaranerhündin, bei der man merkt, wie geerdet sie ist. Ich wüsste sofort, dass mich bei dem Welpen ein stärkeres Hecheln oder verrückte Blicke nicht stören würden, im Gegenteil würde ich wahrscheinlich gerade versuchen, diese Gesichtsausdrücke einzufangen, weil sie einfach den etwas verrückteren Charakter des Welpen unterstreichen.

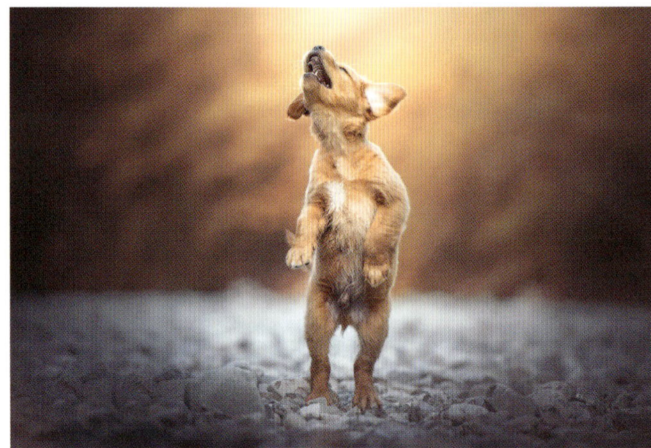

Abbildung 2.57
Ein Welpe, der gerade dabei ist, die große Welt zu entdecken

Bewusst habe ich versucht, eine lustige Phase des Welpen einzufangen, in der die Ohren fliegen, der Mund offen ist und man einfach sieht, dass der Kleine gerade richtig Spaß hat. Die Farben habe ich sehr warm gestaltet, um den Ausdruck des Hundes noch zu unterstreichen und das Gefühl von Lebensfreude zu vermitteln.

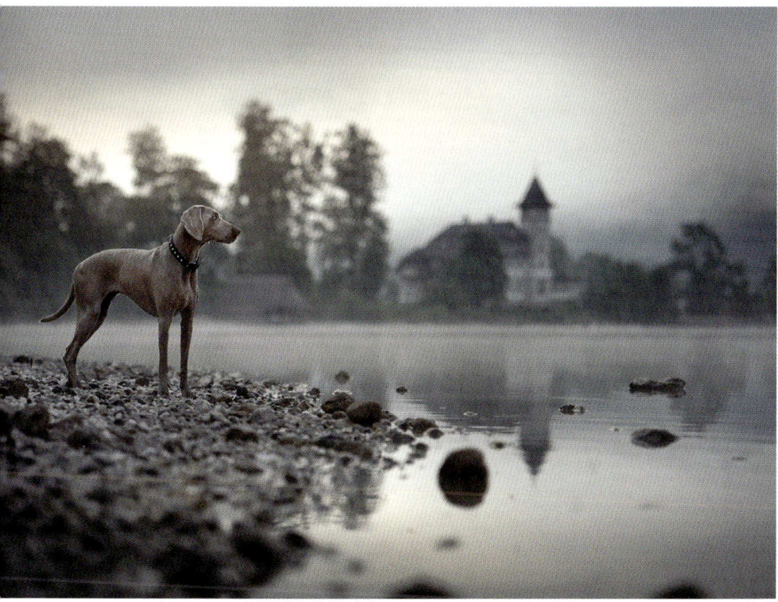

Abbildung 2.58
Die Weimaranerhündin Diva Ton in Ton in der Landschaft

Bei der Weimaranerhündin Diva hingegen habe ich einen eher ernsteren Blick ohne Hecheln versucht einzufangen. Zudem habe ich die Farbgebung ihrem Charakter entsprechend dezent gewählt.

Je mehr Erfahrung du dir über die unterschiedlichen Hundecharaktere aneignest, desto leichter wird es für dich sein, auch die gewünschten Eigenschaften aus den Hunden hervorzurufen.

Wie bekomme ich die Aufmerksamkeit des Hundes

Am besten ist es natürlich, wenn du es schaffst, die volle Aufmerksamkeit des Hundes zu erhalten. Du musst den Hund dazu bekommen, sich für dich mehr zu interessieren als für seine Umgebung. Geräusche, Leckerchen und das Lieblingsspielzeug sind bei vielen Hunden am effektivsten.

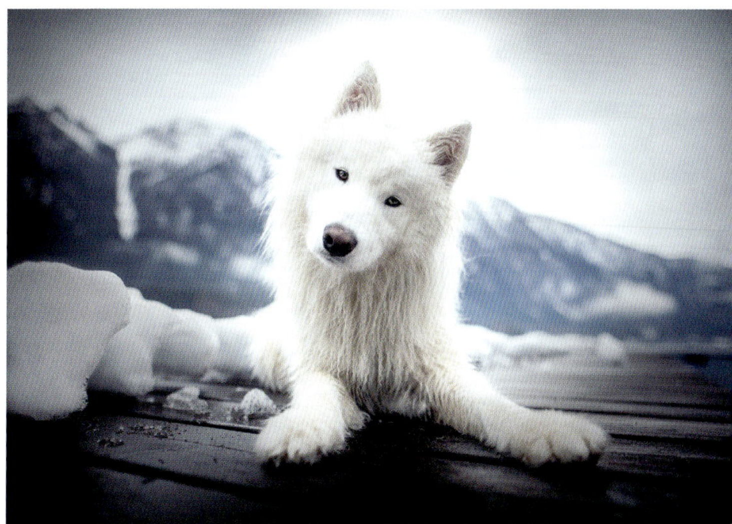

Abbildung 2.59
Den Samojedenrüden Balu konnte man mit lustigen Geräuschen dazu bringen, den Kopf schief zu legen.

Zu Beginn des Fotoshootings versuche ich, die Aufmerksamkeit meistens mit Geräuschen zu gewinnen. Dabei kannst du richtig kreativ sein und versuchen, Tierstimmen, die dir gerade einfallen, nachzuahmen. Variiere dabei auch die Tonlage. Manche Hunde kann man mit hohen Tönen nicht beeindrucken, aber dafür mit ganz tiefen Tönen aus der Reserve locken. Es gibt ganz hilfreiche Handy-Apps, die Tierstimmen imitieren. Jedoch solltest du nicht alle Geräusche schon zu Beginn abspielen, denn die meisten Hunde lassen sich leider nicht sehr lange davon beeindrucken. Versuche, herauszufinden, womit du den Hund für dich gewinnen kannst. Wenn du mit Geräuschen die Aufmerksamkeit nicht gewinnen kannst, versuche es mit Leckerchen oder Spielzeug. Ich werfe zum Beispiel oft einfach einen Stein ins Gebüsch, dann hat man meistens für einen kurzen Moment die Aufmerksamkeit des Hundes bzw. kann seinen Blick gezielt in eine bestimmte Richtung lenken. Das Rufen von »Hallo« trug bisher in vielen Situationen Früchte, da der Hund dadurch in die Erwartungshaltung kommt, es muss sich ein Mensch nähern. Wenn ich mit meinen kurzen Brennweiten arbeite, nutze ich sehr gerne Leckerchen. Damit kann ich den Blick des Hundes wieder ganz gezielt lenken und ihn in bestimmte Pose bringen. Dabei ist es wichtig, den Hund immer wieder mit den Leckerchen zu belohnen, damit er merkt, die Zusammenarbeit mit dir lohnt sich.

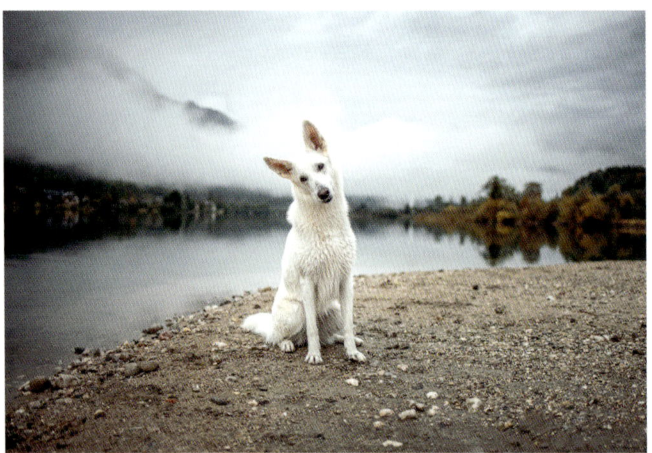

Abbildung 2.60
Die wunderschöne Tamani konnte ich mit zu Boden fallenden Steinen zu einem schief gelegten Kopf überreden.

Hier sind der Kreativität auf jeden Fall keine Grenzen gesetzt. Und je mehr Übung man mit unterschiedlichen Hunden hat, desto größer wird das eigene Repertoire.

Tipp

Versuche, mit den unterschiedlichsten Mitteln die Aufmerksamkeit des Hundes zu gewinnen, und bedenke, dass viele Geräusche den Hund vielleicht nur ein oder zwei Mal beeindrucken, denn oft ist die Spannung schnell verloren. Deshalb unbedingt schon, bevor du in die Trickkiste greifst, die optimalen Einstellungen treffen, damit du dann beim ersten Versuch schon einen Treffer landest.

Tipp Welpenfotoshooting

Um die Kleinen dazu zu motivieren, an einem bestimmten Platz zu bleiben oder sich mit den Vorderpfoten irgendwo draufzustellen, streiche ich dort gerne etwas Leberwurst hin. Meistens klappt das richtig gut und die Welpen bleiben auch, nachdem sie die Leberwurst aufgegessen haben, kurz dort. Doch gibt es natürlich einige sehr quirlige Welpen, die sich schnell die Leberwurst nehmen und dann schon wieder weg sind. In so einem Fall musst du versuchen, die Welpen, sobald sie die Leberwurst aufgeleckt haben, mit einem Geräusch zu überraschen. Meistens verharren sie dann kurz in dieser Position und blicken dabei sogar zur Kamera.

Emotionale Hundefotografie

Technik vs. Emotion

Ein Bild, das von der Technik her und all den Gestaltungsregeln einwandfrei ist, ist noch lange kein perfektes Hundefoto. Stimmst du dieser Aussage zu oder eher nicht?

Ich war lange Zeit sehr penibel, was Schärfe und Bildaufbau etc. betrifft, und es wird auch oft alles überbewertet. Meiner Meinung nach ist Gefühl im Bild noch viel wichtiger. Natürlich ist es wichtig, auf die Schärfe oder den Bildaufbau zu achten, aber es gibt einfach Bilder, bei denen diese Dinge dennoch in den Hintergrund rücken.

Gelehrt haben mich das meine Kunden. Ich erstelle für meine Kunden immer eine Onlinegalerie und sie wählen zu 95 % Bilder aus, die ich nicht gewählt hätte. Für den Kunden zählt einfach nur das Eine, und das ist, den eigenen Hund mit all seinen Charaktereigenschaften auf dem Bild wiederzuerkennen. Nichts ist wichtiger als das. Bildaufbau, Schärfe etc., all das rückt dabei in den Hintergrund. Und genau dadurch hat sich auch meine Wahrnehmung auf die eigenen Bilder geändert. Zwei meiner absoluten Lieblingsbilder von Yuri und Finn sind technisch nicht einwandfrei. Aber beide haben sehr viel Emotion, zumindest für mich.

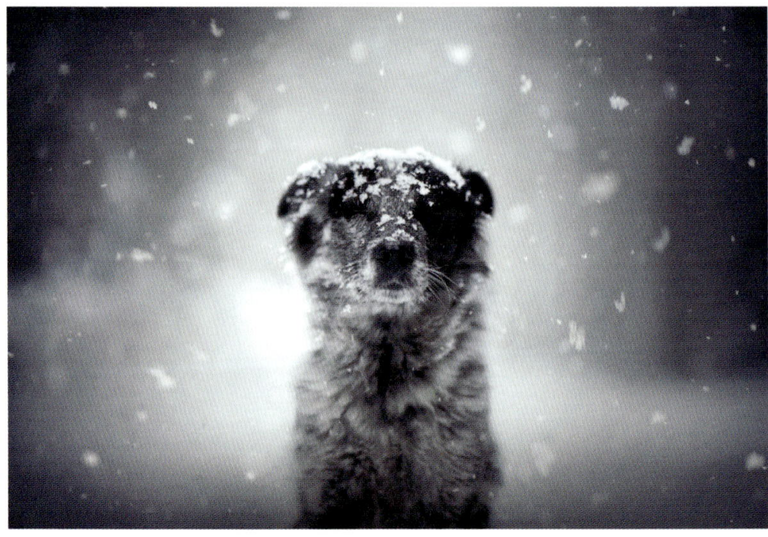

Abbildung 2.61
Bei diesem Bild sitzt der Fokus eindeutig auf der Nase und nicht auf den Augen.

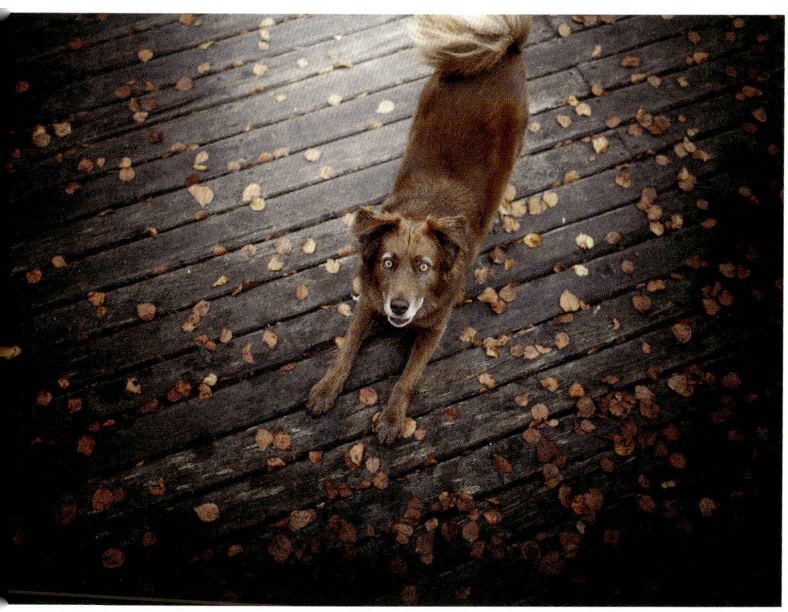

Abbildung 2.62
Finn in Spiellaune

Ich glaube, dass die Bildwirkung gerade durch den Fokus auf der Nase noch besser zur Geltung kommt. Das gesamte Bild wird dadurch weicher und verstärkt diese verträumte Winterstimmung (Abb. 2.61).

Auch wenn der Bildaufbau bei diesem Foto von Finn (Abb. 2.62) nicht optimal ist und ich versehentlich sogar seine Rute angeschnitten habe, ist es für mich eines der emotionalsten Bilder. Finn strahlt hier so viel Lebensfreude aus und fordert mich zum Spielen auf. Was gibt es Schöneres?

Natürlich möchte man als Fotograf vor allem seine Kunden glücklich machen, aber natürlich auch Bilder erzeugen, die viele Betrachter berühren. Deshalb habe ich mir viele Gedanken zu dem Thema gemacht, auch über meinen Instagram-Account eine Umfrage gestartet, um zu versuchen, Kriterien zu finden, die ein Bild emotional wirken lassen. Es ist auf jeden Fall von großer Bedeutung, zwischen subjektiven und objektiven Kriterien zu unterscheiden, und auch hier verschwimmen oft die Grenzen.

Technik vs. Emotion

Subjektive Kriterien	objektive Kriterien
persönliche Beziehung: der eigene Hund, die eigene Lieblingsrasse	Lichtstimmung
Charakter des Hundes	Wetter: Schlechtwetter, Nebel
Hundeausdruck	Farbgebung
ein besonderes Ereignis: Einzug des Hundes, besondere Reise	Bewegungsunschärfe bzw. Bewegungsschärfe
das Fotoshooting selbst als kleines Erlebnis	Fotos Mensch-Hunde-Beziehung
	Hundeausdruck
	Ehrliche Momente

Abbildung 2.63
Übersicht über subjektive und objektive Kriterien

Das wichtigste subjektive Kriterium, um ein Bild emotional zu empfinden, ist natürlich die persönliche Beziehung dazu. Dazu zählen spezielle Ereignisse, wie der Einzug des Hundes, eine tolle Reise und vieles mehr, aber natürlich auch traurige Momente, wie das letzte Foto vom eigenen Hund, bevor er seine letzte Reise angetreten hat. Solche Bilder berühren uns definitiv am meisten. Bilder vom eigenen Hund sind immer mit vielen Gefühlen verbunden. Schauen wir uns ein Bild des eigenen Hundes an, werden wir immer so viel mehr sehen als nur ein einfaches Hundeporträt. Für den Kunden ist natürlich das entscheidende Kriterium, den Charakter des eigenen Hundes auf dem Bild wiederzuerkennen. Den Hundeausdruck würde ich einerseits zu den subjektiven, aber auch zu den objektiven Kriterien zählen. Zum einen ist die Entscheidung, ob wir durch den Hundeausdruck ein Bild emotional finden oder nicht, sehr subjektiv, da wir den Ausdruck unterschiedlich deuten oder da für uns Hunde, die dem eigenen Hund ähnlich sind, vielleicht schneller emotional wahrnehmen oder uns auch schlichtweg nicht jeder Hund gefällt.

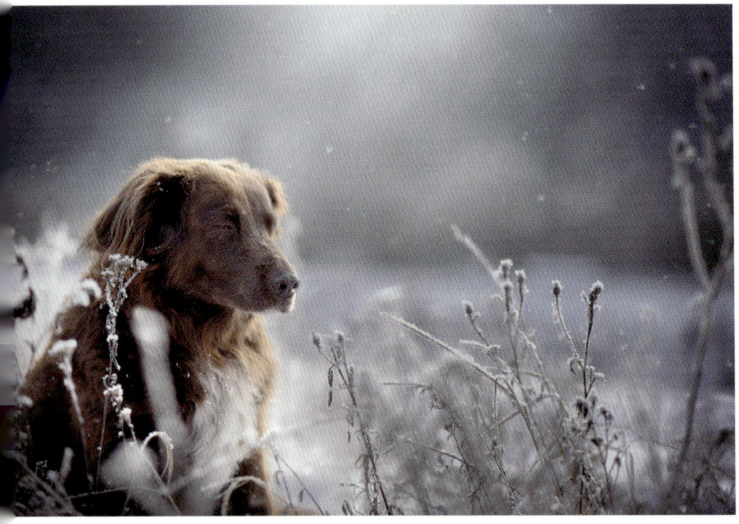

Abbildung 2.64
Cindy in ihrem Element – der kalten Jahreszeit. Die geschlossenen Augen verleihen dem Foto sehr viel Ruhe und zeigen den Hund in einer entspannten Situation.

Zum anderen ist es natürlich auch ein objektives Kriterium, denn ein Hundemensch kann normalerweise die Körpersignale auch von fremden Hunden deuten und sieht, ob der Hund entspannt ist oder vielleicht Stress hat. Ein Hund mit geschlossenen Augen wird für die meisten Menschen eine gewisse Ruhe ausstrahlen.

Aber welche objektiven Kriterien musst du nun einsetzen, um mit deinem Portfolio auch Menschen, die keine persönliche Verbindung zu dem Foto haben, zu berühren?

Zu den wichtigsten objektiven Kriterien zählt auf jeden Fall die Lichtstimmung. Unterschiedliche Lichtstimmungen erzeugen unterschiedliche Emotionen. Sanftes Gegenlicht unterstreicht deine Bildaussage sehr positiv und erzeugt ein leichtes, glückliches Gefühl. Geschlossene Augen des Hundes oder ein leichtes Hecheln untermalen diese positive Ausstrahlung noch mal. Mehr über die unterschiedlichen Lichtarten und ihre spezielle Aussage erzähle ich dir aber in Kapitel 7.

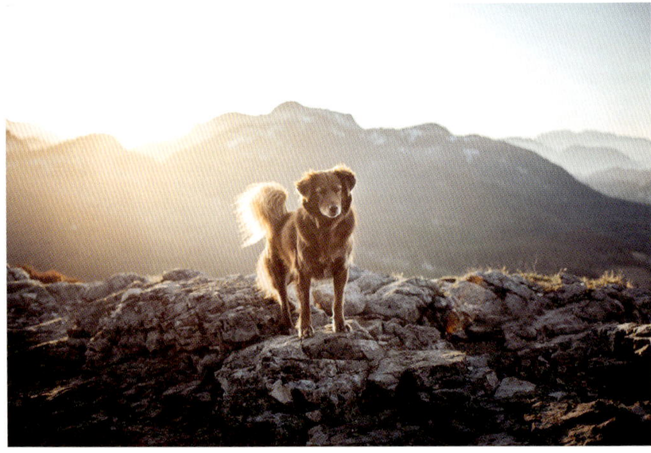

Abbildung 2.65
Finn genießt die ersten Lichtstrahlen in den Bergen.

Man kann sich natürlich auch das Wetter zunutze machen. Emotionen pur heißt es bei Schlechtwetterfotos. Düstere Wolken, Nebel oder Regen bringen viel Emotion in die Fotos.

Mit der Farbgebung kann man die Aussage des Bildes verstärken. Verschiedene Farben wecken verschiedene Emotionen beim Betrachter. Warme, dezente Farben lösen ein Wohlbefinden bei vielen Menschen aus. Aber gezielt eingesetzte Schärfe bzw. Unschärfe beeinflusst die Wahrnehmung des Betrachters. Bei bewegten Aufnahmen von Freude können zum Beispiel Bewegungsunschärfen auch noch den Bildcharakter verstärken.

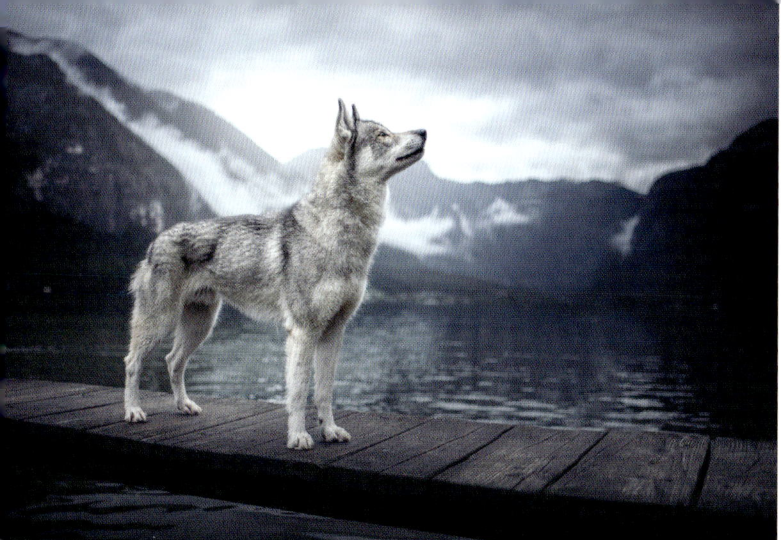

Abbildung 2.66
Der Husky Calvados passt perfekt in diese mystische Stimmung.

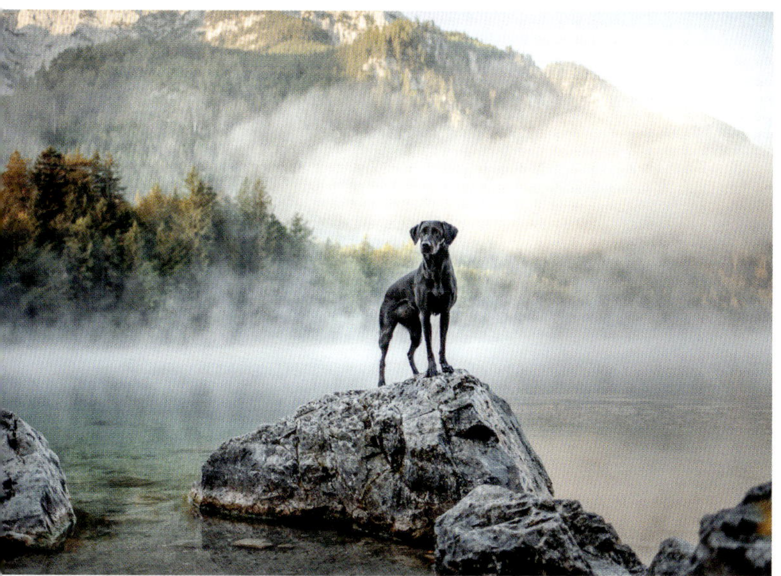

Abbildung 2.67
Nebel erzeugt eine besondere Stimmung in den Fotos.

Es ist wichtig, ehrliche Momente zu erzeugen, um Menschen zu berühren, Bilder zu schaffen, bei denen der Betrachter sich eine Geschichte dazu basteln kann oder er das Gefühl bekommt, direkt dabei gewesen zu sein.

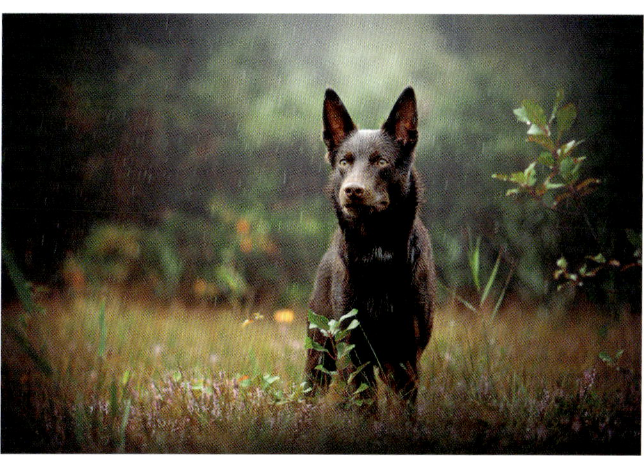

Abbildung 2.68
Die Farben im Regen wirken um einiges intensiver.

Bei Aufnahmen von Hunden in einer schönen Landschaft kann man gut ein Gefühl von Ruhe und Freiheit erzeugen. Um die Aufmerksamkeit des Betrachters noch mehr auf die Natur zu fokussieren, hilft es, den Hund klein und von hinten abzulichten. Mit einem Weitwinkelobjektiv wird der Effekt noch mehr verstärkt.

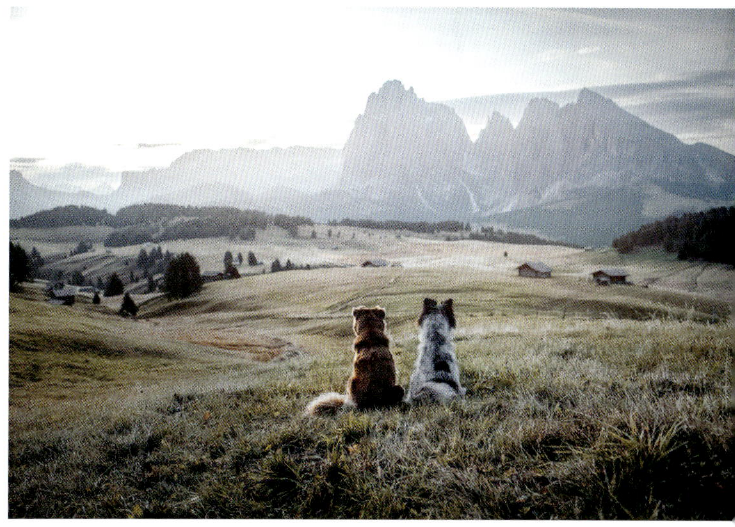

Abbildung 2.69
Finn und Yuri genießen die Aussicht in den Bergen. Am liebsten möchte man sich direkt zu den beiden dazusetzen.

Fotos von Menschen mit ihren Hunden sind immer sehr emotional, da sie diese einmalige Verbindung zeigen. Wichtig bei diesen Aufnahmen ist es, den einen Moment festzuhalten, indem die Abgelichteten die Kamera vergessen, die Gefühle sollen vorhanden sein und nicht gestellt.

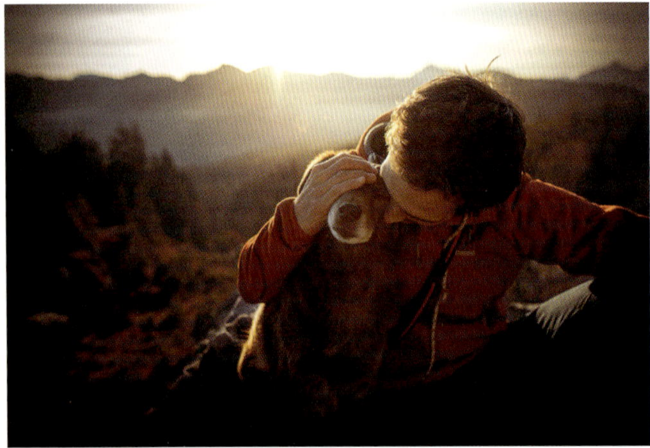

Abbildung 2.70
Mein Freund Robert und Finn. Man spürt ihre innige Bindung.

Wichtiger Tipp

Emotionale Bilder von Hund und Mensch müssen nicht zwingend immer innige Kuschelbilder sein. Viele Hunde mögen so viel Nähe nicht und das sollte man respektieren, zudem sieht man es deutlich auf dem Foto, wenn sich der Hund nicht wohlfühlt. Es gibt viele andere Möglichkeiten, die Bindung zu zeigen, zum Beispiel durch Blicke, durch eine kleine Geste, wie die Hand auf den Kopf des Hundes legen, etc. Am besten ist es, bei solchen Aufnahmen sowieso keine Anweisungen zu geben. Besitzer und Hund einfach miteinander agieren zu lassen und versuchen, echte Momente dabei einzufangen.

Du kannst auch den typischen Hundeblick oder ausdrucksstarke Hundegrimassen einfangen, um dem Betrachter Emotionen zu zeigen. Wichtig ist es, die Augen hervorzuheben, den Bildausschnitt eher eng zu wählen und eine sehr gute Freistellung zu erzeugen, damit nichts vom Hund ablenkt. Besonders gut zur Geltung kommen solche Fotos, wenn der Hund frontal in die Kamera schaut. Um ein gleichmäßiges Porträt ohne viel Schatten und Kontrast zu erstellen, ist es wichtig, mit diffusem Licht zu fotografieren.

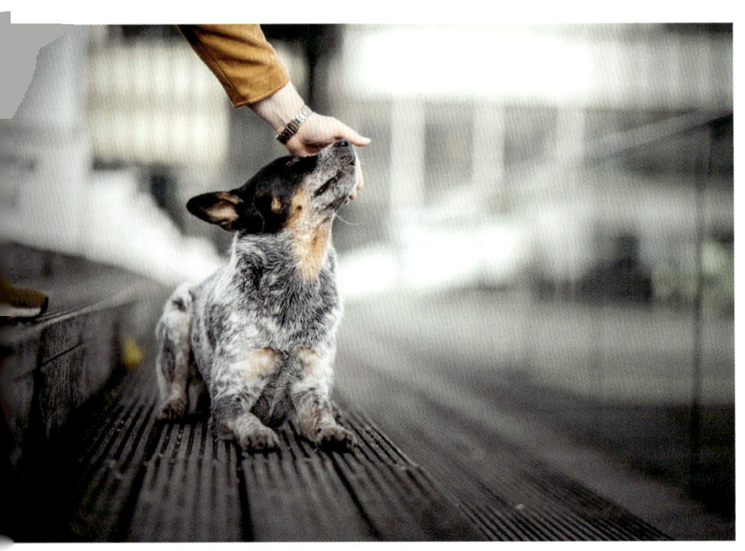

Abbildung 2.71
Kleine Geste mit großer emotionaler Wirkung

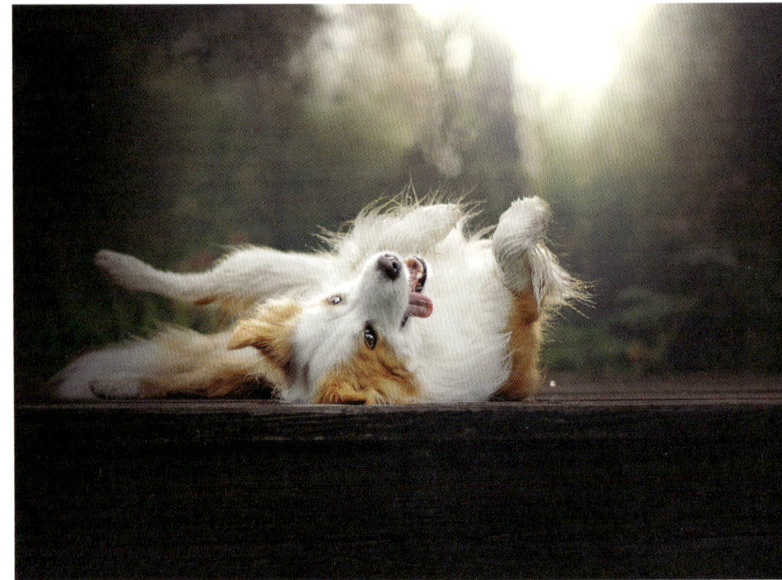

Abbildung 2.72
Bei einem verrückten kleinen Border-Collie-Mädchen wie Brooky darf natürlich ein Grimassenbild nicht fehlen.

Nutze bestimmte Elemente in der Hundefotografie, um ein Gefühl von Geborgenheit zu vermitteln. Der Hund eingekuschelt in einer Decke oder sitzend am Lagerfeuer. Solche Bilder erzählen Geschichten und animieren, um sich dahinter ein kleines Abenteuer vorzustellen.

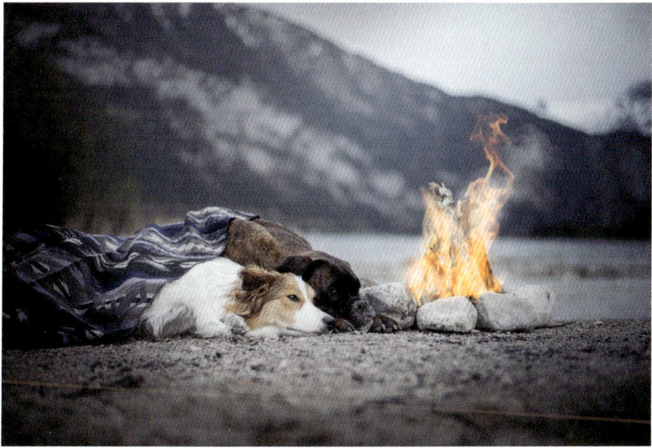

Abbildung 2.73
Beim Anblick von Sunny und Tini bekommt man richtig Lust, auch wieder einmal am Lagerfeuer zu sitzen.

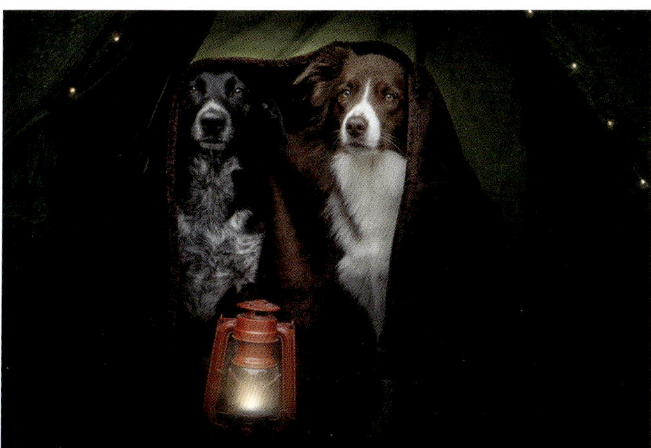

Abbildung 2.74
Paul und Alice bei ihrem kleinen Zeltabenteuer

Abschließend möchte ich noch Folgendes erwähnen: Subjektive und objektive Kriterien hin oder her – die entscheidenden Kriterien sind vor allem die Hingabe, die Leidenschaft und die Liebe, mit der der Fotograf bei der Sache ist, denn nur so kann er ein Foto schaffen, das mit Leben gefüllt ist, das Geschichten erzählt und Emotionen vermittelt. Und das wichtigste Fundament hierfür bietet ihm natürlich eine gute Technik, ausreichend Wissen, ein Gespür für die richtige Bildgestaltung und die Routine. Je mehr du diese Dinge verinnerlicht und automatisiert hast, desto leichter wird es für dich sein, auch Emotionen im Bild einzufangen. Denn du bist frei von Gedanken und kannst dich ganz auf dein Hundemodel einlassen und schöne Erinnerungen schaffen. Es ist sozusagen wie Autofahren. Ich kann mich noch genau erinnern, wie verkrampft ich die ersten Male mit dem Auto gefahren bin. Ich hatte Angst, falsch zu schalten. Ich hatte bei jeder Kreuzung Stress, wieder zu wenig Gas zu geben, sodass ich das Auto abwürge. Und diese Angst und dieser Stress, etwas falsch zu machen, haben letztendlich genau dazu geführt, dass diese Situationen auch eingetreten sind. Heute schalte ich ohne nachzudenken, es ist Routine. Und genau so ist es beim Fotografieren. Wenn ich fotografiere, überlege ich nicht, wie ich das Bild gestalten muss, damit es dem Goldenen Schnitt entspricht. Ich fotografiere einfach und passe den Schnitt ganz automatisch an. Für mich verursachen Bewegungsaufnahmen keinen Stress, denn ich muss nicht lange überlegen und stelle meine Kamera einfach dementsprechend ein.

Was ich damit sagen will, irgendwann mit genügend Erfahrung und Übung kommt man an den Punkt, an dem die Kamera automatisch bedient wird, an dem der Bildaufbau und die Perspektivenwahl ganz automatisch passieren, ohne überlegen zu müssen. Es wird so normal wie das Schalten beim Autofahren. Du hast dann auch beim Fotografieren keine Angst mehr, etwas falsch zu machen, man handelt nur nach seinem Gefühl und kann sich dadurch zu 100 % auf Gefühle im Foto einlassen. Versuche, die Momente zu spüren, und achte besonders auf die Momente dazwischen. Wie der Moment, in dem der Besitzer seinem Hund ein Okay gibt, um die Pose aufzulösen. Das sind die Momente, die wahrscheinlich am meisten Emotion zeigen.

Das Wichtigste ist, dass du Gefühle in deinen Fotos spürst. Ob der Bildbetrachter die gleichen Emotionen wie du wahrnimmt, wirst du nie wissen. Denn jeder Mensch interpretiert aufgrund seiner eigenen Erfahrungen, seines eigenen Wissens und seiner eigenen Wahrnehmung dein Bild auf seine Art und Weise.

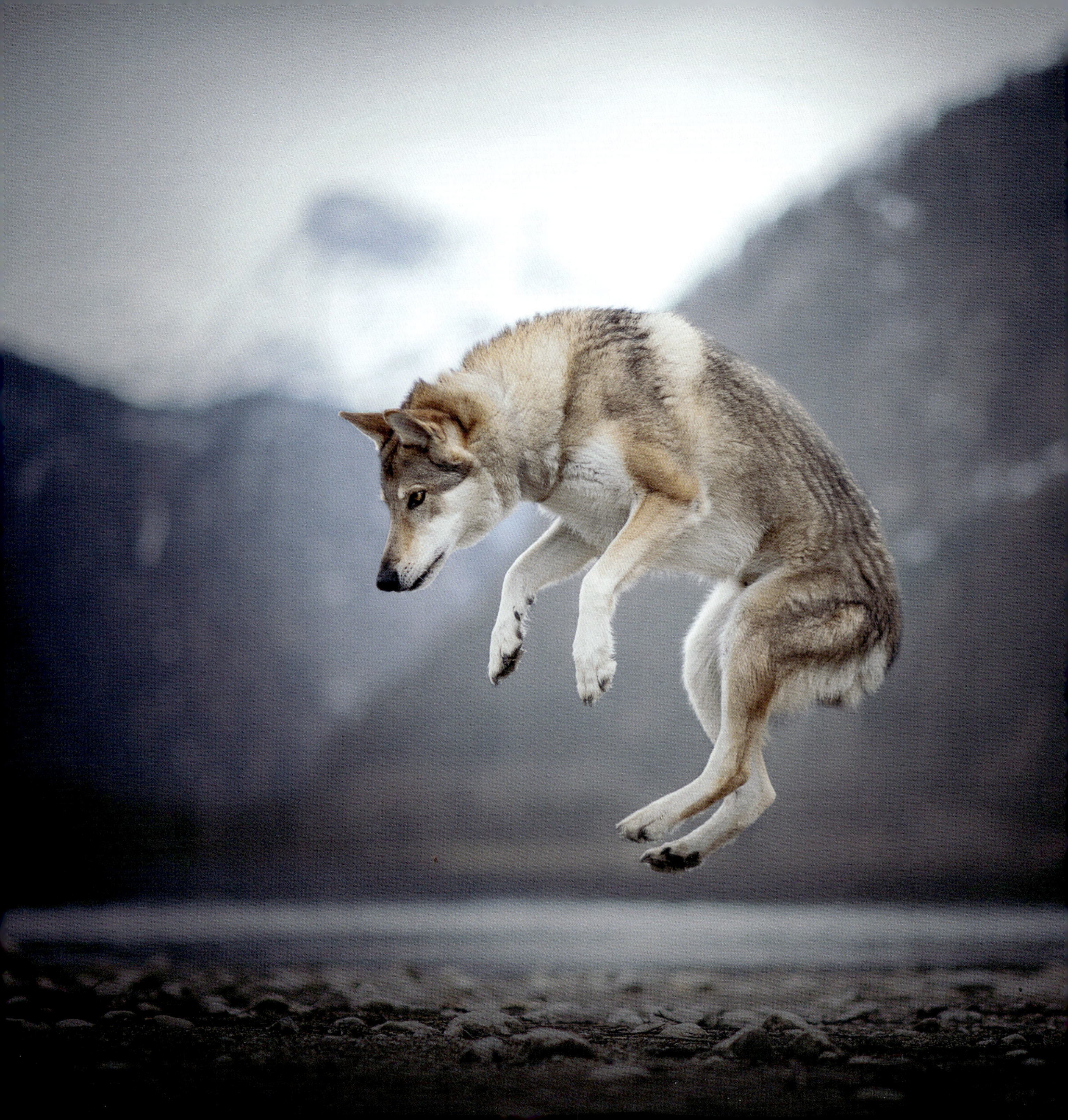

KAPITEL 3
Hunde in Bewegung

3.1 DIE RICHTIGEN EINSTELLUNGEN UND DER RICHTIGE MOMENT

Bewegungsaufnahmen sind eine schwierige Disziplin und stellen jeden Fotografen zu Beginn vor eine Herausforderung und erfordern deshalb viel Übung.

Einzelfeldsteuerung mit halb gedrücktem Auslöser den Fokus wählst. Verlässt der Hund jedoch das Messfeld und taucht in einem anderen auf, wird die Schärfe dort angepasst.

Schalte den Bildstabilisator aus und die Serienbildfunktion ein. Natürlich solltest du auch mit einer sehr großen Blende und Brennweite arbeiten, um die bestmögliche Freistellung zu erzielen.

Die Kameraeinstellung für Bewegungsaufnahmen im Überblick

Modus: Manuell

Format: RAW

Belichtungszeit: mindestens 1/800

Blende: je nach Erfahrung, möglichst groß

Autofokus: kontinuierliche Autofokus

Fokuspunkt: Einzelfeld oder dynamische Messfeldsteuerung mit 9 oder 25 Messfeldern

Reihenaufnahme: Serienbild

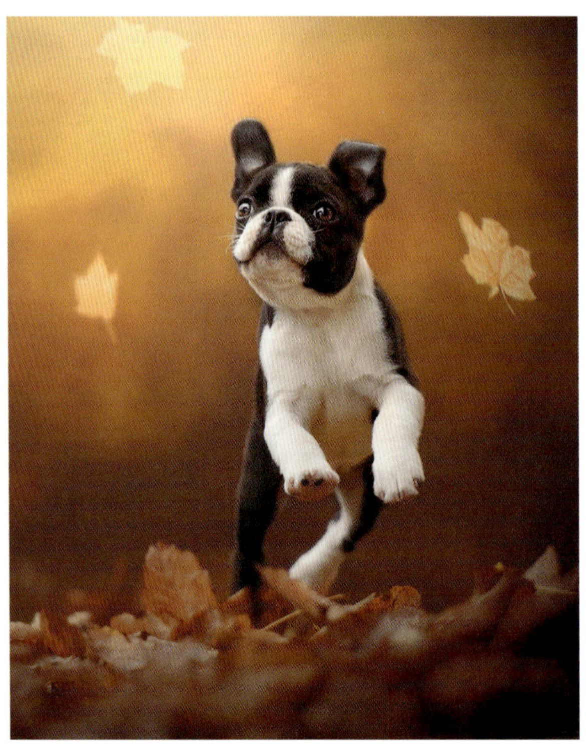

Abbildung 3.1
Überblick über die richtigen Einstellungen für die Bewegungsfotografie

Neben viel Übung sind die Einstellungen entscheidend. Um die Bewegung des Hundes einzufrieren, ist eine kurze Verschlusszeit von mindestens 1/800 s notwendig. Ich persönlich versuche bei sehr flinken Hunden, wenn es die Lichtverhältnisse erlauben, sogar 1/1000 s zu nutzen. Zudem musst du den kontinuierlichen Autofokus (Nikon: AF-C, Canon: AI-Servo) wählen. Ich nutze bei den Bewegungsaufnahmen die Einzelfeldsteuerung oder die dynamische Messfeldsteuerung mit neun Messfeldern. Der Vorteil der dynamischen Messfeldsteuerung ist, dass du wie bei der

Wenn die Kamera so weit richtig eingestellt ist, machst du dich am besten mit dem Bewegungsablauf des Hundes vertraut. Beobachte genau, wann er die schönen Phasen zeigt, finde heraus, wie man ihn gut motivieren kann, damit er mit voller Freude läuft, und wie man ihn am besten dazu bekommt, in die gewünschte Richtung zu laufen. Denn es erleichtert Bewegungsaufnahmen enorm, wenn der Hund nicht ziellos in der Gegend herumläuft, sondern du genau weißt, wohin er laufen wird.

Nutze eine Position, in der du am wenigsten verwackeln wirst. Für Bewegungsaufnahmen lege ich mich am liebsten auf den Boden und stütze mich auf den Ellenbogen ab. Durch die tiefe Position kann ich zudem schon einen schönen Unschärfebereich im Vordergrund schaffen.

Setze den Hund nicht zu weit von dir ab, drücke den Auslöser zuerst halb durch und verfolge den Hund mit der Kamera. Dabei kannst du die Kamera sowohl nach oben als auch nach unten neigen. Im richtigen Moment drückst du den Auslöser dann ganz durch und versuchst, dich so still wie möglich zu halten. Achte dabei darauf, dass der Hund schon größer im Sucher zu sehen ist. Er sollte so nah wie möglich bei dir sein, wenn du den Auslöser ganz durchdrückst.

Um eine Fehlfokussierung zu vermeiden, ist es ratsam, nicht zu zoomen. Ich stelle das Objektiv dabei auf eine sehr große Brennweite und lasse den Hund aus dem Bild laufen. Zudem kann der Autofokus auf »Normal« gestellt werden. Bei der Einstellung »Schnell« kann es sein, dass er auf kontrastreichere Objekte im Bild umspringt.

Kleine Tipps, die den Einstieg in die Bewegungsfotografie erleichtern

- Verwende ein Telezoomobjekiv (empfehlenswerter Brennweitenbereich: 70 bis 200 mm).
- Solange du noch etwas ungeübt bei Bewegungsaufnahmen bist, würde ich dir eine kleinere Blende von f/4 empfehlen, um den Schärfebereich zu vergrößern. Das Fotografieren mit einer Offenblende von f/2.8 erfordert viel mehr Übung und eine noch ruhigere Hand. So hat man leichter ein Erfolgserlebnis und verliert nicht gleich wieder die Lust an der Bewegungsfotografie, weil die Ergebnisse nicht stimmen.
- Weiterhin würde ich dir bei sehr kleinen Hunden (Dackel etc.) empfehlen, die Blende etwas zu schließen.
- Frontale Bewegungsaufnahmen stellen für den Autofokus immer eine besondere Herausforderung dar, deshalb versuche, den Hund leicht seitlich auf dich zulaufen zu lassen.
- Nutze vor allem zu Beginn das mittlere Fokusfeld, da dies das treffsicherste ist.
- Aller Anfang ist schwer und das Fotografieren von Bewegungsaufnahmen bei guten Lichtverhältnissen, am besten bei direkter Sonne, macht es auf jeden Fall einfacher.

An einigen Hunden bleibt der Fokus aufgrund der Fellzeichnung oder der Augen besser hängen als an anderen. Gerade bei schwarzen Hunden mit sehr dunklen Augen ist es für den Fokus oft schwierig, sich richtig festzusetzen. Denke dabei auch immer an den Hintergrund. Schaffe einen Kontrast zwischen dem Hund und dem Hintergrund. Der Autofokus hat es um einiges leichter, wenn ein schwarzer Hund vor einem hellen Hintergrund auf den Fotografen zugelaufen kommt.

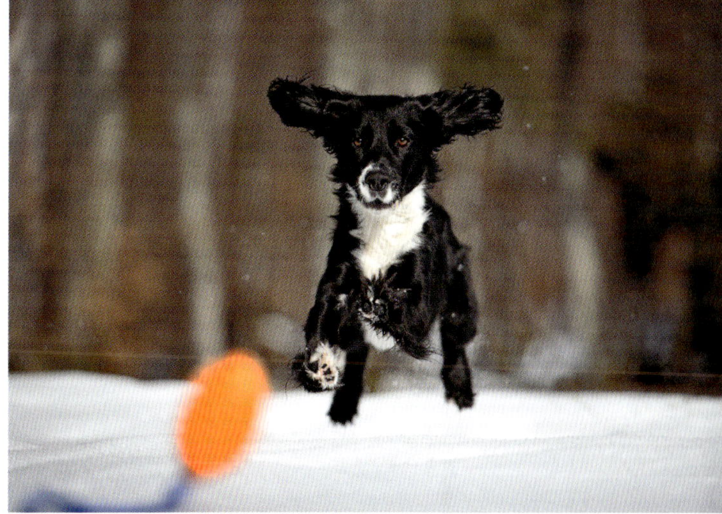

Abbildung 3.2
Kenzo hatte tolle Flugphasen, doch war es gar nicht so einfach, ihn auch richtig scharf abzulichten.

Bei Kenzo habe ich einen kleinen Trick angewendet, um ein scharfes Lauffoto von ihm einfangen zu können. Und zwar habe ich die Blende etwas geschlossen und nicht mehr die Augen, sondern seinen weißen Brustfleck anfokussiert. Der Fokus konnte sich dort richtig festsetzen und dadurch waren scharfe Bewegungsaufnahmen auf einmal kein Problem mehr. Warum die Augen trotzdem scharf sind? In erster Linie, weil der Brustfleck annähernd auf der gleichen Schärfeebene liegt wie die Augen. Um auf Nummer sicher zu gehen, habe ich dazu eine kleinere Blende von f/4 verwendet, damit der Schärfebereich sich vergrößert.

Klappt eine Bewegungsaufnahme gar nicht, ist eine weitere Möglichkeit, die Schärfe auf einen bestimmten Punkt zu setzen, durch den der Hund auf einen zugelaufen kommt. Zum Beispiel kann man dazu eine kleine Hürde nutzen und man löst in dem Moment aus, in dem der Hund über diese Hürde springt.

Wenn du einen Hund von der Seite in Bewegung aufnehmen möchtest, fokussiere ihn, solange er noch steht, vor, und verfolge ihn mit halb gedrückter Auslösetaste. Bei halb durchgedrücktem Auslöser behält die Kamera die Schärfeberechnung bei. Drücke im perfekten Moment den Auslöser durch und versuche, die Kamera so ruhig wie möglich zu halten.

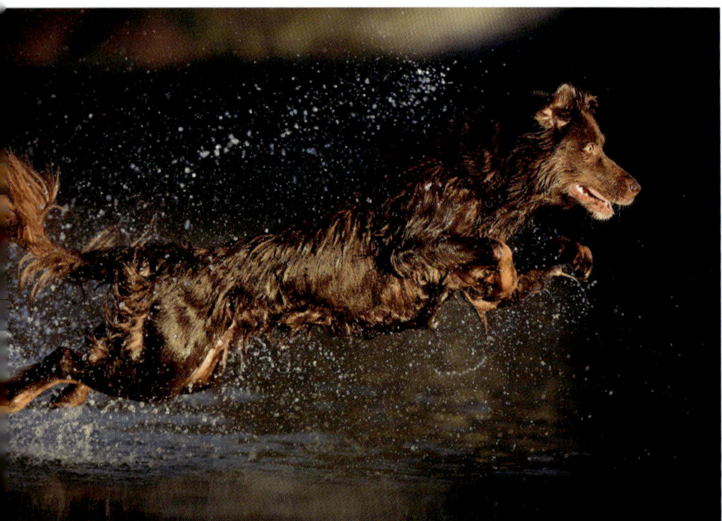

Abbildung 3.3
Seitliche Bewegungsaufnahmen wirken besonders dynamisch.

Hinweis

Ich möchte auch darauf hinweisen, dass eine Kamera ihre vollständige Leistung nur mit einer entsprechenden Speicherkarte bringen kann. Je größer die Bilddaten sind, die die Kamera produziert, desto wichtiger wird eine schnelle Speicherkarte. Jede Speicherkarte kann unterschiedlich viele MB/s verarbeiten, und da bei der Bewegungsfotografie relativ viele Bilder in kurzer Zeit aufgenommen werden, kommen langsame Speicherkarten mit der Verarbeitung nicht nach. Die Folge ist, dass die Kamera nicht mehr auslöst. Deshalb empfehle ich eine Speicherkarte von 300 MB/s, damit ist man auf der sicheren Seite. Viele fotografieren auch in JPEG und RAW, jedoch sollte man bei Bewegungsaufnahmen definitiv in nur einem Format fotografieren, damit das System nicht zu langsam wird.

Und falls du schon geübter in der Bewegungsfotografie bist, kann ich dir nur dazu raten, einmal mit kurzen Brennweiten zu versuchen, die Bewegung einzufangen. Hier ist auf jeden Fall wieder Geduld gefragt, aber diese lohnt sich wirklich. Ich versuche mich immer wieder daran, die Bewegung mit dem 50 mm, 35 mm oder sogar 24 mm einzufangen. Das Foto bekommt eine ganz eigene Dynamik. Zudem kann man den Hund nicht nur auf Augenhöhe aufnehmen, sondern auch aus einer etwas tieferen Position, was das Bild unglaublich spannend wirken lässt. Wie ich dir in Kapitel 5 noch näher beschreiben werde, wirken die Bilder aufgenommen mit Teleobjektiven eher flach; durch die Nutzung der kurzen Brennweiten wirkt der Hund greifbarer und das Foto bekommt eine schöne Tiefe bzw. Dreidimensionalität. Fotografiert man mit einem Teleobjektiv, ist es daher von großer Bedeutung, den Vordergrund mit einzubeziehen, um dadurch mehr Tiefe zu schaffen.

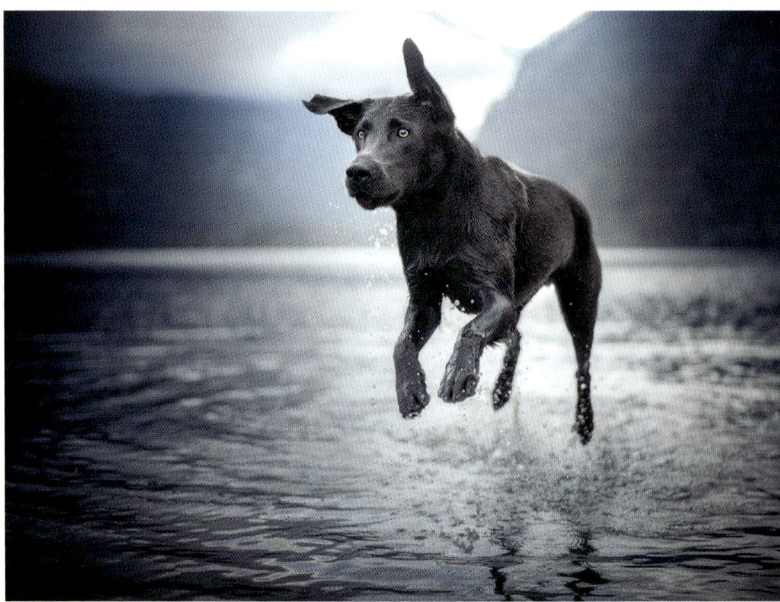

Abbildung 3.4
Der Hund wirkt durch die Aufnahme mit dem 50 mm viel greifbarer.

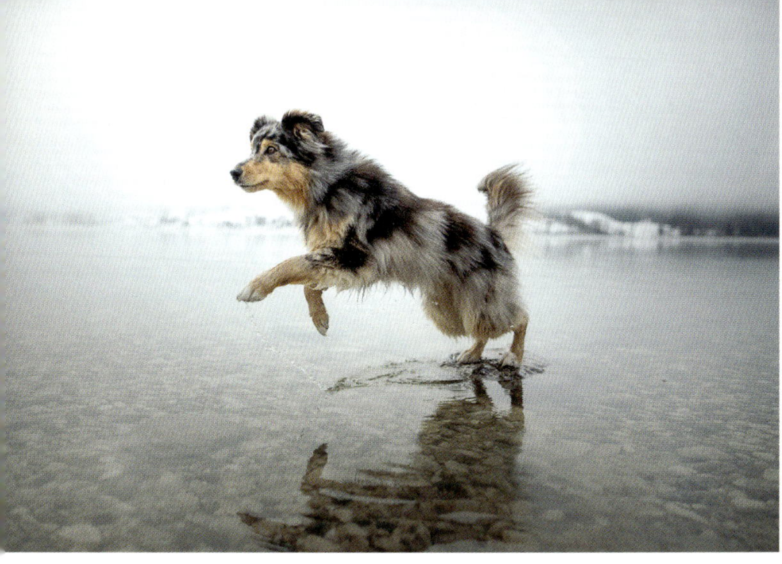

Abbildung 3.5
Bewegungsaufnahmen mit kurzen Brennweiten haben eine ganz eigene Wirkung. Dieses Foto habe ich mit dem 24-mm-Objektiv aufgenommen. f/2.2, 1/2500, ISO 200

Abbildung 3.6
Frontale Aufnahmen mit den kurzen Brennweiten wirken meistens noch dynamischer.

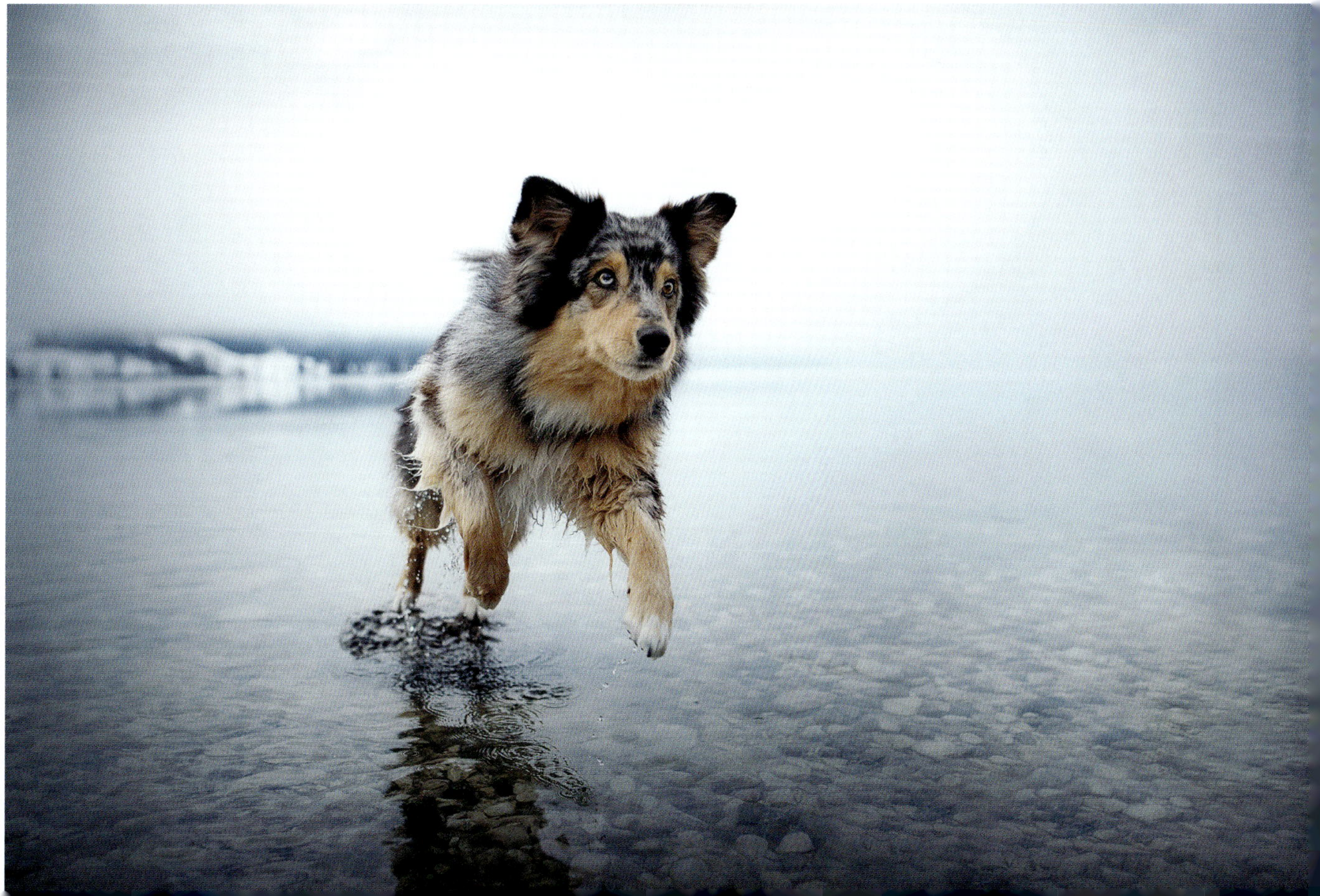

3.2 LAUFPHASEN DES HUNDES

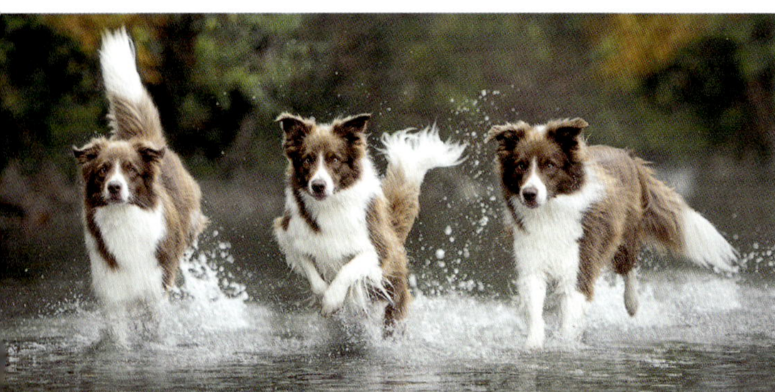

Abbildung 3.7
Werde zu einem guten Beobachter und erkenne die vorteilhaften Laufphasen des jeweiligen Hundes.

Ich weiß, in der Bewegungsfotografie dreht sich zu Beginn alles um die richtigen Einstellungen und um das Hauptziel, ein scharfes Foto zu schießen. Dennoch darf man auch den Ausdruck des Hundes nicht vergessen. Um eine tolle Bewegungsphase des Hundes einzufangen, solltest du auf seine unterschiedlichen Laufphasen achten. Man unterscheidet die Sprungphase, die Landephase und die Zwischenphase. Die Sprungphase wirkt bei den meisten Hunden am schönsten. Sie haben dabei einen konzentrierten, fokussierten Blick und wirken sehr aufmerksam. Zu vermeiden sind eher die Landephasen, da die meisten Hunde dabei keine schönen Gesichtsausdrücke mehr haben. Die Lefzen und Wangen werden oft sehr stark nach unten gezogen und das wirkt nicht gerade vorteilhaft für den Hund. Zudem wird dem Bild die Dynamik genommen, weil der Hund in seiner Bewegung gebremst wirkt.

Um ein Gefühl für die Laufphasen des Hundes zu bekommen, ist es wichtig, ihn gut zu beobachten, um zu sehen, wann und wie er die für ihn vorteilhaften Laufphasen zeigt.

Viel Dynamik ins Bild bringen kann man zum Beispiel, indem der Besitzer des Hundes einen Ball oder das Lieblingsspielzeug zum Fotografen wirft. Durch dieses Nachhetzen haben Hunde oft ganz tolle Phasen, in denen auch alle vier Beine in der Luft sind.

Generell lockt das Lieblingsspielzeug des Hundes tolle Gesichtsausdrücke hervor, der Blick ist fokussiert und auch die Ohren richten sich meistens nach ganz vorne. Ich habe hier einen Vergleich für dich, was das geliebte Spielzeug im Hundeausdruck verändern kann.

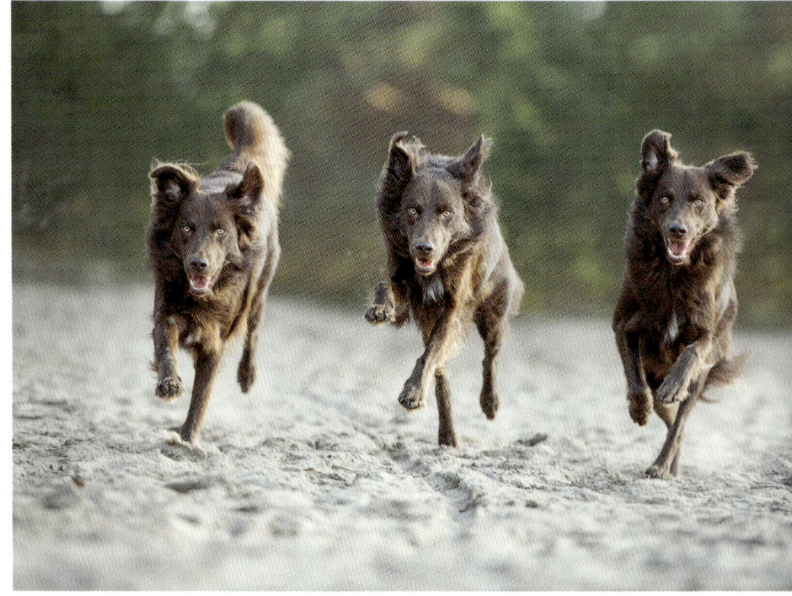

Abbildung 3.8
Die unterschiedlichen Laufphasen des Hundes führen zu unterschiedlichen Ausdrücken.

Abbildung 3.9
Eine besonders schöne Phase zeigt hier der Australian-Shepherd-Rüde, da alle vier Beine in der Luft sind.

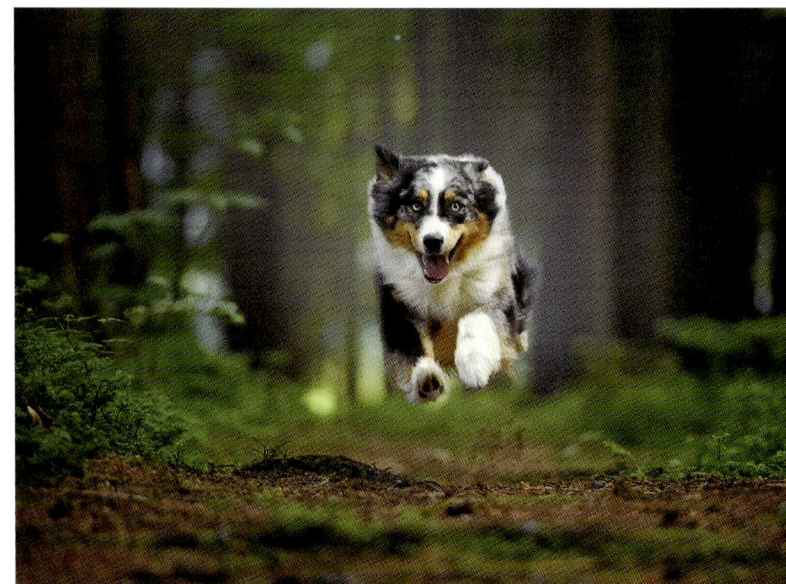

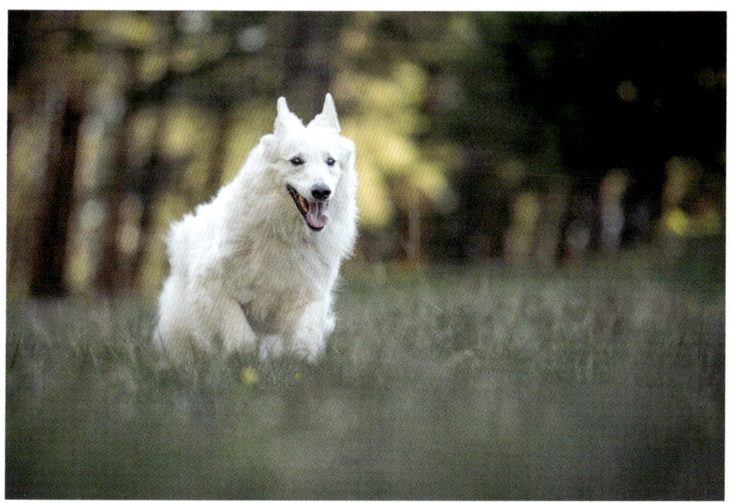

Abbildung 3.10
Die Schäferhündin Tana machte genau das, was sie sollte, nur leider mit nicht dem besten Ausdruck.

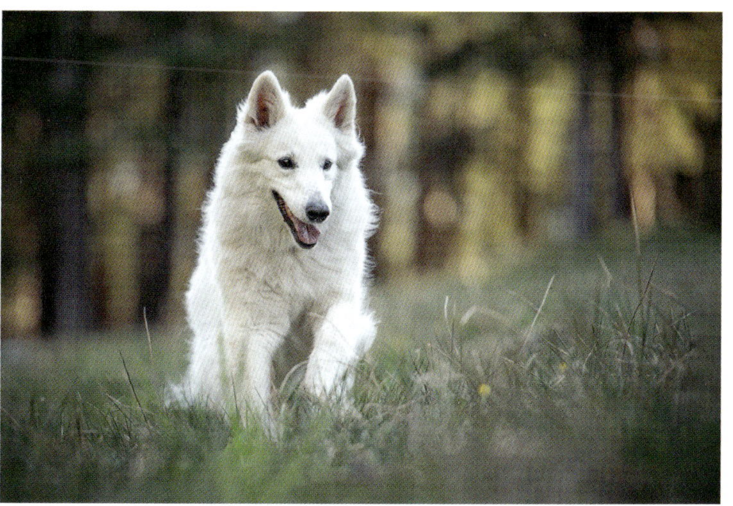

Abbildung 3.11
Tana mit nach vorne gerichteten Ohren und freudigem Blick

Zu Beginn haben wir versucht, die Hündin einfach zwischen Frauchen und Herrchen hin und her laufen zu lassen. Der Gesichtsausdruck dabei war leider nicht der beste. Bei dem zweiten Bild der weißen Schäferhündin hat der Besitzer ihr den Futterdummy in meine Richtung geworfen. Ihr Ausdruck hat sich dadurch völlig zum Positiven verändert und ich konnte fröhliche Bewegungsbilder aufnehmen.

Tipp

Deshalb merke dir: Hunde, die gerne spielen, sollte man auch mit ihrem Lieblingsspielzeug zum Laufen motivieren.

Zum richtigen Hingucker wird das Foto vor allem dann, wenn man es schafft, auch noch den Ball mit auf das Bild zu bekommen. Das Foto wirkt dadurch spannender und erhält einen tollen farblichen Akzent.

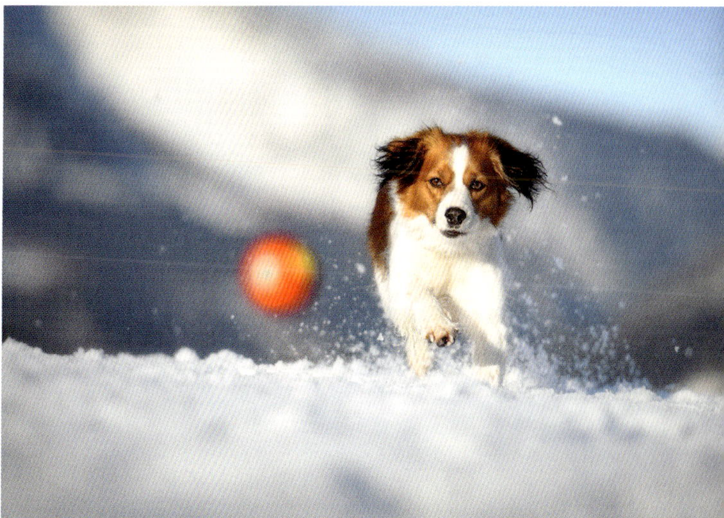

Abbildung 3.12
Die Kooikerhondje-Hündin Cleo fokussiert den Ball.

Aus dem Hundesport sind es Hunde beim Heranrufen oft gewohnt, direkt und so schnell wie möglich zum Besitzer zu laufen. Wenn dieses schnelle Laufen nicht zum Fliegen führt, führt es meistens zu keinen schönen Gesichtsausdrücken und dicht am Kopf angelegten Ohren. Nicht die beste Mimik für ein freudiges Lauffoto eines Hundes. Viel schönere Gesichtsausdrücke bekommt man bei einem leichten Trab oder lockeren Lauf des Hundes.

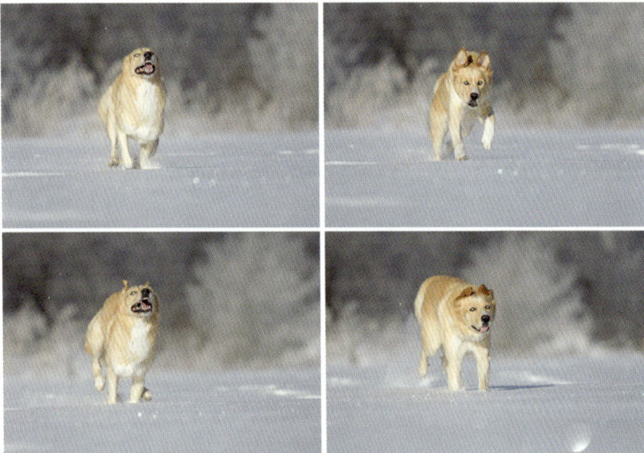

Abbildung 3.13
Balu im schnellen Galopp auf dem Weg zu Frauchen. Das schnelle Laufen führte bei ihm zu lustigen Gesichtsentgleisungen.

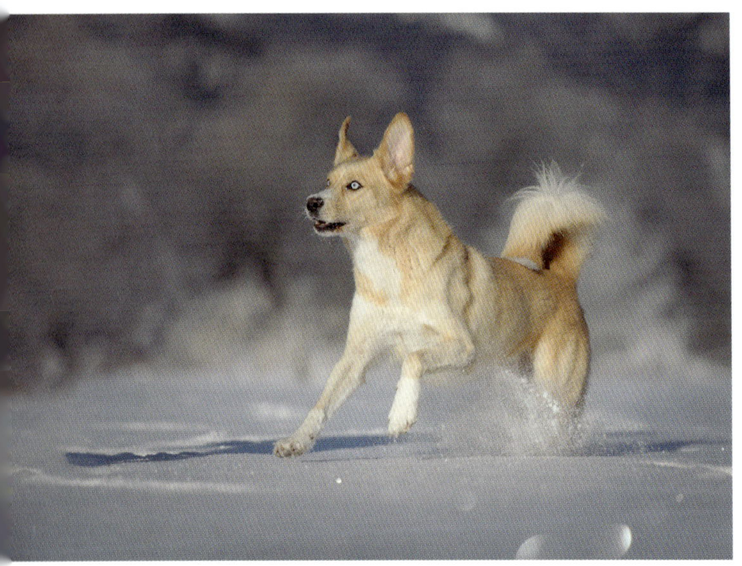

Abbildung 3.14
Balu einen Gang langsamer und er zeigte eine wunderbare Laufphase.

Der Mischlingsrüde Balu war ein Paradebeispiel dafür, wie sich Schnelligkeit im Laufen auf die Gesichtsausdrücke auswirken kann. Zu Beginn haben wir versucht, Balu abzusetzen, Frauchen stellte sich hinter mich und rief ihn zu sich. Dabei hatte der hübsche Balu es jedoch so eilig, dass wirklich jede Phase einfach etwas lustig aussah. Deshalb haben wir versucht, ihn in seiner Bewegung etwas zu bremsen. Sein Frauchen hat ihn nur ganz leise gerufen und ihn nicht noch zusätzlich motiviert. Dadurch lief Balu einfach etwas langsamer. Im leichteren Lauf zeigte er ganz wunderbare Phasen mit tollen Blicken und fliegenden Ohren.

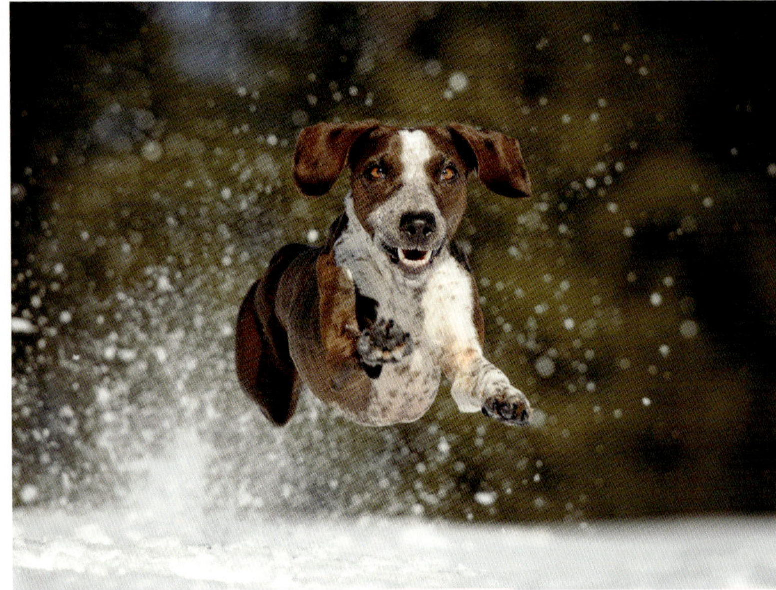

Abbildung 3.15
Kleine Hunde glänzen immer mit den schönsten Flugphasen.

Kleine kurzbeinige Hunderassen bieten oft von sich aus diese besonders dynamischen Flugphasen mit allen vier Beinen in der Luft an. Bei anderen Hunden muss man ein bisschen nachhelfen, wenn man sozusagen einen fliegenden Hund aufnehmen möchte. Und so kann man ganz einfach dem Hund eine kleine Hürde in den Weg legen, was ihn zum Sprung motiviert. Am besten funktioniert es auf einem engeren Waldweg, wo dem Hund sozusagen seine Laufrichtung vorgegeben wird.

Man sollte ihn vor Beginn jedoch mit der Hürde vertraut machen. Der Besitzer soll zum Beispiel einmal gemeinsam mit ihm über die Hürde springen. Wichtig ist auch, dass man auf den Untergrund achtet, damit der Hund sich dabei nicht verletzen kann.

Ist man noch nicht so vertraut mit der Bewegungsfotografie, ist es besser, Hunde in langsamer Bewegung aufzunehmen, zum Beispiel beim Apportieren. Der Besitzer wirft den Ball vom Fotografen weg und der Fotograf nimmt den Hund auf, wenn er den Ball zurückbringt.

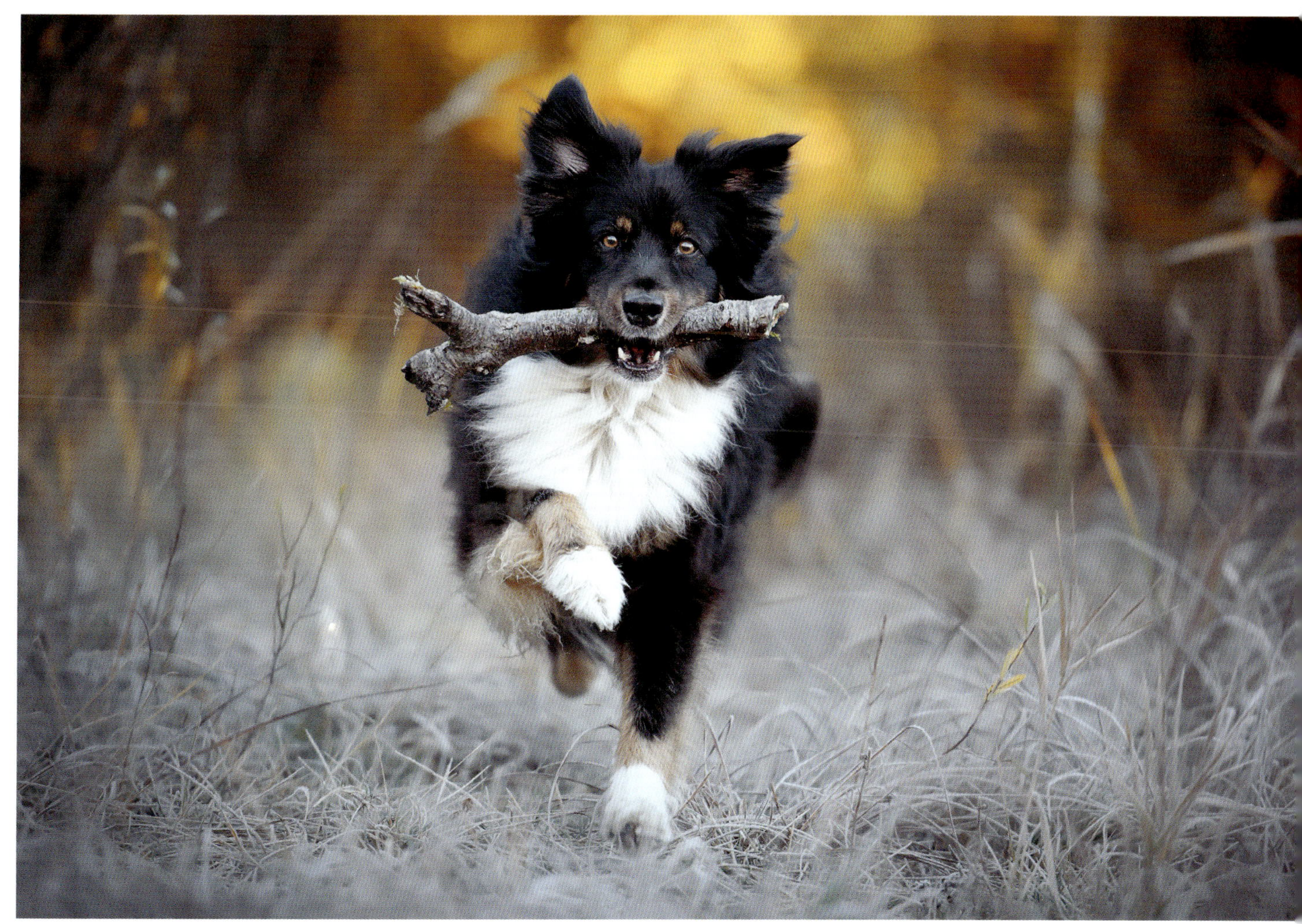

Abbildung 3.16
Gerade beim Apportieren laufen Hunde langsamer als sonst.

Bewegungsaufnahmen im Wasser

Viele Hunde lieben das Wasser und auch dort kann man tolle Actionfotos machen. Für mich sind es sogar die schönsten Bewegungsaufnahmen. Ich liebe das Element Wasser und es sieht einfach wunderbar aus, wenn der Hund voller Freude und umrahmt von Hunderten kleine Wassertropfen durch das Wasser läuft. Vielleicht mag ich diese Aufnahmen auch deswegen besonders gerne, weil die Hunde dort um einiges langsamer laufen und sich die Trefferquote somit stark erhöht. Das Wasser bietet dir eine Vielzahl von Möglichkeiten, den Hund in Szene zu setzen. Du kannst den Hund vom Ufer aus in das Gewässer springen oder durch das Wasser laufen lassen. Du wirst sehen, es werden sich dabei immer unterschiedliche Wasserformationen und auch Bewegungsabläufe ergeben. Bist du mit der Bewegungsfotografie noch nicht so vertraut, kannst du den Hund auch einfach auf dich zuschwimmen lassen. Die Geschwindigkeit ist dabei entsprechend langsam und du hast genügend Zeit, um den Fokus auch richtig zu setzen.

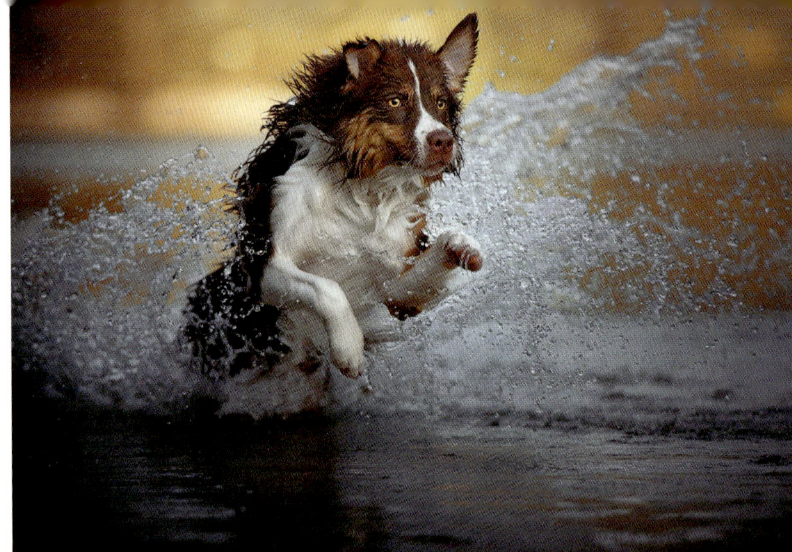

Abbildung 3.18
Bewegungsaufnahmen im Wasser haben aufgrund des spritzenden Wassers eine ganz eigene Spannung.

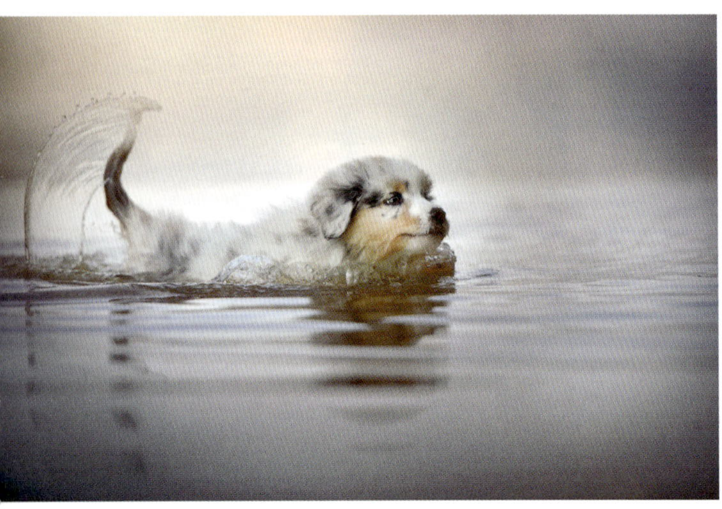

Abbildung 3.17
Schwimmende Hunde bieten dir mehr Zeit, um den Fokus richtig zu setzen.

Bei Bewegungsaufnahmen im Wasser zeigen die meisten Hunde besonders schöne Laufphasen und durch die vielen Wasserspritzer bekommt das Foto eine entsprechende Dynamik. Du musst nur darauf achten, dass du auch im richtigen Moment auslöst, und nicht erst, wenn der Hund in den Wasserspritzern verschwindet.

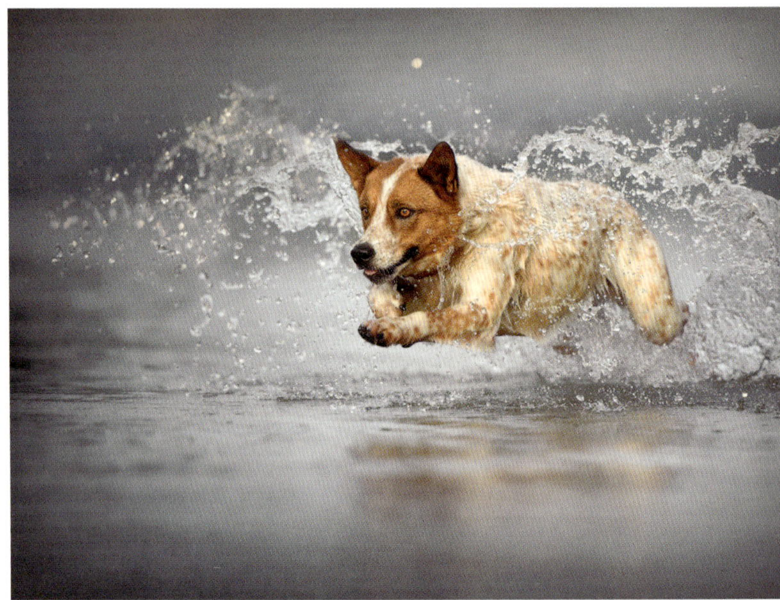

Abbildung 3.19
Australien Cattle Dog Dino zeigt, dass auch schöne Flugphasen im Wasser möglich sind.

Damit das Wasser in diesem Ausmaß spritzt, muss der Hund mit viel Schwung durch etwas tieferes Wasser laufen. Hilfreich ist auch hier wieder das Lieblingsspielzeug. Wichtig ist nur, dass das Spielzeug auch schwimmt.

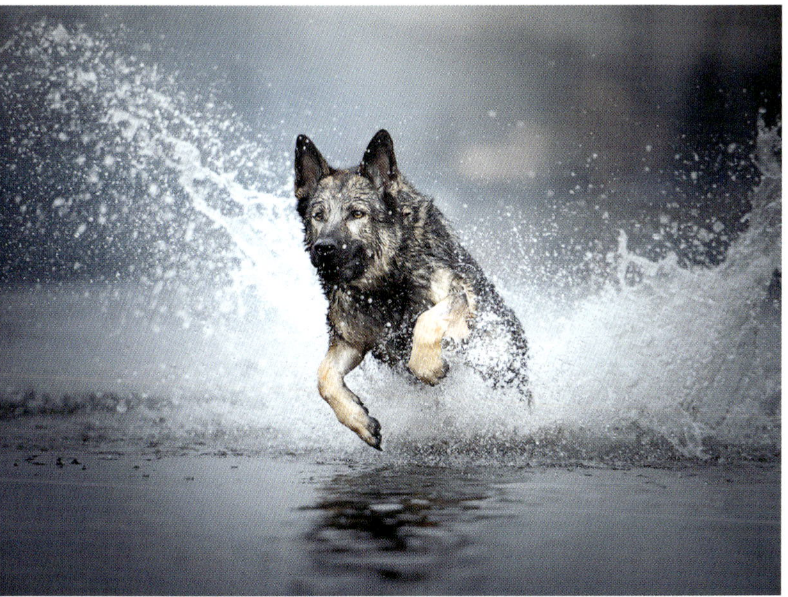

Abbildung 3.20
Die Schäferhündin rannte mit viel Elan durch das Wasser, wodurch Wasserwellen entstanden.

Tipp

Bedenke beim Fotografieren eines dunklen Hundes und bei Sonne, dass die Wasserspritzer schnell überstrahlen können. Deshalb ist es in diesem Fall ratsam, etwas dunkler zu belichten. Hilfreich ist es auch, die Messmethode auf Mehrfeldmessung umzustellen.

Gut eignen sich Seen, die ein relativ seichtes Ufer und einen Sandboden haben. Des Weiteren ist es wichtig, dass der Uferbereich nicht steil abfällt. Uferbereich und Wasser sollten auf gleicher Ebene sein, damit auch hier die Aufnahme auf Augenhöhe möglich ist und man nicht von oben auf den Hund herabfotografieren muss.

Es ist sehr hilfreich, den Hund vom Wasser aus auf dich zulaufen zu lassen. Die Chance ist dadurch viel höher, dass er den direkten Weg durchs Wasser zum Fotografen wählt. Denn Hunde sind bekanntlich sehr schlau, und starten sie am Ufer, wählen sie meistens auch den Weg am Ufer entlang und biegen erst auf Höhe des Spielzeugs ins Wasser ab.

Auch Flüsse eignen sich mit einem passenden Untergrund für die Aufnahme von laufenden Hunden. Gerade bei passendem Lichteinfall ergibt sich hier ein kleines Naturschauspiel. Das Wasser bricht an den Steinen im Fluss und durch den Lichteinfall kommt es zu wunderschönen Reflexionen.

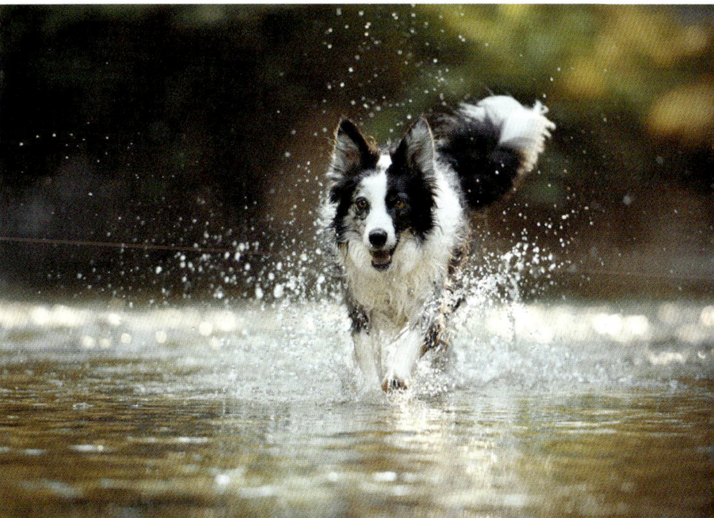

Abbildung 3.21
Die Lichtreflexionen erzeugen ein spannendes Bokeh an der Wasseroberfläche.

Bei Bewegungsaufnahmen im Wasser ist es am besten, auch selbst ins Wasser zu gehen und zu versuchen, aus einer möglichst tiefen Position zu fotografieren. Bei noch etwas kälteren Temperaturen kann man dazu zum Beispiel Anglerhosen nutzen.

Hunde beim Spielen

Einen besonderen Reiz hat es, zwei oder mehr Hunde beim Spielen zu fotografieren. Die Bilder zeichnen sich durch Lebendigkeit, Lebensfreude und Natürlichkeit aus. Hier ist es vor allem wichtig, nicht in einer Position zu verharren, sondern zu versuchen, die eigene Position den laufenden Hunden anzupassen. Dabei ist es wieder entscheidend, auf Augenhöhe zu bleiben. Bei spielenden Hunden hast du keine Möglichkeit, Einfluss auf die Laufrichtung oder die Laufphasen zu nehmen. Deshalb ist wieder gutes Beobachten, Schnelligkeit und im richtigen Moment abdrücken gefragt.

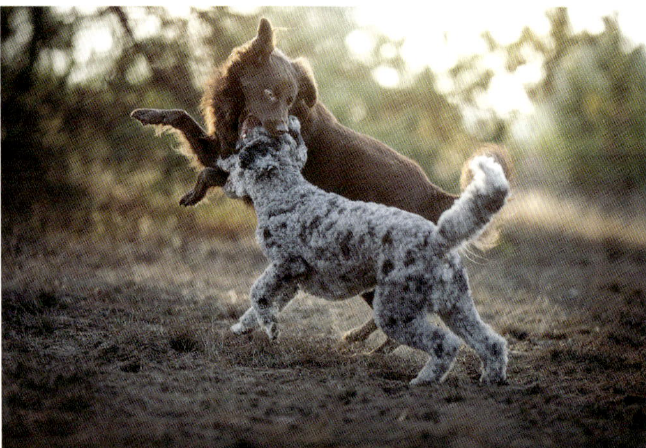

Abbildung 3.22
Jamiro und sein bester Freund Socke beim Spielen

3.3 BILDKOMPOSITION BEI BEWEGUNGSAUFNAHMEN

Gerade, wenn man noch wenig Übung mit Bewegungsaufnahmen hat, ist es schwer, auf eine ansprechende Bildkomposition zu achten. Oft ist der Hund viel zu klein im Bild zu sehen und wäre er einmal ansprechend groß zu sehen, ist mit hoher Wahrscheinlichkeit ein Bein, ein Ohr oder die Rute abgeschnitten. Auf eines solltest du dennoch unbedingt achten: eine sehr gute Freistellung zu erreichen. Deshalb sollte der Hund so weit wie möglich vom Hintergrund entfernt sein und es sollte eine sehr große Blende und Brennweite verwendet werden. Zudem wirkt die Bewegungsaufnahme besser, wenn der Hund formatfüllend abgelichtet ist. Deshalb gilt vor allem eines: sehr nah ran bei den Bewegungsaufnahmen.

Wie auch beim Porträt sollte man auf eine gute Bildaufteilung achten (siehe auch Kapitel 4). Der Hund sollte nicht irgendwo angeschnitten sein, es sollte genug Raum zu allen Seiten hin sein, sodass der Hund nicht an eine Ecke gedrängt wirkt und man als Betrachter das Gefühl hat, da wurde wohl der Platz zu eng.

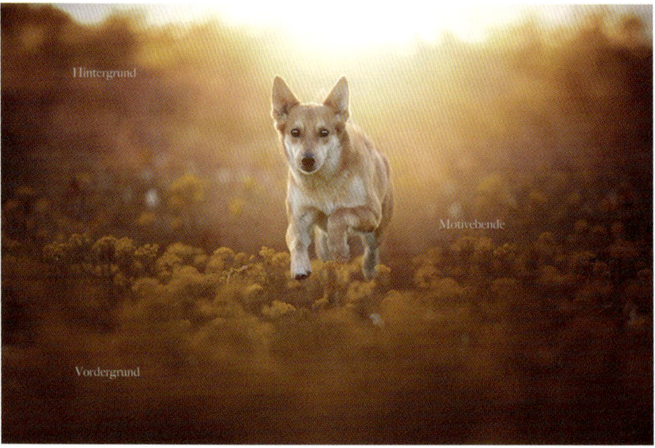

Abbildung 3.23
Auch bei der Bewegungsfotografie ist auf eine interessante Bildgestaltung zu achten.

Durch eine tiefe Position kannst du den Vordergrund miteinbeziehen und damit eine tolle Tiefe erzeugen. Zudem ist es von großer Bedeutung, immer mehr Platz in Laufrichtung des Hundes zu lassen.

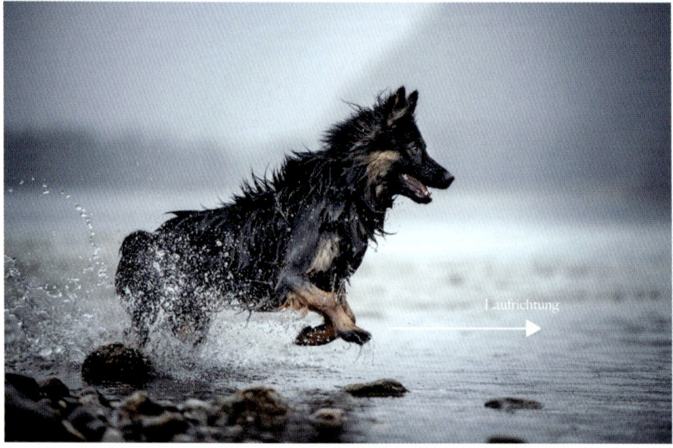

Abbildung 3.24
Entscheidend für die Bildkomposition von Bewegungsaufnahmen ist es, dem Hund mehr Platz in Blickrichtung zu geben.

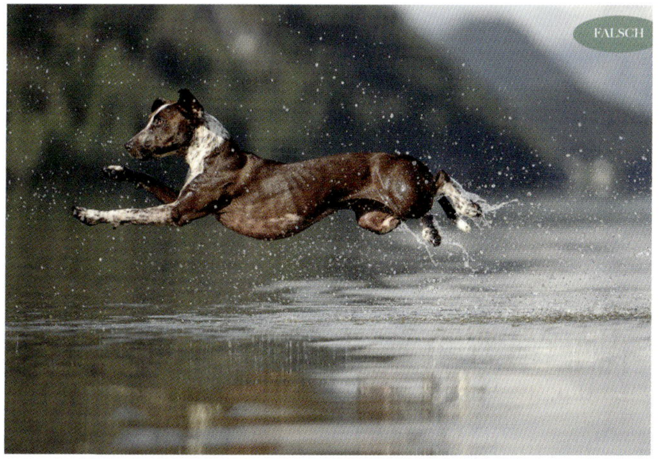

Abbildung 3.25
Die kleine Mischlingshündin hatte unglaublich schöne Laufphasen, leider habe ich hier den Bildaufbau bei der Aufnahme komplett versemmelt.

Die Mischlingshündin hatte unglaubliche Sprungphasen im Wasser. Jedoch war sie extrem schnell, das hat es für mich fast unmöglich gemacht, auch noch auf den Bildaufbau zu achten. Jedoch kann man den Bildschnitt innerhalb der Bildbearbeitung korrigieren.

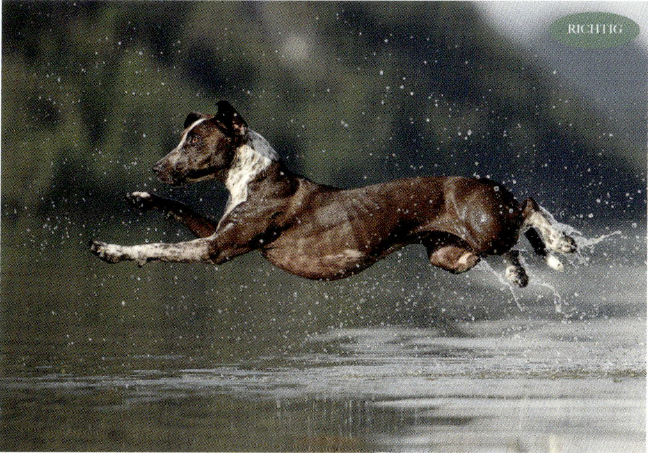

Abbildung 3.26
In Photoshop kann man den Bildschnitt mithilfe des Freistellungswerkzeugs optimieren.

Normalerweise wirkt es besser, dem Hund in Laufrichtung etwas mehr Platz zu geben. Ich habe mich hier jedoch für einen formatfüllenden Bildaufbau entschieden, da es durch die komplett seitliche Aufnahme sehr gut passt. Ich hätte jedoch auch versuchen können, mithilfe des Ausbessern-Werkzeugs einen Bereich an das Bild anzustückeln, um den Hund mehr Platz in Flugrichtung zu geben. Bei einem sehr homogenen Hintergrund funktioniert das meistens relativ gut, durch die Wasserspritzer wäre es hier aber sehr schwierig gewesen. Das Bild wirkt jetzt dennoch sehr harmonisch, weil die Abstände vom Hund zu den Bildrändern hin auch annähernd gleich sind. Ich habe bewusst den Abstand nach unten hin etwas größer gewählt als nach oben, um die Höhe des Sprunges noch besser zur Geltung zu bringen.

Nimmt man den Hund in Bewegung leicht seitlich auf, kann man sich auch wieder an der Drittel-Regelung oder dem Goldenen Schnitt orientieren. Im Gegensatz zum Porträt jedoch, bei dem sich der Kopf bzw. die Augen des Hundes in den Schnittpunkten befinden sollen, soll sich bei der Bewegungsaufnahme der Bauch oder die Schulter dort befinden.

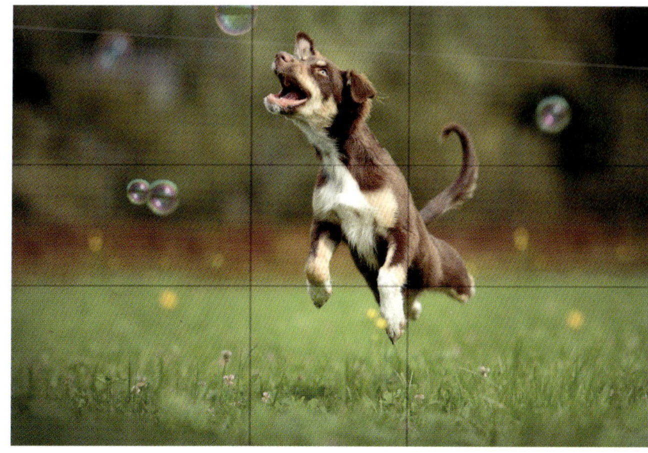

Abbildung 3.27
Die Linien entsprechen dem Goldenen Schnitt.

Natürlich muss der Bildaufbau immer auf das jeweilige Motiv abgestimmt werden. Auch die Umgebung darf dabei nicht außer Acht gelassen werden.

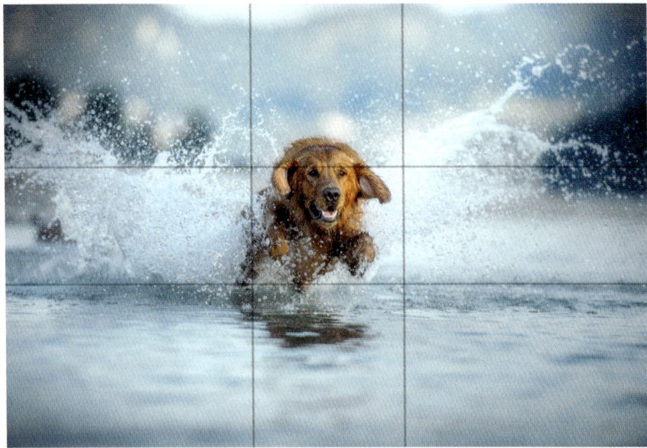

Abbildung 3.28
Bei diesem Bild habe ich den Golden-Retriever-Rüden Liam bewusst sehr mittig gesetzt, obwohl er leicht seitlich läuft, damit die Wasserspritzer besser zur Geltung kommen.

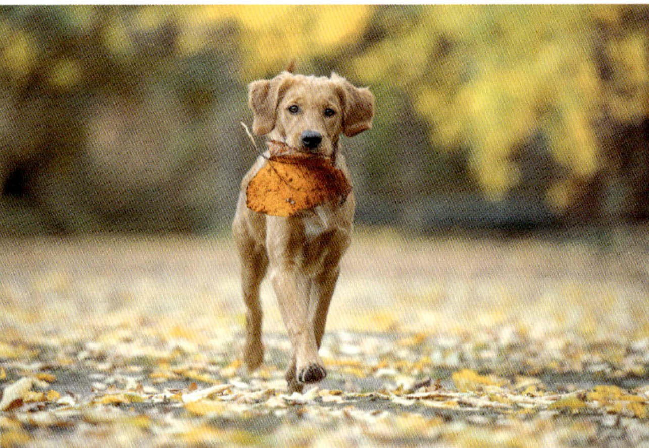

Abbildung 3.30
Auch bei dem Foto des Goldie-Welpen habe ich einen mittigen Bildaufbau gewählt.

Sobald der Hund mittig auf mich zugelaufen kommt, wähle ich den Bildaufbau fast immer mittig.

Abbildung 3.29
Läuft der Hund frontal auf dich zu, kannst du den Hund in die Mitte setzen.

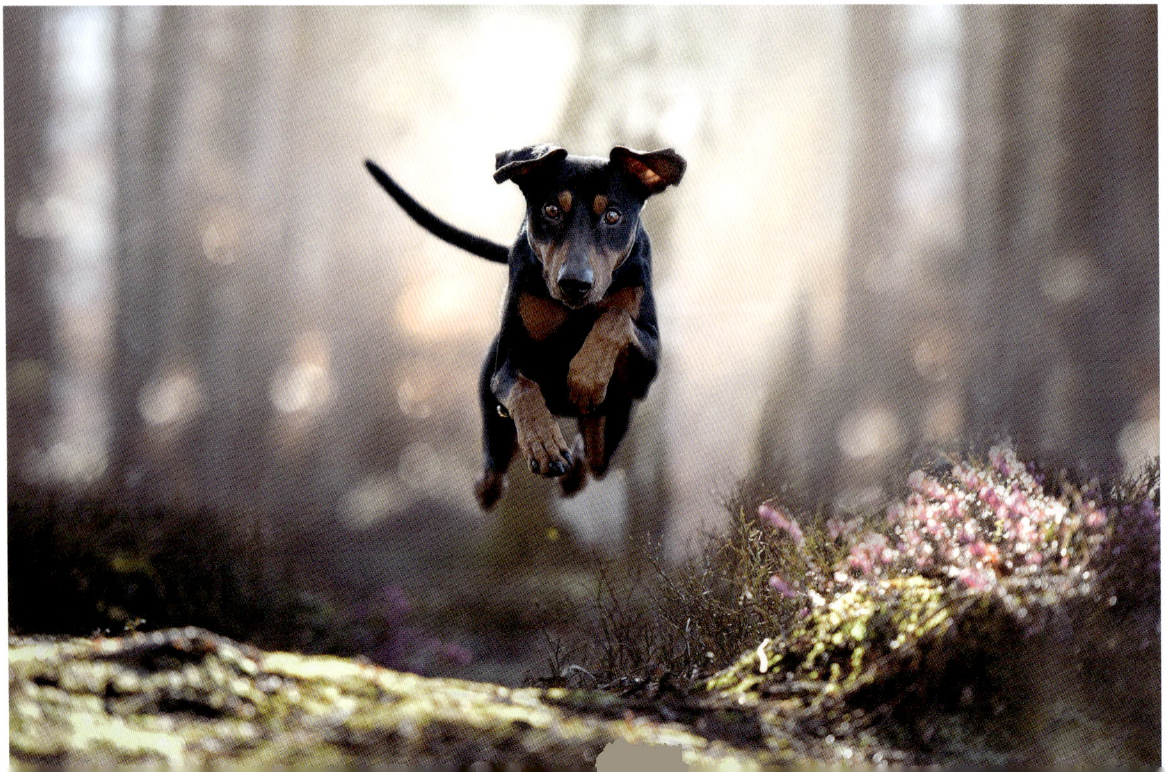

3.4 PRAXISBEISPIELE ZUM BESSEREN VERSTÄNDNIS

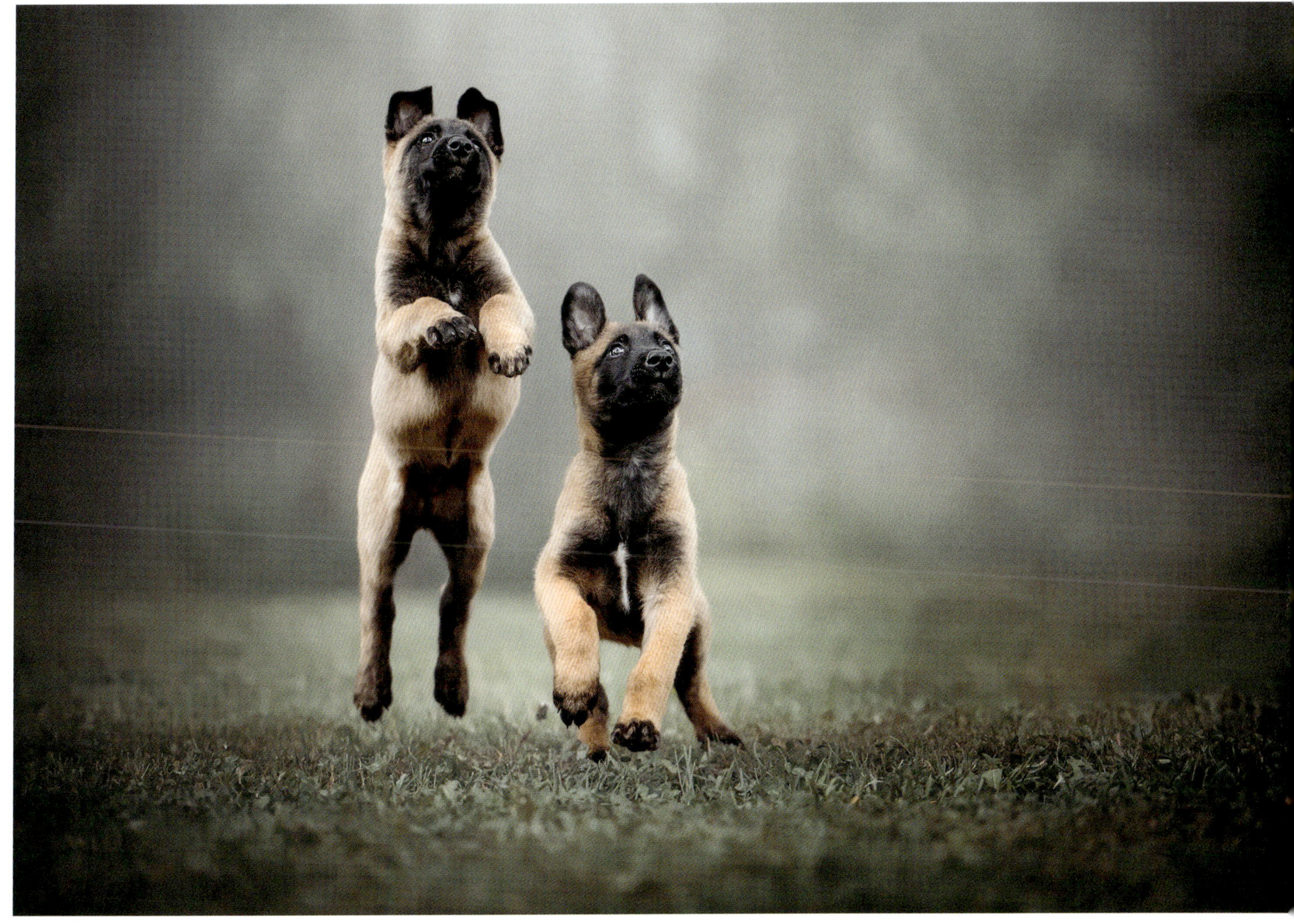

Abbildung 3.31
Einstellungen: 190 mm, f/3.5, 1/1000 s, ISO 1000

Das Schwierige beim Fotografieren der Welpen ist, dass du ihre Laufrichtung nur sehr schwer einschätzen kannst. Bei dem Fotoshooting mit den Malinois-Welpen haben wir uns einen kleinen Ast zur Hilfe genommen, damit die Züchterin die Welpen in eine gewisse Richtung lenken kann. Die Kleinen fanden ihn toll und hüpften auch immer danach, das sah natürlich unglaublich süß aus, aber war gar nicht so leicht einzufangen. Um meine Chancen, diese Phasen auch scharf zu erwischen, zu vergrößern, habe ich auf f/3.5 abgeblendet. Dadurch ist der Schärfebereich etwas größer und der Fokus muss nicht mehr ganz so exakt sitzen. Zudem sind die Welpen sehr klein und man hat auch mit einer Blende von f/3.5 oder f/4.0 bei einer entsprechenden Entfernung zum Hintergrund eine gute Freistellung. Die Belichtungszeit habe ich auf 1/1000 s eingestellt, um die Bewegung einzufrieren. Aufgrund der nicht besten Lichtverhältnisse musste ich auch die ISO um einiges erhöhen. Damit das Bild korrekt belichtet war, nutzte ich eine ISO 1000. Die beiden Malinois-Welpen so zu erwischen, war ein großes Glück. Aufgrund der Blende von f/3.5 war es möglich, beide scharf abzulichten.

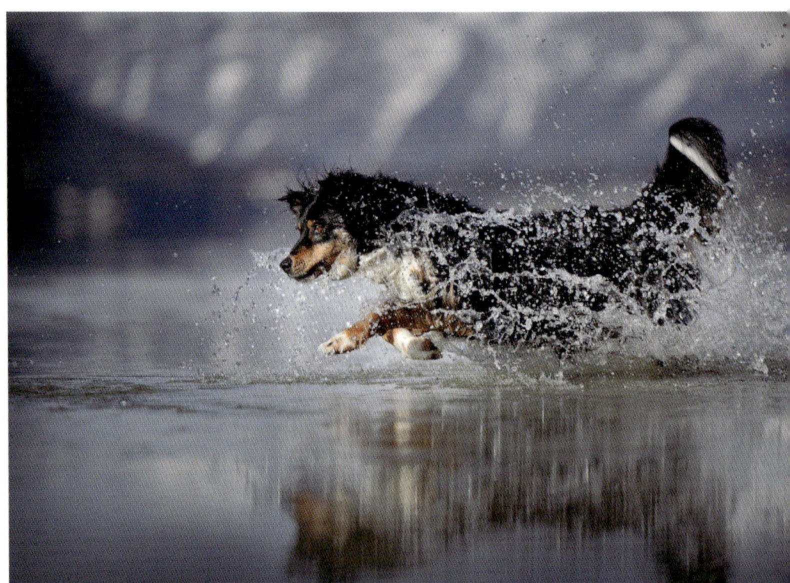

Abbildung 3.33
Einstellungen: 200 mm, f/2.8, 1/2500 s, ISO 125

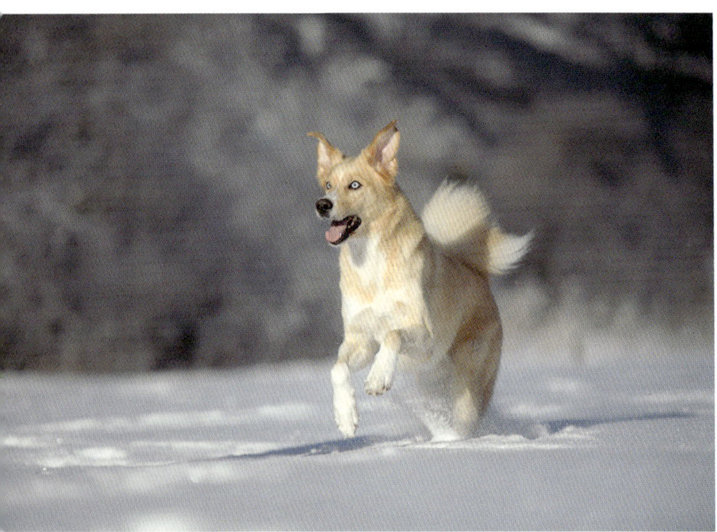

Abbildung 3.32
Einstellungen: 180 mm, f/2.8, 1/5000 s, ISO 125

Sonnenschein, Schnee und ein heller Hund erfordern eine extrem kurze Belichtungszeit. Balu ist ein sehr großer Hund, und damit ich eine entsprechende Freistellung erzielen konnte, habe ich mit einer Blende von f/2.8 gearbeitet. Die ISO wählte ich aufgrund der sehr guten Lichtverhältnisse ganz niedrig und die Belichtungszeit passte ich entsprechend an. Da der Schnee das Licht auch noch einmal reflektiert, ist es wichtig, die Belichtungszeit stark zu verkürzen, damit keine Bereiche überstrahlt sind.

Generell kannst du dir merken, dass du bei direktem Sonnenlicht immer mit sehr kurzen Belichtungszeiten arbeiten musst, um das Foto korrekt zu belichten.

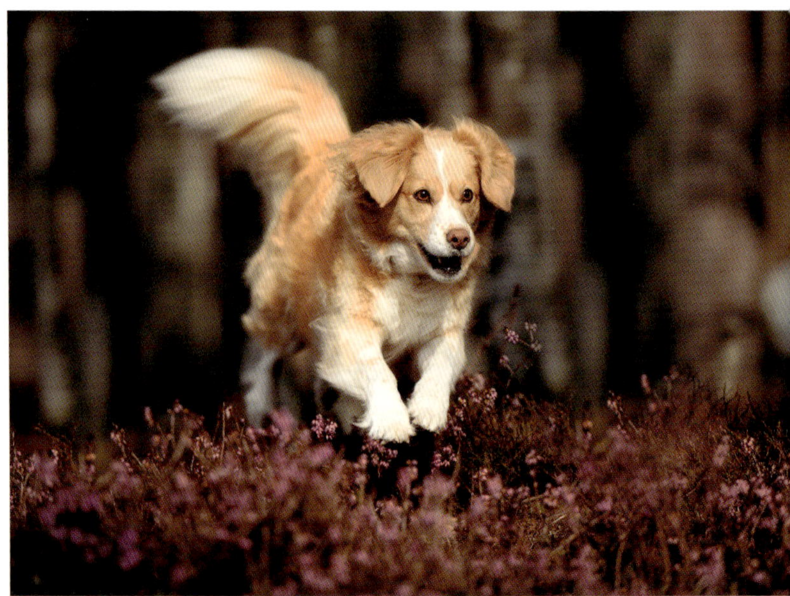

Abbildung 3.34
Einstellungen: 200 mm, f/3.2, 1/2000 s, ISO 125

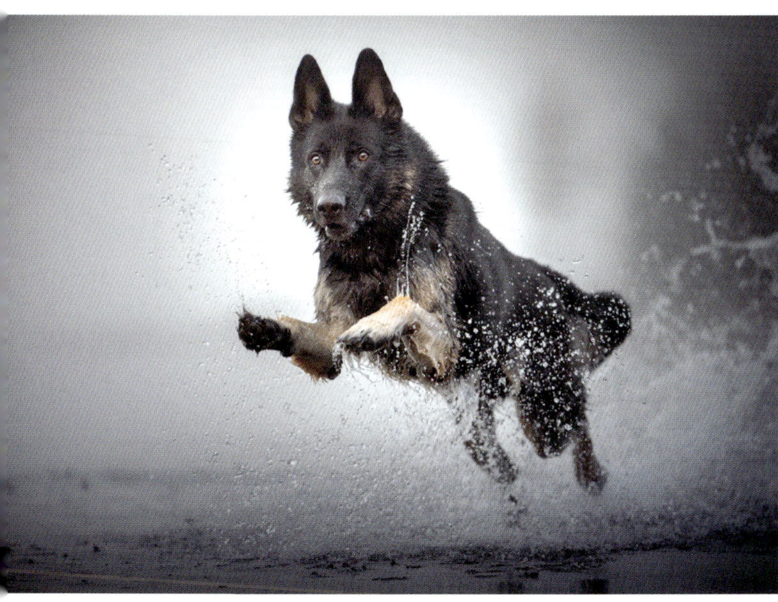

Abbildung 3.35
Einstellungen: 200 mm, f/2.8, 1/1000 s, ISO 1000

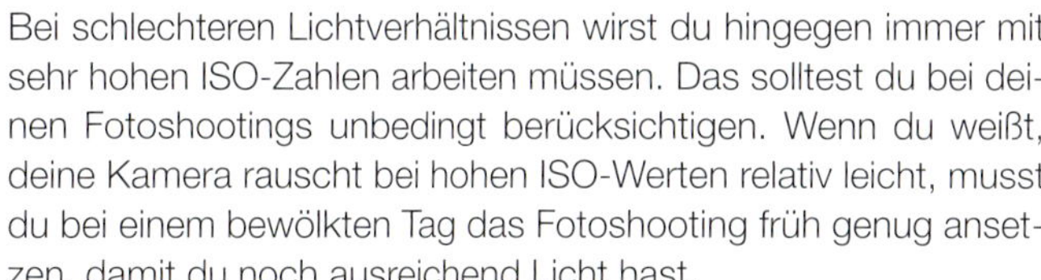

Bei schlechteren Lichtverhältnissen wirst du hingegen immer mit sehr hohen ISO-Zahlen arbeiten müssen. Das solltest du bei deinen Fotoshootings unbedingt berücksichtigen. Wenn du weißt, deine Kamera rauscht bei hohen ISO-Werten relativ leicht, musst du bei einem bewölkten Tag das Fotoshooting früh genug ansetzen, damit du noch ausreichend Licht hast.

Wenn deine Kamera bei niedrigen ISO-Werten ein Rauschen zeigt, würde ich dir raten, freie, offene Flächen für Bewegungsaufnahmen zu nutzen. Wie du bei dem Beispiel der Wolfshündin im Wald siehst, musste ich trotz der sehr großen Blende von f/1.8 eine ISO von 1600 verwenden.

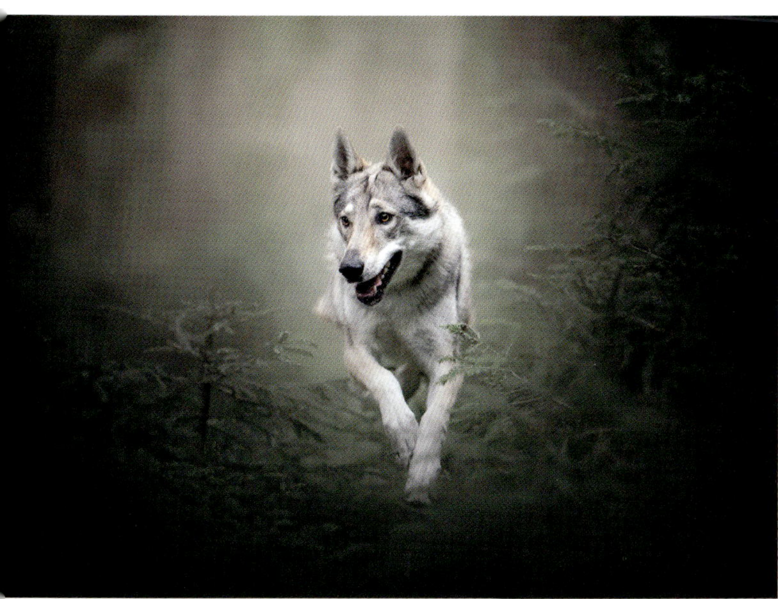

Abbildung 3.36
Einstellungen: 135 mm, f/1.8, 1/1000 s, ISO 1600

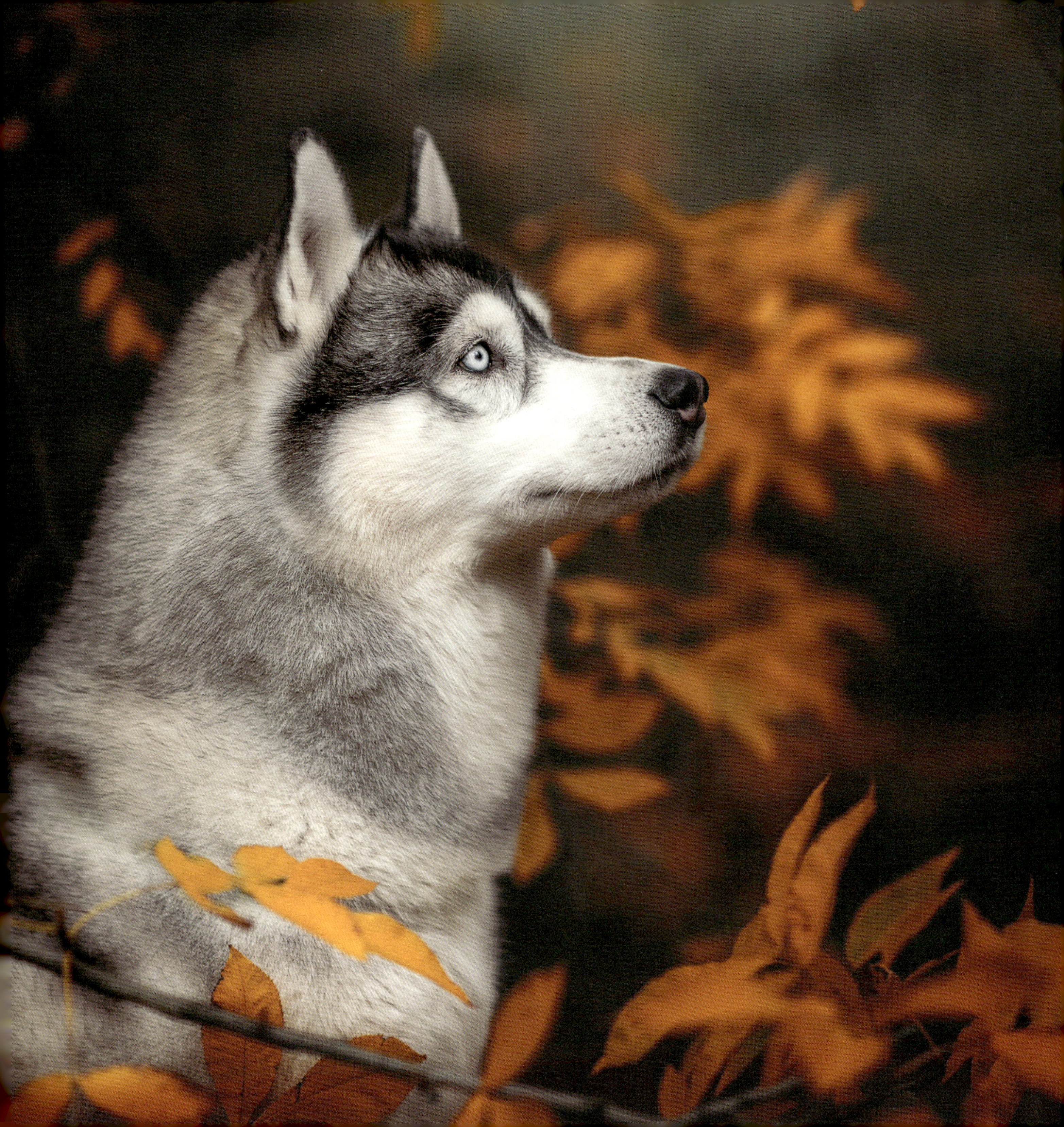

KAPITEL 4
Bildkomposition

4.1 EINFÜHRUNG

Beim Betrachten von Bildern ist dir bestimmt schon aufgefallen, dass einige dich sofort in ihren Bann ziehen und du gar nicht mehr wegschauen möchtest. Und bei anderen hat dich etwas gestört und du wusstest vielleicht gar nicht, warum. Weil es vielleicht etwas zu unruhig war und du gar nicht wusstest, wohin du zuerst schauen solltest? Und genau aus diesem Grund ist die Bildgestaltung so wichtig.

Mithilfe der Bildkomposition kannst du den Blick des Betrachters gezielt durch das Bild führen. Das Auge tastet sozusagen das Bild ab. Helle Bereiche, starke Kontraste, die Hundeaugen ziehen den Blick an, Linien hingegen ziehen ihn in eine bestimmte Richtung. Bäume, Berge, Wiesen, Seen erzeugen zusammen mit dem Hund Linien, Flächen und Strukturen. Dabei solltest du immer versuchen, den Blick des Betrachters mit allen Linien im Bild auf den Hund zu lenken.

Viele würden die weißen Flächen nicht als störend empfinden, doch führen sie den Blick vom Hund weg. Im direkten Vergleich der beiden Bilder merkt man allerdings, wie störend die weißen Elemente sind. Für die Entfernung sind nur kleine und sehr einfache Korrekturen in Photoshop notwendig und das Bild wirkt viel harmonischer. Durch eine entsprechende Bildkomposition kann man das Auge dabei unterstützen, das Hauptmotiv sofort zu erkennen, und das Bild wirkt stimmiger. Bei der Hundefotografie sind die meisten Bilder stark freigestellt, was die Bildkomposition um ein Vielfaches erleichtert. Bei Aufnahmen in der Landschaft, wo auch der Hintergrund mehr zur Geltung kommt, spielt vor allem die Beachtung der Linien eine entscheidende Rolle, um ein harmonisches Bild zu kreieren.

Die Bildkomposition entsteht bereits während des Fotografierens in meinem Kopf und ich versuche, sie deshalb so gut wie möglich direkt während des Fotografierens umzusetzen. Es ist sehr wichtig, dass man schon beim Fotografieren darauf achtet, das Bild so zu gestalten, wie man möchte. Zum einen hat man in der Bildbearbeitung dann weniger zu tun und zum anderen kann man auch nicht alle »Fehler« innerhalb der Bildbearbeitung wieder korrigieren. Nachdem ich ein Foto gemacht habe, werfe ich sofort einen kurzen Blick darauf, damit ich sehen kann, ob ich eine günstige Perspektive gewählt habe, der Bildaufbau stimmig ist und ob störende Elemente im Foto zu finden sind, die ich gegebenenfalls beseitigen kann.

Kleine Säuberung mit großer Wirkung. Auch hier (Abb. 4.3) hat es sich gelohnt, die Äste aus dem Bild zu retuschieren. Die vielen Linien, die sich durch die Äste ergeben, bringen viel Unruhe in das Foto und lenken den Blick des Betrachters vom Hund weg. Das Foto entstand relativ spontan auf dem Rückweg von dem Fotoshooting mit dem weißen Schäferhund. Cyrill hat von sich aus so eine schöne Pose angeboten, dass ich noch ein Foto gemacht habe. Normalerweise würde ich solche losen Äste schon während des Fotografierens wegräumen, da dies meistens weniger zeitaufwendig ist, als sie innerhalb der Bildretusche zu entfernen.

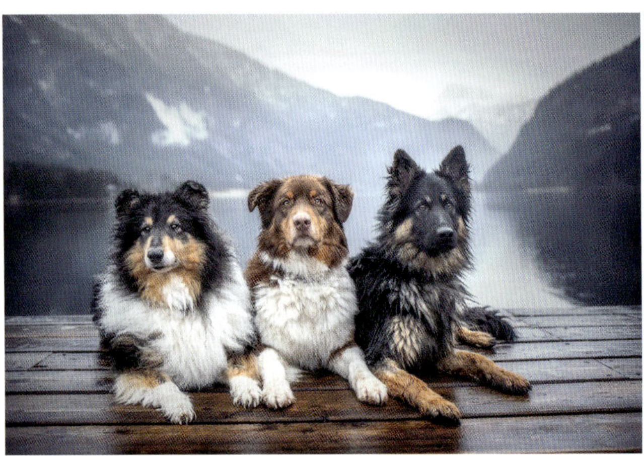

Abbildung 4.1
Helle Bereiche im Bild ziehen den Blick des Betrachters von den Hunden weg.

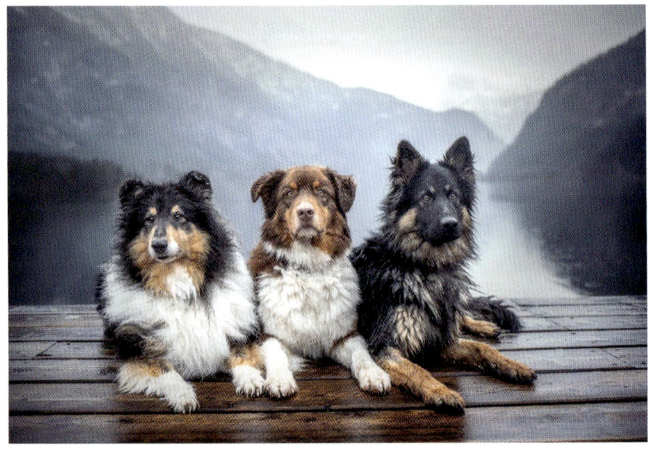

Abbildung 4.2
Ohne die weiße Fläche und die Linien lenkt nichts mehr von den Hunden ab.

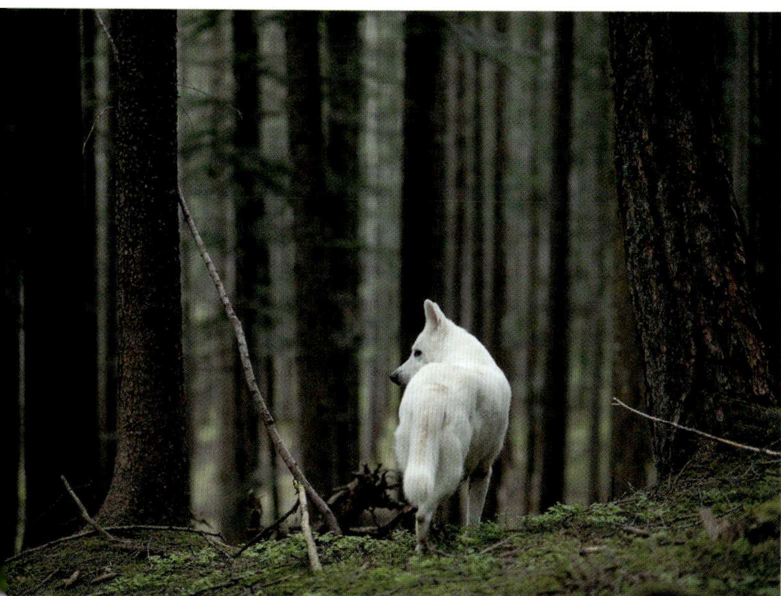

Abbildung 4.3
Viele kleine Äste führen zu Unruhe im Foto.

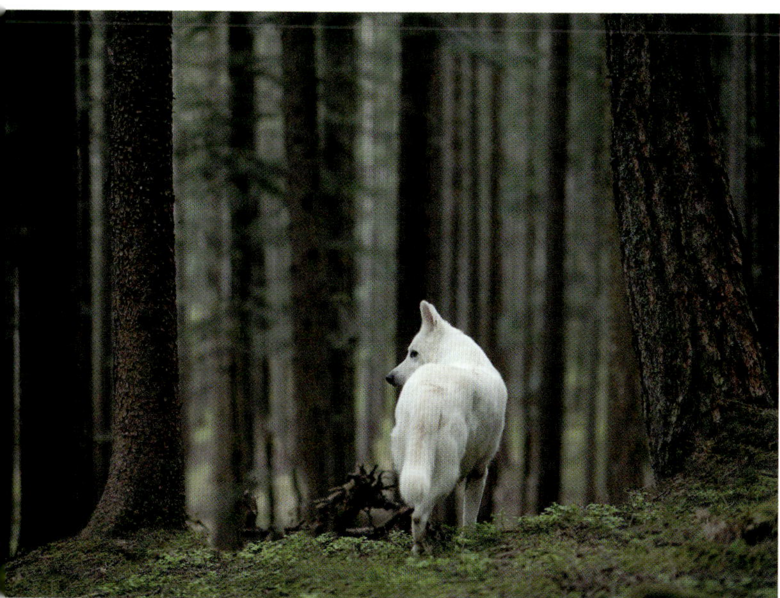

Abbildung 4.4
Nach der Grundretusche lenkt nichts mehr vom Hund ab.

Die Digitalfotografie ermöglicht es, viele Fotos zu produzieren und diese später einfach auszusortieren. Dennoch solltest du versuchen, direkt vor Ort dein Motiv so umzusetzen, wie du es dir vorstellst. Nutze unterschiedliche Perspektiven und auch Objektive, um unterschiedliches Bildmaterial zu erstellen. Kein Mensch braucht 100 Bilder von einem Hund in fast ein und derselben Position.

4.2 DER BILDAUFBAU

Der Bildaufbau beschreibt, wie bestimmte Elemente im Foto angeordnet sind. Die nachfolgenden Techniken sollen dir bei der Gestaltung eines harmonischen und ansprechenden Bildaufbaus helfen. Dabei möchte ich aber noch einmal betonen, dass es sich nur um Richtlinien handelt und keineswegs um Regeln.

Drittel-Regelung und Goldener Schnitt

Ich arbeite in der Regel mit der Drittel-Regelung und mit dem Goldenen Schnitt. Sowohl bei der Drittel-Regelung als auch beim Goldenen Schnitt wird das Foto in bestimmte Abschnitte geteilt. Bei der Drittel-Regelung wird das Foto in neun gleich große Teile geteilt. Beide Regeln besagen, dass das menschliche Auge vor allem an die Schnittpunkte dieser Abschnitte gelenkt wird, weshalb dort die wesentlichen Bildinhalte liegen sollten.

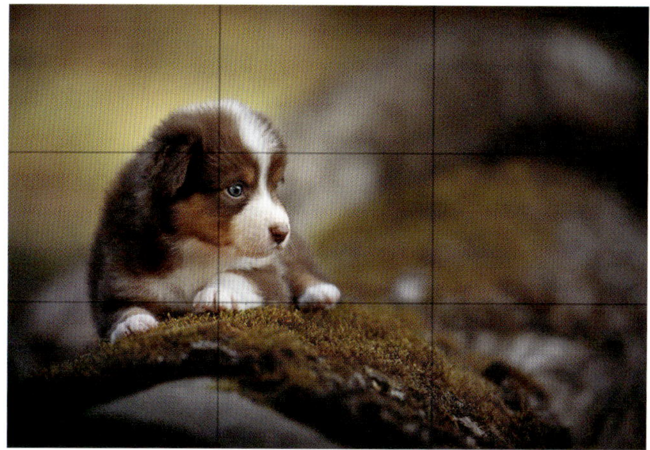

Abbildung 4.5
Sobald ich Hunde formatfüllend ablichte, kommt vor allem die Drittel-Regelung zum Einsatz.

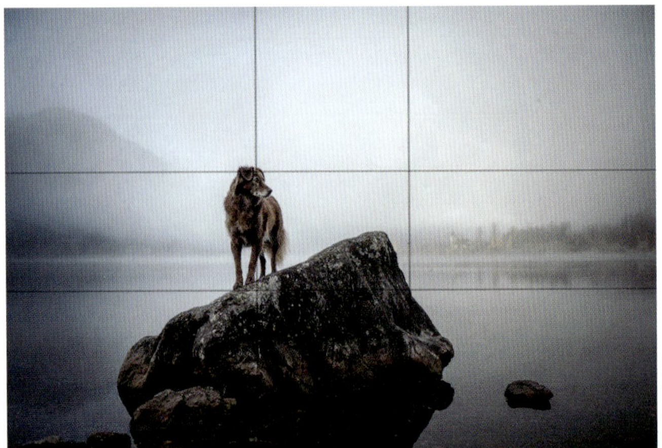

Abbildung 4.6
Den Goldenen Schnitt nutze ich vor allem bei Fotos von Hunden in der Landschaft.

In der modernen Fotografie sind kreative und untypische Schnitte sehr wohl erwünscht und prägen oft den Stil eines Fotografen. Die einen mögen gerne weite Schnitte, die anderen fotografieren eher formatfüllend. Gerade bei den weiten Schnitten verwende ich meistens den Goldenen Schnitt.

Sei kreativ, probiere dich aus und entdecke vielleicht genau hier deinen eigenen Stil. Wenn man Bücher oder Artikel über die Bildkomposition liest, wird eigentlich immer empfohlen, das Hauptmotiv nicht in die Mitte zu setzen, da das Bild sonst schnell langweilig wirkt. Ich jedoch setze den Hund sehr oft ganz mittig. Das ist schon so eine Art typisches Stilmittel für mich geworden. Dabei achte ich vor allem auf die Position des Hundes. Damit dieser Bildaufbau gut zur Geltung kommt, muss der Hund direkt in die Kamera schauen.

Abbildung 4.7
Yuris ganze Haltung und auch der Blick ist direkt zur Kamera gerichtet, deshalb habe ich mich hier für einen mittigen Bildaufbau entschieden.

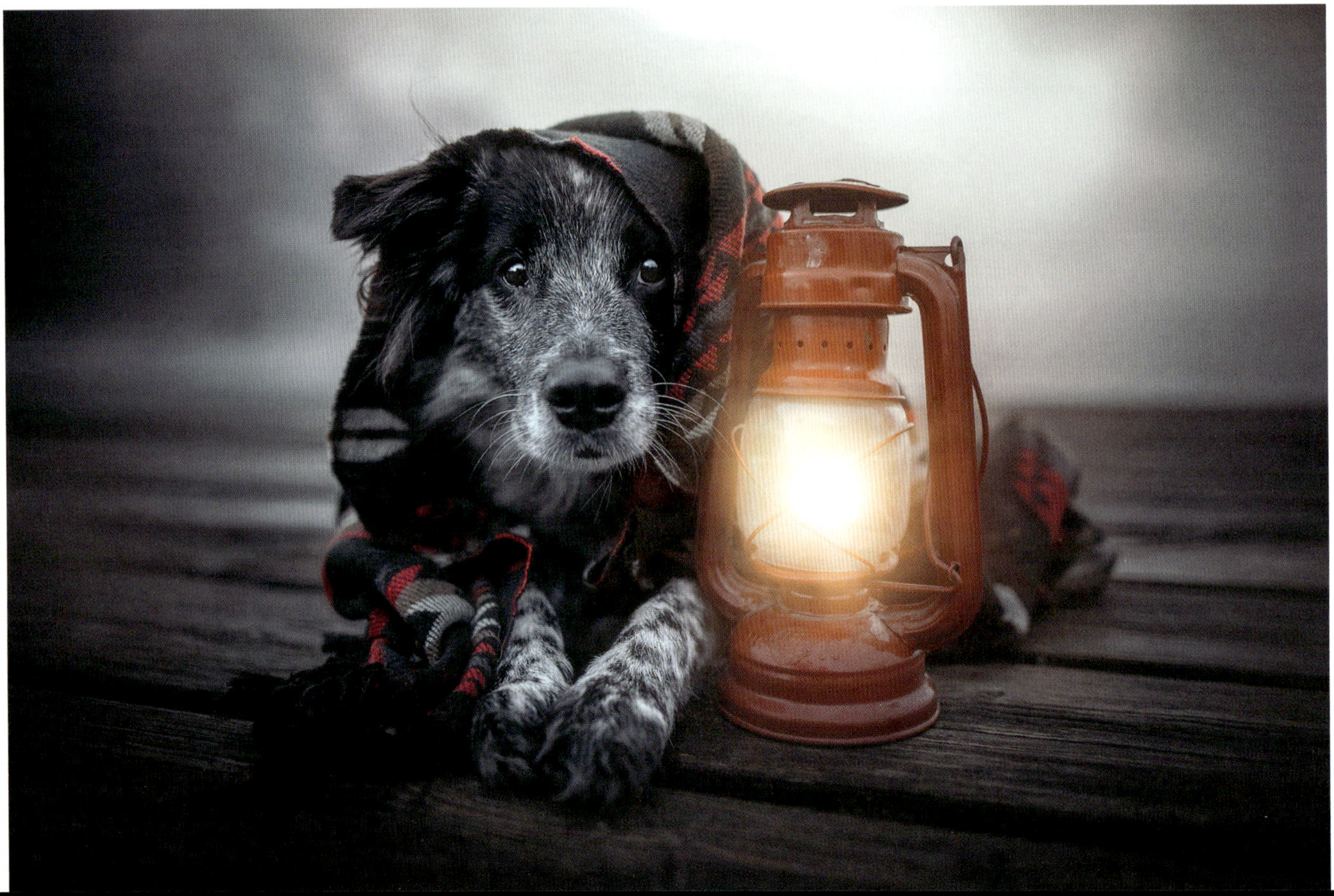

Generell sollte man auf die Körperhaltung und die Blickrichtung des Hundes beim Bildaufbau achten. In seiner Blickrichtung sollte immer mehr Platz sein. Je nachdem, wie sehr der Hund im Profil abgelichtet wird, desto weniger oder mehr musst du den Platz in Blickrichtung anpassen.

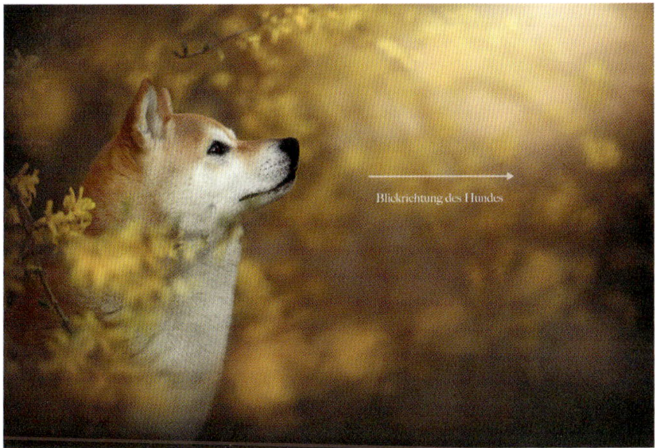

Abbildung 4.8
Die Ablichtung des Hundes von der Seite erfordert viel Platz in dessen Blickrichtung.

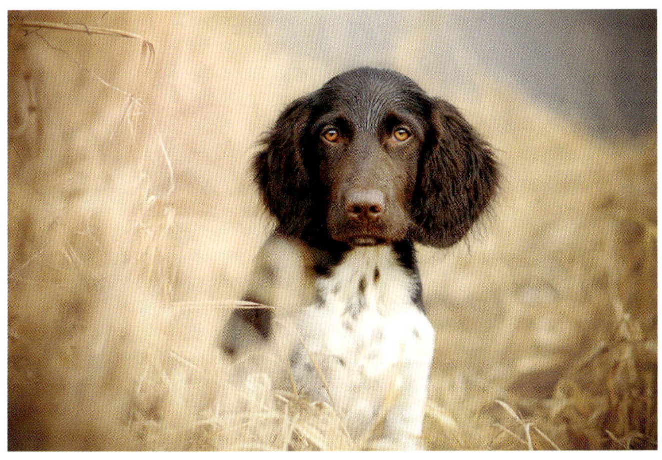

Abbildung 4.9
Der Hund blickt frontal in die Kamera, der Körper ist jedoch nach links gerichtet, deshalb habe ich auf der linken Seite etwas mehr Platz gelassen.

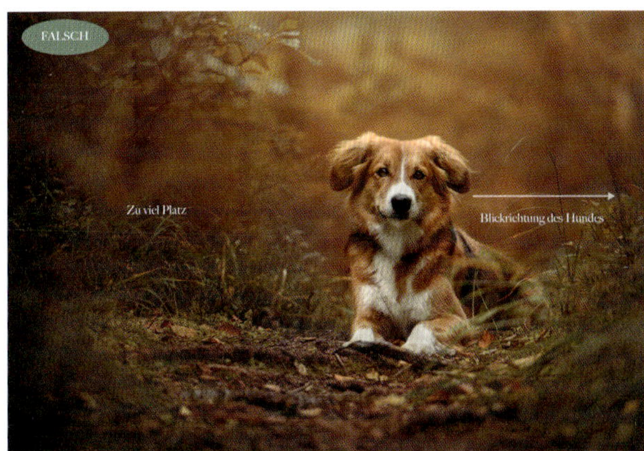

Abbildung 4.10
Ein gutes Beispiel für einen schlechten Bildaufbau

Bei diesem Foto sieht man ganz gut, welche Auswirkungen ein falscher Bildaufbau auf die Bildwirkung hat. Da ich zu langsam beim Versetzen des Fokuspunkts war, habe ich der Österreichischen Pinscherhündin zu wenig Platz in ihre Blickrichtung gegeben. Das irritiert beim Betrachten und man hat das Gefühl, ein wichtiger Teil des Fotos fehlt.

Natürlich gibt es auch Ausnahmen und es ist kein Muss, sich an die Drittel-Regelung oder den Goldenen Schnitt zu halten.

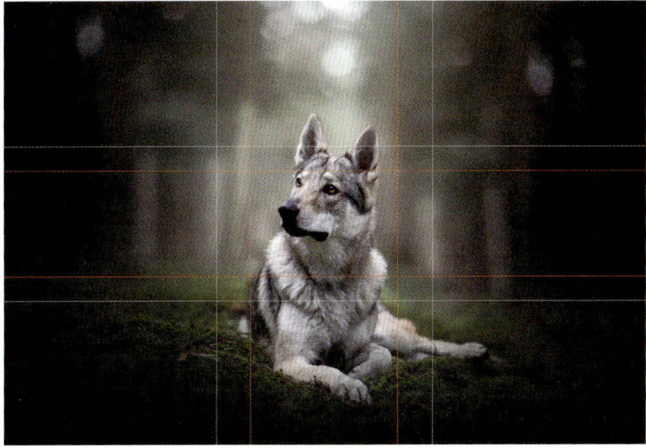

Abbildung 4.11
Die weißen Linien zeigen den Bildaufbau nach der Drittel-Regelung und die roten Linien nach dem Goldenen Schnitt.

Bei dem Foto vom Wolfshund siehst du, dass ich mich weder an die Drittel-Regelung noch an den Goldenen Schnitt oder an die Regel, mehr Platz in Blickrichtung des Hundes zu lassen, gehalten habe. Für mich wirkt das Bild einfach so am stimmigsten. Die Hündin ist mit dem Gesicht deutlich nach links ausgerichtet, ihre Körperhaltung tendiert jedoch nach rechts und dadurch finde ich die mittige Platzierung sehr schön. Ich habe natürlich darauf geachtet, genug Platz in Blickrichtung zu lassen, damit es nicht so aussieht, als würde die Hündin aus dem Bild blicken. Zudem wird sie durch die mittige Platzierung von den Bäumen im Hintergrund umrahmt. Zum Vergleich hier noch einmal das Foto mit einem Bildaufbau nach dem Goldenen Schnitt. Hier geht die Umrahmung sichtlich verloren.

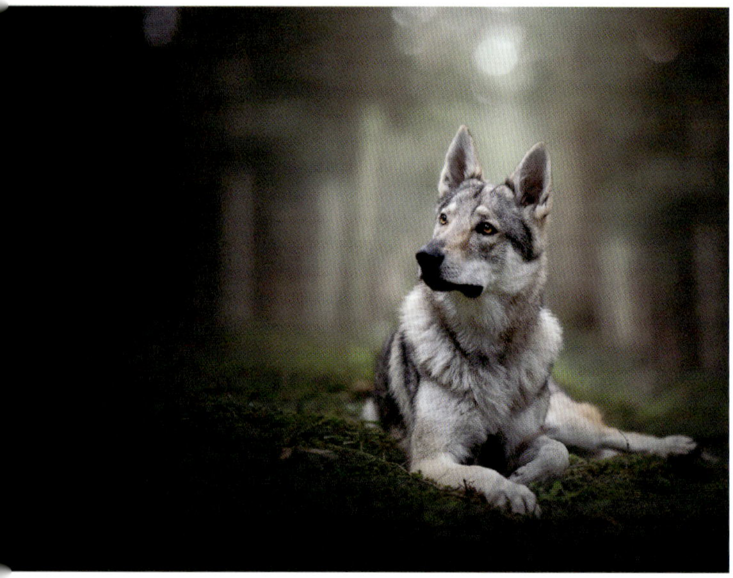

Abbildung 4.12
Dieses Bild ist nach dem Prinzip des Goldenen Schnitts aufgebaut.

Natürlich gibt es bestimmt viele Menschen, die den Bildaufbau dieses Bildes nach dem Goldenen Schnitt bevorzugen. Ich wollte dir damit nur zeigen, dass es gut ist, sich an die Gestaltungsregeln zu halten, es jedoch nicht immer ein Muss ist. Man sollte auf jeden Fall den Bildschnitt individuell an das jeweilige Motiv im Zusammenhang mit der Umgebung anpassen, sich an die Regeln halten, aber sich nicht zu sehr darauf fixieren. Du wirst sehen, je mehr Übung du bekommst, desto mehr wirst du den Bildaufbau nach Gefühl wählen und er wird in den meisten Fällen stimmig sein.

Auf jeden Fall solltest du darauf achten, nichts vom Hund abzuschneiden (z.B. Rute, Pfote etc.). Man kann ein Foto aber bewusst anschneiden. Der Hund muss im Bild nicht immer komplett gezeigt werden. Hier ist es einfach wichtig, dass der Betrachter auf den ersten Blick erkennt, dass der Hund bewusst angeschnitten wurde und nicht aus Versehen.

Folgendes solltest du auf jeden Fall immer beachten: dem Hund genügend Platz im Bild zu geben. In alle Richtungen soll genug Abstand vom Hund zum Bildrand hin sein. Dabei muss der Abstand zu den Rändern bei Weitem nicht gleich sein. Je nachdem, welche weiteren Elemente du gerne im Bild zeigen möchtest, vergrößerst du dementsprechend den Abstand nach oben, nach unten oder zu der jeweiligen Seite hin.

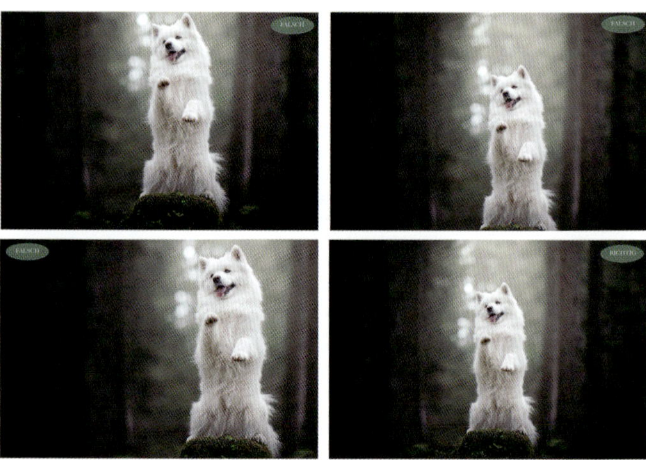

Abbildung 4.13
Der Abstand des Hundes zum Bildrand hat eine wichtige Bedeutung für die Wirkung des Fotos.

Die Collage der vier Bilder zeigt deutlich, dass sich ein fehlender Abstand zum Bildrand hin negativ auf das Bild auswirkt. Beim ersten Beispiel ist deutlich zu wenig Platz nach oben, beim zweiten zu wenig nach unten und beim dritten wirkt der Hund an die Seite gedrängt. Im letzten Bild hat die Hündin genügend Raum. Es wirkt harmonisch und ist angenehm zu betrachten. Der Abstand ist zu allen Seiten hin entsprechend groß.

Bildaufteilung nach der Drittel-Regelung

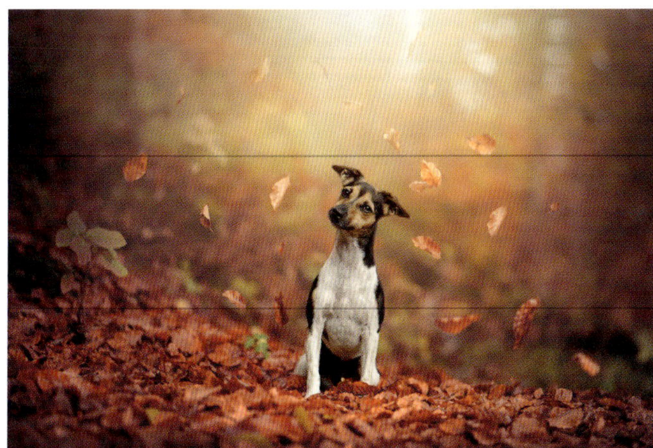

Abbildung 4.14
Die Bildaufteilung nach der Drittel-Regelung

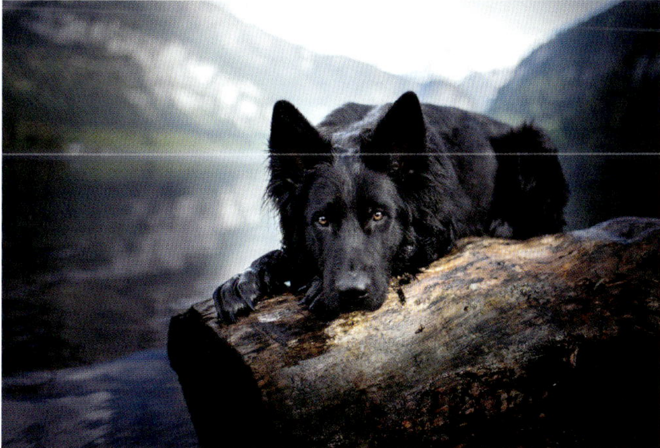

Abbildung 4.15
Bei dem Bild des schwarzen Schäferhundes habe ich mich für eine Bildaufteilung im Verhältnis 1/3 zu 2/3 entschieden.

Bei der Bildaufteilung halte ich mich wieder an die Drittel-Regelung. Diese Einteilung in Dritteln des Bildes richtet sich zum Beispiel nach dem Horizont (Übergang von Erde zu Himmel) oder nach anderen horizontalen Linien im Bild, die sozusagen das Foto teilen. Zu diesen horizontalen Linien zählt zum Beispiel der Übergang vom Untergrund zum Hintergrund oder der Übergang der Seekante zu den Bergen.

Im Prinzip gilt für alle diese Linien dasselbe: Je nachdem, wie diese markanten Linien im Bild dargestellt werden, entsteht eine andere Bildstimmung. Deshalb solltest du auch diese wichtigen Linien bei der Bildkomposition beachten. Zum Beispiel werden 1/3 des Bildes vom Hintergrund eingenommen und 2/3 vom Untergrund oder umgekehrt.

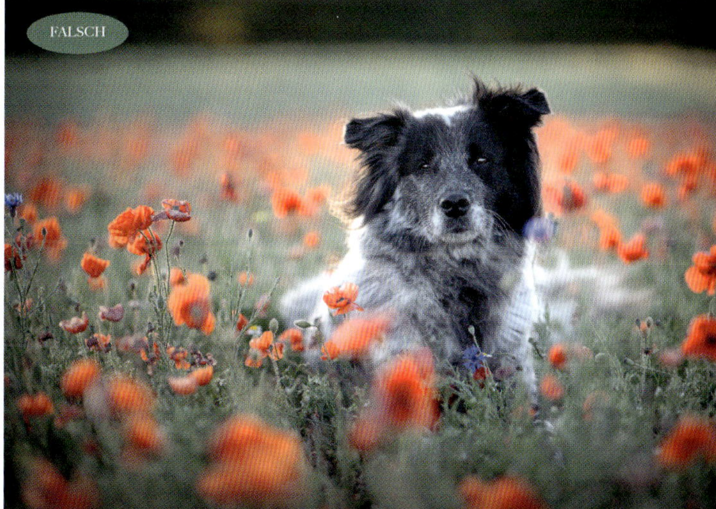

Abbildung 4.16
Keine harmonische Bildaufteilung, der dunkle Balken am oberen Bildrand lenkt vom Hauptmotiv ab und hat für die Bildaussage keinerlei Bedeutung.

Das Bild von Yuri im Mohnblumenfeld soll dir zeigen, wie die Bildaufteilung nicht aussehen soll. Die Bildaufteilung ist hier nicht stimmig und darunter leidet die Bildwirkung. Manchmal ist es natürlich aufgrund unterschiedlicher Gegebenheiten schwierig, eine harmonische Bildaufteilung in Dritteln zu erzeugen. Damit Yuri nicht komplett von den Blumen verdeckt wird und auch keine horizontale Linie durch seinen Kopf läuft, wäre hier, um das kleine Stückchen Hintergrund ganz verschwinden zu lassen, eine höhere Aufnahmeposition die beste Wahl gewesen.

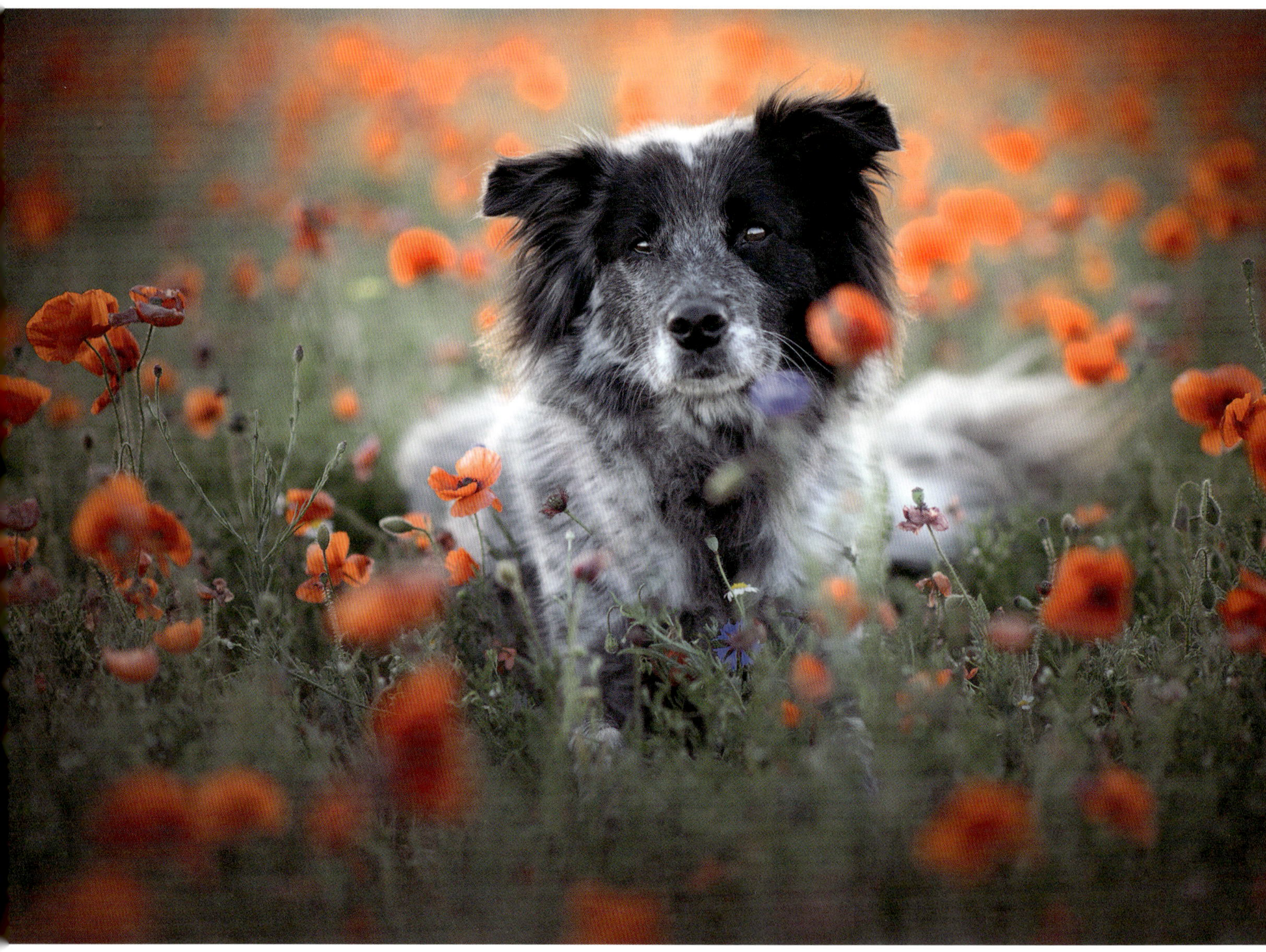

Abbildung 4.17
Durch den höheren Aufnahmestandpunkt konnte ich den Hintergrund ganz verschwinden lassen.

Dieses Foto zeigt die Variante aus einer etwas höheren Perspektive aufgenommen. Durch den höheren Aufnahmewinkel wird nur der für die Bildaussage wichtige Untergrund mit den Mohnblumen aufgenommen und das störende Stück des Hintergrunds verschwindet. Das Foto wirkt um einiges harmonischer.

Zudem solltest du immer darauf achten, dass sowohl horizontale als auch vertikale Linien gerade verlaufen. Verlaufen diese schräg, wirkt es nicht stimmig und der Betrachter wird dadurch irritiert.

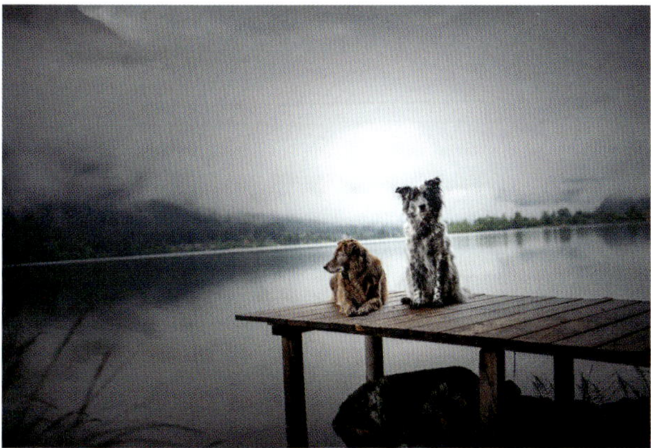

Abbildung 4.18
Schiefe Linien lassen das Bild unstimmig wirken.

Dieses Bild zeigt deutlich, dass eine schiefe Linie im Bild störend wirkt. Am besten achtest du auf die Ausrichtung der Linien schon während des Fotografierens.

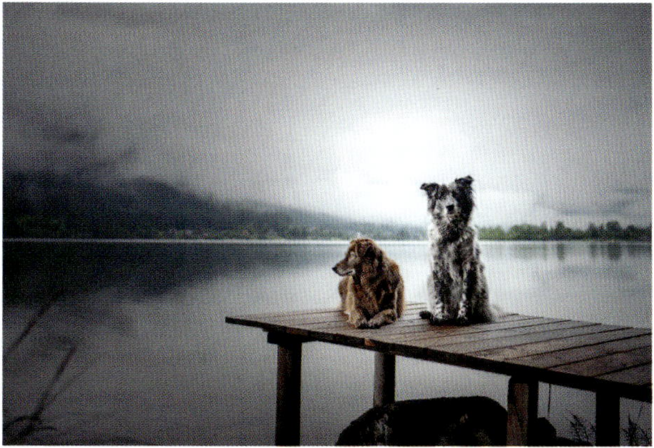

Abbildung 4.19
Durch das Ausrichtungswerkzeug können die Linien innerhalb der Bildbearbeitung ganz einfach begradigt werden.

Sollte dennoch eine Linie nicht gerade sein, kann man sie innerhalb der Bildbearbeitung sehr einfach mit dem Ausrichtungswerkzeug begradigen, jedoch darfst du nicht vergessen, dass dabei dein Bild etwas beschnitten werden muss und eventuell dadurch wichtige Bildelemente verloren gehen.

Tipp bei der Ausrichtung von vertikalen und horizontalen Linien

Treffen horizontale und vertikale Linien (zum Beispiel: Seekante und Steg) in einem Foto aufeinander, ist es ratsam, die horizontalen und vertikalen Linien schon im RAW-Converter mithilfe des Transformieren-Werkzeugs und der horizontalen, vertikalen und automatischen Korrektur anzupassen.

Ganz entscheidend für die Bildwirkung ist auch, dass diese Linien nicht durch den Kopf des Hundes laufen. Solange diese Linien ganz dezent sind, ist es für die Bildwirkung nicht weiter störend, aber bei sehr kräftigen und markanten Linien sollte man dies unbedingt vermeiden.

Bildtiefe

Um dem Foto einen interessanten Look zu geben, ist es wichtig, eine räumliche Wirkung zu erzeugen. Man spricht in der Fotografie von der Tiefenstaffelung, einem sichtbaren Vordergrund, einer Motivebene und einem Hintergrund. Dadurch bekommt das Foto eine tolle Tiefe und wirkt lebendiger. Mit der richtigen Bildgestaltung kannst du die räumliche Wirkung auch im Foto erhalten.

Es gibt unterschiedliche Möglichkeiten, um diese Tiefe zu erzeugen. Zum einen, indem man Objekte und Strukturen staffelt. Dazu fotografiert man zum Beispiel durch Blumen oder Blätter, diese sind im Idealfall direkt vor der Kamera und werden dadurch verschwommen dargestellt. Bei einer Wiese legt man sich am besten ganz auf den Boden, um die einzelnen Gräser zu einer schönen verschwommenen Fläche werden zu lassen.

Man schafft dadurch einen verschwommenen Vordergrund, eine scharfe Motivebene und einen freigestellten Hintergrund. Der räumliche Effekt wird mit einer Offenblende und der damit knappen Schärfe verstärkt.

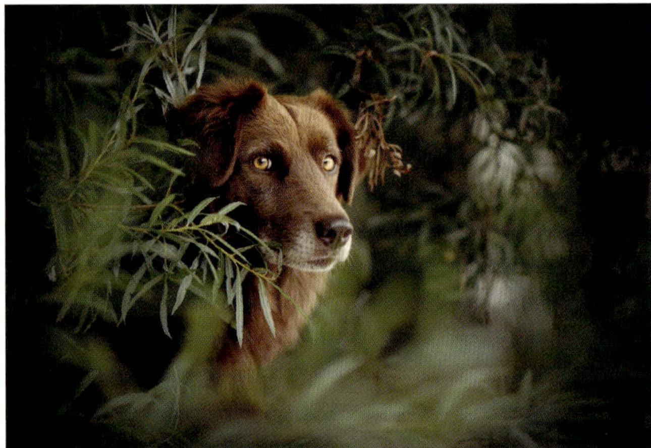

Abbildung 4.20
Eine entsprechende Bildgestaltung führt zu einer räumlichen Wirkung.

Wie du hier bei dieser Aufnahme von Finn gut erkennen kannst, entsteht durch die unterschiedlichen Schärfeebenen im Foto eine sehr gute räumliche Wirkung. Die Staffelung der unterschiedlichen Objekte ist hier sehr gut gelungen, da das Bild nicht nur aus den drei Ebenen – weicher Vordergrund, Motivebene und weicher Hintergrund – besteht, sondern durch das Gebüsch viele einzelne Ebenen mit unterschiedlichen Schärfegraden realisiert worden sind.

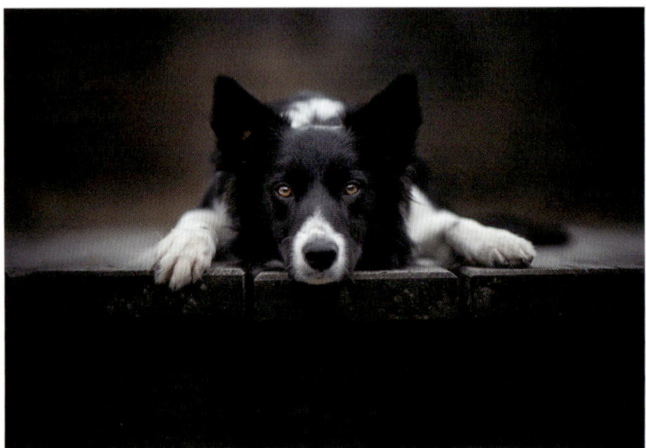

Abbildung 4.21
Dieses Bild hat im Vergleich weniger Bildtiefe.

Bei dem Foto mit dem Border Collie geht die Tiefenwirkung etwas verloren, da die Vordergrund-Ebene fehlt. Das Bild besteht sozusagen nur aus zwei Ebenen, der scharfen Motivebene und dem unscharfen Hintergrund.

Natürlich ist es nicht immer möglich, eine sehr starke räumliche Wirkung zu kreieren. Hat man jedoch die Möglichkeiten dazu, sollte man diese auf jeden Fall nutzen.

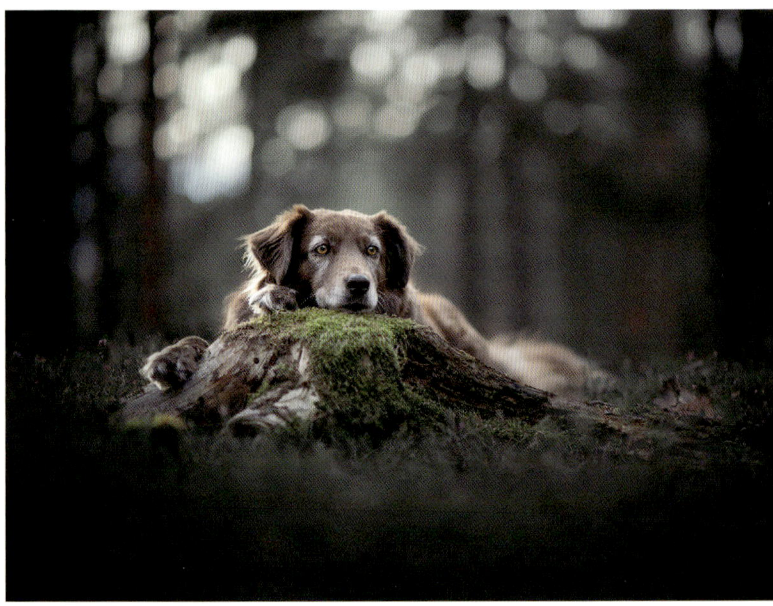

Abbildung 4.22
Das Miteinbeziehen des Vordergrunds wirkt sich erheblich auf die Tiefenwirkung aus.

Auch die Linienführung kann man sich zunutze machen, um eine räumliche Wirkung zu erzielen. So schaffst du mit waagrechten Linien eine Art Horizont und durch diagonale Linien kannst du eine gewisse Perspektive erzeugen. Da dies vor allem aber Bilder von Hunden in Landschaften betrifft, werde ich dir in Kapitel 8 noch einmal mehr darüber erzählen.

Ein weiterer Punkt, der die dreidimensionale Wirkung beeinflusst, ist das Licht. Das diffuse Licht zum Beispiel führt zu einer sehr gleichmäßigen Belichtung der Umgebung. Bei Porträtaufnahmen ist das oft sehr erwünscht, doch diese einheitliche Ausleuchtung lässt auch das Bild viel flacher wirken. Hingegen erhöhen Schattenspiele, unterschiedliche Helligkeitsstufen und Kontrastunterschiede die Tiefenwirkung.

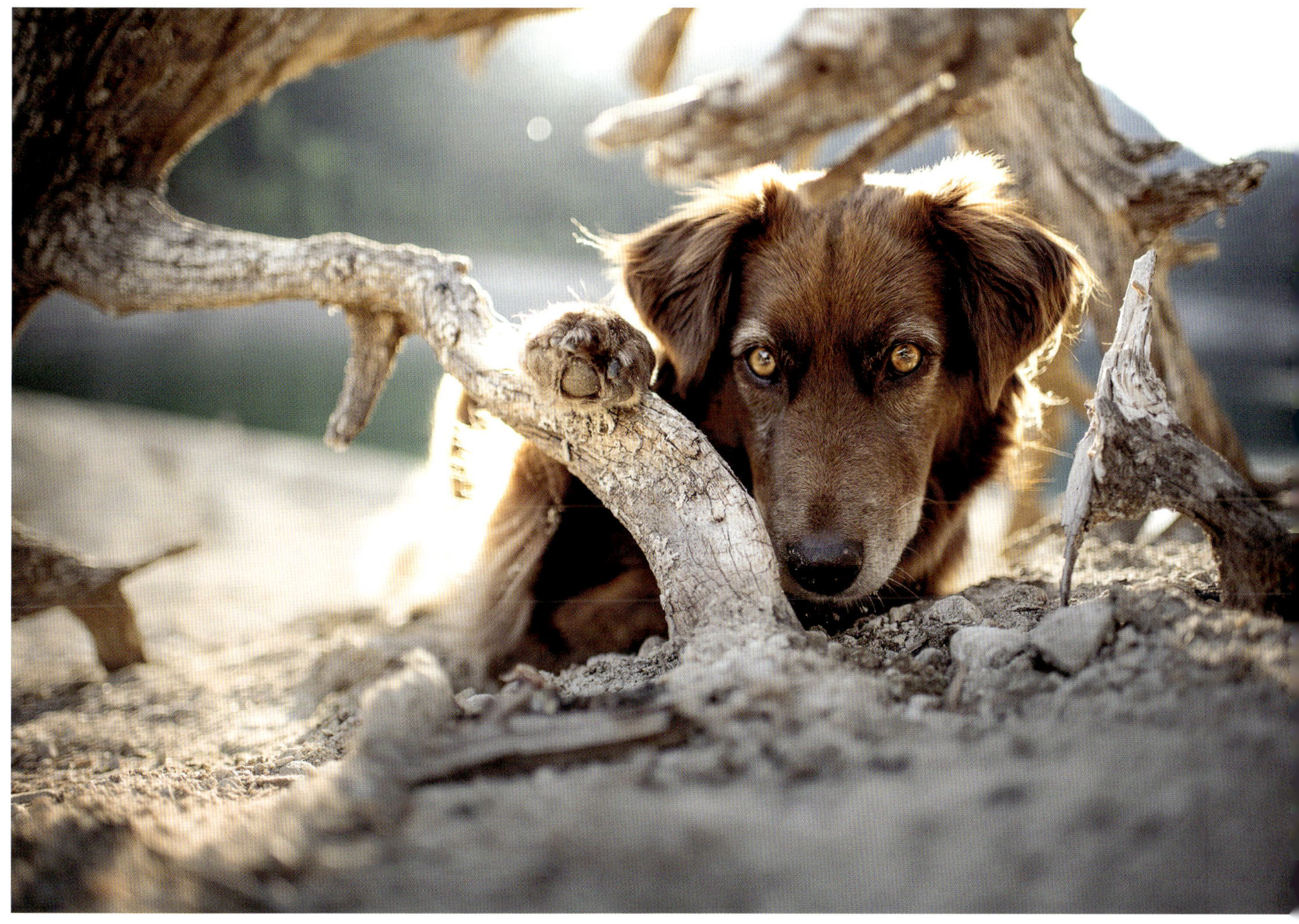

Abbildung 4.23
Unterschiedliche Helligkeitsstufen und Kontrastunterschiede erzeugen Tiefe im Foto.

Hinweis

Möglichkeiten, Tiefe in einem Foto zu erzeugen:

- Unterschiedliche Ebenen
- Offenblende
- Linienführung
- Licht

Freistellung

Wie schon erwähnt, ist die Freistellung ein sehr wichtiger Punkt in der Hundefotografie, weil durch die geringe Tiefenschärfe sofort der Blick auf den Hund gelenkt wird. Eine Freistellung erzeugt man durch eine große Blende und eine große Brennweite. Zusätzlich wird die Freistellung durch die Positionierung und die Nähe zum Motiv stark beeinflusst. Je weiter weg man den Hund vom Hintergrund setzt und je näher man an das Motiv herangeht, desto verschwommener wird der Hintergrund.

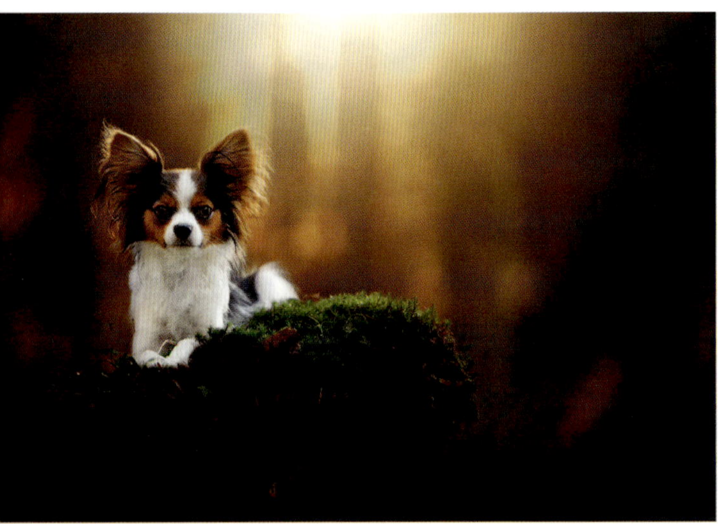

Abbildung 4.24
Auch die Größe des Hundes und seine Position spielen für die Freistellung eine entscheidende Rolle.

Wichtig

Größtmögliche Freistellung = größte Blende + größte Brennweite + große Entfernung vom Hintergrund zum Hund + große Nähe zum Hund

Freistellung durch große Brennweite

Die nachfolgenden Fotos zeigen dir, wie sich die Freistellung durch die Brennweite verändert. Alle Bilder wurden mit einer Blende von f/1.8 aufgenommen und ich habe bei der Aufnahme meine Position und die Einstellungen nicht verändert, lediglich das Objektiv ausgetauscht.

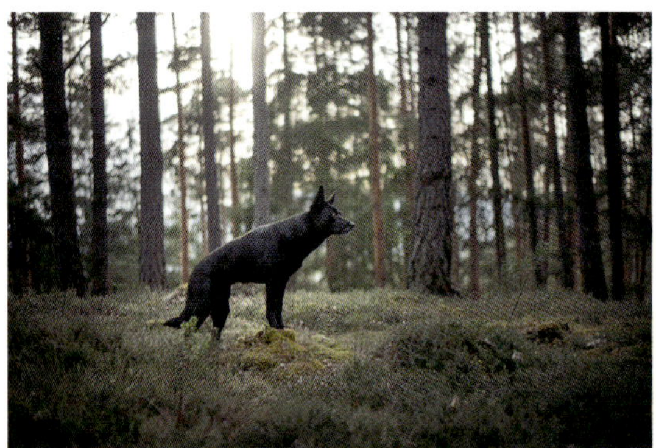

Abbildung 4.25
Aufnahme mit dem 50 mm

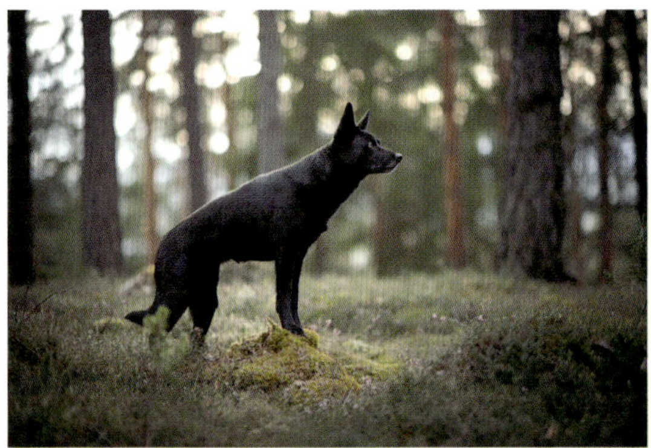

Abbildung 4.26
Aufnahme mit dem 85 mm

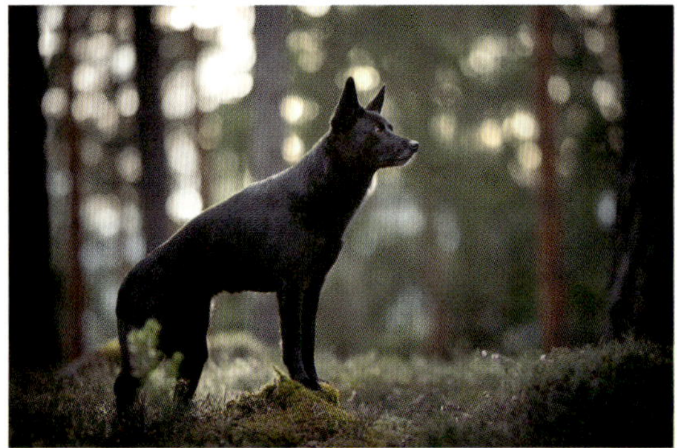

Abbildung 4.27
Aufnahme mit dem 135 mm

Bei der Aufnahme mit dem 50 mm sieht man noch viele Strukturen und das Bild wirkt relativ unruhig. Mit zunehmender Brennweite wird zum einen die Freistellung besser, zum anderen verändert sich auch sichtlich das Bokeh. Unter Bokeh versteht man den Unschärfebereich im Hintergrund. Die Lichtkreise werden mit zunehmender Brennweite größer.

Freistellung durch die Nähe zum Objekt

Die Freistellung ist neben dem Blendenwert und der Brennweite auch abhängig von der Nähe zum Motiv. Vergrößerst du den Abstand zum Motiv, wird der Schärfebereich größer. Je näher du an dein Motiv rangehst, desto besser wird die Freistellung bzw. desto kleiner wird der Schärfebereich.

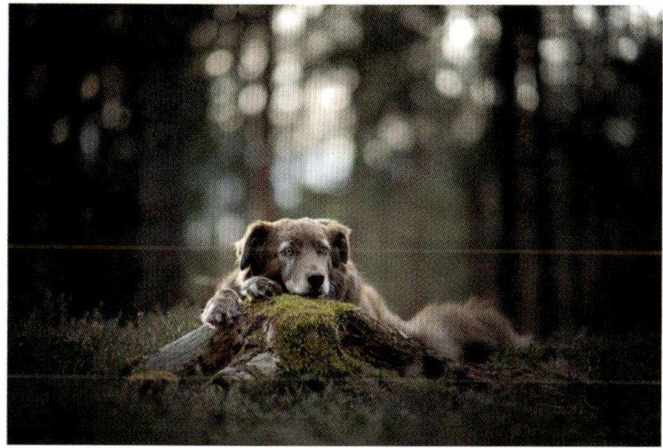

Abbildung 4.28
Aufgenommen wurde das Foto mit dem 85 mm bei einer Blende von f/1.6.

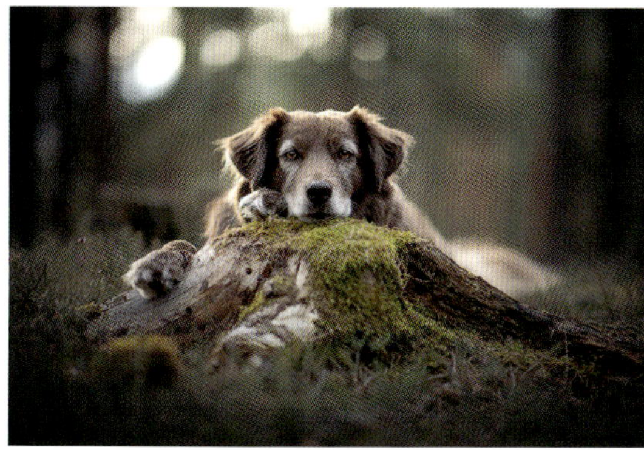

Abbildung 4.29
Selbes Objektiv und selbe Einstellung, jedoch mehr Nähe zum Motiv – und die Freistellung ändert sich.

Die beiden Bilder wurden mit dem 85-mm-Objektiv bei Blende f/1.6 aufgenommen. Hier kannst du deutlich sehen, wie die Freistellung auch durch die Nähe zum Motiv beeinflusst wird. In dieser Location war es jetzt nicht von großer Bedeutung, da der Wald schön frei und der Hintergrund relativ weit weg war. Hast du jedoch eine sehr unruhige Location oder kannst du den Hund nicht weiter weg vom Hintergrund setzen, ist es von entscheidender Bedeutung, sich die Nähe zum Motiv zunutze zu machen, um eine schöne Freistellung im Bild zu erreichen.

Tipp

Die Nähe zum Motiv kann man zudem noch mit der Position des Hundes beeinflussen. In einer unruhigen Location würde ich nie ein Ganzkörperporträt eines stehenden Hundes machen. Um die bestmögliche Freistellung zu bekommen, muss ich so weit wie möglich an das Motiv ran, und das schaffe ich am besten, je »kleiner« die Position ist, die der Hund einnimmt. Deshalb lichte ich den Hund in unruhigen Locations zum Beispiel im Liegen ab oder mache eine Porträtaufnahme des Kopfes.

Weitere Punkte, die beim Bildaufbau zu beachten sind

Kopfporträtaufnahmen des Hundes

Bei einer Kopfporträtaufnahme ist es entscheidend, wie du den Bildschnitt wählst, damit das Bild und der Hund darauf stimmig wirken. Ich möchte dir hier meine Tipps dazu geben.

Ich versuche, Kopfporträts meistens von einem sitzenden Hund aufzunehmen, da meiner Meinung nach der Bildaufbau hier am besten gelingt. Nimmt man den Hund im Stehen auf und macht ein Kopfporträt, ist es oft schwierig, die richtige Perspektive zu wählen, oder man weiß oft nicht, wie man den Hunderücken am besten im Bild zeigt.

Aber wie wählt man den Bildschnitt?

Es ist von großer Bedeutung, dem Hund genügend Raum zu geben. Der Bildschnitt sollte nicht direkt unter dem Hals des Hundes gewählt werden. Es ist immer besser, etwas mehr mit auf das Bild zu nehmen als zu wenig, denn zuschneiden kann man im Notfall immer noch.

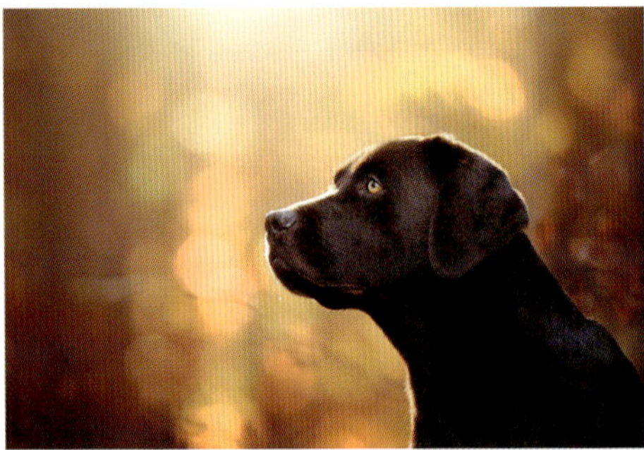

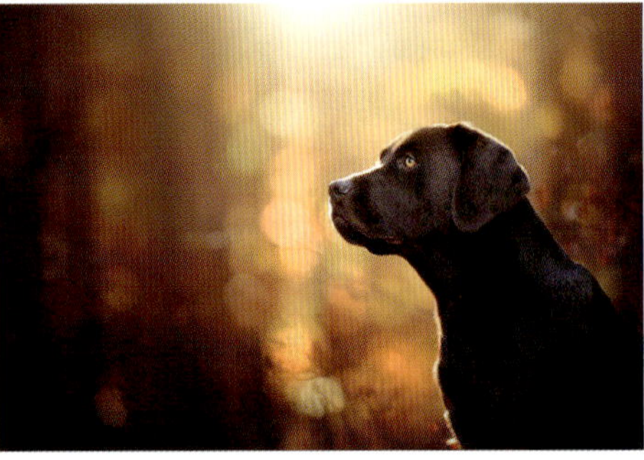

Abbildung 4.30
Der direkte Vergleich eines Bildschnitts

Für mich persönlich ist der Bildschnitt auf dem zweiten Bild um einiges besser. Der Vergleich zeigt deutlich, wie sehr sich die Wirkung des Hundes selbst auch durch den Bildschnitt ändert. Durch den engen Schnitt wirkt Mila im ersten Foto richtig gestaucht und massig und im zweiten Bild gestreckt und schlank, wie sie in natura war.

Das Bild von Diva zeigt für mich persönlich einen perfekten Bildschnitt. Ich versuche immer, einen Teil des Schulterbereichs mit im Bild zu zeigen. Es lässt den Hund harmonischer wirken und man hat nicht das Gefühl, dass etwas fehlt.

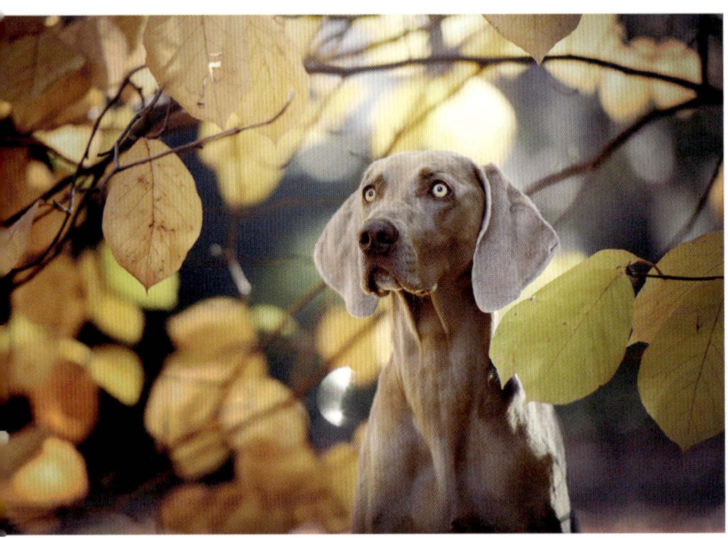

Abbildung 4.31
Für mich persönlich ist das Porträt von der wunderschönen Weimaranerhündin Diva vom Bildschnitt perfekt.

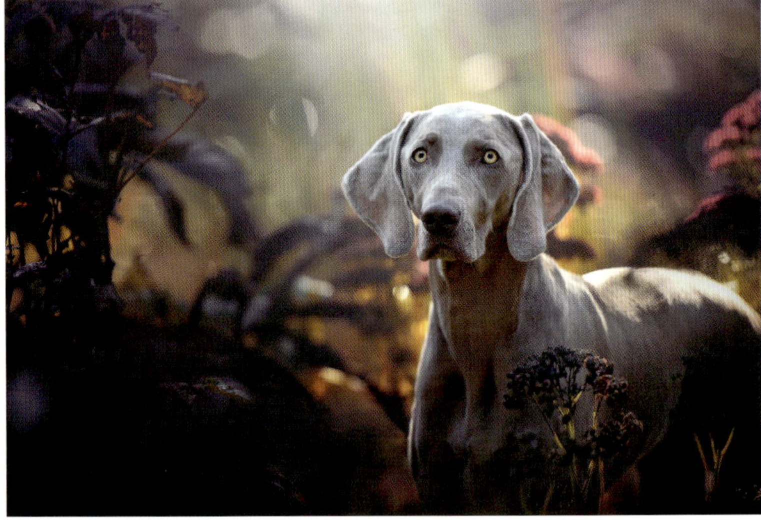

Abbildung 4.32
Kopfporträtaufnahme eines stehenden Hundes

Aus unterschiedlichen Gründen gibt es jedoch manchmal nur die Möglichkeit, den Hund im Stehen aufzunehmen. Auch bei einem stehenden Hund wähle ich den Bildschnitt so, dass ich noch seinen Schulterbereich im Bild zeige. Zudem versuche ich, den Hund leicht seitlich und nicht ganz frontal abzulichten. Bei solchen Aufnahmen ist es entscheidend, das Bild nicht mit dem Körper des Hundes zu füllen, sondern dem Hund genügend Raum zu geben, wie man bei dem Bild von Diva (Abbildung 4.32) sieht.

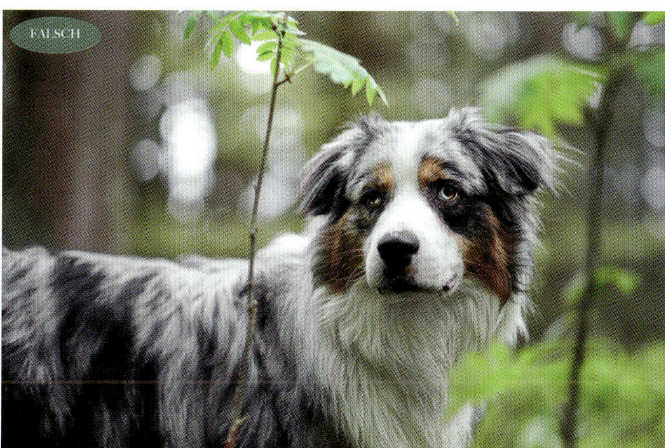

Abbildung 4.33
Da der Körper des Hundes den Großteil des Bildes füllt, wirkt es nicht harmonisch.

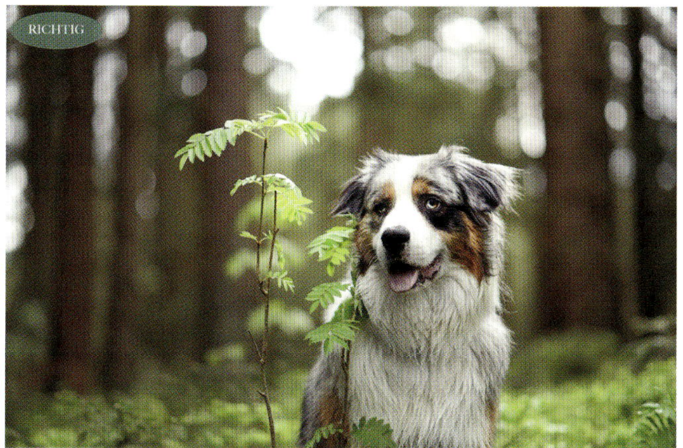

Abbildung 4.34
Durch die sitzende Pose bekommt der Hund mehr Platz im Bild.

Das Bild des Australian-Shepherd-Rüden Simba zeigt ein Negativbeispiel für eine Porträtaufnahme. Die Perspektive wurde ganz seitlich gewählt und der Körper des Hundes nimmt das gesamte Foto ein. Das Foto wirkt daher aus mehreren Gründen nicht stimmig.

Zum Vergleich noch einmal derselbe Hund in derselben Location, nur in einer anderen Pose. Das Bild wirkt deutlich besser und der Bildschnitt schmeichelt dem Hund mehr.

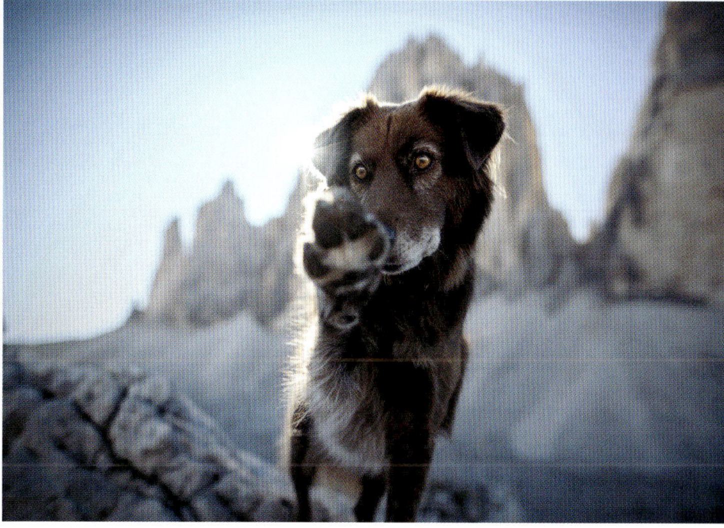

Abbildung 4.35
Der Bildschnitt muss immer an die jeweilige Situation und Perspektive angepasst werden.

Eine andere Aufnahmesituation und eine andere Perspektive fordern natürlich eine Anpassung meiner Empfehlung, den Bildschnitt im Schulterbereich des Hundes zu wählen, wie auch dieses Bild hier von Finn in den Dolomiten zeigt. Hier habe ich aus einer etwas tieferen Perspektive fotografiert und bewusst den Bildschnitt an den Beinen gewählt. Durch die Perspektive von weiter unten sieht man den Hals des Hundes nicht so gut, und würde ich den Bildschnitt im Schulterbereich wählen, wäre viel zu wenig Raum nach unten. Das war während des Fotografierens schon meine Theorie. Diese hat sich beim Versuch, das Bild enger zu schneiden, um den Bildschnitt im Schulterbereich zu wählen, bestätigt.

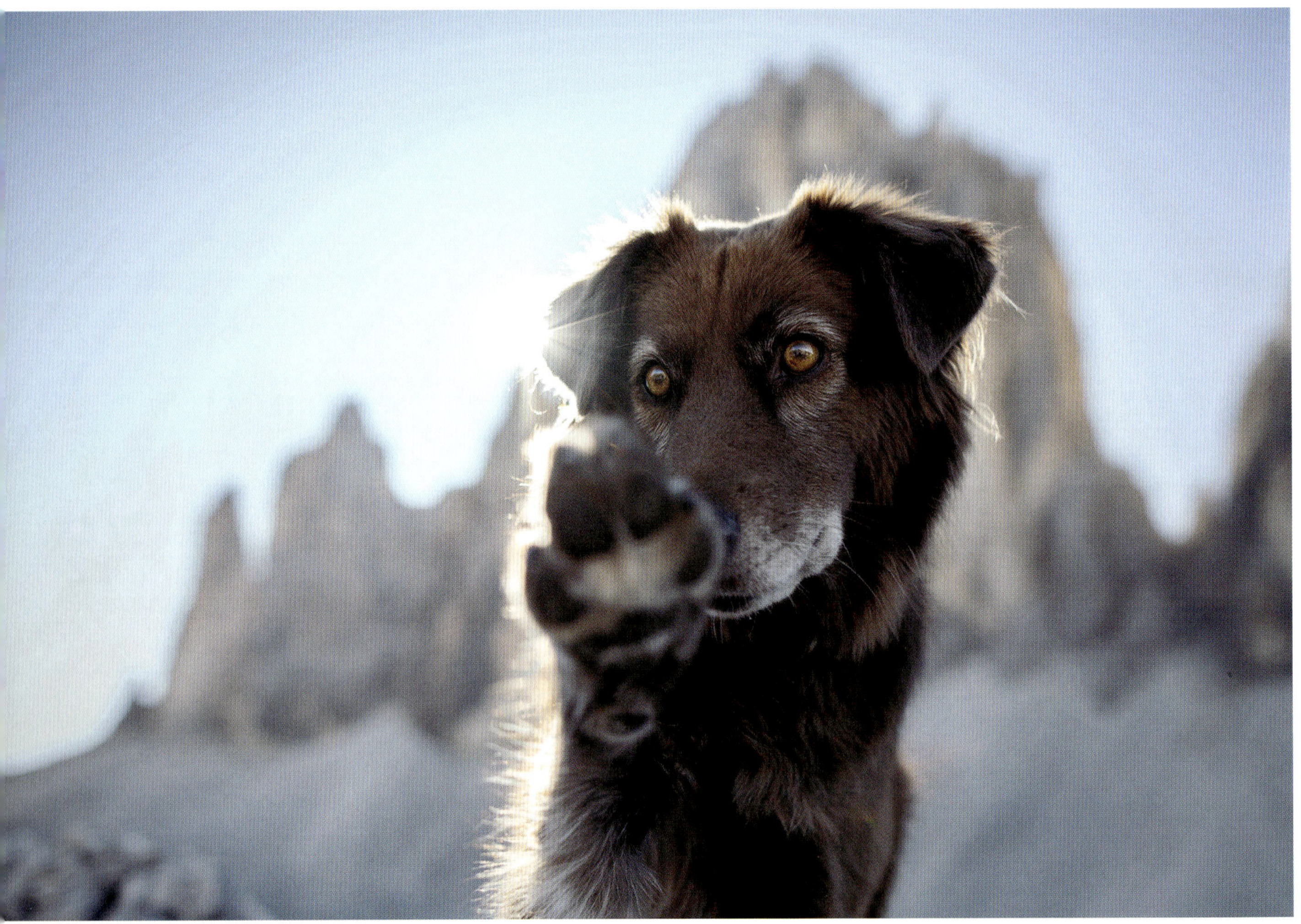

Abbildung 4.36
Meine Empfehlung, den Bildschnitt unter der Schulter zu wählen, ist nicht immer die richtige Wahl.

Zum Vergleich hier noch einmal die Version vom winkenden Finn mit Bildschnitt im Schulterbereich. Man hat das Gefühl, es fehlt etwas im Bild. Gerade da die winkende Pfote ein entscheidendes Bildelement ist, sollte diese ganz im Bild gezeigt werden. Ich zeige dir diesen Vergleich bewusst, um noch einmal zu verdeutlichen, dass es sich auch hier wieder nur um eine Empfehlung handelt, die sich für sehr viele Bilder eignet, aber bei Weitem nicht die richtige Wahl für jedes Bild ist. Die Bildschnittwahl ist abhängig von einigen Komponenten, zum Beispiel von der Größe des Hundemodels, der Perspektive und natürlich auch von der Umgebung.

Eines solltest du jedoch auf jeden Fall vermeiden, und zwar ein Kopfporträt eines liegenden Hundes zu machen.

Weniger ist mehr

Bei einem Hundeporträt ist auf Einfachheit zu achten. Alles Unnötige, was vom Hund ablenkt, sollte weggelassen werden. Denn warum sollte man Elemente im Bild zeigen, die für unsere Bildaussage nicht relevant sind? »Aufgeräumte« Bilder werden nicht nur schneller verstanden, sondern auch als schöner wahrgenommen.

Die Perspektive

Ich denke, einer der wohl häufigsten Tipps, den man in der Hundefotografie bekommt, ist folgender: »Fotografiere den Hund auf Augenhöhe.« Man spricht dabei von der sogenannten Normalperspektive. In sehr vielen Situationen ist diese Perspektive auf jeden Fall die richtige Wahl. Man begegnet dem Hund auf seiner Ebene und zeigt die Umgebung so, wie auch er sie wahrnimmt. Die Aufnahmen werden durch diese Perspektive sehr lebendig.

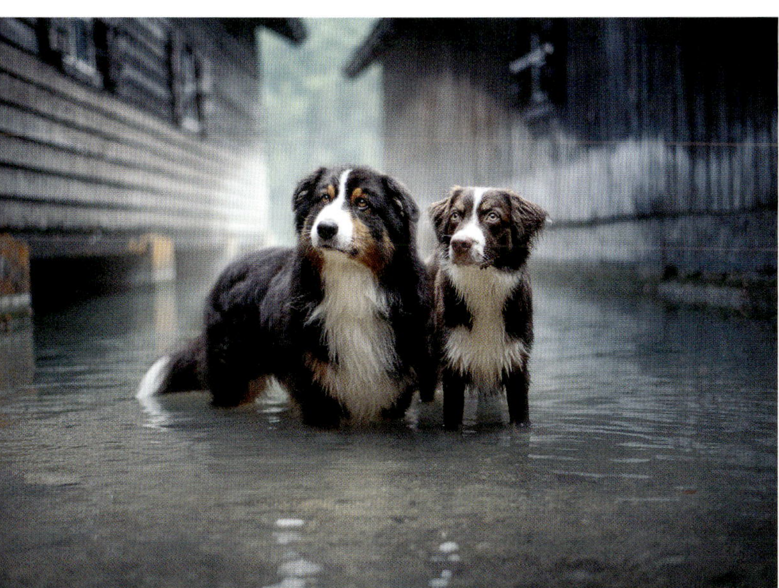

Abbildung 4.37
Chilli und Takoda habe ich hier auf Augenhöhe fotografiert.

Die Wahl der Perspektive ist vom Hund, dem Aufnahmeort und der gewünschten Bildstimmung abhängig. Deshalb ist es von großer Bedeutung, eine geeignete Perspektive zu wählen, um eine bestimmte Bildaussage zu unterstreichen. Deshalb ist es wichtig, zu erkennen, welche Perspektive dem Hund schmeichelt und welche eher nicht. Das Ziel in erster Linie ist, den Hund und auch seine Umgebung gut darzustellen. Die Perspektive kann dir dabei helfen, die wichtigen Elemente im Foto entsprechend zu zeigen und die störenden Elemente verschwinden zu lassen. Behalte deshalb immer den Hintergrund gut im Auge. So kannst du vermeiden, dass Linien durch den Kopf des Hundes laufen oder dass ein Baumstamm daraus wächst. Durch die Änderung des Winkels kannst du den Baumstamm hinter dem Hund verschwinden lassen.

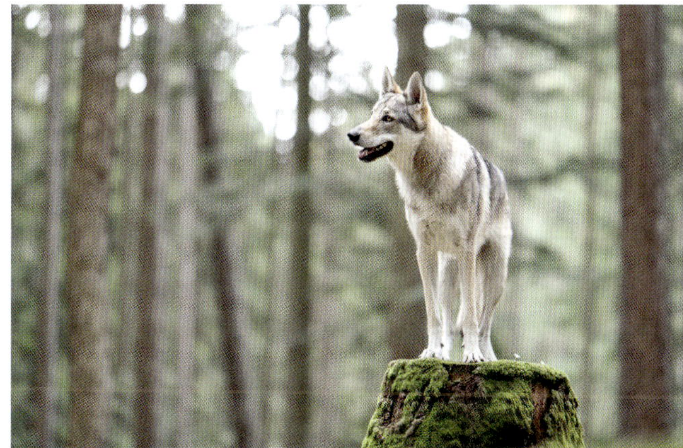

Abbildung 4.38
Der Baumstamm direkt hinter dem Kopf des Hundes wirkt störend.

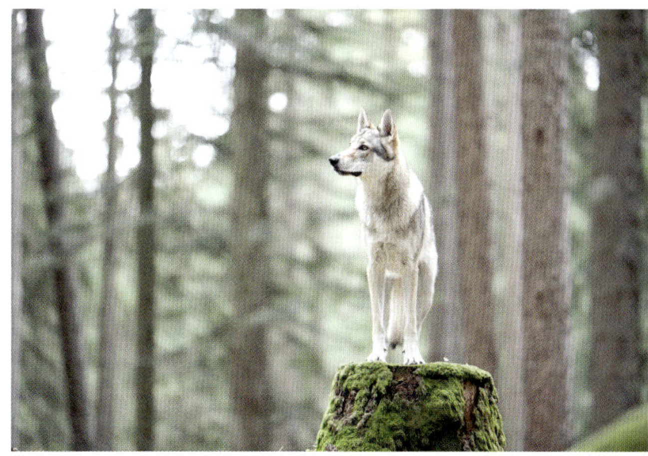

Abbildung 4.39
Kleiner Wechsel des Aufnahmewinkels, und der Baumstamm verschwindet hinter dem Hund.

Falls trotzdem einmal ein störendes Element im Hintergrund nicht zu vermeiden ist, du aber die Position und Perspektive aus einem bestimmten Grund nicht ändern möchtest, achte zumindest darauf, dass es durch eine gute Stelle des Hundes läuft. Denn innerhalb der Bildretusche gibt es ja noch die Möglichkeit, es zu entfernen. Läuft es jedoch genau hinter den Beinen des Hundes oder durch den Kopf eines Langhaarhundes mit viel abstehendem Fell, wird die Retusche schwieriger sein, als wenn das störende Element einfach durch den Rücken des Hundes verläuft.

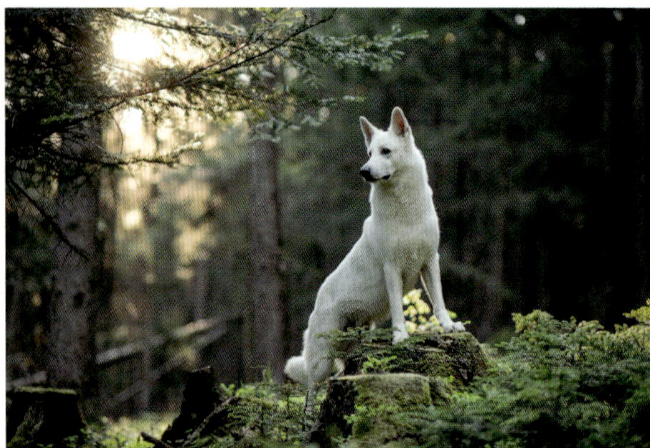

Abbildung 4.40
Das Gegenlicht kommt aufgrund der Perspektive nicht wirklich zur Geltung.

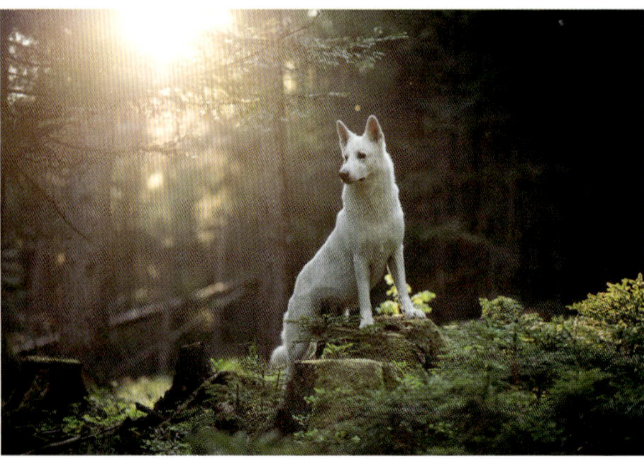

Abbildung 4.41
Die etwas tiefere Wahl der Perspektive bewirkt einen ganz anderen Lichteinfall.

Durch die Wahl deiner Perspektive kannst du nicht nur entscheiden, wie der Hund auf dem Foto wirkt, sondern zum Beispiel auch, wie die Sonne bei deiner Gegenlichtaufnahme im Bild zu sehen ist. Durch das Heben oder Senken der Kamera kannst du das Gegenlicht ganz anders im Bild zeigen.

Die etwas tiefere Perspektive lässt die Sonne ganz anders einfallen. Hier siehst du deutlich, wie eine kleine Änderung der Perspektive die Bildstimmung beeinflussen kann.

Tipp

Wähle die Perspektive und den Aufnahmewinkel so, dass nichts im Hintergrund vom Hund ablenkt oder störend im Bild wirkt. Um ein ansprechendes Foto zu machen, musst du den Hund und seine Umgebung in Einklang bringen.

Neben der Normalperspektive gibt es die Froschperspektive. Dazu zählt alles, was unterhalb der Augenhöhe liegt. Fotografiert man Hunde vom Boden aus, wirken sie sehr erhaben, stolz und mächtig.

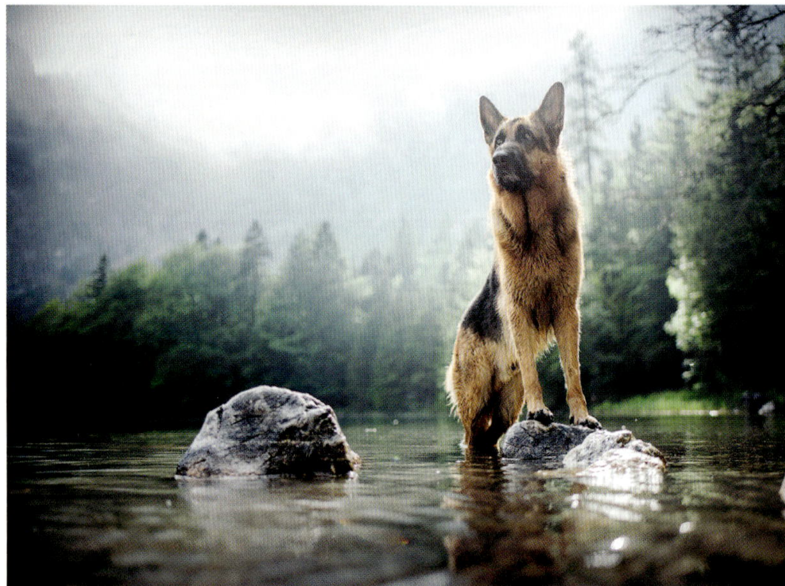

Abbildung 4.42
Die Perspektive von leicht unten lässt Dexter anmutig wirken.

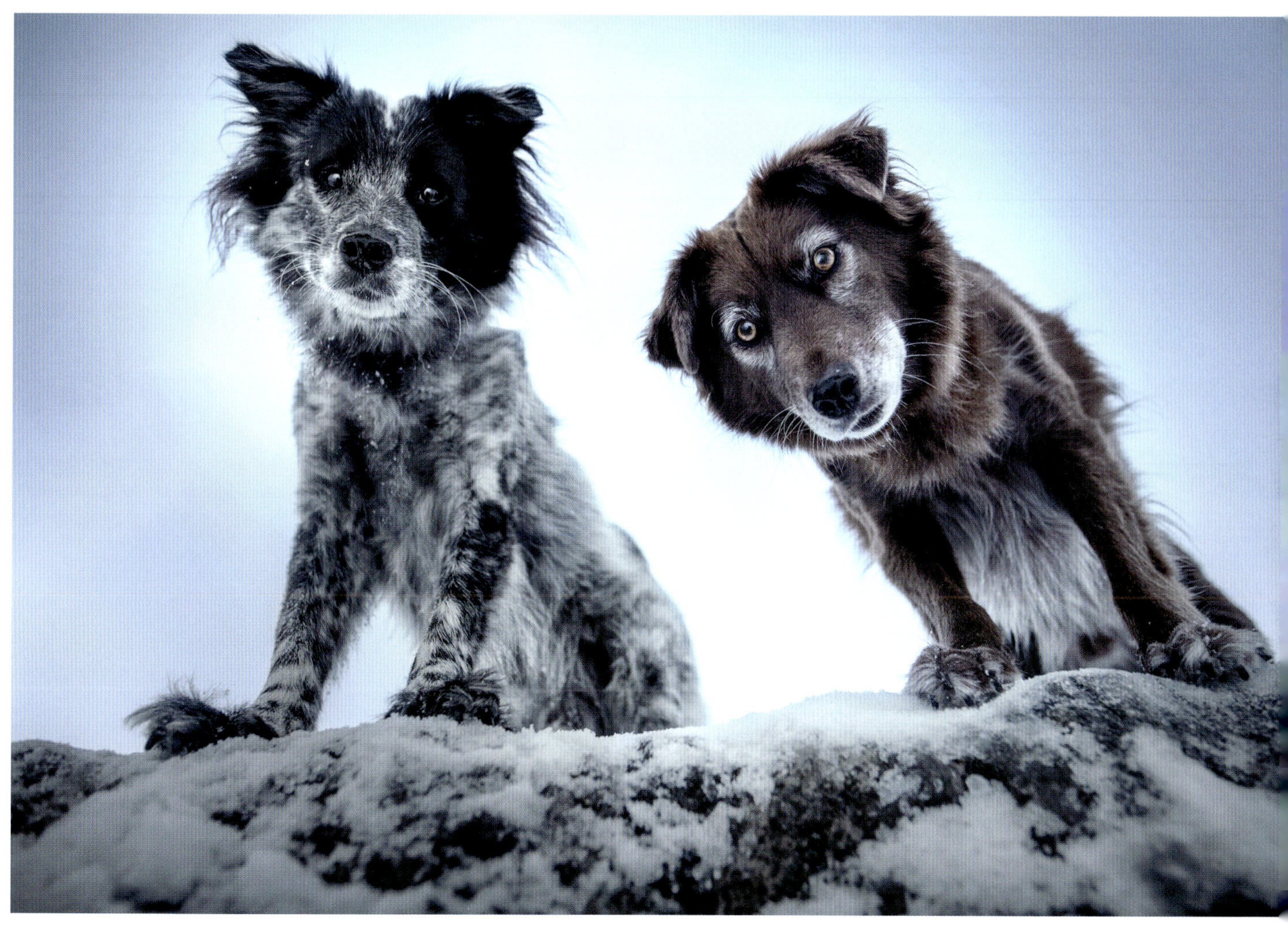

Abbildung 4.43
Ein lustiges Porträt von Yuri und Finn entstand vor allem durch den tiefen Aufnahmewinkel.

Aber natürlich kann man von der tiefen Perspektive aus lustige Grimassenbilder aufnehmen.

Die Umgebung der Hunde wirkt durch die Nutzung der Froschperspektive oft um einiges größer und imposanter. Fotografierst du zum Beispiel einen Hund vor einem Wasserfall, kannst du die Höhe des Wasserfalls mithilfe der Froschperspektive noch um ein Vielfaches höher erscheinen lassen.

Das Gegenteil zur Froschperspektive ist die Vogelperspektive. Dabei muss diese Perspektive nicht extrem gewählt werden. Ich meine damit einfach schon eine kleine Abweichung von der Perspektive auf Augenhöhe nach oben. Ich nutze dies sehr oft und gerne aus unterschiedlichen Gründen. Zum Beispiel um gewisse Landschaftselemente besser zur Geltung zu bringen, die sonst auf Augenhöhe verloren gehen würden.

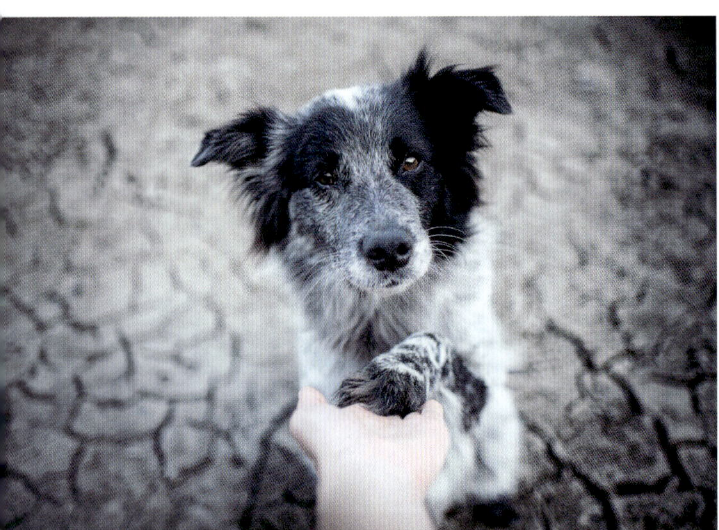

Abbildung 4.44
Hundeblicke treffen einfach mitten ins Herz.

Das Bild zeigt Vertrauen und spiegelt die enge Verbindung zwischen Mensch und Hund wider. Ich habe die Perspektive bewusst von weiter oben genutzt, um den Betrachter des Bildes noch mehr in den Bann zu ziehen. Die Vogelperspektive führt dazu, dass der Betrachter das Gefühl bekommt, auf etwas Kleines, Schutzbedürftiges herabzusehen. Des Weiteren hat er durch diese Perspektive das Gefühl, selbst auf den Hund zu blicken, denn auch im echten Leben betrachten wir unsere vierbeinigen Gefährten im Normalfall von einer etwas höheren Perspektive.

Querformat oder Hochformat

Die meisten Fotografen, die ich kenne, nutzen hauptsächlich nur ein Format. 98 % meiner Bilder sind im Querformat aufgenommen. Das liegt vor allem daran, dass ich sehr oft Hunde in tollen Landschaften fotografiere und das Querformat diese Weite betont. Grundsätzlich ist Querformat für das Auge ansprechender. Unsere Augen sind nebeneinander angeordnet und unser vertrautes Blickfeld ist mehr breit als hoch. Dennoch solltest du die Formatwahl vom Motiv und von der Wirkung, die du damit erreichen möchtest, abhängig machen. Das Format beeinflusst die Bildstimmung stark. Natürlich spielt auch die Verwendung eine wichtige Rolle bei der Wahl des Formates.

Neben dem Hochformat und dem Querformat gibt es noch weitere Formate, wie das Quadratformat oder das Panoramaformat. Ich rate dir auf jeden Fall, im klassischen 3:2- bzw. 2:3-Format zu fotografieren. Vor allem, wenn du die Hundefotografie professionell betreibst, ist es wichtig, in den klassischen Formaten zu fotografieren, um Schwierigkeiten für die Kunden bei der Ausarbeitung zu vermeiden.

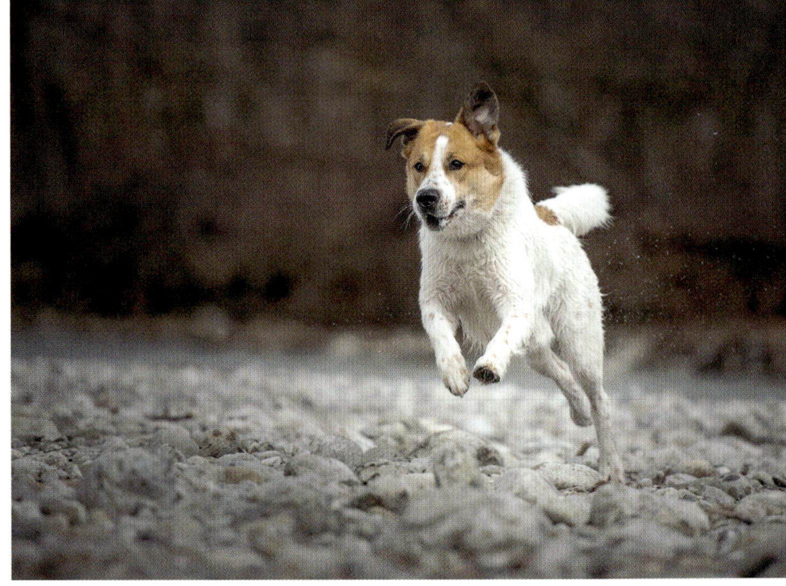

Abbildung 4.45
Der Hintergrund spielt bei dieser Aufnahme keine entscheidende Rolle für die Bildwirkung.

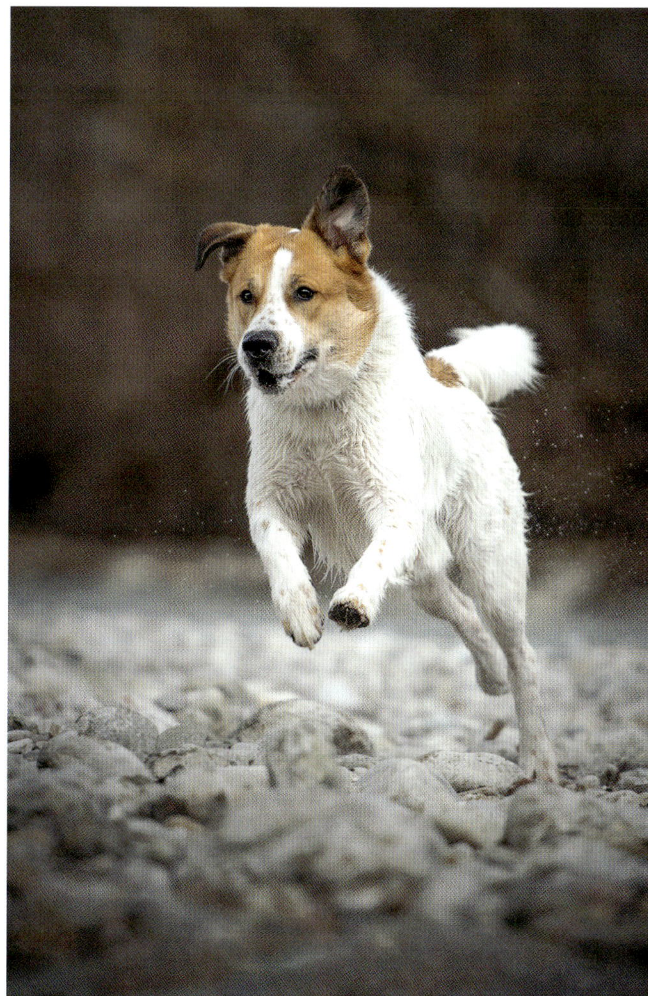

Abbildung 4.46
Im Hochformat kommt der Hund besser zur Geltung und das Bild bekommt mehr Dynamik, da es die Bewegung mehr hervorhebt.

Ein gutes Beispiel, warum auch ich manchmal das Hochformat verwende, ist dieses Bewegungsfoto des Mischlings Monty. Der Hund läuft relativ frontal auf mich zu, er läuft in einer unspektakulären Umgebung, die für die Bildaussage keine Rolle spielt. Deshalb würde ich mich in diesem Fall für das Hochformat entscheiden, da das Foto dadurch viel mehr Spannung und Lebendigkeit bekommt.

Mit Hochformatfotos kann man zudem Höhen oder Tiefen besonders gut hervorheben, speziell, wenn man dabei eine sehr niedrige Perspektive nutzt.

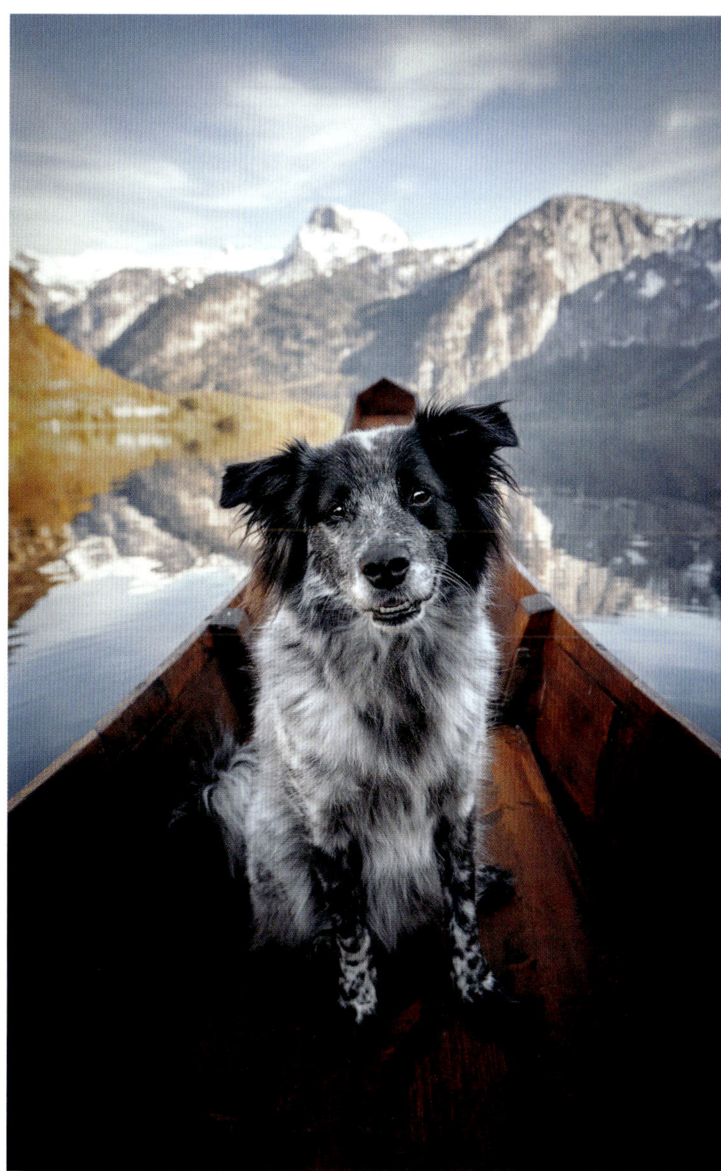

Abbildung 4.47
Im Hochformat wird eindeutig der Fokus etwas mehr auf den Hund gelenkt.

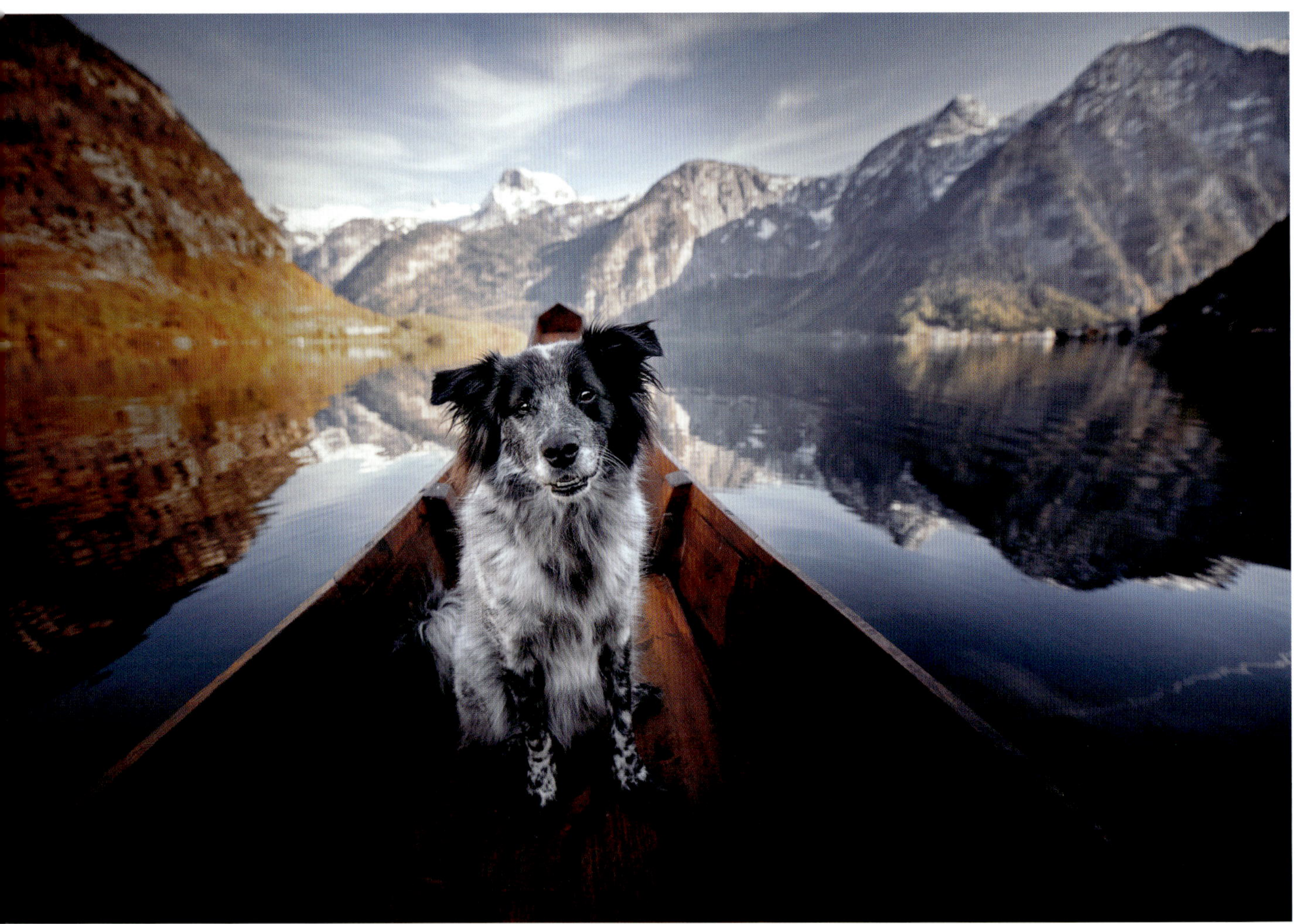

Abbildung 4.48
Im Querformat kommt die Landschaft und die Spiegelung viel besser zur Geltung.

Natürlich haben beide Fotos von Yuri im Boot ihren eigenen Reiz und es ist Geschmackssache, welches Bild einem besser gefällt. Im Hochformat wird der Fokus deutlich mehr auf den Hund gelenkt, jedoch geht dabei die Landschaft und die Spiegelung total verloren. Ich finde in diesem Fall das Querformat eindeutig besser, weil es für mich die Landschaft, die für meine Bildaussage sehr wichtig ist, besser zur Geltung bringt.

Umrahmung des Motivs

Eine sehr beliebte Technik, die Aufmerksamkeit auf das Hauptmotiv zu lenken, ist das Einrahmen des Motivs, das auch »Framing« genannt wird. Meine Aufnahmen entstehen zu 100 % in der freien Natur. Sowohl in der Natur als auch in der Stadt findet man immer wieder solche Elemente, mit denen man den Hund einrahmen kann. Durch diese Umrahmung wird der Blick noch einmal ganz deutlich auf das Hauptmotiv gelenkt. Des Weiteren erzeugt man durch diese Technik mehr Tiefe im Bild. Dabei sind der Kreativität wieder keine Grenzen gesetzt. So bieten uns Waldwege oder bestimmte Büsche wunderbare natürliche Umrahmungen.

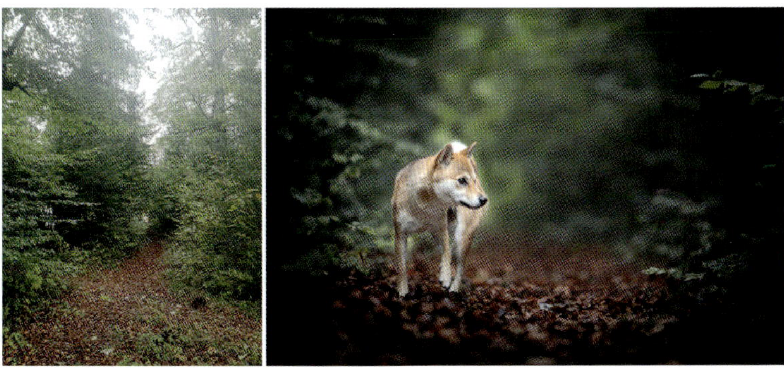

Abbildung 4.49
Schmale Waldwege bieten gute Möglichkeiten, Hunde einzurahmen.

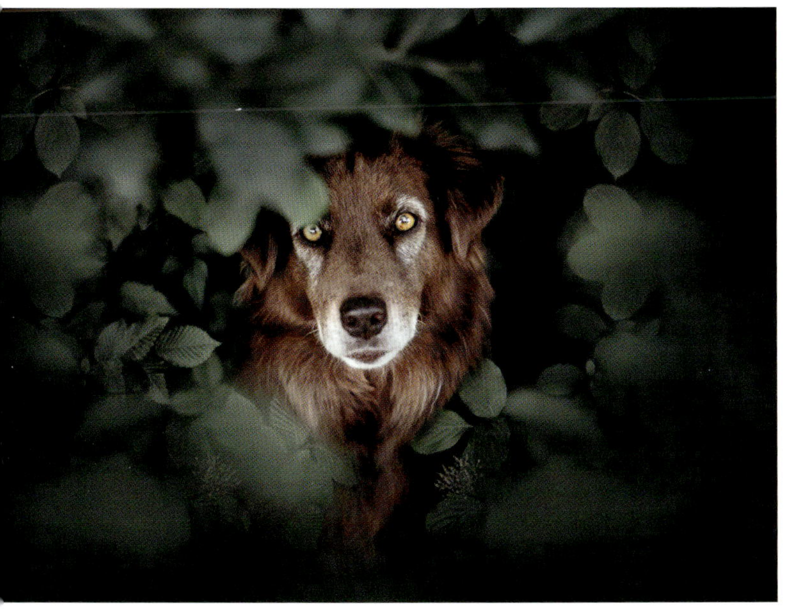

Abbildung 4.50
Diese Umrahmung verläuft ganz um das Motiv und wirkt daher besonders effektiv.

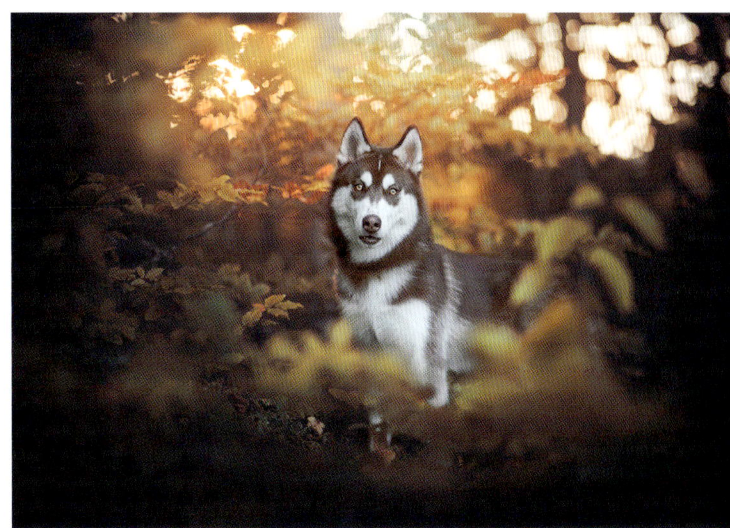

Abbildung 4.51
Der Husky wurde nur im unteren Bildbereich und an den Seiten eingerahmt, dennoch hat es eine schöne Wirkung.

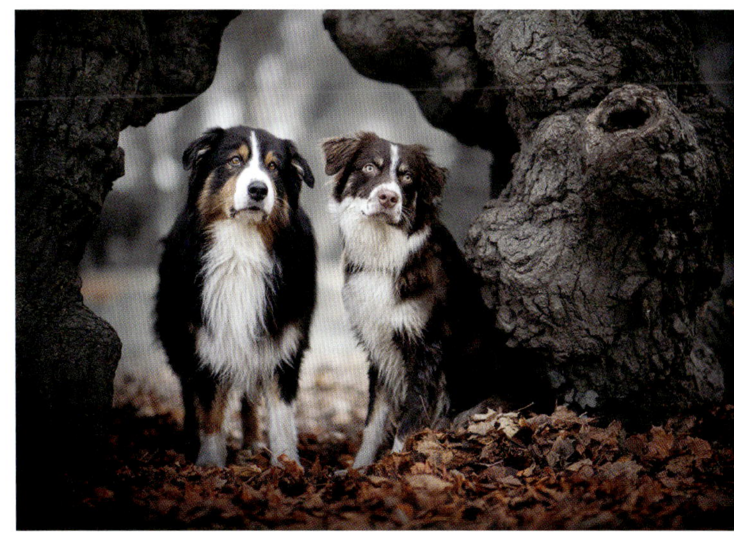

Abbildung 4.52
Chilli und Takoda eingerahmt von einem alten Baumstamm.

Aber nicht nur in der Natur lassen sich wunderbare Umrahmungen finden, auch die Stadt hat in dieser Hinsicht einiges zu bieten. Deshalb unbedingt Augen auf in der Stadt. Torbögen alter Gebäude oder andere Strukturen können für eine Umrahmung genutzt werden. Gerade städtische Elemente bilden sehr eindeutige und oft symmetrische Umrahmungsmöglichkeiten.

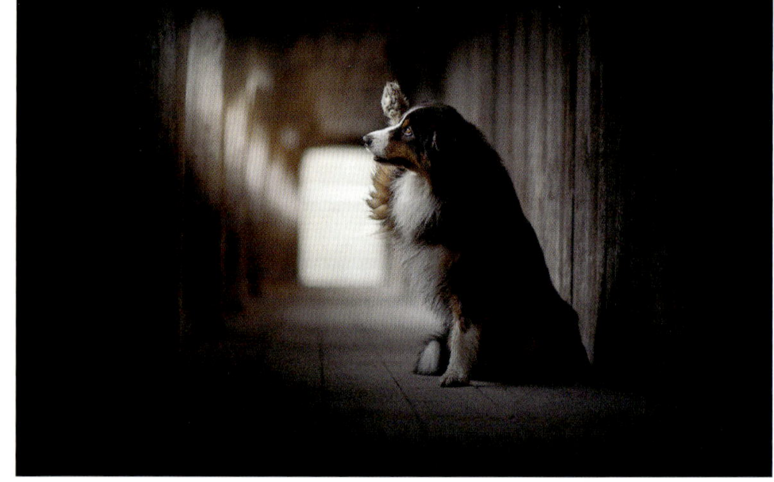

Abbildung 4.54
Chilli unter einer überdachten Brücke, die durch das Zusammenlaufen der Linie eine besondere Tiefe erzeugt.

Die Abbildungen 4.54 und 4.55 zeigen dir Beispiele, bei denen durch die Umrahmung eine sehr gute Bildtiefe erzeugt worden ist.

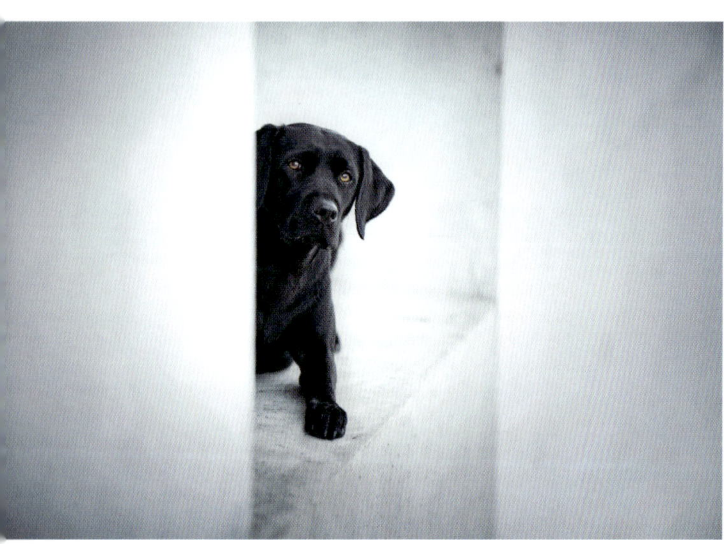

Abbildung 4.53
Speziell in der Stadt findet man unzählige Möglichkeiten, die Technik des »Framings« zu nutzen.

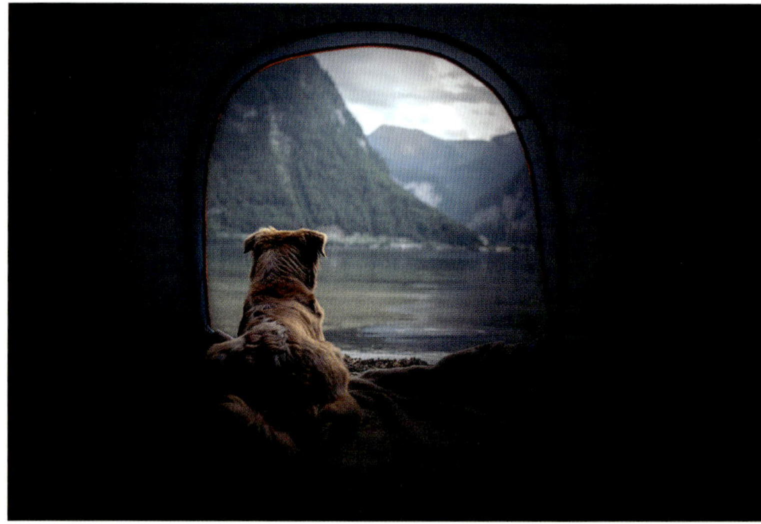

Abbildung 4.55
Hier habe ich aus der hintersten Ecke des Zeltes fotografiert, um die Umrahmung ganz zu zeigen. Dadurch wurde nicht nur der Hund, sondern auch noch die schöne Hintergrundkulisse, mit Berg und See, eingerahmt.

Negativer Raum

In der Hundefotografie wird der sogenannte »Negative Raum« noch eher selten für die Bildkomposition genutzt. Ich jedoch nutze es sehr gerne. Dabei lichtet man den Hund relativ klein ab. Umgeben ist er dabei von viel »negativem« bzw. leerem Raum. Damit diese Bildwirkung richtig zur Geltung kommt, solltest du dem leeren Raum viel Platz im Bild schenken. Wichtig ist es hierbei natürlich wieder, darauf zu achten, in welche Richtung der Hund blickt, um ihm in Blickrichtung wieder mehr Raum zu geben. Zudem bin ich immer bedacht darauf, den Goldenen Schnitt oder die Drittel-Regel anzuwenden. Durch diese Art der Bildkomposition wird ein gewisses Gefühl von Einfachheit und Minimalismus erzeugt und das macht das Bild meist besonders attraktiv und kreativ. Der Betrachter kann sich voll und ganz auf den Hund konzentrieren, da er von keinem anderen Element abgelenkt wird. Solche Bilder lösen meistens bei ihm spezielle Gefühle, wie Ruhe, Ausgeglichenheit und Friedlichkeit aus.

Das Foto der Border-Collie-Hündin Sam und der Mix-Hündin Bonnie sind gute Beispiele für den »negativen« Raum. Beide Hunde sind trotz der geringen Größe im Bild das Hauptmotiv. Die Bilder lassen sich gut mit den Wörtern »einfach«, »unauffällig« und »unkompliziert« beschreiben.

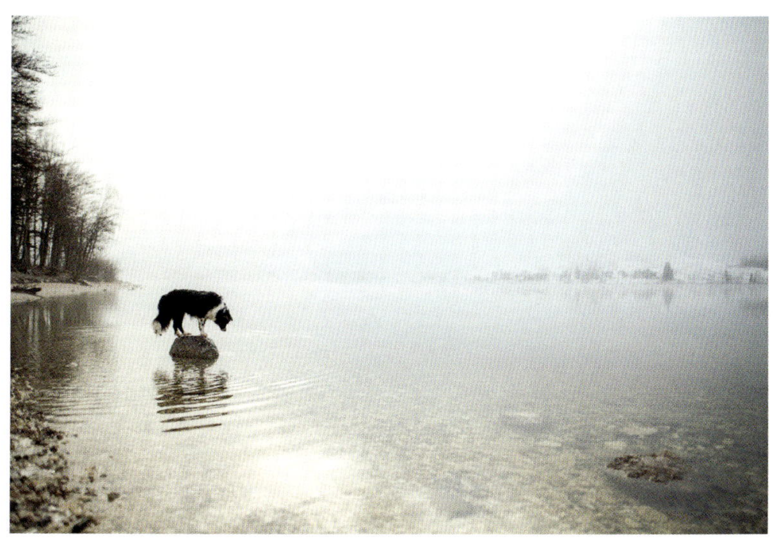

Abbildung 4.56
Nebel bietet dir die optimalen Bedingungen, um den »negativen« Raum für die Bildkomposition zu nutzen.

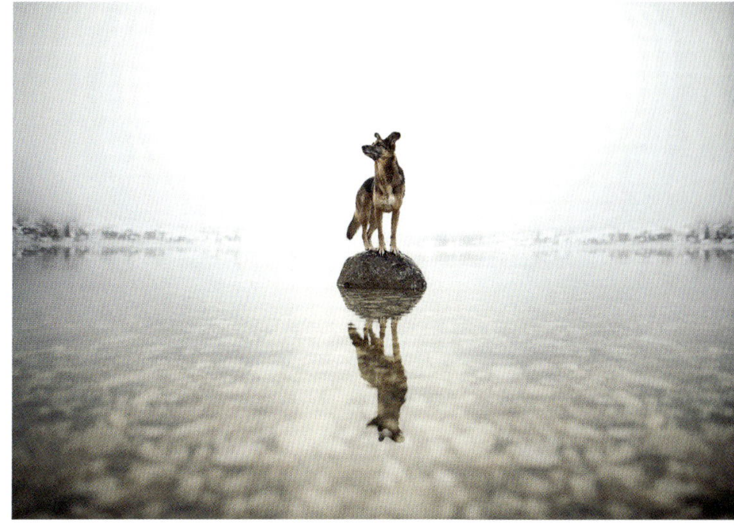

Abbildung 4.57
Klassisch, symmetrisch und einfach – und dennoch hat das Bild eine ganz besondere Wirkung.

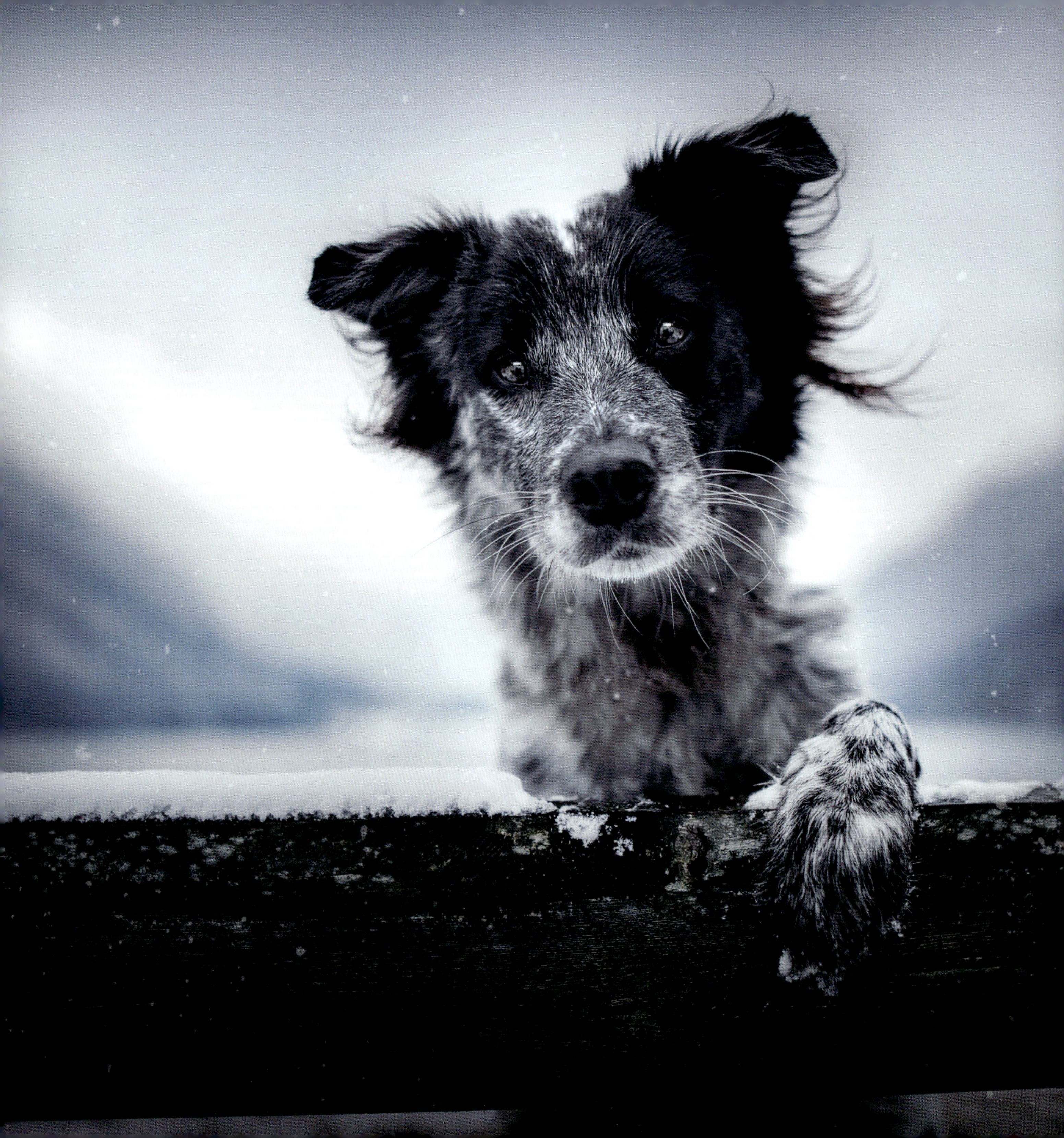

KAPITEL 5
Die Bildwirkung der unterschiedlichen Brennweiten

5.1 ÜBERBLICK

Unterschiedliche Brennweiten haben eine ganz unterschiedliche Wirkung. Und dabei geht es nicht nur darum, wie viel von der Umgebung mit einbezogen wird oder nicht. Die perspektivische Wirkung und die Größenverhältnisse von Objekten im Vorder- und Hintergrund verändern sich. Zudem verändert sich auch die Wirkung des Hundes selbst enorm.

Bei den Porträts von Finn habe ich aus demselben Winkel und derselben Perspektive fotografiert, jedoch den Abstand so angepasst, dass der Bildaufbau mit den unterschiedlichen Objektiven in etwa gleich ist. Man sieht deutlich, wie unterschiedlich Finn auf den Bildern wirkt. Für mich persönlich sind die Bilder, die mit 35 mm und 50 mm aufgenommen worden sind, die besten. Sie zeigen Finn so, wie ich ihn sehe. Gerade der Vergleich zwischen dem Bild mit 85 mm und den anderen zeigt deutlich, wie flach eine Aufnahme mit einem Teleobjektiv wirkt und wie sehr es auch den Hund verändert.

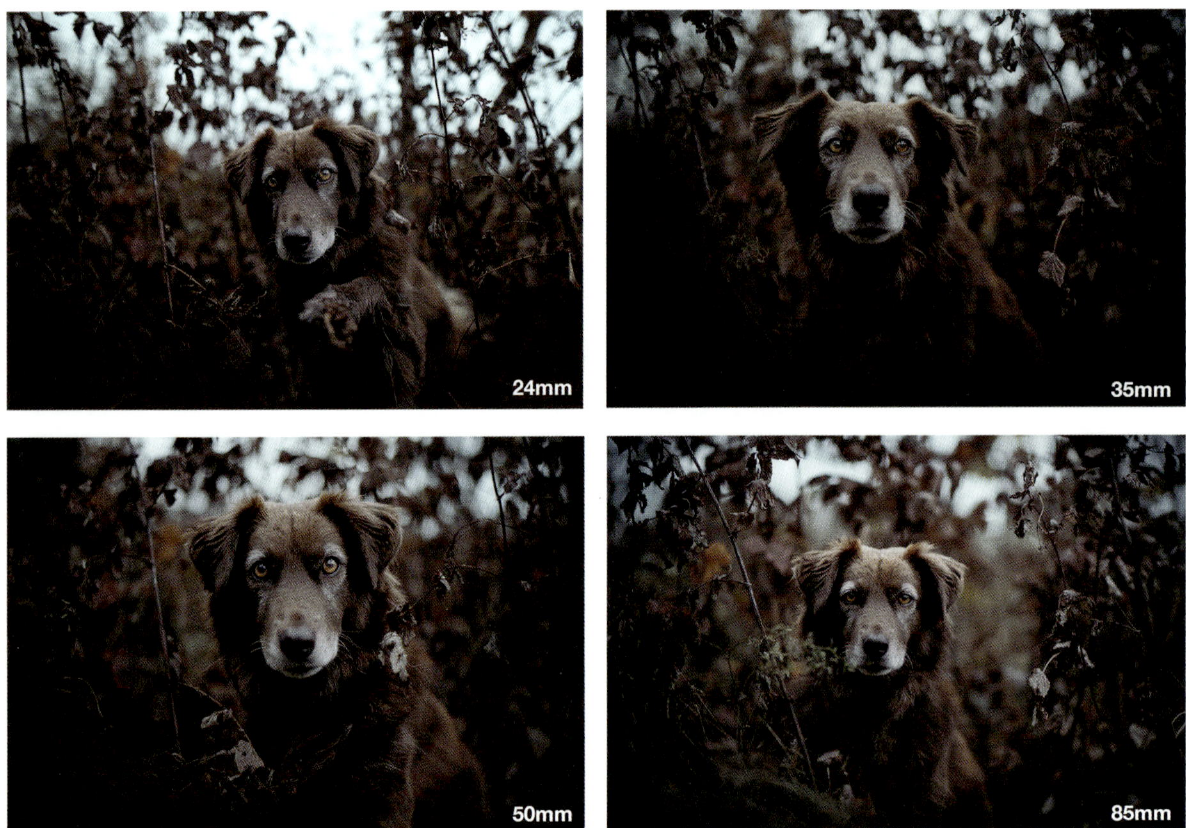

Abbildung 5.1
Unterschiedliche Brennweiten führen zu einer unterschiedlichen Wirkung des Hundes im Foto.

Teleobjektiv

Die Haupteigenschaft des Teleobjektivs ist die flache Wirkung. Als klassische Porträtlinse gilt das 85-mm-Objektiv. Hier kommt es zu einer Verdichtung des Blickfelds und die Umgebung wird weniger mit einbezogen. Das Bild wirkt harmonisch und es gibt keine Verzerrungen, jedoch wirkt es viel »flacher« und weniger plastisch als mit einem Weitwinkel- oder Normalobjektiv. Mit einer Brennweite von 85 mm ist man hinsichtlich der Perspektive noch sehr flexibel. Genau das ist der Grund, warum das 85-mm-Objektiv definitiv zu meinen Lieblingsobjektiven zählt. Du kannst auf Augenhöhe fotografieren oder Perspektiven von weiter oben oder unten nutzen. Mit zunehmender Brennweite wirst du hinsichtlich der Perspektivenwahl immer mehr und mehr eingeschränkt und das Fotografieren auf Augenhöhe gewinnt an Bedeutung.

Je länger eine Brennweite ist, desto stärker wird die Kompression. Das heißt, die Bildwirkung wird mit zunehmender Brennweite flacher und man holt den Hintergrund weiter heran. Es entsteht der sogenannte Tunnelblick. Der Einsatz der Teleobjektive ist vor allem dann sinnvoll, wenn man die Umgebung einfach wegzaubern will oder den Hintergrund heranholen möchte.

Das Heranholen des Hintergrunds ist zum Beispiel von großem Wert, wenn man ein wichtiges Element im Hintergrund nicht winzig klein zeigen möchte.

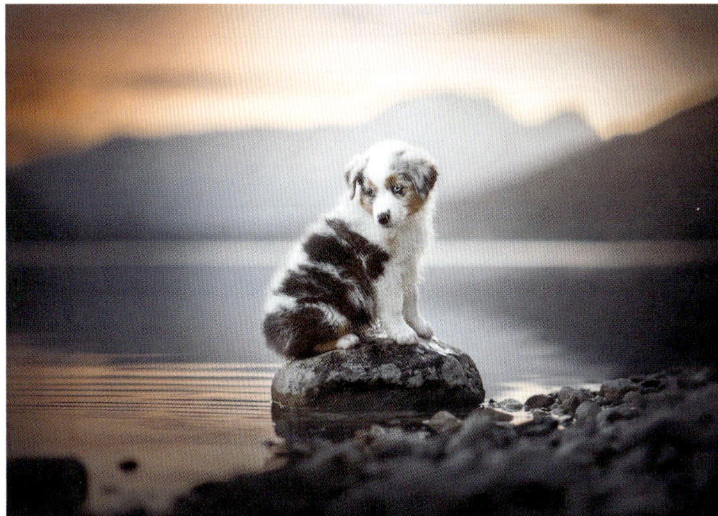

Abbildung 5.3
Diese Aufnahme habe ich mit dem 85 mm gemacht.

Die beiden Bilder zeigen die Wirkung der Kompression deutlich. Erscheinen die Berge im Hintergrund bei der Aufnahme mit dem 50 mm sehr klein und fern, werden sie durch das 85 mm weiter herangeholt und wirken größer.

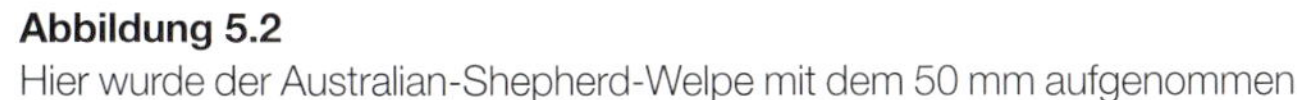

Abbildung 5.2
Hier wurde der Australian-Shepherd-Welpe mit dem 50 mm aufgenommen.

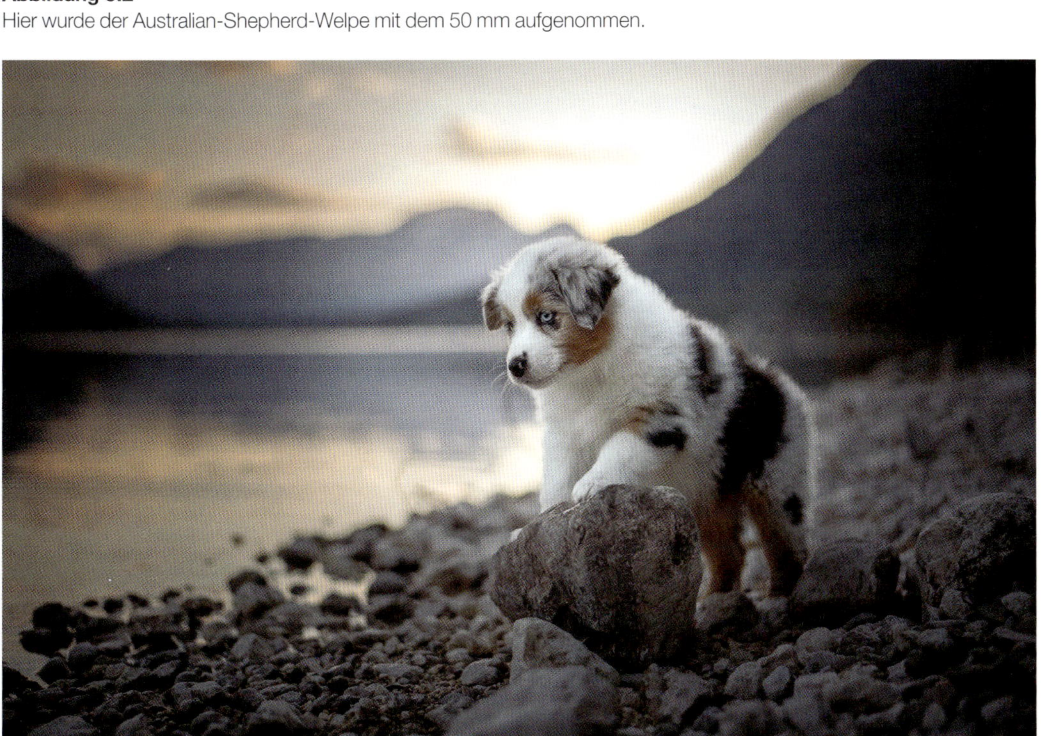

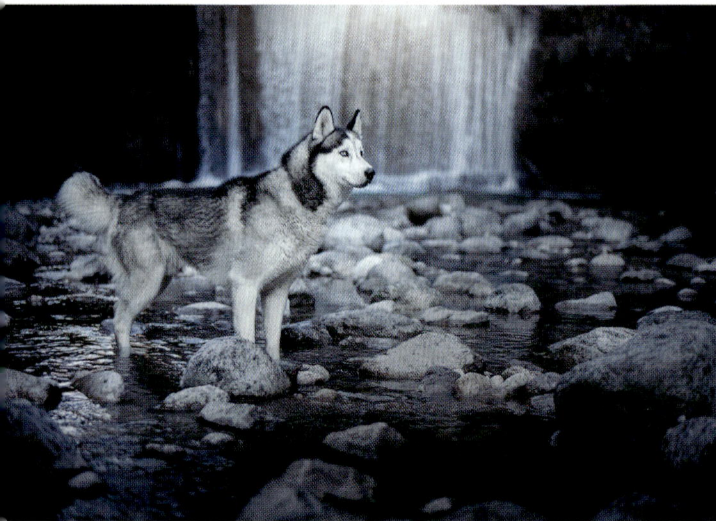

Abbildung 5.4
Der Husky Aiko aufgenommen mit dem 50 mm vor dem Wasserfall

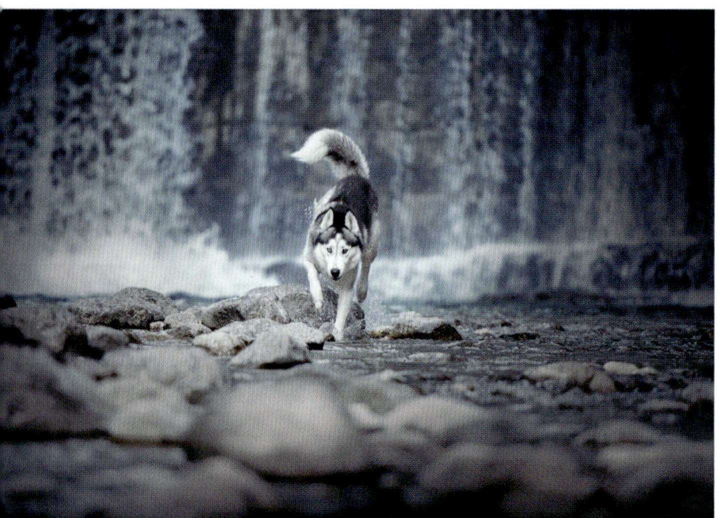

Abbildung 5.5
Aiko in derselben Location aufgenommen mit dem 70–200 mm bei 200 mm

Auch das Bild des Huskies zeigt noch einmal deutlich, wie sehr sich der Hintergrund durch das Objektiv verändert. Wirkt der Wasserfall mit dem 50 mm eher klein, hat man bei dem Foto mit dem 200 mm das Gefühl, einen imposanten, breiten Wasserfall zu betrachten.

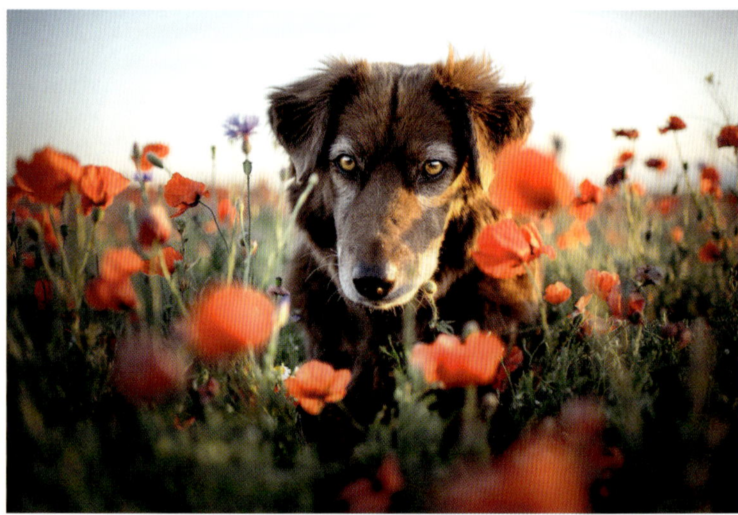

Abbildung 5.6
Aufnahme von Finn in einem Mohnblumenfeld mit dem 35-mm-Objektiv

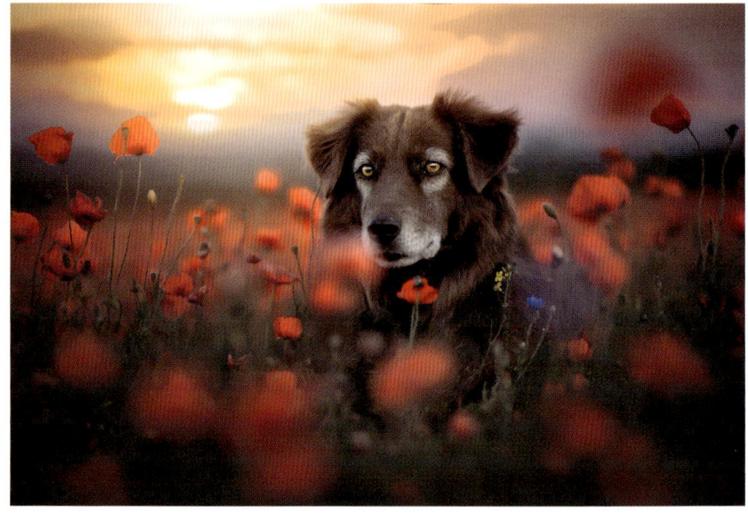

Abbildung 5.7
Die Wirkung der Mohnblume verändert sich durch die Verwendung des 85-mm-Objektivs.

Teleobjektive führen zu einer Verdichtung des Blickfelds. Das kannst du bei den beiden Bildern im Mohnblumenfeld gut erkennen. Bei der Aufnahme mit dem 35-mm-Objektiv sieht man eine grüne Wiese mit vereinzelten Mohnblumen. Hingegen hat man bei der Aufnahme mit dem 85 mm das Gefühl, das Foto ist in einem dichten Mohnblumenfeld entstanden. Das Teleobjektiv lässt einzelne, feine Strukturen, wie die Grashalme, verschwinden. Dadurch wirkt das Bild ruhiger, weicher und harmonischer.

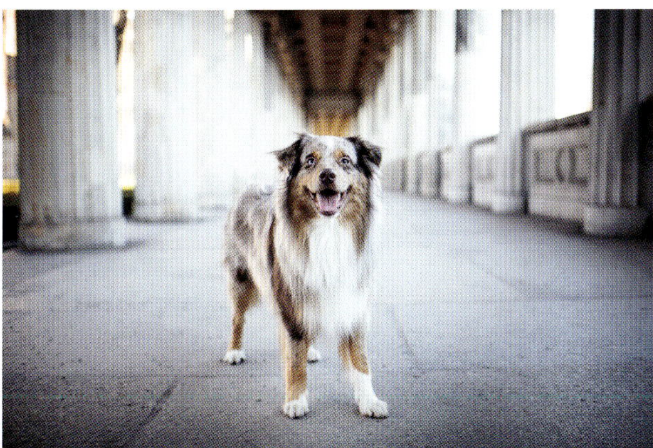

Abbildung 5.8
Peanut zwischen wunderschönen Säulen eines alten Gebäudes in Berlin

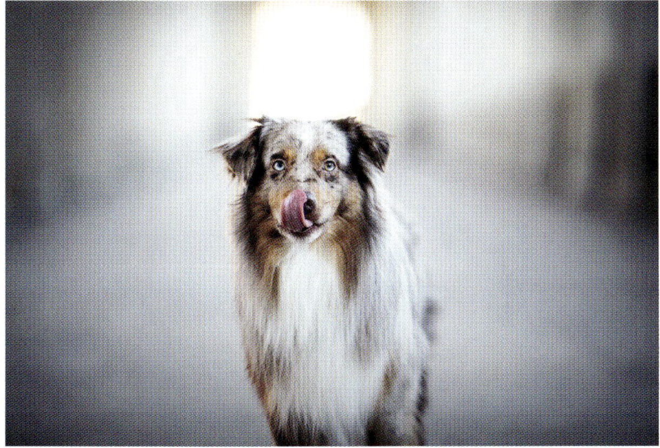

Abbildung 5.9
Dieselbe Location zwischen den Säulen wirkt mit dem 135 mm f/1.8 völlig anders. Das Foto könnte auch in einem grauen Tunnel aufgenommen worden sein, da jegliche Struktur fehlt.

Tipp

Verwende das Teleobjektiv, wenn du die Umgebung wegzaubern möchtest, und verwende eine kurze Brennweite, wenn du sie miteinbeziehen möchtest.

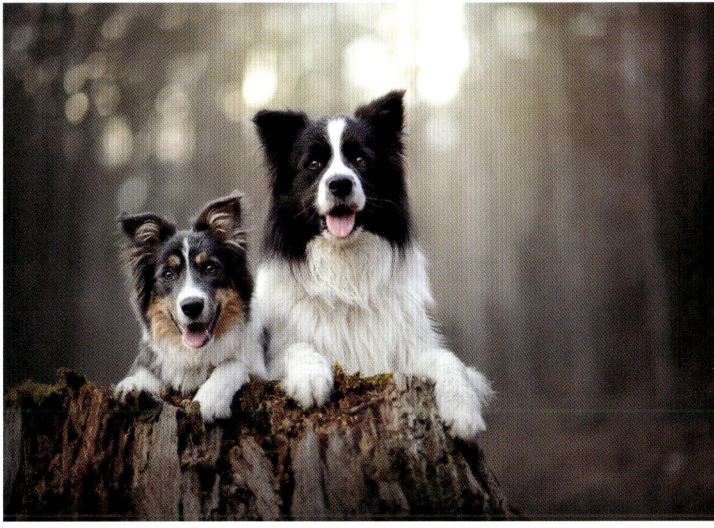

Abbildung 5.10
Die beiden Border Collies habe ich mit dem Nikkor 85 mm f/1.4 aufgenommen.

Mit längeren Brennweiten, ab 135 mm, ist man hinsichtlich der Perspektive oft sehr eingeschränkt. Um das Motiv und die Location optimal zu nutzen, kann man in den meisten Fällen nur auf Augenhöhe fotografieren. Und das ist besonders im Wald, wenn man gerne das Bokeh einfangen möchte, schade. Da ist ein Objektiv mit 85 mm und einer Blende von f/1.4 oder f/1.8 Gold wert. Man kann damit die Perspektive viel flexibler wählen und erzielt trotzdem eine schöne Freistellung. Ich habe bewusst hier eine etwas tiefere Perspektive genutzt, um die Baumkronen, durch die Licht einfällt, mit auf das Bild zu bekommen. Hätte ich dieses Foto mit dem 70–200 mm f/2.8 aufgenommen, hätte ich die Brennweite von 200 mm und die Blende f/2.8 genutzt, um eine entsprechende Freistellung zu erzielen. Dadurch wäre die Perspektive sehr frontal gewesen und auf dem Foto wäre der Hintergrund nur noch als braun-graue Fläche zu sehen.

Normalobjektiv

Das Normalobjektiv ist gekennzeichnet durch eine harmonische Wirkung. Zu den Normalobjektiven zählen Objektive mit einer Brennweite von 35 mm bis 50 mm. Diese Brennweiten kommen der Sichtweise des menschlichen Auges sehr nahe. Der Bildwinkel entspricht in etwa dem Bereich des menschlichen Sichtfelds, der von ihm scharf wahrgenommen wird. Weiterhin zeigen Normalobjektive kaum optische Verzerrungen wie zum Beispiel »gebogene« oder »stürzende« Linien. Fotos werden als sehr natürlich empfunden. Diese Eigenschaften machen das Normalobjektiv in vielen Situationen zu einem sehr beliebten Objektiv, besonders wenn es darum geht, Motive so einzufangen, wie sie sind. Aus diesem Grund arbeiten auch viele Blogger damit, die einfach Situationen des alltäglichen Lebens einfangen.

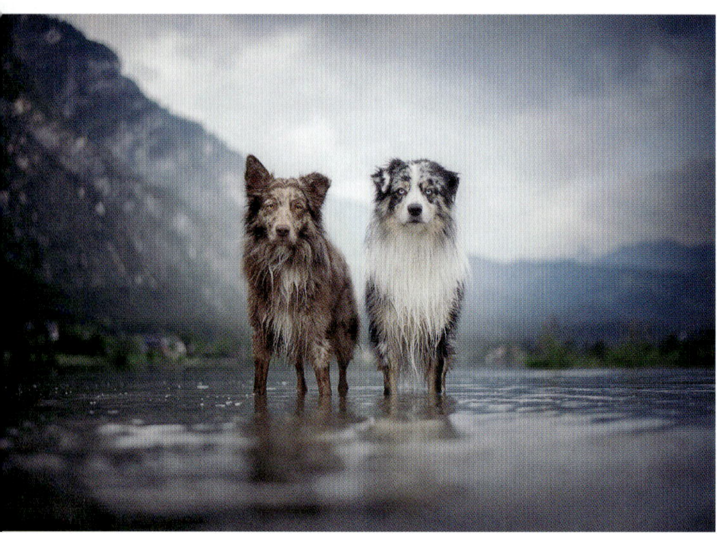

Abbildung 5.11
Das Foto von Mailo und Riley wirkt durch die Aufnahme mit dem 50-mm-Objektiv sehr natürlich.

Objektive mit einer Brennweite von 35 mm bis 50 mm sind Universallinsen. Sie haben einen riesengroßen Vorteil. Man kann, wenn man will, viel von der Umgebung einfangen, aber auch genauso gut schöne Kopfporträts machen, ohne den Hund zu sehr zu verzerren.

Das Bild der Labradorhündin zeigt deutlich, wie gut sich ein 35-mm-Objektiv für Aufnahmen eines Hundes in einer Landschaft eignet.

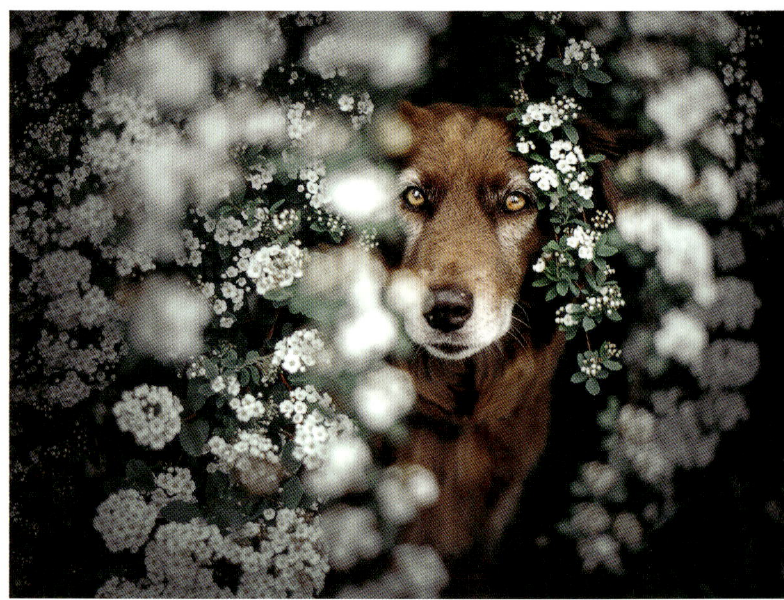

Abbildung 5.12
Das 50-mm-Objektiv ist ein echter Allrounder: Auch schöne Kopfporträts sind kein Problem.

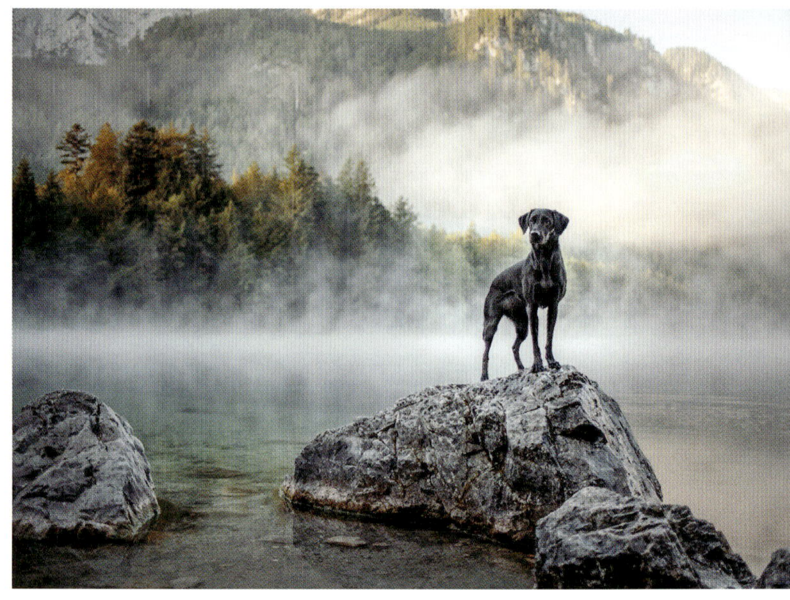

Abbildung 5.13
Das Bild der Labradorhündin Baghira entstand mit dem 35-mm-Objektiv.

Bei den Normalobjektiven kannst du aus den unterschiedlichsten Perspektiven Hunde aufnehmen. Du kannst auf Augenhöhe fotografieren, einen etwas tieferen oder höheren Aufnahmewinkel oder auch die Frosch- bzw. Vogelperspektive nutzen. Mit diesen Objektiven sind der Kreativität keine Grenzen gesetzt.

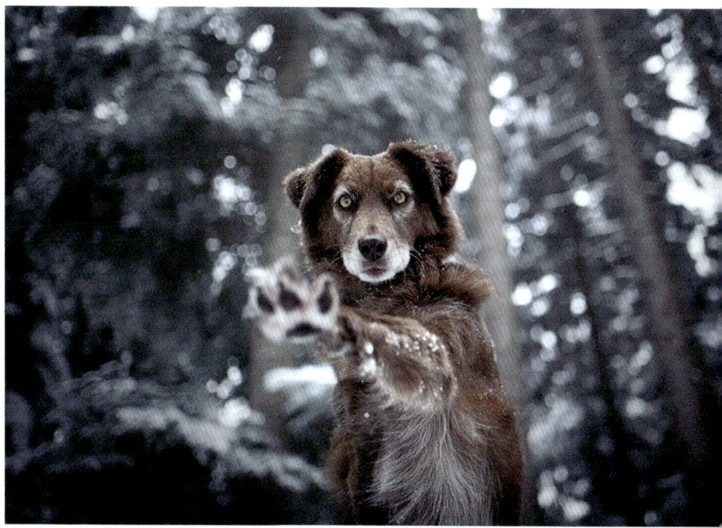

Abbildung 5.14
Normalobjektive ermöglichen sehr ausgefallene Perspektiven. Aufgenommen mit 35 mm.

Abbildung 5.15
Gerade Hundeblicke kann man mit den Normalobjektiven und einer sehr hohen Perspektive optimal einfangen.

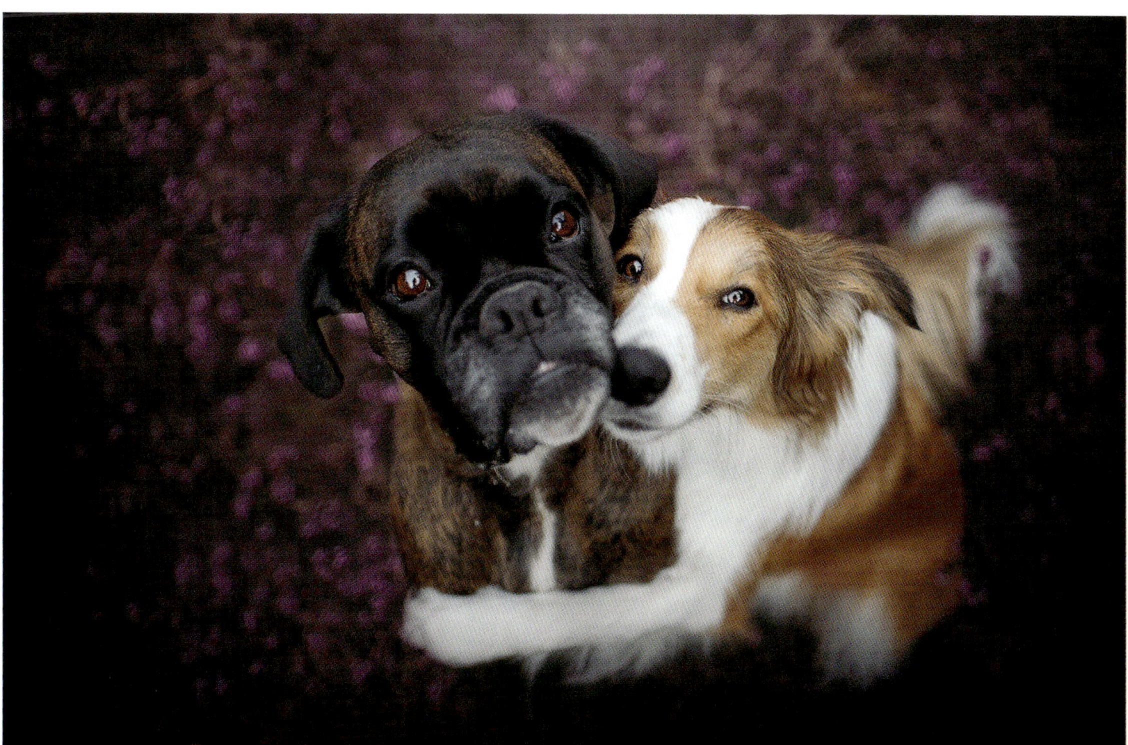

Weitwinkelobjektiv

Die wichtigste Eigenschaft der Weitwinkelobjektive ist ihre dynamische Bildwirkung. Diese Objektive erzeugen das Gefühl von Nähe. Weitwinkelobjektive bieten einen größeren Bildwinkel als Normalobjektive und ermöglichen es, näher an ein Motiv heranzugehen. Somit kann der gesamte Hund vor verhältnismäßig viel Hintergrund abgelichtet werden.

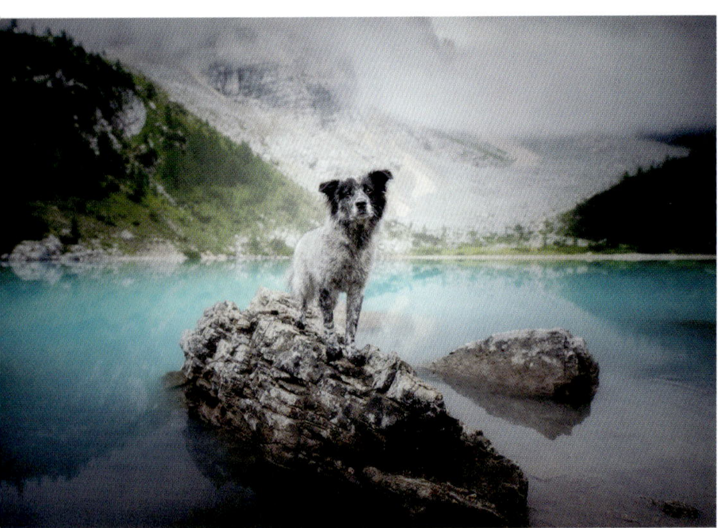

Abbildung 5.16
Yuri am Lado di Sorapis. Aufgenommen mit dem 20 mm f/1.4.

Bei dem Bild von Yuri am Lago di Sorapis war ich sehr froh über die kurze Brennweite von 20 mm. Direkt hinter dem Ufer war eine steile Böschung, wodurch ich den Abstand zum Hund nicht vergrößern konnte. Dank des weiten Winkels konnte ich zumindest noch einen Teil des Nebels und des Berges im Hintergrund des Sees auf dem Foto abbilden. Mit dem 35-mm-Objektiv hätte ich dieses Foto, so wie du es hier siehst, nicht aufnehmen können. Entscheidende Elemente, wie der Berg und Nebel im Hintergrund wären aufgrund des weniger weiten Winkels verloren gegangen.

Weitwinkelobjektive verkleinern den Abbildungsmaßstab und weisen optische Verzerrungen auf, die in Bildrandnähe besonders deutlich werden. So werden Linien gekrümmt abgebildet. Hier ist besonders beim Fotografieren von Hunden in der Stadt oder im Wald aufzupassen, da die Gebäude und Bäume schnell sehr verzerrt aussehen. Je nachdem, mit welcher Brennweite man fotografiert, muss man aber auch einen gewissen Abstand zum Hund einnehmen, damit dieser nicht zu sehr verzerrt wird.

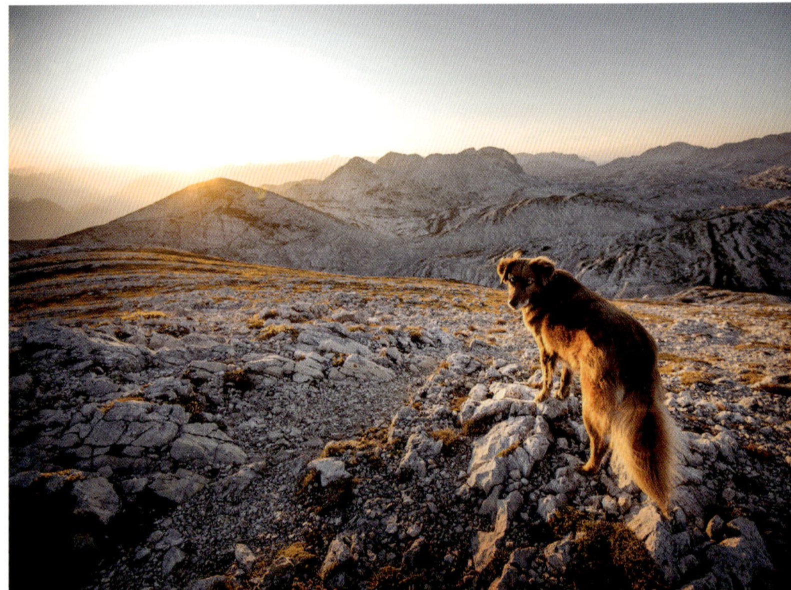

Abbildung 5.17
Finn im Toten Gebirge. Aufgenommen mit dem Nikkor 16–35 mm f/4.0.

Um möglichst viel von der beeindruckenden Berglandschaft zu zeigen, habe ich bei diesem Foto mit 18 mm fotografiert. Wirfst du einen Blick auf Finn, kannst du schon eine deutliche Verzerrung sehen. Der Po von Finn wirkt im Vergleich zu seinem Kopf sehr groß. Um diese Verzerrung abzuschwächen, hätte ich den Abstand zu Finn vergrößern oder ihn weiter in das Zentrum des Bildes setzen müssen. Je kürzer die Brennweite, die du nutzt, desto wichtiger ist es, den Hund ins Zentrum zu rücken, da die Verzerrung zum Rand hin stärker wird und somit das Objekt in die Breite gezogen wird.

Natürlich haben auch diese Aufnahmen mit den verzerrten, großen Nasen der Hunde ihren eigenen Reiz, dennoch ist diese Verzerrung nicht immer gewünscht und nicht immer passend.

Weitwinkelobjektive bilden vergleichsweise mehr Bildinhalte ab und daher weisen die erzeugten Bilder mehr Hinweise auf räumliche Tiefe auf (zum Beispiel Perspektivlinien, hintereinander liegende Objekte). Bei Weitwinkelobjektiven kommt es zur sogenannten Tiefenstaffelung. Weit entfernte Objekte werden stark verkleinert wiedergegeben. Möchte man keine Lensflares im Bild haben, ist es gerade bei Weitwinkelobjektiven von großer Bedeutung, Gegenlichtblenden zu verwenden, denn durch den größeren Bildwinkel steigt die Empfindlichkeit gegenüber Streulicht.

Wie bei den Normalobjektiven eignen sich auch bei den Weitwinkelobjektiven besonders gut die etwas höheren oder tieferen Aufnahmewinkel. Durch die Anpassung der Perspektive kannst du bestimmten Elementen im Bild mehr Bedeutung schenken.

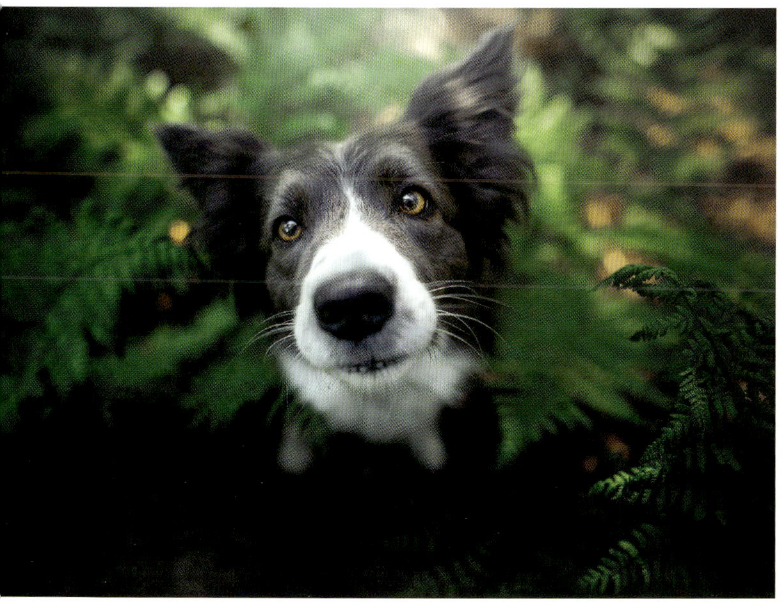

Abbildung 5.18
Durch die nahe Aufnahme der Border-Collie-Hündin kommt es mit dem 24-mm-Objektiv zu einer Verzerrung.

5.2 DIE PRAXIS: FESTBRENNWEITE VS. ZOOMOBJEKTIV

Jeder Fotograf kommt irgendwann an den Punkt, an dem er seine Vorlieben für sich ganz klar definieren kann. Ich bin zum Beispiel der totale Festbrennweiten-Fan. Dennoch haben natürlich beide Objektivarten klare Vor- und auch Nachteile.

Das Zoomobjektiv punktet definitiv mit der maximalen Flexibilität. Du kannst schnell zwischen Nahaufnahmen und Großaufnahmen wechseln. Flexibilität ist vor allem bei einem Welpenfotoshooting ein wichtiges Kriterium. Die Kleinen können noch kein Sitz, Bleib oder Steh, das heißt, man kann den Abstand zum Motiv nicht kontrollieren. Zudem bewegen sie sich sehr schnell und sind nur eingeschränkt kontrollierbar. Um trotzdem nicht die besten Momente zu verpassen, eignet sich natürlich ein Zoom, weil man einfach schneller und flexibler auf die Welpen reagieren kann.

Hinsichtlich der Lichtstärke und der Schärfentiefe schneidet die Festbrennweite hingegen wesentlich besser ab. Festbrennweiten sind immer deutlich lichtstärker. Mit einer Blende von f/1.4 oder f/1.8 kannst du auch bei schlechten Lichtverhältnissen noch tolle Ergebnisse erzielen. Eine große Blende führt zu einer geringen Tiefenschärfe, was besonders in der Hundefotografie wichtig ist. Auch bei der Abbildungsleistung und der Bildqualität liegt die Festbrennweite klar vor dem Zoomobjektiv.

Das Gewicht und das Handling spielen natürlich auch eine entscheidende Rolle. Diesen Punkt entscheiden beide für sich. Die Festbrennweite ist klar im Vorteil, wenn es um das Fotografieren des eigenen Hundes geht, denn da ist es von großem Vorteil, eine Hand noch frei zu haben, um den Hund zu motivieren oder seinen Blick in eine bestimmte Richtung zu lenken. Denke ich jedoch an weite Wanderungen, hat natürlich auch das eigentlich schwerere Zoomobjektiv einen großen Vorteil, da man mit nur einem Objektiv verschiedene Brennweiten abdeckt. Mit einem Objektiv kann man somit unterschiedliche Bildwirkungen erzeugen. Um das richtige Objektiv für die jeweiligen Situationen auszuwählen, solltest du immer an die Eigenschaften der jeweiligen Objektive denken. Von welchen Punkten die Objektivwahl abhängig ist, erzähle ich dir im nächsten Unterkapitel.

5.3 DIE RICHTIGE OBJEKTIVWAHL

Folgende Fragen können dir bei der Auswahl des richtigen Objektivs helfen:

Wie soll der Hund auf dem Foto wirken? Wie schon oben beschrieben, wirken Teleobjektive eher flach. Das heißt, möchtest du den Hund »greifbarer« zeigen bzw. so, wie ihn der Besitzer sieht, solltest du eine kurze Brennweite zwischen 35 mm und 50 mm nutzen.

Die nächste Frage, die du dir stellen musst, ist, ob die Landschaft zur Geltung kommen soll oder ob das Abzielen auf eine bestmögliche Freistellung sinnvoll ist. Befindest du dich in einer eher unruhigen Location, in der die beste Freistellung gefragt ist, würde ich mit einem Teleobjektiv arbeiten, das heißt 85 mm und mehr.

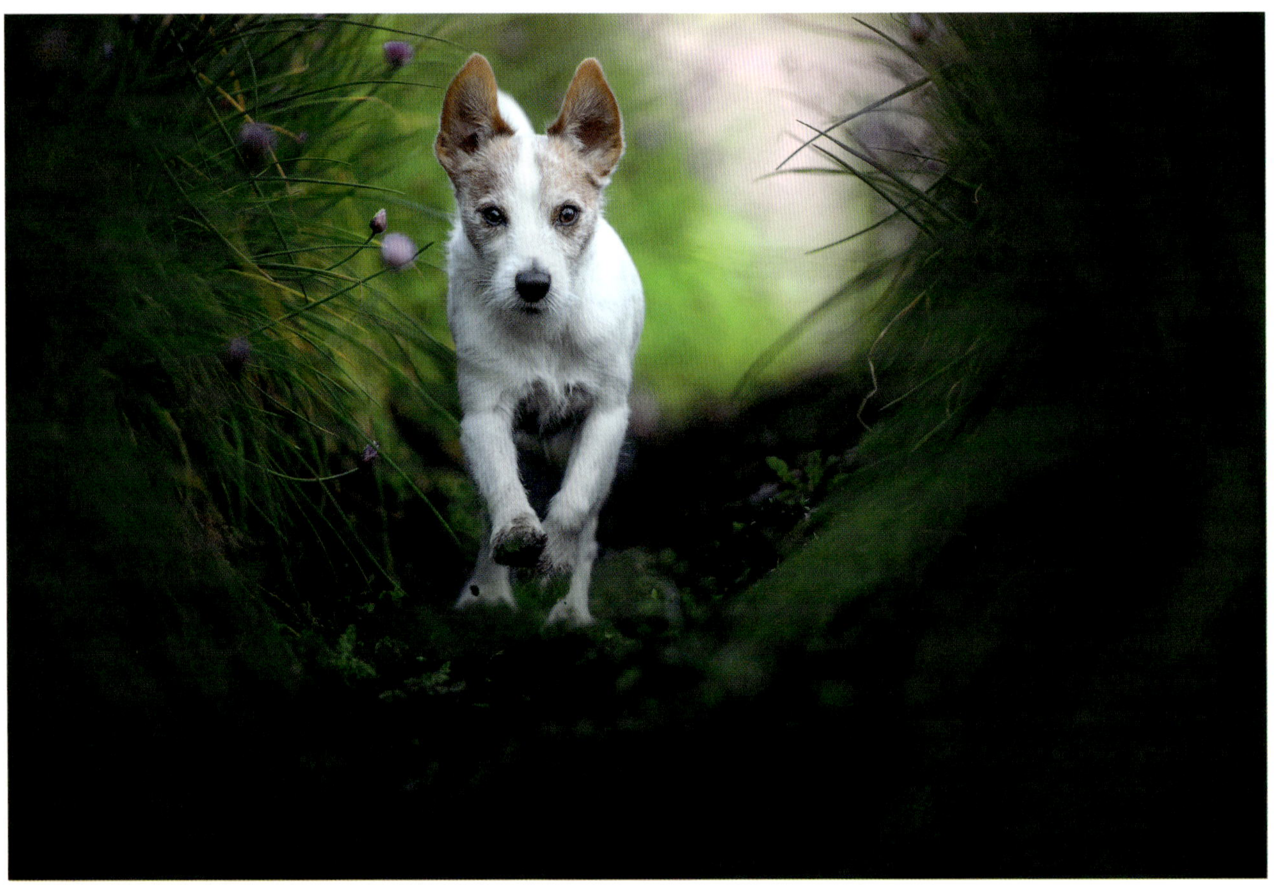

Abbildung 5.19
Um das Schnittlauchfeld nicht mit vielen einzelnen Linien, die den Blick vom Hund ablenken, auf dem Bild zu zeigen, habe ich auf eine sehr gute Freistellung geachtet und deshalb das 70–200 mm f/2.8 genutzt.

Möchtest du hingegen die Landschaft miteinbinden, ist es wichtig, mit einer kurzen Brennweite von 50 mm und weniger zu arbeiten.

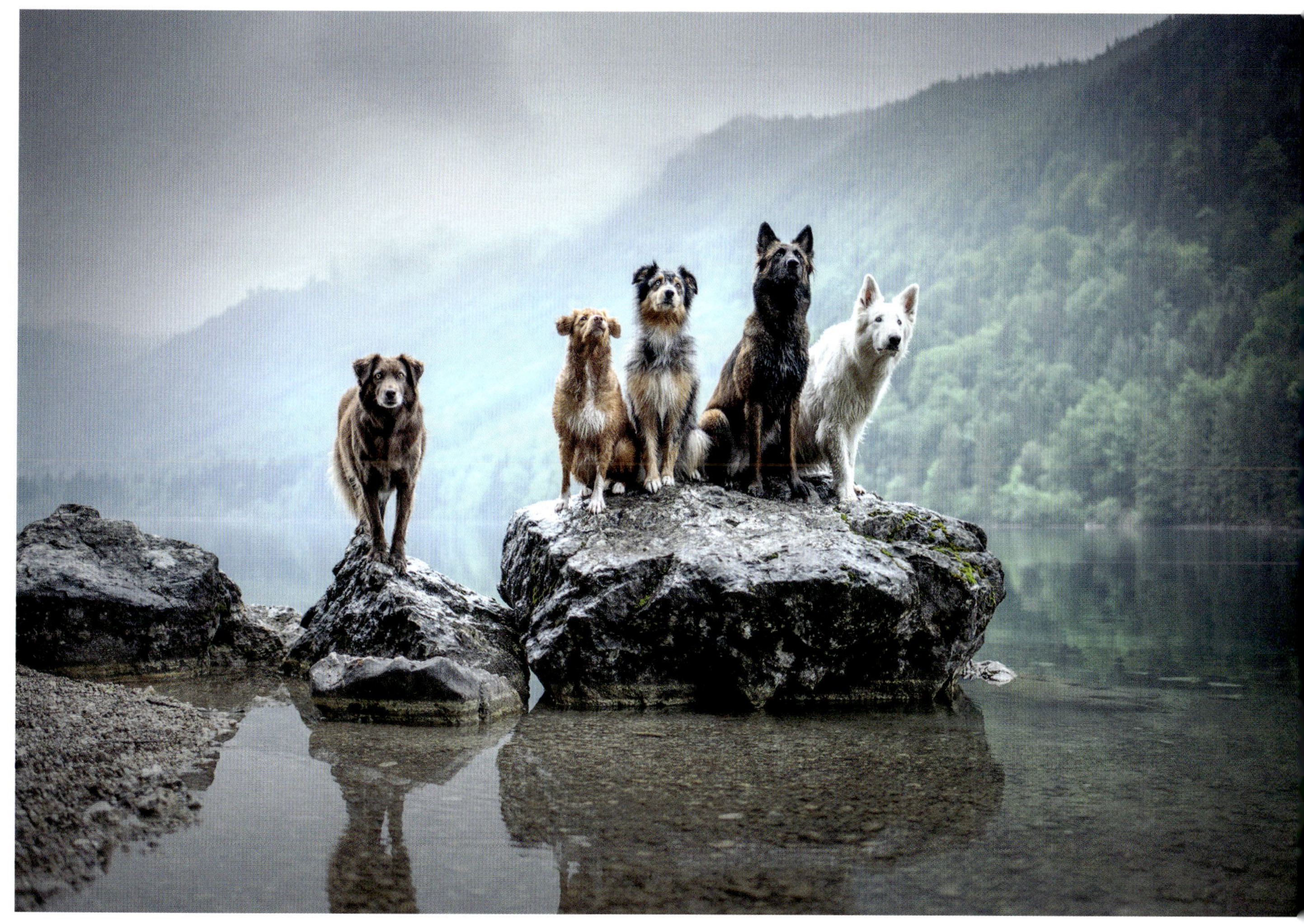

Abbildung 5.20
Um neben den Hunden die Landschaft besser zu zeigen, habe ich hier das 35-mm-Objektiv verwendet.

Das Verhalten des Hundes musst du bei der Objektivwahl berücksichtigen. Viele Hunde mögen diese Nähe zum Fotografen nicht und fühlen sich wohler, auf einer gewissen Distanz zu bleiben. In solchen Fällen würde ich natürlich immer mit einer ganz langen Brennweite arbeiten. Für einen etwas ängstlichen Hund kann ein fremder Mensch mit Kamera schon komisch wirken.

Gerade auch bei Aufnahmen von Menschen mit ihren Hunden kann eine lange Brennweite hilfreich sein, denn zu Beginn fühlen sich auch viele Menschen nicht wohl vor der Kamera. Wird man dann noch dazu ganz aus der Nähe fotografiert, ist das für die Situation nicht förderlich. Schöne, stimmige und echte Momente kann man deshalb viel besser mit einem Teleobjektiv einfangen. Aufgrund der Distanz ist es viel leichter für die Menschen, sich zu öffnen und nicht immer dabei daran zu denken, gerade fotografiert zu werden. Wenn natürlich Hund und Mensch sich vor der Kamera sehr wohl fühlen, kann man auch mit den Brennweiten zwischen 35 mm und 50 mm sehr schöne Motive erzeugen. Ein Weitwinkelobjektiv würde ich jedoch für gemeinsame Aufnahmen von Hund und Mensch nicht nutzen, da man leicht eine Verzerrung ins Foto bekommt.

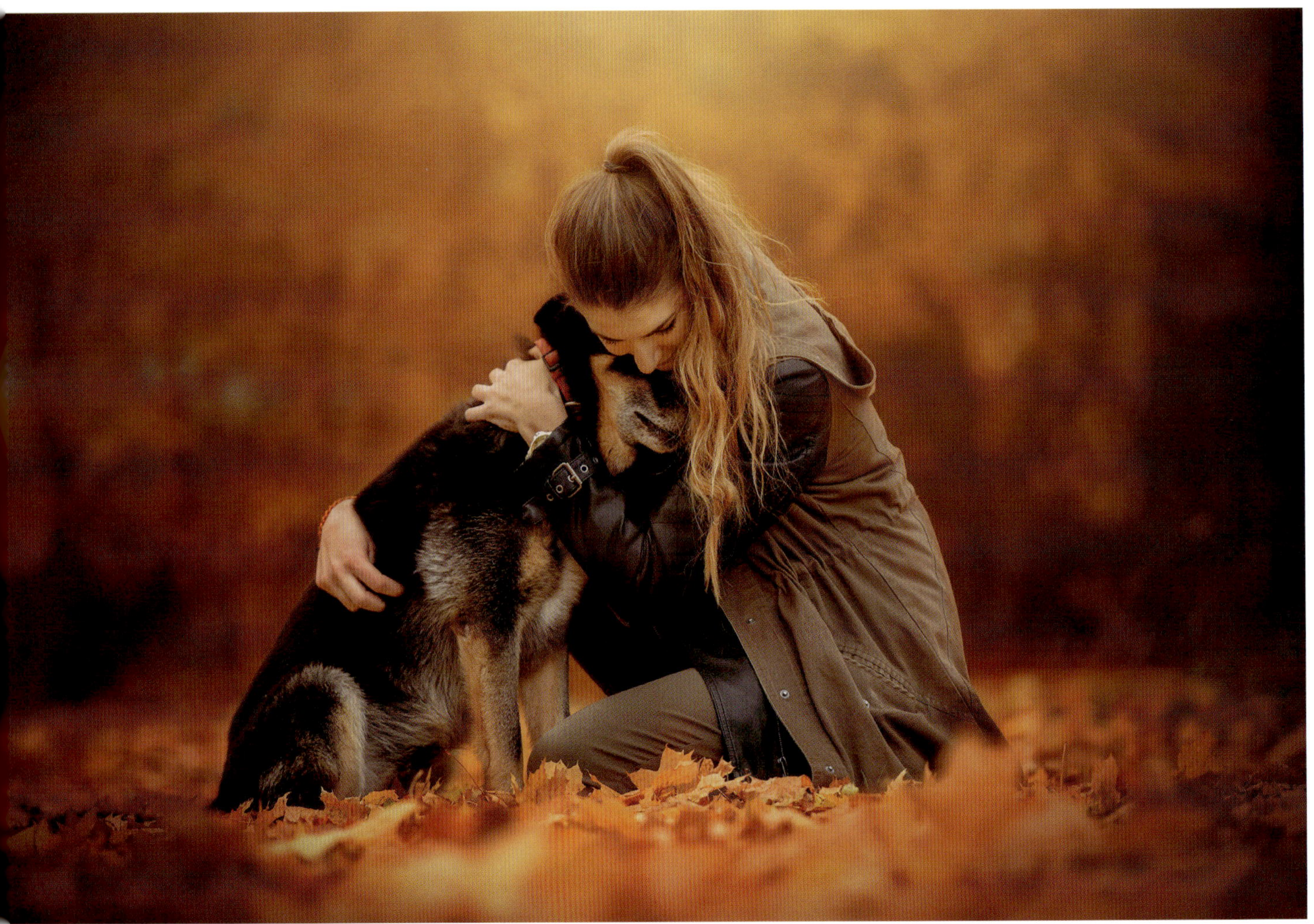

Abbildung 5.21
Dani und ihre Hündin in einem sehr innigen Moment. Dieses Bild habe ich mit dem 70–200 mm bei 200 mm aufgenommen.

Generell kann ich dir dazu raten, die Objektive während des Fotoshootings immer mal zu wechseln, um eine große Vielfalt an unterschiedlichem Bildmaterial zu erzeugen. Wie du gesehen hast, kann man durch die unterschiedlichen Objektive den Hintergrund näher heranholen, größer oder kleiner wirken oder sogar verschwinden lassen. Gerade am kleinen Kameradisplay sieht man oft bestimmte Dinge nicht oder kann sie nur schwer beurteilen. Ich war schon des Öfteren in der Situation, dass ich mich beim Sichten der Bilder am Computer geärgert habe, nicht auch noch mit einem Teleobjektiv fotografiert zu haben. Denn damit hätte ich zum Beispiel gewisse Strukturen im Hintergrund abschwächen können.

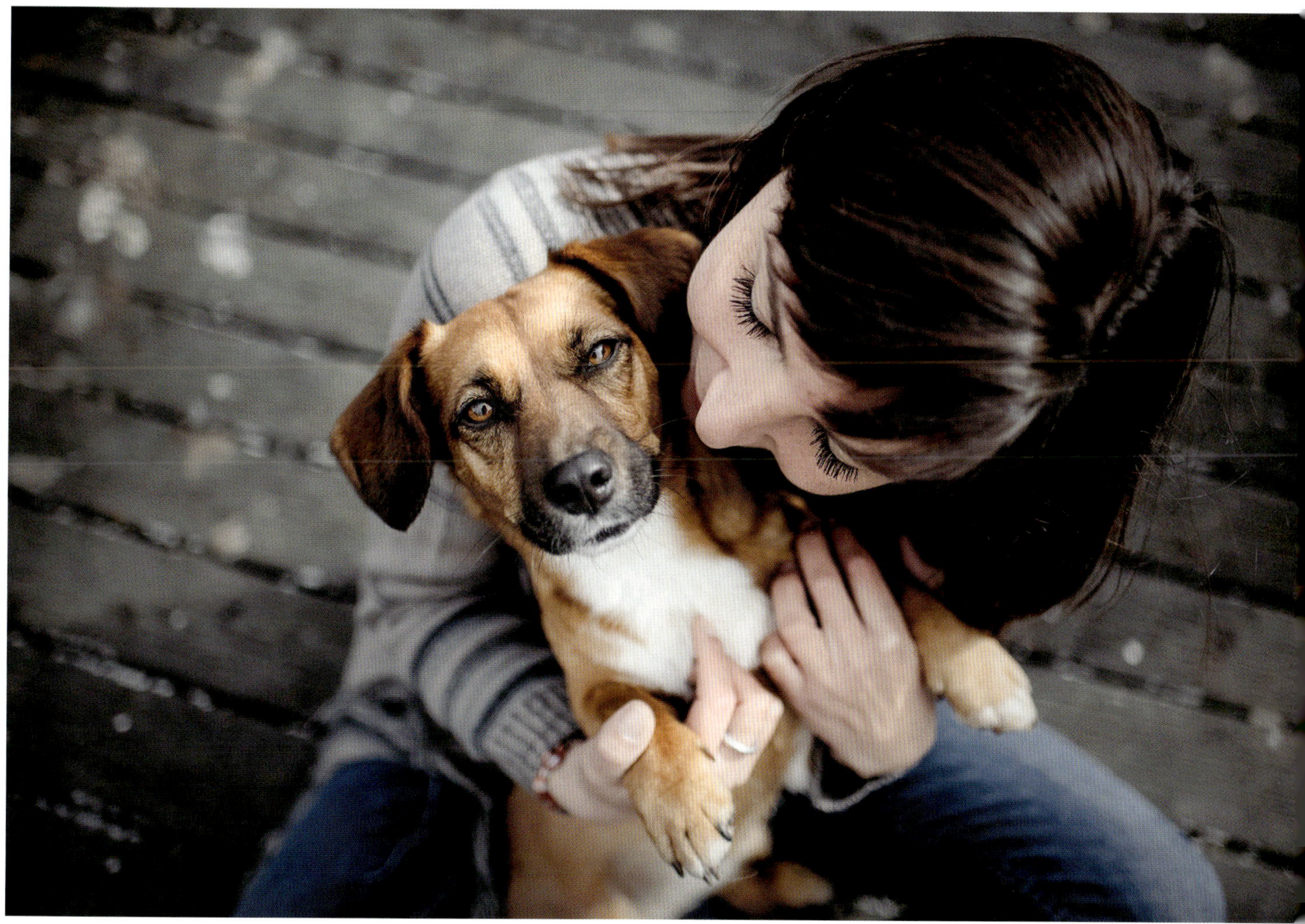

Abbildung 5.22
Lucia und ihre Hündin Ola fühlten sich sichtlich wohl vor der Kamera. Das Foto wurde mit dem 35-mm-Objektiv aufgenommen.

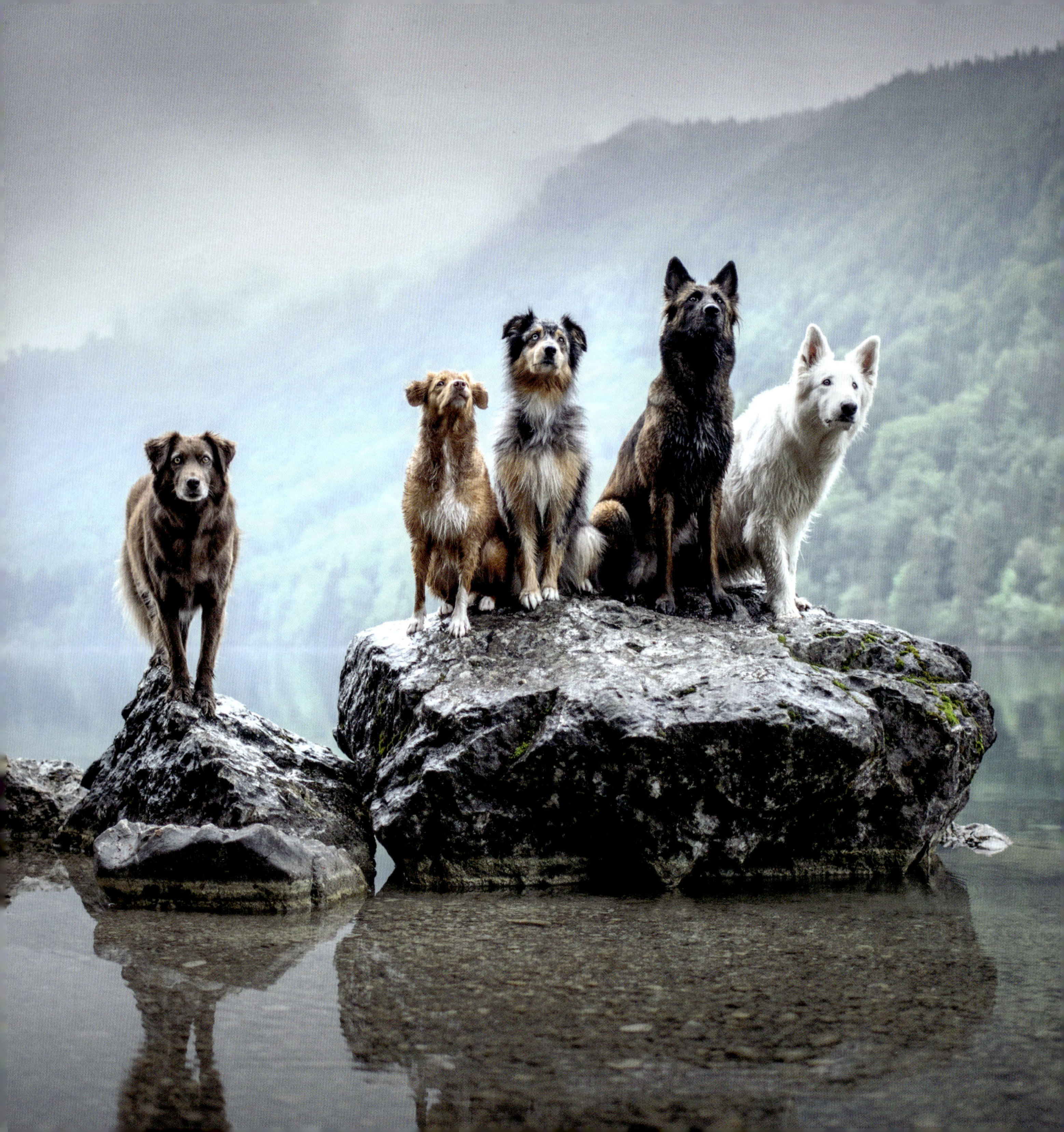

KAPITEL 6
Locations

Die Location selbst ist natürlich für die Wirkung eines Fotos sehr entscheidend. Damit du dir ein schönes Portfolio aufbauen kannst, sind unterschiedliche und atemberaubende Locations sehr wichtig. In diesem Kapitel möchte ich dir ein paar Tipps geben, wie du die Location passend für den Hund auswählst, wie du die unterschiedlichen Locations am besten nutzen kannst, was attraktive Locations sind und wie du auch unscheinbare Location erkennst.

Die richtige Wahl der Location

Bei der Locationwahl ist zu Beginn vor allem zu beachten, dass die Location zum Hund passt. Zum einen soll sie seinen Charakter unterstreichen. Zum anderen muss es für den Hund ein Platz sein, an dem er sich wohlfühlt. So ist die richtige Location für einen Hund, der sich schnell ablenken lässt, ein Platz, an dem man alleine ist, wo man auf keine anderen Menschen oder Hunde trifft. Es ist kein Platz in der Stadt, sondern einer in der Natur. Bei sehr ängstlichen Hunden komme ich meistens zu den Besitzern, um den Hund in seiner gewohnten Umgebung abzulichten. Wir suchen uns zum Beispiel eine Location auf deren täglichen Spazierwegen. Bei Jagdhunden schlage ich immer einen Platz oder einen Wald vor, wo ich weiß, da gibt es weniger Wild, um einfach für den Hund eine optimale Fotoshootingsituation zu schaffen. Bei alten Hunden muss man bei der Locationwahl besonders bedacht sein. Zum einen können sie oft nicht mehr so weit gehen und zum anderen kann ihnen ein bestimmter Untergrund, wie zum Beispiel große Steine in einem Bachbett, Probleme bereiten.

In vielen Fällen haben natürlich auch die Besitzer bestimmte Vorstellungen, wo sie den Hund ablichten wollen. Das solltest du unbedingt berücksichtigen und gemeinsam mit ihnen den perfekten Platz für ihren Liebling suchen.

Abbildung 6.1
Du solltest den Kunden unbedingt in die Locationwahl mit einbeziehen.

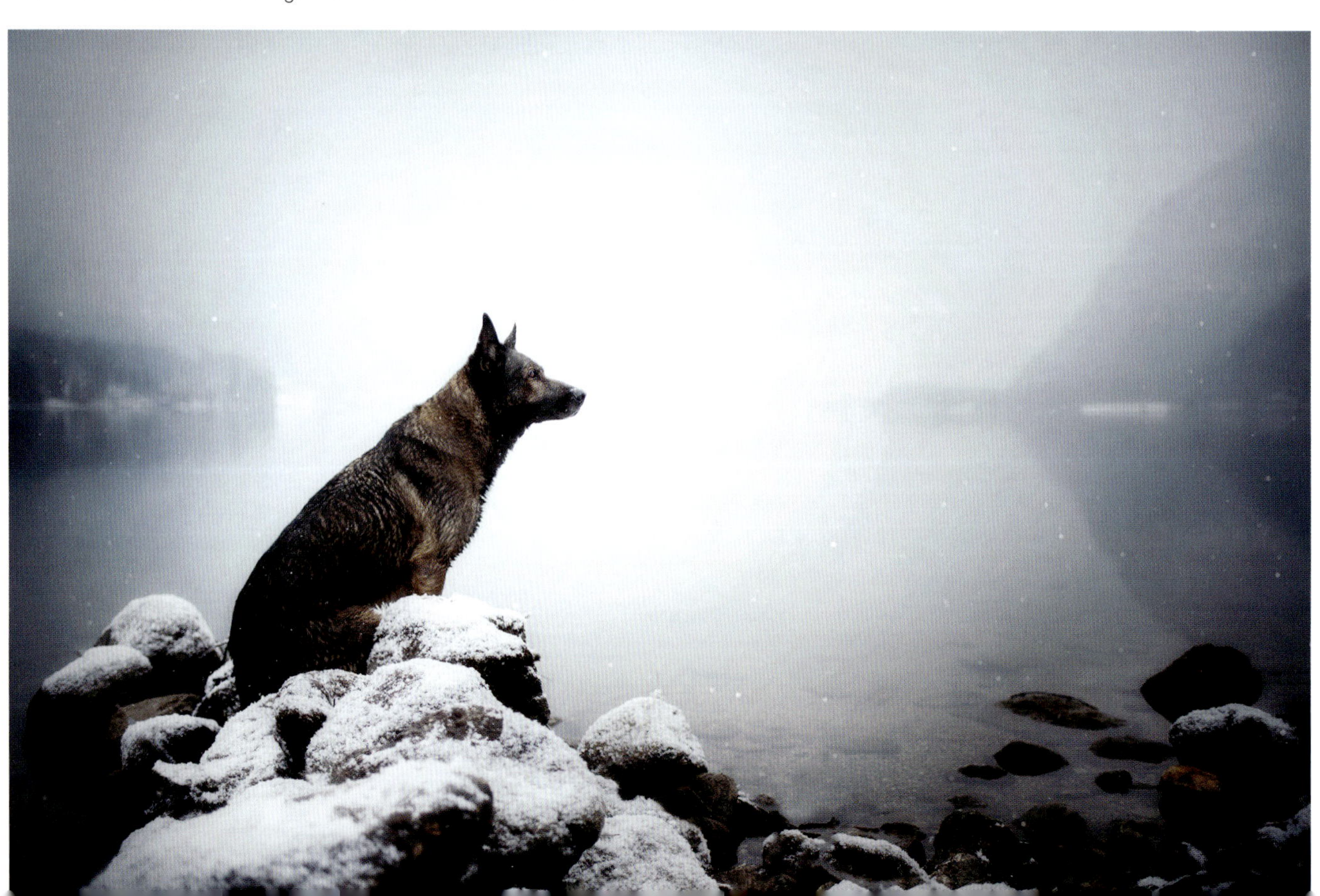

Ich erkundige mich auf jeden Fall vor dem Fotoshooting schon ausreichend über den Hund. Ich frage nach seinen Lieblingsbeschäftigungen, nach seinem Gehorsam und auch, ob irgendetwas Spezielles zu beachten ist. Wie ich schon erwähnt habe, wenn der Hund nicht den besten Gehorsam hat oder sogar noch ein Welpe ist, suche ich einen freien offenen Platz. Ist der Hund zum Beispiel eine richtige Wasserratte, wähle ich natürlich in den meisten Fällen einen Platz am See oder an einem Bachlauf. Viele Wasser liebende Hunde sind bei Wasser nicht mehr zu halten. Deshalb kläre ich vor dem Fotoshooting immer mit den Besitzern ab, ob sie auch trockene Aufnahmen vom Hund haben möchten. Denn ist der Hund besonders wasserverrückt, wäre es von Vorteil, zu Beginn des Fotoshootings noch ein paar Aufnahmen von ihm im trockenen Zustand etwas abseits des Wassers zu machen.

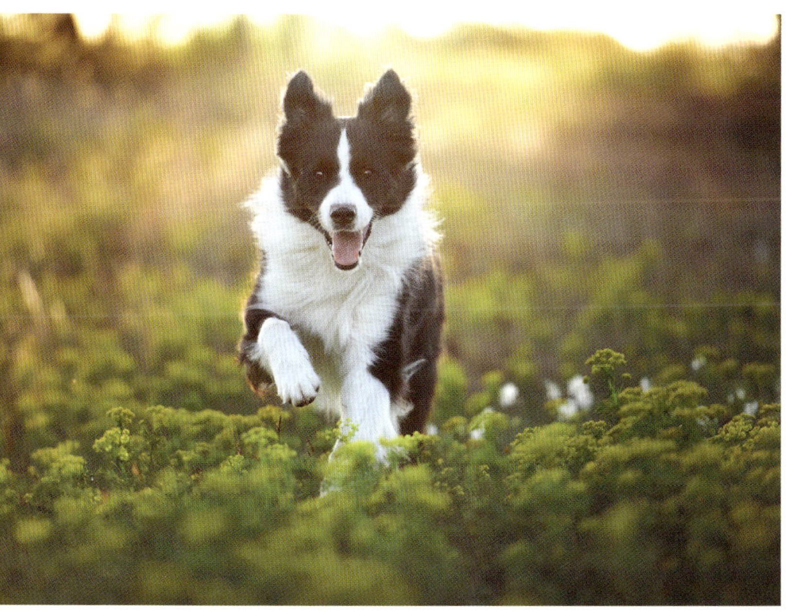

Abbildung 6.2
Bei der Locationwahl sollte die Größe des Hundes berücksichtigt werden.

Die Locationwahl sollte unbedingt auf die Größe des Hundes abgestimmt sein. Für Welpen oder kleine Hunderassen ist eine sehr hohe Wiese ungeeignet. Sie würden in der Wiese verschwinden und die vielen einzelnen Grashalme können zu Fokusproblemen führen. Der große Vorteil von kleinen Hunden ist, man braucht nicht viel von einer Location, um den Hund dort gut wirken zu lassen. Schon die kleinsten Blumenfelder können für einen kleinen Hund die perfekte Location sein. Auch ein Baumstamm muss nicht groß sein, um einen kleinen Hund dort ohne Probleme platzieren zu können. Um große Hunde gut in Szene setzen zu können, solltest du auf jeden Fall freiere und offenere Plätze wählen.

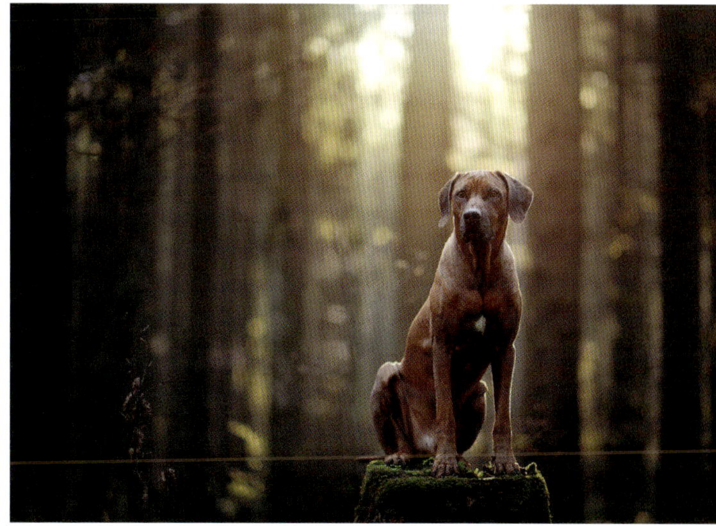

Abbildung 6.3
Gerade bei sehr großen Hunden ist es wichtig, unruhige Locations zu vermeiden.

Ein weiterer Punkt, den man gerne vergisst, ist das Fell der Hunde. Gerade an Tagen mit Tau am Morgen oder nach einem starken Regen ist es wichtig, keine hohen Wiesen aufzusuchen. Das Fell von langhaarigen Hunden ist schnell ganz nass. Der Hund mit sonst so schönem fluffigem Fell sieht dann eher wie eine nasse Ratte aus. Deshalb rate ich dir dazu, wenn du vor allem in den Übergangszeiten bestimmte Wiesen nutzen möchtest, die Fotoshootings eher am Abend durchzuführen. Bis dorthin sind alle Felder meistens abgetrocknet. Das solltest du bei Bildern von Menschen mit ihren Hunden unbedingt beachten. Nasse Kleidung wirkt auch auf den Bildern nicht gut.

Die Fellbeschaffenheit des Hundes spielt eine große Rolle, wenn man im Winter fotografiert. Viele Hunderassen haben keine Unterwolle und frieren deshalb schnell. Gerade bei solchen Hunden eignen sich Locations, bei denen sie nicht bis zum Bauch im Schnee versinken. Den Pulverschnee, den man gerne auf dem

Foto hätte, gibt es meistens nur dann, wenn es richtig kalt ist. Sogar meine Hunde, die den Winter lieben und mehr als genug Fell haben, haben bei den ganz kalten Temperaturen Probleme im tiefen Schnee. Es wirkt, als würden ihnen die Pfoten einfrieren, sie hüpfen dann oft nur auf drei Beinen und das ist kein schöner Anblick. Deshalb ist es gerade im Winter wichtig, die Temperaturen im Wetterbericht vorab zu prüfen und die ganz kalten Tage zu meiden. Generell ist es besser, die Fotoshootings am Nachmittag zu machen, da sich die Temperaturen immer etwas erhöhen. Bei kalten Temperaturen, ob mit oder ohne Schnee, gilt auf jeden Fall eines, den Hund nicht lange in Posen verharren zu lassen und besser mehr Aufnahmen zu machen, bei denen er sich bewegen kann.

Abbildung 6.4
Bei Fotoshootings im Winter solltest du bedenken, dass einige Hunderassen keine Unterwolle besitzen.

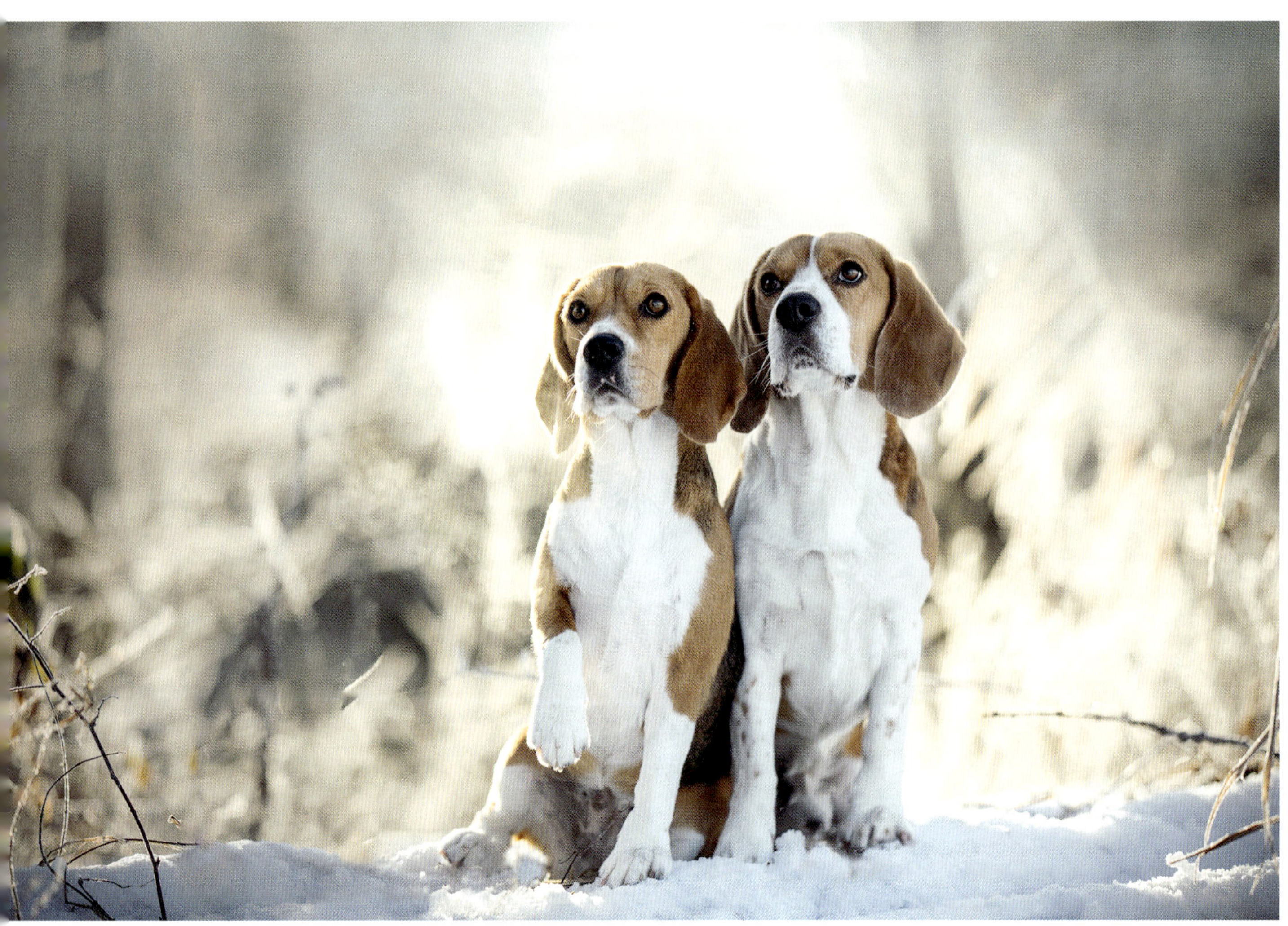

Die Location und das Licht

Am einfachsten ist es natürlich, wenn du die Locations bereits kennst. Denn dadurch kannst du optimale Bedingungen schaffen. Du weißt schon vorab, wie man die Plätze gut nutzen kann oder wann sich dort Menschen und andere Hunde aufhalten. Aber vor allem weißt du, wie der Sonnenstand zu einer gewissen Uhrzeit ist. Gerade die Ausrichtung der Sonne spielt eine entscheidende Rolle bei der Locationwahl. Viele Locations bekommen erst durch ein gewisses Licht einen besonderen Reiz. Diffuses Licht erzeugt eine sehr gleichmäßige Ausleuchtung. Gegenlicht oder zartes Morgenlicht wird der Location einen ganz anderen Look verpassen. Bist du mit der Location vertraut, solltest du genau wissen, welche Uhrzeit gut geeignet ist, um dort Fotos zu machen. Kennst du die Location noch nicht, gibt es eine sehr hilfreiche App, die Sunlocator-App. In dieser App kannst du direkt einen Ort suchen und dir die Ausrichtung der Sonne zu den jeweiligen Uhrzeiten anzeigen lassen.

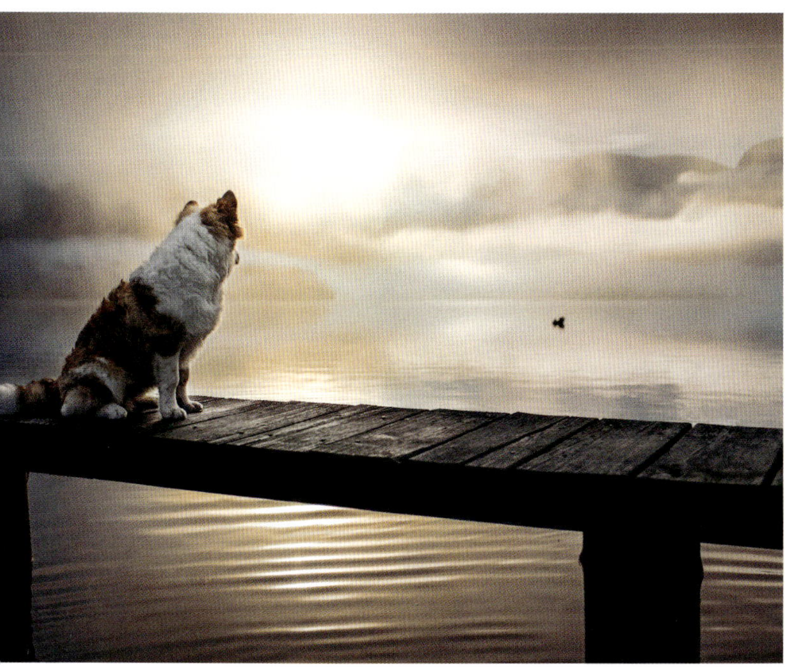

Abbildung 6.5
Diesen Steg kann man bei Sonnenaufgang perfekt für Gegenlichtbilder nutzen.

Der Sonnenstand ist deshalb so wichtig, wenn man bei gewissen Locations einen bestimmten Hintergrund nutzen möchte. Viele meiner Kunden wünschen sich Fotos von ihrem Hund am Steg mit einer Bergkulisse im Hintergrund. Deshalb muss auch die Sonne entsprechend ausgerichtet sein. Der Idealfall wäre natürlich, wenn die Sonne direkt hinter dem Steg auf- oder untergehen würde. Dann könnte man tolle Gegenlichtbilder machen. Bei dem Steg, den ich sehr gerne für Fotos nutze, ist es im Frühjahr jedoch so, dass die Sonne seitlich einfällt. Das bedeutet, dass ich mit dem Fotoshooting sehr früh beginnen muss, damit die Sonne noch hinter den Bergen ist. Sobald die Sonne den Berg überragt, wird der Hund nur noch auf einer Seite ausgeleuchtet. Das heißt, der Hund kann sich nicht wirklich frei bewegen und muss immer zur Sonne gerichtet positioniert werden. Zudem darfst du in den Bergen nicht vergessen, dass, sobald die Sonne hinter dem Berg hervorkommt, ihr Stand oft schon ziemlich hoch ist. Das bedeutet, du kannst das Licht nur für eine kurze Zeitspanne nutzen.

Ich liebe es, Fotos von meinen Hunden in den Bergen bei Sonnenaufgang oder -untergang zu machen. Kenne ich die Berge nicht, muss ich mich genau über ihre Ausrichtung und die der Sonne informieren, um das gewünschte Ergebnis zu erreichen.

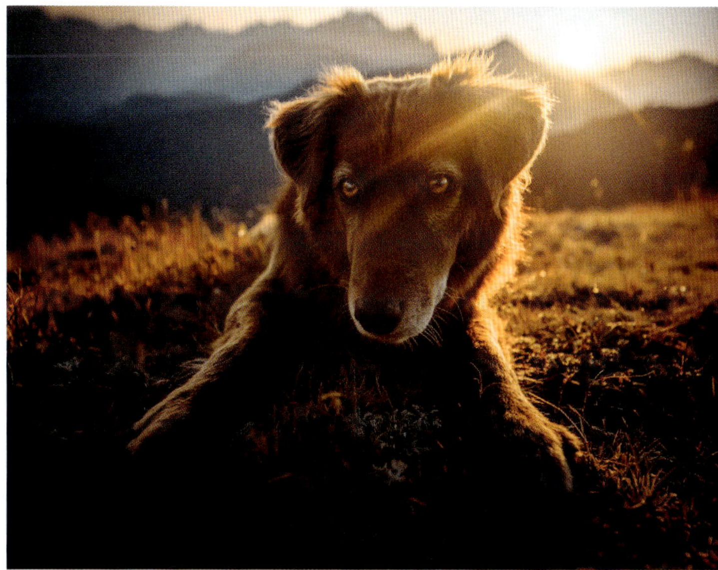

Abbildung 6.6
Um solche Fotos aufnehmen zu können, ist es wichtig, den Sonnenstand zu kennen.

Meine Traumbilder sehen wie folgt aus: Der Hund steht am Berg und die Sonne geht direkt hinter ihm in einem spektakulären Panorama auf oder unter. Möchte man ein bestimmtes Panorama und die aufgehende oder untergehende Sonne als Hintergrund nutzen, muss auch der Berg eine bestimmte Ausrichtung haben. Die meisten Bergkulissen kann man daher entweder nur bei Sonnenaufgang oder eben bei Sonnenuntergang nutzen. Es ist mir schon einmal passiert, dass ich mir einen noch unbekannten Berg ausgesucht hatte, um Sonnenaufgangsbilder zu machen. Ich war mir sicher, zu wissen, wo die Sonne aufgeht, da ich es von einigen Bildern kannte. Als wir den Gipfel jedoch erreicht hatten, ging die Sonne genau auf der falschen Seite ohne das schönen See-Berg-Panorama auf. Ich habe wohl von diesem Berg Bilder bei Sonnenuntergang und nicht bei Sonnenaufgang gesehen. Zum Glück war es nur für mich privat, bei einem Kundenfotoshooting wäre es sehr ärgerlich gewesen.

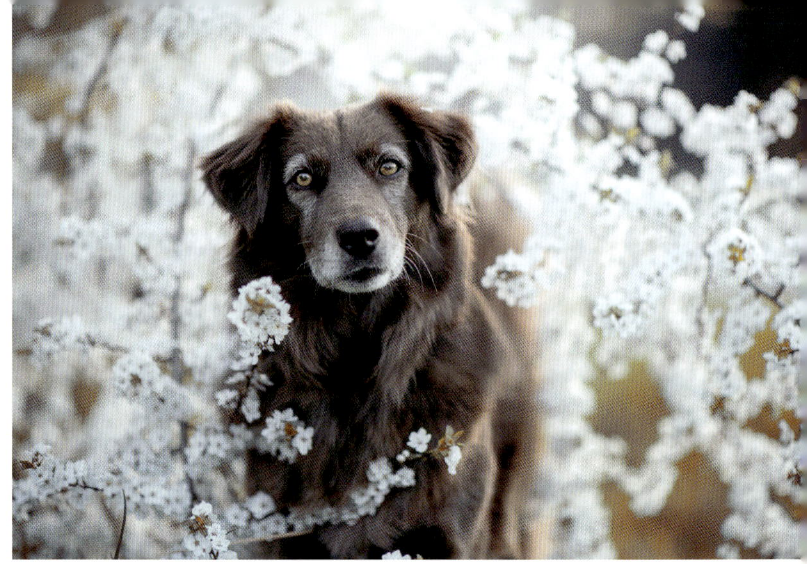

Abbildung 6.7
Der Frühling bietet zahlreiche blumige Fotomotive.

Die Location und die Jahreszeit

Die Jahreszeiten verändern die Locations und bieten dir somit immer wieder neue Möglichkeiten. An einem See verändert sich der Wasserstand und im Wald verfärben sich die Blätter. Und auch der Lichteinfall wird nie derselbe sein.

Im Frühling gibt es immer wieder tolle Blumenwiesen, angefangen von Mohn- über Raps- hin bis zu Margeritenfeldern. Zudem blühen bestimmte Bäume. Die Magnolien oder auch die Obstbäume zeigen wunderschöne Blüten. Bedenke dabei aber, dass nicht jeder Obst- oder Magnolienbaum für Hunde geeignet ist. Du brauchst Bäume, deren Äste entsprechend tief hängen, um den Hund schön in die Blüten integrieren zu können.

Im Frühjahr und im Herbst gibt es zudem sehr häufig Nebel, der noch so unscheinbaren Orten eine mystische Stimmung verleiht. Den goldenen Herbst solltest du natürlich auch nicht verpassen.

Gerade der Winter bietet wunderschöne Motive. Hunde, die durch Pulverschnee laufen, der Schnee fliegt nur so in alle Richtungen und das Ganze am besten noch vor einem blauen Himmel. So stelle ich mir immer meine Traummotive vor. Damit du bestimmte Locations zur entsprechenden Jahreszeit nutzen kannst, musst du dich vorab schon umsehen, um geeignete Plätze zu finden.

Abbildung 6.8
Farbenfrohe Fotos entstehen vor allem im Herbst.

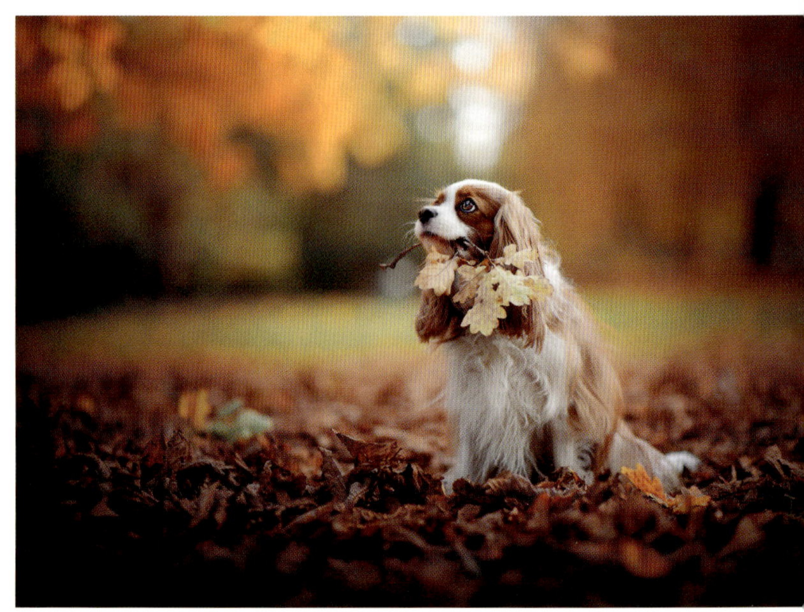

Beispiele attraktiver Locations

Ruhige Locations

Weniger ist so oft mehr, und das trifft auch auf die Locations zu. Man benötigt nicht immer eine atemberaubende Landschaft, um tolle Bilder zu schießen. Gerade mit sehr ruhigen und einfachen Locations kannst du beeindruckende Hundeaufnahmen machen. Dabei entstehen meist Bilder, die sich auf das Wesentliche, den Hund, konzentrieren. Es entstehen Bilder, die durch eine schöne Freistellung und zarte Farbgebung überzeugen. Die ruhig und leise auf den Betrachter wirken. Die, die Aufmerksamkeit auf sich ziehen, weil sie schlicht sind, aber deshalb noch lange nicht langweilig.

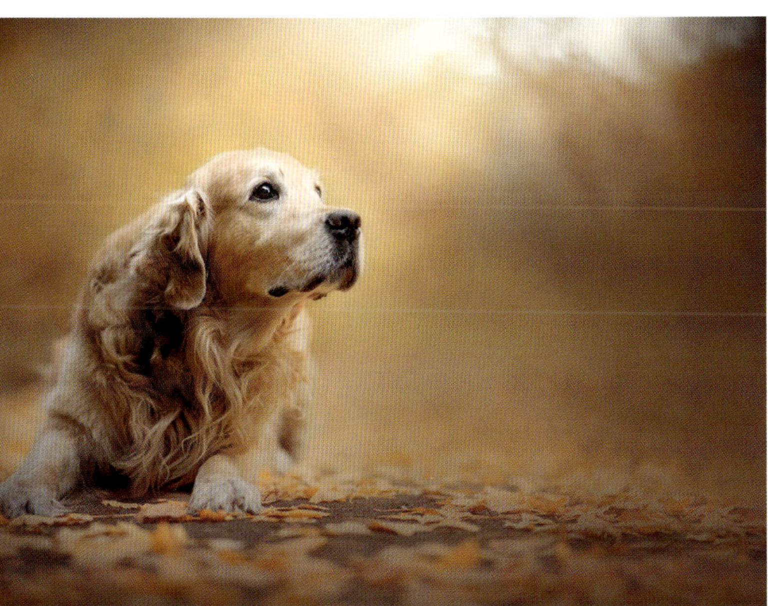

Abbildung 6.9
Timmy abgelichtet in einem wunderschönen herbstlichen Wald. Oder war es doch nur ein einfacher Weg mit ein paar Blättern?

Das Foto von Timmy ist sehr einfach, aber trotzdem ist es eine wunderschöne Aufnahme. Es wirkt, als wäre es in einem dichten, gelben Herbstwald entstanden, doch die Location dazu war mehr als unspektakulär und von einem dichten Herbstwald weit entfernt, da es sich lediglich um einen einfachen Weg mit ein paar Blättern gehandelt hat. Die einzigen beiden Vorteile des Platzes waren die Laubblätter am Boden und die weite Entfernung des Hintergrunds. Mehr gab es da nicht. Keine schöne Umrahmung durch Bäume, nichts. Und ich bin überzeugt davon, dass es auch bei dir Wege mit etwas Laub darauf und einem etwas weiter entfernten Hintergrund gibt. Vielleicht hast du solche Plätze nur noch nicht richtig wahrgenommen. Ich habe hier natürlich auf eine bestmögliche Freistellung gesetzt. Eine große Blende gewählt, den Hund in einer »kleinen« Pose aufgenommen und die Nähe zu ihm genutzt.

Generell achte ich bei der Auswahl eines Fotoplatzes immer auf störende Objekte im Vorder- oder auch im Hintergrund. Unruhige Locations vermeide ich so gut wie möglich.

Die Location Stadt

Auch Städte bieten einmalige Möglichkeiten, um den Hund gut in Szene zu setzen. Du solltest aber definitiv nur mit souveränen und sicheren Hunden mit gutem Grundgehorsam im städtischen Umfeld fotografieren. Eine Stadt bietet eine gute Abwechslung zur Natur. Sie ist dynamisch, eng, klar, modern, alt, neu, voller Leben oder leer.

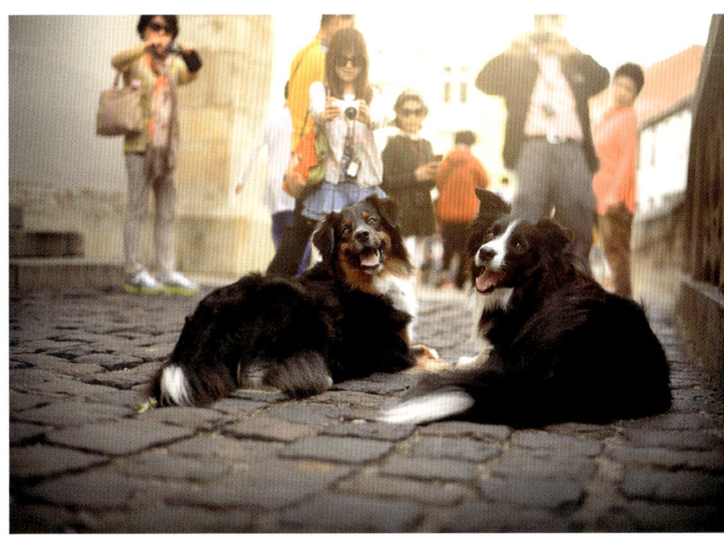

Abbildung 6.10
Die Australian-Shepherd-Hündin und der Border Collie wurden nicht nur von mir abgelichtet.

Enge Gassen, Gebäude mit unterschiedlichen Strukturen, Treppen, parkende Autos, historische oder auch neumoderne Gebäude können dabei die idealen Plätze sein.

Städte bieten eine Vielzahl an unterschiedlichen Führungslinien. Diese Linien bieten dir die Möglichkeit, die Aufmerksamkeit des Betrachters gezielt zu lenken. Straßen, Brücken, Stege, Geländer erzeugen führende Linien und somit auch eine bestimmte Tiefe im Foto.

Das städtische Flair eignet sich nicht nur für die Peoplefotografie, sondern auch mit Hunden können hier großartige Motive entstehen.

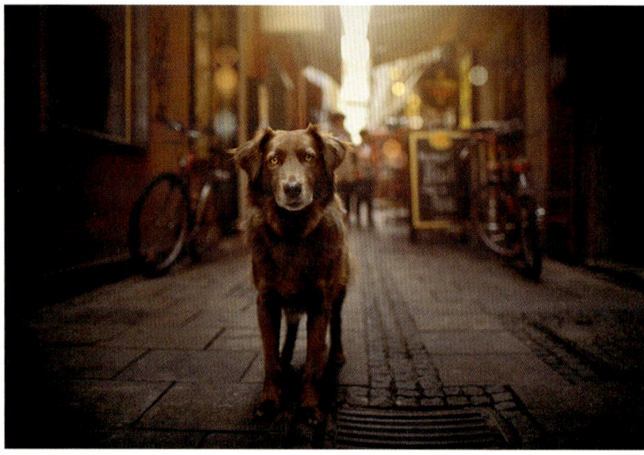

Abbildung 6.11
Gerade enge Gassen wirken auf den Fotos besonders gut, da die Häuserfronten zu einem Fluchtpunkt zusammenlaufen.

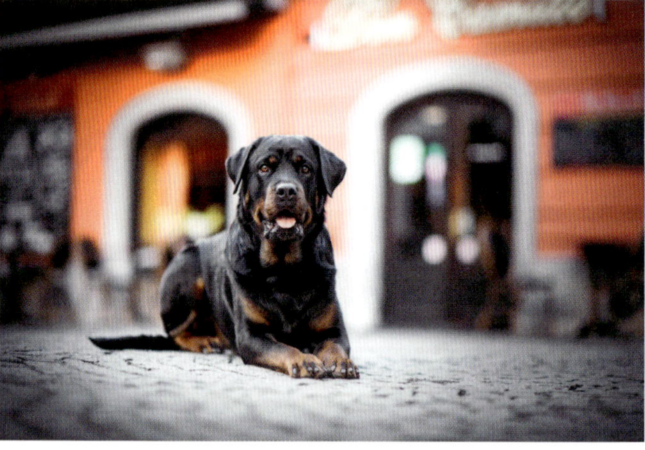

Abbildung 6.13
Bunte Häuserfronten kann man sehr gut als ansprechenden Hintergrund nutzen.

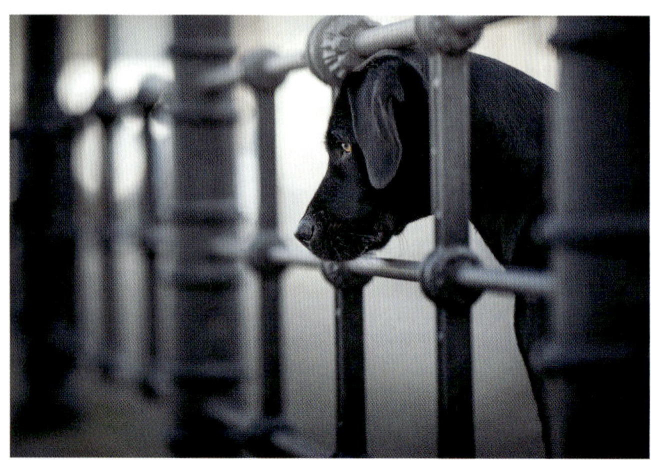

Abbildung 6.12
In der Stadt gibt es nur wenige Elemente, die man nicht nutzen kann. Auf diesem Bild schaut die Labradorhündin einfach durch ein Geländer.

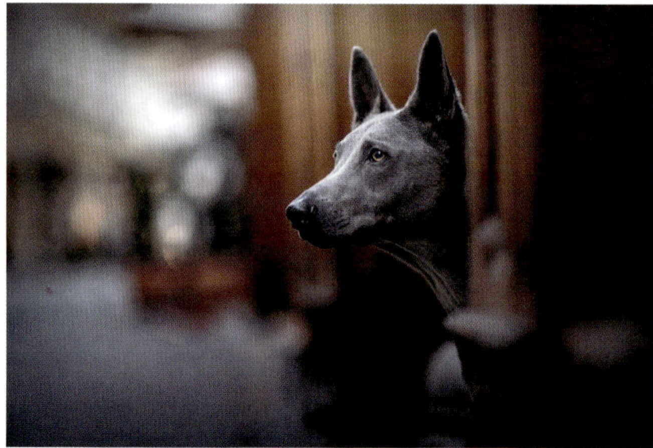

Abbildung 6.14
Bruce passt hervorragend in das städtische Umfeld.

Historische Gebäude bieten oft massive und mächtige Säulen, wo man den Hund gut in Szene setzen kann.

Fotografiere in der Stadt auch mit unterschiedlichen Objektiven, um das Potenzial der Locations richtig auszunutzen. Je nach Brennweite, die du dabei verwendest, kannst du den Hund zusammen mit seiner Umgebung ganz unterschiedlich in Szene setzen. Die beiden Fotos von Peppino und Peanut zeigen deutlich, wie unterschiedlich man ein und dieselbe Location nutzen kann. Bei der Aufnahme mit dem 35 mm kommen die Säulen gut zur Geltung. Bei dem 135 mm kann man durch die große Freistellung keine Säulen mehr erkennen.

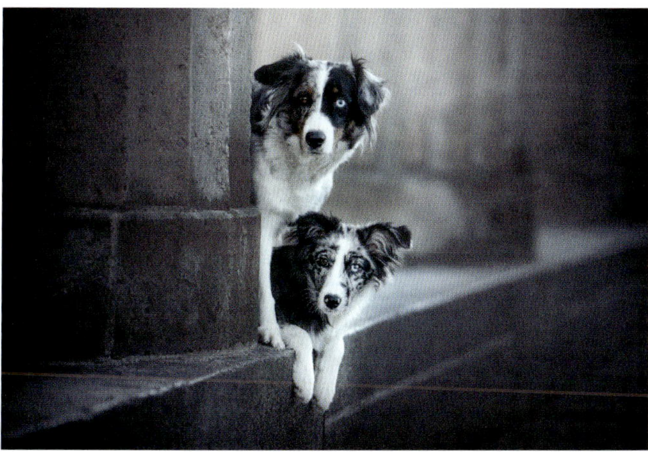

Abbildung 6.15
Mama und Tochter posieren zwischen den Säulen.

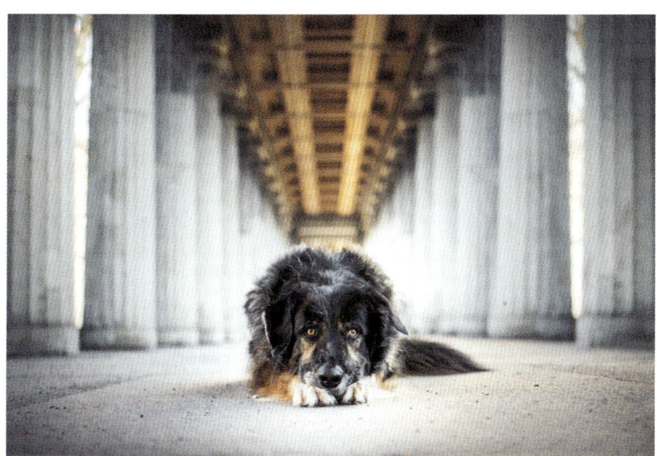

Abbildung 6.16
Peppino posiert mit abgelegtem Kopf. Verwendetes Objektiv: 35 mm f/1.8.

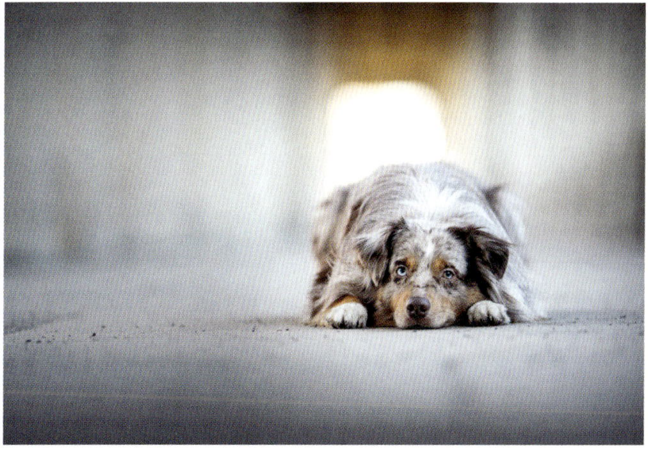

Abbildung 6.17
Peanut in derselben Pose und Location wie Peppino. Dieses Mal aufgenommen mit dem 135 mm f/1.8.

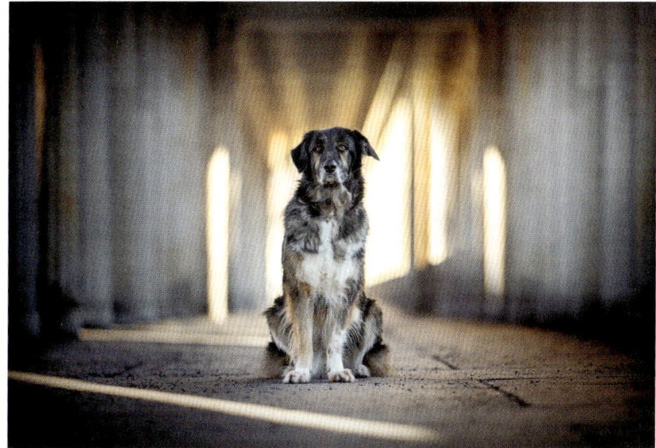

Abbildung 6.18
Der Lichteinfall in der Location mit den Säulen sorgt für eine sehr interessante Stimmung.

Licht spielt nicht nur bei Naturaufnahmen eine ganz wichtige Rolle. Auch in der Stadt hat es eine große Bedeutung für die Bildwirkung.

Einfallendes Gegenlicht oder einfallende Lichtstrahlen führen zu mehr Spannung im Bild.

Neumoderne Gebäude haben große ausdrucksstarke und klare Formen. Oft haben sie große Glasfronten, die ideale Flächen für Spiegelungsaufnahmen bieten.

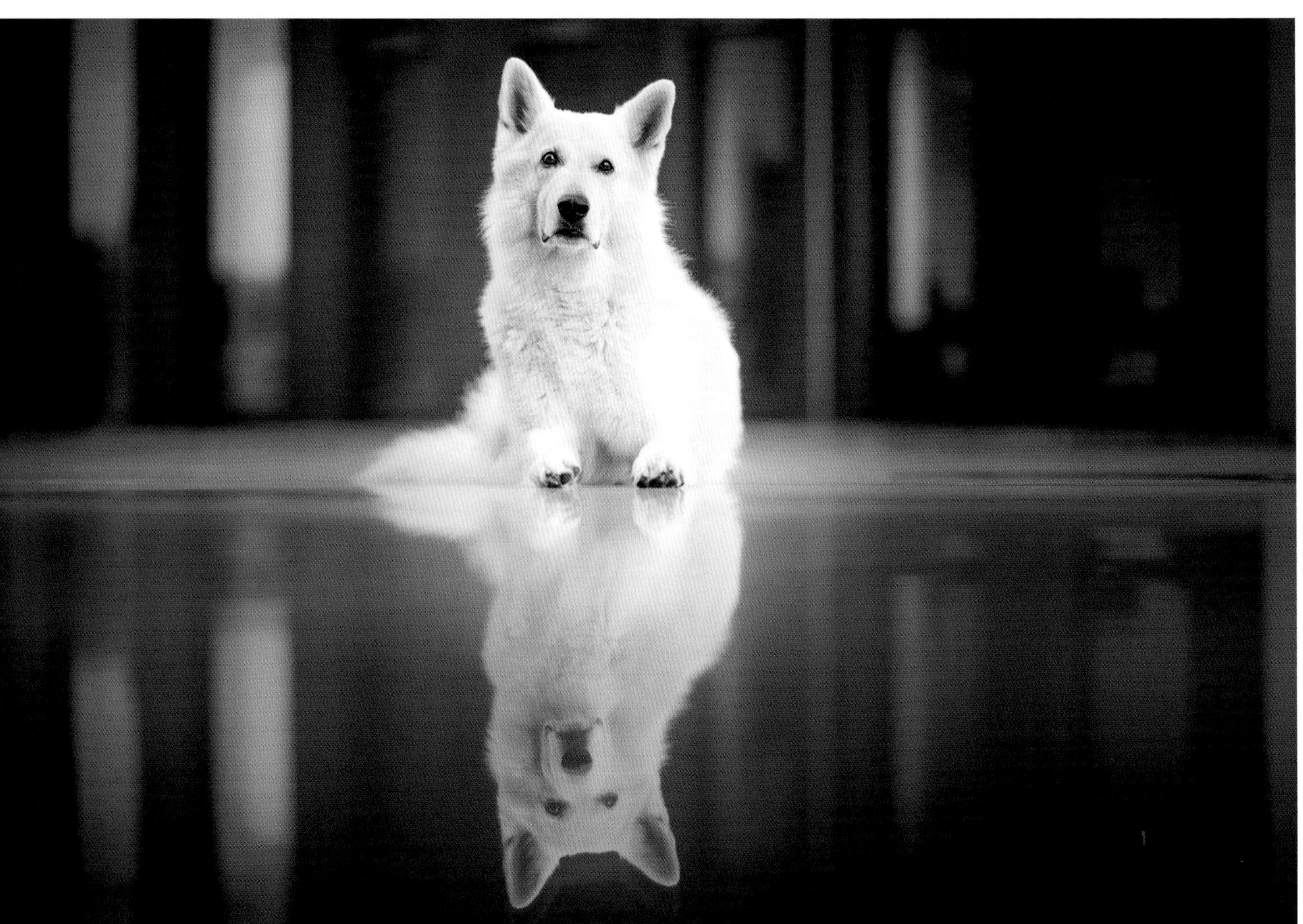

Abbildung 6.19
Der schöne Athos in zweifacher Ausführung

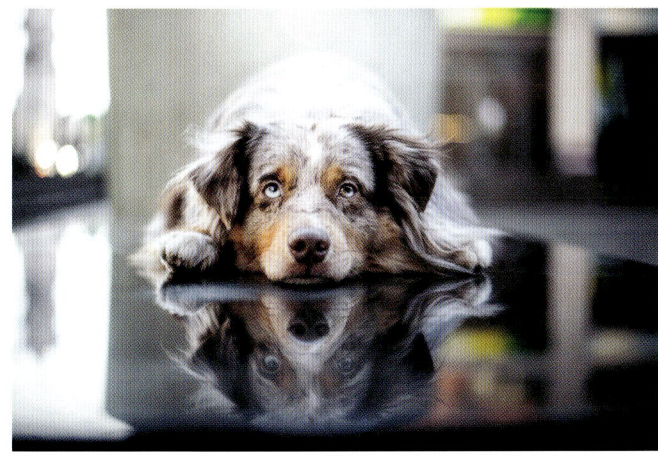

Abbildung 6.20
Peanut auf einer kleinen Sitzgelegenheit, die eine tolle Spiegelung ergibt

Das Bild von Peanut soll dir noch einmal zeigen, wie wichtig es ist, die Augen in der Stadt offen zu halten. Auch ganz kleine Elemente, wie zum Beispiel diese Sitzgelegenheit, können eine tolle Location für ein Foto sein.

In der Stadt findest du sehr ruhige Hintergründe, womit du sehr schlichte Porträts aufnehmen kannst. Aber die Stadt bietet dir auch das Gegenteil. Sie bietet dir viele Strukturen und bunte Farben

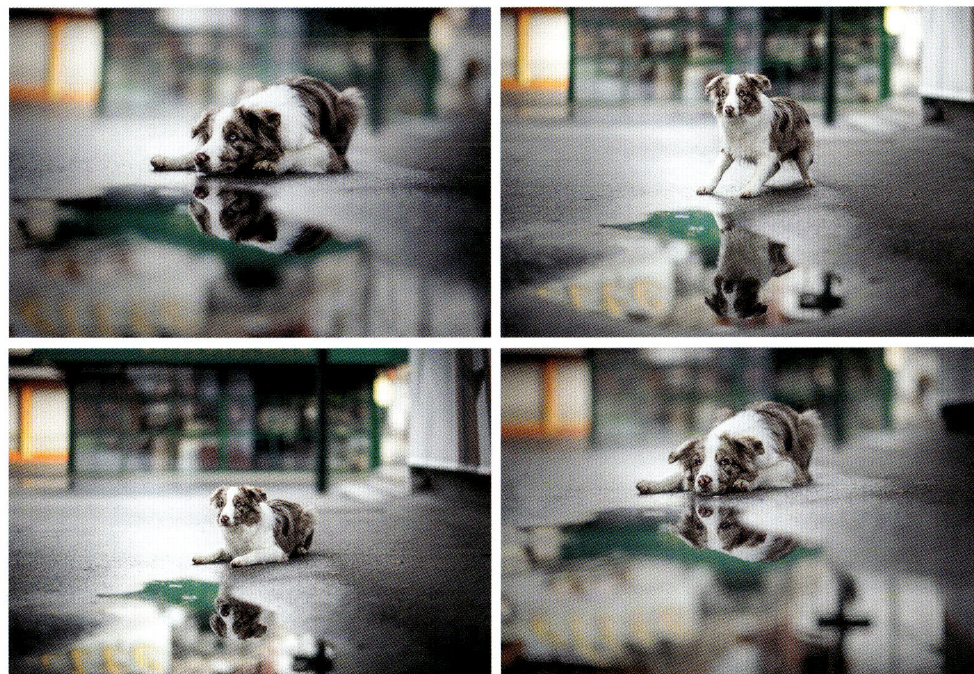

Abbildung 6.21
Durch eine kleine Pfütze kann das Bild zu einem richtigen Hingucker werden.

Der Kreativität sind dabei keine Grenzen gesetzt. Bei diesen Fotos (Abbildung 6.21) liegt der zauberhafte Border Collie DJ einfach hinter einer kleinen Pfütze und es ergibt sich eine schöne Spiegelung mit städtischem Umfeld.

Viele Städte bieten auch farbenfrohe Graffiti-Wände, die du als Hintergrund nutzen kannst.

In manchen Städten gibt es sogenannte Lost Places. Wichtig ist hier, vorab abzuklären, ob man den Bereich auch betreten darf. Am besten schaust du dir diese Plätze immer vor einem Fotoshooting genau an. Oft sind dort viele Scherben von zertrümmerten Glasflaschen oder rostige Nägel, durch die sich der Hund verletzen könnte.

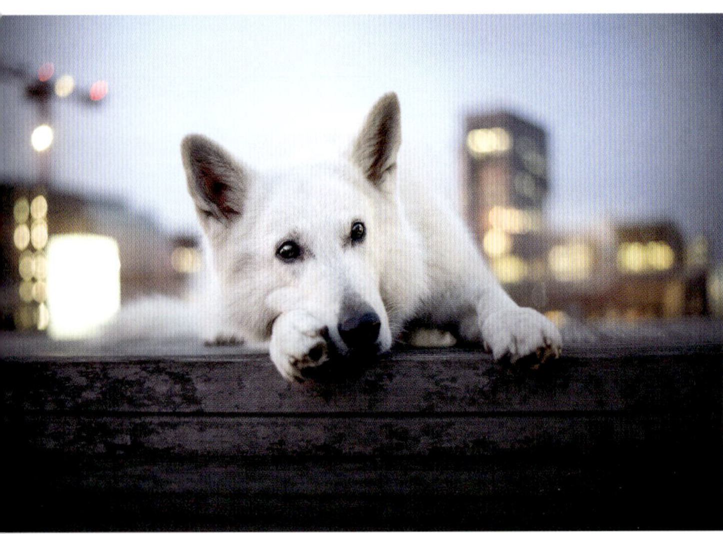

Abbildung 6.22
Athos zwischen vielen Lichtern vor Sonnenaufgang

Eine Stadt bietet immer viele Lichter, die auf Fotos wunderbar wirken. Besonders gut kommen sie natürlich bei Dämmerung zur Geltung. Bei der Aufnahme von Athos sieht man die Wirkung der Lichter deutlich. Ich habe bei sehr dunklen Lichtverhältnissen fotografiert. Die Einstellungen waren 1/125 s, f/1.8, ISO 1250. Wie du sehen kannst, musste ich aufgrund der schlechten Lichtbedingungen mit einer sehr langen Belichtungszeit von 1/125 s arbeiten. Ich wählte diese so lang, damit ich die ISO nicht noch mehr erhöhen musste. Zum Glück war Athos ein superruhiges und geduldiges Model, sonst wäre diese lange Belichtungszeit auch nicht möglich gewesen. Bei Aufnahmen mit einer so langen Belichtungszeit ist es sehr wichtig, auch selbst im Auslösemoment ganz ruhig zu sein, damit es zu keinen Verwacklungen im Bild kommt.

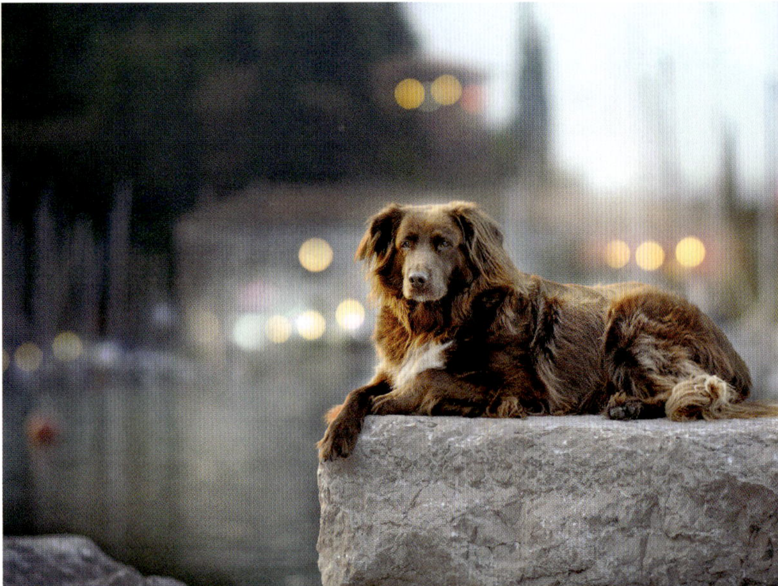

Abbildung 6.23
Um Lichter einzufangen, eignet sich der Hafen besonders gut.

Vielleicht ist dir bei den beiden Bildern mit den Lichtern im Vergleich schon aufgefallen, dass sich die Lichter von der Größe deutlich unterscheiden. Die Größe der Lichter ist nämlich von der Brennweite des Objektivs abhängig. Das Foto von Athos zeigt weniger große Lichter, da es mit dem 50 mm f/1.8 aufgenommen worden ist. Bei dem Foto meiner Hündin Cindy habe ich damals mit dem 85 mm f/1.8 fotografiert.

Der Hafen erzeugt neben schönen Lichtern einen ganz eigenen Charme auf den Bildern und die unterschiedlich farbigen Boote sorgen für ein schönes Farbenspiel.

Weitere Plätze mit städtischem Flair wären zum Beispiel ein Bahnhof oder auch Vergnügungsparks. Bei Bahnhöfen ist natürlich wieder große Vorsicht wichtig. Du solltest Hunde auf keinen Fall auf noch benutzten Bahngleisen platzieren. Aber es gibt immer wieder stillgelegte alte Bahnhöfe, die man dafür sehr gut nutzen kann.

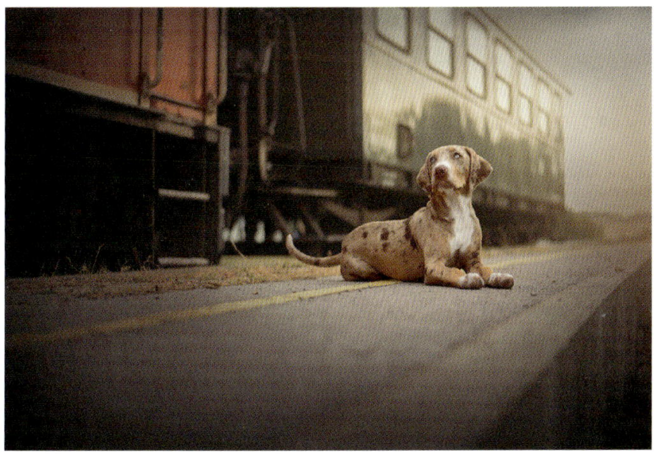

Abbildung 6.24
Auch Züge im Hintergrund können ihren eigenen Charme auf Fotos haben.

Neben dem Bahnhof selbst und den Bahngleisen hat man vielleicht das Glück, alte Züge und Waggons als Hintergrund nutzen zu können.

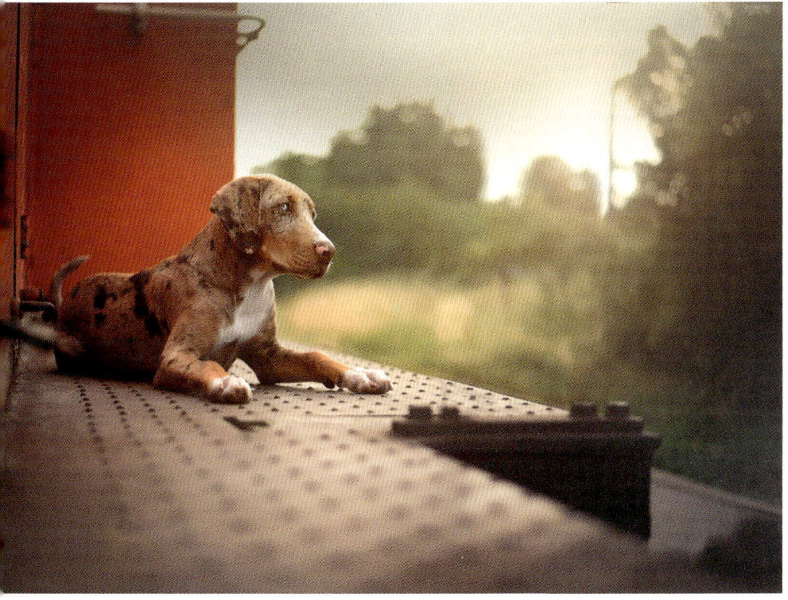

Abbildung 6.25
Pumpkin posierte sehr sicher.

Manchmal ist es sogar möglich, diese Waggons zu betreten. Das solltest du aber auf jeden Fall vorher abklären, damit du keine Probleme bekommst.

Zudem ist es wichtig, bei solchen Fotoshootings zu bedenken, dass fremde Untergründe den Hund verunsichern könnten. Für Pumpkin war der eiserne Untergrund des Zuges zum Glück kein Problem.

In der Stadt trifft man nicht nur auf viele Führungslinien und Strukturen, sondern häufig auch auf unterschiedliche Muster. Viele Gebäude zeigen verschiedene Muster, die du sehr gut als Hintergrund nutzen kannst. Zum Beispiel ein schönes Ziegelhaus, ein Holzhaus oder ganz moderne Muster von Neubauten. Dabei kannst du versuchen, den Hund in das Muster zu integrieren oder das Muster mit dem Hund zu unterbrechen. In den meisten Fällen ist Letzteres leichter umzusetzen.

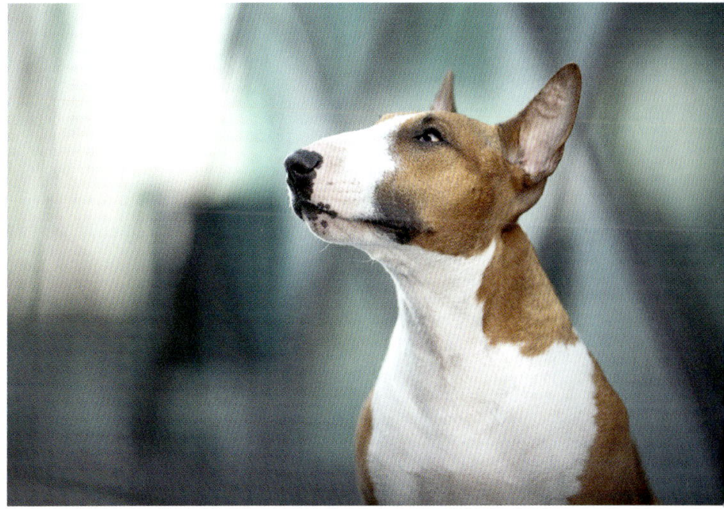

Abbildung 6.26
Das Muster des modernen Gebäudes in Berlin konnte man hervorragend als Hintergrund nutzen.

Abschließend zum Fotografieren in der Stadt möchte ich noch eines erwähnen. Es müssen hier nicht unbedingt immer spektakuläre Plätze sein. Schon eine schöne Bodenstruktur kann zu einer außergewöhnlichen Aufnahme des Hundes führen. Probiere es deshalb einfach aus und du wirst sehen, je öfter du auch im städtischen Umfeld fotografierst, umso geschulter wird dein Blick für passende Locations.

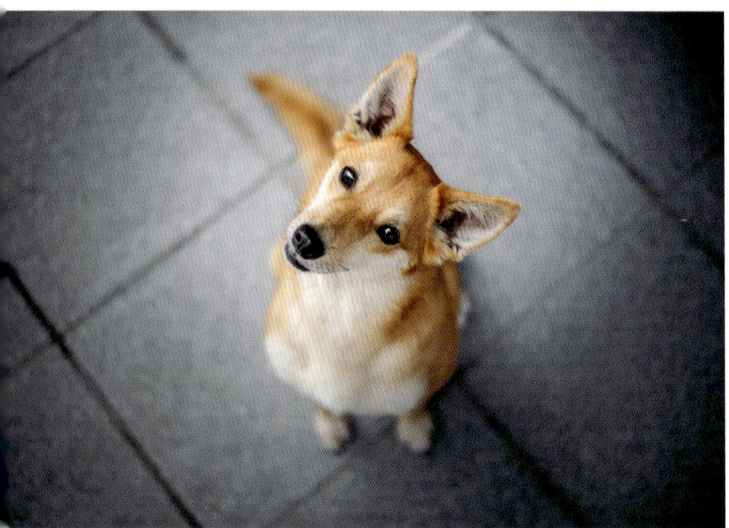

Abbildung 6.27
Auch die unterschiedlichen Bodenstrukturen in einer Stadt können toll auf dem Foto wirken.

Location Wald

Der Wald bietet viele Möglichkeiten, um Hunde abzulichten, und er hat eine ganz eigene und oft sehr mystische Wirkung. Man findet viele unterschiedliche Strukturen, die man als Hintergrund nutzen kann, wie kreisrundes Bokeh oder gerade Linien durch die Bäume. Wald ist aber nicht gleich Wald. Ganz wichtig ist eines: Der Wald sollte frei, offen und aufgeräumt sein. Äste, Stöckchen, Gebüsche können zu zu viel Unordnung führen. Solche aufgeräumten Wälder sind teilweise gar nicht so leicht zu finden, doch die Suche lohnt sich auf jeden Fall.

Damit du Freude beim Fotografieren im Wald hast, musst du zuerst einen dieser Wälder finden. Bei uns in Österreich sind sie sehr selten. In vielen Wäldern wachsen zwischen den großen Bäumen unzählige Sträucher, es wurde abgeholzt, aber nicht abtransportiert. Viele Wälder sind auch aufgrund von Windwurf nicht wirklich zum Fotografieren geeignet. Hast du jedoch einen offenen Wald gefunden, wird er dich verzaubern und mit schönen Fotomotiven nur so überhäufen. Natürlich herrschen im Wald oft schwierige Lichtverhältnisse. Hast du jedoch einen sehr freien, offenen Wald gewählt, sollte es kein Problem sein, schöne Ergebnisse zu erzielen. Achte dabei einfach darauf, dass der Hund zu jener Seite gewendet ist, wo mehr Licht einfällt. Falls der Wald wirklich sehr dunkel ist, besteht immer noch die Möglichkeit, an einem schönen sonnigen Tag am frühen Nachmittag dort zu fotografieren, um stimmige Aufnahmen im Freien zu erstellen. Generell kann man sich im Wald, wie ich noch in Kapitel 7 erwähnen werde, den Spotlighteffekt zunutze machen.

Suche dir markante Objekte und Farben, die deinem Bild das gewisse Etwas verleihen und zu mehr Spannung führen.

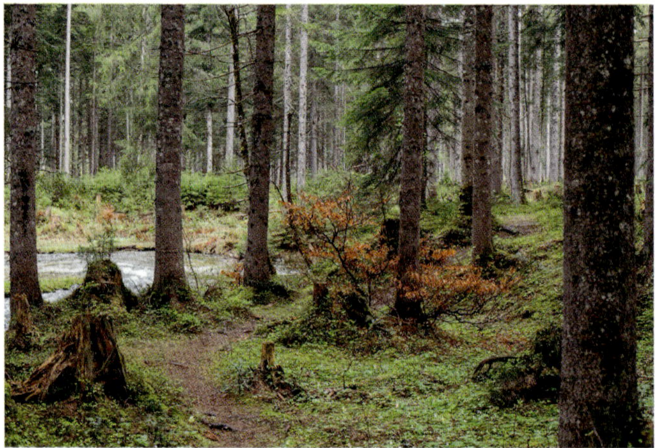

Abbildung 6.28
Diese Location sieht auf den ersten Blick nicht wirklich besonders aus.

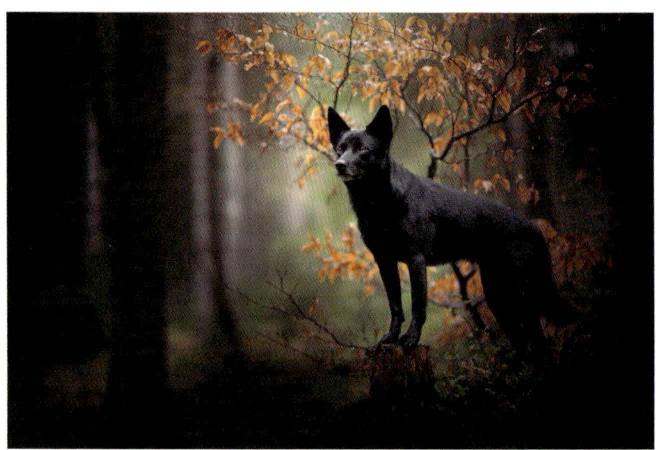

Abbildung 6.29
Mit dem richtigen Objektiv, dem richtigen Bildaufbau und einer gezielten Bearbeitung kann man daraus jedoch etwas Schönes zaubern.

Im Wald gibt es immer wieder schöne Moosflächen, die man besonders gut mit einem liegenden Hund oder einem Hund, der den Kopf ablegt, in Szene setzen kann.

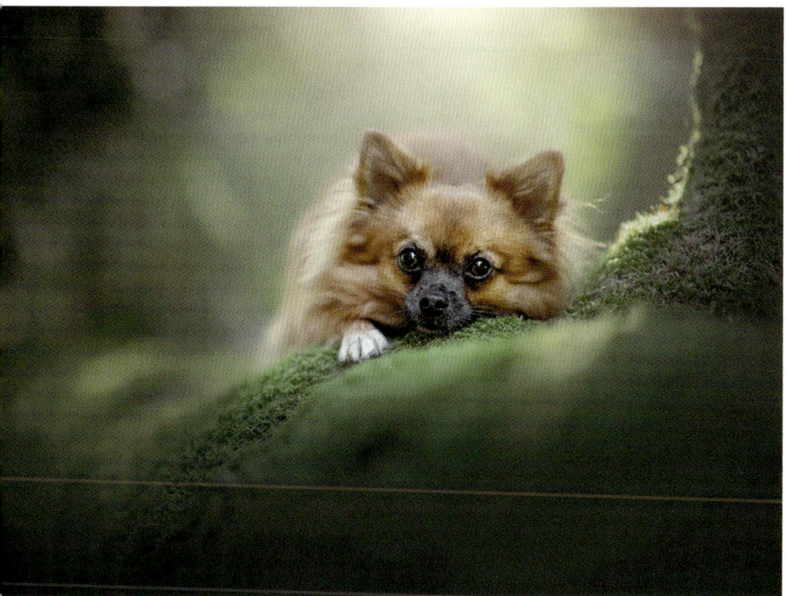

Abbildung 6.30
Besonders für kleine Hunde wird man im Wald unzählige Plätze finden.

Nutze die zahlreichen Baumstämme, denn diese bieten dir die unterschiedlichsten Möglichkeiten, den Hund in Szene zu setzen. Auf größeren Baumstämmen kannst du die Hunde sehr gut absetzen oder darauf stellen.

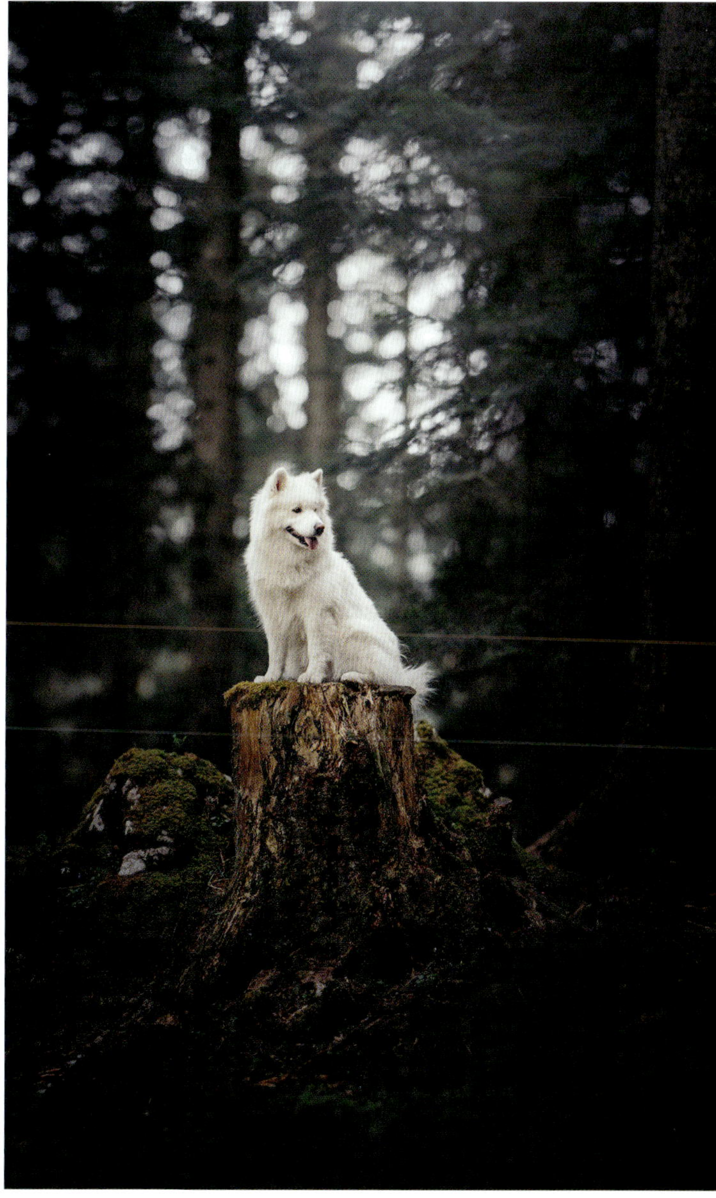

Abbildung 6.31
Auch größere Hunde können auf einem Baumstamm Platz haben.

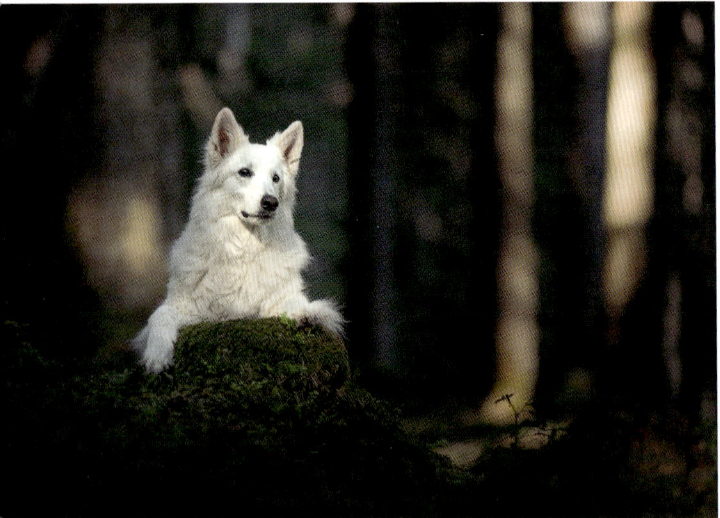

Abbildung 6.32
Die unterschiedlichen Elemente im Wald kann man gut nutzen, um den Hund in die Landschaft einzubinden.

Auf flachere Baumstämme können sich die Hunde je nach Größe auch ablegen. Du kannst aber zum Beispiel auch den Hund hinter einem Baum hervorschauen lassen.

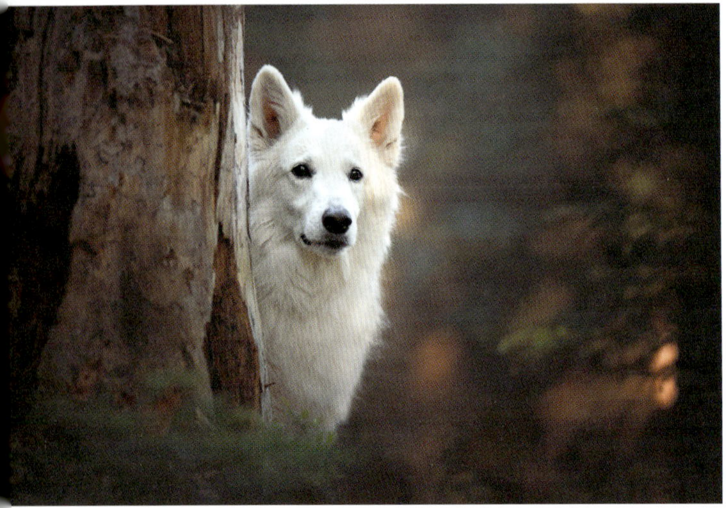

Abbildung 6.33
Die Schäferhündin blickt interessiert hinter dem Baumstamm hervor.

Teilweise findet man sogar vermoderte Bäume. Diese wirken vielleicht auf den ersten Blick nicht wie eine besondere Location, aber mit der richtigen Bearbeitung kann man damit sehr spezielle Bilder erzeugen.

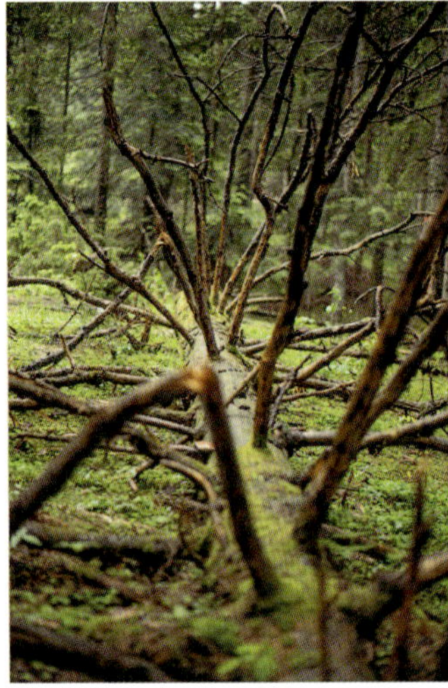

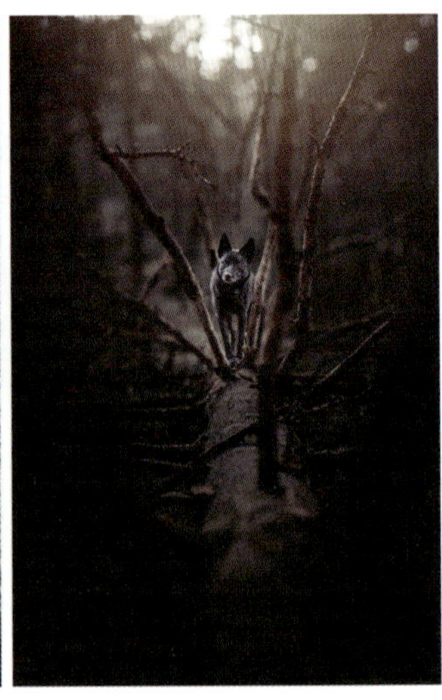

Abbildung 6.34
Viele Locations wirken auf den ersten Blick nicht gerade sehr attraktiv, mit der richtigen Bildbearbeitung kannst du daraus aber einzigartige Motive zaubern.

Den Wald kannst du mit den unterschiedlichsten Brennweiten in Szene setzen. Ich nutze sowohl kurze Brennweiten als auch Teleobjektive für die Aufnahmen. Sei kreativ, nutze offene Flächen, um mit kürzeren Brennweiten zu fotografieren, nutze Teleobjektive bei unruhigeren Plätzen, um den Hund bewusst abzugrenzen und die Umgebung zu verdichten. Halte die unterschiedlichen Posen des Hundes fest und passe diese an die Umgebung an. Erzeuge tolle Porträts, indem du den Hund direkt in die Äste von niedrigen Bäumen platzierst. Auf kleinem Raum können im Wald viele unterschiedliche Motive entstehen.

Besonders nach Regen, bei Nebel oder bei bestimmten Sonneneinstrahlungen ergeben sich im Wald atemberaubende Motive.

Im Herbst bieten sich natürlich Laubwälder hervorragend an, um farbenfrohe Herbstporträts zu erstellen. Ein besonders beliebtes Motiv ist ein Hund mit einem Blatt am Kopf oder ein im Blätterregen sitzender Hund.

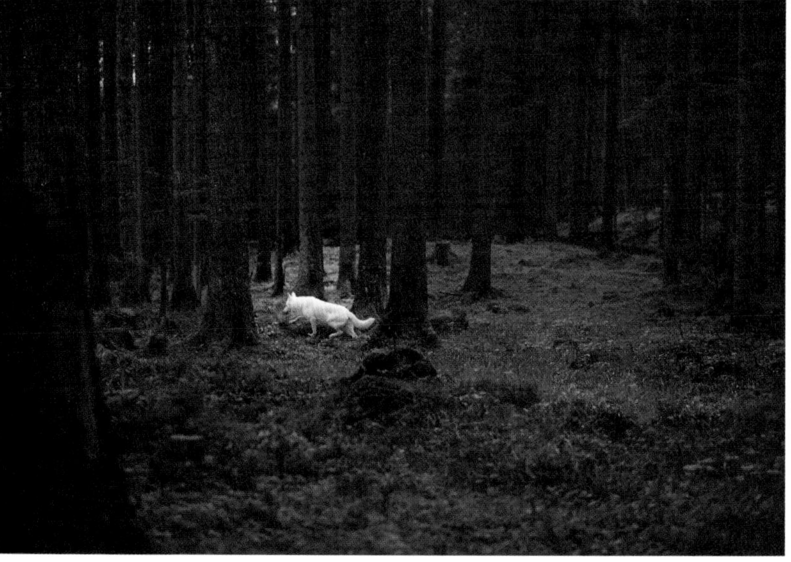

Abbildung 6.35
Der Wald eignet sich hervorragend, um den Hund klein im Bild zu zeigen.

Abbildung 6.36
Eines meiner absoluten Lieblingsbilder. Die Stimmung ist für mich perfekt.

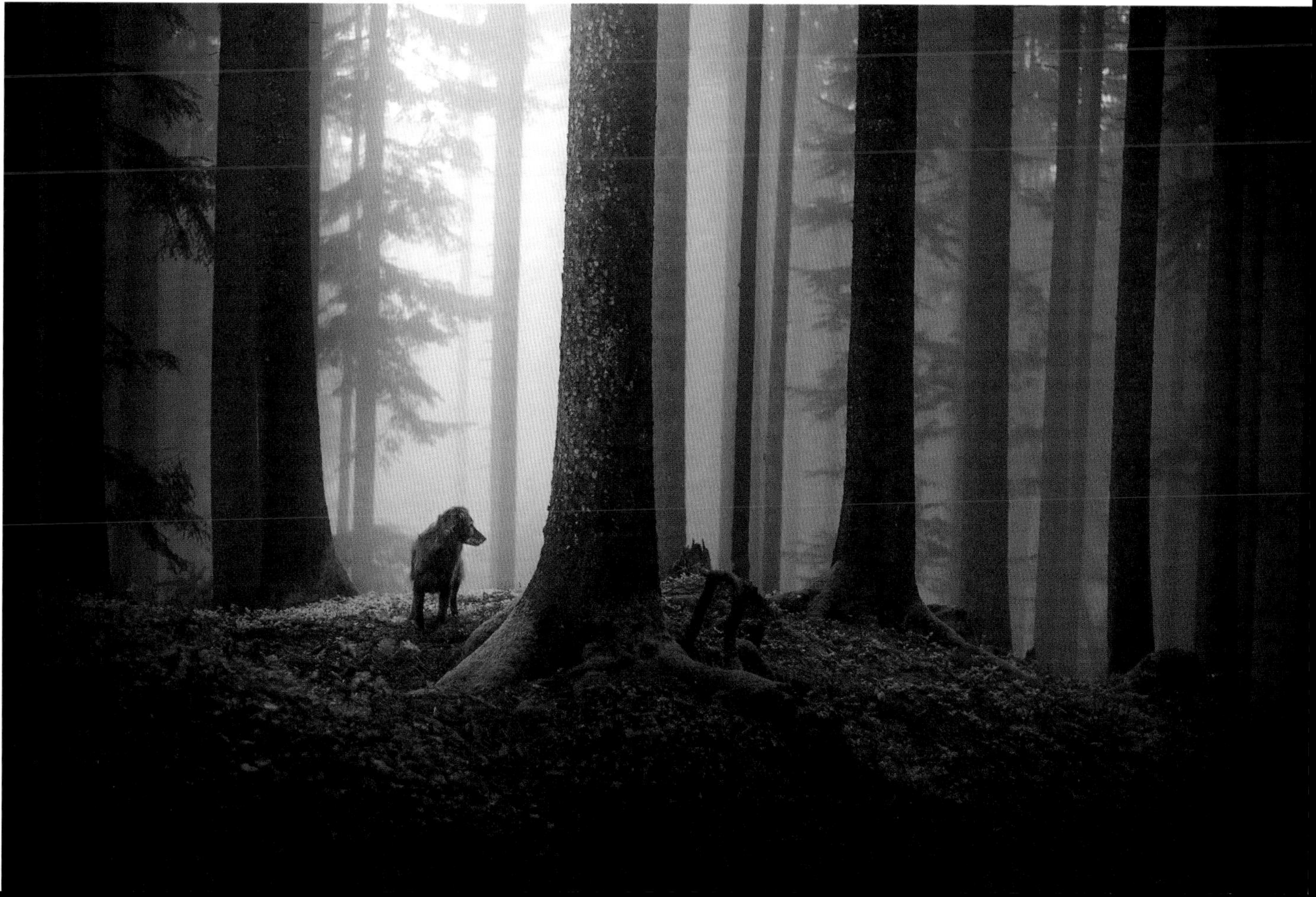

Unscheinbare Locations erkennen

Je mehr Erfahrung du hast, umso leichter wird es für dich sein, unscheinbare Locations zu erkennen. Wir werden oft von unserer Wahrnehmung getäuscht. Es gibt so viele unscheinbare Plätze, die aber eine unglaubliche Bildwirkung haben. Also versuche von nun an, deine Umgebung aus einem etwas anderen Blickwinkel zu betrachten. Du musst sie sozusagen nur mit dem fotografischen Blick, durch die Kamera, mit dem richtigen Objektiv und Einstellungen betrachten. Dabei musst du deinen Ausschnitt begrenzen und dich nur auf die kleine Stelle konzentrieren, an der schöne Porträts entstehen können.

Du musst einfach versuchen, alle anderen störenden Elemente, wie die Bank, den Zaun oder das Wasserbecken für die Vögel, auszublenden.

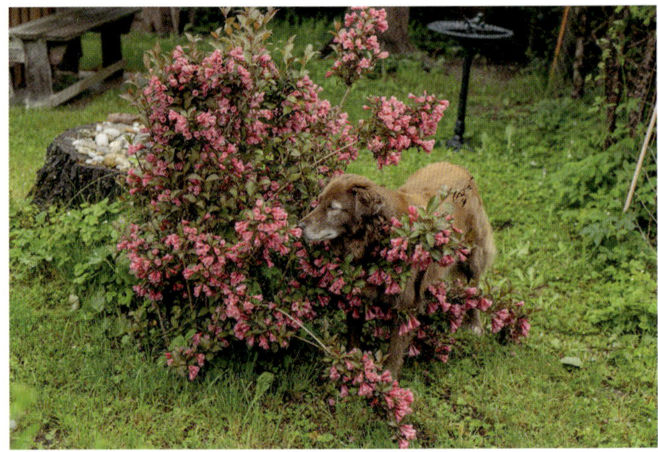

Abbildung 6.37
Dieser Busch scheint auf den ersten Blick nicht viel herzugeben.

Abbildung 6.38
Kleiner Busch mit großer Wirkung. Gerade für eine Porträtaufnahme von einem Hund benötigt man nicht »viel« Location.

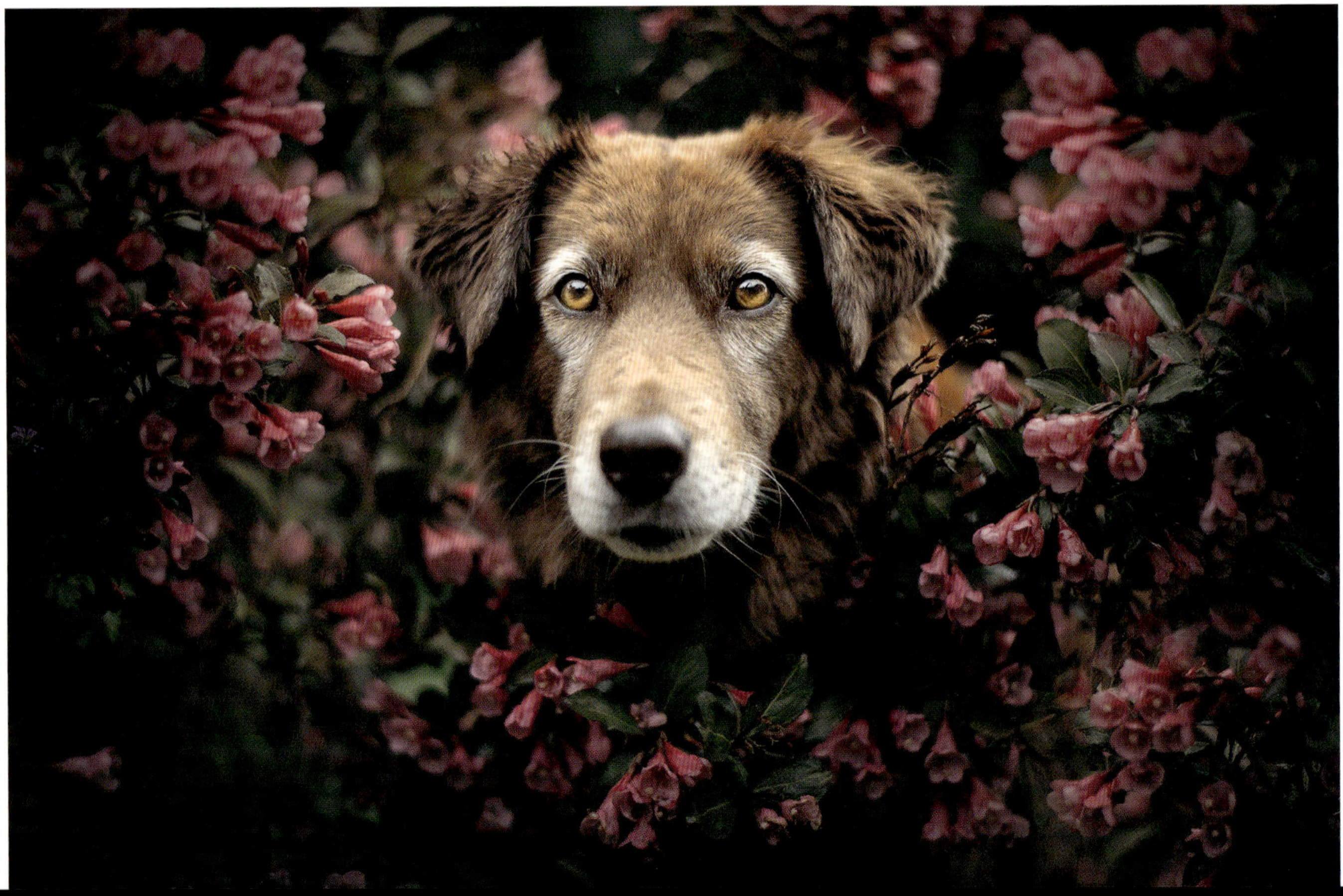

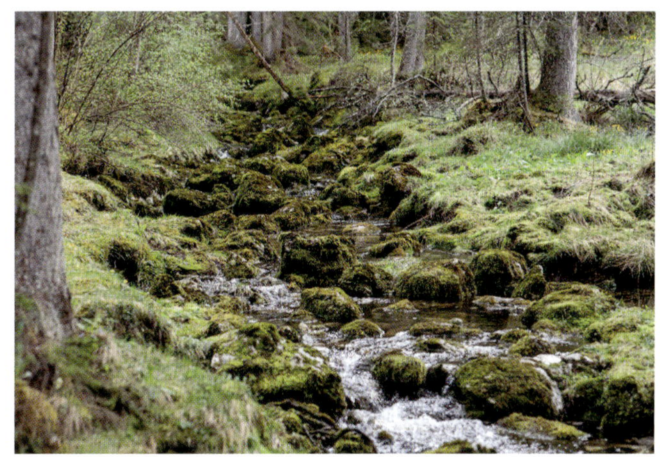

Abbildung 6.39
Viele Locations wirken nicht ansprechend für uns.

Abbildung 6.40
Du musst versuchen, die Location durch deine Kamera zu betrachten.

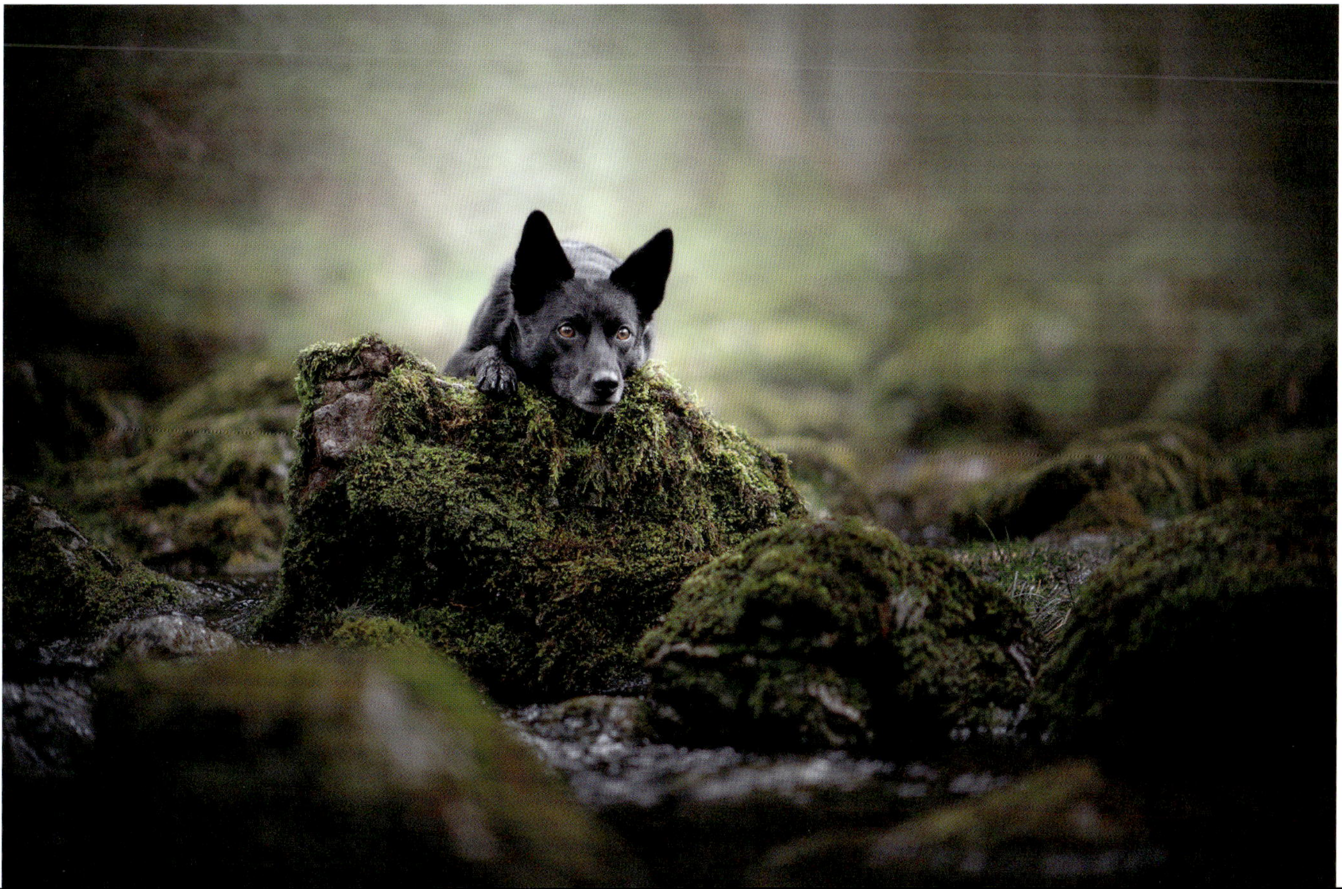

Ich muss immer bei meinen Fotoshootings schmunzeln, wenn ich den Blick meiner Kunden beim Anblick der Location sehe. Oft sehe ich eine leichte Enttäuschung, da sie sich von der von mir angepriesenen Location einfach mehr erwartet haben. Umso schöner ist es aber dann, in strahlende Gesichter zu blicken, wenn sie sehen, wie dieser Platz auf dem Foto wirkt.

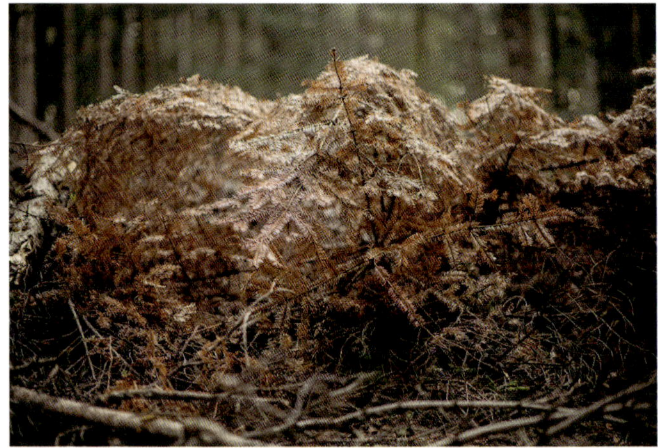

Abbildung 6.41
Ein kleiner Haufen aus kaputten Nadelbaumästen kann zu einer zauberhaften Bildwirkung führen.

Abbildung 6.42
Das Ergebnis

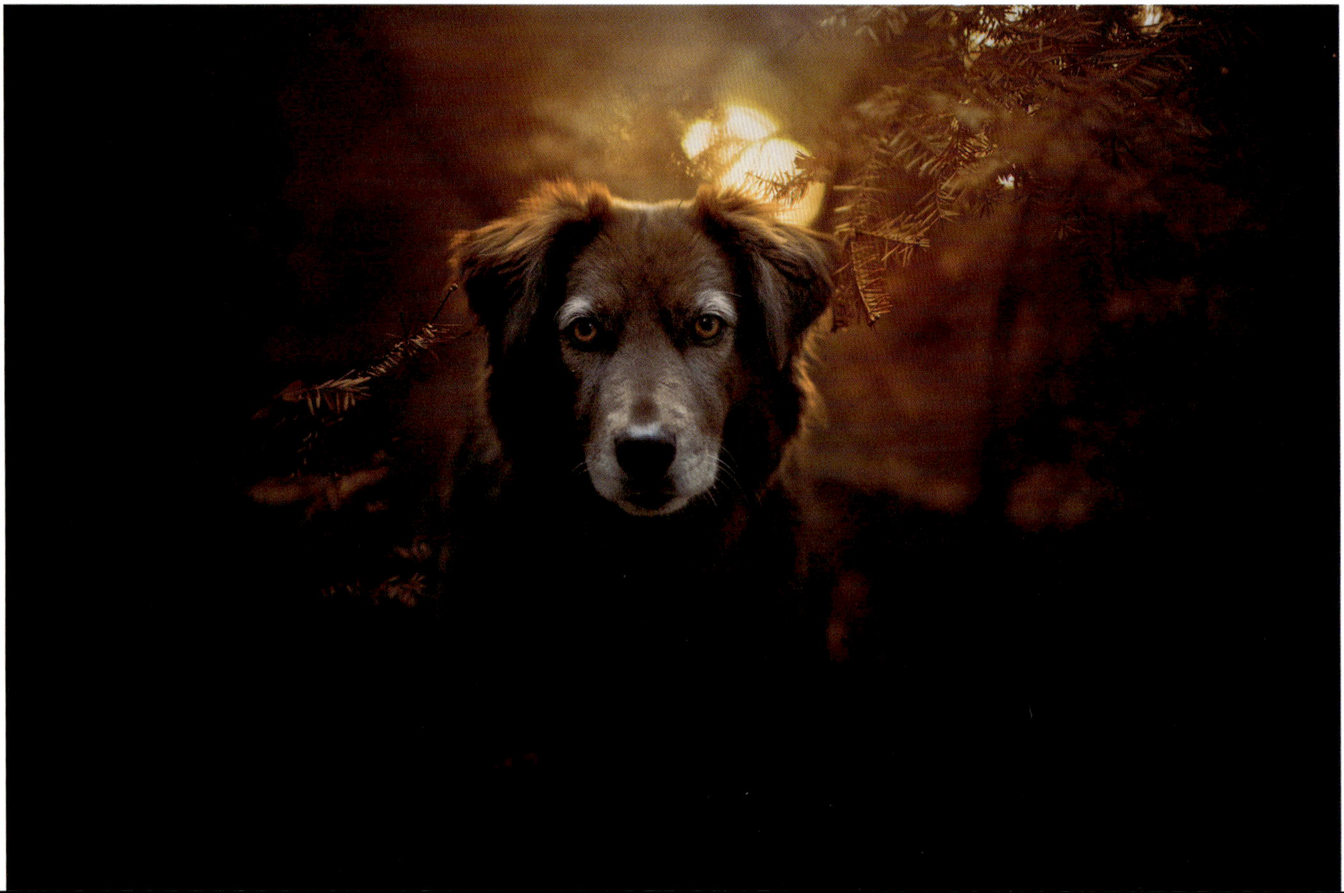

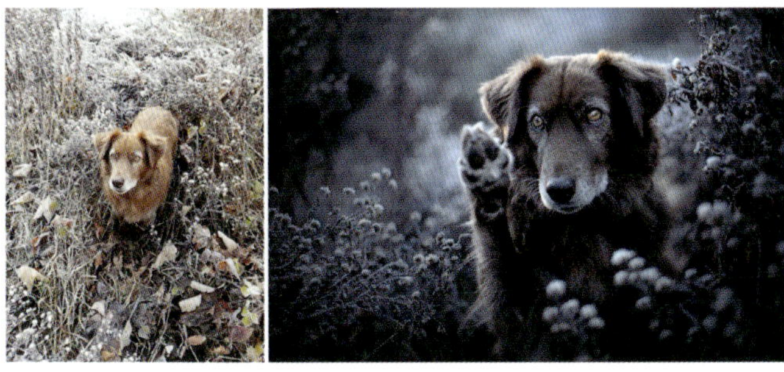

Abbildung 6.43
Unauffälliges Gestrüpp am Straßenrand kann auf Bildern sehr gut wirken.

Du musst einfach versuchen, aus etwas Gewöhnlichem etwas Außergewöhnliches zu schaffen. Der Kreativität sind dabei keine Grenzen gesetzt.

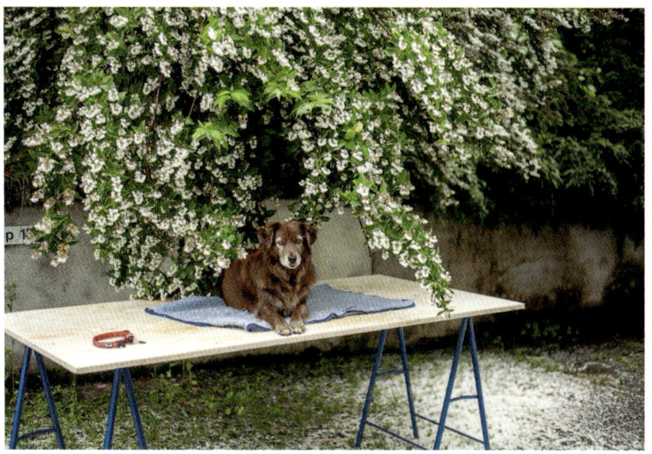

Abbildung 6.44
Manchmal muss man nur etwas kreativ sein, um eine Location richtig nutzen zu können.

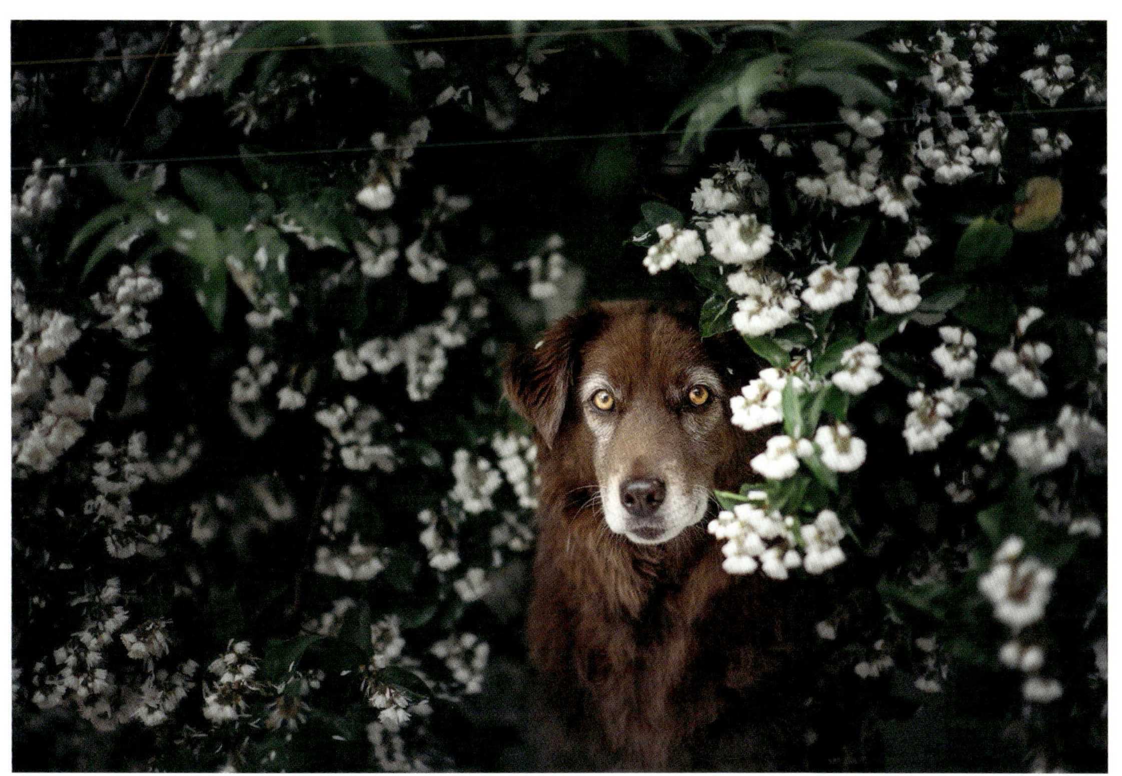

Eine Location optimal nutzen

Die meisten Plätze in unserer unmittelbaren Umgebung würden sich gut eignen, um Fotos zu machen. Du brauchst dazu nur etwas Kreativität. Gerade für schöne Porträts benötigst du nur eine kleine stimmige Fläche.

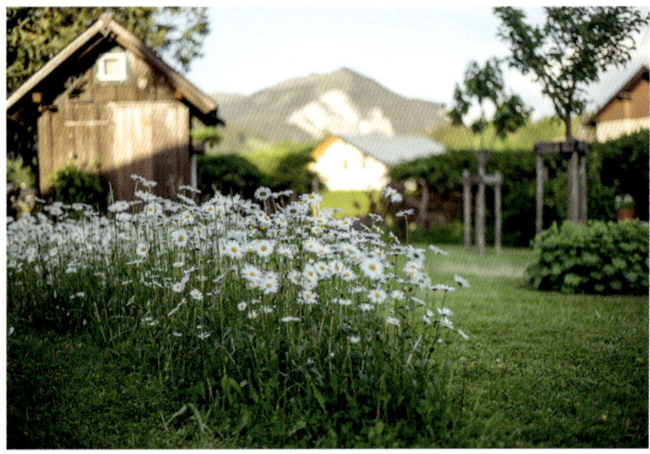

Abbildung 6.45
Man benötigt nicht immer ein riesiges Blumenfeld, um eine bestimmte Bildwirkung zu erzeugen.

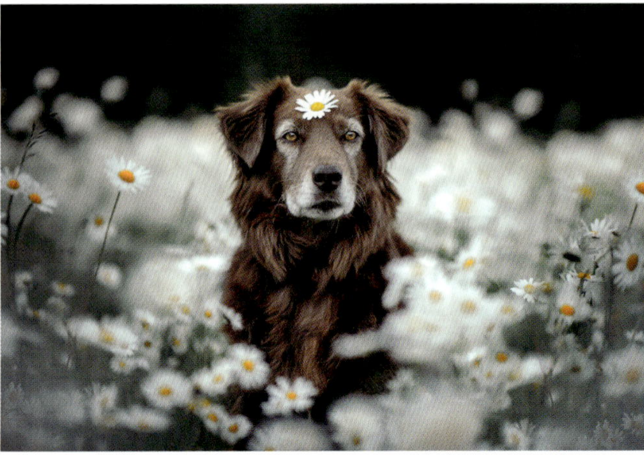

Abbildung 6.46
Nutzt man die Location richtig, stehen einem viele Türen offen.

Hättest du gedacht, dass das Foto von Finn in so einer kleinen Ecke aus Margeriten entstanden ist? Wenn man eine Location optimal nutzt, kann man damit so viel bewirken. Ich habe bei diesem Bild wieder auf eine gute Freistellung geachtet, da ich nur die Hecke als Hintergrund nutzen konnte. Zudem habe ich mit dem 85-mm-f/1.4-Objektiv fotografiert, um die Blumen möglichst dicht wirken zu lassen. Ich wählte die Perspektive so, dass ich alle anderen Elemente wie die Hütte, die Häuser und den Rasen nicht mit auf dem Bild habe.

Gerade in sehr gewöhnlichen, unruhigen Locations oder an einem Platz, an dem du für die Aufnahme des Fotos nur wenig davon nutzen kannst, ist es wichtig, auf eine sehr gute Freistellung zu achten. Die wichtigsten Punkte hierfür sind, eine sehr große Blende zu nutzen, mit minimaler Distanz zu fotografieren, den Hund vom Hintergrund zu distanzieren und seine Pose an die Gegebenheiten anzupassen. Besonders in unruhigen Locations mache ich keine Aufnahme eines stehenden Hundes, da versuche ich, den Hund so klein wie möglich zu positionieren, um dadurch wieder mehr die Nähe zum Motiv nutzen zu können. Geeignete Posen sind hierfür zum Beispiel Platz oder das Kopf-Ablegen.

Wähle den Bildausschnitt so, dass du störende und hässliche Elemente ausgrenzt. Suche dir eine Perspektive, die die Vorzüge der Location hervorhebt und die störenden Elemente verschwinden lässt. Ist der Boden besonders interessant, fotografiere von oben. Stört dich an der Location gerade der Untergrund, fotografiere aus der Froschperspektive.

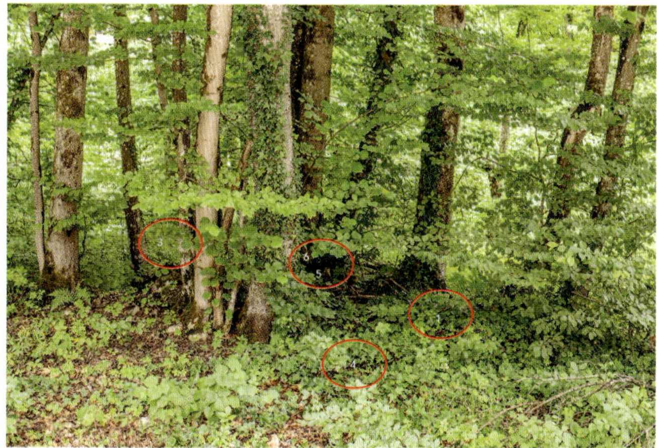

Abbildung 6.47
Ein kleiner unscheinbarer Platz bietet sehr viele Möglichkeiten.

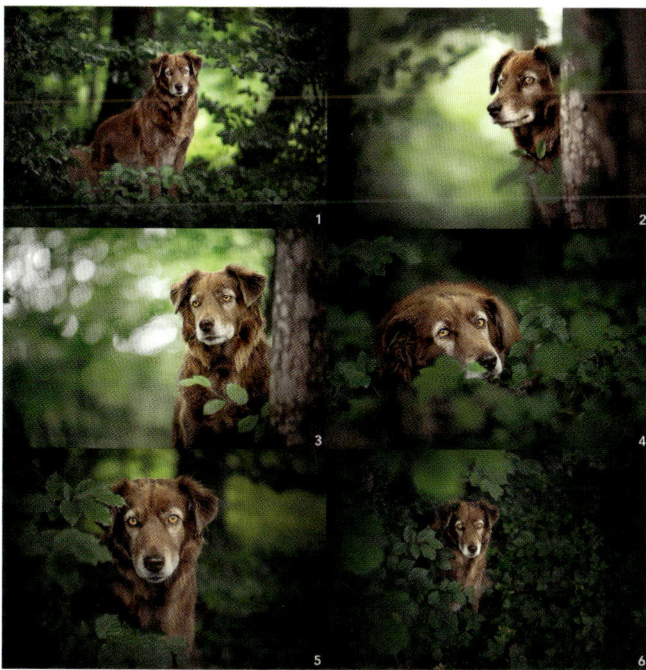

Abbildung 6.48
Alle Bilder wurden mit dem 85 mm f/1.4 aufgenommen. Nur bei dem Foto 6 habe ich das 50 mm f/1.8 verwendet.

Um diese Location optimal zu nutzen, habe ich wieder auf eine sehr gute Freistellung gesetzt. Ich habe enge Bildschnitte genutzt und sehr nah am Motiv fotografiert. Durch die unterschiedlichen Posen und Perspektiven konnte ich die Location vielfältig nutzen. Der Hintergrund ist für die Bildwirkung entscheidend, und je nachdem, wie man diesen in Szene setzt, kann man unterschiedliche Strukturen zeigen. Um das Bokeh auf Bild 3 einzufangen, habe ich eine Perspektive von weiter unten genutzt. Zudem habe ich ein Foto mit einer kürzeren Brennweite von 50 mm aufgenommen, um aus der Vogelperspektive zu fotografieren und den schönen Waldboden zu zeigen. Da Finn bei der Pose »Kopf ablegen« im Efeu verschwunden wäre, habe ich ihm einen kleinen Ast untergelegt, damit man sein Gesicht auch komplett sieht. Ich habe darauf geachtet, so zu fotografieren, dass es hinter Finn möglichst frei ist, um den Hintergrund ruhig zu gestalten. Für die Standaufnahme habe ich wieder einen Ast genutzt, auf den sich Finn stellen konnte. Dadurch hat er eine schöne Haltung und man sieht mehr von seinen Beinen. Ich habe Finn immer so platziert, dass er aus dem Wald hinausschaut und nicht hinein, um ihn besser auszuleuchten. Zudem habe ich versucht, ihn so gut wie möglich in die Location zu integrieren, und ihn deshalb hinter die Zweige oder den Baumstamm gesetzt. Wie du siehst, kann man auf einem kleinen Fleck sehr viele unterschiedliche Fotos machen. Man muss nur lernen, genau hinzusehen und auch einfache Dinge optimal zu nutzen.

Um den Abschnitt »Eine Location optimal nutzen« abzuschließen, habe ich noch ein paar Vergleiche zur kleinen Inspiration angefügt.

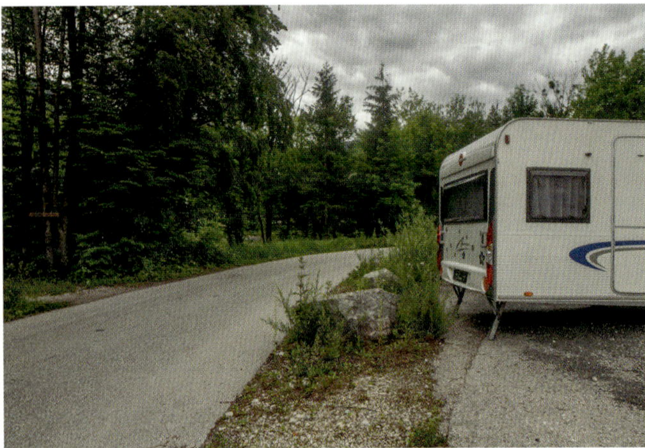

Abbildung 6.49
Ein Stein neben der Straße kann dir eine schöne Fotolocation bieten.

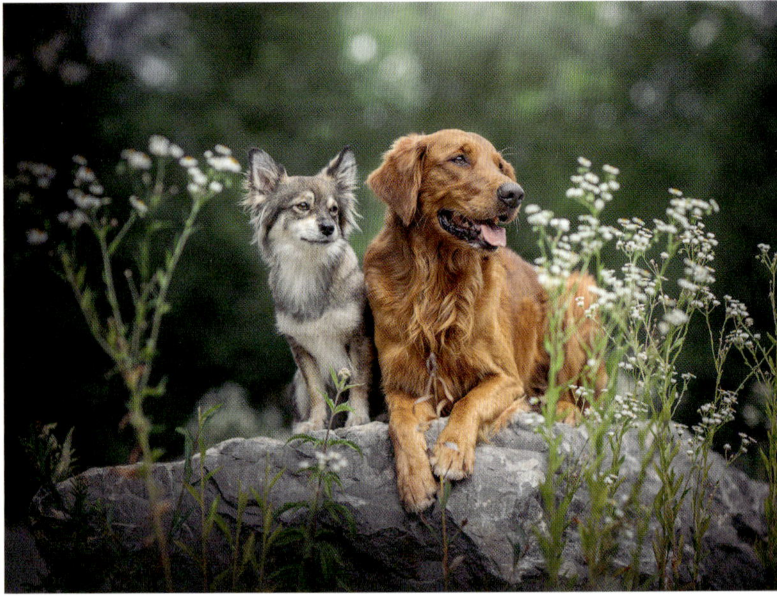

Abbildung 6.50
Die Perspektive von weiter unten hat es ermöglicht, die Straße komplett auszublenden.

Abbildung 6.51
Die Perspektive von etwas weiter oben hat es ermöglicht, nur die Blätter zu zeigen. Die sehr große Blende von f/1.4 führt zu einer Verdichtung der Blätter. Einstellungen: 85 mm, f/1.4, 1/1250 s, ISO 200.

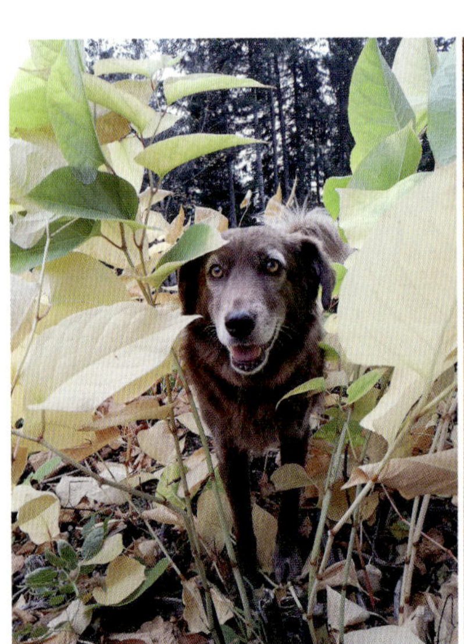

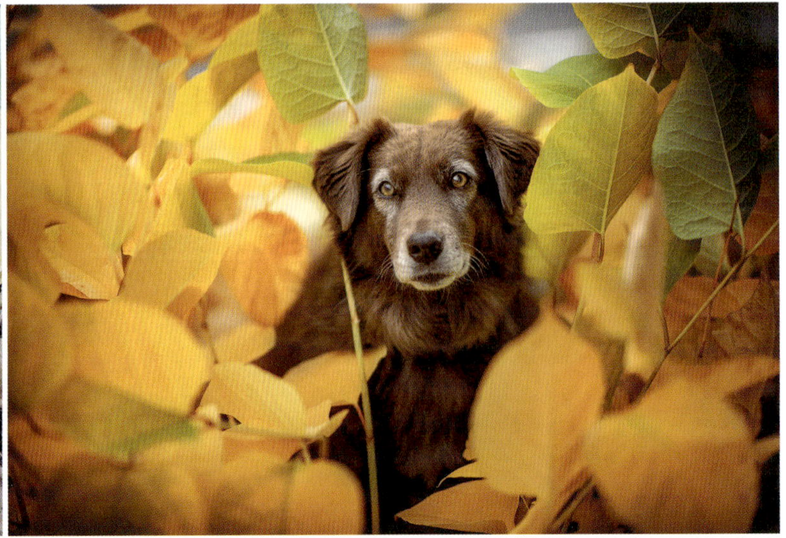

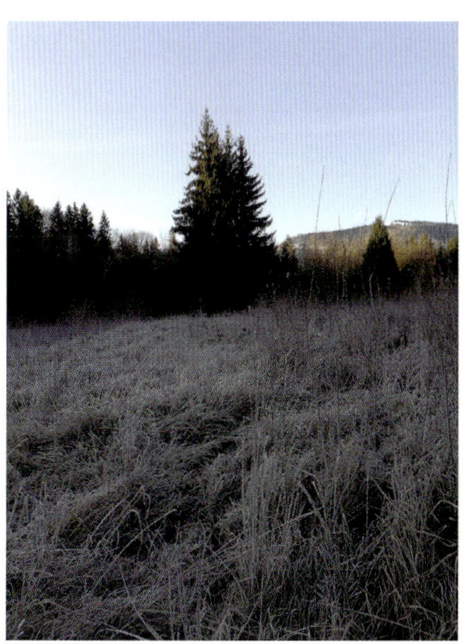

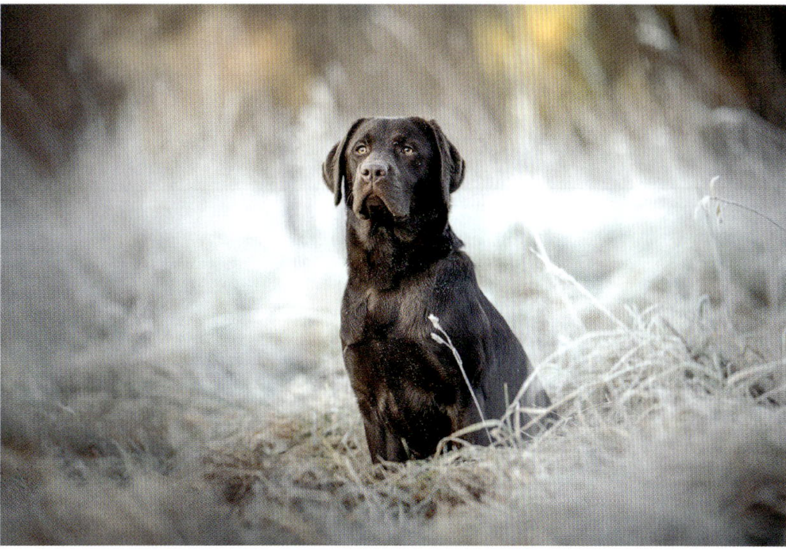

Abbildung 6.52
Gräser erzeugen oft viel Unruhe im Bild. Aus diesem Grund ist es hier ganz besonders wichtig, auf eine sehr gute Freistellung zu achten. Einstellungen: 135 mm, f/2.0, 1/1250 s, ISO 200.

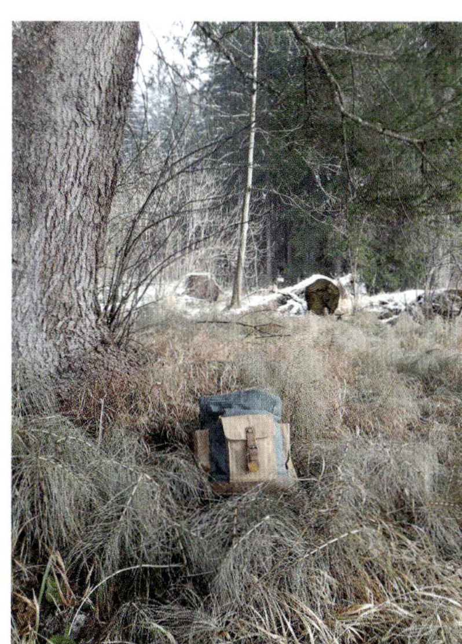

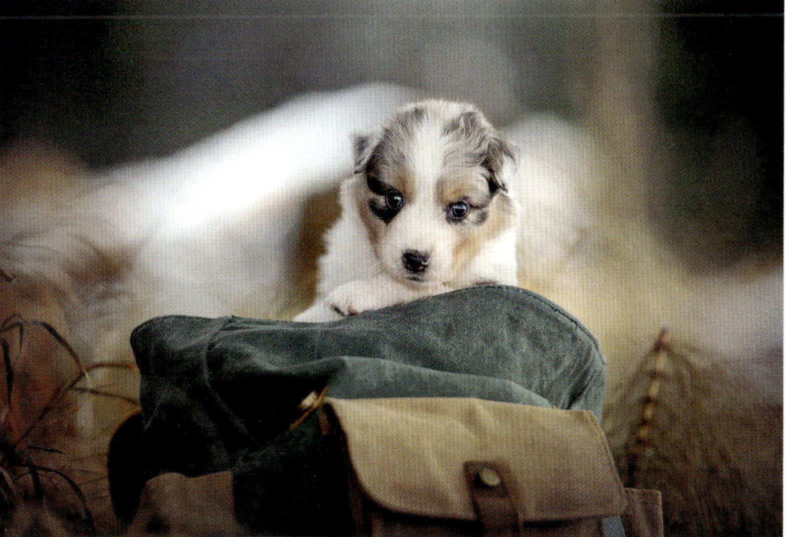

Abbildung 6.53
Gerade bei Welpen kann ein Accessoire wie ein Rucksack, ein Korb etc. sehr hilfreich sein. Zum einen halten sich die Kleinen da meistens etwas still. Zum anderen ist es in sehr hohen Wiesen schwierig, den Welpen so abzulichten, dass zum Beispiel keine störende Gräser im Gesicht zu sehen sind.

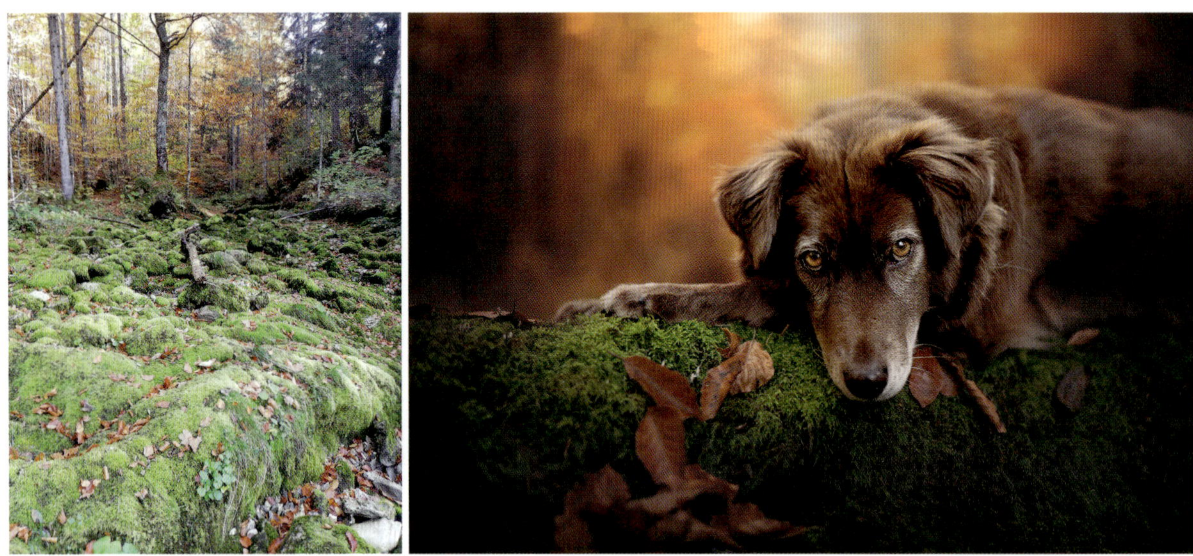

Abbildung 6.54
Hier habe ich mit einer kurzen Brennweite von 50 mm fotografiert, um eine tiefere Position nutzen zu können und somit den farbigen Hintergrund noch auf das Bild zu bekommen.

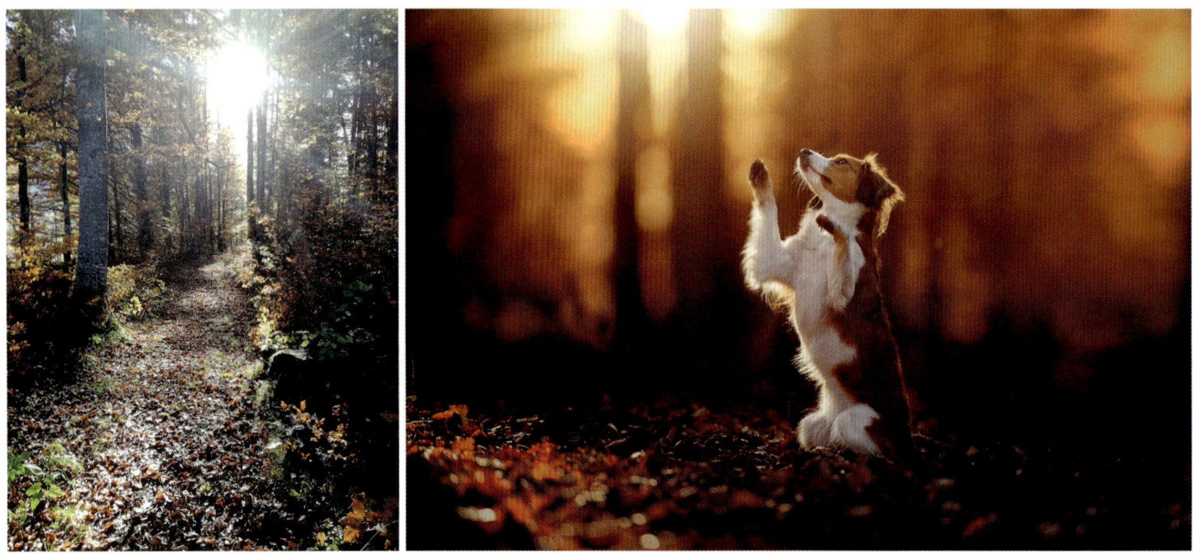

Abbildung 6.55
Um das Gegenlicht und diese Location entsprechend zu nutzen, habe ich hier wieder auf eine sehr gute Freistellung abgezielt. Einstellungen: 200 mm, f/2.8, 1/800 s, ISO 320.

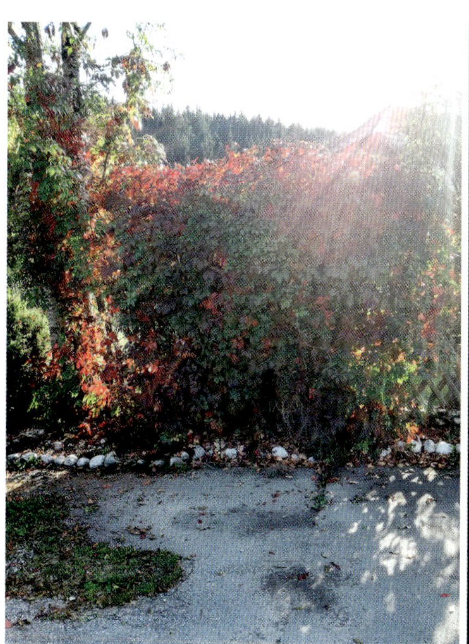

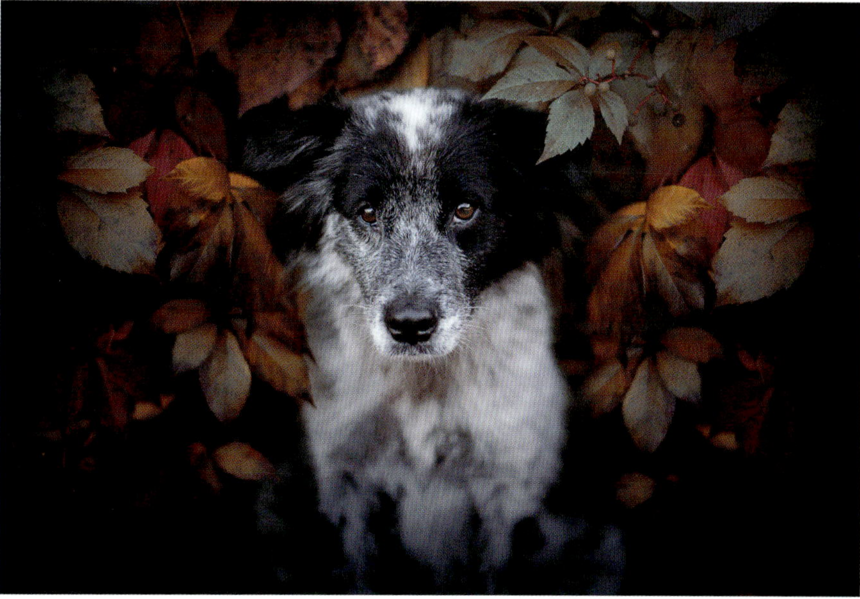

Abbildung 6.56
Damit du den Wilden Wein für Fotos optimal nutzen kannst, musst du darauf achten, dass er nicht direkt an der Wand wächst, sondern etwas Abstand dazu hat. So kann man den Hund nämlich richtig gut in die Location integrieren, ihn zwischen den einzelnen Blättern platzieren und diese nicht nur als Hintergrund nutzen.

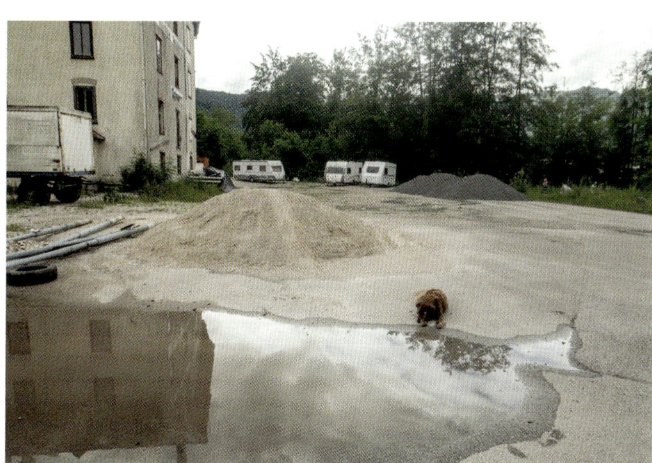

Abbildung 6.57
Mit etwas Kreativität kann man aus allem etwas Schönes zaubern.

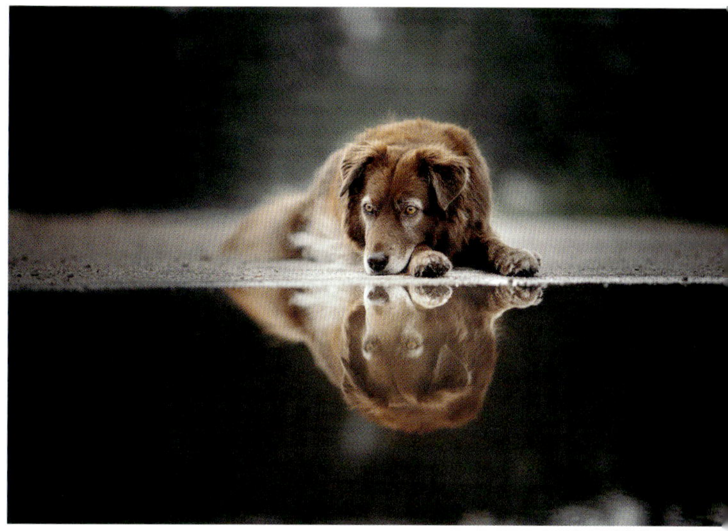

Abbildung 6.58
Nicht nur Seen zaubern Spiegelungen, sondern auch Pfützen.

Ich hoffe, ich konnte dir mit den Vergleichen zeigen, wie wenig man eigentlich braucht, um trotzdem richtig gute Fotos zu machen. Gerade das Beispiel mit der Pfütze soll dich zum Nachdenken anregen. Auch wenn es in deiner Region keinen Seen gibt, Pfützen, bin ich mir sicher, gibt es überall und damit kann man richtig tolle Spiegelungen aufnehmen. Zudem haben sie einen entscheidenden Vorteil. Sie haben keine Wasserbewegung und dadurch entsteht sehr leicht eine richtig schöne Spiegelung. Bei einem See müssen so viel mehr Bedingungen passen, damit man Spiegelungsfotos aufnehmen kann.

Die Locationsuche

Wie du vielleicht schon weißt, wohne ich in einer Region, die jedes Fotografenherz höher schlagen lässt. Wunderschöne Seen, umgeben von Bergen bieten traumhafte Fotoshootinglocations. Dennoch mache ich viele Fotos auch in weniger ansprechenden Locations. Denn es wird irgendwann langweilig, wieder einen Hund am Steg am See in perfekter Kulisse zu fotografieren. Ich bin sehr kreativ, was die Locationsuche betrifft, und ich möchte immer wieder neue Plätze finden und nicht auf meinen altbekannten verharren. Deshalb investiere ich sehr viel Zeit in die Suche. Und bin dafür auch bereit, einige Kilometer zu fahren. Aber beginnen wir mit der Locationsuche vor der eigenen Haustür. Es ist unglaublich, aber wahr, ich entdecke immer wieder neue mögliche Fotoplätze auf den täglichen Gassirouten mit meinen Hunden. Denn ich schaue mir meine Umgebung bewusst an und achte dabei auch auf Kleinigkeiten. Ich halte aber generell immer die Augen offen, egal ob auf dem Weg zu einem Fotoshooting, zum Besuch bei Freunden, zum Einkaufen ... ich beobachte immer meine Umgebung achtsam. Potenzielle Orte werden sofort mit dem Handy abfotografiert. Dabei handelt es sich bei Weitem nicht immer um eine besonders spektakuläre Location, es kann auch nur ein Baumstamm sein, ein schöner Weg, ein toller blühender Busch oder vieles mehr. Ich trage mir das alles ganz genau in mein Fotobüchlein ein. In diesem Buch findest du die Beschreibungen der unterschiedlichsten Locations samt Angaben der optimalen Jahres- bzw. Tageszeit. Denn die Natur verändert sich ständig. Ich bin schon an vielen Plätzen vorbeigelaufen, ohne mir viel dabei zu denken. Dieselben Plätze entwickelten sich jedoch schon einige Male bei richtigem Lichteinfall zu spektakulären Fotospots. Viele Plätze kann man natürlich nur zu einer bestimmten Jahreszeit optimal nutzen und deshalb werden alle Informationen zu den jeweiligen Locations genau festgehalten.

Was dir definitiv bei der Locationsuche hilft, ist, wenn du vorab schon Fotoideen im Kopf hast. Denn mit bereits vorhandenen Ideen nimmt man Plätze in der Natur oft anders wahr. Ich lasse mich gerne durch Landschaftsfotografen auf Instagram inspirieren, denn da findet man viele beeindruckende Plätze, die man dann auch selbst erkunden kann.

Suche ich nach einer ganz bestimmten Location, nutze ich auch die Suche über Instagram. Ich suche nach Hashtags in meiner Umgebung. Ich suche zum Beispiel nach #mohnblumenfeld #oberösterreich. Oft hat man Glück und es ist bei dem Post sogar eine genaue Ortsangabe dabei. Es sind oft einfach Privatpersonen, die schöne Fotos von Ausflügen oder Wanderungen posten. All diese Bilder kann man nutzen, um die perfekten Locations zu finden.

Finde ich die Location über Instagram und kann sie gebietsmäßig nicht zuordnen, setze ich die Suche in Google fort. Ich mache einen Screenshot des Bildes und lade es in Google Bilder hoch. Wenn man Glück hat, findet man ähnliche Bilder des gesuchten Platzes und erhält dadurch weitere Infos dazu. Bei Wasserfällen habe ich schon gemerkt, dass sich Google Bilder oft schwertut, die einen von den anderen zu differenzieren.

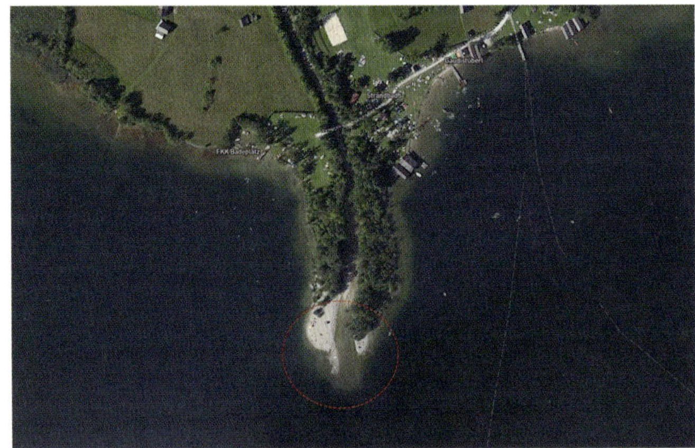

Abbildung 6.59
Ohne Google Maps hätte ich diesen tollen Strand niemals entdeckt.

Google, Google Earth und Google Maps sind immer hilfreich, um neue Locations zu entdecken bzw. um sie genauer unter die Lupe zu nehmen. So kann man sich zum Beispiel das Ufer eines Sees genauer ansehen, um beurteilen zu können, ob er sich zum

Fotografieren von Hunden eignet. Dabei schaue ich, ob der See einUfer hat, das breit genug ist, oder ob kleine Strandinseln vorhanden sind. Wichtig ist nur, zu bedenken, dass die Satellitenfoto nicht die Echtzeit zeigen, und somit kann die Wirklichkeit auch etwas abweichen. Dennoch ist es eine große Hilfe beim Entdecken oder Prüfen von neuen Plätzen.

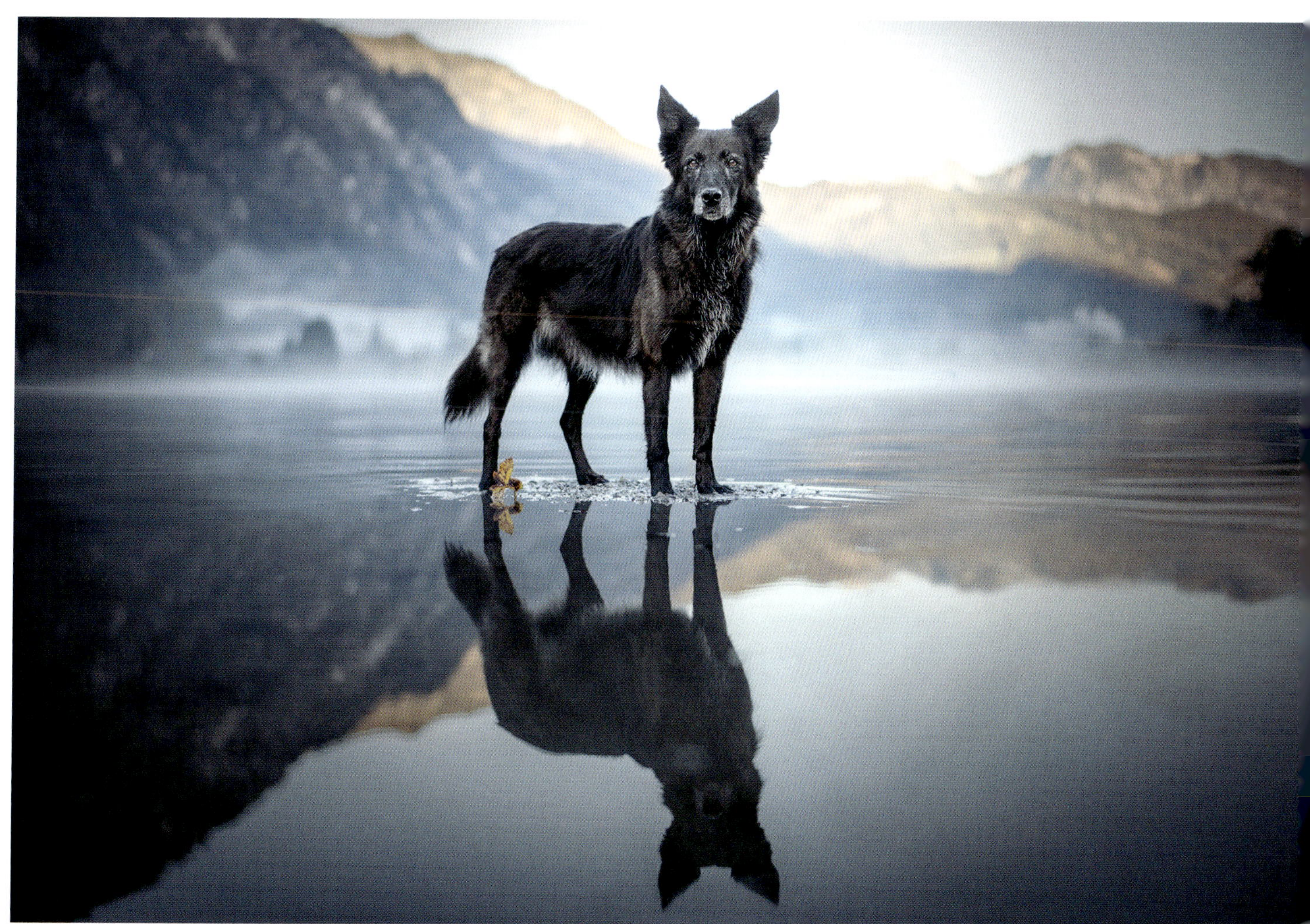

Abbildung 6.60
Eine meiner absoluten Lieblingslocations

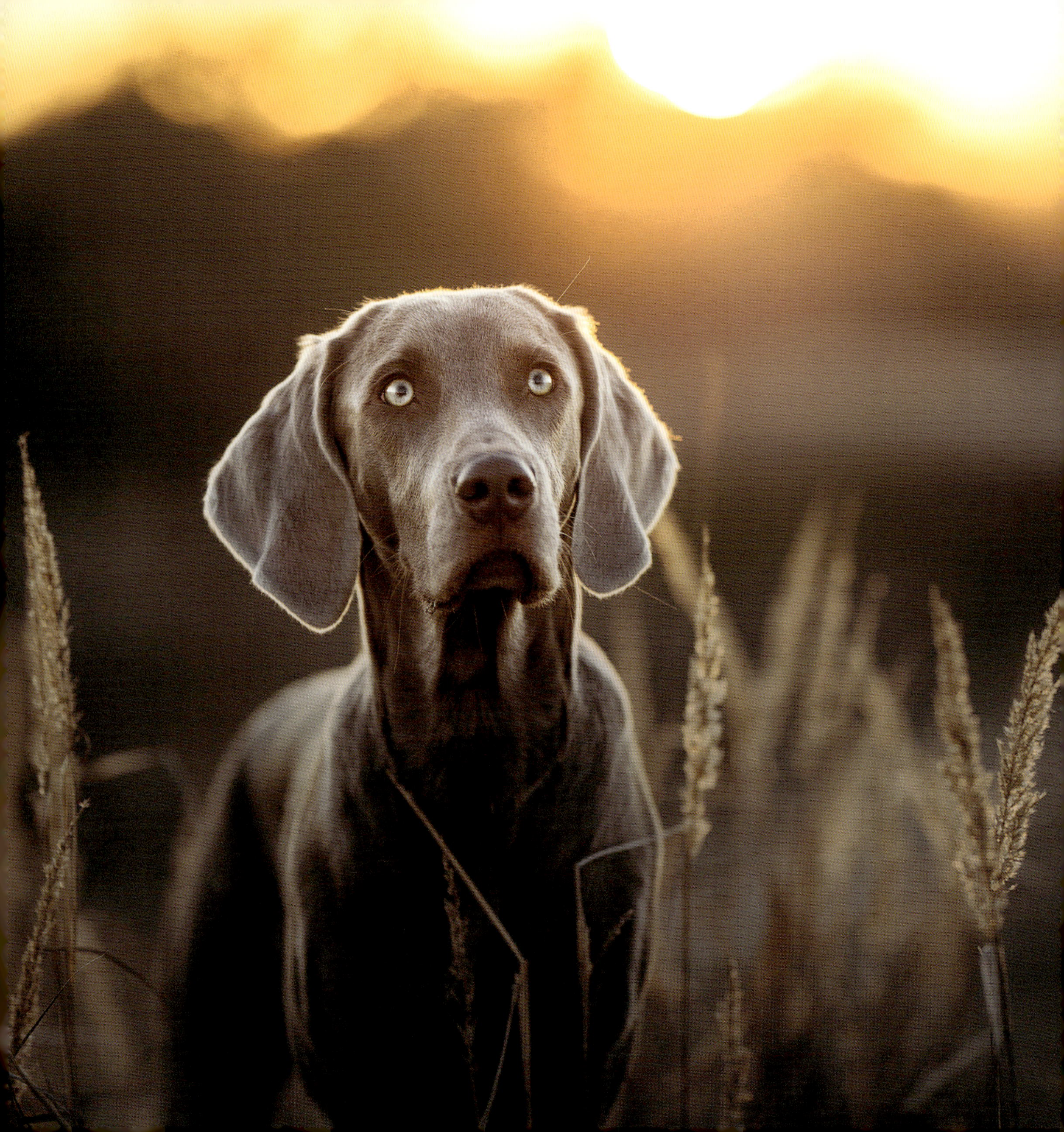

KAPITEL 7
Der richtige Umgang mit Licht

Nicht ohne Grund sagt man, »Fotografie ist Malen mit Licht.« Denn das Licht ist der wichtigste Punkt in der Fotografie. Je nach Wetterlage, Jahreszeit und Tageszeit entstehen die unterschiedlichsten Lichtstimmungen. Ob kühle oder warme Farben entstehen, entscheidet das jeweilige Licht. Sonne erzeugt klare und natürliche Farben. Bei Sonnenuntergang oder -aufgang entstehen sehr warme Töne. Fotografiert man im Schatten oder bei bewölktem Himmel, werden die Farben kühler dargestellt.

Das Licht ist das Werkzeug, das gewisse Stimmungen erzeugt und beim Betrachter Emotionen weckt. Es lohnt sich, auf die perfekte Lichtstimmung zu warten oder dafür auch sehr früh aufzustehen. Licht erzeugt magische Momente, leider dauern diese oft nur ein paar Minuten.

Die unterschiedlichen Lichtarten

Das direkte Licht

Das direkte Licht lässt sich gut mit den Wörtern objektiv und ausgeglichen beschreiben. Bei Aufnahmen mit direkten Licht wird der Hund sehr natürlich abgebildet und man hat wenig Möglichkeiten, die Bildstimmung in eine bestimmte Richtung zu lenken. Fotografierst du bei direktem Licht, ist der Stand der Sonne von großer Bedeutung, denn dieser hat einen sehr großen Einfluss auf das Foto. Natürlich kann man zu jeder Uhrzeit fotografieren, dennoch sollte man die direkte Sonne zu einer unpassenden Zeit meiden, wenn man ein stimmiges Foto erzeugen möchte. Fotografieren bei Mittagssonne, vor allem im Sommer, ist der absolute Fotokiller. Die Kontraste sind viel zu hart, es entstehen ungünstige Schatten und auch der Glanz in den Augen geht verloren, da diese durch die hoch stehende Sonne nicht mehr optimal ausgeleuchtet werden. Weiterhin ist das Mittagslicht für die meisten Hunde zu grell und sie beginnen, die Augen zuzukneifen. Deshalb

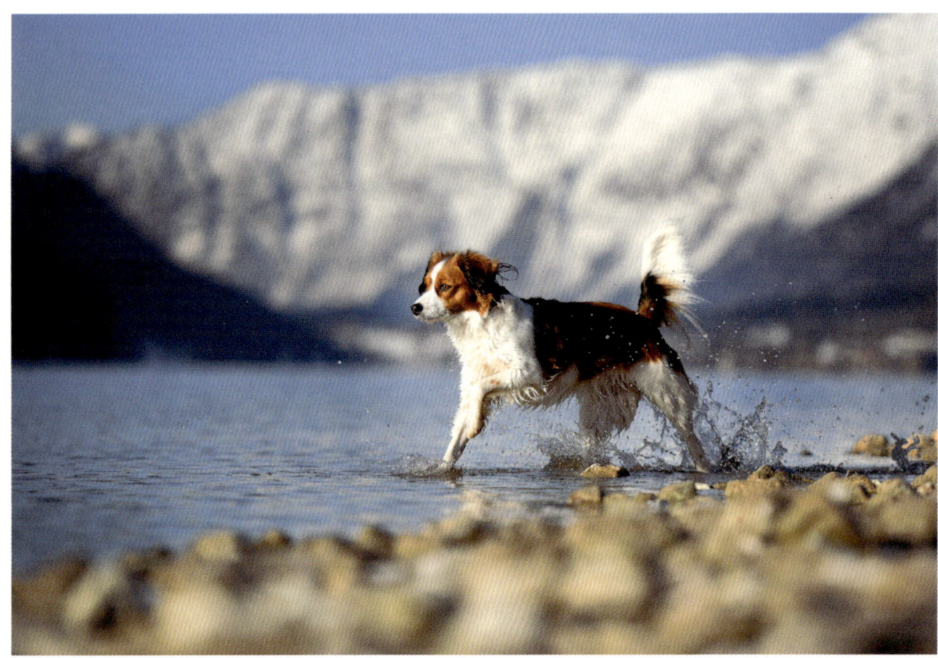

Abbildung 7.1
Direktes Licht bei besten Bedingungen kurz nach Sonnenaufgang. Aufnahmezeitpunkt: 8.00 Uhr im März.

nutze unbedingt bei Schönwetter die frühen Morgen- und Abendstunden. Mit dem Sonnenstand ändert sich die gesamte Kontrast- und Farbgebung, wie die beiden Bilder gut zeigen.

Zwischen diesen beiden Bildern (Abb. 7.1 und 7.2) liegen gerade mal 1 1/2 Stunden. Trotzdem sieht man einen deutlichen Unterschied hinsichtlich der Farbgebung und der Schatten. Ich empfehle daher, wirklich nur frühmorgens oder je nach Jahreszeit am späten Nachmittag oder am späten Abend zu fotografieren. Gerade kurz vor Sonnenaufgang oder Sonnenuntergang hat man das allerschönste Licht, das durch eine sehr weiche Kontrastgebung und warme Farbgebung gekennzeichnet ist.

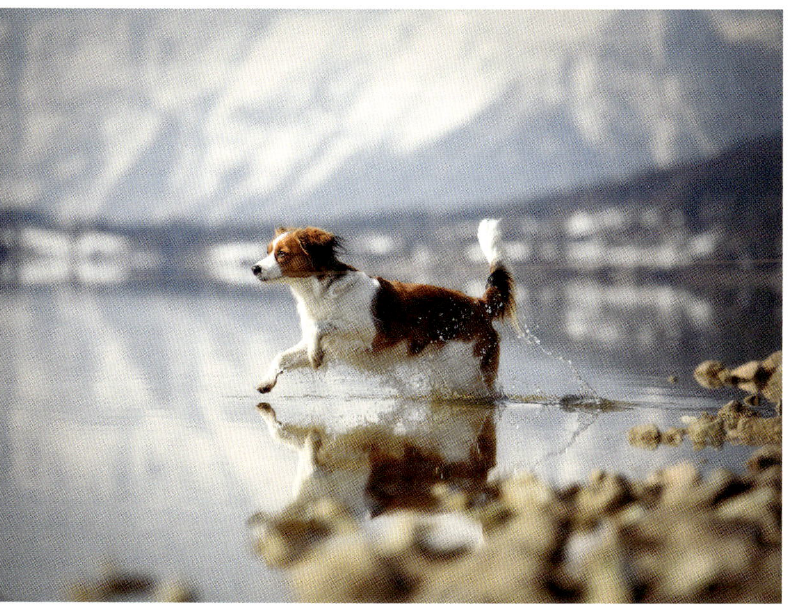

Abbildung 7.2
Der höhere Sonnenstand führt zu einer anderen Kontrast- und Farbgebung. Aufnahmezeitpunkt: 9.30 Uhr im März.

Bei schwarzen Hunden führt ein zu hoher Sonnenstand zu einer extrem glänzenden Wirkung des Fells und bei Hunden mit großen Farbkontrasten, wie bei einem schwarz-weißen Hund, zu Schwierigkeiten hinsichtlich der Belichtung. Denn es ist nicht möglich, bei nicht stimmigen Lichtverhältnissen beide Farben, Weiß und Schwarz, korrekt zu belichten. Deshalb fotografiere ich in den meisten Fällen im Schatten, wenn keine optimalen Lichtverhältnisse gegeben sind.

Möchtest du direktes Licht zum Fotografieren nutzen, ist der Lichteinfall entscheidend. Der Sonneneinfall sollte genau mittig zum Kopf des Hundes sein, damit dort keine Schattenseite entsteht. In den meisten Fällen steht die Sonne direkt hinter dem Fotografen.

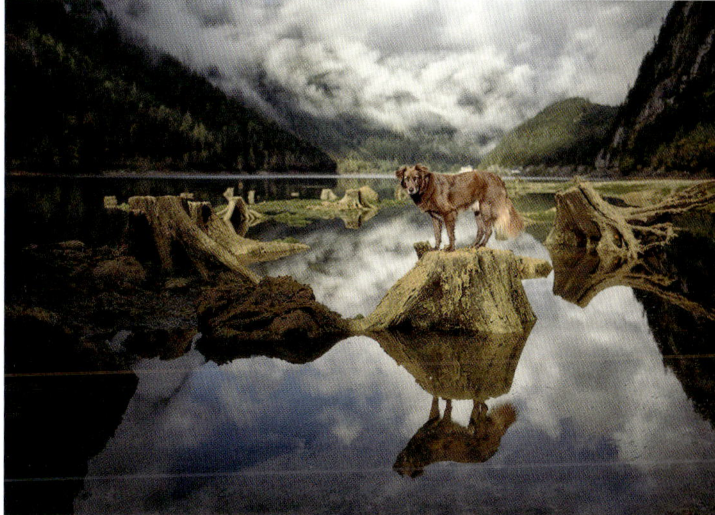

Abbildung 7.3
Eine Porträtaufnahme in direktem Licht

Ich musste wirklich lange nach einer Porträtaufnahme eines Hundes in der Sonne suchen. Um mir die Suche zu erleichtern, habe ich meinen ganzen Instagram-Feed durchgescrollt. Und musste mit Erschrecken feststellen, dass ich bei 1344 Bildern genau eine Porträtaufnahme mit direkter Sonne hochgeladen habe. Das ist der Beweis, dass solche Aufnahmen bei mir Raritäten sind. Lediglich einige Bewegungsaufnahmen habe ich mit direktem Licht. Ich kann mich noch gut an die Aufnahme von Finn erinnern. An diesem Tag war es eigentlich bewölkt, doch als ich es geschafft habe, Finn auf diesem Baumstamm zu platzieren, kam die Sonne raus. Zum Glück war sie noch nicht zu hart. Wenn ich das Foto jetzt so betrachte, bin ich jedoch über den direkten Lichteinfall ganz froh. Die Spiegelung und die Farben kommen dadurch ganz besonders gut zur Geltung.

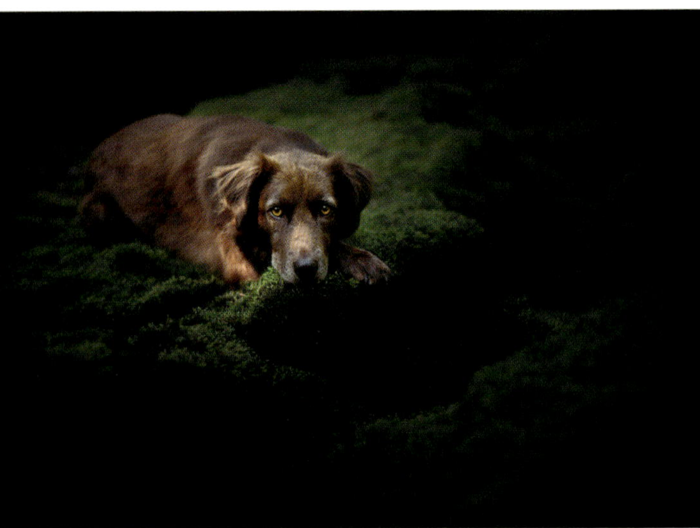

Abbildung 7.4
Der Spotlight-Effekt erzeugt viel Spannung im Bild.

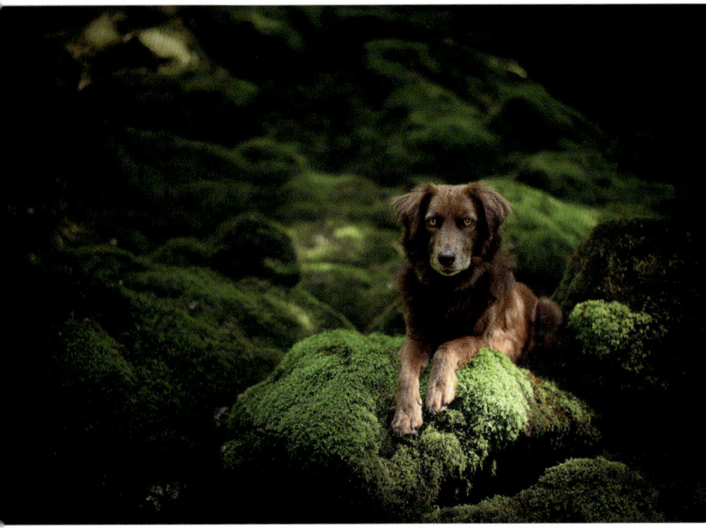

Abbildung 7.5
Die Mooslandschaft selbst bekommt durch das Licht-Schatten-Spiel eine räumliche Wirkung.

Das direkte Licht erzeugt jedoch auch einen richtig schönen Effekt, das Spotlight. Der Spotlight-Effekt schafft eine wunderbare Spannung im Foto. Wichtig ist es, hierfür eine Stelle im Wald aufzusuchen, am besten bei hoch stehender Sonne, an der die Bäume nur an bestimmten Stellen das Licht bis zum Boden durchlassen. Man positioniert den Hund direkt im Lichtkegel. Meistens wird dieser direkte Lichteinfall trotzdem etwas gedämpft und daher ist es entscheidend, bei hoch stehender Sonne die Fotos zu machen, damit es nicht zu dunkel wird. Bei der Belichtung konzentrierst du dich ausschließlich auf eine korrekte Belichtung des Hundes. Da sich die Umgebung außerhalb des Lichtkegels befindet, entsteht ein tolles Licht-Schatten-Spiel. Die Umgebung wird dabei meist komplett abgedunkelt.

Auf dem Foto, auf dem Finn den Kopf ablegt, ist nur ein ganz leichter Lichteinfall. Dieser reichte jedoch aus, um den Hund gut zu beleuchten. Beim zweiten Bild ist der Lichteinfall deutlich größer und es fällt auch noch an weiteren Stellen Licht ein. Dadurch wird die Umgebung besser ausgeleuchtet. Wie du bei den beiden Bildern gut sehen kannst, wirkt die Mooslandschaft durch das Licht- und Schattenspiel sehr interessant. Die Umgebung bekommt dadurch mehr Tiefe. Hätte ich bei bewölktem Himmel fotografiert, wären die Moosflächen bei Weitem nicht so gut zur Geltung gekommen.

Bei der Arbeit mit dem Spotlight sind deiner Kreativität keine Grenzen gesetzt. Du entscheidest, inwieweit du den Hund in der Sonne platzierst, um so dementsprechend mehr oder weniger von der Umgebung zu zeigen. Generell gilt, wenn wenig Licht auf den Hund einfällt, musst du etwas heller belichten. Das hat zur Folge, dass auch die Umgebung heller belichtet wird und dadurch auf dem Foto besser zu sehen ist. Wenn du hingegen einen ganz starken Lichteinfall nutzt und den Hund direkt darin platzierst, musst du relativ dunkel belichten, um den Hund korrekt zu belichten. Dadurch wird die Umgebung, die sich im Schatten befindet, unterbelichtet und sie wird komplett abgedunkelt.

Tipp

Lasse dich nicht von dem am Kameradisplay sehr dunklen Bild irritieren. Denn würdest du heller belichten, würde das die ganze Stimmung zerstören. Auch das Histogramm zeigt natürlich an, dass viele Bereiche des Bildes unterbelichtet sind, aber genau so soll es sein. Das Histogramm sollte natürlich weit genug in Richtung der Lichter gehen, jedoch dort keine Ausschläge aufweisen. Dies ist speziell bei weißen Hunden oder Hunden mit weißen Abzeichen von großer Bedeutung, damit diese nicht überbelichtet werden.

Das direkte Gegenlicht

Generell unterscheide ich gerne drei Arten von direktem Gegenlicht. Zum einen gibt es das harte Gegenlicht, bei noch sehr hoch stehender Sonne und das normale Gegenlicht, bei dem die Sonne schon sehr tief steht, dennoch nicht ihren tiefsten Stand erreicht hat. Eine solche Situation hat man zum Beispiel im Flachland, wo die Sonne nie ihren tiefsten Stand erreicht, da sie hinter einem dichten Wald in der Ferne vorher verschwindet. Und das zauberhafte Gegenlicht, das wir von einem Sonnenuntergang bzw. Sonnenaufgang am Meer oder in den Bergen kennen, wo die Sonne direkt hinter dem höchsten Gipfel oder am Meer hinter dem Horizont verschwindet.

Hartes Gegenlicht

Dieses Gegenlicht erzeugt eine ganz eigene Stimmung, die viele Fotografen in anderen Bereichen als Stilmittel einsetzen. Die Stimmung ist sehr klar und elegant. Die Farben sind kühl und das Bild wirkt relativ hart, aber modern. Die Wahrscheinlichkeit ist relativ hoch, dass bestimmte Bereiche überstrahlt sind. Ich persönlich nutze diese Lichtsituation nicht gerne, da es einfach nicht zu meinem typischen Bildstil passt.

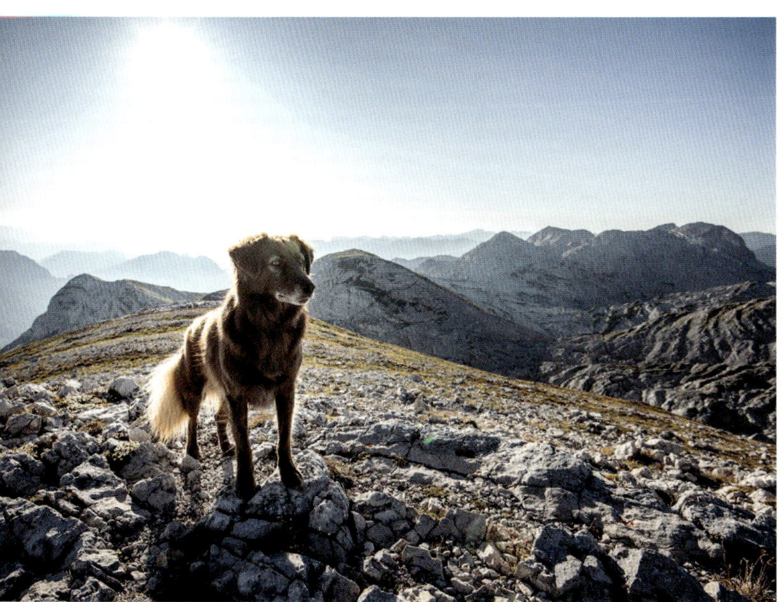

Abbildung 7.6
Finn auf einem Berg in 2000 m Höhe. Aufgrund der Höhenlage erreicht die Sonne erst sehr spät ihren Tiefstand.

Trotz einer noch hoch stehenden Sonne wollte ich die Zeit in dieser unglaublichen Landschaft in 2000 m nutzen, um Bilder zu machen. Um nicht zu harte Schatten zu bekommen und auch Finn einen ansprechenden Ausdruck, ohne die Augen zuzukneifen, zu ermöglichen, habe ich mich für eine Gegenlichtaufnahme entschieden. Das Foto von Finn hat diese ganz eigene, klare, moderne und kühle Stimmung. Um die Strukturen des Himmels erhalten zu können, habe ich das Bild unterbelichtet und in der Bearbeitung die Tiefen herausgearbeitet.

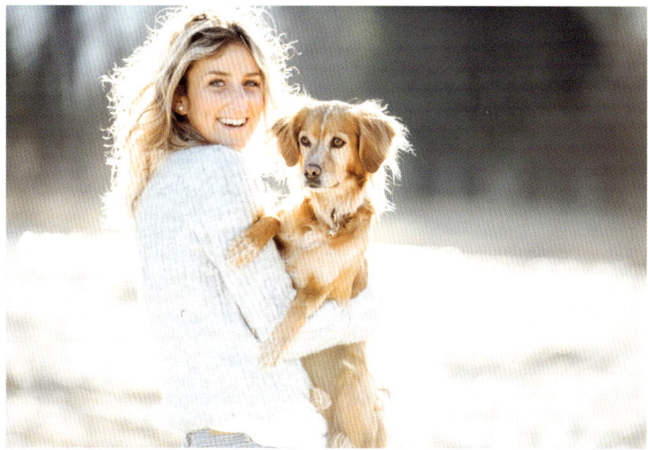

Abbildung 7.7
Laura und ihre Hündin Indira im Gegenlicht

Bei dem Fotoshooting mit Laura und ihrer Hündin Indira habe ich den Sonnenstand total falsch eingeschätzt und das Fotoshooting zu früh angesetzt. Deshalb musste ich das Beste aus der Situation machen, denn zu sagen, »wir warten jetzt am besten noch eine gute Stunde, damit wir besseres Licht haben«, geht einfach nicht. Schatten war an diesem Platz nicht zu finden, und so habe ich mich wieder für Gegenlichtaufnahmen entschieden. Gerade bei gemeinsamen Aufnahmen von Menschen mit ihren Hunden ist weiches Licht unbedingt notwendig. Denn es ist nicht nur für Hunde schwierig, zur Sonne zu schauen, wenn diese noch zu hoch steht. Auch wir Menschen beginnen, die Augen zuzukneifen, oder runzeln die Stirn. Und keiner möchte mit so einem unvorteilhaften Gesichtsausdruck auf einem Foto zu sehen sein. Die helle Farbe von Indira hat die Belichtung etwas erleichtert. Dennoch sieht man einige ausgebrannte Stellen an den Haaren von Laura und auch im Fell der Hündin.

Das harte Gegenlicht hat jedoch auch einen Vorteil. Die Kamera hat keine Probleme beim Setzen des Fokus, da die Sonne noch so hoch steht, dass sie nicht direkt auf die Kamera einfällt.

Das normale Gegenlicht

Auch bei der von mir genannten »normalen« Gegenlichtsituation handelt es sich um eine sehr schwierige Lichtsituation, in der mit hoher Wahrscheinlichkeit ausgebrannte Bereiche entstehen, wo es schwierig ist, Details darzustellen. Es entsteht meistens eine Konfliktsituation, korrekt belichteter Hund oder Hintergrund? Diese Gegenlichtsituation stellt große Anforderungen an die Technik, da es oft für die Kamera schwierig ist, zu fokussieren. Bilder im direkten Gegenlicht haben ihren eigenen Reiz und mit den kräftigen Farben und hohen Kontrasten auch eine sehr »starke« Aussage. Diese Bilder zeichnen sich vor allem durch viel Energie aus. Bei den Aufnahmen entstehen die Farben Rot, Gelb und Orange, aber nicht diese weichen romantischen Farben, sondern diese feurigen und lauten Farben. Das Foto wird auf jeden Fall vor Lebendigkeit nur so strotzen.

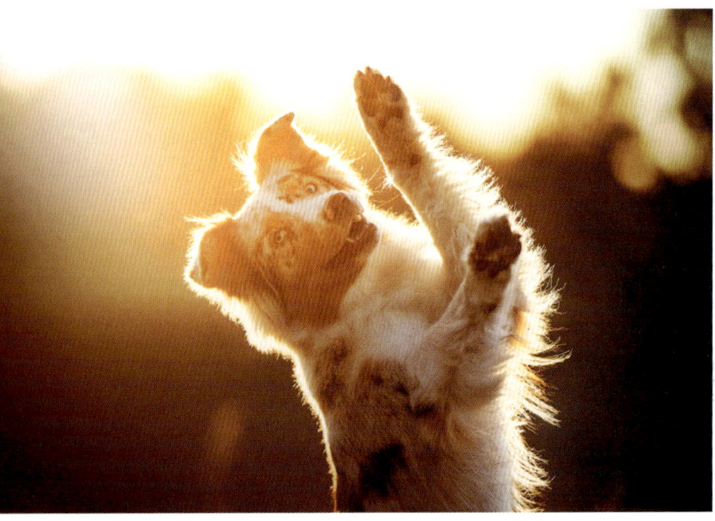

Abbildung 7.8
Die zauberhafte Amy im Gegenlicht

Da Amy ein sehr heller Hund ist, war es noch relativ einfach, das Bild in etwa korrekt zu belichten, dennoch sieht man ausgebrannte Stellen. Mit einem schwarzen Hund hätte das Ganze bestimmt anders ausgesehen. Der freudige Ausdruck von Amy, ihre Pose, die Lichtstimmung und auch die Farbgebung ergänzen sich gut. Alles in diesem Bild zeigt dem Betrachter Lebensfreude.

Das zauberhafte Gegenlicht

Mein Lieblingsgegenlicht ist definitiv in den Bergen, egal ob im Tal oder hoch oben am Gipfel. Hier gibt es viele unterschiedliche Gegenlichtsituationen. Jede Gegenlichtsituation in den Bergen zeigt dir eine andere Farbgebung und vermittelt eine ganz andere Stimmung. Die Gegenlichtstimmung im Tal ist meistens klar und zeichnet sich durch eher kühlere Farben aus, da die Sonne, sobald sie über den Berg trifft, eigentlich schon einen relativ hohen Stand hat. Bei dieser Gegenlichtstimmung ist es von großer Bedeutung, den Moment einzufangen, an dem die Sonne über dem Berg hervorkommt.

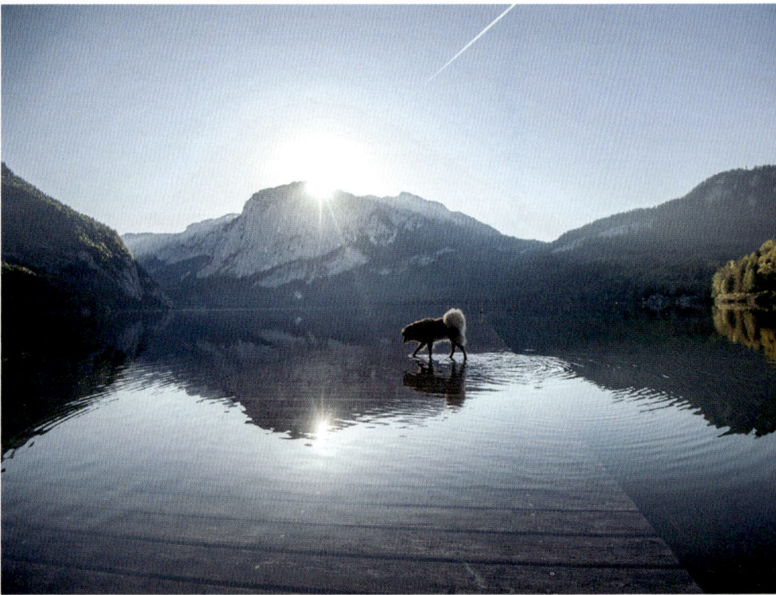

Abbildung 7.9
Durch den hohen Sonnenstand ist die Farbgebung kühl und klar.

Aufgrund des bereits sehr hohen Standes der Sonne hat man wirklich nur ein paar Minuten Zeit, um Fotos unter den besten Bedingungen zu machen. Kommt die Sonne ganz hinter dem Berg hervor, ist der Zauber schnell weg und das Licht zu grell. Durch die einfallenden Sonnenstrahlen und der Spiegelung wird das Foto von Finn zu einem besonderen Hingucker.

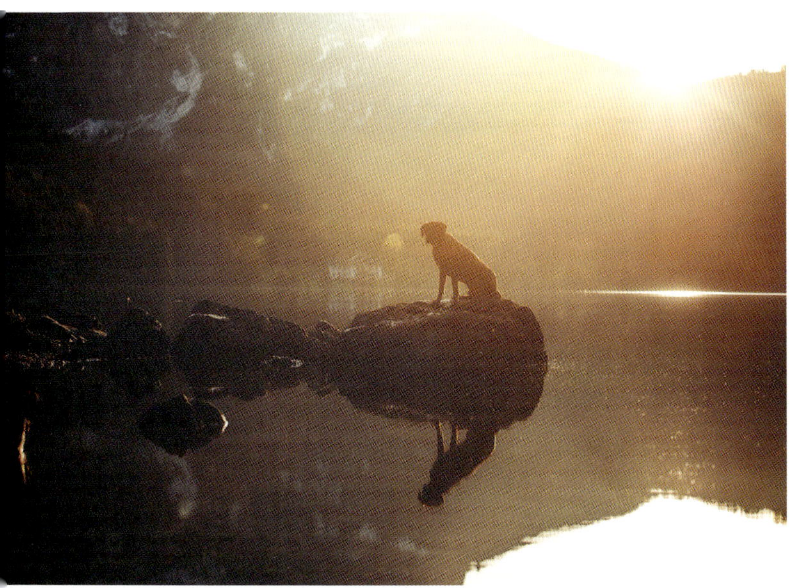

Abbildung 7.10
Der Rhodasian Ridgeback Abayomi posiert im warmen Gegenlicht.

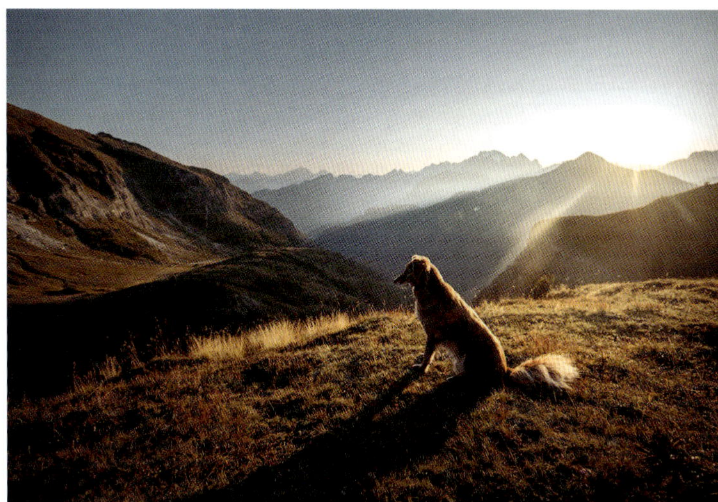

Abbildung 7.11
Die Farben und Kontraste verändert sich mit dem Sonnenstand. Aufnahmezeitpunkt: 17.55 Uhr.

Tipp

Möchtest du die Sonnenstrahlen im Foto sichtbar machen, ist es wichtig, die Blende etwas zu schließen. Je mehr die Blende geschlossen wird, umso deutlicher kommen die einzelnen Strahlen zur Geltung.

Auch diese Aufnahme des Rhodasian-Ridgeback-Rüdens ist im Tal entstanden, aber bei Sonnenuntergang. Es hat im Vergleich zu dem Foto von Finn, das bei Sonnenaufgang entstanden ist, eine ganz andere Farbwirkung und Stimmung. Hier hat die Sonne einen deutlich niedrigeren Stand, woraus die warme Farbgebung resultiert.

Am Berg befindet man sich annähernd auf gleicher Ebene mit der Sonne oder vielleicht sogar ein bisschen höher, wenn sie unter- bzw. aufgeht. Das perfekte Gegenlicht hat man jedoch auch hier nur für einen sehr kurzen Zeitraum. Ich würde mal schätzen, der Zeitraum beträgt circa 15 Minuten. Ich habe zwei Bilder zum Vergleich angefügt, um dir noch einmal zu zeigen, wie sich die Farben und die Kontraste und somit die gesamte Bildstimmung mit dem Sonnenstand verändern.

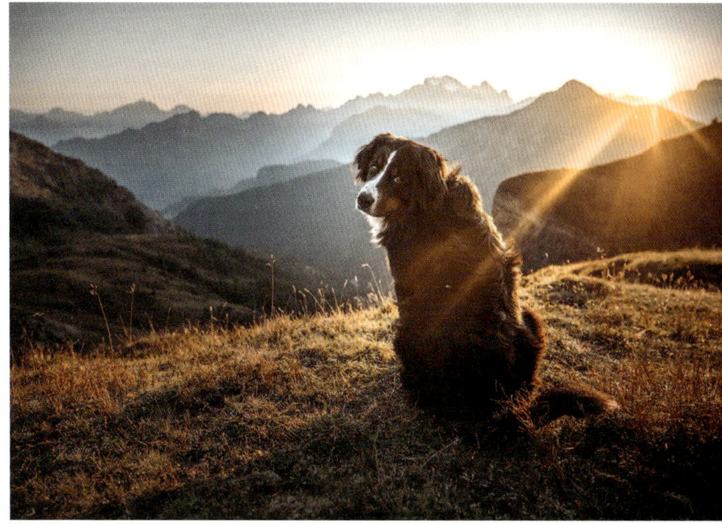

Abbildung 7.12
Nur ein paar Minuten vor Sonnenuntergang hat man das schönste Zauberlicht. Aufnahmezeitpunkt: 18.25 Uhr.

Beide Bilder (Abb. 7.11 und 7.12) wurden am selben Tag und am selben Platz, nur zu einer unterschiedlichen Uhrzeit aufgenommen. Das erste Bild entstand um 17.55 Uhr. Man kann noch deutlich höhere Kontraste erkennen, die Schatten sind noch viel stärker und die warmen Töne sind erst ganz leicht zu erkennen. Das zweite Bild wurde um 18.25 Uhr aufgenommen und die Sonne hatte ihren tiefsten Stand. Die Kontraste sind weicher, die Farbgebung ist viel wärmer und die gesamte Bildwirkung ist viel harmonischer. Hier sieht man deutlich wieder, wie wichtig und entscheidend es ist, die perfekte Lichtstimmung abzuwarten. Nutzt man das perfekte Gegenlicht, erzielt man damit eine ganz besondere und angenehme Stimmung. Details werden sichtbar und man kann sowohl den Hund als auch den Hintergrund ziemlich korrekt belichten. Gegenlichtaufnahmen unterstreichen das Gefühl von Lebensfreude, Zufriedenheit und Glück.

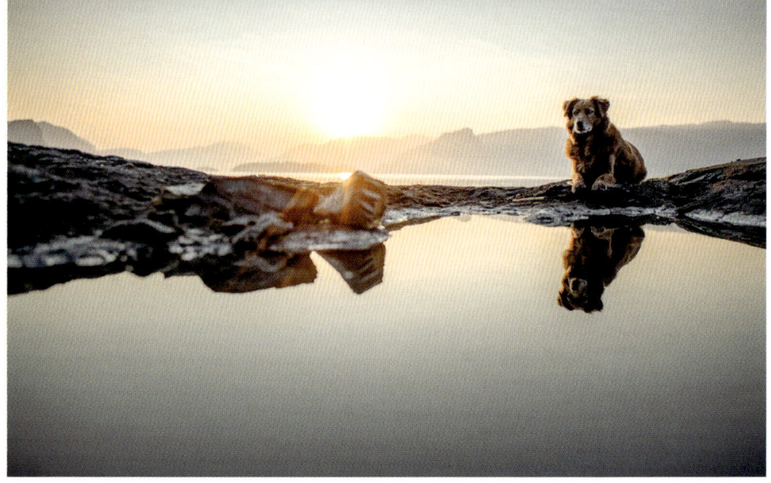

Abbildung 7.13
Sonnenaufgang bei einem Fjord in Norwegen

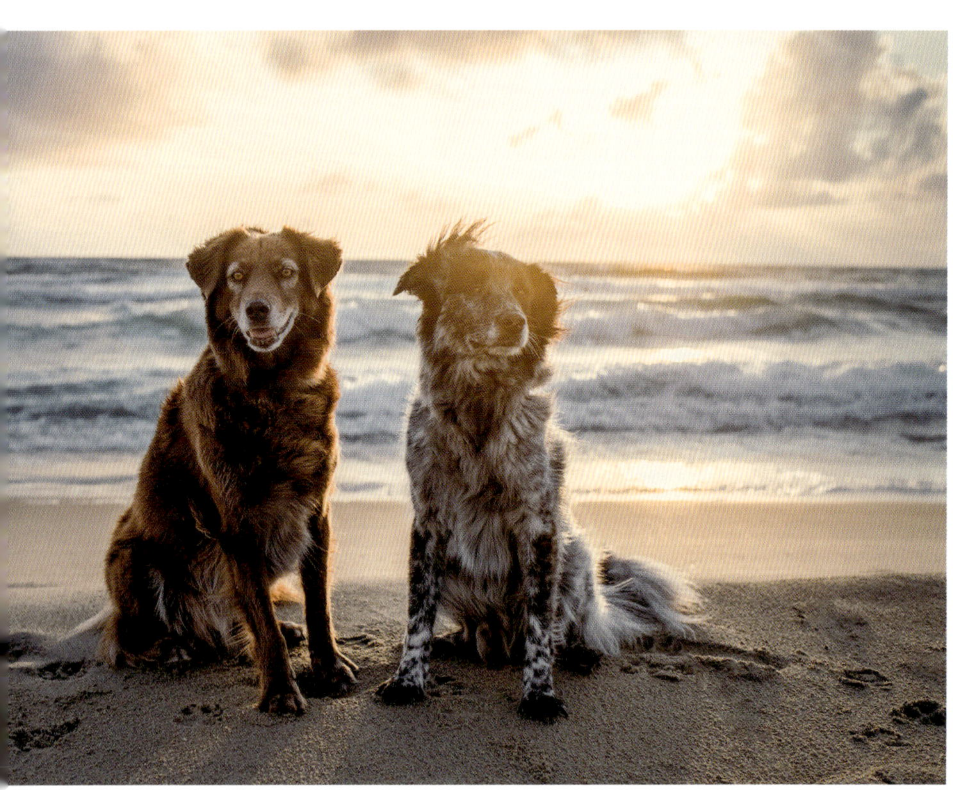

Abbildung 7.14
Sonnenuntergang am Meer in Norwegen

Jeder Sonnenuntergang oder Sonnenaufgang ist einzigartig. Du wirst niemals, auch nicht am selben Ort, eine gleiche Lichtsituation vorfinden. Denn die Farbgebung und Stimmung wird immer anders sein. Früher dachte ich immer, dass Sonnenaufgänge durch kühlere Farbgebungen und Sonnenuntergänge durch warme Farben gekennzeichnet sind. Als ich mir meine Bilder jedoch einmal genauer angesehen habe, habe ich gemerkt, dass man keine Kriterien für die jeweilige Situation festlegen kann. Jeder Sonnenaufgang und -untergang ist individuell. Wenn wir uns die beiden Bilder aus Norwegen ansehen, sind beide von der Stimmung und auch von der Farbgebung sehr ähnlich, doch ist das Bild von Finn bei Sonnenaufgang entstanden und das Foto von Yuri und Finn bei Sonnenuntergang.

Direktes Gegenlicht mit Silhouette

Eine weitere Möglichkeit, das Gegenlicht zu nutzen, sind sogenannte Silhouetten-Fotos. Diese Art von Fotos wirkt besonders gut, wenn hinter dem Hund der freie Himmel zu sehen ist und das Bild nicht durch irgendwelche Bäume etc. unterbrochen wird. Es ist wichtig, das Foto stark unterzubelichten. Bei einem Silhouetten-Foto können Details vernachlässigt werden. Wichtig ist nur, dass die Konturen so gut wie möglich zur Geltung kommen. Innerhalb der Bildbearbeitung kannst du diesen Effekt durch gezieltes Abdunkeln des Hundes und durch die Kontrasterhöhung noch verstärken. Im Großen und Ganzen kannst du Silhouetten-Fotos zu jeder Tageszeit aufnehmen, am besten wirken sie jedoch bei tief stehender Sonne. Durch das Unterbelichten kommen die Farben des Himmels in ihrer ganzen Pracht zur Geltung.

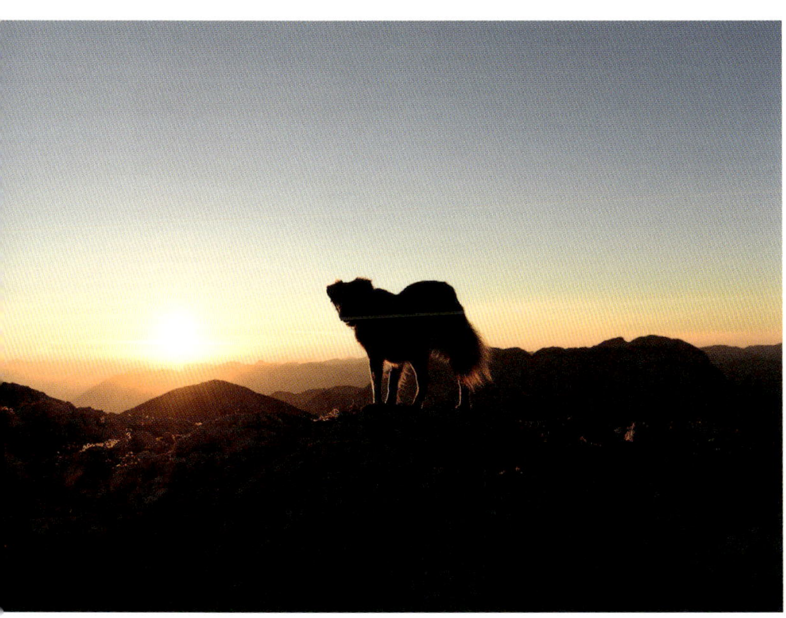

Abbildung 7.15
Silhouetten-Bilder vermitteln auch ohne Details vom Hund viel Stimmung.

Ein Hilfsmittel, um den Sonnenstand entgegenzuwirken und auch bei einer Gegenlichtaufnahme einen optimal ausgeleuchteten Hund zu erzeugen, ist ein Reflektor. Ein Reflektor ist ein mit Folien bespannter Rahmen, der das Sonnenlicht einfängt und direkt auf den Hund projiziert.

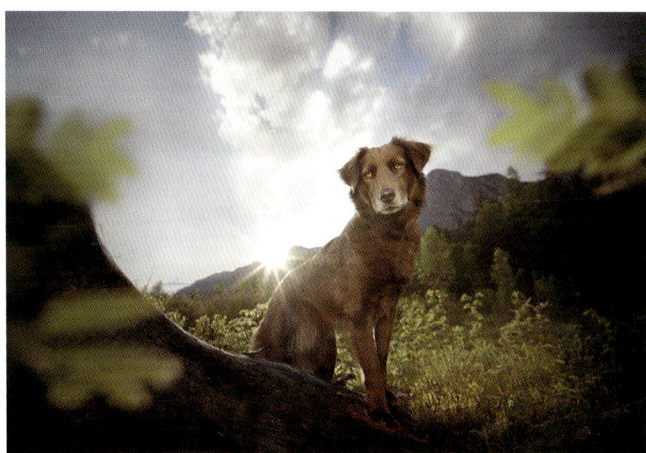

Abbildung 7.16
Um den Hund gut auszuleuchten, kann man mit einem Reflektor arbeiten.

Die Arbeit mit einem Reflektor ist nicht ganz einfach. Du musst den Reflektor in einem bestimmten Winkel halten, damit du die Sonne einfangen und auf den Hund projizieren kannst. Das bedeutet, dass man eigentlich immer auf eine weitere Person angewiesen ist, die den Reflektor hält.

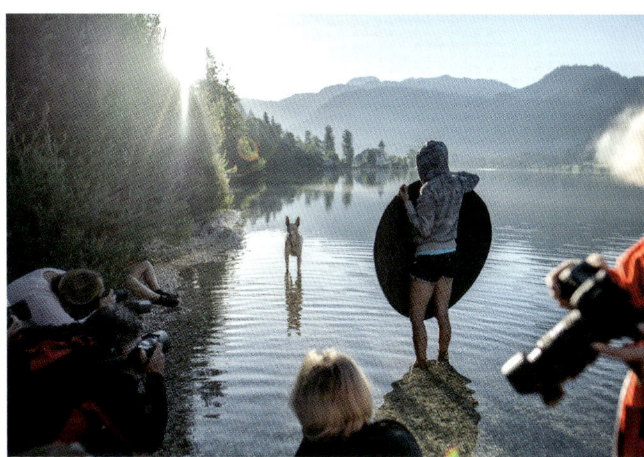

Abbildung 7.17
Das Foto zeigt ein Bild von meinem Workshop. Durch die Nutzung des Reflektors konnte Bruce gut ausgeleuchtet werden.

Die Reflektoren gibt es mit unterschiedlichen Folienbespannungen. Mein Reflektor ist auf einer Seite mit einer goldenen und auf der anderen Seite mit einer silbernen Folie bespannt. Die goldene Seite erzeugt warmes Licht. Die silberne Seite hat eine natürliche bis kühle Beleuchtung. Am besten versuchst du, den Hund so zu platzieren, dass die Sonne schräg von hinten kommt. Den Winkel des Reflektors wählst du so, dass du damit die Sonne auf den Hund projizieren kannst. Ist der Hund zu stark ausgeleuchtet, kannst du dies mithilfe der Entfernung anpassen. Je weiter weg du den Reflektor platzierst, umso dezenter wird der Hund ausgeleuchtet. Ein Reflektor ist von großer Hilfe, wenn man einen bestimmten Hintergrund gerne nutzen möchte, aber der Hund nur von einer Seite ausgeleuchtet wird. Mit dem Reflektor kannst du ganz einfach auch die andere Seite ausleuchten.

Die meisten Fotos, die mit einem Reflektor aufgenommen werden, haben ihre ganz eigene Bildwirkung und wirken meist künstlich. Letztendlich hat er eine ähnliche Wirkung wie ein Blitz, nur in abgeschwächter Form.

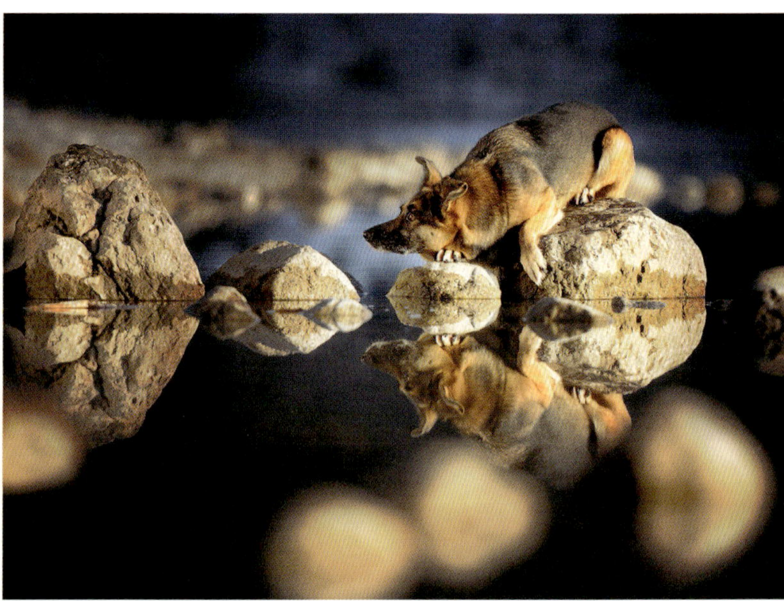

Abbildung 7.19
Da das Licht bei der Aufnahme von Bonnie nur leicht auf sie projiziert wurde, entstand eine sehr natürliche Lichtstimmung.

Abbildung 7.18
Kimo posierte selbstbewusst für mich. Er ließ sich auch vom Reflektor nicht ablenken.

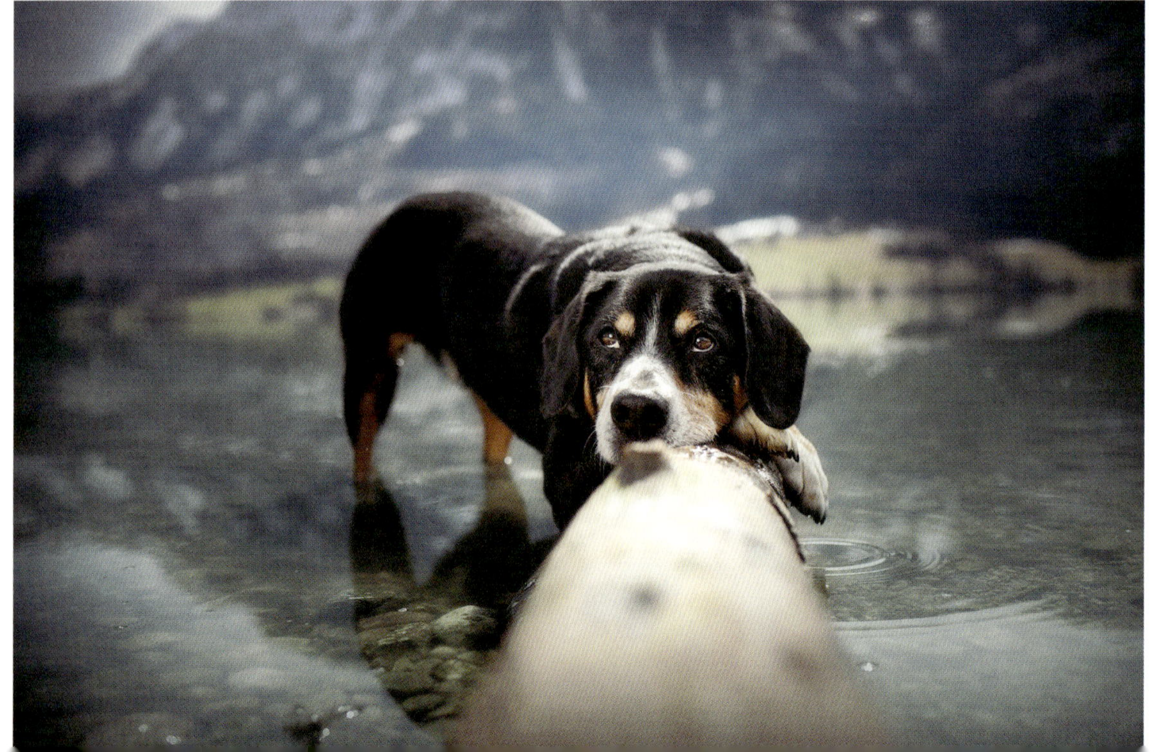

Tipps für Gegenlichtaufnahmen

Gegenlichtaufnahmen sind für viele Fotografen eine sehr große Herausforderung. Es ist auch nicht gerade einfach, das Foto korrekt zu belichten und den Fokus zu setzen. Gegenlichtaufnahmen bringen den besten Autofokus an seine Grenzen.

Das Allerwichtigste für stimmige Gegenlichtaufnahmen ist das optimale Licht. Dieses besondere Zauberlicht hat man kurz nach Sonnenaufgang oder vor Sonnenuntergang. Ich würde schätzen, dass man ein Zeitfenster von 15 Minuten nach Sonnenuntergang bzw. vor Sonnenaufgang hat. Wichtig ist es, auf jeden Fall früh genug an der Location zu sein, um die Lage der Sonne zu beobachten. Du musst wissen, wo die Sonne untergeht, und auch, wie du den Hund dort am besten platzieren kannst. Denn ist das Licht optimal, hat man nur sehr wenig Zeit und darf diese auf keinen Fall vergeuden.

Hinsichtlich der Kameraeinstellungen empfehle ich dir, mit einer relativ offenen Blende zu arbeiten. Eine ganz offene Blende von f/1.4 ist jedoch nicht ratsam, da der Schärfebereich dann sehr gering ist und es bei Gegenlichtaufnahmen ohnehin schon sehr schwer ist, richtig zu fokussieren. Deshalb lieber ein bisschen abblenden, um auf Nummer sicher zu gehen. Ich würde dir mindestens eine Blende von f/2.2 bis f/2.8 empfehlen. Die ISO-Zahl würde ich wieder ganz niedrig wählen, um zusätzliches Rauschen zu vermeiden. Die Belichtungszeit passt du dann einfach den anderen beiden Komponenten an, je nachdem, welchen Bildlook du erzielen möchtest. Bei manchen Gegenlichtsituationen belichte ich ziemlich ausgewogen, um das Bild hell zu gestalten. Das heißt, ich sehe auf meinem Kameradisplay keine unterbelichteten Stellen. Dabei werfe ich immer einen Blick auf das Histogramm, um zu prüfen, dass keine Bereiche unterbelichtet und nicht zu viele Bereiche überbelichtet sind.

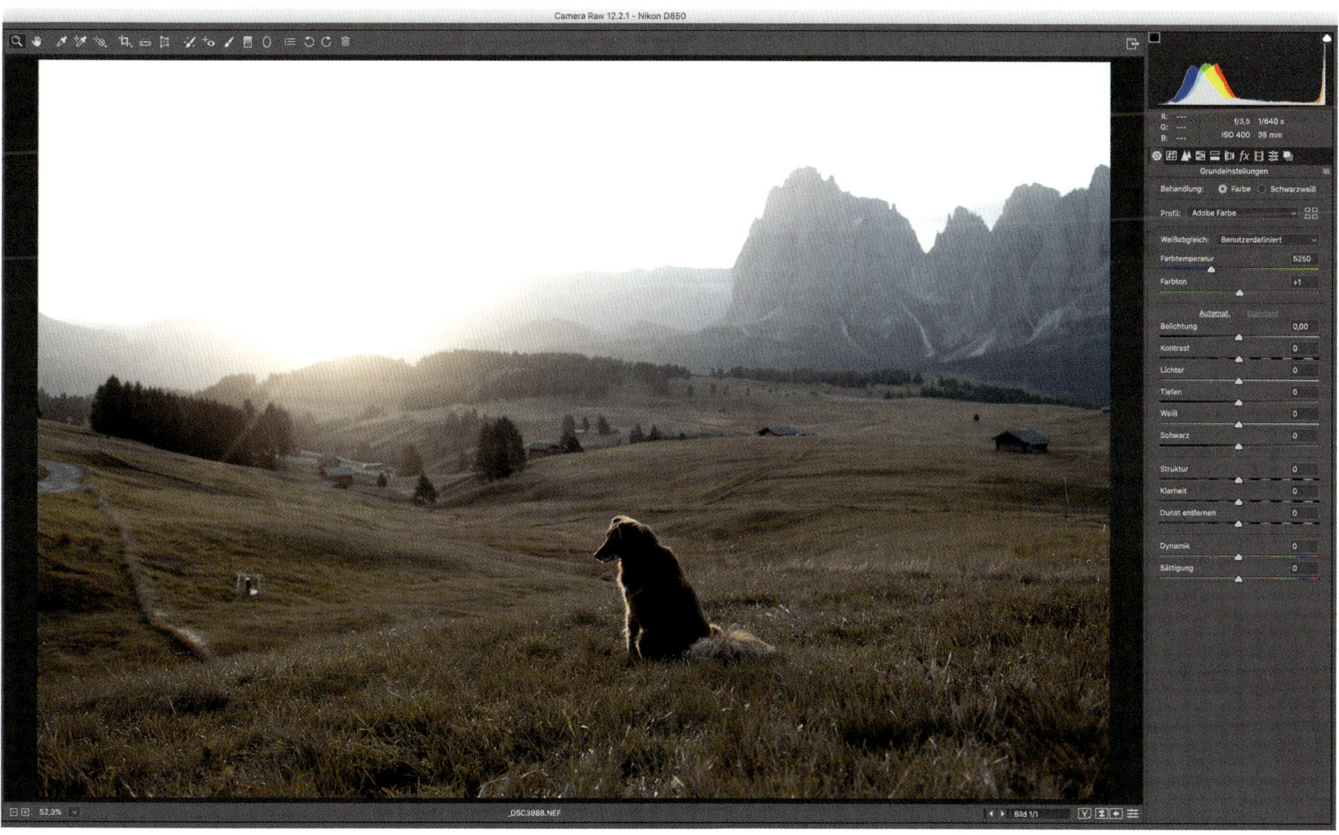

Abbildung 7.20
Das Out-of-Cam-Foto (OOC)

Wie du bei dem OOC siehst, sind alle Stellen des Bildes relativ gut ausgeleuchtet. Im Histogramm kannst du ein paar leichte Ausreißer in den Lichtern sehen, aber keine unterbelichteten Stellen.

Die Ausreißer in den Lichtern ergeben sich vor allem durch die Sonne und den umliegenden Bereich. Mir war bewusst, dass ich etwas Struktur verlieren werde, doch war mir in diesem Moment diese helle, klare und sanfte Stimmung deutlich wichtiger. Wie ich das Bild letztendlich belichte, hängt auch davon ab, wie der Himmel aussieht. Bei dem Sonnenaufgang auf der Seiser Alm war der Himmel wenig spektakulär. Es waren keine besonderen Farben oder Strukturen durch Wolken zu sehen.

Möchte ich jedoch die tollen Farben und Strukturen des Himmels einfangen, unterbelichte ich meistens stark. Denn du musst bedenken, wo Struktur verloren geht, kann man auch mithilfe von RAW keine Strukturen zurückgewinnen. Es ist viel einfacher, Tiefen aufzuhellen. Innerhalb der RAW-Entwicklung kann man die Tiefen und Lichter entsprechend anpassen.

Ich möchte dir hier noch das OOC von Mila im Zauberlicht zeigen (Abb. 7.22). Wie du auf den ersten Blick erkennen kannst, ist das Foto stark unterbelichtet. Bei einem Blick auf das Histogramm siehst du deutlich, wie viele Bereiche unterbelichtet sind. Trotzdem gibt es nach wie vor leichte Ausreißer in den Lichtern.

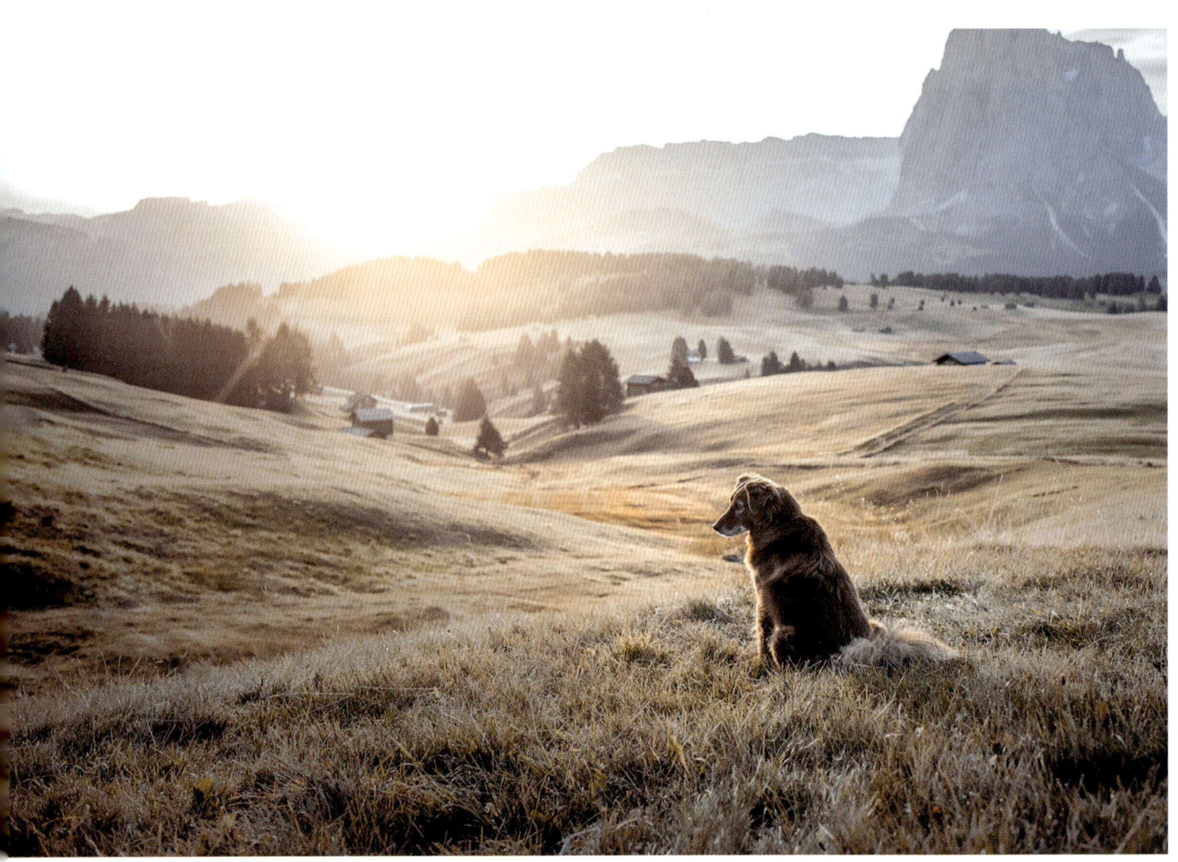

Abbildung 7.21
Sonnenaufgang auf der Seiser Alm in Südtirol

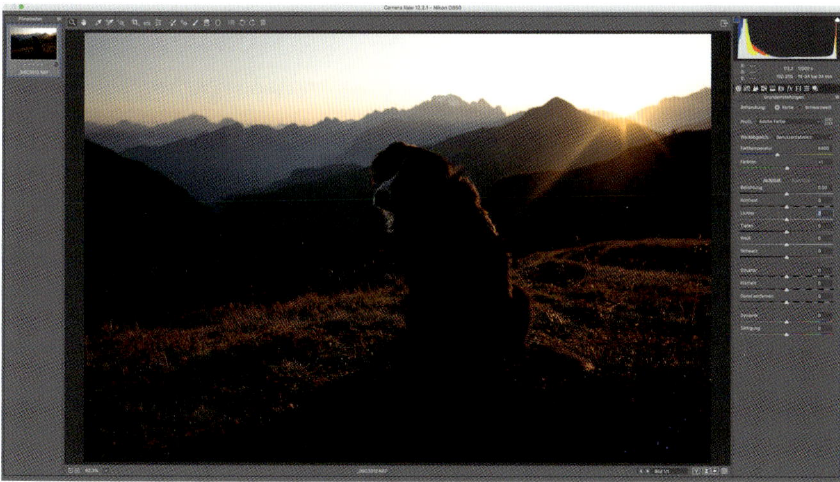

Abbildung 7.22
Eine Unterbelichtung des Hundes ist notwenig, um auch die Strukturen und Farben des Himmels zu sichern.

Im RAW-Converter passe ich sowohl die Tiefen als auch die Lichter entsprechend an. Ich habe die Tiefen bei diesem Bild richtig stark erhöht. Meine Kamera hat jedoch einen sehr großen Dynamikumfang, weshalb ich dadurch nicht mit Qualitätsverlusten rechnen muss.

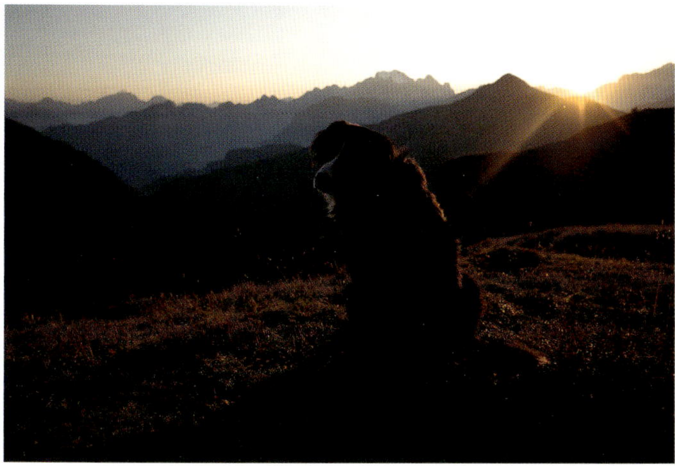

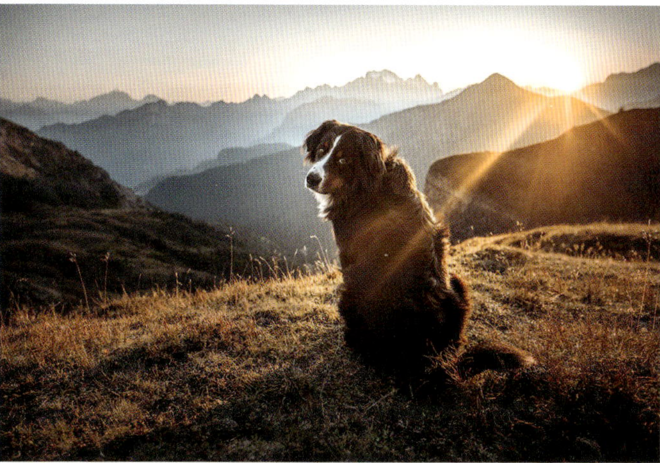

Abbildung 7.23
Der direkte Vorher-Nachher-Vergleich

Wichtig

Aber Achtung, inwieweit man das Foto unterbelichten kann, hängt von der jeweiligen Kamera ab. Fotos, die mit einer Kamera mit einem weniger guten Dynamikumfang aufgenommen worden sind, beginnen eher zu rauschen. Deshalb ist es wichtig, seine Kamera zu kennen und zu wissen, inwieweit man unterbelichten kann, ohne dass das Foto durch starkes Rauschen an Qualität verliert.

Um der Sonnenuntergangsstimmung gleich den richtigen Farblook zu verpassen, kannst du den Weißabgleich auf »bewölkt« oder, wenn du einen noch goldigeren Farbton erzeugen möchtest, auf »schattig« stellen.

Auch Lensflares oder Blendenflecke können ihren eigenen Reiz in Gegenlichtbildern haben. Wichtig für die Erzeugung der Lensflares ist es, die Streulichtblende abzunehmen. Abhängig von den unterschiedlichen Objektiven und Einstellungen sehen diese Flares auch immer anders aus. Sie haben verschiedene Farben und sind als Halbkreis, als Kreis oder mit Punkten im Bild zu sehen. Das Licht muss in dem richtigen Winkel auf dein Objektiv fallen, damit Lensflares entstehen. Weitwinkelobjektive erzeugen leichtere Blendenflecke im Vergleich zu Teleobjektiven. Die Lensflares werden mit einer kleineren Blende verstärkt. Besonders schön auf Bildern wirkt es, wenn die Sonne direkt am Hund bricht.

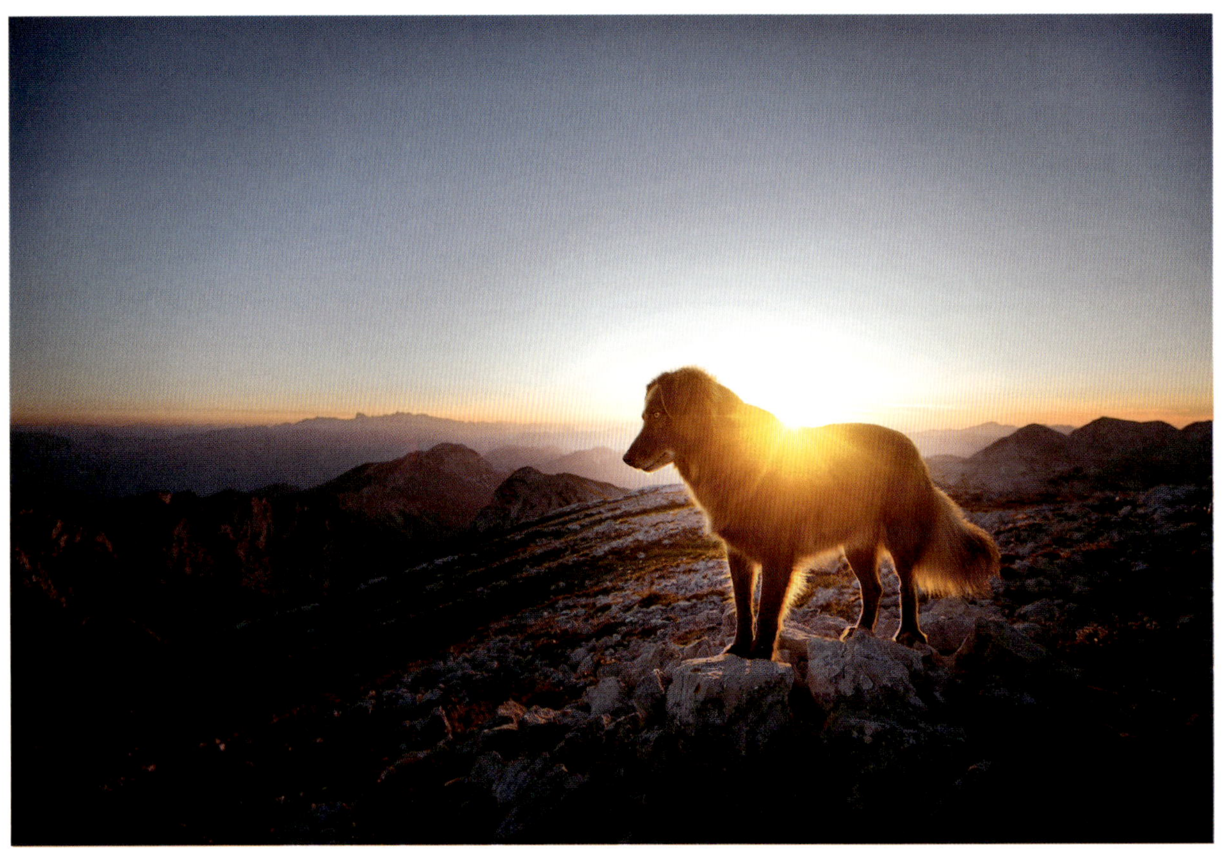

Abbildung 7.24
Lensflares und sichtbare Sonnenstrahlen machen das Bild zu einem besonderen Hingucker.

Um diese Lichtbrechung zu erzeugen, wählst du die Sonne zunächst so, dass sie ganz hinter dem Hund verschwindet. Je nachdem, wo du die Sonne einfallen lassen möchtest, musst du deinen Aufnahmewinkel ein bisschen erhöhen, senken oder nach links oder rechts drehen, damit die Sonne etwas am Hund hervorblitzt. Durch den Sucher sieht man diesen Effekt sehr gut und du siehst genau, wo das Licht bricht und wo die Flares entstehen. Achte dabei darauf, dass das Gesicht des Hundes ziemlich frei von den Flares bleibt. Flares direkt an oder über den Augen lenken oft zu sehr ab.

Wie schon erwähnt, ist das Fokussieren bei Gegenlichtaufnahmen sehr schwierig. Es gibt jedoch ein paar Tricks, die du versuchen kannst umzusetzen.

- Nutze Kanten und Kontraste: Bei Gegenlichtaufnahmen die Hundeaugen anzufokussieren, kann funktionieren, ist aber oft sehr schwierig. Der Fokus kann sich durch das extreme Licht nicht festsetzen. Deshalb rate ich dir, eine weiße Blesse, den Kopfrand oder die Ohren anzufokussieren. Gerade an den Fellrändern, die von der Sonne schon beleuchtet werden, kann sich der Fokus normalerweise sehr gut festsetzen. Damit aber trotzdem auch die Augen des Hundes und nicht nur die Ohren scharf sind, musst du mit einer kleineren Blende arbeiten. Im Gegensatz zu einer Blende von f/1.4 ist es bei einer Blende von f/2.8 nicht notwendig, den Fokus exakt zu setzen.
- Nutze den mittleren Fokuspunkt: Durch die Fokuspunkte am Rand verlaufen weniger Schnittpunkte und sind daher schwächer. Auch wenn der Bildaufbau vielleicht damit nicht zu 100 % optimal ist, hast du mit dem mittleren Fokuspunkt auf jeden Fall bessere Chancen, richtig zu fokussieren.
- Variiere Perspektive und Aufnahmewinkel: Durch die Veränderung deiner Position ändert sich auch der Lichteinfall im Bild, du kannst mehr oder weniger Licht einfallen lassen und somit weichere oder kontrastreichere Bilder erzeugen.
- Drücke einfach ab, am besten so oft wie möglich: Da das Zeitfenster mit dem Zauberlicht wirklich nur sehr klein ist, rate ich dir, einfach so oft wie möglich abzudrücken, damit du sichergehen kannst, auch ein paar Treffer zu haben. Trotzdem: Vergiss nicht, zwischendurch immer mal einen kurzen Blick auf die Fotos zu werfen, um zu prüfen, ob die Einstellungen noch passen, denn die Lichtsituation ändert sich bei Sonnenaufgangs- und Sonnenuntergangssituationen sehr rasch. Aber vergeude auf keinen Fall Zeit mit dem Prüfen und Aussortieren von scharfen und unscharfen Bildern. Diese Arbeit wird nach dem Sonnenuntergang erledigt.

Indirektes Gegenlicht

Von einem indirekten Gegenlicht spricht man, wenn das Licht durch die Wolken oder die Bäume gefiltert wird. Es hat eine sehr spezielle, fast schon märchenhafte Wirkung. Das Fell des Hundes wird zusätzlich schön angeleuchtet.

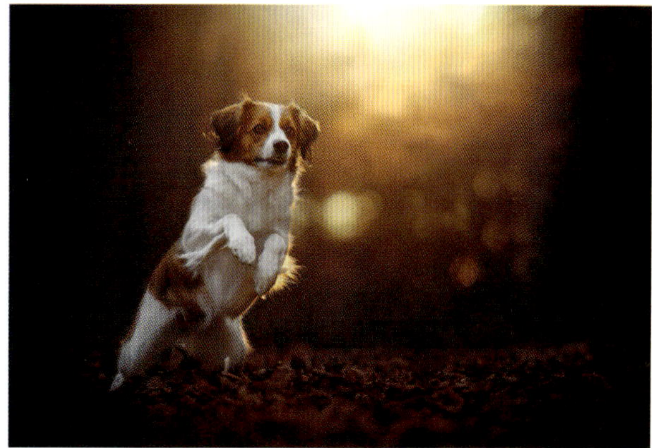

Abbildung 7.25
Kooikerhondje-Hündin Cleo im indirekten Gegenlicht

Wie man an dem Foto von Cleo gut erkennen kann, entsteht beim indirekten Gegenlicht eine Beleuchtung des Fellrands, dem sogenannten Rimlight. Der Lichtcharakter ist weich und harmonisch und genauso werden auch die Farben dargestellt.

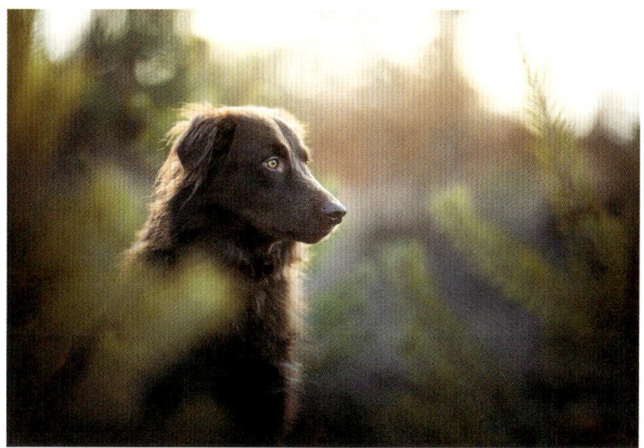

Abbildung 7.26
Eine sanfte Farbgebung zeichnet das indirekte Gegenlicht aus.

Bei dem Foto von Jamiro kommen die sanften Farben besonders gut zur Geltung (Abb. 7.26). Das Licht wurde hier durch die Bäume und zusätzlich durch ein paar Wolken gefiltert. Wie du hier gut erkennen kannst, ist der Hund korrekt belichtet und auch der Himmel enthält keine ausgebrannten Stellen.

Indirektes Gegenlicht entsteht auch, wenn du deinen Aufnahmewinkel so wählst, dass die Sonne gar nicht mehr direkt auf die Kamera fällt.

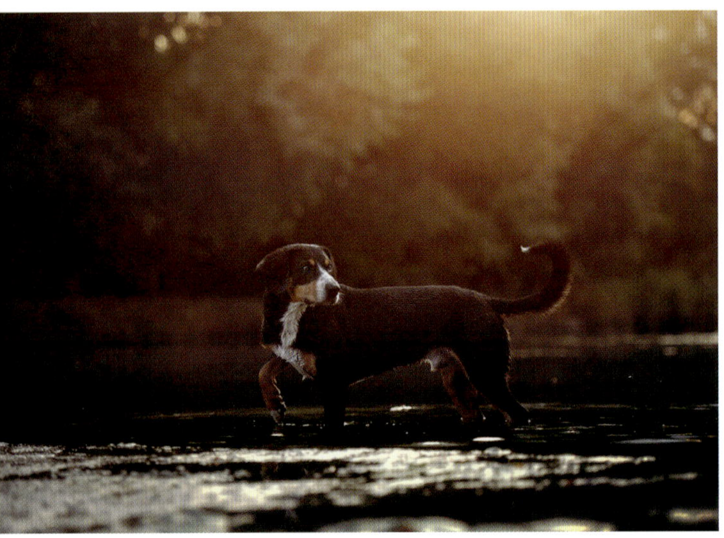

Abbildung 7.27
Durch den Aufnahmewinkel habe ich die Sonne aus dem Bild verbannt.

Bei dem Foto mit dem Entlebucher Sennenhund habe ich den Kamerawinkel bewusst so gewählt, dass die Sonne nicht mehr direkt auf die Kamera einfällt. Das Foto bekommt dadurch eine warme und sehr weiche Stimmung. Hätte ich den Winkel höher gewählt, sodass die Sonne im Bild zu sehen gewesen wäre, hätte ich direktes Gegenlicht erzeugt.

Indirektes Gegenlicht kann sowohl eine warme als auch kühle Stimmung, je nach Jahreszeit, erzeugen. Durch das indirekte Gegenlicht kommt man nicht mehr in diese Konfliktsituation, ob man Hund oder Hintergrund korrekt belichtet. Der Hund wird gut genug ausgeleuchtet und man kann somit Hintergrund und Motiv ohne weitere Probleme korrekt ablichten. Alle Details bleiben vorhanden. Dennoch solltest du aber auch hier lieber wieder etwas dunkler als zu hell fotografieren, damit die beleuchteten Stellen des Fotos nicht auch die Struktur verlieren.

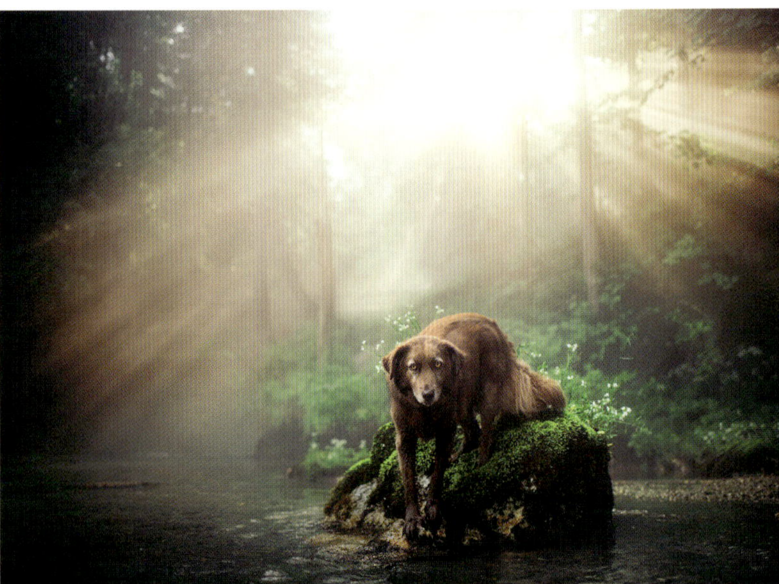

Abbildung 7.28
Finn im Zauberlicht. Die Einstellungen bei dieser Aufnahme waren 1/1000, f 2.0 und ISO 200.

Das Foto von Finn im Zauberlicht ist definitiv eines der Fotos mit der besten Lichtstimmung, das ich je aufgenommen habe. Bei diesem Foto war ich wirklich zur richtigen Zeit am richtigen Ort. Es handelt sich um indirektes Gegenlicht. Die Sonne wurde durch den Nebel gefiltert und durch die Bäume wurde sie in Lichtstrahlen gebrochen. Der Lichtcharakter ist sehr weich und auch die Farben sind dezent. Finn wurde gut genug ausgeleuchtet und es entstanden keine Belichtungskonflikte.

Wird das Licht durch einen Busch oder Baum, der noch etwas Licht durchlässt, gefiltert, entsteht ein wunderschönes warmes Bokeh. Das Bokeh beschreibt den unscharfen Hintergrund. Je nach Objektiv formt es unterschiedlich große Kreise. Kürzere Brennweiten formen kleinere Kreise und längere Brennweiten erzeugen große Kreise. Zudem spielt auch die Entfernung des Hundes zum Baum eine entscheidende Rolle für die Bokehkreise. Je weiter er vom Baum entfernt ist, desto größer werden sie. Ich bevorzuge definitiv ein größeres Bokeh, denn die größeren Kreise führen zu mehr Ruhe im Foto.

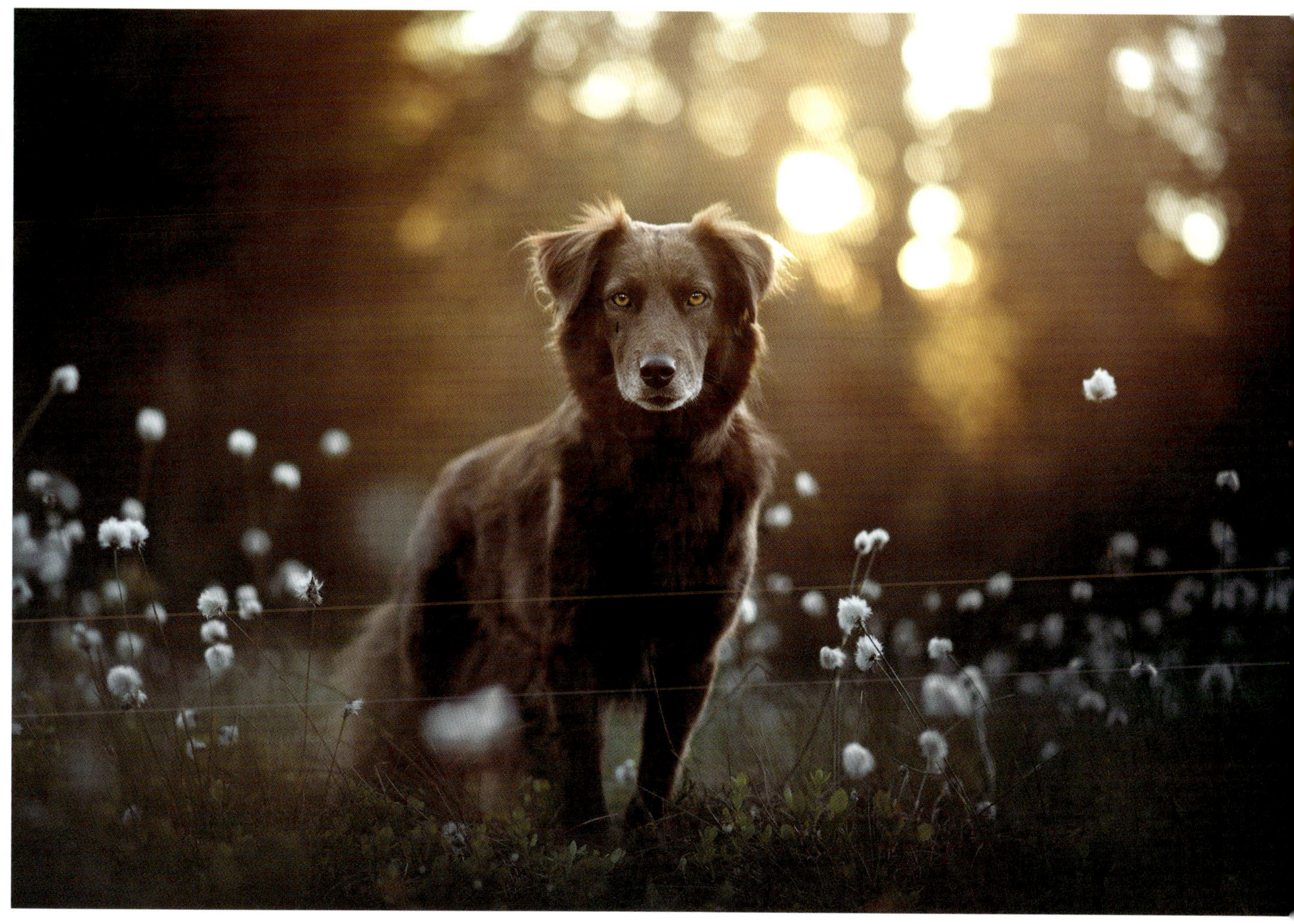

Abbildung 7.29
Die warmen Bokehkreise unterstreichen die Gegenlichtstimmung. Aufgenommen wurde das Foto mit 85 mm bei einer Blende von f/1.8.

Streiflicht und Seitenlicht

Streiflicht oder Seitenlicht erzeugt durch das Licht/Schattenspiel einen besonderen Effekt im Foto. Dieses Licht betont die vorhandenen Konturen und erzeugt eine räumliche Tiefenwirkung durch den Schatten. Das Fell des Hundes wird teilweise beleuchtet, wodurch die Fellstrukturen gut zur Geltung kommen. Durch die teilweise beleuchteten Stellen und die Bereiche, die im Schatten liegen, bekommt das Bild neben mehr Tiefe auch viel Spannung. Es trifft sozusagen warmes auf kühles Licht und das schafft eine ganz eigene Stimmung. Der Bildlook lässt sich als ruhig, dezent, stimmungsvoll, aber nicht kitschig beschreiben.

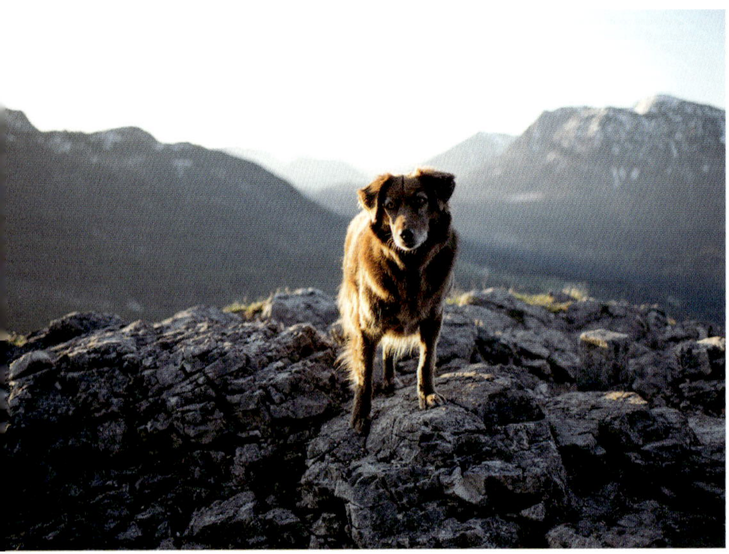

Abbildung 7.30
Auf diesem Foto ist ein Seitenlicht zu sehen.

Seitenlicht entsteht durch den seitlichen Lichteinfall am Hund.

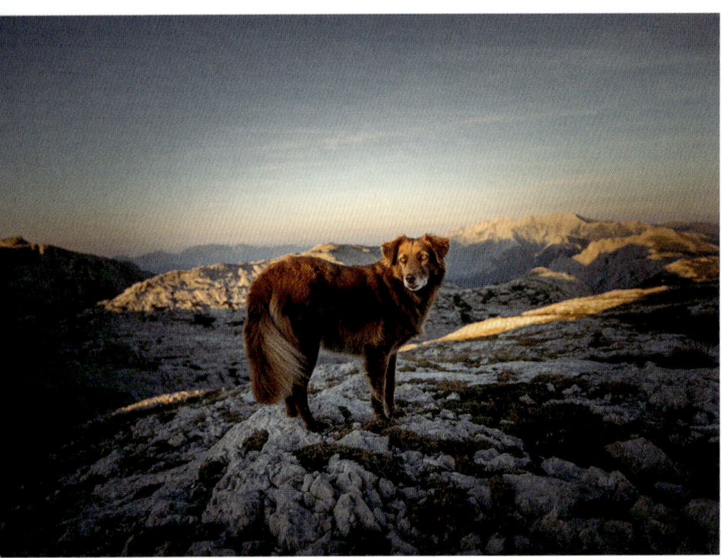

Abbildung 7.31
Die Sonne streift Finn nur noch im oberen Bereich.

Beim Streiflicht streift die Sonne den Hund. Streiflicht und Seitenlicht haben eine sehr besondere Atmosphäre, doch ist es gar nicht so einfach, dieses Licht zu erwischen. Der Hund muss entsprechend zur Sonne positioniert werden, damit er nur vom Licht gestreift und nicht direkt ausgeleuchtet wird. Natürlich ist es auch hier wieder von großer Bedeutung, mit weichem Licht zu arbeiten, um diesen Lichtcharakter entsprechend im Foto festzuhalten. Das bedeutet, auch bei Streiflicht bzw. Seitenlicht solltest du das Licht kurz nach Sonnenaufgang oder kurz vor Sonnenuntergang nutzen. Arbeitest du mit optimalem Licht, wirst du keine Schwierigkeiten haben, helle und auch Bereiche im Schatten korrekt zu belichten.

Diffuses Licht

Diffuses Licht entsteht bei einer geschlossenen Wolkendecke oder bei dichtem Nebel. Schatten treten kaum auf und es führt zu einer sehr gleichmäßigen Ausleuchtung des Hundes.

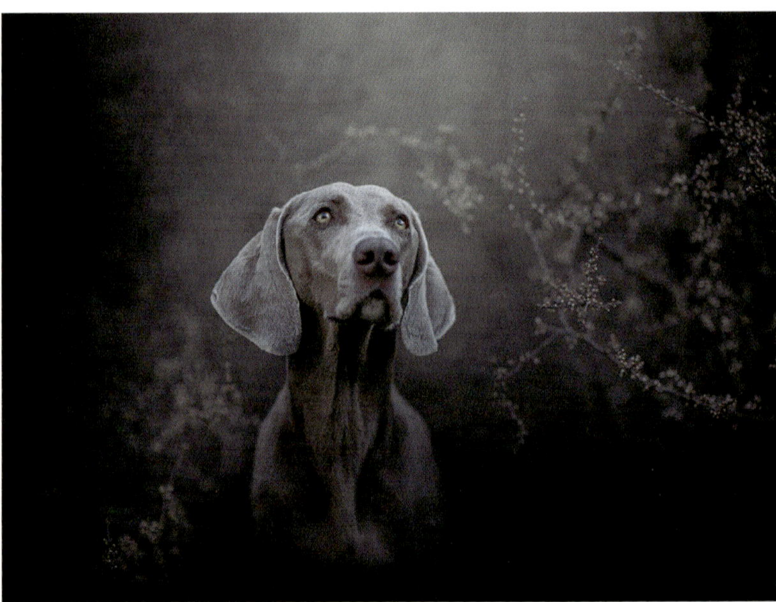

Abbildung 7.32
Durch die gleichmäßige Ausleuchtung eignet sich diffuses Licht für die Aufnahme von Porträts sehr gut.

Der Motivkontrast ist daher gering. Diffuses Licht ist vor allem eines: neutral. Man kann die Stimmung des Bildes mit der Bearbeitung so leiten, wie man es gerne möchte. Diese Lichtart bietet dir unbegrenzte Möglichkeiten, dem Bild eine entsprechende Bildaussage zu verleihen. Vor allem mit der Bildbearbeitung kannst du einiges bewirken.

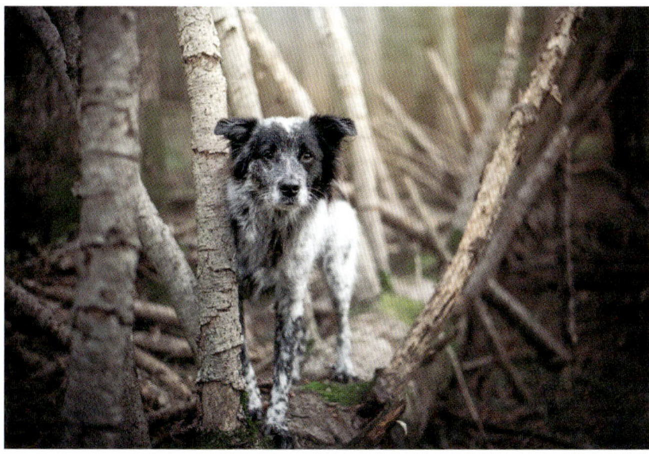

Abbildung 7.33
Diffuses Licht bietet dir unbegrenzte Möglichkeiten für die Bearbeitung.

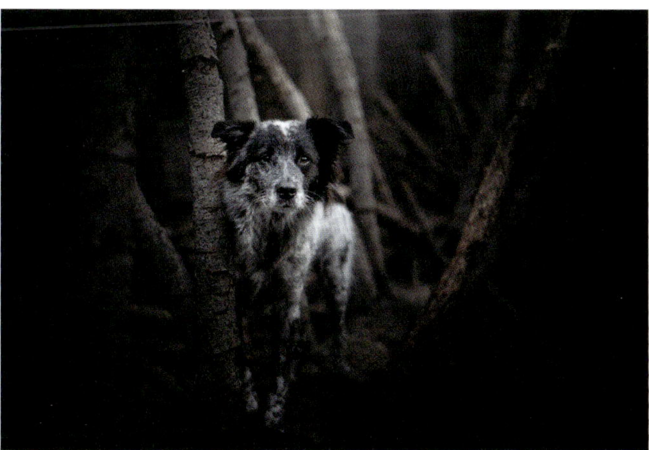

Abbildung 7.34
Du kannst die Stimmung des Bildes in unterschiedliche Richtungen lenken. Ich habe mich hier für diese sehr dunkle Bearbeitung entschieden, um Yuris melancholischen Ausdruck und auch diese triste Location richtig herauszuarbeiten.

Bei diffusem Licht durch bewölkten Himmel kannst du deine Location so nutzen, wie du möchtest. Es ist keine Richtung, wie bei Sonnenschein, vorgegeben. Egal, welchen Hintergrund du wählst, dein vierbeiniges Model wird immer korrekt ausgeleuchtet sein. Du entscheidest, wie die Stimmung deines Fotos sein soll. Welche Stimmung passt zum Hund? Eher eine ernste oder melancholische Stimmung? Oder doch eine eher freudige oder gar romantische Stimmung?

Wenn du schon etwas Erfahrung im Fotografieren hast, ist dir bestimmt schon aufgefallen, dass bewölkter Himmel aber nicht gleich bewölkter Himmel ist. Klar erzeugt bewölkter Himmel immer diffuses Licht, aber möchte man auch den Himmel als Hintergrund nutzen, ist es schon von großem Vorteil, wenn die Wolken gewisse Strukturen haben. Denn es gibt auch diese relativ langweiligen Wolken ohne jegliche Struktur, die meistens nur zu einem tristen Licht führen. Diffuses Licht kann auf Bildern auch langweilig wirken, vor allem, wenn die Location nicht viel hergibt. In solchen Situationen kannst du vor allem durch dein Hundemodel versuchen, Emotionen im Bild zu erzeugen. Setze den Hund gut in Szene, achte besonders auf seine Haltung, seinen Ausdruck und versuche, ihn gut in die Location zu integrieren.

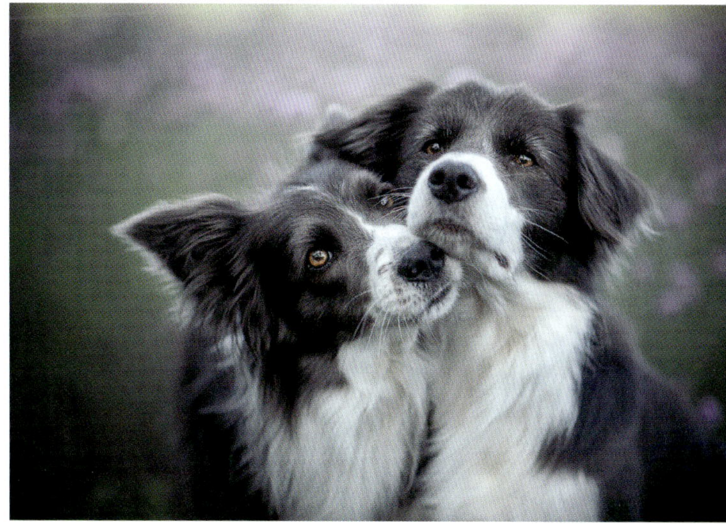

Abbildung 7.35
Bei so einer schönen Pose von zwei Hunden braucht man keine besondere Location mehr.

Einfache Lichtbedingungen beschreiben diffuses Licht sehr gut. Eigentlich kommt man selten zu Belichtungskonflikten. Wenn du die Wolkenstruktur eines eher helleren Himmels einfangen möchtest, solltest du unbedingt dunkler belichten. Ich würde dir raten, so dunkel zu belichten, dass die Strukturen der Wolken bereits am Display der Kamera gut zu sehen sind.

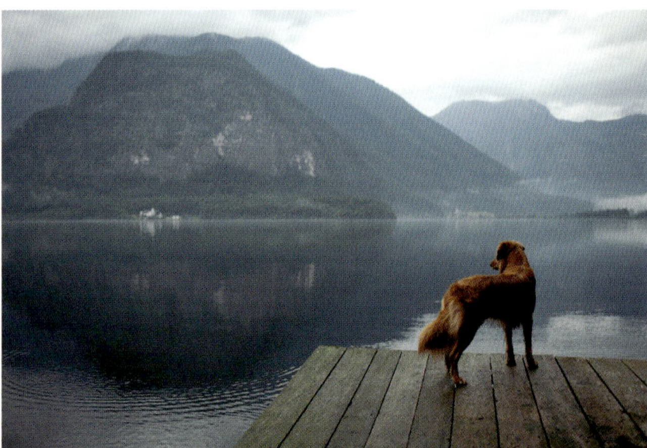

Abbildung 7.36
Out of Cam. Die Wolkenstruktur ist vor der RAW-Anpassung sichtlich.

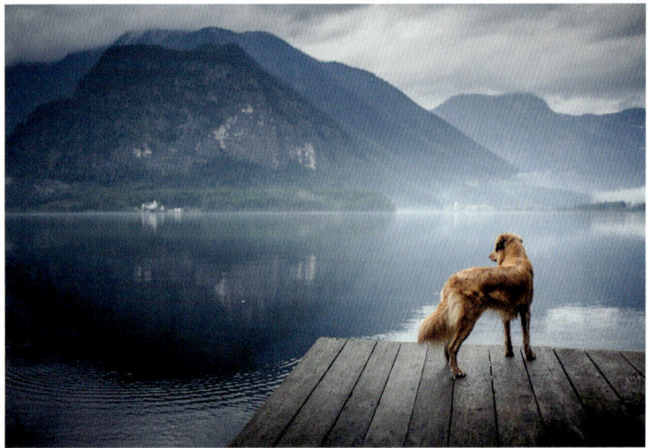

Abbildung 7.37
Durch die Anpassung der Lichter und des Kontrastes kommt die Wolkenstruktur gut zur Geltung.

Bedenke beim Fotografieren bei bewölktem Himmel, das Fotoshooting früher zu starten, damit dir das Licht nicht zu wenig wird und du mit einer hohen ISO arbeiten musst.

Diffuses Licht ist auch immer von großer Bedeutung, wenn man unterschiedliche Tiere zusammen fotografiert. Denn andere Tiere wie Katzen, Esel, Schweine etc. werden keine Grundkommandos können. Diffuses Licht ermöglicht es den Tieren, sich frei und in jede Richtung zu bewegen. Das wiederum ist entscheidend, um natürliche Momente einzufangen.

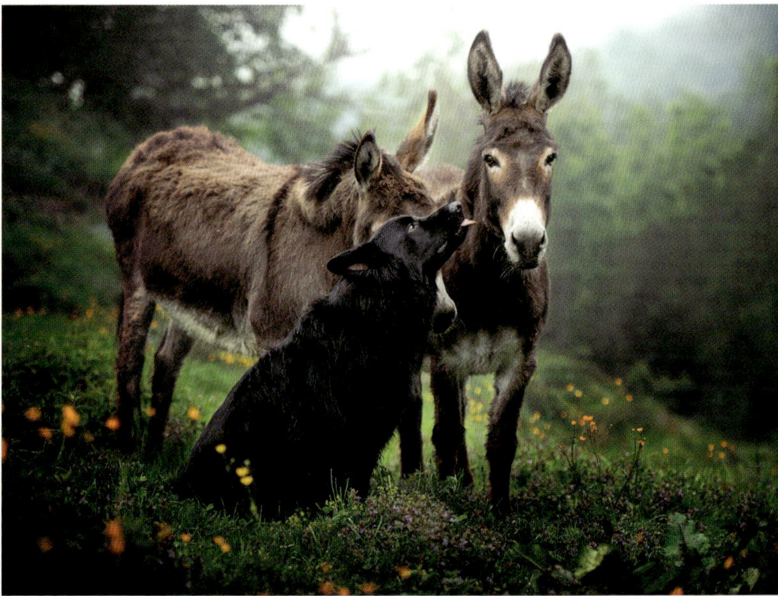

Abbildung 7.38
Hunter mit seinen beiden Freunden, den Eseln

Tipps zum Fotografieren vom Schatten in das Licht

Diffuses Licht bedeutet, wie schon erwähnt, auch Fotografieren im Schatten. Wo Schatten ist, ist jedoch meistens auch Licht. Gerade wenn man im Schatten fotografiert, liegt oftmals nicht die gesamte Location im Schatten und man muss oder möchte vielleicht gerade den Hintergrund nutzen, der sich noch in der Sonne befindet. Es kommt zu großen Kontrastunterschieden, was wiederum höhere Ansprüche an dich hinsichtlich der richtigen Einstellungen und an deine Kamera hinsichtlich des Dynamikumfangs stellt. Bei solchen Bildern musst du unbedingt auf den

Hintergrund achten und darfst dich nicht nur auf eine korrekte Belichtung des Hundes konzentrieren. Denn würdest du den Hund so ablichten, dass er bereits perfekt ausgeleuchtet ist, ist mit großer Wahrscheinlichkeit der Untergrund überbelichtet. Es werden Strukturen fehlen, die du auch innerhalb der RAW-Entwicklung nicht mehr zurückgewinnen kannst. Hier ist es auf jeden Fall wieder von großer Bedeutung, den Hund etwas unterzubelichten. Bedenke dabei die Grenzen deiner Kamera hinsichtlich des Dynamikumfangs. Ich habe es bereits bei den Tipps zu den Gegenlichtaufnahmen erwähnt, möchte das aber auch hier noch einmal betonen. Meine Beispiele sind teilweise sehr dunkel belichtet, aber ich weiß, meine Kamera schafft das. Viele Kameras haben nicht einen solch guten Dynamikumfang und deshalb würde eine so starke Korrektur der Tiefen ein extremes Rauschen verursachen. Am besten, du testest deine Kamera bei schwierigen Lichtsituationen ausführlich, um auch zu wissen, wie weit du unterbelichten kannst, ohne zu viel an der Qualität zu verlieren. Bei solchen Lichtsituationen ist es wichtig, das Foto entsprechend der Möglichkeiten der Kamera unterzubelichten. Ist deine Kamera hinsichtlich des Dynamikumfangs nicht so gut, musst du einen entsprechenden Kompromiss finden. Wenn du gar keine passende Lösung findest, würde ich dir raten, entweder einen anderen Hintergrund zu nutzen oder die Perspektive anzupassen.

Um dir ein besseres Gefühl dafür zu geben, inwieweit man manchmal unterbelichten muss, habe ich dir ein paar Beispielfotos angefügt. Ich weiß, dass, wenn man dazu neigt, seine Bilder hell zu belichten, man viel schwieriger an dunklere Belichtungen herangeht. Mit den Beispielen möchte ich dir zeigen, dass es aber manchmal einfach notwendig und mit einer Kamera mit gutem Dynamikumfang auch kein Problem ist. Denn die Tiefen können ohne einen Qualitätsverlust bis zu einem bestimmten Grad angepasst werden.

Das erste Foto soll dir zeigen, dass es manchmal sinnvoll ist, die Perspektive oder auch den Hintergrund zu wechseln. Natürlich wäre das Foto von Finn im Boot mit der Bergkulisse im Hintergrund schön gewesen. Da ich jedoch Finn schon richtig dunkel belichtet habe und trotzdem immer noch so viele Bereiche überbelichtet waren, habe ich mich dazu entschlossen, die Perspektive zu wechseln.

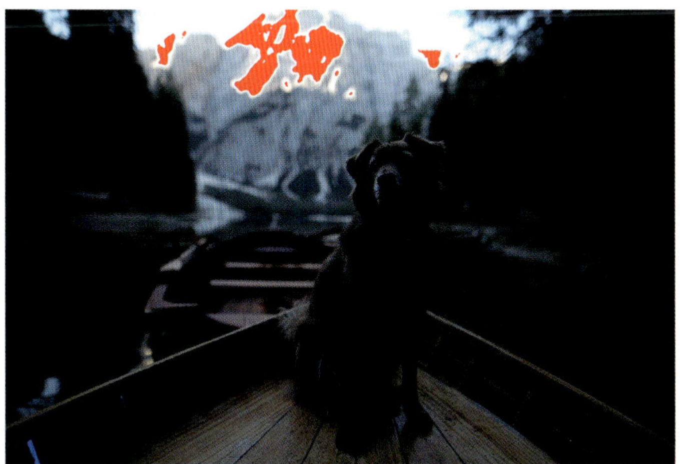

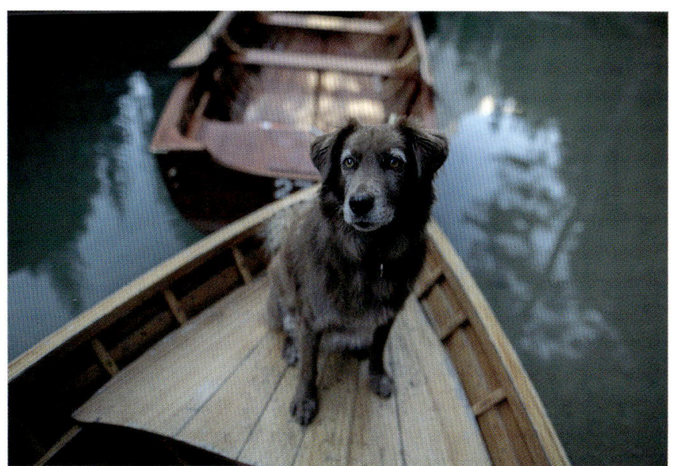

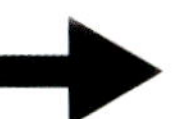

Perspektivwechsel

Abbildung 7.39
Die roten Bereiche zeigen die überbelichteten Stellen im Foto.

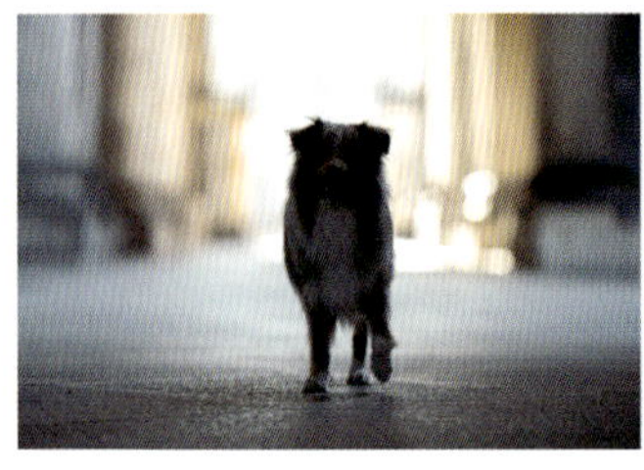
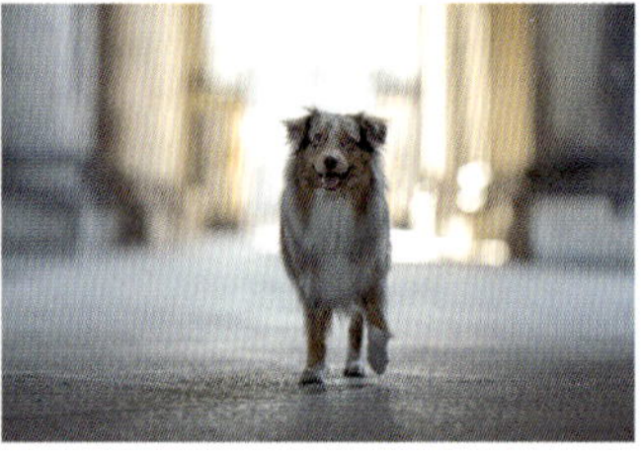

Abbildung 7.40
Links siehst du das OOC und rechts das Foto nach der Anpassung der Tiefen und Lichter.

Bei dem Foto von Peanut wollte ich unbedingt in Richtung des Lichts fotografieren. Peanut stand in diesem dunklen Durchgang und der Hintergrund wurde bereits von der Sonne beleuchtet. Dadurch musste ich wieder sehr dunkel belichten, um den beleuchteten Hintergrund nicht komplett ohne Struktur einzufangen. Hier war es kein Problem, die Tiefen in der RAW-Entwicklung anzuheben und die Lichter noch etwas zu senken, um den Hund und den Hintergrund korrekt zu zeigen. Hätte ich hier jedoch einen schwarzen Hund fotografiert, wäre das noch einmal um einiges schwieriger gewesen. Peanuts helle Farbe hat diese Lichtsituation sehr begünstigt.

Das letzte Beispiel zeigt Finn in den Dolomiten. Hier wurden nur kleine Bereiche im Hintergrund bereits vom Sonnenlicht bestrahlt, dennoch musste ich das Bild wieder dunkel belichten, um diese Stellen nicht überzubelichten.

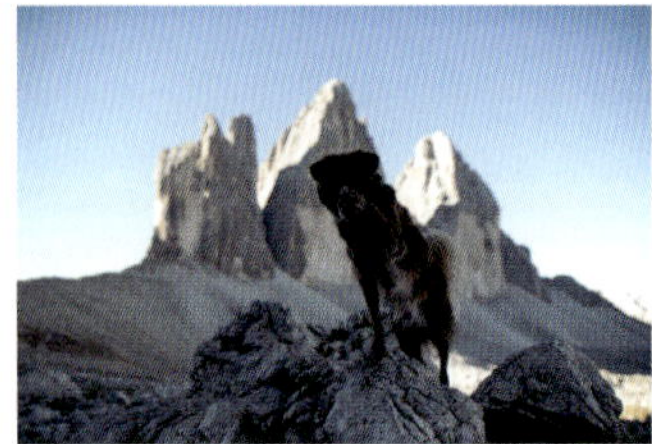
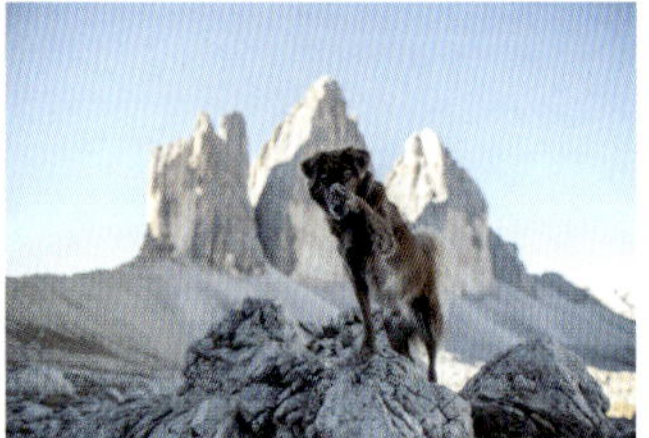

Abbildung 7.41
Um auch die Details der Bereiche in der Sonne zu erhalten, habe ich das Bild dunkel belichtet.

Dämmerung

Die Dämmerung ist bei Weitem eines der stimmungsreichsten Lichter. Von der Dämmerung spricht man, bevor die Sonne aufgeht bzw. nachdem sie untergegangen ist. Die Dämmerung zeigt sich in den unterschiedlichsten Facetten. Manchmal färbt sich der Himmel in mystischen blauen Tönen, man spricht dann auch von der »blauen Stunde«. An anderen Tagen hast du zartrosa Töne oder ganz kräftige Farben. Auf alle Fälle verspricht sie stimmungsgeladene Bilder.

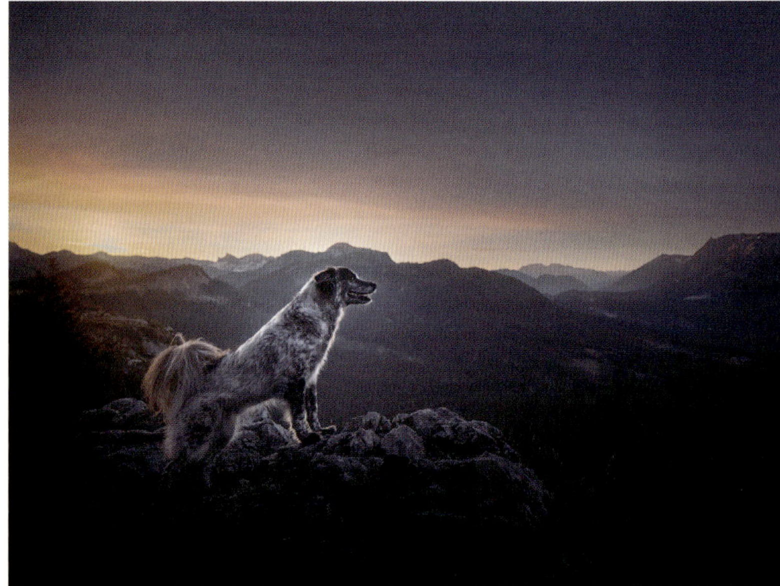

Abbildung 7.42
Zarte Färbung des Himmels bei Dämmerung

Dieses Bild wurde, kurz bevor die Sonne über den Berg kam, aufgenommen.Es herrschten daher schon sehr gute Lichtbedingungen. Nutzt man die Dämmerung kurz vor Sonnenaufgang, braucht man sich nicht vor hohen ISO-Zahlen zu fürchten. Ich habe das Bild etwas unterbelichtet, um alle Farben des Himmels zu sichern, und folgende Einstellungen genutzt: 1/1000 s, f 2.8, ISO 200.

Aufgrund der fehlenden Sonne ist manchmal nicht mehr viel Licht vorhanden, deshalb musst du bei bewegten Aufnahmen auch mit hohen ISO-Werten arbeiten. Fotografierst du ein sehr ruhiges Hundemodel, reicht das vorhandene »Licht« und eine etwas längere Belichtungszeit sehr lange aus, um das Foto korrekt zu belichten. Bei Dämmerung solltest du eine freie offene Fläche zum Fotografieren nutzen. Natürlich wirken Dämmerungsbilder in einer Bergkulisse, am See oder am Meer besonders stimmungsvoll. Bei Dämmerung werden oft die Bergspitzen in einen rotrosa Ton gehüllt oder die Wasseroberfläche von Meer und See reflektiert die Farbgebung des Himmels wieder. Solche Aufnahmen sind nicht nur unter Naturfotografen sehr beliebt, sondern lassen auch das Hundefotografenherz um einiges schneller und höher schlagen.

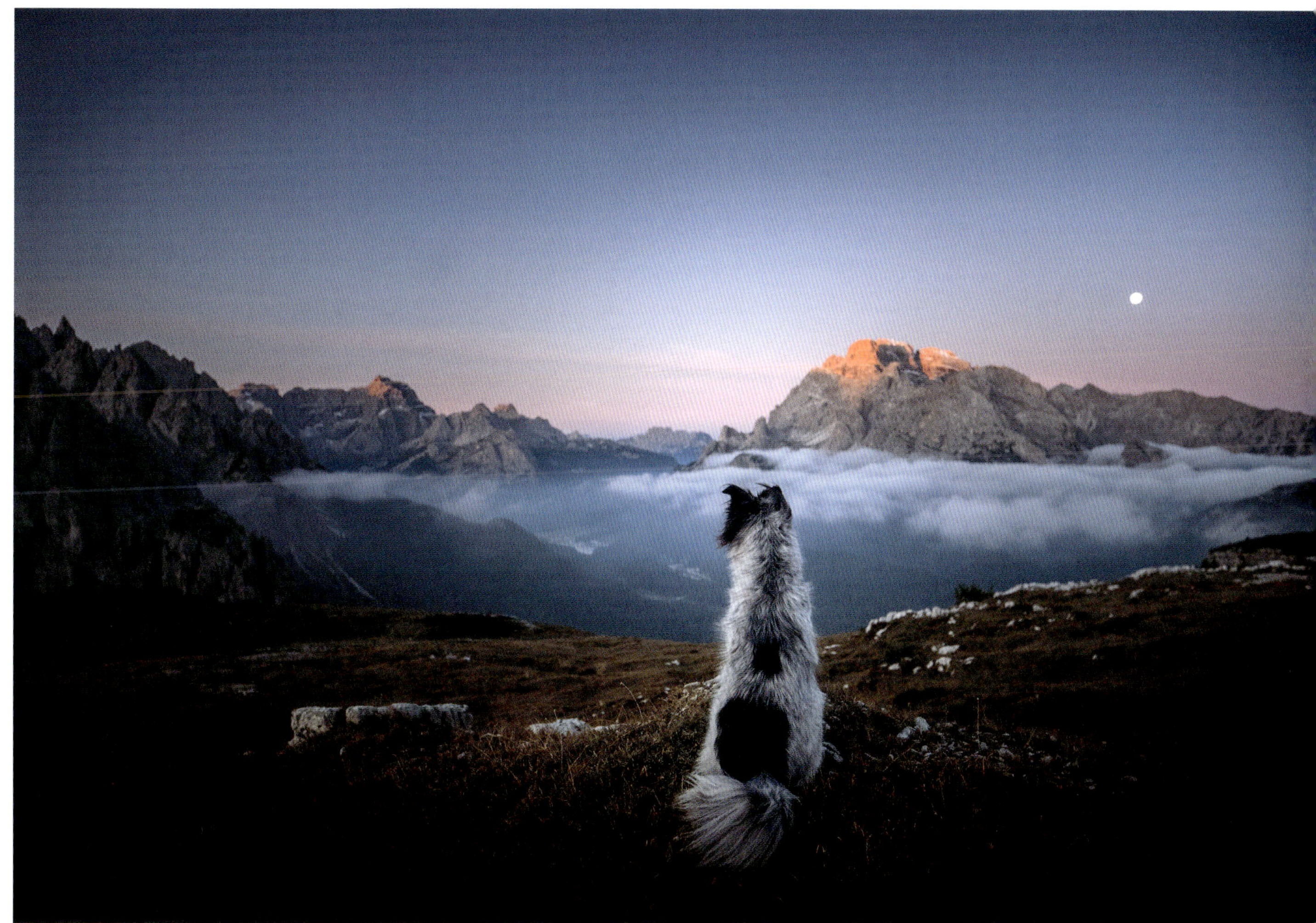

Abbildung 7.43
Der kleine Mond und die Beleuchtung der Bergspitzen bei Dämmerung machen das Foto zu einem Hingucker.

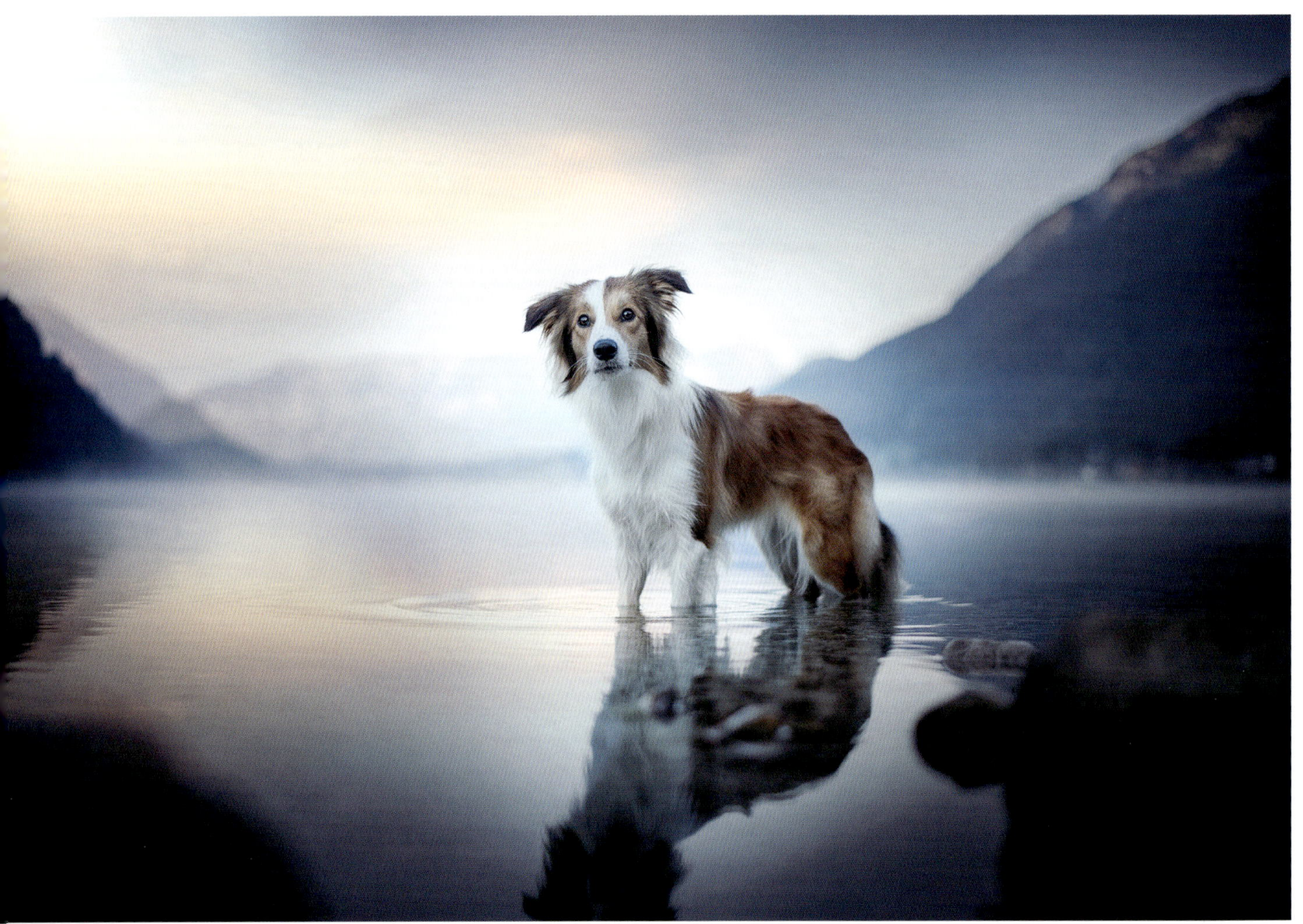

Abbildung 7.44
Bei Dämmerung entstehen gerade bei ruhigen Gewässern tolle Lichtspiegelungen.

Doch eigentlich reicht auch ein einfaches Feld aus, um schöne Fotos aufzunehmen. Denn letztendlich zählt der Himmel bei dieser Art der Aufnahmen. Wenn die Sonne untergeht, dauert es oft ein Weilchen, bis sich der Himmel in bunte Farben färbt. Da musst du unbedingt ein bisschen Geduld haben. Natürlich gibt es auch Tage, an denen es zu keiner besonderen Färbung des Himmels kommt. Jedoch hat auch dieses dunkle Blau des Himmels in der Dämmerung einen ganz besonderen Reiz.

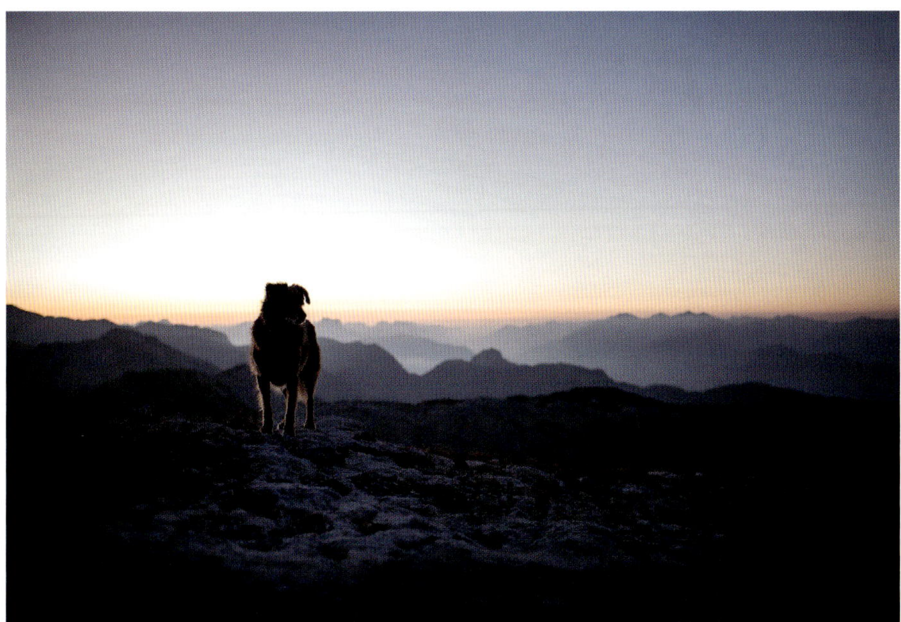

Abbildung 7.45
Finn im Toten Gebirge kurz vor Sonnenaufgang

Das Bild von Finn wollte ich dir unbedingt zeigen, weil es eines der wenigen Bilder von mir ist, auf dem der Hund zur Kamera blickt und man wenig Details erkennt. Die Schnauze kommt durch die graue Färbung noch etwas besser zur Geltung, die Augen kann man jedoch nur mehr erahnen. Ich hätte natürlich innerhalb der Bildbearbeitung Finn noch stärker herausarbeiten können, dadurch hätte das Bild aber mit Sicherheit an Qualität verloren. Aber es war mir bei diesem Bild gar nicht wichtig, die Augen zu betonen. Denn ich möchte gerade diese dunkle Stimmung verdeutlichen und das würde verloren gehen, wenn ich den Hund gut ausgeleuchtet darstellen würde.

Jedes Licht hat einen unterschiedlichen Lichtcharakter und hilft dir dabei, eine andere Bildaussage zu treffen. Ich kenne viele Fotografen, die meistens nur bei diffusem Licht oder Gegenlicht fotografieren. Alle anderen Lichtarten werden dabei außer Acht gelassen und das ist eigentlich sehr schade. Ich hoffe, ich kann dich dazu motivieren, auch gezielt die anderen Lichttypen einzufangen. Du wirst sehen, es lohnt sich. Bei Fotoshootings ist man natürlich oft nicht so flexibel oder muss manchmal auch zu ungünstigen Zeiten fotografieren. Fotografierst du einmal bei nicht optimalen Bedingungen, musst du dich auf den neuen etwas schwierigen Lichtcharakter einlassen und versuchen, das Beste daraus zu machen. Dementsprechend musst du deine Erwartungen an die Bilder anpassen, denn eine hoch stehende Sonne wird keine romantische Bildwirkung mit sich ziehen. Ich rate dir, deinen Kunden klarzumachen, wie wichtig das optimale Licht ist und dass es sich lohnen wird, dafür sehr früh aufzustehen. Ich vermittle meinen Kunden klar und deutlich, dass, wenn sie solche Bilder haben möchten, die sie auf meiner Homepage oder den Social-Media-Kanälen sehen, wir bei sehr guten Lichtverhältnissen fotografieren müssen. Ohne gute Lichtbedingungen kann ich ihnen auch nicht das Ergebnis liefern, das sie von mir erwarten.

Das ist der Grund, warum ich keine Sammelfotoshootings über einen ganzen Tag verteilt anbiete. Ich könnte bei Sonnenschein nur ein paar Kunden die optimalen Bilder bieten, und das möchte ich nicht. Darum mache ich lieber kleine Fotowalks. Die Zeit ist hier pro Besitzer und Hund zwar etwas begrenzter, jedoch kann ich jedem dieser Kunden die besten Lichtverhältnisse bieten, da die Hunde immer abwechselnd fotografiert werden.

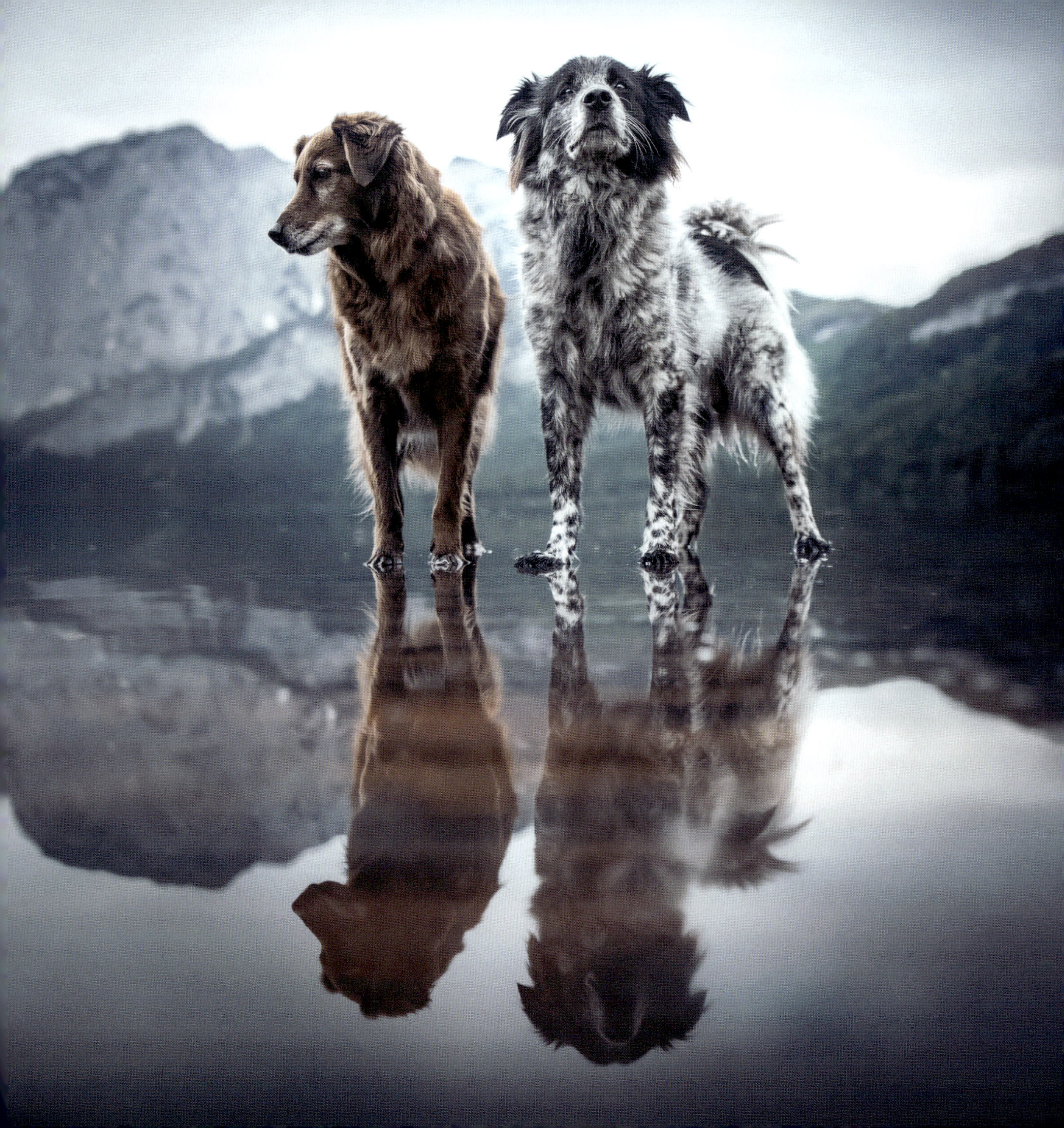

KAPITEL 8
Hunde und das Wunder Natur

Hunde in faszinierenden Landschaften, das ist definitiv genau das, wofür mein Herz schlägt. Und genau aus diesem Grund habe ich diesem Thema auch ein ganzes Kapitel in meinem Buch eingeräumt. Ich liebe Porträts, keine Frage, aber nichts liebe ich mehr, als einen Hund in der Landschaft festzuhalten. Dabei muss es nicht immer das spektakuläre Bergpanorama sein, es reicht auch schon der einfache Wald von nebenan. Du musst lernen, das Besondere in den unterschiedlichen Landschaften zu sehen. Jeder nimmt die Umgebung um sich anders wahr. Ich bin inmitten von Bergen aufgewachsen und genau da möchte ich auch den Rest meines Lebens verbringen. Ich verbinde mit den Bergen so viele Kindheitserinnerung. Dank meiner Eltern war ich immer viel in der Natur. Speziell Berge werden für mich immer eine ganz besondere Faszination haben, das habe ich wohl von meinem Papa geerbt. Dennoch kann ich mich auch für das Flachland mit freier Sicht bis zum Horizont begeistern, da es für mich einfach nicht das Alltägliche ist. Hunde und die Natur selbst sind für mich zwei der größten Wunder dieser Welt.

Wahrscheinlich könnte ich ein ganzes Buch mit dieser Art der Fotografie füllen. In diesem Kapitel möchte ich dir zumindest meinen Zugang zu diesem Bereich der Fotografie näherbringen und dir ein paar Tipps geben, auf welche Dinge du beim Fotografieren von Hunden in Landschaften achten musst. Denn eines sage ich dir gleich von Anfang an, so einfach wie die beliebten Hundeporträts, mit Freistellung ohne Ende, ist das hier nicht. Bei dieser Art der Fotografie musst du auf so viel mehr achten und bist von vielen unterschiedlichen Dingen abhängig. Auch wenn großartige Landschaften die perfekte Kulisse bieten, um atemberaubende Bilder zu kreieren, ist es nicht immer einfach, das auch genau so auf dem Foto zu transportieren. Berge bieten dir zum Beispiel viele Gestaltungsmöglichkeiten. Doch du brauchst für den Bildaufbau ein gutes Gefühl, um diesen so zu wählen, dass die zahlreichen diagonalen und horizontalen Linien gemeinsam mit dem Hund harmonisch wirken.

Im Kapitel über die Locations ging es vor allem darum, unspektakuläre Plätze zu erkennen und richtig zu nutzen. Ich habe dir gesagt, es ist wichtig, den Platz mit dem Blick durch die Kamera zu betrachten, das Sichtfeld zu begrenzen und störende Elemente auszublenden. Hier ist es genau andersrum. Am besten wäre es, wenn du dein Blickfeld noch erweitern könntest, denn wenn du mit einem Weitwinkel arbeitest, zeigst du mehr auf dem Foto, als du in diesem Moment sehen kannst. Es ist wichtig, die Landschaft mit all ihren Elementen, ihren Linien, ihren Helligkeitsabstufungen und Strukturen zu sehen. Du musst versuchen, das Wunder Natur in all seinen Facetten zu zeigen. Neben dem Wesen des Hundes soll auf dem Bild vor allem auch der Charakter der Landschaft zu sehen sein. Auf einem Foto werden große Hundeaugen den Betrachter immer auf irgendeine Art und Weise berühren. Jedoch sieht man diese Hundeaugen vielleicht auf solchen Fotos nicht, da der Hund von hinten oder nur sehr klein fotografiert wird. Deshalb ist es gerade bei diesen Bildern entscheidend, die eigenen Gefühle im Foto festzuhalten, um den Betrachter damit zu fesseln und zu berühren.

Abbildung 8.1
Meine große Leidenschaft: Aufnahmen von Hunden in besonderen Landschaften

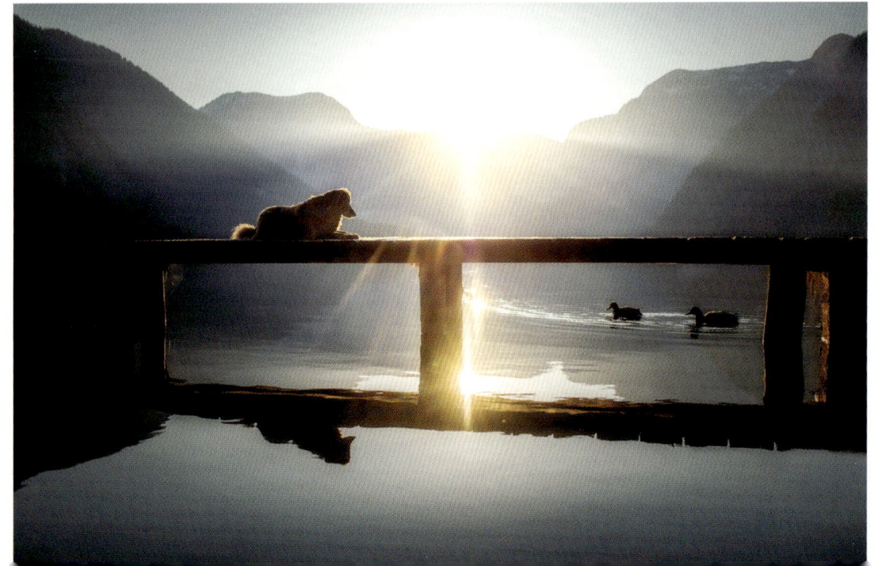

Die richtige Wahl des Objektivs

Viele denken bei Aufnahmen von Hunden in Landschaften meistens an Weitwinkelobjektive. Natürlich ist das nicht weit hergeholt und Weitwinkelobjektive haben bei diesen Aufnahmen ihren ganz speziellen Reiz. Trotzdem muss man einen größeren Brennweitenbereich abdecken. Jede Situation erfordert eine andere Brennweite.

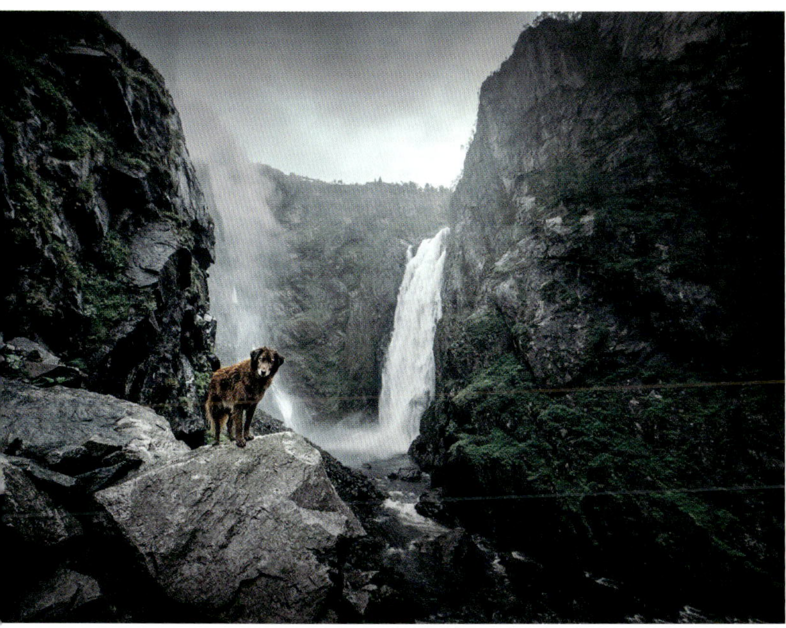

Abbildung 8.2
Finn vor dem Voringsfossen in Norwegen. Aufgenommen mit 14 mm, f/5.0.

Wie die beiden Bilder von Finn vor dem Voringsfossen gut zeigen, hat jedes Foto seine eigene Wirkung. Je nachdem, wie man den Hund zusammen mit der Landschaft zeigen möchte, fällt dabei die Wahl auf ein anderes Objektiv. Geht es bei der weitwinkligeren Aufnahme vor allem darum, viel von der Landschaft zu zeigen, rückt bei der zweiten Aufnahme der Hund und der Regen in den Vordergrund. Die erste Aufnahme zeigt eindeutig, wo sie gemacht wurde. Jeder, der den Voringsfossen kennt, wird ihn auch auf diesem Bild wiedererkennen. Hingegen würde man bei dem zweiten Foto den Wasserfall nicht unbedingt einem bestimmten zuordnen können.

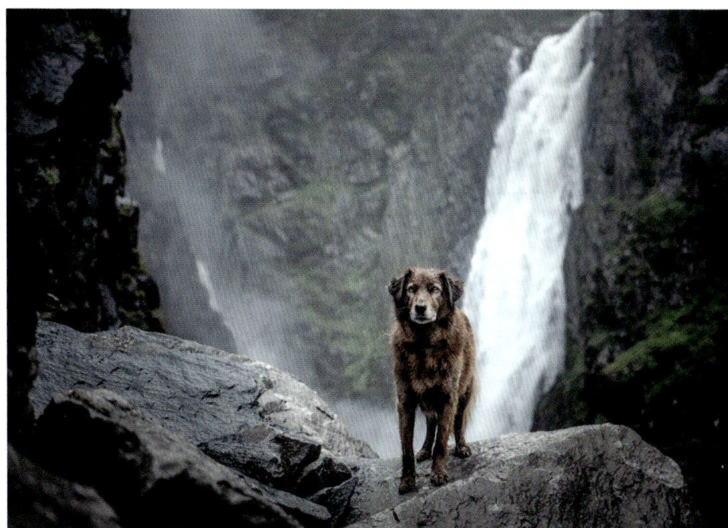

Abbildung 8.3
Finn vor dem Voringsfossen. Aufgenommen mit 50 mm, f/2.2.

Ich habe mir für unsere Norwegenreise im Jahr 2019 extra ein Weitwinkel gegönnt, und zwar das 14–24 mm f/2.8. Dieses Objektiv hat für mich zwei klare Vorteile gegenüber meinen anderen Objektiven. Es ist ein Zoomobjektiv und es hat einen extrem weiten Aufnahmewinkel. Doch ich muss ganz ehrlich gestehen, die 14 mm nutze ich selten. Die Entfernung zum Hund muss relativ groß sein, um Verzerrungen zu vermeiden. Zudem ist es gar nicht immer so einfach, mit den 14 mm den Hund und die Landschaft so in Szene zu setzen, wie man gerne möchte. Dennoch war es eine großartige Investition. Mit der nachfolgenden kurzen Geschichte möchte ich dir zeigen, warum man sich beim Fotografieren von Hunden in Landschaften nie auf nur kurze Brennweiten verlassen soll. Um Gewicht bei den Wanderungen in Norwegen zu sparen, hatte ich meistens nur zwei Objektive mit. Einmal wurde mir das fast zum Verhängnis. In meinem Rucksack waren immer das 14–24 mm und das 35 mm. Du kennst vielleicht dieses berühmte Motiv von vielen Traveller-Fotografen. Ein Mensch steht ganz allein auf dem Wahrzeichen Norwegens, dem Preikestolen. Natürlich wollte ich so ein Bild unbedingt von meinen Hunden machen. Das Problem war, das Foto konnte man nur vom gegenüberliegenden Felsen aufnehmen. Die optimale Brennweite wäre in etwa bei 70 mm gewesen, um den Hund auch etwas größer am Felsen abzulichten. Zum Glück hatte ich an diesem Tag so eine Vorahnung und habe noch mein 50 mm eingepackt. Somit konnte ich Finn auf dem Foto noch passend »groß« ablichten. Mit allen kürzeren Brennweiten hätte ich dieses Motiv nicht aufnehmen können. Man hätte den Hund auf dem Foto wohl nur noch als kleinen Punkt in den Weiten des Preikestolens gesehen. Ich liebe das Foto vom kleinen Finn am Preikestolen und genau so habe ich es mir vorgestellt. Trotzdem ist es sehr schade, dass ich keine noch längere Brennweite mitgehabt habe. Denn wenn man schon einmal in so einer spektakulären Landschaft ist, möchte man natürlich ein paar unterschiedliche Fotos machen können. Dieser Fehler wird mir nicht noch einmal passieren. Seither habe ich auf allen mir noch unbekannten Wanderungen immer vier Objektive mit, um zumindest die Brennweiten 14 mm–85 mm abzudecken.

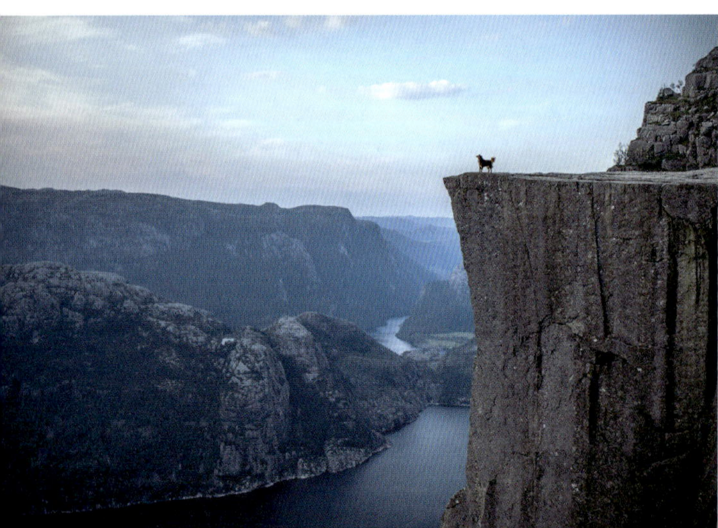

Abbildung 8.4
Der König der Welt. Finn am Preikestolen.

Da man gerade in der Hund-Landschaft-Fotografie sehr von Lichtstimmungen abhängig ist, ist es von großer Bedeutung, sich über die unterschiedliche Wirkung der Objektive im Klaren zu sein, denn oft bleibt nicht die Zeit, um viele Versuche zu starten, bis die ideale Brennweite ermittelt ist. Neben der Wirkung ist es auch wichtig, über die Stärken und Schwächen des Objektivs Bescheid zu wissen. Gerade, wenn man den Hund sehr klein im Bild ablichten möchte, gibt es Objektive, die bessere Ergebnisse erzielen als andere. Schließt man oft die Blende nicht weit genug und hat das Objektiv in dieser Hinsicht sowieso nicht die beste Qualität, wird der Hund schwammig dargestellt.

Ich arbeite eigentlich meistens im Brennweitenbereich zwischen 14 mm und 85 mm. Die Brennweiten 18 mm bis 50 mm kommen dabei am meisten zum Einsatz.

Damit die Weite und das Gefühl von Freiheit noch besser vermittelt werden kann, eignet sich auf jeden Fall ein Weitwinkelobjektiv. Gerade in atemberaubenden Landschaften ist meistens das Weitwinkel meine erste Wahl, denn ich möchte so viel wie möglich davon zeigen. Da ein Weitwinkel ein Foto aufnimmt, das mehr zeigt, als wir eigentlich sehen können, entsteht ein besonders beeindruckender Effekt.Weitwinkelobjektive helfen dir dabei, in großem Maße räumliche Tiefe zu erzeugen. Um das Bild für den Betrachter greifbar zu machen, ist es essenziell, aus einem nur zweidimensionalen Foto ein dreidimensionales zu machen. Das Weitwinkelobjektiv stellt Objekte im Vordergrund überdimensioniert und Elemente in Hintergrund verkleinert dar. Genau das kannst du dir zunutze machen, indem du gezielt Steine oder Blumen in den Vordergrund einbaust. Wird der Hintergrund zu klein dargestellt, ist es oft besser, eine etwas längere Brennweite zu nutzen.

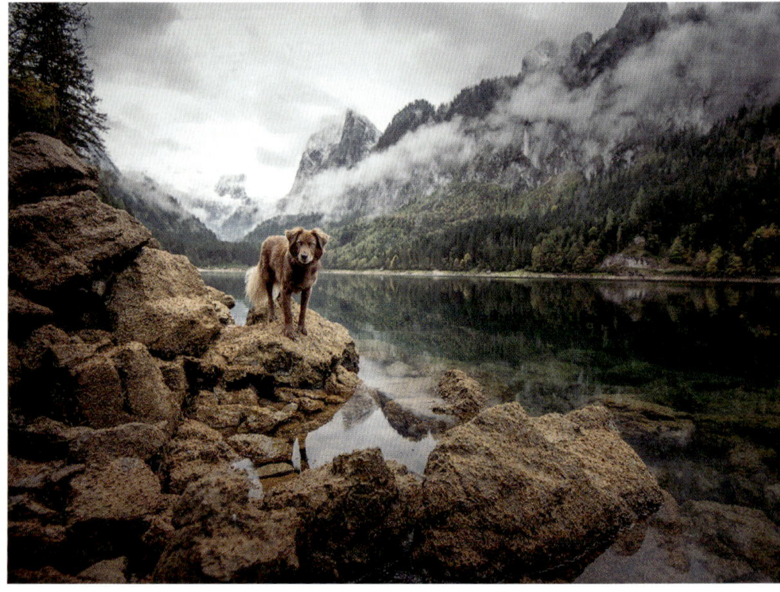

Abbildung 8.5
Das Miteinbeziehen des Vordergrunds verleiht dem Foto mehr Tiefe.

Objektive mit einer etwas längeren Brennweite sind wichtig, wenn du einen Ausschnitt in der Landschaft betonen oder auch den Hintergrund näher heranholen möchtest. Gerade, wenn du auf einem Berg Fotos machst und die Berge im Hintergrund sehr weit weg sind, kann eine größere Brennweite die richtige Wahl sein.

Ich nutze vor allem Objektive mit größeren Brennweiten dann, wenn ich den Hintergrund näher heranholen oder diese verträumte Seite der Landschaften mit dem Hund zusammen zeigen möchte. Gerade, wenn man verträumte Bilder schaffen möchte, ist eine bessere Freistellung notwendig, um nicht zu viele Details auf dem Foto zu zeigen.

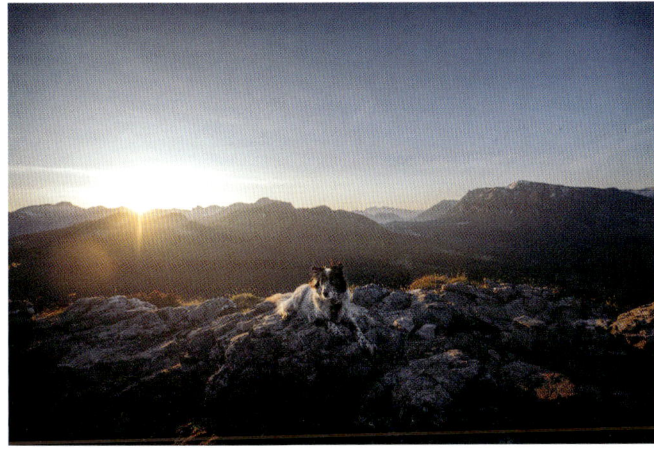

Abbildung 8.6
Die Bildwirkung des Weitwinkelobjektivs. Fotografiert bei 14 mm.

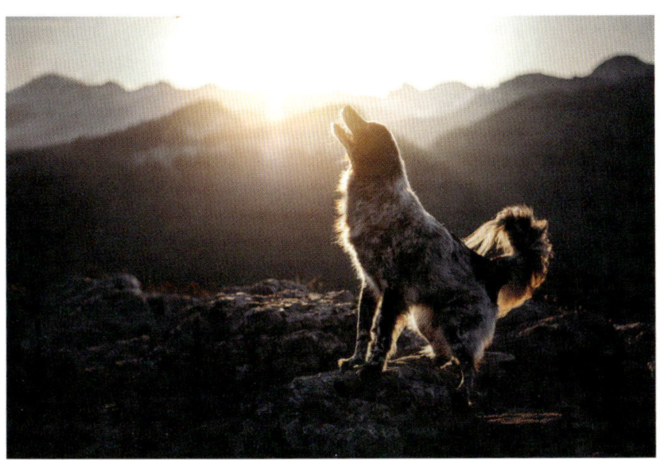

Abbildung 8.7
Die Kompressionswirkung wird deutlich sichtbar. Fotografiert mit 50 mm.

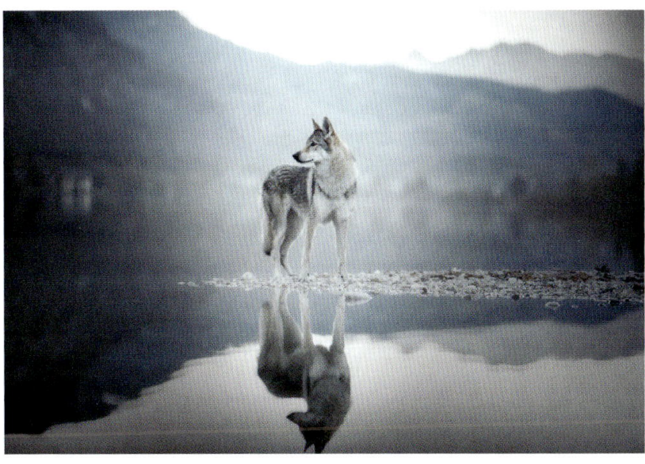

Abbildung 8.8
Um das Foto ruhiger zu gestalten und den Blick des Betrachters mehr auf Ginua und die Spiegelung zu lenken, habe ich bewusst offenblendig und mit 85-mm-Objektiv fotografiert.

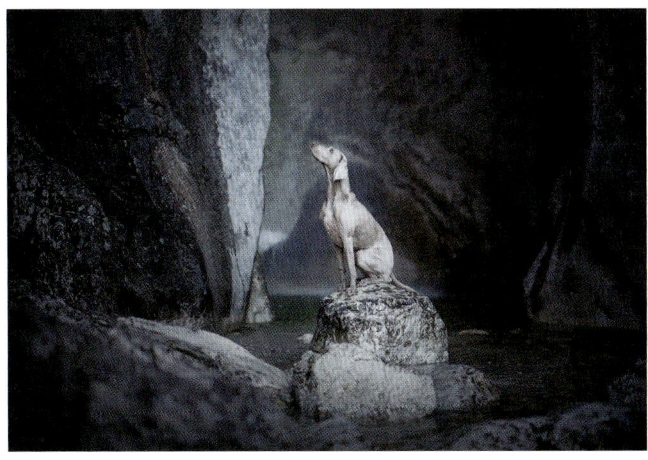

Abbildung 8.9
Bei der Aufnahme von Diva in dieser Höhle war mir der Weitwinkeleffekt nicht wichtig.

Die Aufnahme von Diva habe ich mit dem 85 mm gemacht, um sie etwas besser vom Hintergrund abzuheben. Die Felsen haben viel Struktur und zudem eine sehr ähnliche Farbe wie die Hündin selbst. Aus diesem Grund habe ich mich für das 85-mm-Objektiv entschieden und zusätzlich den Abstand zum Hund vergrößert, um trotzdem genug von der Location zu zeigen.

Wenn es mir die Licht- und Wetterverhältnisse, aber vor allem das Hundemodel ermöglichen, nutze ich vor Ort neben den unterschiedlichsten Perspektiven auch immer unterschiedliche Objektive, um zu Hause noch einmal die Wahl treffen zu können. Oft sieht man erst auf großer Ansicht am PC, welche Bildwirkung einem besser gefällt.

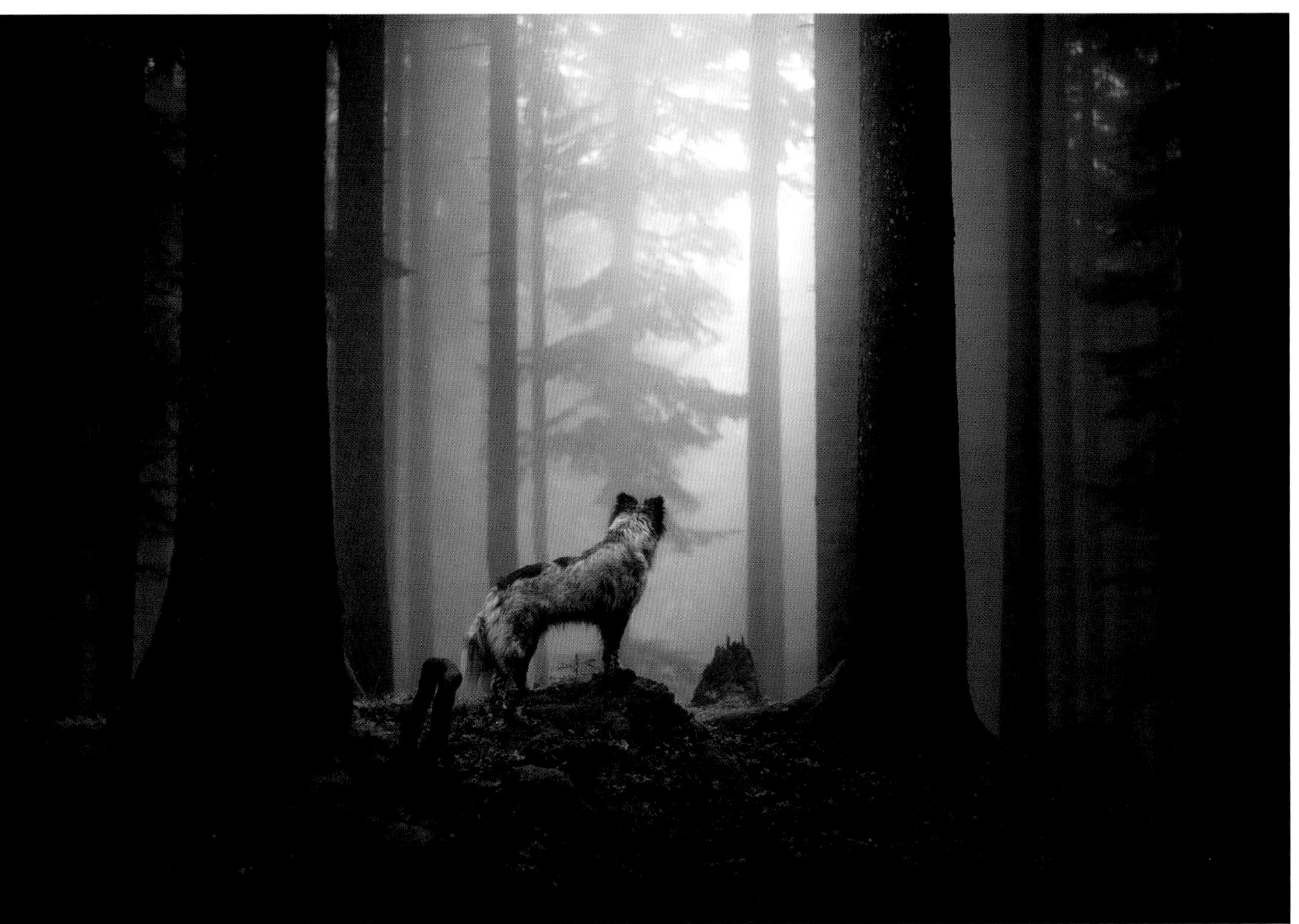

Abbildung 8.10
Damit man aufgrund der vielen vertikalen Linien mehr Ruhe in eine Aufnahme im Wald bringen kann, ist es einfacher, eine etwas größere Brennweite zu nutzen. Das Foto wurde mit einer Brennweite von 50 mm aufgenommen.

Ausdruck und Position des Hundes

Um den Hund in der Landschaft entsprechend abzulichten, gehe ich mit ganz viel Gefühl an die Aufnahme. Ich lasse mich vollkommen auf die vorhandene Situation ein. Mache ich das nicht, werden die Bilder zwar meistens technisch einwandfrei, doch fehlt diesen am Ende das gewisse Etwas und die Emotion.

Wie ich im Kapitel über den Ausdruck des Hundes erwähnt habe, ist es entscheidend, dem Bild Leben einzuhauchen. Einer der wichtigsten Tipps, den ich hier nannte, war der Glanz in den Augen des Hundes. Jedoch wird man diesen bei solchen Aufnahmen nicht immer sehen. Trotzdem muss man das Foto mit Leben füllen. Deshalb ist es besonders wichtig, den Blick nicht nur auf den Hund, sondern auch auf die Landschaft zu richten. Am besten versuchst du, die vorhandene Aufnahmesituation mit der gesamten Stimmung wiederzugeben. Es macht zum Beispiel einen riesengroßen Unterschied, ob das Bild bei Dämmerung oder bei einem Sonnenuntergang entstanden ist, und genau das soll der Betrachter auch sehen und spüren. So kannst du zum Beispiel mit einer bestimmten Farbgebung Wärme oder auch Kälte transportieren. Ein weiterer wichtiger Punkt, um den Bildern Leben zu geben, ist die Körperhaltung und der Ausdruck des Hundes. Um eindrucksvolle Bilder von Hunden in großartigen Landschaften zu kreieren, ist es wichtig, die Hunde entsprechend auf dem Bild zu zeigen. Hier gilt vor allem eines: je natürlicher, desto besser. Bei diesen Aufnahmen ist es vor allem wichtig, sich von diesem gezielten Positionieren des Hundes zu lösen und mehr auf die natürlichen Momente, die der Hund anbieten wird, zu warten. Deshalb mein nächster Tipp bei solchen Aufnahmen: hinschauen, beobachten, abwarten und im richtigen Moment den Auslöser drücken. Ich liebe die Bilder, auf denen der Hund von hinten zu sehen ist oder in die Landschaft blickt und nicht direkt in die Kamera.

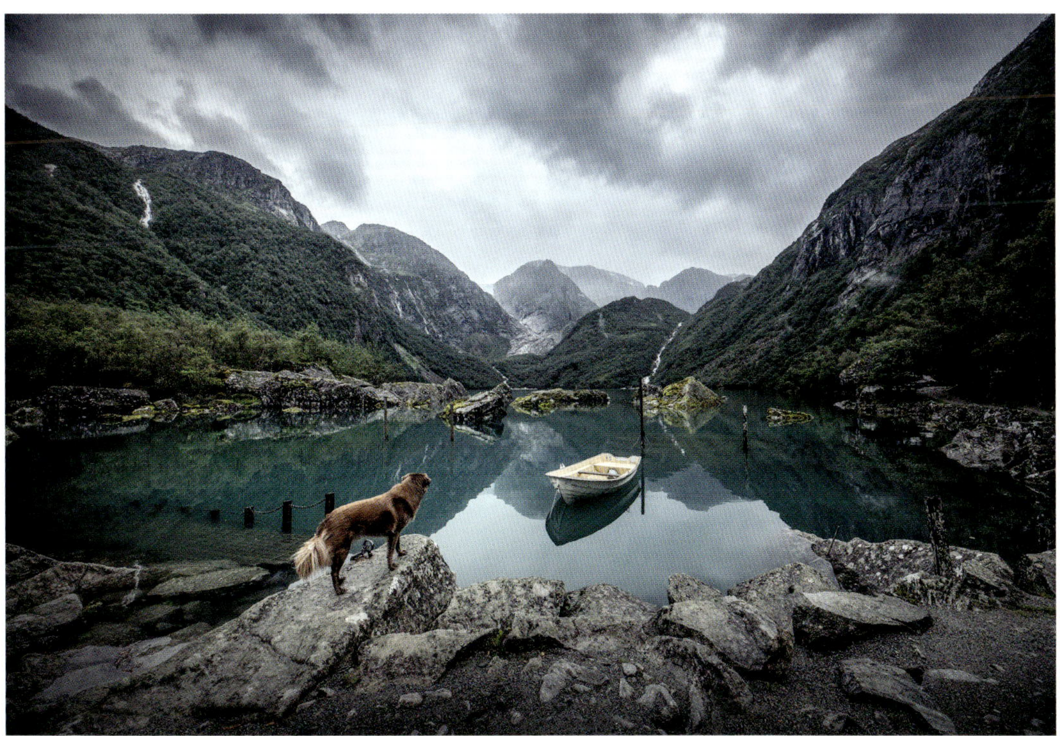

Abbildung 8.11
Finn genießt die Aussicht auf den Gletscher.

Es gibt nichts Schöneres, als den Moment einzufangen, in dem Finn und Yuri in die Ferne blicken, weil sie die Aussicht selbst genießen, und nicht, weil ich es ihnen gesagt habe.

Meine beiden Hunde kann ich zum Beispiel nicht auf Kommando verkehrt zu mir absetzen, dennoch habe ich einige Bilder, auf denen sie mit den Rücken zu mir sitzen. Sie können es nicht, da sie »leider« von mir gelernt haben, es lohnt sich immer, in die Kamera zu schauen. Genau aus diesem Grund drehen sie sich immer wieder zu mir um. Gerade, wenn ich möchte, dass sie eng nebeneinander sitzen, setze ich sie dafür natürlich ab, aber anders. Ich setze mich dann meistens zuerst zu ihnen, wir genießen gemeinsam die Aussicht und ich nutze einen guten Moment, um aufzustehen, hinter die beiden zu gehen und schnell abzudrücken.

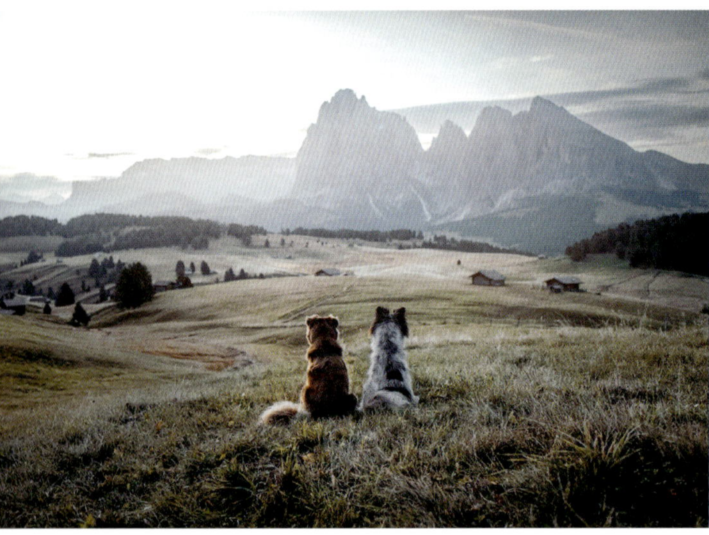

Abbildung 8.12
Wenn ich mir das Foto von Finn und Yuri ansehe, bin ich immer noch verwundert, dass es geklappt hat, die beiden von hinten abzulichten.

Natürliche Momente von den eigenen Hunden einzufangen, ist gar nicht so schwer. Bei den eigenen Hunden hat man einen entscheidenden Vorteil, man kennt ihre Verhaltensmuster. Bei Yuri weiß ich zum Beispiel, dass ich die Kamera schon, bevor wir den Gipfel erreichen, in die Hand nehmen muss, denn genau am Anfang stellt er sich an die Bergkante und blickt hinunter. Auch wenn er in diesem Moment vielleicht nicht dort steht, wo ich ihn gerne hätte, nutze ich es und passe meine Perspektive und den Aufnahmestandort so an, dass ich diesen Platz optimal nutzen kann. Bei einem fremden Hund musst du lernen, genau hinzusehen und den Hund gut zu beobachten. Du wirst schnell gewisse Verhaltensmuster erkennen, die er während des Fotoshootings immer wieder zeigen wird. Wenn dir der Hund von alleine eine Pose anbietet, kann dir nichts Besseres passieren. Bleibe dabei vor allem nicht auf einer Position, bewege dich um den Hund und variiere die Perspektive.

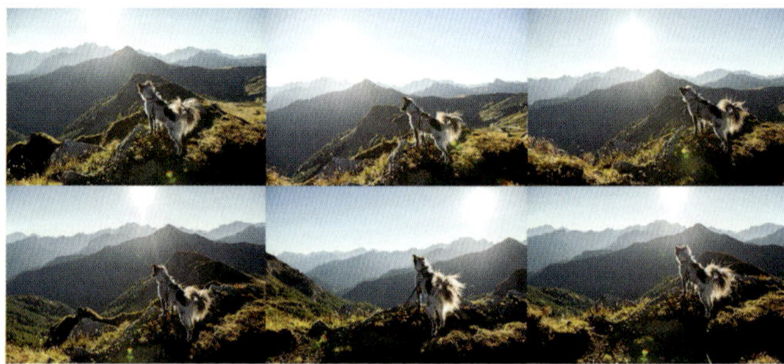

Abbildung 8.13
Der besagte Moment, wenn Yuri den Gipfel erreicht

Yuri stand an diesem Platz wahrscheinlich nicht einmal eine Minute, dennoch konnte ich in dieser kurzen Zeit einige unterschiedliche Fotos machen. Um natürliche Momente des Hundes einzufangen, musst du dich vor allem selbst in Bewegung setzen, flexibel sein und schnell agieren.

Natürlich kannst du versuchen, den Hund mit Leckerchen zu leiten, aber versuche, dabei so wenig Anweisungen wie möglich zu geben. Ich werfe zum Beispiel das Leckerchen und ich weiß, die meisten Hunde werden es suchen. Sobald sie das Leckerchen gefressen haben, beobachte ich den Hund genau. Er wird schnüffeln, er wird die Umgebung erkunden, er wird stehen bleiben und auch schauen. Und in diesem Moment bin ich bereit und drücke ab. Dabei kann ich natürlich ein paar kleine Tricks anwenden und einen Stein werfen, um den Blick wieder zu lenken oder ein Geräusch machen. Gerade in leichter Bewegung entstehen besonders natürliche Bilder. Ich möchte dir nur vermitteln, dass es wichtig ist, hier ohne viele Kommandos oder Anweisungen zu arbeiten, denn so ist es viel einfacher, natürliche Momente einzufangen. Die Ausdrücke und Bewegungsabläufe des Hundes sind bei so einer Herangehensweise nicht vorhersehbar, deshalb bedarf es etwas mehr an Auslösungen. An dir liegt es dann nur, zu Hause auch die entsprechende Pose und den passenden Ausdruck des Hundes auszuwählen, die den Landschaftscharakter noch unterstreichen. Die Fotos, die ich später bearbeite, sind speziell und mit Bedacht ausgewählt. Dabei versuche ich, den Ausdruck und die Körperhaltung des Hundes auf die jeweilige Landschaft abzustimmen. Wie zum Beispiel bei dem Foto von Finn am Krimmer Wasserfall, ich wollte für das perfekte Bild keinen Blick direkt zu mir.

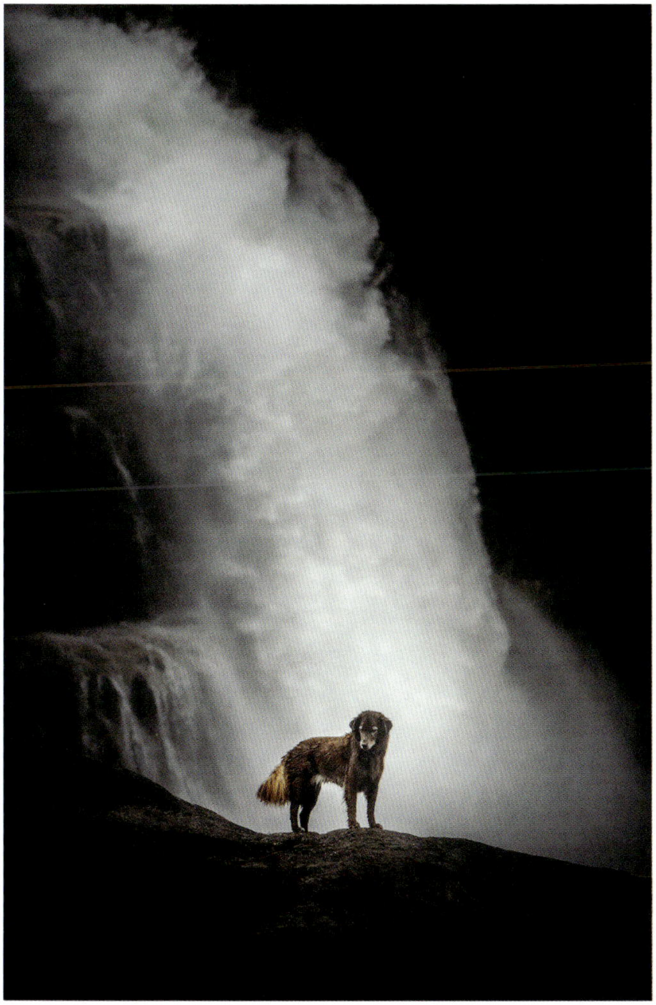

Abbildung 8.14
Mein persönliches Lieblingsfoto aus dem Jahr 2020

Die ganze Stimmung des Wasserfalls mit der Gischt werden durch den Ausdruck von Finn noch einmal untermalt. Das Foto hat eine eigene Energie, diese imposanten Wassermassen und der kleine Hund mit dem Blick zum Boden. Es zeigt so viel Würde und Erhabenheit. Wenn Finn auf diesem Bild direkt in die Kamera sehen und dabei auch noch hecheln würde, was ihm einen sehr freundlichen Gesichtsausdruck verleiht, würde die Stimmung nicht mehr dieselbe sein.

Ich will damit auch nicht sagen, dass die anderen Bilder nicht schön sind. Ich möchte dich hier nur ein bisschen dafür sensibilisieren, genau hinzuschauen und auf kleine, aber feine Unterschiede zu achten. Genau durch solche Kleinigkeiten hebt sich nämlich ein schönes Foto noch einmal von einem herausragenden ab. Wir Menschen neigen dazu, die Ausdrücke der Hunde mit unserem Verhalten zu verknüpfen. Und genau das können wir uns für unsere Bildaussage zunutze machen.

Gerade bei den sehr großräumigen Aufnahmen von Hunden in der Landschaft wirkt ein stehender oder sitzender Hund meistens am besten. Diese Posen erleichtern die Gestaltung eines ansprechenden Bildaufbaus ungemein. Liegende Hunde gehen oft schnell in der Landschaft unter.

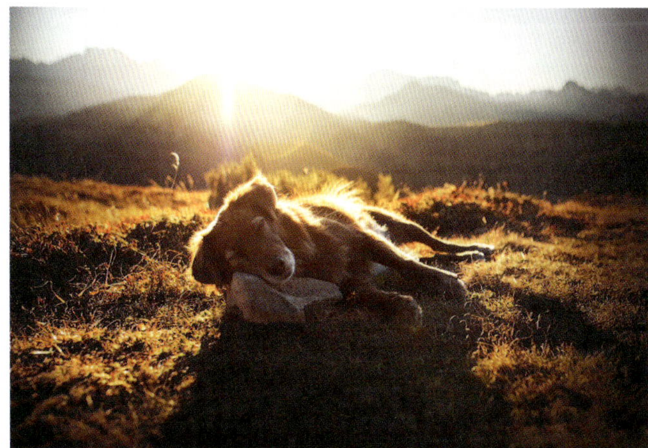

Abbildung 8.15
Finn genießt die letzten Sonnenstrahlen am Berg.

Hat man natürlich die Gelegenheit, einen sichtlich entspannten Hund im Liegen abzulichten, sollte man diese Chance nutzen. Solche Fotos vermitteln so viel Ruhe, Entspannung und Zufrie-

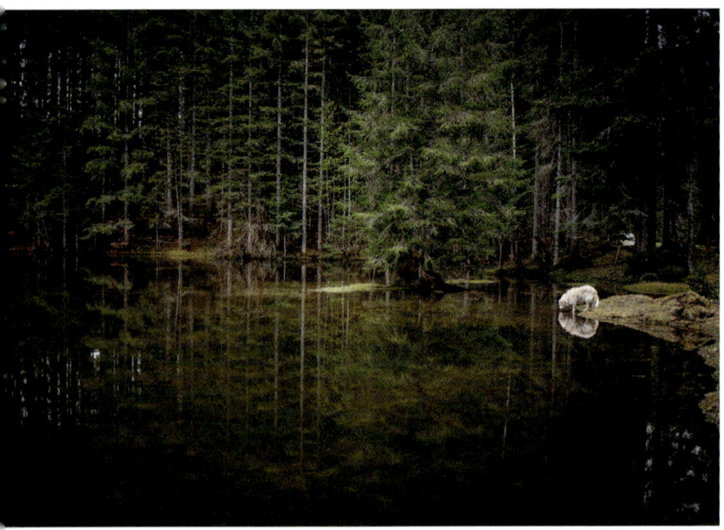

Abbildung 8.16
Bei Aufnahmen an einem See ist es entscheidend, diesem entsprechend Platz im Bild einzuräumen.

denheit. Damit der Hund in der Landschaft dabei nicht untergeht, wähle ich meistens einen engeren Bildschnitt, um den Fokus mehr auf den Hund zu lenken.

Es ist wichtig, den entscheidenden Landschaftselementen genug Raum im Foto zu geben. Der Betrachter soll nicht das Gefühl bekommen, dass etwas Wichtiges keinen Platz mehr auf dem Bild hatte. Aus diesem Grund sollte der Hund zum Beispiel zum See hinausblicken, und nicht in Richtung des Ufers. Blickt der Hund zum Ufer, geht die Wirkung des Sees verloren.

Um solche Aufnahmen zu realisieren, ist es hilfreich, einen Stein weit hinaus ins Wasser zu werfen. Die Betonung liegt dabei auf weit, da der auf das Wasser auftreffende Stein zur Bewegung im See führt und die Spiegelung darunter leiden könnte.

Hingegen macht der ins Wasser fallende Stein andere Bilder wieder zu einem richtigen Hingucker. Wenn du keine Spiegelung aufnehmen möchtest und eine sehr glatte Wasseroberfläche hast, ergibt sich durch das Hineinwerfen eines kleinen Steins eine schöne, kreisende Wasserbewegung.

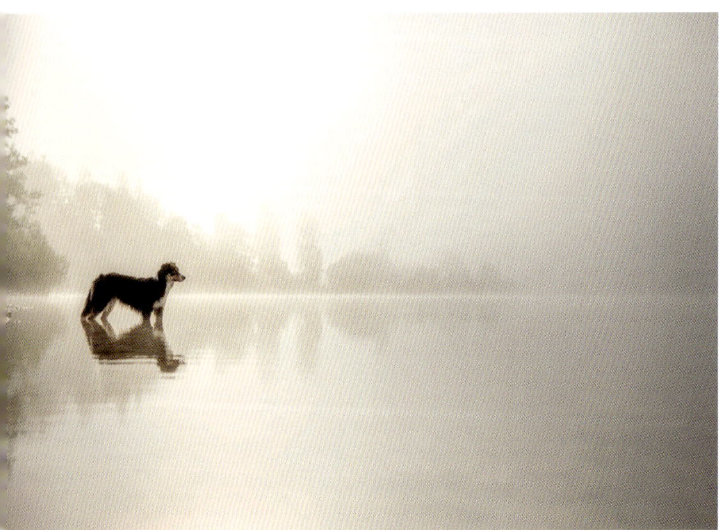

Abbildung 8.17
Lia konnten wir mit einem Stein davon überzeugen, hinaus auf den See zu schauen.

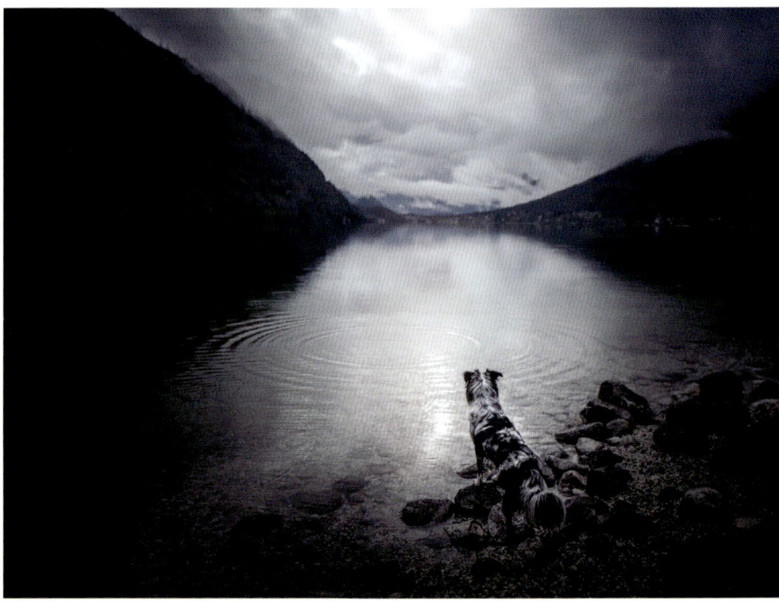

Abbildung 8.18
Die Kreise des Steins ziehen den Blick des Betrachters auf sich.

Tipps zur Bildgestaltung

Bildaufbau

Das Schwierige an Hund-Landschaft-Aufnahmen ist, dass der Hund nicht unbedingt auf den ersten Blick als Hauptmotiv erkannt wird, aber als dieses erkannt werden soll. Da die Landschaft selbst einen sehr wichtigen Teil des Bildes einnimmt, musst du anuf so viel mehr achten, damit du einen harmonischen Bildaufbau erstellen kannst. Landschaften enthalten viele Elemente, Strukturen und Linien. Du musst es schaffen, all diese Elemente gemeinsam mit dem Hund so im Bild anzuordnen, dass sie harmonisch wirken. Die unterschiedlichen Elemente sollen den Betrachter nicht zu einem konfusen Suchen verleiten, sondern wieder gezielt durch das Bild führen. Alle Bildelemente müssen in einer guten Balance zueinander stehen. Hinsichtlich des Bildaufbaus orientiere ich mich vor allem an der Drittel-Reglung, dem Goldenen Schnitt und der mittigen Platzierung des Hundes. Du musst dir vor allem Helligkeits- und Farbunterschiede der Landschaft zunutze machen, um den Hund hervorzuheben und nicht untergehen zu lassen. So kannst du einen dunklen Hund in den hellen Stellen des Bildes platzieren. Bei einem sehr hellen Hund nutzt du hingegen die dunklen Bereiche und Schatten.

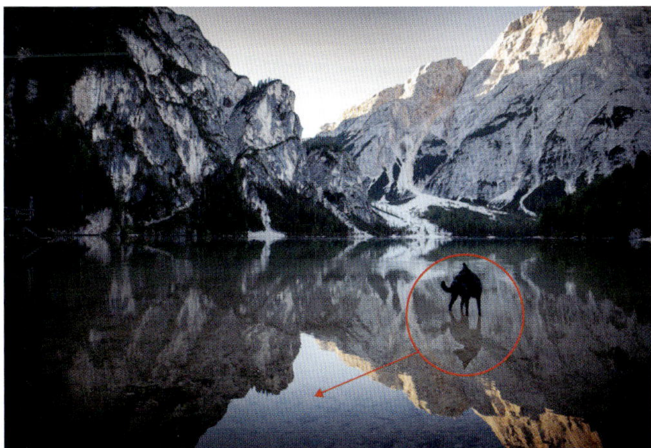

Abbildung 8.19
Nutze helle Bereiche des Bildes, um den Hund besser von der Landschaft abzuheben.

Das Foto von Gember soll dir zeigen, was passiert, wenn man nicht darauf achtet, den Hund vom Hintergrund abzuheben. Das Foto ist sehr kontrastreich, dunkel, enthält viele Linien und Strukturen. Der dunkle Hund geht im Bild total unter. Dabei hätte diese Kulisse so eine gute Möglichkeit geboten, um den Hund besser hervorzuheben. Ich hätte nur meine Aufnahmeposition ändern müssen oder versuchen können, Gember etwas weiter in die Richtung der Reflexion des Himmels am See zu leiten. In diesem Bereich wäre auch der Hund perfekt zur Geltung gekommen.

Genauso wie bei einer normalen Porträtaufnahme eines Hundes gelten auch bei Hund-Landschaft-Aufnahmen wieder die Gestaltungsrichtlinien, die ich schon in Kapitel 4 beschrieben habe. Wie, dass es wichtig ist, mehr Platz in Blickrichtung des Hundes und genügend Abstand zu den Bildrändern zu lassen oder zu versuchen, zu viel Unruhe im Bild zu vermeiden.

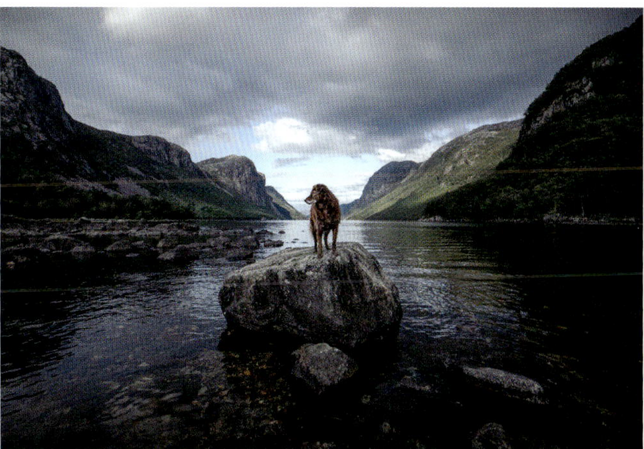

Abbildung 8.20
Um die Wirkung der Landschaft zu unterstreichen, muss man in vielen Fällen von den Gestaltungsrichtlinien loslassen.

Ich möchte auch in diesem Kapitel noch einmal betonen, dass es sich bei den unterschiedlichen Gestaltungsrichtlinien nur um Tipps handelt. Es ist absolut kein Muss, sich daran zu halten. Gerade aufgrund von wichtigen Landschaftselementen müssen diese Richtlinien manchmal in den Hintergrund treten. Wie zum Beispiel bei dem Bild von Finn am Felsen. Er blickt eindeutig nach links, dennoch habe ich ihn sehr mittig platziert. Die Berge umrahmen den See und auch Finn am Stein. Hätte ich den Aufnahmewinkel verändert, um Finn mehr Platz in Blickrichtung zu geben, hätte diese Landschaft nicht mehr dieselbe Wirkung.

Die Perspektive

Ich würde sagen, vor allem die Wahl der Perspektive entscheidet bei Hund in Landschaftsaufnahme, ob das Motiv gelungen ist oder nicht.

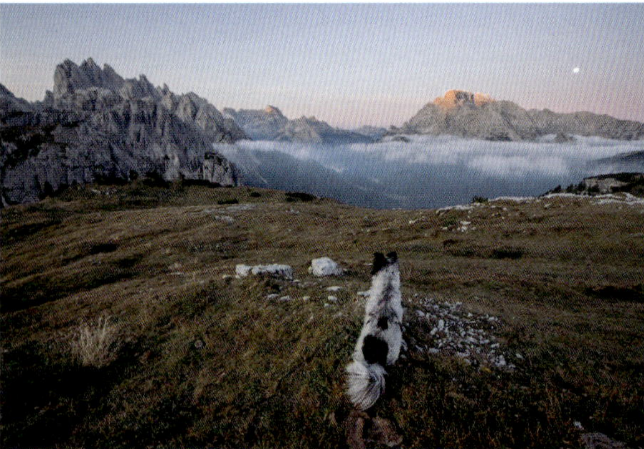

Abbildung 8.21
Auf diesem Bild wird durch die zu hohe Perspektive der »unbedeutenden« Wiese zu viel Platz im Bild eingeräumt und auch der Hund geht im Bild verloren.

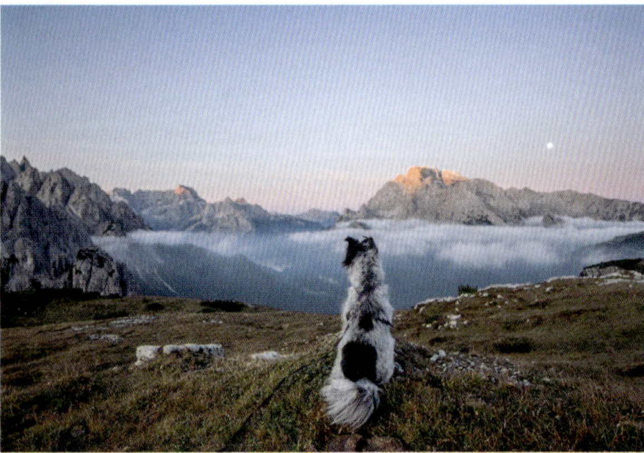

Abbildung 8.22
Der Perspektivenwechsel bringt sowohl den Hund als auch die Landschaft besser zur Geltung.

Ausdrucksstarke Bilder entstehen vor allem durch außergewöhnliche Perspektiven. Ich habe mich für bestimmte Aufnahmen schon oft in alle Richtungen verrenkt, um noch eine tiefere Aufnahmeposition einnehmen zu können oder an Felsplatten gedrückt, um noch ein paar Millimeter Abstand zu gewinnen. Zusehen darf einem da niemand, aber es hat sich bisher noch immer gelohnt. Die Perspektive muss so gewählt werden, dass der Hund und die wichtigen Landschaftselemente entsprechend zur Geltung kommen. Ob ich von weiter oben oder unten oder doch auf Augenhöhe fotografiere, entscheidet vor allem die Landschaft.

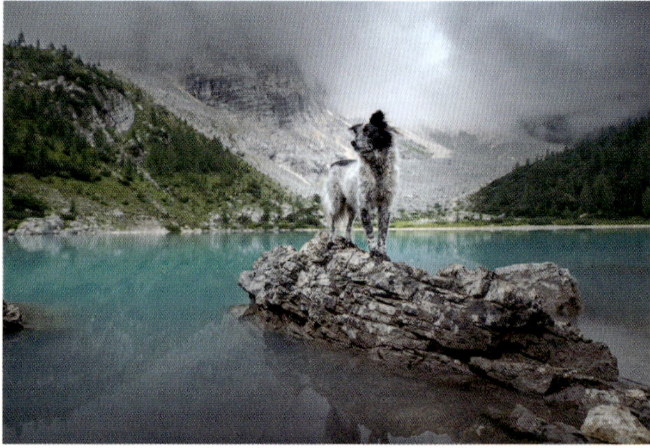

Abbildung 8.23
Das entscheidende Landschaftselement ist hier vor allem die einzigartige Farbe des Sees.

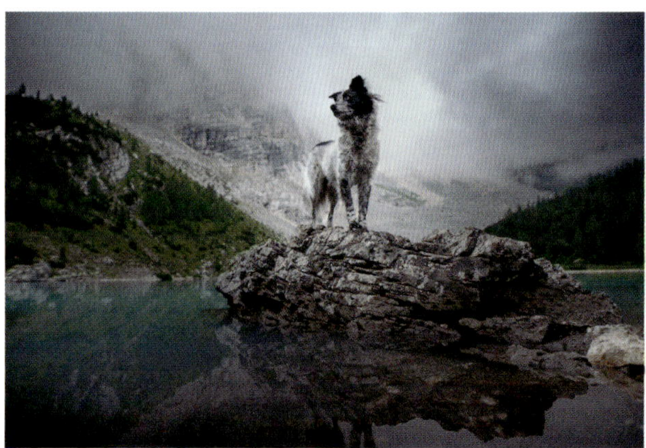

Abbildung 8.24
Die tiefere Perspektive führt zu einer viel dezenteren Farbe des Sees.

Mit dem Foto von Yuri möchte ich dir gerne zeigen, wie sich eine »falsche« Perspektivenwahl auf die Landschaft auswirkt. Ich habe bewusst hier »falsch« in Anführungszeichen gesetzt, da es natürlich immer Geschmackssache ist, welche Variante man bevorzugt, und da auch beide Varianten eindeutig ihre Vorzüge haben. Für mich war es jedoch entscheidend, die Farbe des Sees zu zeigen. Durch den höheren Aufnahmewinkel konnte ich beim ersten Foto ohne Probleme die Farbenpracht des Sees einfangen. Von einer ganz hohen Perspektive wäre die Farbe natürlich am besten zur Geltung gekommen, jedoch hätte ich dann die tolle Nebelkulisse im Hintergrund nicht mehr auf dem Foto zeigen können. Durch die sehr tiefe Perspektive auf dem zweiten Foto geht die Farbe fast völlig verloren. Das Foto wirkt insgesamt aufgrund der tiefen Perspektive jedoch viel dynamischer, der Nebel kommt besser zur Geltung, Yuri sieht viel imposanter aus und die Perspektive schmeichelt zusätzlich seiner Körperhaltung sehr. Zudem ist die Bildaufteilung spannender, da die horizontale Linie nicht komplett in der Mitte verläuft und auch besser kaschiert wird. Im Großen und Ganzen ist eigentlich die zweite Aufnahme hinsichtlich vieler Kriterien die ansprechendere. Dennoch würde ich mich immer für die erste Variante entscheiden, da dieses Foto einfach die unglaubliche Farbe des Sees widerspiegelt und das für mich das entscheidende Landschaftselement ist. Einen Stein in einem See mit Bergkulisse im Hintergrund wird man auf vielen Plätzen dieser Welt finden. Aber einen See mit dieser Farbe und Bergkulisse wahrscheinlich nur selten. Wie du siehst, muss man vor allem bei Aufnahmen von Hunden in der Landschaft Kompromisse eingehen.

Gerade durch das Fotografieren auf Augenhöhe gehen oft die wichtigsten Elemente verloren oder das Bild wirkt schnell flach. Durch eine höhere Perspektive kann ich dem Bild Raum schenken und dem Betrachter das Gefühl geben, dass er direkt im Geschehen ist und den ganzen Überblick hat.

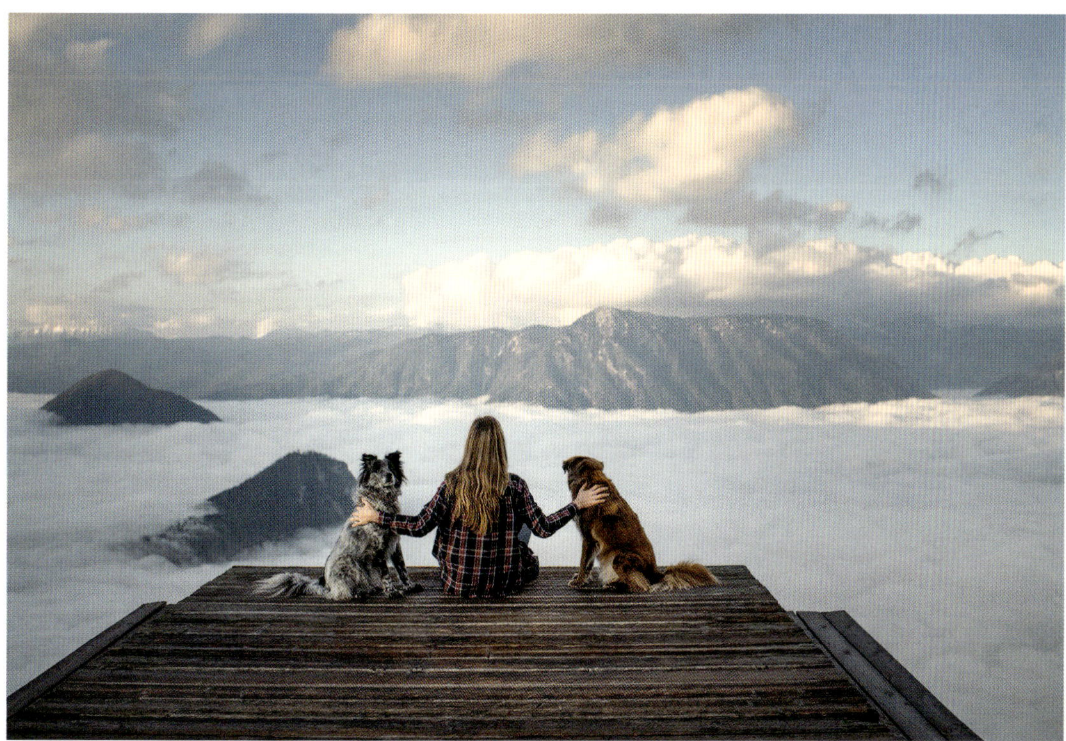

Abbildung 8.25
Durch die Vogelperspektive bekommt der Betrachter einen Überblick über die gesamte Szene.

Bei dem Foto von den Hunden und mir bekommt der Betrachter einen schönen Überblick über uns und die gesamte Landschaft. Hätte ich hier die Perspektive auf Augenhöhe gewählt, wären einige Elemente wie die Holzplattform und auch die Nebeldecke nicht so gut zur Geltung gekommen.

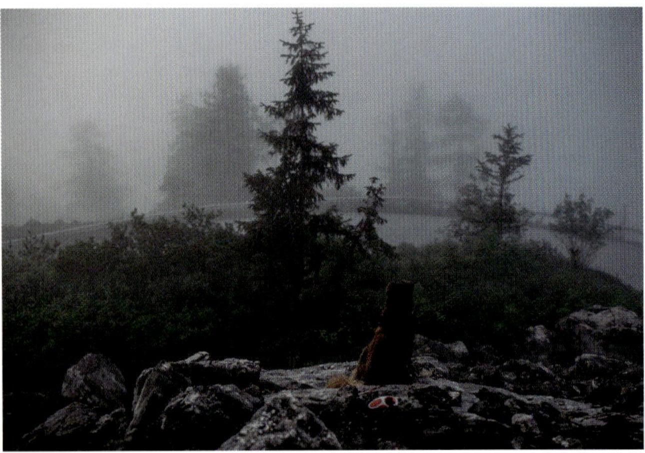

Abbildung 8.26
Egal, aus welcher Perspektive ich fotografierte, man hat leider immer die Straße am Bild gesehen.

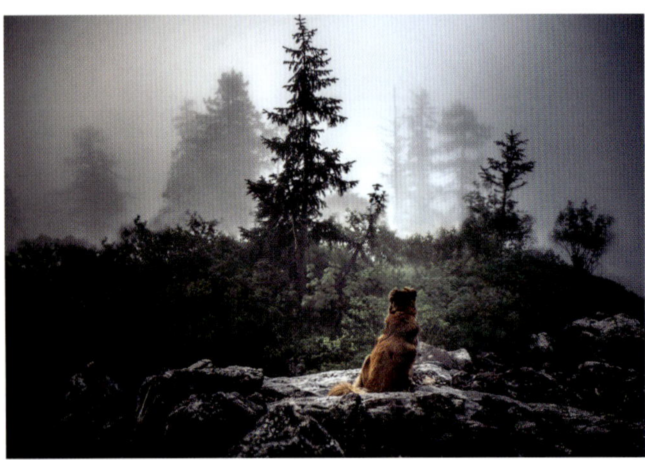

Abbildung 8.27
Und wenn es manchmal nicht ausreicht, die Perspektive zu wechseln, um bestimmte Elemente nicht auf dem Foto zu zeigen, gibt es immer noch die Bildbearbeitung.

Ich bin gerade bei Hund-Landschaft-Aufnahmen immer sehr darauf bedacht, die Wildnis und die Unberührtheit der Landschaft zu zeigen. Deshalb wähle ich die Perspektive und vor allem den Ausschnitt so, dass ich bestimmte Elemente, wie zum Beispiel eine Straße, Wegmarkierungen, Zäune oder auch andere Menschen, nicht auf dem Bild zeigen muss. Durch die richtige Wahl der Perspektive und des Ausschnitts habe ich schon so einige störende Elemente verschwinden lassen. Du hast die Chance, mit dem Bildschnitt die Realität zu verändern, um dem Betrachter nur noch das zu zeigen, was du ihm auch zeigen möchtest.

Linienführung

Wie ich dir bereits im Kapitel der Bildkomposition erzählt habe, ist auch die Linienführung für die Bildwirkung entscheidend. Die meisten fortgeschrittenen Hundefotografen wissen, dass horizontale und auch vertikale Linien nicht durch den Kopf des Hundes laufen sollen. Dass die unterschiedlichen Linien und ihre Anordnung jedoch eine bestimmte Stimmung im Bild erzeugen, wird dabei oft vergessen. Man unterscheidet horizontale, vertikale und diagonale Linien.

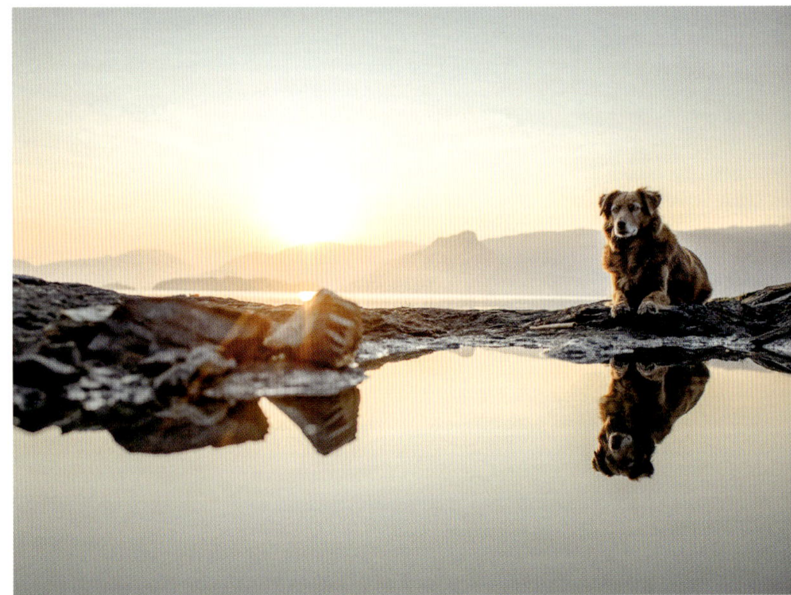

Abbildung 8.28
In einigen Fällen ist es jedoch sinnvoll, horizontale Linien mittig zu setzen.

Ja nach ihrer Länge, ihrer Beziehung zueinander oder wo sie im Bild zu sehen sind, werden sie eine andere Bildstimmung auslösen. Linien können sowohl Ruhe als auch Spannung im Bild erzeugen. Gerade, wenn man mit kurzen Brennweiten fotografiert, ist es entscheidend, auf die Linienführung zu achten, um den Hund gut in der Landschaft zu integrieren.

Es ist wichtig, die Linien der Landschaft direkt zum Hund zu leiten und über ihre unterschiedliche Wirkung Bescheid zu wissen. Horizontallinien halten dabei den Blick meistens auf. Liegen die horizontalen Linien in der Mitte, wirkt das Foto oft eher langweilig.

Aber jede Regel hat natürlich auch Ausnahmen. Bei diesem Bild hier zum Beispiel habe ich die horizontale Linie bewusst aufgrund der Spiegelung und der damit verbundenen Symmetrie in die Mitte gelegt. Und gerade dadurch kommt die Spiegelung und damit die gesamte Bildwirkung noch viel besser zur Geltung.

Eine tiefe Lage der horizontalen Linien lässt das Bild frei und offen wirken. Das Bild bekommt dadurch eine gewisse Stabilität.

Sind diese horizontalen Linien weit oben platziert, wird die Nähe betont. Du kannst es nutzen, wenn du Landschaftselemente im Vordergrund noch hervorheben möchtest.

Abbildung 8.29
Durch die tiefe Wahl des Horizonts wurde die Offenheit des Bildes verstärkt.

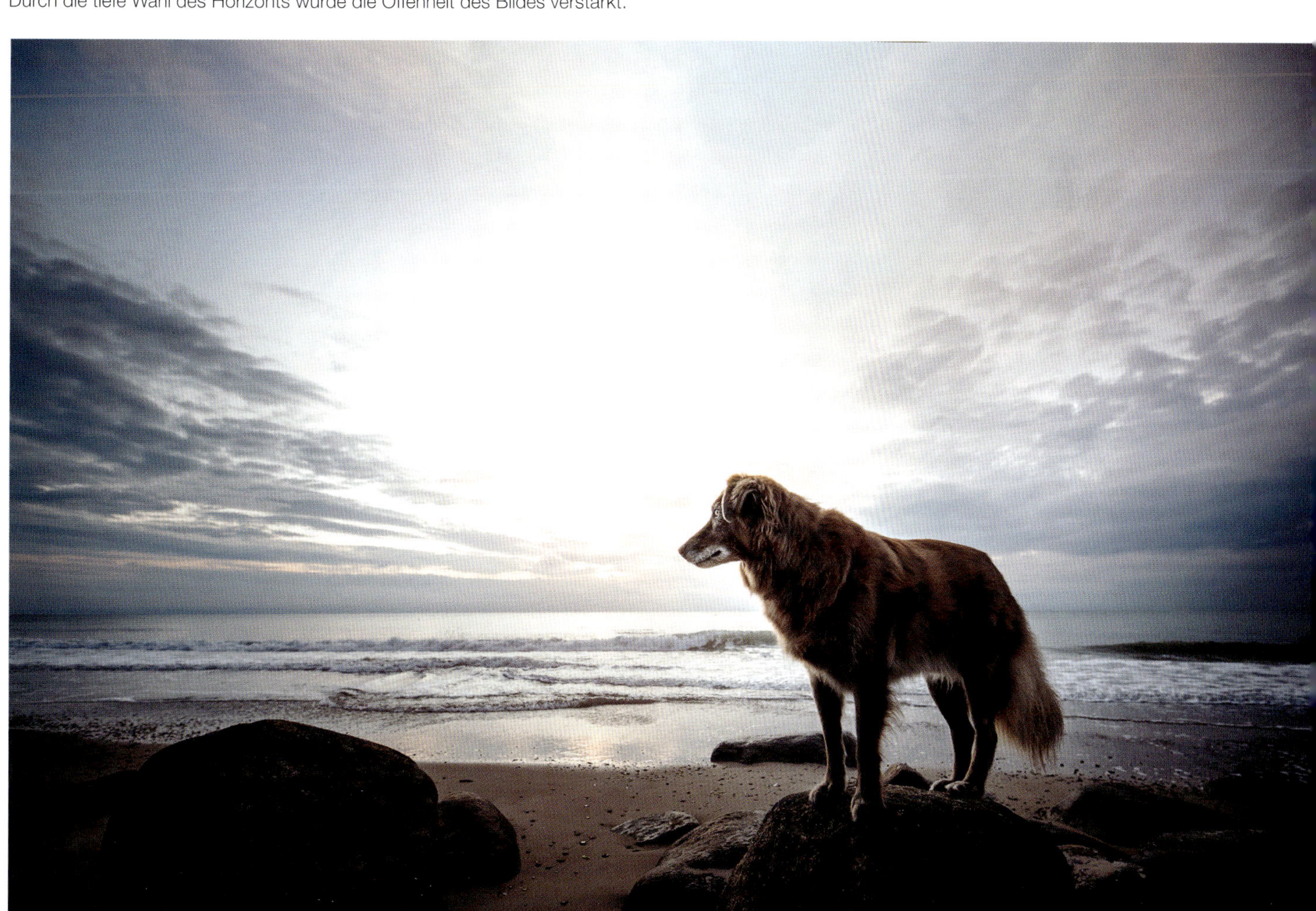

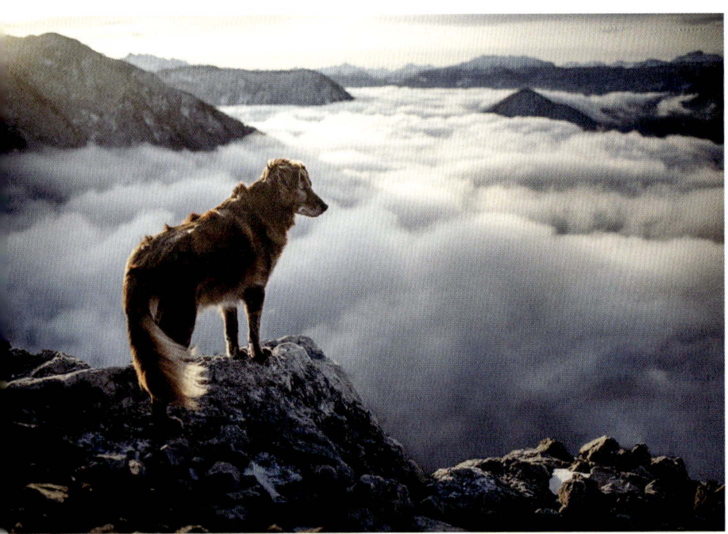

Abbildung 8.30
Das entscheidende Bildelement neben Finn ist das Wolkenmeer und nicht der Himmel.

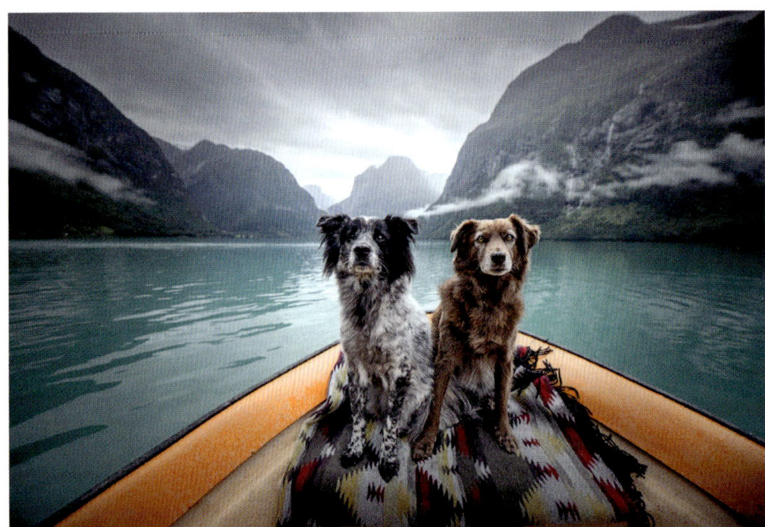

Abbildung 8.31
Yuri und Finn in Norwegen

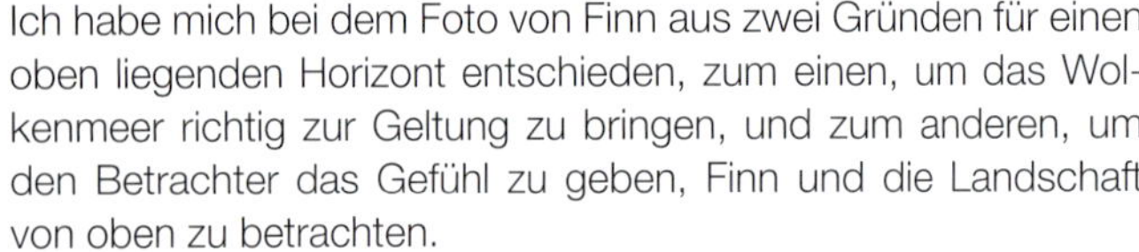

Ich habe mich bei dem Foto von Finn aus zwei Gründen für einen oben liegenden Horizont entschieden, zum einen, um das Wolkenmeer richtig zur Geltung zu bringen, und zum anderen, um den Betrachter das Gefühl zu geben, Finn und die Landschaft von oben zu betrachten.

Wie schon in Kapitel 4 erwähnt habe, sollen horizontale und vertikale Linien im Bild gerade sein, da schiefe Linien im Bild störend wirken. Achte auch bei Hund-in-Landschaft-Aufnahmen darauf, dass diese Linien nicht durch den Kopf des Hundes laufen.

Obwohl ich wirklich immer bei der Wahl der Perspektive sehr bedacht bin, Linien durch den Kopf der Hunde zu vermeiden, passiert es auch mir natürlich trotzdem hin und wieder. Oftmals lässt es die Aufnahmesituation nicht zu, wie bei dem Bild von Yuri und Finn im Boot. Wichtig ist es dann, einen Kompromiss zu finden. Trotz des nicht ganz optimalen Bildaufbaus ist das Foto von Finn und Yuri eines meiner Lieblingsbilder. Wie schon erwähnt, ist oft die Emotion oder das, was man mit dem Foto verbindet, wichtiger.

Die Linienführung kann man sich zunutze machen, um eine räumliche Wirkung zu erzielen. So schaffst du mit waagrechten Linien eine Art Horizont und durch diagonale Linien kannst du eine gewisse Perspektive erzeugen. Horizontale Linien geben dem Bild ein Gefühl von Ruhe. Vertikale Linien hingegen erzeugen Dynamik.

Diagonale Linien kannst du vor allem einsetzen, um deinem Bild eine gewisse Räumlichkeit zu geben.

Diagonale Linien sollten nicht durch das gesamte Bild laufen, da sie dieses sonst in zwei Hälften teilen. Am besten ist es, wenn diese Linien durch eine horizontale Linie aufgehalten werden.

Klassische Beispiele für diagonale Linien sind Stege, Straßen oder Wege, die am Horizont zulaufen. Man spricht auch von den Fluchtlinien. Sie führen nicht nur zu mehr Tiefe im Bild, sondern erhöhen auch die Spannung. Bei diesem Foto von Finn sieht man die Wirkung ganz deutlich. Die Straße wird am Horizont immer schmaler und das Foto erhält dadurch viel Tiefe.

Bei dem Foto von Finn am Steg entsteht die räumliche Wirkung neben den diagonalen Linien des Steges auch durch den Kontrast- und Farbverlust zum Hintergrund, der sich durch den Nebel ergibt. Zudem ist ein Steg ein vertrautes Element, wodurch unser Gehirn automatisch eine gewisse Räumlichkeit sieht.

Durch die Anordnung der Linien kannst du bei relativ unspektakulären Bildern Spannung erzeugen. Schräg verlaufende Linien sind meistens spannender als horizontal verlaufende. Achte deshalb beim Fotografieren darauf, dass du Elemente wie einen Baumstamm, einen Steg und so weiter schräg und nicht gerade im Bild ablichtest.

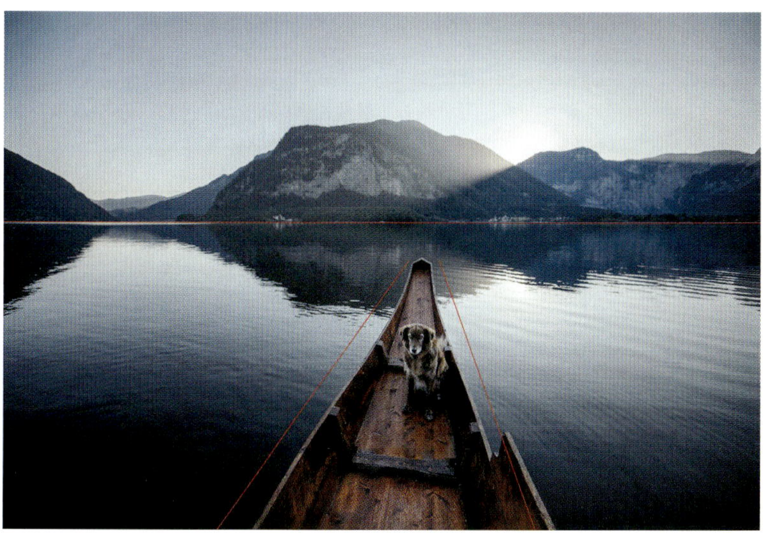

Abbildung 8.32
Die diagonalen Linien der Plätte treffen auf die horizontale Linie der Seekante.

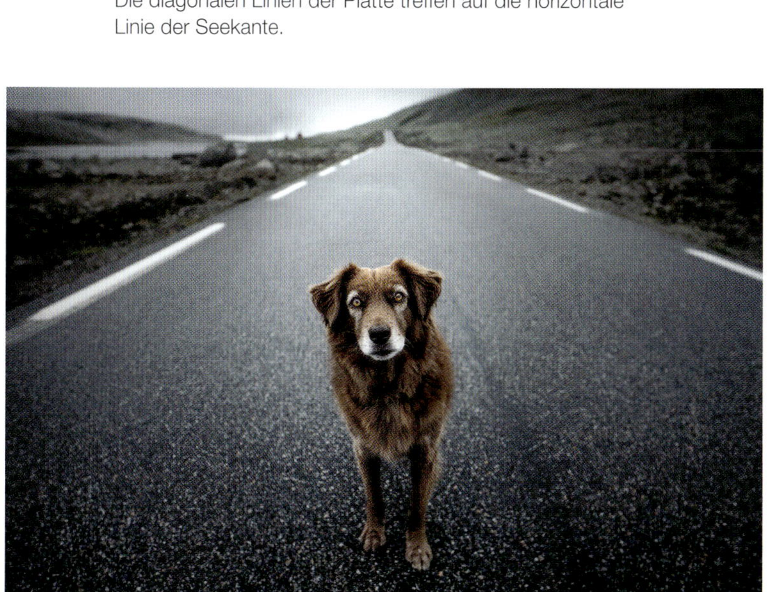

Abbildung 8.33
Der Verlauf der Straße zu einem schmalen Streifen verleiht dem Bild viel Tiefe.

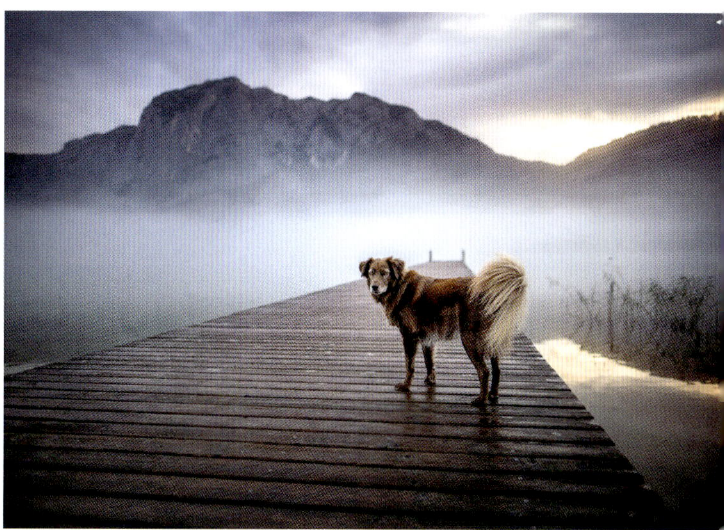

Abbildung 8.34
Die diagonalen Linien des Steges führen zu einer Tiefenstaffelung im Foto.

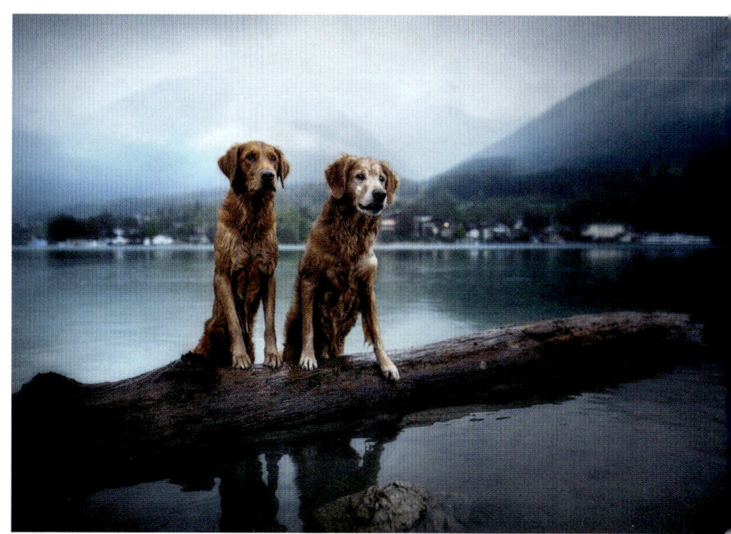

Abbildung 8.35
Diagonale Linien bringen Spannung in das Foto.

Die richtigen Einstellungen

Hinsichtlich der Einstellung heißt es, ein gutes Mittelmaß zu finden. Als Landschaftsfotograf nutzt man in vielen Fällen eine ganz kleine Blende von zum Beispiel f/11. So eine extreme Schärfentiefe wird jedoch zu sehr vom Hund ablenken. Ich rate dir aber, auf jeden Fall die Blende etwas zu schließen. Gerade für Aufnahmen, auf denen der Hund sehr klein zu sehen ist, musst du die Blende um einiges schließen, um den Hund scharf abzulichten. Ich arbeite meistens mit Blenden zwischen f/2.8 und f/5.6 je nachdem, wie groß bzw. wie klein ich den Hund im Bild zeigen möchte, und je nachdem, wie groß die Entfernung zwischen dem Hund und dem Hintergrund ist.

Die Wahl der Brennweite richtet sich vor allem nach der Landschaft. Kurze Brennweiten lassen die Landschaft viel dynamischer und dramatischer wirken.

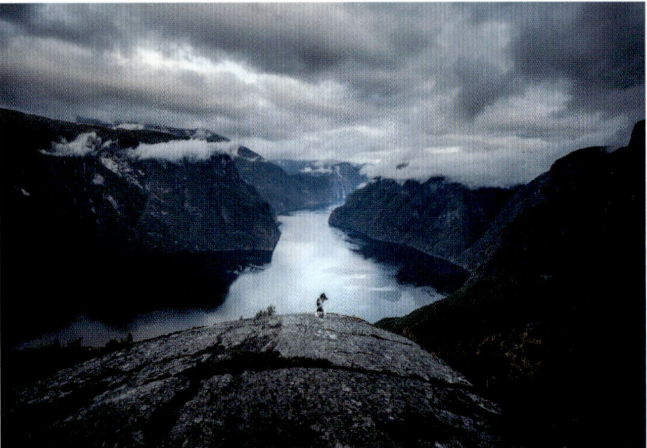

Abbildung 8.36
Die Brennweite von 20 mm verleiht dem Foto einen dramatischeren Look, was hervorragend zu der Stimmung passt.

Befindet man sich auf einem Berg, wo die anderen Berge nur ganz klein in der Ferne zu sehen sind, kannst du dir wieder den Kompressionseffekt zunutze machen.

Mit der Wahl der Einstellungen und der Brennweite entscheidest du, wie du dem Betrachter das Motiv zeigst.

Selber Hund, selbe Location und gleiche Lichtverhältnisse, jedoch ganz andere Einstellungen, die zu einer ganz anderen Bildwirkung führen. Natürlich habe ich die Farbgebung innerhalb der Bildbearbeitung noch deutlich wärmer gestaltet. Unabhängig davon jedoch sind die beiden Bilder ganz unterschiedlich. Dieses Beispiel soll dir zeigen, wie sehr sich deine Einstellungen auf die Bildwirkung auswirken können und welche unterschiedlichen Effekte du damit erzielen kannst.

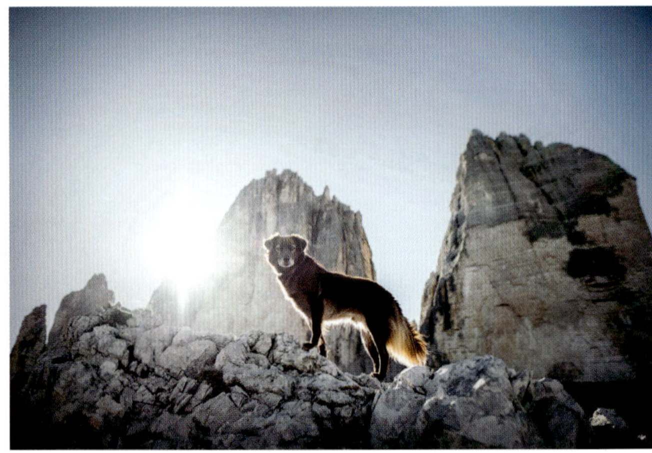

Abbildung 8.37
Finn vor den Drei Zinnen in Südtirol. Einstellungen: 24 mm, f/2.2, 1/2000 s, ISO 200.

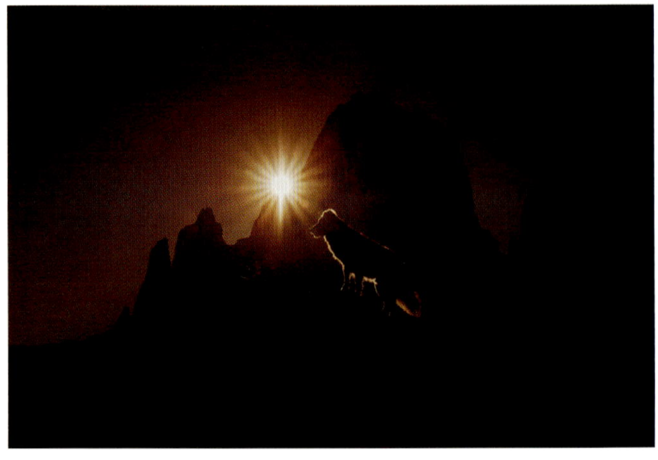

Abbildung 8.38
Silhouetten-Aufnahme von Finn vor den Drei Zinnen. Einstellungen: 24 mm, f/8, 1/2500 s, ISO 200.

Das Licht & Wetter

Gestaltungsrichtlinien sind definitiv nur Richtlinien, an denen man sich orientieren kann. Es gibt jedoch eine entscheidende Grundregel beim Fotografieren von Hunden in Landschaft: die besten Lichtverhältnisse nutzen.

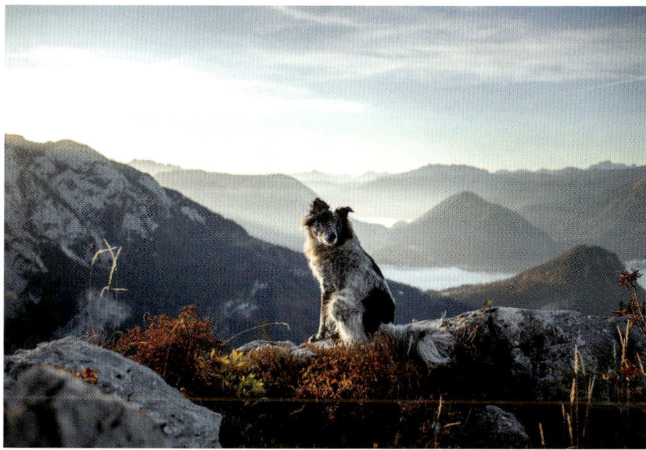

Abbildung 8.39
Sanftes Streiflicht führt zu einer beruhigenden Stimmung im Foto.

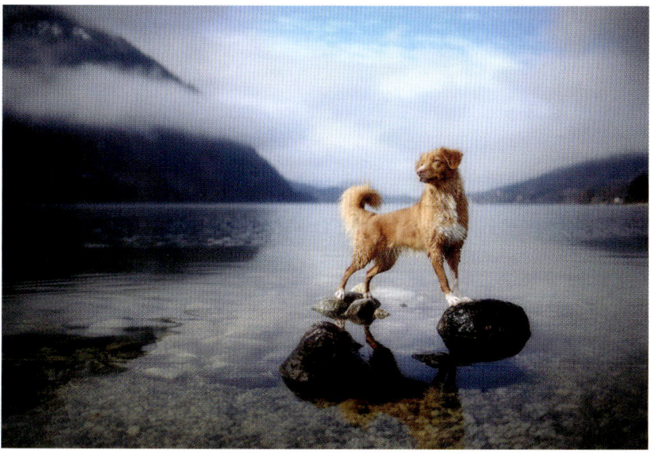

Abbildung 8.40
Meistens versuche ich, das Gegenlicht zu nutzen. Natürlich ist dies nicht immer möglich und vor allem davon abhängig, welchen Hintergrund man gerne nutzen möchte.

Du wirst von mir keine einzige Aufnahme sehen, bei der ich bei Mittagssonne den Hund in der Landschaft fotografiert habe. Das heißt meistens sehr früh aufstehen oder sehr lange aufbleiben. Aber die besten Stimmungen hat man nun mal zur Dämmerung, kurz nach Sonnenaufgang oder kurz vor Sonnenuntergang. Und ich kann dir sagen, du wirst für all diese Mühen, die damit verbunden sind, entschädigt werden.

Fotografierst du einen Hund in den unterschiedlichen Landschaften, ist das Licht entscheidend. Bei der Arbeit mit den unterschiedlichen Lichttypen musst du darauf achten, wie das Licht mit dem Hund umgeht und wie es die Landschaft modelliert. Das Licht sorgt nicht nur für stimmungsgeladene Bilder, sondern auch für eine dreidimensionale Wirkung. Wie schon in Kapitel 4 erwähnt, erhöhen Schattenspiele, unterschiedliche Helligkeitsstufen und Kontrastunterschiede die Tiefenwirkung.

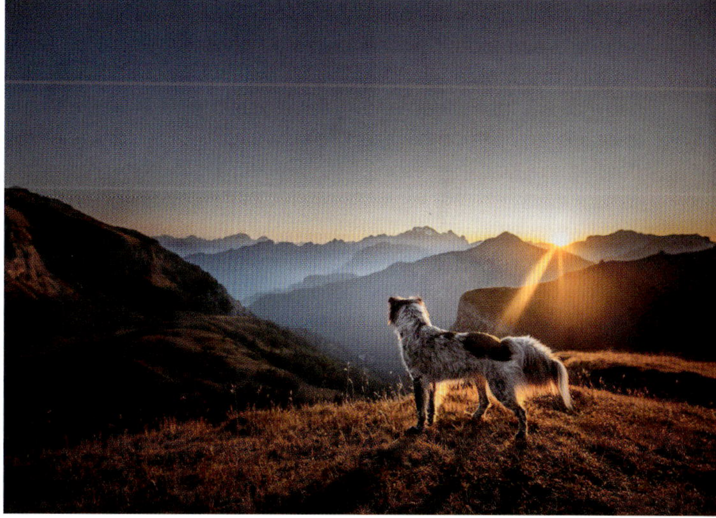

Abbildung 8.41
Die Kontraste werden nach hinten hin immer weicher, was zu einer Tiefe im Bild führt.

Neben dem Licht ist auch das Wetter entscheidend in der Hund-Landschaft-Fotografie. Es ist ein sehr gutes Hilfsmittel, um den Landschaftscharakter entsprechend zu zeigen. Es lohnt sich auf jeden Fall, Orte öfter zu besuchen, denn ein und dieselbe Stelle wird dir aufgrund unterschiedlicher Licht- und Wetterverhältnisse immer ganz andere Möglichkeiten bieten, den Hund in Szene zu setzen.

Gerade, wenn man vielleicht auf Reisen ist, kann man Orte jedoch nur einmal besuchen, um Fotos zu machen. Hinsichtlich des Wetters muss man sowieso das nehmen, was einem der liebe Wettergott zur Verfügung stellt. Aber ich möchte dir zumindest einen kleinen Anreiz geben, die Plätze in deiner Nähe zu bestimmten Wettersituationen gezielt aufzusuchen, um einen bestimmten Landschaftscharakter damit zu unterstreichen. Ich habe mich eigentlich über jeden Regentag in Norwegen gefreut. Norwegen ist für mich ein wildes, raues Land und genau den Charakter wollte ich natürlich auf den Bildern wiedergeben. Ein blauer Himmel war da wenig hilfreich, diese Seite der Landschaft zu zeigen. Tief hängende Wolken über den Fjorden, Nebel und Regen haben die passende Atmosphäre für diese Bilder geschaffen.

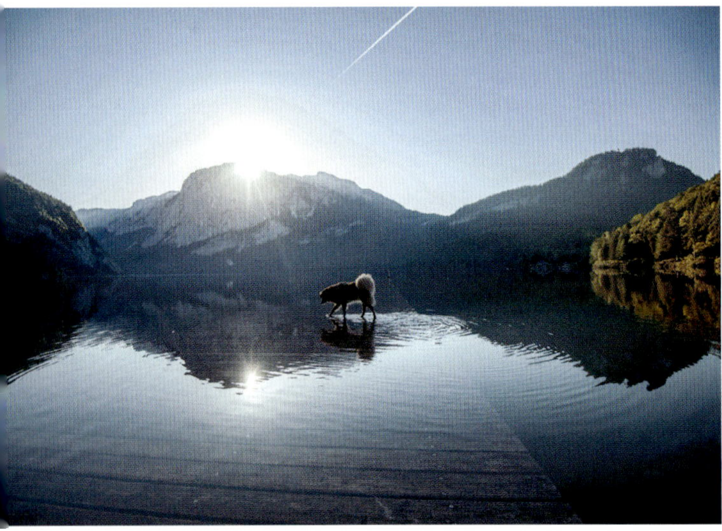

Abbildung 8.42
Der Licht- und Wettercharakter entscheidet maßgebend die Wirkung des Bildes.

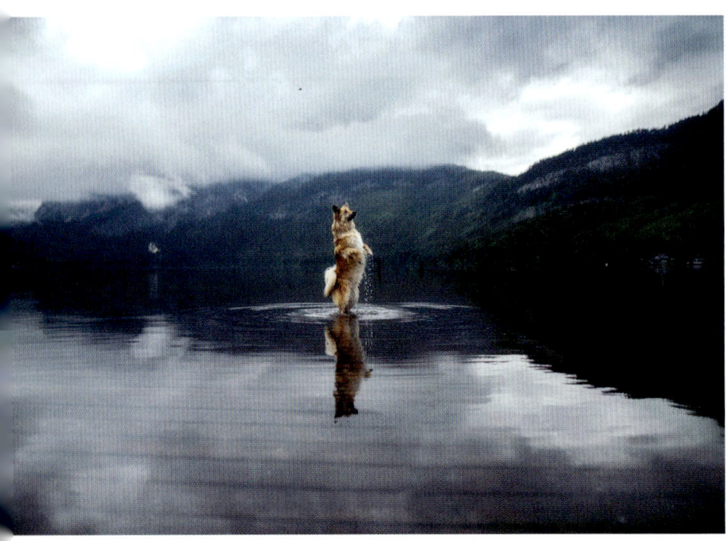

Abbildung 8.43
Lässt der Sonnenschein ein Bild hell und freundlich wirken, führt eine dichte Bewölkung zu einer entsprechend düsteren Stimmung.

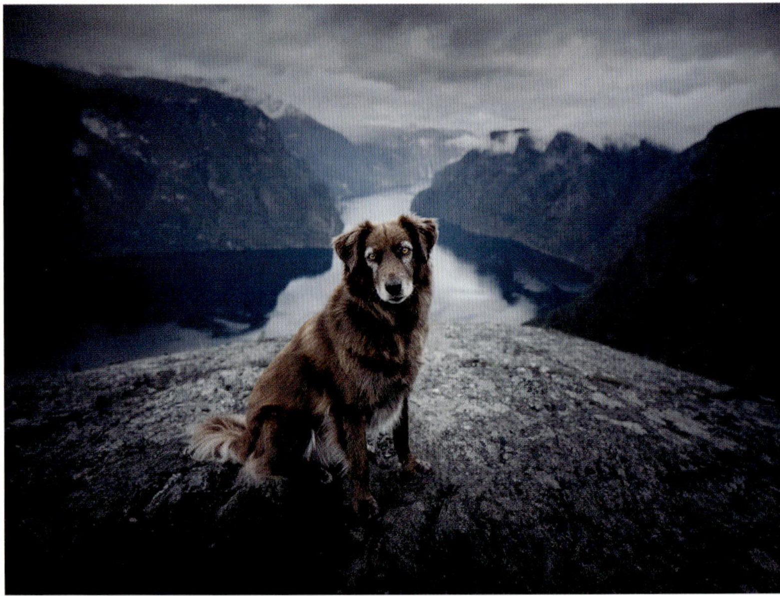

Abbildung 8.44
Regnerische Tage verpassten Norwegen die passende kräftige und düstere Stimmung.

Hingegen gibt es natürlich auch wieder Landschaftsformen, bei denen Schönwetter gewünscht ist, da gerade ein bestimmter Lichtcharakter die Landschaftsformen entsprechend zur Geltung bringen kann. Wenn ich zum Beispiel an die Weiten der Seiser Alm in Südtirol denke, denke ich an sanfte Formen, daher würden dunkle Wolken natürlich nicht meine bevorzugte Stimmung sein. Sanftes Gegenlicht bei Sonnenaufgang würde diesen Landschaftscharakter definitiv besser zur Geltung bringen. Beim Gedanken an eine Almwiese umrandet von Bergen wäre meine bevorzugte Stimmung ein kräftiges Gegenlicht, das die Wiese in warme Töne taucht und einem ein wohliges Gefühl vermittelt.

Abbildung 8.45
Der Bereich um die Sonne enthält in den meisten Fällen kaum Farbinformationen oder Strukturen, gerade das verstärkt die Kraft des Gegenlichts noch einmal mehr.

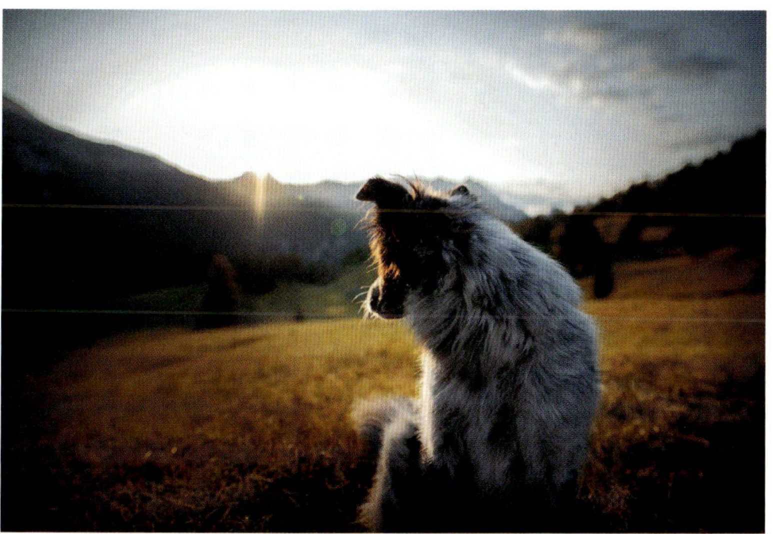

Tja, so hat man natürlich seine Wunschvorstellungen für die jeweiligen Landschaften. Das soll aber nicht heißen, dass ich in einem Land wie Norwegen nur Fotos mache, wenn die Stimmung dementsprechend düster ist. Ganz im Gegenteil, ich nehme genau das, was ich nehmen kann, nur nutze ich dabei auf jeden Fall das beste Licht.

Unterschiedliche Wettersituationen ermöglichen abwechslungsreiche Fotos. Ich möchte dich auf jeden Fall motivieren, auch bei Regen, Schneefall, Nebel oder bei dunklen Gewitterwolken fotografieren zu gehen. Diese Wetterstimmungen führen zu unglaublich spannenden Fotos. Gerade extreme Wetterbedingungen füllen das Foto mit ganz viel Emotion.

Tipp

Bei extremen Regen ist es natürlich wichtig, die Kamera entsprechend zu schützen. In der Regel sind die Gehäuse von Profikameras relativ gut abgedichtet, hat man jedoch ein Einsteigermodell, sollte man dieses auf jeden Fall entsprechend schützen. Mein Tipp hierfür ist vor allem, mit Sonnenblende zu arbeiten, um Wassertropfen oder Schneeflocken auf der Linse zu vermeiden.

Wenn du nach bestimmten Licht- und Wetterstimmungen suchst, ist es wichtig, den Wetterbericht genau zu beobachten. Natürlich kann man sich auf diesen nicht zu 100 % verlassen, aber man sollte sich auf jeden Fall etwas absichern. Gerade in den Bergen wechselt das Wetter rasch und bei größeren Wanderungen sollte natürlich eine gewisse Wetterstabilität gegeben sein. Je mehr du lernst, das Wetter in deiner Region genau zu beobachten, umso besser kannst du es selbst einschätzen. In der Region, in der ich lebe, kann ich mittlerweile schon gut abschätzen, wann Nebel sein wird oder wann sich die eindrucksvollsten Wolken zeigen. Das ist natürlich von Region zu Region total unterschiedlich. Zieht ein Gewitter am Meer meistens schnell vorbei, kann es in den Bergen tagelang hängen bleiben und für Dauerregen sorgen.

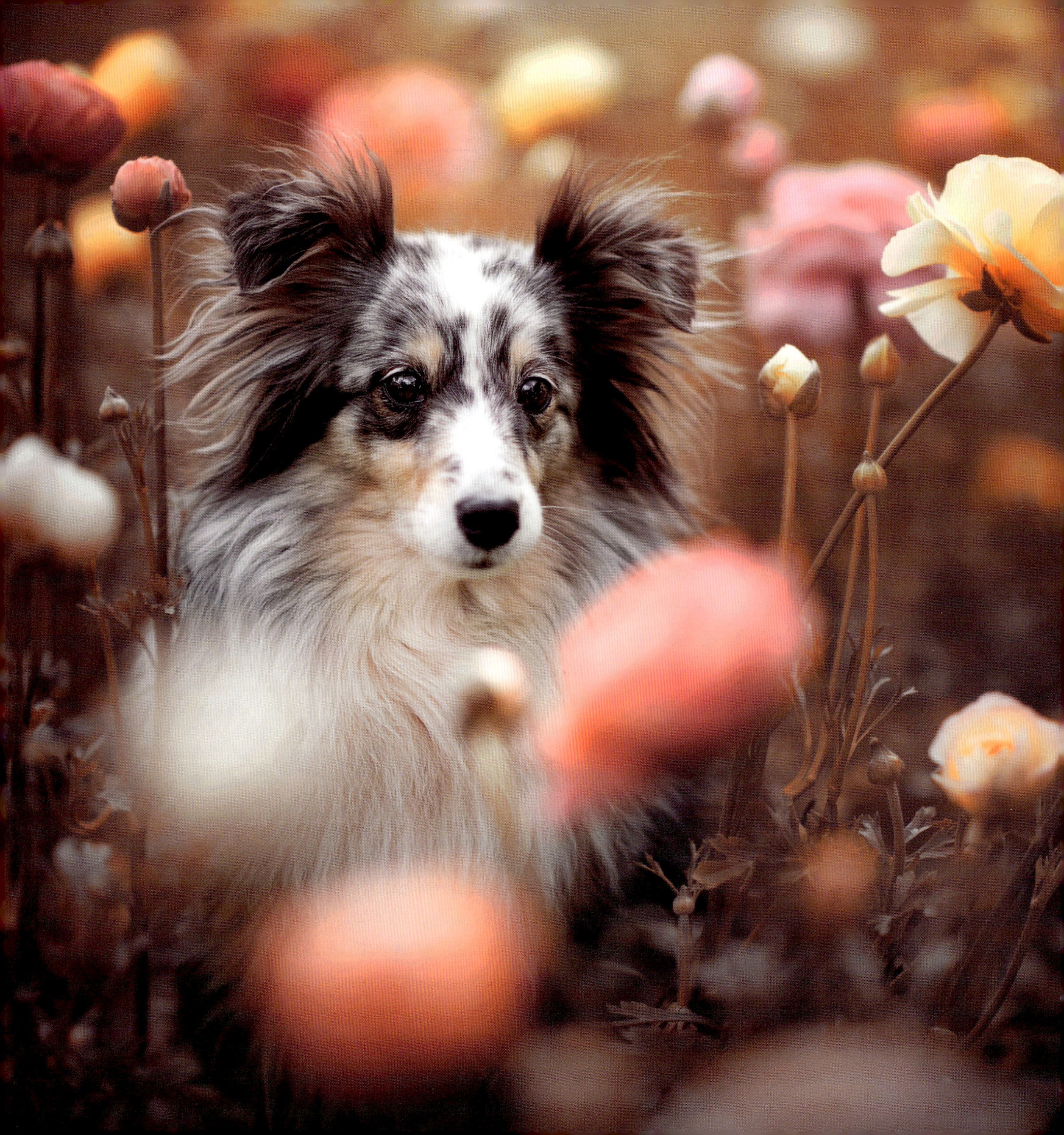

KAPITEL 9
Farben in der Hundefotografie

Die Fotografie in Farbe entspricht dem menschlichen Sehen. Durch die Farbe sehen wir unsere Hunde auch auf dem Foto in der gewohnten Betrachtungsweise. Die Schwarz-Weiß-Fotografie entzieht diese wichtige Komponente der Wirklichkeit dem Foto. Die Farbe macht es natürlich oft schwieriger, ein stimmiges Bild zu kreieren, doch gibt sie uns die Möglichkeit, viele Emotionen zu transportieren.

Ich würde mal schätzen, 99 % meiner Bilder sind farbige Bilder. Schwarz-Weiß-Bilder haben auf jeden Fall ihren eigenen Reiz und wirken gerade in der Peoplefotografie sehr ansprechend.

Ob Farbe oder nicht, ist letztendlich Geschmackssache, und ich kenne wirklich einige beeindruckende Schwarz-Weiß-Fotos von Hunden. Diese wirken nicht traurig, sondern imposant und edel. Gerade mit Studioaufnahmen kann man durch die richtige Lichtsetzung in Kombination mit einer Schwarz-Weiß-Wiedergabe richtige Meisterwerke schaffen.

Farben umgeben uns in allen Bereichen unseres Lebens. Wir verbinden mit unterschiedlichen Farben gewisse Dinge. Sehen wir eine rote Ampel, wissen wir, dass das Stopp heißt. Sehen wir ein gelbes M, werden wir wahrscheinlich an McDonald's denken. Farben sagen uns bestimmte Dinge und erzeugen gewisse Emotionen. Und genau das sollten wir uns als Fotografen zunutze machen. Damit du die Farben in deinen Fotos richtig einsetzen kannst, solltest du ein paar Dinge über sie wissen.

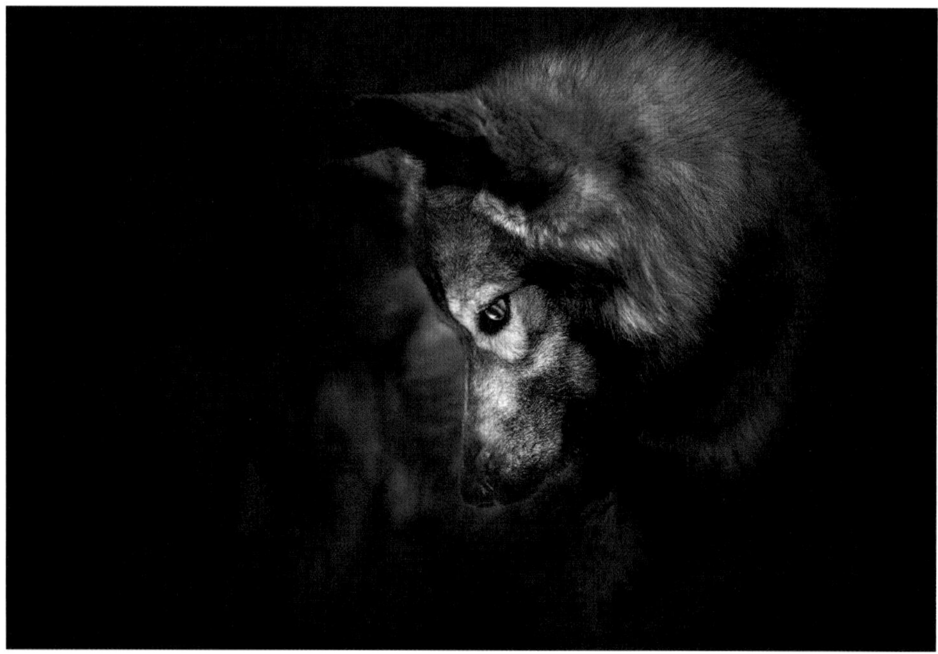

Abbildung 9.1
Intensiver Ausdruck durch Schwarz-Weiß

Ich möchte dir trotzdem gerne eines meiner Schwarz-Weiß-Fotos zeigen. Bei diesem Foto haben die Farben keine wichtige Rolle gespielt. Licht, Schatten und Kontrast sind die entscheidenden Elemente. Ich wollte durch die Schwarz-Weiß-Wiedergabe den Ausdruck des Hundes noch intensiver wirken lassen. Es lenkt keine Farbe von den Gesichtszügen ab und dadurch nimmt man den Blick auf eine ganz andere Art und Weise wahr.

Farben lenken die Aufmerksamkeit des Betrachters auf sich. Das ist auch der Grund, warum viele Farben nebeneinander kein stimmiges Foto erzeugen. Der Betrachter ist überfordert und weiß nicht, wohin er als Erstes blicken soll. Das Foto hat dann meistens keine Aussage mehr und wirkt laut. Deshalb ist es wichtig, Farben gezielt und bewusst einzusetzen. Wohin der Trend aktuell hinsichtlich der Farbgestaltung geht, weiß ich leider nicht. Wirft man einen Blick auf Instagram, scheinen vor allem bunte, laute, kontrastreiche Bilder die Massen zu erreichen. Dennoch möchte ich diesem Trend nicht folgen, ich möchte mit meinen ruhigen Bildern, in denen Farben noch aufeinander abgestimmt sind, überzeugen.

Farben sind ein entscheidendes Gestaltungsmerkmal. Sie sind essenziell, um Stimmungen auszudrücken oder zu unterstreichen. Mithilfe von Farben kannst du Gemütszustände und Stimmungen umschreiben. Farbe ist sozusagen die allgemeine Sprache, die überall und auf unterschiedlichen Ebenen verstanden wird. Unterschiedliche Farben lösen unterschiedliche Emotionen aus. So gibt es Farben, die beruhigen, aufregen, anregen, strukturieren oder auch eine bestimmte Atmosphäre schaffen.

Bei dem Einsatz von Farben solltest du immer auf eine gewisse Farbharmonie achten. Du kannst dir einen Farbkreis zur Hilfe nehmen, um die Farbharmonien besser erkennen zu können. Es gibt unterschiedliche Farbkreise in der Literatur. Sie unterscheiden sich nach den Grundfarben. Ich orientiere mich an dem Farbkreis nach Itten, denn er nutzt das RGB-Farbmodell, das am weitesten verbreitet ist. Auch Photoshop arbeitet mit diesem Ansatz. Ursprünglich für Maler entwickelt, ist er heute ein sehr beliebtes Instrument für Fotografen. Dabei geht Itten von drei Grundfarben Rot, Gelb und Blau aus. Aus den Grundfarben lassen sich alle weiteren Farben mischen. Die Mischung der Farben erster Ordnung ergibt die Farben zweiter Ordnung und deren Mischung wiederum erzeugen die Farben dritter Ordnung. An diesem Farbkreis kannst du dich sehr gut orientieren, um eine entsprechende Farbwirkung zu erzeugen. Je nachdem, was du mit dem Foto ausdrücken möchtest, ist es sinnvoll, entsprechende Farbharmonien, Farbkontraste oder Farbakzente zu wählen.

Farbharmonien

Von einer Farbharmonie spricht man, wenn die Farben im Bild für den Betrachter angenehm wirken. Eine harmonische Farbgebung erzielst du durch die Kombination benachbarter Farbtöne, die Kombination von Farben der warmen oder kalten Farbpalette oder durch die Kombination von sanften Farbtönen mit derselben Vollfarbe.

Um in der Hundefotografie ein sehr ruhiges Bild zu schaffen, würde man mit der Fellfarbe des Hundes arbeiten. Man spricht sehr gerne von den »Ton in Ton«-Bildern.

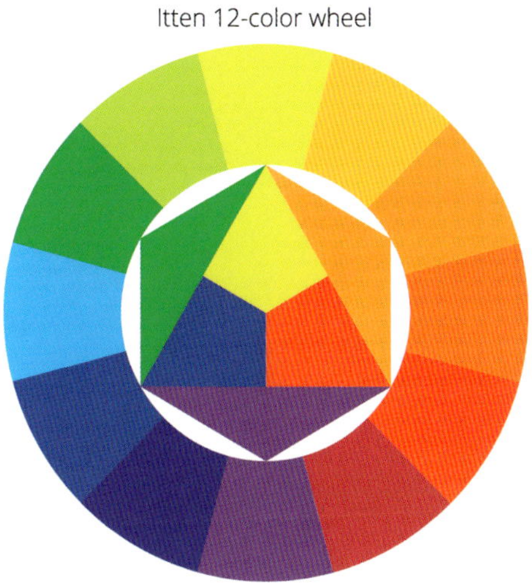

Abbildung 9.2
Der Farbkreis von Johannes Itten aus dem Jahre 1961

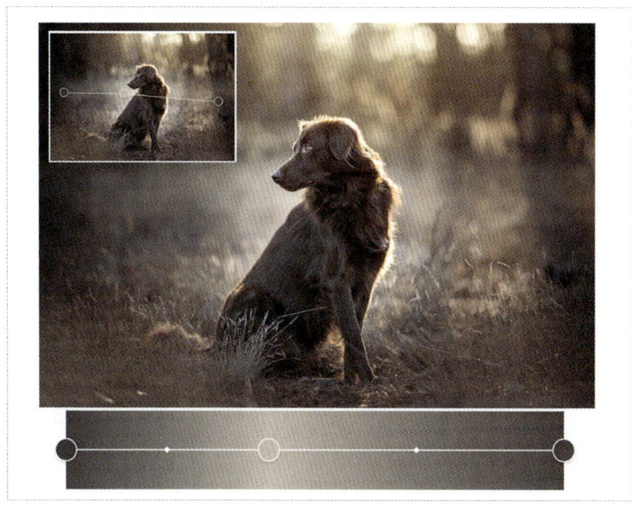

Abbildung 9.3
»Ton in Ton«-Bilder erzeugen viel Ruhe und wirken besonders harmonisch.

Jamiros Fellfarbe verschmilzt mit den Farben im Hintergrund. Dadurch wirkt das Bild ruhig, ausgeglichen und harmonisch. Ich bin ein großer Fan dieser Art der Bilder. Bei diesem Foto musste ich nachträglich die Farben nicht weiter anpassen. Bei »Ton in Ton«-Bildern achte ich vor allem auf eines, dass wie bei diesem Bild alle braunen Farbabstufungen auch dieselbe Farbtemperatur haben. Jamiros Braunton ist eher kühl, so wie die Brauntöne des Hintergrunds. Hätte ich in dieser Location statt Jamiro einen Rhodesian Ridgeback fotografiert, der eine viel wärmere, rötliche Fellfarbe hat, würde ich die Farbtemperatur des Hintergrunds entsprechend anpassen.

Farbkontraste

Um Spannung oder Unterschiede in das Foto zu bringen, kannst du die Farbkontraste nutzen. Sie beleben ein Foto.

Farbkontraste erzielst du durch die Nutzung der Komplementärfarben. Komplementärfarben liegen im Farbkreis genau gegenüber. Mischt man diese, ergeben sie die Farbe Grau. Durch das gezielte Einsetzen von Komplementärfarben kannst du das Bild interessanter gestalten.

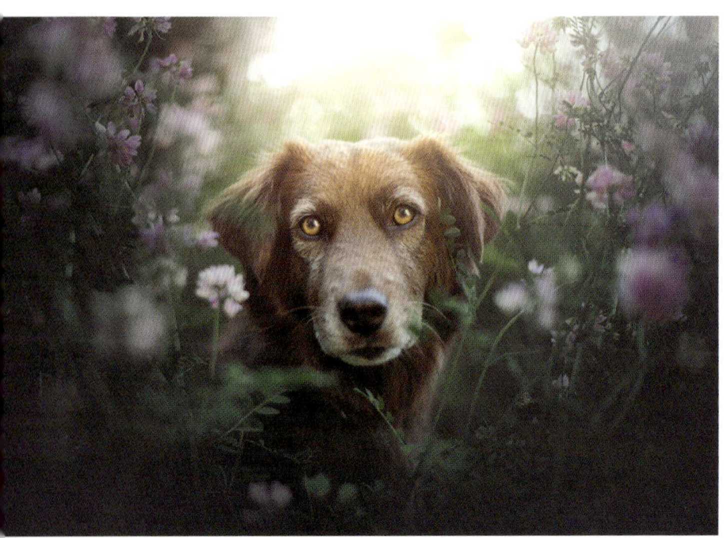

Abbildung 9.4
Finn in einem kleinen Blumenfeld

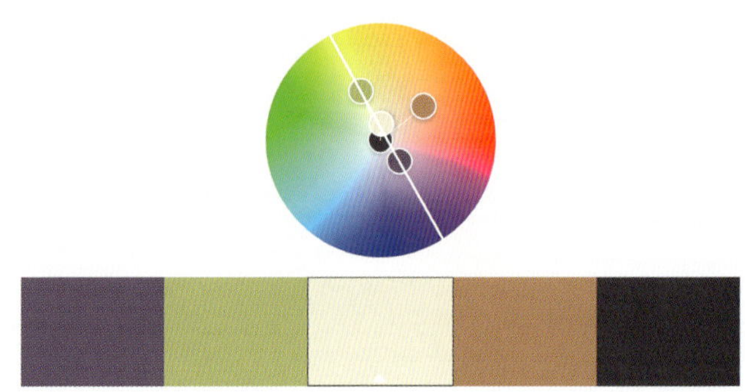

Abbildung 9.5
Die Farbanalyse zeigt die im Bild vorhandenen Farben. Die beiden Hauptfarbtöne Grün und Lila bilden dabei Komplementärfarben.

Bei dem Bild von Finn im Blumenfeld habe ich mir die Komplementärfarben Grün und Lila zunutze gemacht, um dem Bild einen besonderen Look zu verleihen. Die Farben wurden mir bereits von der Location vorgegeben. Ich habe sie jedoch innerhalb der Bildbearbeitung aneinander angepasst. Um eine weitere Farbe im Bild zu vermeiden, habe ich die Blautöne entfernt. Zudem habe ich den grünen und lila Farbtönen etwas Sättigung entzogen, um die beiden Farben pastelliger wirken zu lassen. Je farbintensiver Farben in einem Bild dargestellt werden, desto mehr Unruhe erzeugen sie. Eine angenehme Bildwirkung erreicht man mit einer dezenten Farbgebung viel leichter.

Die Komplementärfarbe von Blau ist Orange und genau das habe ich mir in diesem Bild (s. Abb. 9.6) zunutze gemacht. Ich habe die blauen Töne im Hintergrund mithilfe der Farbbalance noch etwas verstärkt. Das Blatt in Yuris Haube hatte einen bräunlichen Farbton. Deshalb habe ich die orange Töne über die »Selektive Farbkorrektur« herausgearbeitet. Wie ich das gemacht habe? Ganz einfach. Zu Beginn habe ich die Farbe ausgewählt, die ich verändern möchte. Dazu wählte ich die Gelbtöne aus und reduzierte danach die Cyantöne und erhöhte die Magentatöne leicht.

Das Bild von Finn unter dem Rosenstrauch zeigt die beiden Komplementärfarben Rot und Grün (s. Abb. 9.7). Bei der Arbeit mit Komplementärfarben ist es wichtig, die richtige Tonung der Farben zu erwischen. Ich habe sowohl den Grünton als auch den Rotton in diesem Bild eher warm und dezent gewählt. Die beiden Farben harmonieren hier vor allem, weil sie von der Dynamik, der Sättigung und Farbtemperatur her ähnlich sind.

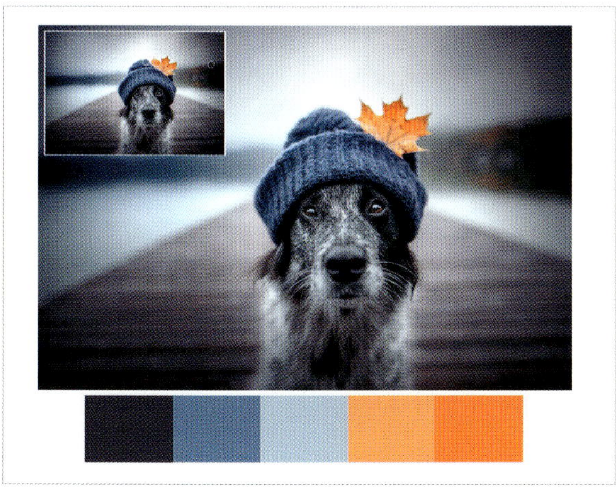

Abbildung 9.6
Bei diesem Bild kamen die Komplementärfarben Blau und Orange zum Einsatz.

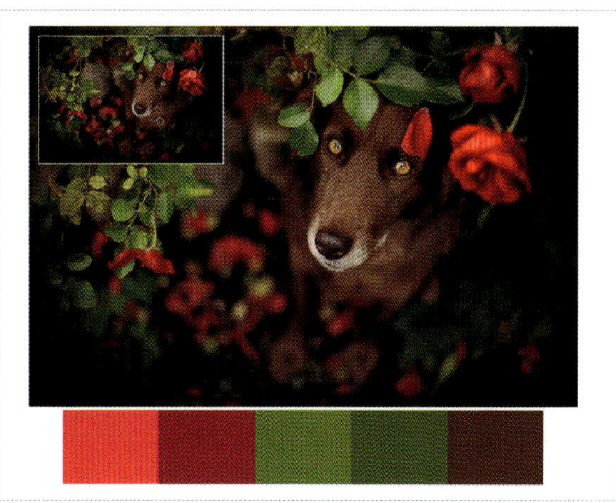

Abbildung 9.7
Durch die roten Rosen ergeben sich schöne Farbakzente im Bild.

Abbildung 9.8
Das Foto zeigt Finn bei Sonnenaufgang am Grundlsee.

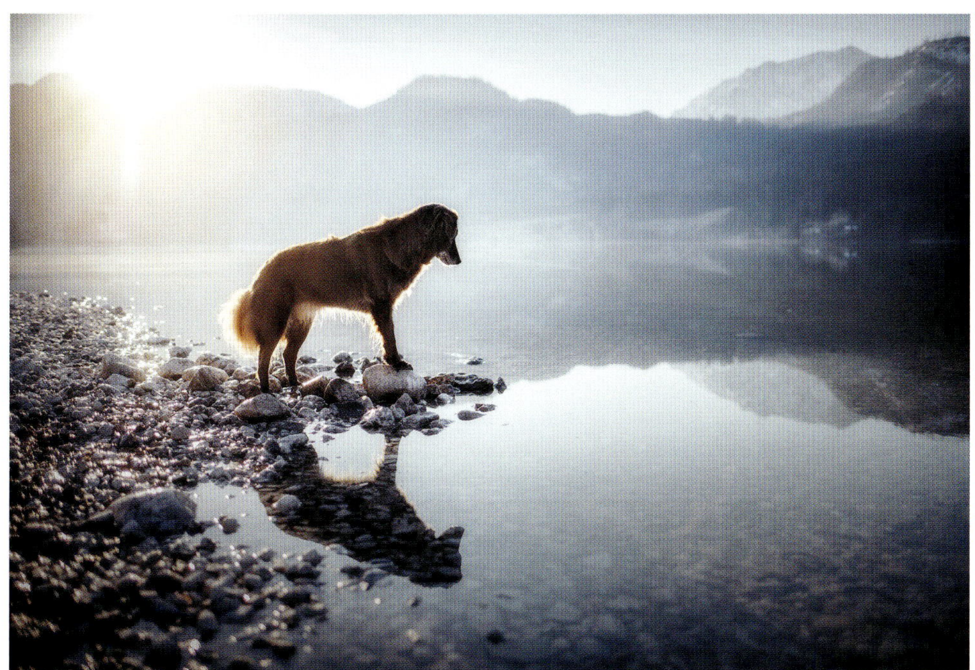

Des Weiteren kannst du den Warm-Kalt-Kontrast von Farben nutzen, um Spannung in deinem Bild zu erzeugen.

Der Kontrast von warmen und kalten Farben ergibt sich bei vielen Sonnenaufgangsstimmungen in den Bergen von ganz allein. Wie du hier (Abb. 9.8) bei dem Bild von Finn siehst, ergeben sich durch die Berge blaue, kühle Farben und durch die Sonneneinstrahlung warme, gelbe Farben. Ich habe hier bewusst mit einer sehr weichen und hellen Farbgebung gearbeitet, um die Ruhe im Bild zu untermalen. Neben der Sonneneinstrahlung trägt auch Finns Fellfarbe zu der warmen Stimmung im Bild bei. Der Braunton von Finn enthält viele Rot- bzw. Orangetöne. Durch den Lichteinfall auf sein Fell kommen diese noch besser zur Geltung.

Eine sehr auffällige Bildwirkung erzeugst du zum Beispiel mit einer Variation aus den drei Grundfarben Rot, Gelb und Blau.

Farbakzente

Eine weitere Möglichkeit, das Foto interessant zu gestalten, ist die Setzung eines farblichen Akzents. Ich achte dabei vor allem darauf, dass der farbliche Akzent sich in Hundenähe befindet, um den Blick des Betrachters nicht vom Hund wegzuführen.

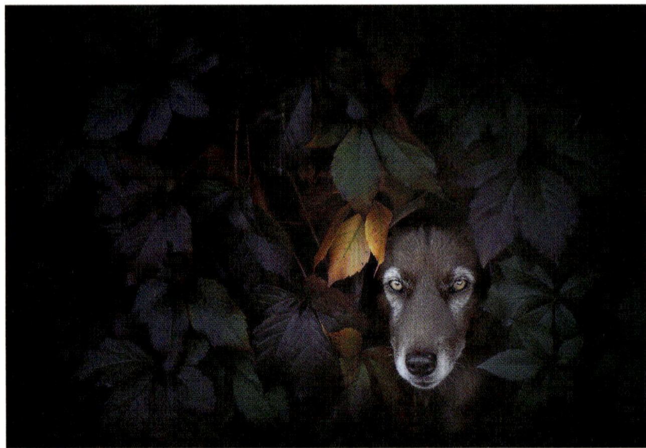

Abbildung 9.9
Ein Farbakzent wird durch das gelbe Blatt im Bild gesetzt.

Das Bild besteht aus sehr dezenten, einheitlichen und dunklen Farben. Hätte ich Finn nur in die dunklen Blätter gesetzt, wäre er aufgrund seiner dunklen Fellfarbe etwas untergegangen. In diesem Fall wäre wahrscheinlich meine Bearbeitung heller ausgefallen. Das gelbe Blatt lenkt jedoch den Blick direkt zu Finn.

Je vertrauter du im Umgang mit den Farben bist, desto mehr Gefühl wirst du für schöne Farbharmonien oder auch Farbkontraste entwickeln. Auch ich habe manchmal Bilder, bei denen ich mich mit der Farbgebung schwertue. In so einem Fall greife ich auf ein sehr hilfreiches Tool von Adobe, das Adobe Color, zurück. Mit diesem Tool, der Pipette und der Einstellungsebene »Farbton/Sättigung« in Photoshop kann man sich von einer Farbe im Bild die Komplementärfarbe erstellen lassen.

Tipp

Wenn du dir mit der Farbgebung sehr unsicher bist, denke daran: »Weniger ist mehr.« Arbeite lieber mit dezenten und wenigen Farben als mit intensiven und zu vielen. Je intensiver du Farben einsetzt, umso wichtiger ist eine stimmige und richtige Verwendung. Gerade das erfordert sehr viel Gespür für Farben. Oft ist es besser, die Farben in einem Bild gar nicht zu sehr zu verändern, sondern vielleicht nur ihre Sättigung etwas anzupassen.

Farben und ihre Bedeutung

Farben transportieren Emotionen, aber erreichen den Betrachter meist auf einer unterbewussten Ebene. Aus diesem Grund ist es wichtig, über die Farben und ihre Wirkung Bescheid zu wissen. Natürlich hat jeder von uns ein individuelles Empfinden der Farben. Jeder hat seine persönliche Lieblingsfarbe. Das Farbempfinden des Einzelnen entscheidet maßgeblich, ob eine Farbe auch im Foto als angenehm oder als störend empfunden wird.

Die Wirkung der Farbe wird durch unterschiedliche Faktoren geprägt. Im Foto selbst wird die Farbe durch benachbarte Farbtöne, Helligkeitsabstufungen, durch den Ausdruck, die Körpersprache des Hundes und die Formen um die Farbe geprägt. Beim Betrachter wird die Farbe aufgrund der Kultur, der Herkunft, der Prägephase in der Kindheit, Assoziationen des Umfelds usw. unterschiedlich wahrgenommen. Einer Farbe können sowohl positive als auch negative Aspekte zugeordnet werden. Dennoch haben die meisten Farben eine Wirkung, die von vielen Menschen auch so wahrgenommen wird. Dieses Wissen kann dir bei der Farbgestaltung von Fotos von großem Nutzen sein, um die Aussage zu untermauern und um bewusst beim Betrachter gewisse Emotionen auszulösen. Farben sind eine Sprache, die auf der ganzen Welt ähnlich verstanden wird.

In den nachfolgenden Abschnitten möchte ich dir ein paar Farben genauer vorstellen und zeigen, warum ich bei gewissen Bildern bewusst diese Farbwahl getroffen habe.

Die Farbe Grün

Beginnen wir mit der wohl umstrittensten Farbe in der Fotografie, der Farbe Grün. Grün ist meine absolute Lieblingsfarbe. Ich liebe sie in all ihren unterschiedlichen Tönen. Auch meine Kleidung ist häufig in Grün, nicht ein quietschiges Grün, sondern ein dezentes, gedecktes Grün oder besser ausgedrückt Khaki. Ich liebe die vielen unterschiedlichen Grüntöne in der Natur. Jede Jahreszeit zeigt sich in einem anderen Grünton. Im Frühling ist alles leuchtend grün, im Sommer gedeckt grün, im Herbst wird es langsam zu einem warmen Grün und der Winter sorgt bei den Tannen zu einem bläulichen Grün.

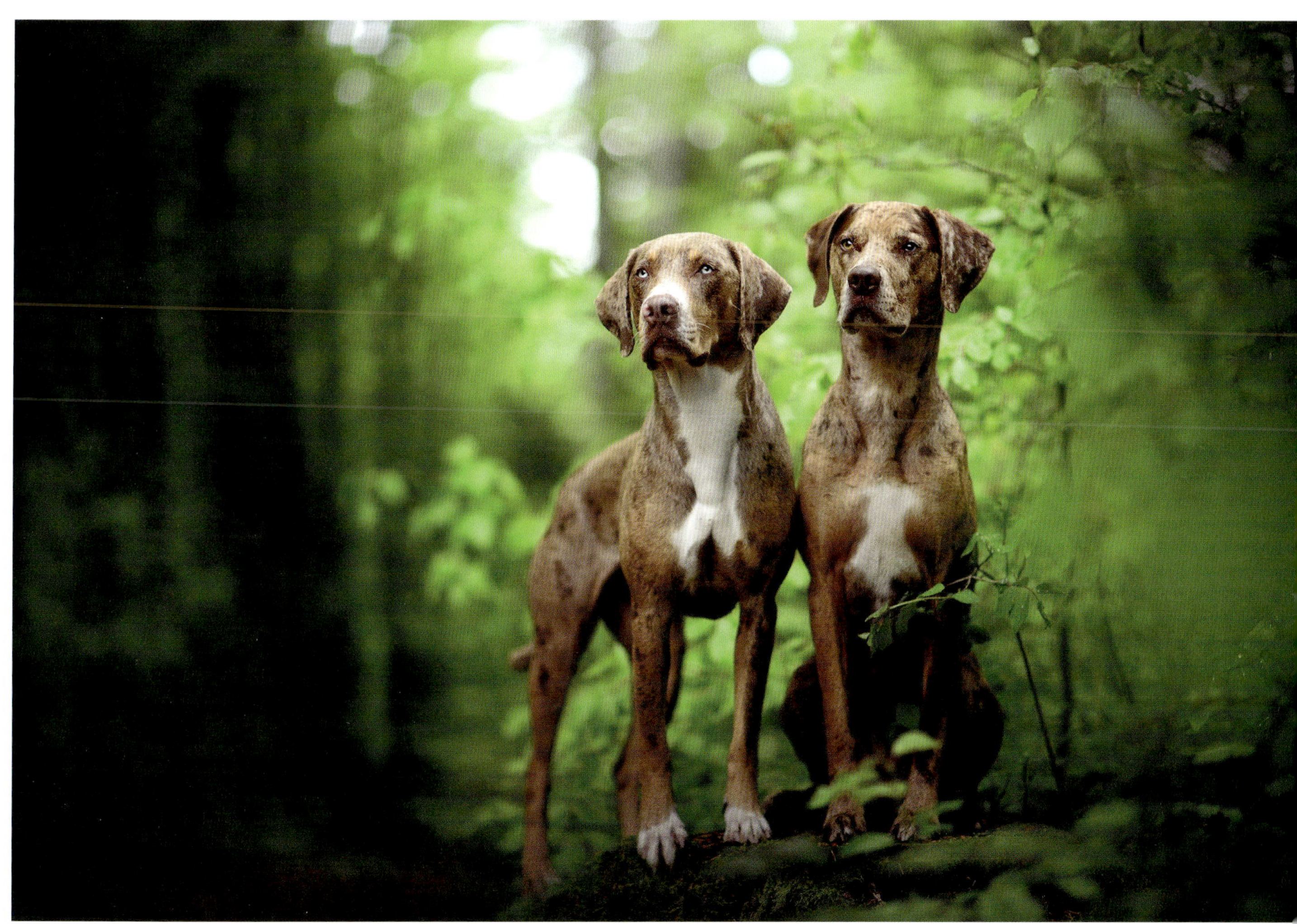

Abbildung 9.10
Das frische Grün im Frühling wirkt immer ganz besonders auf Fotos.

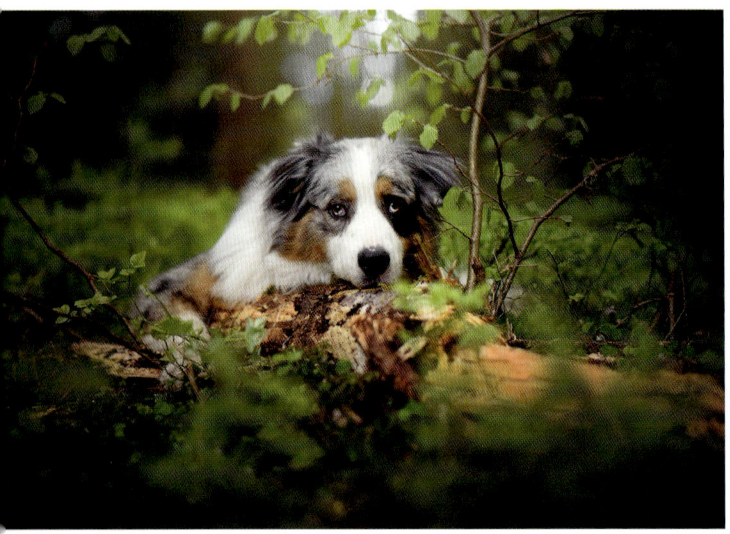

Abbildung 9.11
Frisches Frühlingsgrün und ein Hund, der den Kopf ablegt, lassen mein Herz auf jeden Fall höher schlagen.

Sobald im Frühling alles zu blühen beginnt, zeigt die Natur ein ganz eigenes Grün. Vielen Menschen ist es wahrscheinlich zu hell und zu grell, ich bin davon begeistert. Vielleicht auch, weil ich mit diesem Grünton ein ganz eigenes Gefühl verbinde. Sobald die ersten Blättchen sprießen, beginnt wieder eine neue Fotozeit. Ich freue mich immer, wenn der lange Winter vorbei ist, die Natur sich wieder von einer nicht so tristen Seite zeigt und neues Leben entsteht. Dieses Grün strahlt so viel Vitalität und Frische aus und verzaubert mich jedes Jahr wieder aufs Neue. Speziell nach Regen erstrahlen diese Farben in einem Ausmaß, das mich nur staunen lässt.

Dennoch ist Grün in der Fotografie nicht die einfachste Farbe und oft wirkt es nicht so auf den Bildern, wie man es gerne möchte. Ich kann mich noch gut an eine Zeit erinnern, in der ich jedes Grün aus meinen Fotos verbannt habe. Das Grün wurde einfach durch einen Gelb-Braunton ersetzt. Ich glaube, diese Phase durchleben sehr viele Fotografen und ich kenne einige, die Grün einfach nie leiden können.

Natürlich kenne ich auch dieses schreckliche Grün, das keiner auf Fotos mag. Es handelt sich dabei meistens um einen Grünton, der aus einem großen Anteil Gelb besteht. Diesen Grünton färbe ich in meinen Fotos, manchmal mehr und manchmal weniger, um. Doch ich verändere den Farbton nicht mehr komplett. Meistens nutze ich dazu einfach die »Selektive Farbkorrektur«, wähle die Gelbtöne aus und erhöhe den Cyan- und Magentaanteil. Trifft die Farbe danach noch immer nicht meinen Geschmack, passe ich noch die Sättigung an.

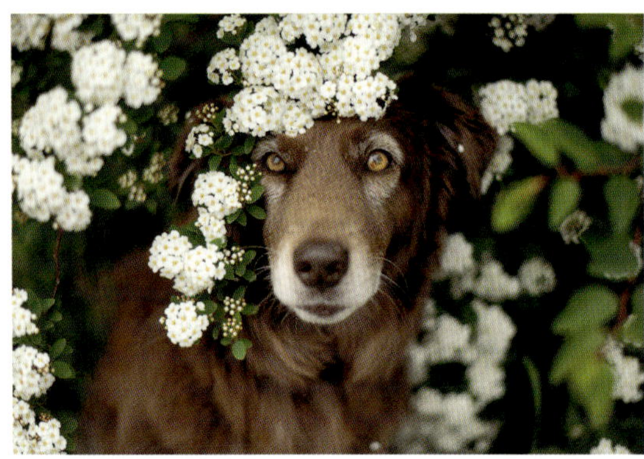

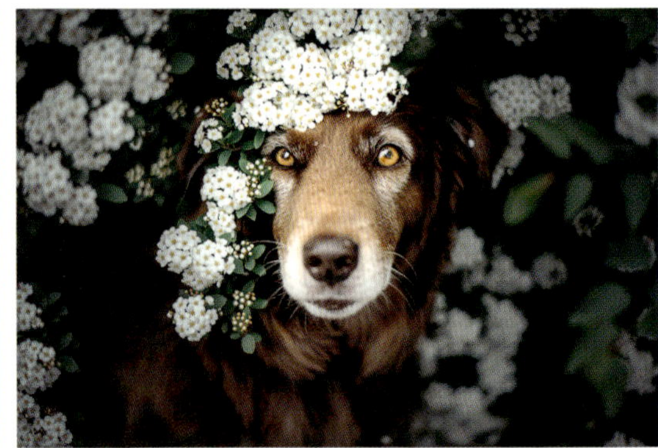

Anpassung der Grüntöne

Abbildung 9.12
Ein Grünton muss nicht immer komplett verändert werden, damit er einem selbst gefällt.

Grün steht für Hoffnung und Unsterblichkeit, aber auch für Durchsetzungsvermögen und Entspannung. Helle Töne spiegeln eine Frische wider und dunklere Töne strahlen sehr viel Ruhe aus. Gerade diese ganz dunklen, kühlen Grüntöne haben auf Bildern eine sehr starke und faszinierende Wirkung. Dieses Grün ist jedoch nur selten in der Natur zu finden. Außer man hat die Chance, in einem Wald mit vielen Blautannen zu fotografieren. Da mir diese Farbgebung jedoch sehr gut gefällt, passe ich die Grüntöne manchmal, wenn die Stimmung passt, entsprechend innerhalb der Bildbearbeitung an.

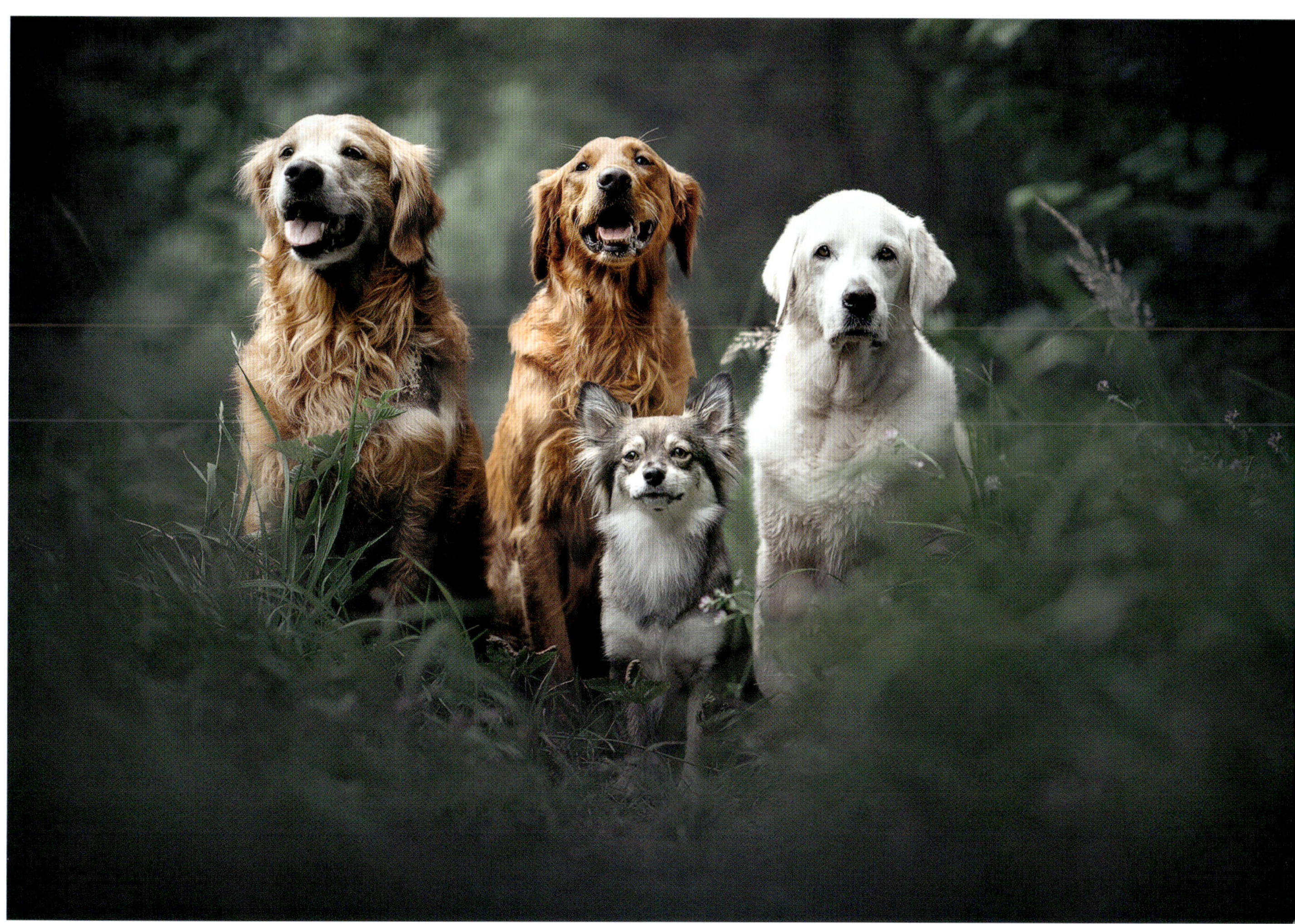

Abbildung 9.13
Hier habe ich die Farbe Grün kühler gestaltet und etwas abgedunkelt.

Die Farbe Blau

Die nächste Farbe, die ich dir vorstellen möchte, ist die Farbe Blau. Blau ist, glaube ich, die Lieblingsfarbe eines Großteils der Menschen. Blau kommt in meinen Bildern sehr häufig vor, aber nicht, weil ich oft vor blauem Himmel fotografiere. Ich fotografiere sehr oft an Seen umgeben von Bergen. Sowohl der See als auch die Berge wirken meistens etwas blau. Das Fotografieren ohne direkte Sonne, Nebel und dichte Wolkendecken begünstigen diesen Farbeffekt natürlich. Genauso wie der Winter und der Schnee kühle Farben begünstigen. Ich liebe diese kühle, klare und etwas düstere Stimmung auf den Bildern. Ich verstärke diesen Effekt meistens schon beim Fotografieren, indem ich eine entsprechende Kelvinzahl für den Weißabgleich nutze, die die Farben kühl darstellt. Die Farbe Blau steht für Harmonie, Zufriedenheit, Ruhe und Unendlichkeit.

Eine Berg-See-Landschaft strahlt für mich vor allem Ruhe aus und wirkt entspannend. Deshalb verstärke ich bewusst die blauen Farben im Bild, um diese Wirkung noch zu unterstreichen. Die Farbe Blau vermittelt für mich immer eine gewisse Freiheit. Wahrscheinlich, weil ich mit Blau auch die Farbe des Himmels verbinde, der mir Ferne und Weite vermittelt.

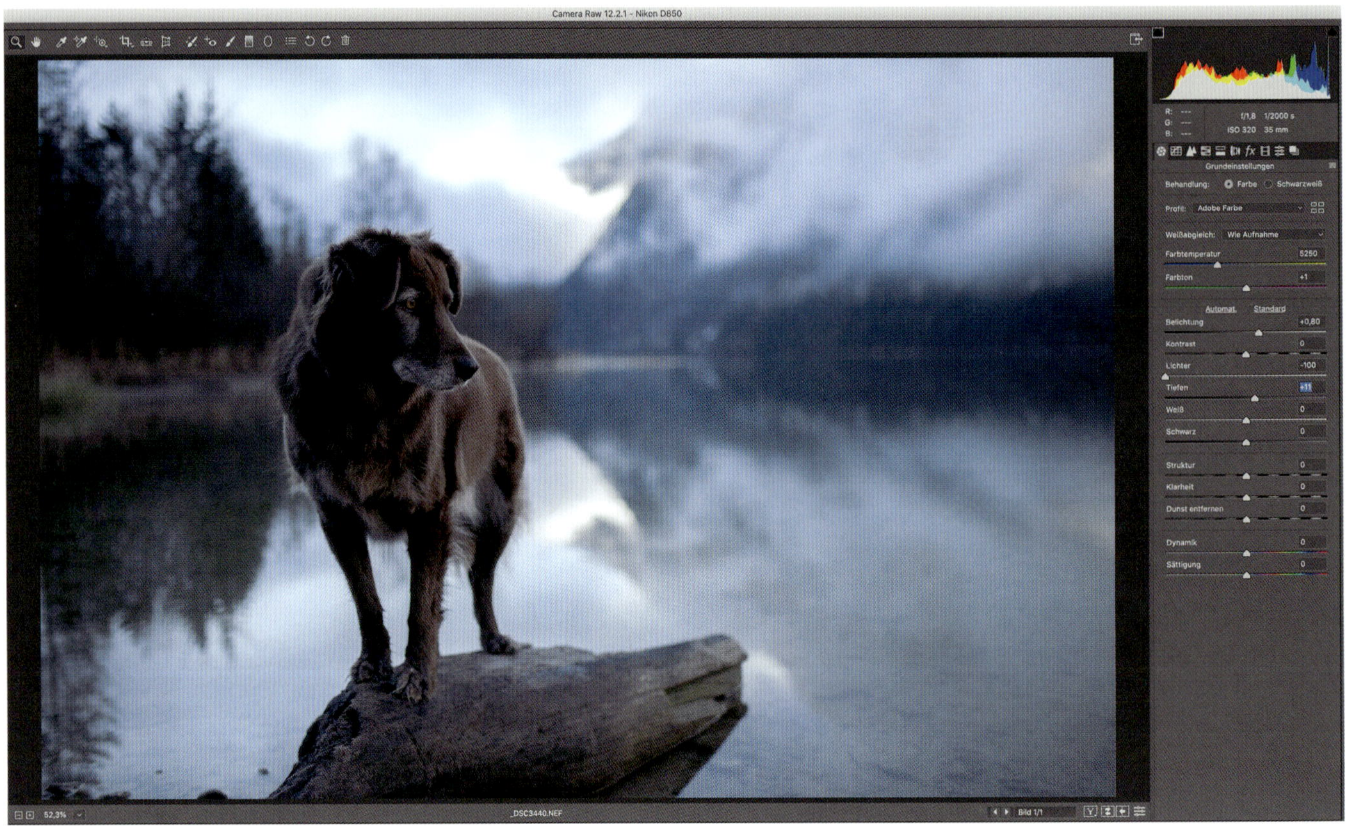

Abbildung 9.14
Die kühle Stimmung und die blaue Farbe der Berge sind bereits bei der Aufnahme entstanden.

Mit dieser RAW-Datei (Abb. 9.14) möchte ich dir zeigen, dass die Berge diesen Blauton bereits bei der Aufnahme haben. Ich verfälsche somit die Farbgebung nicht. Die vorhandenen, kühlen Farben habe ich bereits mit der Wahl eines kühlen Weißabgleichs verstärkt. Wie du siehst, liegt die Farbtemperatur bei 5250 Kelvin.

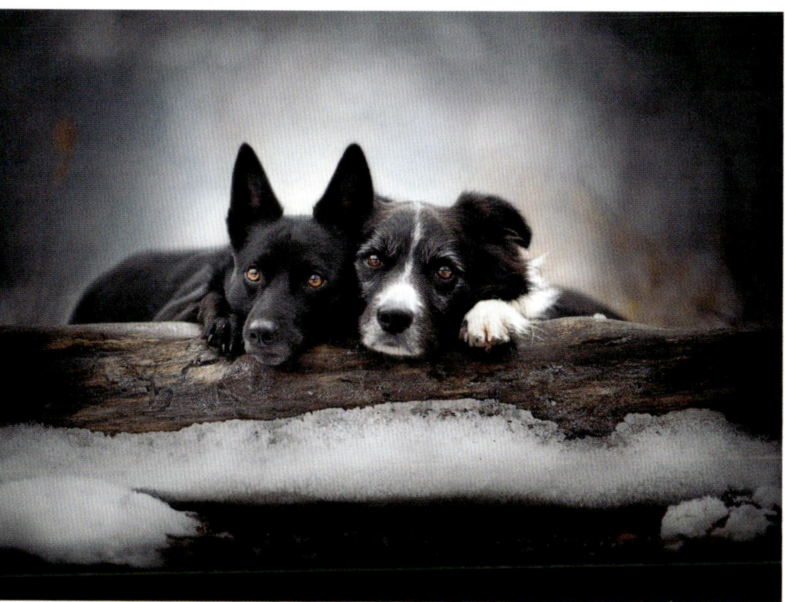

Abbildung 9.15
Gember und Grisu kuschelnd in winterlicher Atmosphäre

Gerade bei Winterfotos ist es natürlich wichtig, die Stimmung eher kühl zu gestalten. Viel Schnee ist hier nicht zu sehen, doch durch den blauen Hintergrund wird die winterliche Stimmung verstärkt. Zudem steht die blaue Farbe auch für Harmonie und Zufriedenheit, was wiederum perfekt zu den beiden kuschelnden Hunden passt.

Die Farben Rot, Orange und Gelb

Abschließend möchte ich noch kurz auf die Farben Rot, Orange und Gelb eingehen. Alle drei Farben haben eine besondere Ausstrahlung und können vor allem eines sehr gut, die Aufmerksamkeit auf sich ziehen. Rot ist sowieso die klassische Signalfarbe. Rot sagt uns »Stopp« oder »Achtung«. Aus diesem Grund zieht die Farbe Rot sofort die Aufmerksamkeit auf sich. Rot/Orange- und Gelb-Töne zeigen sich in der Natur meistens bei bestimmten Lichtstimmungen oder im wunderschönen Herbst. Man sollte diese Farben auf jeden Fall nutzen, da sie eine ganz besondere Wirkung haben. Ich setze sowohl Rot als auch Orange und Gelb meistens nur sehr dezent ein. Je nachdem, wie du die Farbe einsetzt, wirkt sie anders. So können diese drei Farben sehr intensiv, impulsiv oder laut wirken.

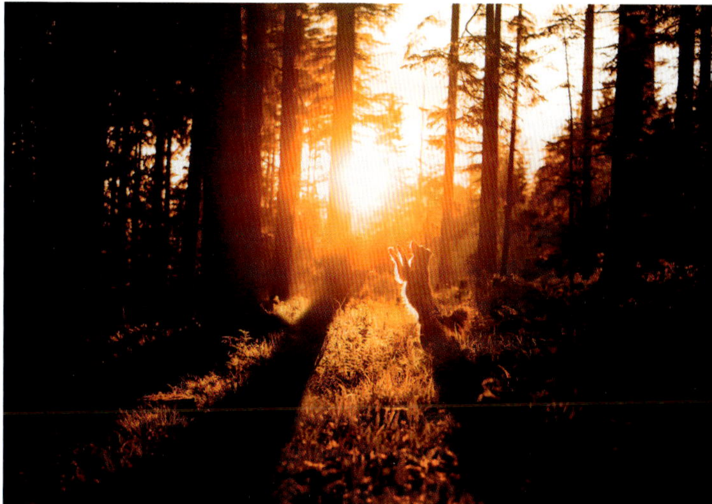

Abbildung 9.16
Yuri im Gegenlicht

Das Foto von Yuri im Gegenlicht erfüllt alle Klischees von Gegenlicht und den Farben Rot, Orange und Gelb. Das Foto schreit völlig nach Aufmerksamkeit. Das Licht und die Farben sind sehr grell und kontrastreich und man hat beim Betrachten fast das Gefühl, man muss die Augen zukneifen, weil es blendet. Dieses Foto ist eines von wenigen, das ich in solch einem Stil aufgenommen und auch bearbeitet habe. Ich arbeite gerade an meinem privaten Fotoprojekt, das sich rund um das Thema »Wald« dreht. In diesem Zusammenhang wollte ich unbedingt eine Aufnahme mit dem Titel »burning trees« machen. Das Foto kam bei meinen Followern auf Instagram sehr gut an. Ich bin jedoch noch zwiegespalten, ob mir die Farben und der Kontrast nicht doch etwas zu dominant sind. Das Foto hat auf jeden Fall die Aussage, die ich damit erreichen wollte. Es spiegelt Kraft, Dynamik, Temperament, Wärme und Leidenschaft wider. Genau das wollte ich mit der Lichtstimmung, der Farbgebung und auch der dynamischen Pose des Hundes erreichen.

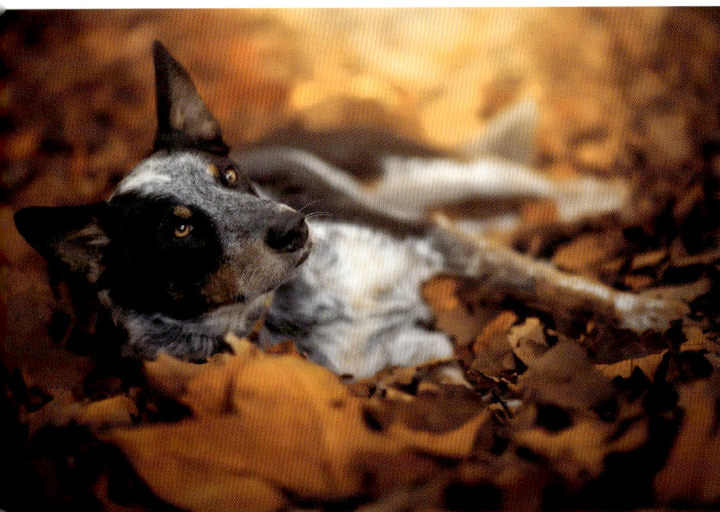

Abbildung 9.17
Der Cattle-Dog-Mix Spike im farbigen Herbstlaub

Dieses Foto zeigt Spike. Wie soll ich dir Spike am besten beschreiben? Er ist ein Hund mit viel Energie, er ist jung, dynamisch und er hat viel Temperament. Genau diese Eigenschaften wollte ich mit der intensiveren Farbgebung noch verstärken. Aus diesem Grund habe ich hier die Farben dunkel und kontrastreich gestaltet, um seine Energie auch dem Betrachter zu vermitteln.

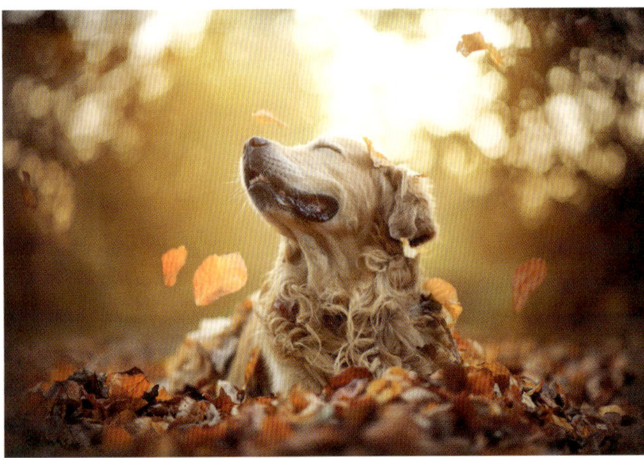

Abbildung 9.18
Der Goldie Timmy genießt sichtlich den Herbst.

Setzt man die Farben Rot, Orange und Gelb dezent und gedeckt ein, strahlen sie Lebensfreude und Lebendigkeit aus. Sie geben dem Betrachter ein wohliges Gefühl mit viel Wärme. Ein zartes Rot oder Orange steht für Geborgenheit und Vertrauen.

Das Foto des Goldies besteht aus gelben, orange und braunen Farbtönen. Die Farbgestaltung habe ich bewusst sehr dezent gewählt, da ich damit sein ruhiges, sanftes Wesen unterstreichen wollte. Timmy ist auch schon stolze 14 Jahre alt. Kräftige Farben wären bei diesem Bild fehl am Platz. Das Foto wurde, wie du siehst, im Herbst bei Gegenlicht aufgenommen. Was ich dir aber ganz ehrlich verrate, der Hintergrund war bei Weitem noch nicht so schön herbstlich. Hier habe ich mich wieder einmal dazu entschieden, das Grün umzufärben, um die gesamte Stimmung zu unterstreichen. Das Gute ist, dass aufgrund des vielen Laubs am Boden niemand daran denken würde, dass die Bäume im Hintergrund noch nicht verfärbt waren. Dadurch behält dieses Bild auch seine Natürlichkeit. Durch das Umfärben unterstreiche ich natürlich zum einen die herbstliche Stimmung und zum anderen die Lebensfreude des Hundes. Das Bild wirkt aufgrund des Hundeausdrucks, der Lichtstimmung, aber vor allem auch aufgrund der Farbgebung, sehr positiv. Orange Töne verkörpern Wärme und heben dadurch noch einmal die Stimmung des Fotos.

Farben in der Praxis

In der Outdoorfotografie hast du natürlich nur eine eingeschränkte Kontrolle der Farben. Die Location selbst bringt ja schon Farben mit. Deshalb ist es sinnvoll, sich schon während des Fotografierens Gedanken über die Bedeutung des Fotos zu machen. Je mehr Routine du hast, desto automatisierter wird es werden. Mit entsprechender Erfahrung und Übung wirst du bereits während der Aufnahme wissen, wie du die Farben innerhalb der Bildbearbeitung noch anpassen wirst, um ein entsprechendes Ergebnis zu bekommen.

Bei diesem Foto wusste ich bereits während des Fotografierens, wie die finale Farbgestaltung aussieht (Abb. 9.19). Ich wusste, ich möchte zarte Farbtöne im Bild wiedergeben. Wenn man auf eine zarte Farbgestaltung im Bild abzielt, ist es sinnvoll, eher heller zu belichten. In diesem Fall war dies jedoch nicht möglich. Ich musste sogar etwas unterbelichten, um keine Strukturen im Hintergrund zu verlieren. Ich habe bewusst im Bild die kühlen Farben verstärkt, um die morgendliche Stimmung zu intensivieren und um das Foto etwas mystischer wirken zu lassen. Zudem habe ich die warmen Farben hervorgehoben, um das Licht, das bereits den Hintergrund beleuchtet, besser zur Geltung zu bringen. Mir war schon während des Fotografierens klar, dass ich den Vordergrund mit dem Hund und den Steinen etwas kontrastreicher darstellen werde, um die sanften Farben im Hintergrund noch mehr hervorzuheben.

Innerhalb der gängigen Bearbeitungsprogramme kannst du ganz einfach Farben mithilfe der Luminanz, der Sättigung oder der Selektiven Farbkorrektur anpassen. Welche Farben du hervorhebst, abschwächst oder veränderst, ist dabei ganz dir überlassen. Wichtig ist, dass du dir überlegst, was du mit deinem Foto ausdrücken möchtest und was du bei diesem Foto selbst empfindest. Überlege dir, welche Farben du einsetzen kannst, um deine Gefühle und Bildaussage zu unterstreichen. Bedenke dabei immer: Weniger ist mehr. Man muss die Farben eines Fotos nicht komplett verändern, um eine bestimmte Bildaussage bzw. Gefühle zu vermitteln. Ich versuche meistens einfach, das vorhandene Material mithilfe feiner Korrekturen noch entsprechend meiner Bildaussage anzupassen. Die Natürlichkeit des Bildes soll bei der Arbeit mit Farben nicht verloren gehen. So sollte meiner Meinung nach in den meisten Fällen eine grüne Wiese oder grünes Moos unter normalen Lichtbedingungen auch Grün bleiben. Aber natürlich kann man eine grüne Wiese bei Gegenlicht etwas wärmer gestalten. Mein Ziel ist auf jeden Fall immer eines, und zwar die Farben gezielt für die Bildaussage zu optimieren, aber nur in so einem Ausmaß, dass es trotzdem weiterhin natürlich wirkt.

Sei kreativ bei der Nutzung der Farben, spiele mit Farbkontrasten, Farbharmonien oder setze Farbakzente. Benutze Farben aber lieber dezent, denn Farben nehmen wir als Erstes wahr, wenn wir ein Bild betrachten. Denke daran, dass du die Farben gezielt einsetzen kannst, um eine gewisse Bildstimmung zu vermitteln, aber die endgültige Interpretation liegt trotzdem beim Betrachter.

Abbildung 9.19
Baghira in einer wundervollen Stimmung am See

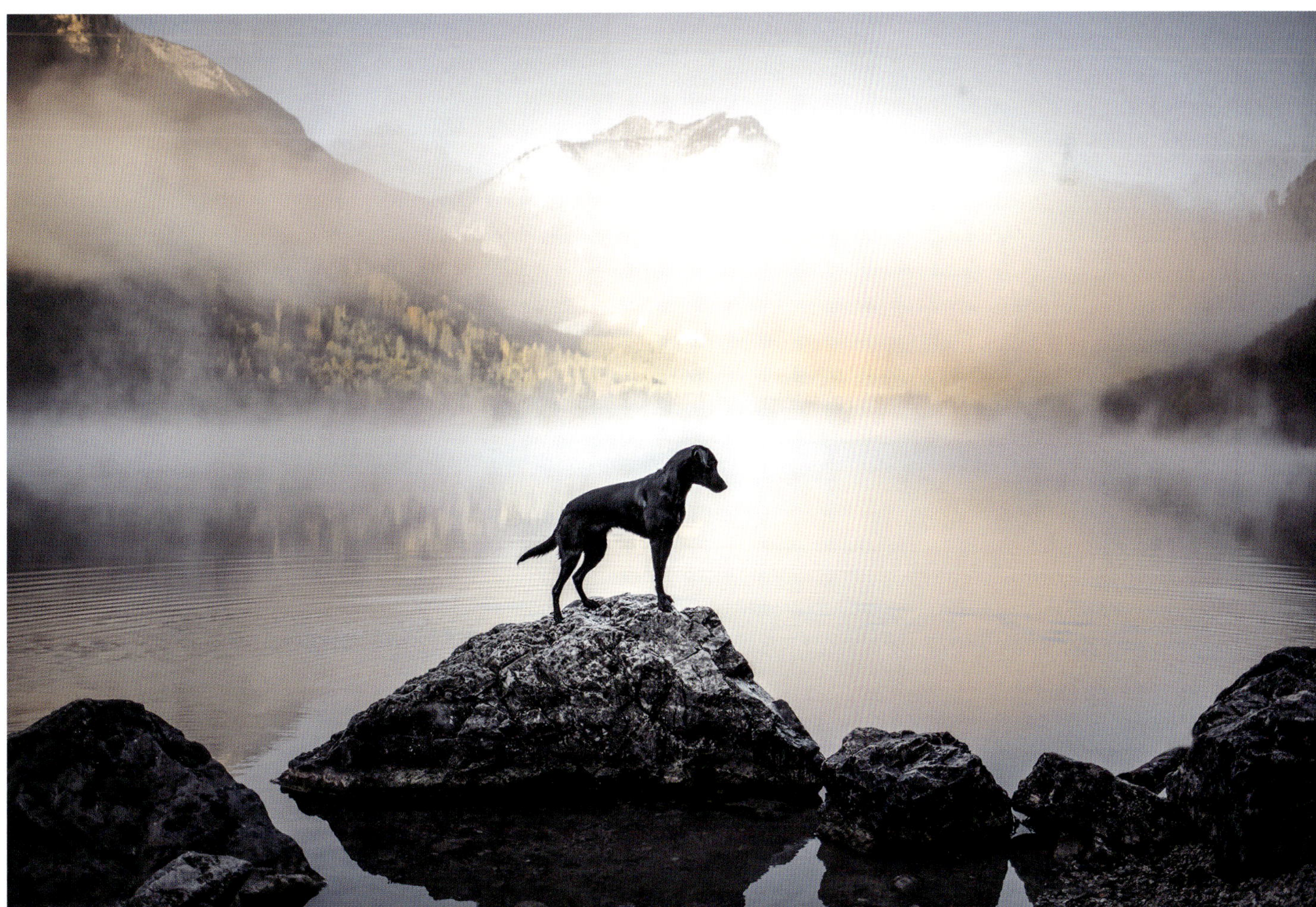

Ein kleiner Einblick in meine Farbgestaltung

Um das Kapitel über die Farben abzuschließen, habe ich dir noch drei Fotos mit unterschiedlichen Farbgebungen angefügt. Auch wenn oft mehrere Farbgebungen zu einem Foto passen, kann es nur eine geben, die deine Bildaussage entsprechend unterstreicht. Ich möchte dir zeigen, wie sich durch eine unterschiedliche Farbgebung die Stimmung in einem Foto ändern kann. Prinzipiell solltest du auf jeden Fall immer eines bedenken: Wenn du mit deinen Bildern gewisse Emotionen beim Betrachter wecken möchtest, sollten die Farben dementsprechend gewählt sein.

Warme Farbtöne vermitteln einen sehr positiven Eindruck beim Betrachter und aus diesem Grund werden sie auch meist bevorzugt, dennoch sind sie nicht immer für die Bildaussage die richtige Wahl. Ich habe damals in Instagram zu dem Foto von Bruce eine Abstimmung gemacht und meine Follower gefragt, welche Farbgebung ihnen besser gefällt. Und die Mehrheit entschied sich für die warme Variante, wie so oft.

Meine eigentliche Bearbeitung ist aber die kühle Variante. Die kühle Farbgebung unterstützt auch die originale Bildstimmung besser. Am Horizont sieht man noch etwas die Sonne aus den Wolken hervorleuchten. Doch dabei entstanden keine warmen Farben. Es war ein trister Tag mit starker Bewölkung über den Dächern einer Stadt, an dem kurz noch einmal ein bisschen die Sonne hinter den Wolken hervorblickte. Ich liebe diesen kühlen Grauton des Fells von Bruce, den man gerade in Zusammenhang mit dieser Wetterstimmung schön betonen kann.

Das zweite Beispiel ist ein Foto meiner Hündin Cindy (Abb. 9.22 und 9.23). Die erste Variante zeigt das Foto, wie ich es im Jahr 2013 bearbeitet habe, und das zweite Foto meine heutige Bearbeitung. Damals habe ich nicht viel an dem Foto verändert und mich überhaupt nicht mit dem richtigen Einsatz von Farben ausgekannt. Bei der neuen Bearbeitung habe ich mich dafür entschieden, mich von den Grüntönen zu verabschieden und die Farben im Bild einheitlich und eher warm zu gestalten. Und zwar aus folgendem Grund: Ich wollte den sanften Charakter meiner Hündin noch besser zum Ausdruck bringen. Die Grüntöne im Bild sind sehr unterschiedlich und führen dadurch zu viel Unruhe. Sie sind grell und frisch und vermitteln dadurch vor allem Aktivität und Wachstum. Die warmen Farben hingegen unterstreichen ihre Sanftheit und vermitteln auch dem Betrachter ein wohliges und angenehmes Gefühl. Wenn man das Bild im neuen Look betrachtet, kommt Cindys Wesen so viel besser zur Geltung und man kann ihre Gutmütigkeit förmlich spüren.

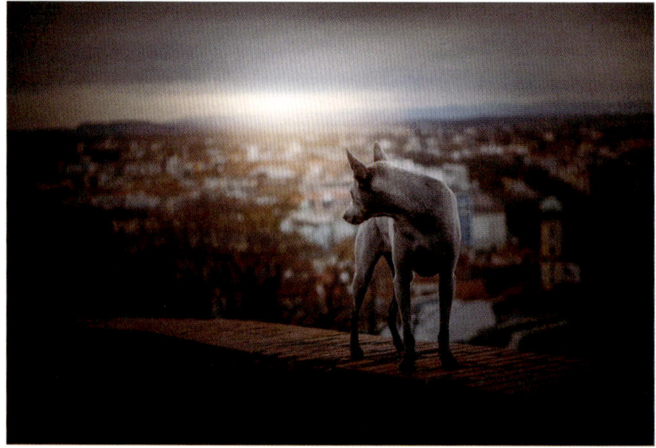

Abbildung 9.20
Warme Farben sind oft für den Betrachter ansprechender.

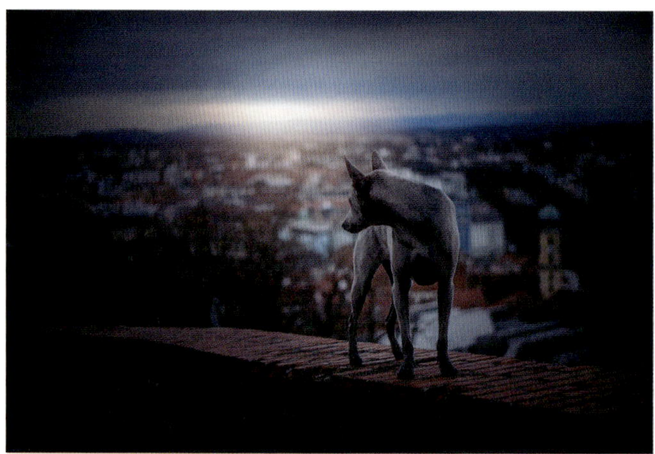

Abbildung 9.21
Die kühlen Farben harmonieren perfekt mit der Fellfarbe von Bruce und der düsteren Stimmung.

Das letzte Beispiel (Abb. 9.24 und 9.25) zeigt den sechs Monate alten Elo-Rüden Koda. Die Farbgebung des ersten Fotos entspricht ungefähr der originalen Farbgebung. Ich mag diese Farbtöne sehr gerne, da sie sehr dezent sind. Generell strahlt die-

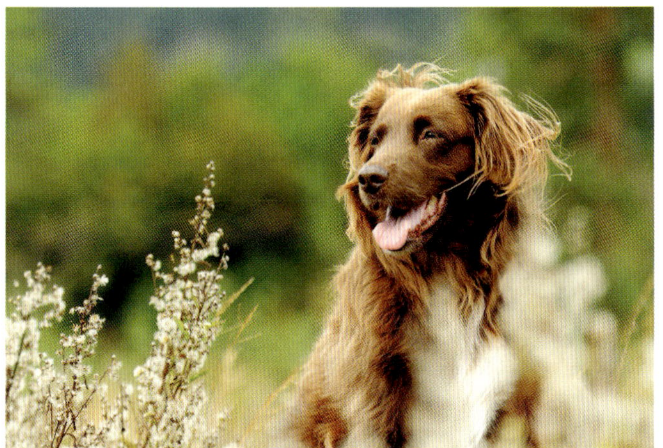

Abbildung 9.22
Die vielen unterschiedlichen Grüntöne führen zu einer Unruhe im Foto.

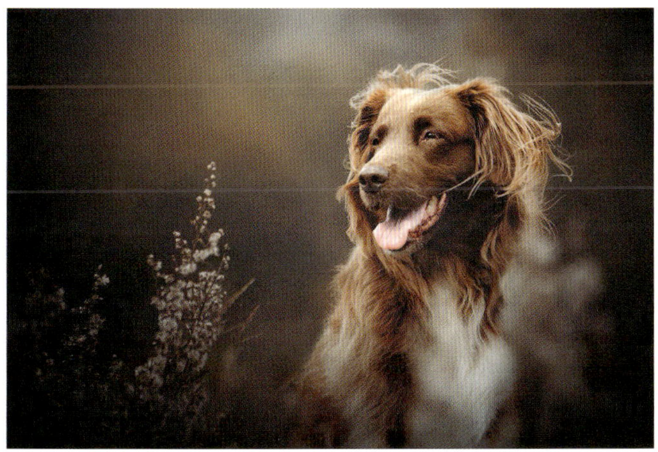

Abbildung 9.23
Die warmen einheitlichen Brauntöne unterstreichen Cindys Charakter.

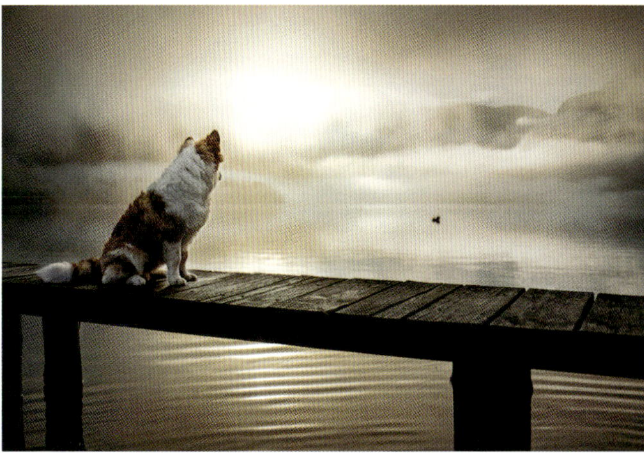

Abbildung 9.24
Diese Farbgebung entspricht mehr der originalen, Farbgebung.

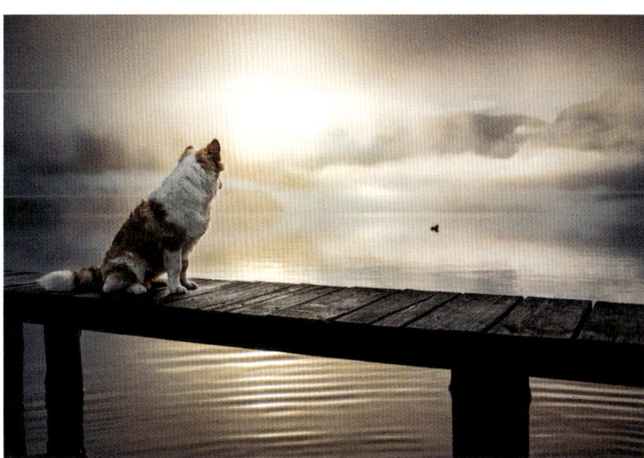

Abbildung 9.25
Um dem Bild etwas mehr Spannung und Dynamik zu verleihen, habe ich mit einem Farbkontrast gearbeitet.

ses Foto sehr viel Ruhe aus. Die Nebelstimmung, das leichte Gegenlicht, die sanften Wellen des Sees, die Ente in der Ferne und auch die Pose des Hundes. Hätte ich hier einen schon etwas älteren Hund fotografiert, hätte ich die Farben wahrscheinlich gar nicht verändert. Doch es war eben ein erst sechs Monate alter Junghund. Auf der einen Seite wollte ich natürlich diese Ruhe im Bild beibehalten, denn das entspricht nicht nur der gesamten Bildstimmung, sondern auch dem Kodas Charakter, auf der anderen Seite wollte ich dennoch etwas mehr Spannung und Dynamik ins Bild bringen, um dadurch sein junges Alter etwas zu unterstreichen. Und aus diesem Grund habe ich mir den Farbkontrast zunutze gemacht. Dabei kamen die Komplementärfarben Blau und Orange zum Einsatz.

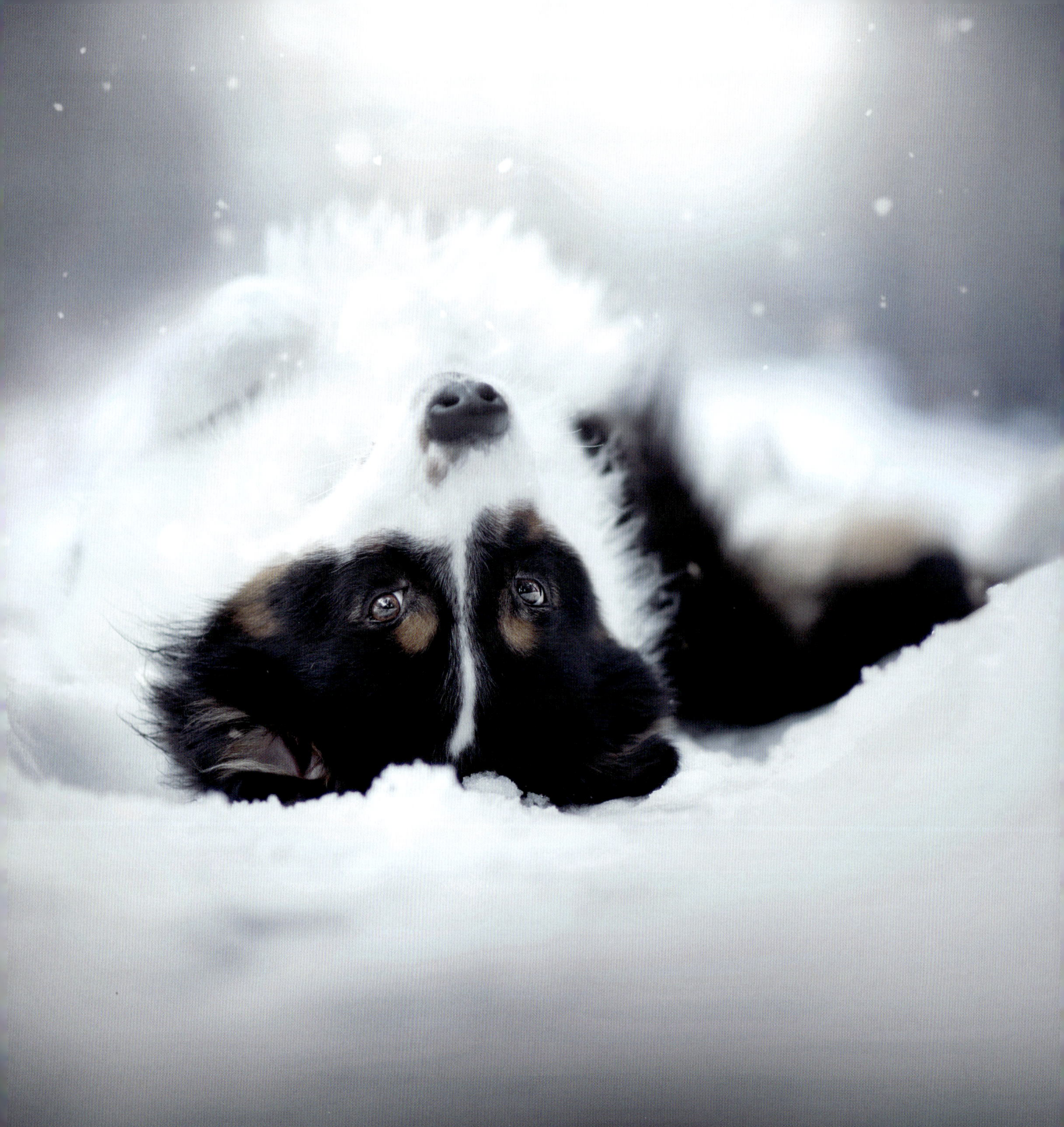

KAPITEL 10
Fotografische Herausforderungen

10.1 FOTOGRAFIEREN VON SCHWARZEN HUNDEN UND BILDBEARBEITUNG

Das Fokussieren und korrekte Belichten von schwarzen Hunden gestaltet sich oft sehr schwierig. Aber warum entstehen diese Schwierigkeiten? Im Gegensatz zu braunen Hunden, die das Licht reflektieren, absorbieren schwarze Hunde fast das gesamte vorhandene Licht. Aus diesem Grund sind gerade bei schwarzen Hunden optimale Lichtbedingungen von großer Bedeutung, damit die Details des Fells sichtbar werden und auch die Kamera besser fokussieren kann.

Gerade bei schwarzen Hunden ist es wichtig, im manuellen Modus zu fotografieren, um alle Parameter selbst einstellen zu können. Es ist sehr hilfreich, immer wieder einen Blick auf das Histogramm zu werfen, um zu kontrollieren, ob das Bild ausgewogen belichtet ist. Es sollte ein ausgewogenes Verhältnis zwischen den Tiefen und Lichtern herrschen. Dabei achte ich immer darauf, dass im Fell des Hundes so gut wie überall Strukturen zu erkennen sind und der Hintergrund dabei aber nicht zu hell ist. Das funktioniert natürlich je nach Lichtsituation und Hintergrund besser oder auch schlechter.

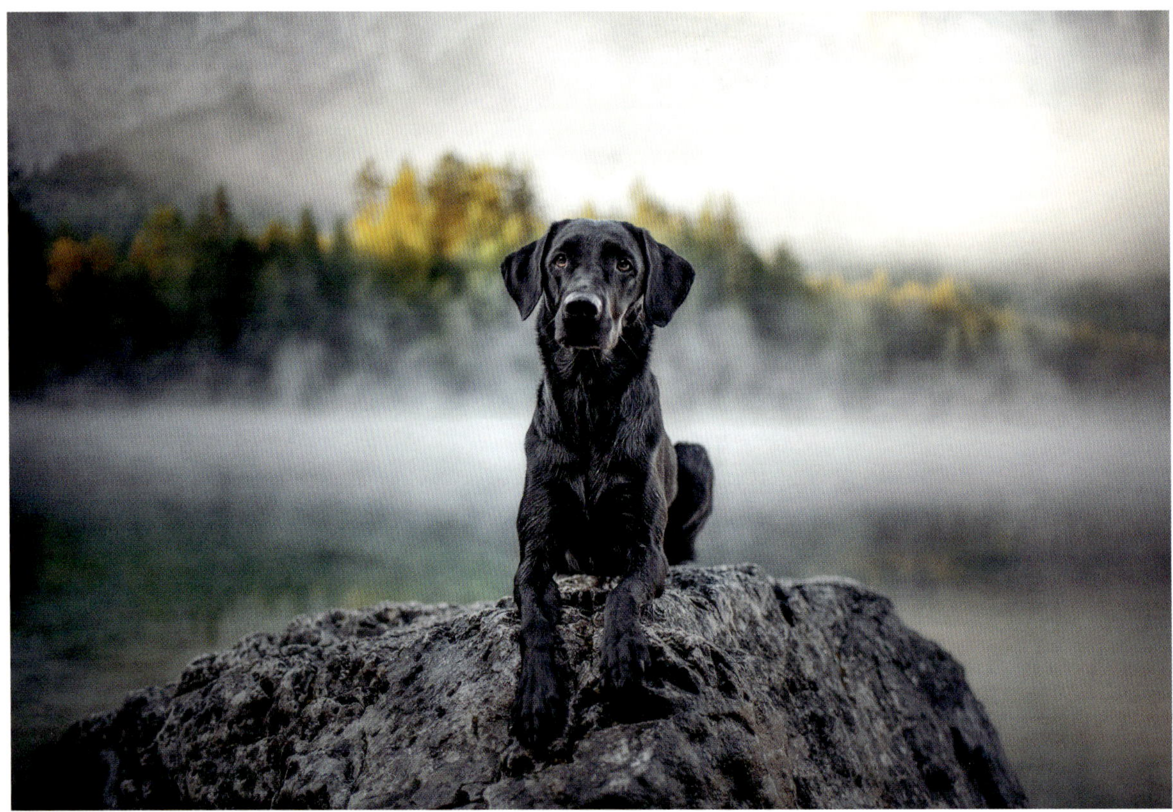

Abbildung 10.1
Durch den Nebel ergab sich hier schon eine etwas schwierige Belichtungssituation.

Fotografierst du einen Hund bei direkter Sonne und optimalen Lichtverhältnissen, wirst du keine Probleme haben, den Hund und Hintergrund korrekt zu belichten und auch die Fellstruktur des Hundes zu zeigen. Du solltest bei einem schwarzen Hund jedoch nur sehr gute Lichtbedingungen kurz nach oder vor dem Sonnenaufgang nutzen. Das Fell beginnt sonst sehr stark zu glänzen und tiefe dunkle Schatten entstehen.

Für mich ist es am einfachsten, schwarze Hunde bei diffusem Licht zu fotografieren.

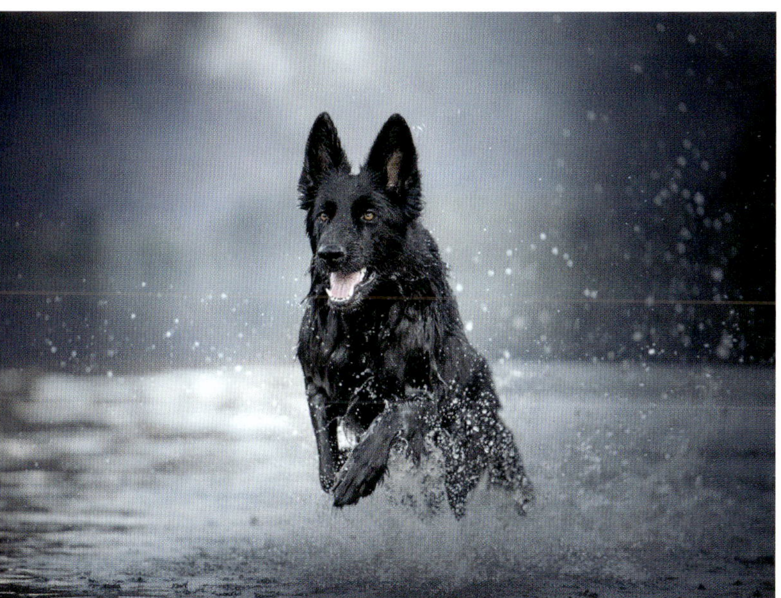

Abbildung 10.2
Die schwarze Schäferhündin habe ich bei Bewölkung mit einem relativ dunklen Hintergrund fotografiert und dadurch die besten Bedingungen gehabt.

Wenn es bewölkt ist, suche ich freie und offene Bereiche, um möglichst gute Lichtbedingungen zu haben. Aber auch offener Schatten schenkt dir tolles, weiches Licht. Besonders gut eignen sich Schatten, wo der Lichteinfall durch Bäume verhindert wird, sich der Hund aber trotzdem unter freien Himmel befindet. Dadurch hat man sehr gute Lichtverhältnisse und du wirst kein Problem dabei haben, einen Lichtreflex im Auge zu erzeugen. Das ist bei schwarzen Hunden mit dunklen Augen natürlich besonders wichtig. Hast du ein schwarzes Hundemodel mit auch noch haarigem Gesicht, wird es natürlich besonders schwierig, Licht in die Augen zu bekommen. Hierbei kannst du versuchen, dass der Besitzer einfach die Haare ein bisschen aus den Augen streift. Manchmal klappt das ganz gut, bei anderen Hunden fallen sie sofort wieder über die Augen. Wenn das der Fall ist, kannst du noch versuchen, den Hund wieder Richtung Himmel hochblicken lassen.

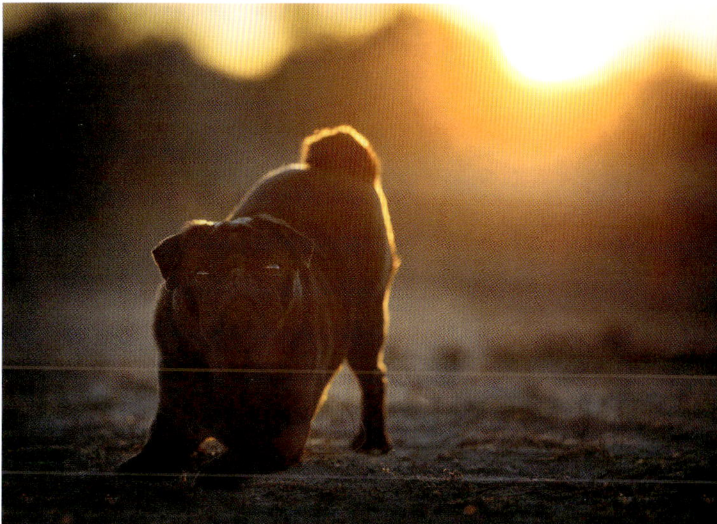

Abbildung 10.3
Diesel im Gegenlicht. Auch die beleuchteten Fellränder sind nicht überstrahlt.

Definitiv der Vorteil von schwarzen Hunden ist, dass bei einer Aufnahme im Gegenlicht keine Fellbereiche überstrahlt werden. Du kennst es vielleicht, wenn du einen hellen Hund mit langem Fell bei Gegenlicht aufnimmst, sind oft die Fellränder überbelichtet. Das wird dir bei einem schwarzen Hund nicht passieren.

Tipps für die Bearbeitung

Farbstiche im Fell der Hunde finden wir bei allen Fellfarben, jedoch bei schwarzen und auch weißen Hunden sind diese meistens besonders auffällig. Zudem nehmen wir den Farbstich bei schwarzen und weißen Hunden viel mehr wahr, da wir ein ganz bestimmtes Bild von Schwarz und Weiß haben. Gerade, wenn man schwarze Hunde bei diffusem Licht fotografiert, bekommen sie sehr schnell einen Blaustich. Diesen Farbstich kann man einerseits schon mit der Anpassung des Weißabgleichs minimieren und zusätzlich noch in der Bildbearbeitung korrigieren. Wichtig ist aber eines: den Farbstich nicht vollständig zu entfernen. Es ist normal, dass Hunde mit jeder Fellfarbe die Umgebung reflektieren, und das sollten auch schwarze Hunde. Gerade bei denen neigt man nämlich oft dazu, die Farbe komplett rauszunehmen, und das Ergebnis ist oft ein grau-schwarzer Hund.

Bei diesem Bild (Abb. 10.4, rechts) habe ich den Farbstich ganz einfach über Farbton/Sättigung angepasst. Dazu habe ich die Blautöne ausgewählt und die Sättigung etwas rausgenommen.

Der zweite Vergleich soll dir zeigen, dass ein gewisser Farbstich im Fell des Hundes auch gut ist (Abb. 10.5). Auf dem linken Bild sieht Lucy aus wie der Hund eines Schwarz-Weiß-Bildes.

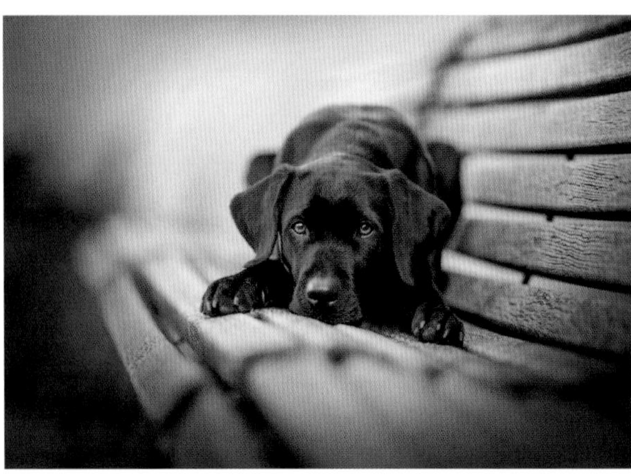

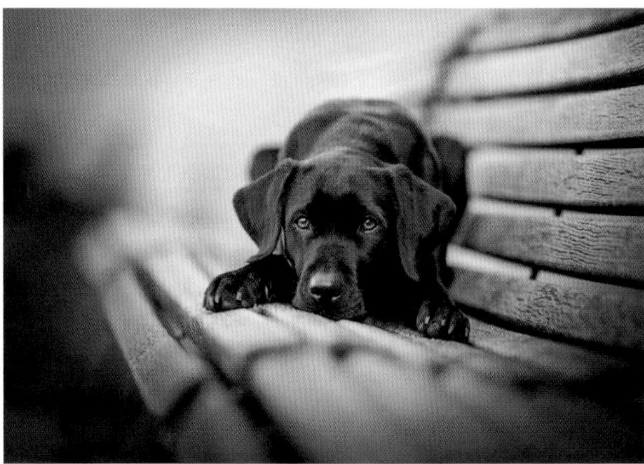

Abbildung 10.4
Auf dem linken Bild hat Lucy noch einen deutlichen Blaustich im Fell. Auf dem rechten Bild wurde er bereits korrigiert.

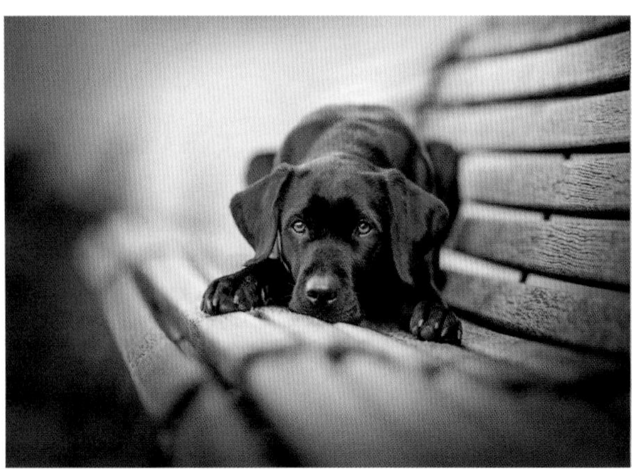

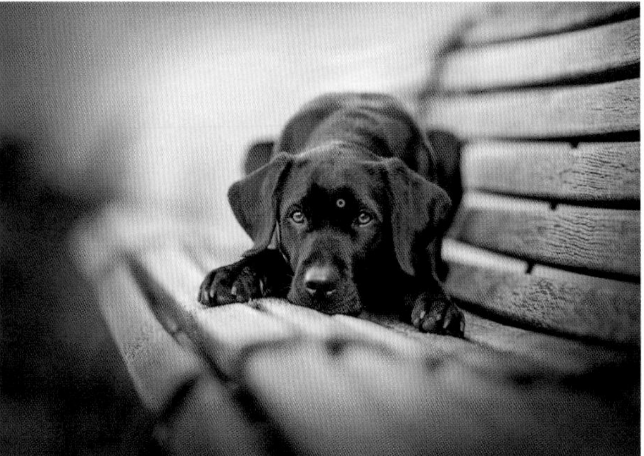

Abbildung 10.5
Hier noch der Vergleich, was passiert, wenn man die Farbe zu sehr rausnimmt.

Bei der Bearbeitung von schwarzen Hunden neigt man oft dazu, die Tiefen zu sehr rauszunehmen, um den dunklen Stellen etwas Struktur zu geben. Auch hier ist es wieder wichtig, darauf zu achten, den Hund trotzdem schwarz darzustellen und nicht grau. Diesen Fehler sehe ich immer wieder bei anderen Fotografen. Genauso muss man bei schwarzen Hunden besonders achtsam mit dem Einsatz von »Dodge & Burn« umgehen, damit gewisse Bereiche nachher nicht grau wirken. Ich würde dir dazu raten, lieber ein paar Bereiche eines schwarzen Hundes ohne Struktur zu lassen, als am Ende einen grau-schwarzen Hund auf dem Foto zu haben.

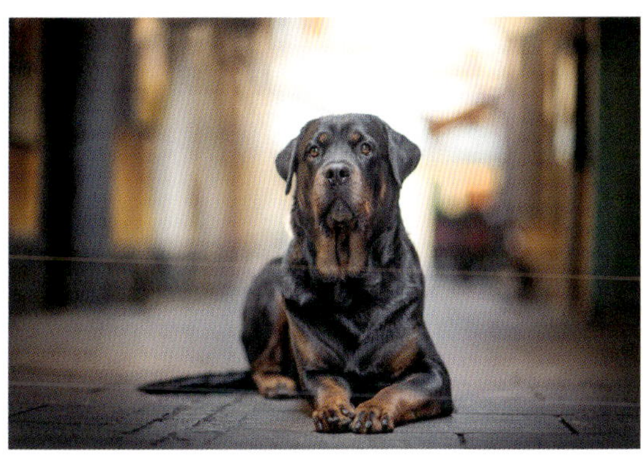

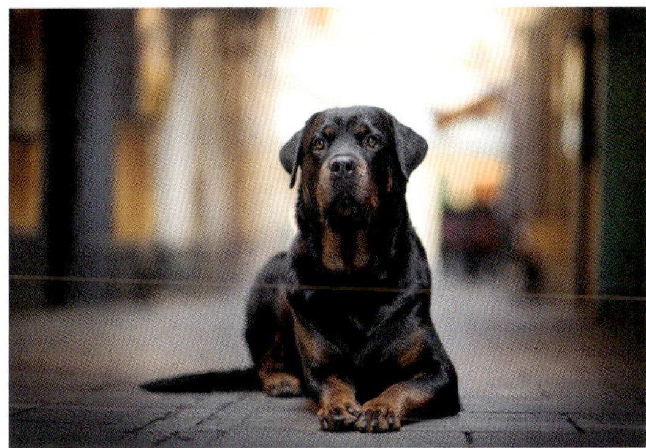

Abbildung 10.6
Der direkte Vergleich zeigt, es ist nicht ratsam, die Tiefen zu stark aufzuhellen.

10.2 FOTOGRAFIEREN VON STARKEN KONTRASTEN

Jetzt sind wir beim letzten Kapitel des Buches, in dem es noch einmal um die Fotografie geht, angekommen und ich hoffe, ich habe dich mittlerweile schon davon überzeugt, falls du nicht sowieso schon im RAW-Format fotografiert hast, nurmehr dieses Format zu nutzen. Wenn nicht, dann ist es spätestens jetzt an der Zeit, dir zu sagen, dass du gerade, wenn du große Kontrastunterschiede hast, im RAW-Format die Fotos aufnehmen musst, um eine gute Chance zu haben, korrekt zu belichten. Das ist hier keine Empfehlung mehr, sondern wirklich ein Muss.

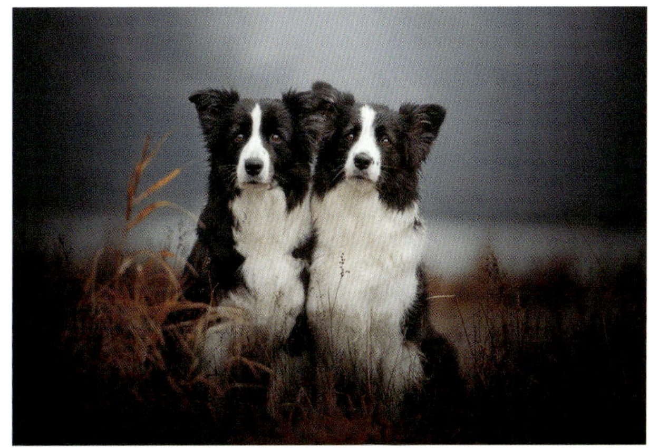

Abbildung 10.7
Die beiden Border Collies Tiara und Miley

Fotografieren von schwarz-weißen Hunden

Auch beim Fotografieren von schwarz-weißen Hunden ist wieder das Licht entscheidend. Fotografierst du bei hoch stehender Sonne, kannst du kein passendes Ergebnis liefern. Und das liegt an keinen falschen Einstellungen, es kann einfach nicht funktionieren.

Eigentlich ist es wie beim Fotografieren eines schwarzen Hundes, nur dass optimale Lichtverhältnisse noch eine Spur wichtiger sind. Fotografierst du bei Sonne, dann am besten nur kurz nach Sonnenaufgang oder kurz vor Sonnenuntergang. Hast du keine optimalen Lichtverhältnisse, musst du bei schwarz-weißen Hunden in den Schatten ausweichen.

Natürlich weiß man, dass ein schwarzer Hund und ein weißer Hund bei gleichen Lichtbedingungen anders belichtet werden müssen. Welche Auswirkungen jedoch schlechte Lichtbedingungen, im Sinne von zu viel Sonne, auf die Belichtung von einem weißen und einem schwarzen Hund haben, sollen dir die Bilder zeigen.

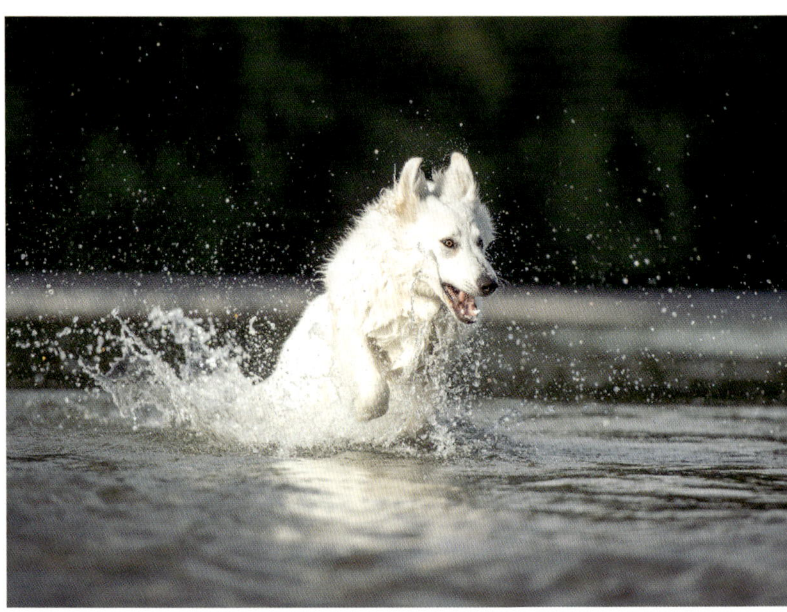

Abbildung 10.9
Die Verschlusszeit der weißen Hündin Amy beträgt 1/3200 s.

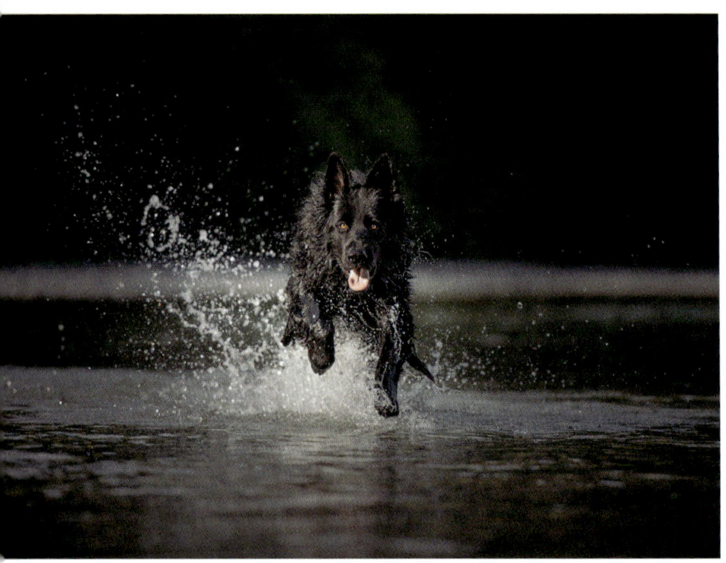

Abbildung 10.8
Belichtungsunterschied zwischen weißem und schwarzem Hund: Gleiche ISO und Blende, die Verschlusszeit bei Hunter beträgt 1/1600 s.

Diese beiden Bilder habe ich direkt hintereinander bei keinen optimalen Lichtbedingungen aufgenommen. Der Sonnenstand war schon etwas zu hoch, was die Situation hinsichtlich der starken Kontrastgebung nicht begünstigt hat. Selbe Blende, selbe ISO-Zahl, aber zwei ganz unterschiedliche Verschlusszeiten, um beide Hunde korrekt zu belichten. Eigentlich hätte ich das Bild der weißen Schäferhündin noch ein Stück dunkler belichten können und somit wäre die Verschlusszeit noch eine Stufe kürzer gewesen.

Als Vergleich möchte ich dir nun zeigen, was das optimale Licht bewirken kann und warum es gerade bei zweifarbigen Hunden so wichtig ist, bei besten Lichtbedingungen oder bei diffusem Licht zu fotografieren. Wie das gemeinsame Foto von Hunter und Amy zeigt, konnten beide Hunde mit derselben Einstellung korrekt belichtet werden. Es gibt keine Stellen, die überbelichtet oder unterbelichtet sind.

Generell belichte ich schwarz-weiße Hunde lieber etwas dunkler, um sicherzustellen, alle Details in den Lichtern zu erhalten. Die Tiefen werden innerhalb der Bildbearbeitung wieder herausgearbeitet.

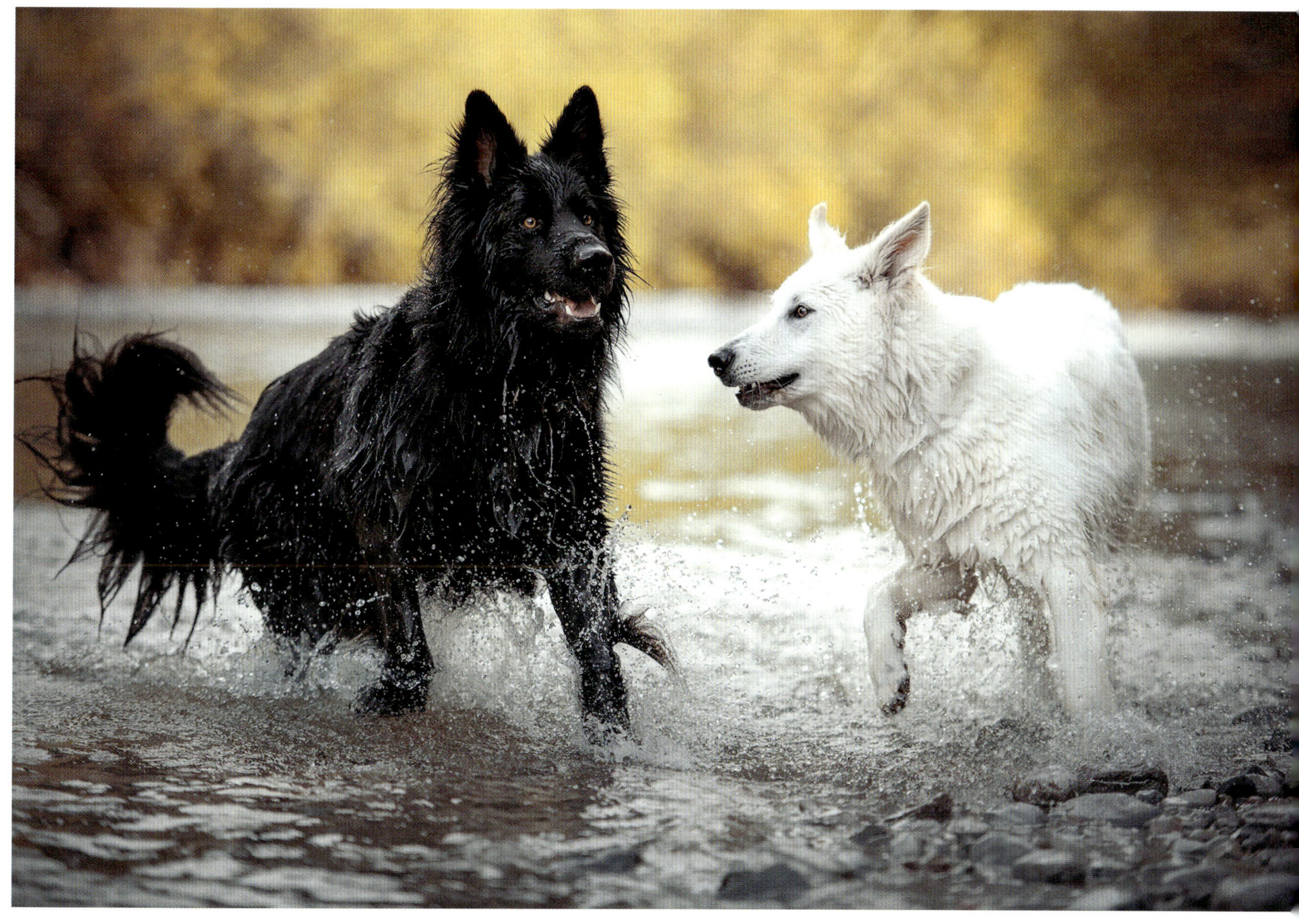

Abbildung 10.10
Korrekte Belichtung der beiden Hunde aufgrund des Fotografierens im Schatten

Fotografieren bei Schnee

Auch beim Fotografieren von Hunden im Schnee trifft man auf hohe Kontraste. Hier gilt es wieder, die besten Lichtbedingungen bei Sonnenschein oder diffuses Licht zu nutzen. Der Schnee reflektiert nämlich das Sonnenlicht, wodurch die Bilder schnell überbelichtet werden. Da die Sonne aber im Winter viel schwächer scheint, ist das Licht sehr moderat. Das bedeutet auch, man ist nicht ganz so stark an eine bestimmte Tageszeit gebunden. Dennoch sollte man auf jeden Fall das Licht nach Sonnenaufgang oder vor Sonnenuntergang nutzen. Man hat jedoch eine viel längere Zeitspanne als im Sommer. Die Einstellung der Kamera erfolgt genau wie in jeder anderen Situation auch. Du wählst eine große Blende und passt die Verschlusszeit an. Je nachdem ob du eine Porträtaufnahme machst oder eine Bewegungsaufnahme, musst du die Belichtungszeit entsprechend wählen. Bei der Bewegungsaufnahme ist wieder auf eine kurze Belichtungszeit zu achten. Die ISO bleibt wie immer vorerst ganz niedrig. Ist das Bild zu dunkel, passt du sie schrittweise an.

Beim Fotografieren im Schnee achte ich vor allem immer darauf, dass Struktur im Schnee zu sehen ist, dabei werden zu dunkle Bereiche im Fell des Hundes erst mal vernachlässigt. Auf der Kamera sehen die Bilder meist recht dunkel aus, aber lasse dich davon nicht abschrecken. Auch wenn der Hund sehr dunkel ist, bedenke immer eines, es ist leichter, Tiefen aufzuhellen. Wenn in den Lichtern keine Struktur mehr vorhanden ist, kannst du diese auch nicht zurückgewinnen. Und es gibt nichts Schlimmeres, als wenn der Schnee auf dem Foto nur eine weiße Fläche ist. Du machst ein Probebild und siehst dir das Bild gleich auf der Kamera an. Du prüfst, ob Strukturen im Schnee zu erkennen sind, und danach wirfst du einen Blick auf den Hund. Wenn er für dich zu unterbelichtet wirkt, kannst du die Belichtung etwas korrigieren, indem du die Belichtungszeit etwas verlängerst oder die ISO etwas erhöhst. Aber nur so weit, dass immer noch Struktur im Schnee zu sehen ist. Bist du dir sehr unsicher, ob der Hund zu dunkel oder der Schnee zu hell ist, kannst du einen Blick auf das Histogramm werfen.

Um dir ein besseres Gefühl dafür zu geben, wie die Belichtung in etwa aussehen soll, zeige ich hier ein paar Beispiele.

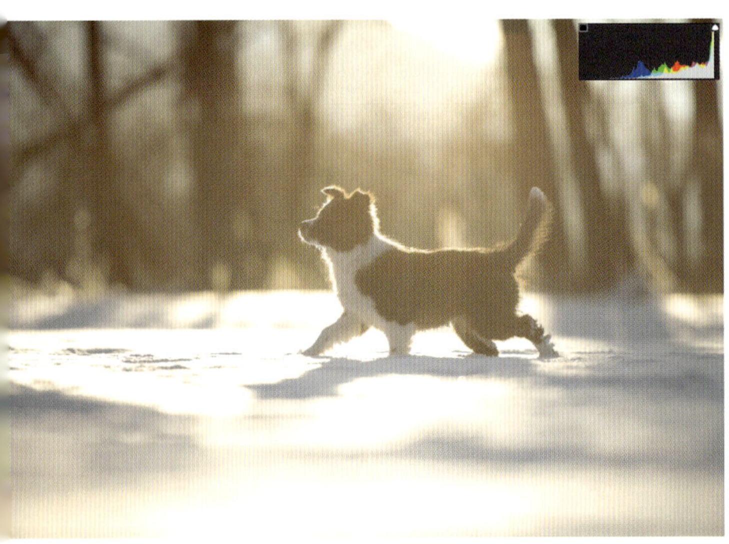

Abbildung 10.11
Das Histogramm zeigt deutliche Ausreißer in den Lichtern.

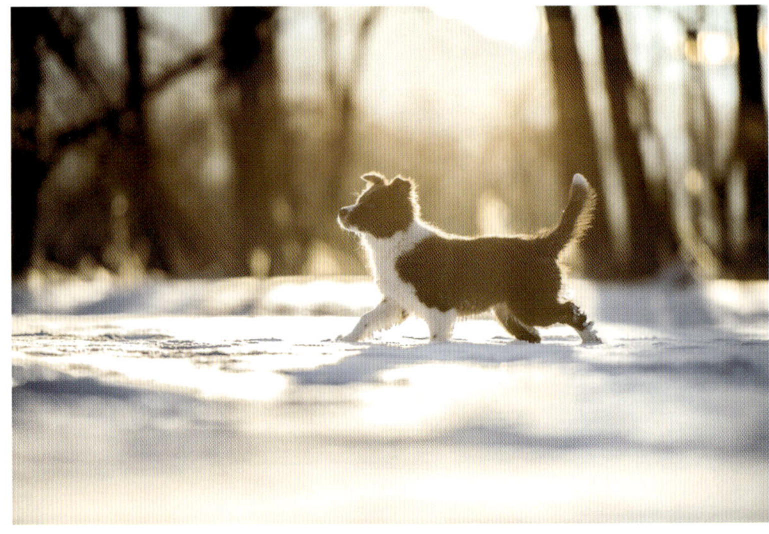

Abbildung 10.12
Das Foto nach der RAW-Entwicklung. Große Bereiche sind nach wie vor ohne Struktur.

Bei diesem Foto (Abb. 10.11 und Abb. 10.12) habe ich viel zu hell belichtet. Man sieht, ohne einen Blick auf das Histogramm zu werfen, deutlich, dass bei vielen Stellen im Schnee bereits die Struktur fehlt. Es wäre gar kein Problem gewesen, um einiges dunkler zu belichten, da auch der Hund noch relativ hell belichtet ist. Das hier war natürlich eine sehr schwierige Lichtsituation: Gegenlicht, das teilweise durch die Bäume gedämpft wird, aber an einigen Stellen trotzdem ungefiltert auf den Schnee trifft. Gerade auf diese Stellen hätte ich mich konzentrieren müssen. Hier wäre es definitiv notwendig gewesen, unterzubelichten.

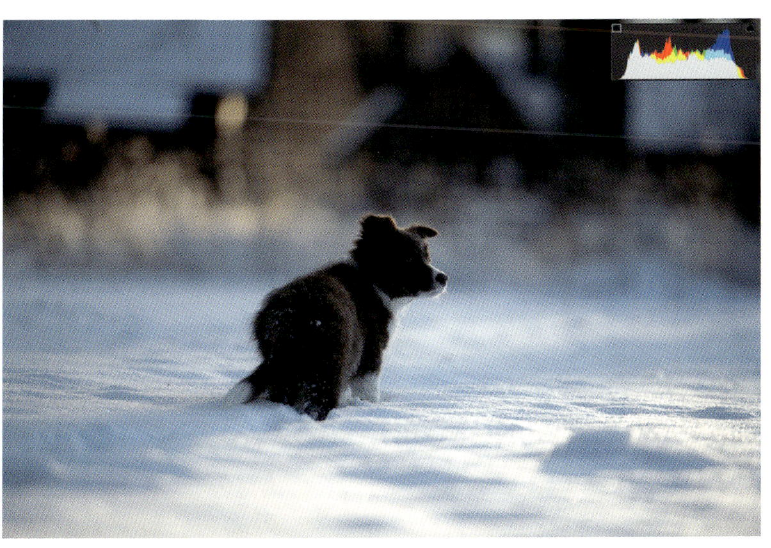

Abbildung 10.13
Das Histogramm zeigt eine ausgewogene Belichtung und keine Ausreißer in den Tiefen oder Lichtern.

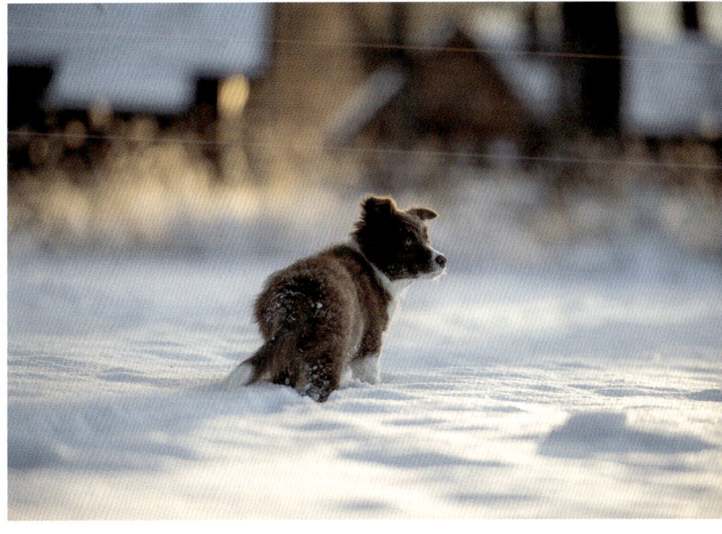

Abbildung 10.14
Nach der RAW-Entwicklung sind Tiefen und Lichter optimal im Bild dargestellt.

Bei diesem Foto (Abb. 10.13 und Abb. 10.14) war die Lichtsituation deutlich einfacher, da das Licht nur ganz dezent einfiel. Das machte eine korrekte Belichtung um einiges einfacher. Trotzdem habe ich, wie du siehst, sehr dunkel belichtet. Aber nicht unterbelichtet, wie dir auch das Histogramm zeigt. Damit möchte ich dir zeigen, dass es auch im Schnee nicht immer unbedingt nötig ist, unterzubelichten, nur definitiv so dunkel zu belichten, dass man die Strukturen im Schnee sehen kann. Ob du unterhlbelichten musst oder nicht, hängt zum einen von den Lichtbedingungen und zum anderen von der Fellfarbe des Hundes ab.

Das letzte Beispiel (Abb. 10.15 und Abb. 10.16) zeigt meinen Hund Yuri, aufgrund seiner dunklen Fellfarbe ergeben sich zum Schnee natürlich sehr hohe Kontraste. Wie du sehen kannst, habe ich wieder sehr dunkel fotografiert, damit die Zeichnung im Schnee zu sehen ist. Wenn du das Histogramm ansiehst, sind nur ein paar kleine Bereiche unterbelichtet. Das war auf jeden Fall notwendig, um sicher zu sein, keine überbelichteten Stellen zu erzeugen. Das Histogramm zeigt, dass sich die Verteilung der Helligkeiten deutlich im rechten Bereich befindet. Das zeigt ein sehr helles Bild, aber keine Datenverluste.

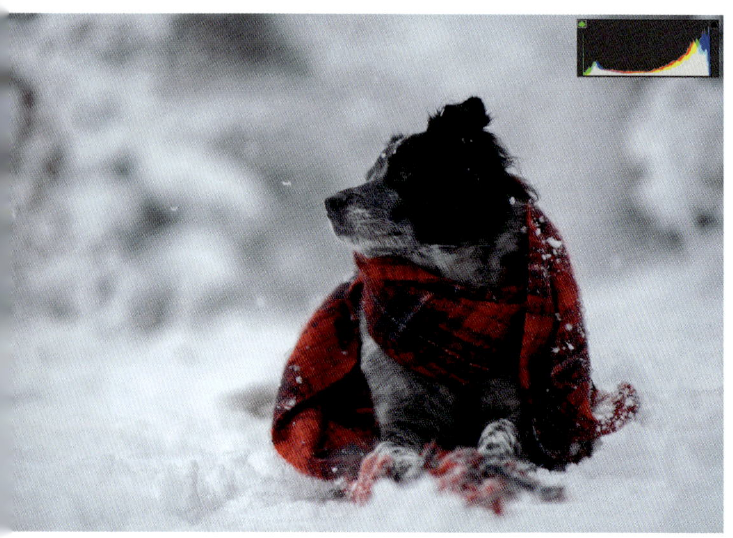

Abbildung 10.15
Das Histogramm zeigt leichte Ausreißer in den Tiefen. Die Lichter sind so weit noch im normalen Bereich.

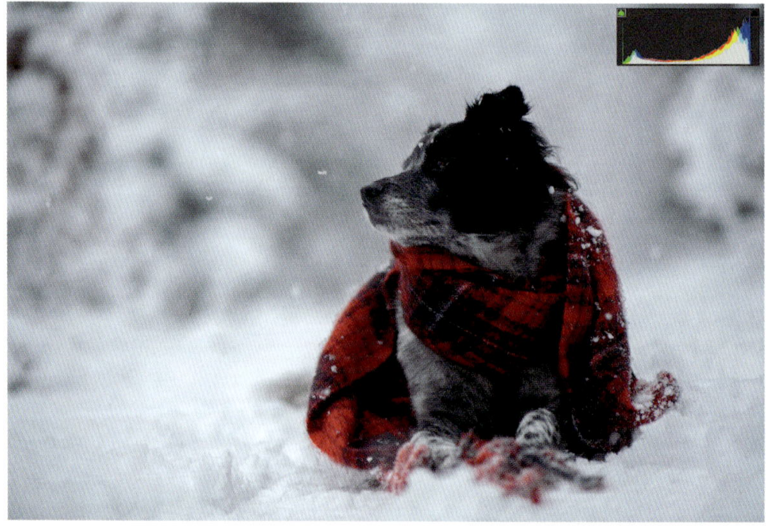

Abbildung 10.16
Durch die Nutzung des RAW-Formats konnte ich die Tiefen ohne Weiteres perfekt anpassen.

Tipp

Bei dunklen Hunden ist es ganz hilfreich, einen dunkleren Hintergrund zu nutzen.

Neben den passenden Einstellungen solltest du beim Fotografieren im Schnee besonders auf einen passenden Weißabgleich achten. Der Weißabgleich sollte auf jeden Fall nicht zu warm sein, denn man soll ja auch die kühle Stimmung auf dem Bild wiedergeben. Dennoch sind die Farben gerade beim Fotografieren im Winter im Schatten oder bei bewölktem Himmel extrem kühl. Hat der Hund trotz angepasstem Weißabgleich zu viele Blautöne im Fell, würde ich dir raten, diese innerhalb der Bildbearbeitung noch zu entfernen.

Um das Kapitel Fotografieren im Schnee abzuschließen, möchte ich dir noch zwei kleine Bearbeitungstipps geben. Ich arbeite eigentlich sehr selten mit irgendwelchen Overlays, aber bei Winterfotos und Schneeflocken-Overlays mache ich ab und zu eine Ausnahme. Diese Schneeflocken-Overlays kannst du meistens relativ realistisch einsetzen. Es gibt sie von unterschiedlichen Fotografen oder auch auf Internetseiten zu kaufen. Zum Beispiel bei Creative Market. Die meisten Overlays musst du einfach nur auf das Bild ziehen und den Ebenenmodus auf »Negativ Multiplizieren« stellen. Mein Tipp hier ist, das Overlay zwei- bis dreimal über das Bild zu legen, jeweils eine unterschiedliche Deckkraft zu nutzen und das Overlay auch in unterschiedlichen Größen über das Bild aufzuziehen. Dadurch erzeugt man eine tolle dreidimensionale Wirkung und der Schneefall wirkt realistischer. Denn auch bei echtem Schneefall sind manche Flocken näher an der Linse, somit größer und verschwommener, und andere weiter entfernt und daher kleiner und vielleicht schärfer.

Mein zweiter Tipp für dich ist, bei der Bearbeitung der Augen nicht alle Lichtreflexe zu betonen. Schnee als Umgebung reflektiert sich stark und oft an unterschiedlichen Stellen im Auge. Normalerweise hat der Hund nur einen Lichtreflex im oberen Augenbereich. Der Schnee reflektiert jedoch auch von unten. Man neigt dazu, alle Lichtreflexe im Auge hervorzuheben. Das ist aber nicht ratsam, da das Auge dadurch sehr künstlich wirkt.

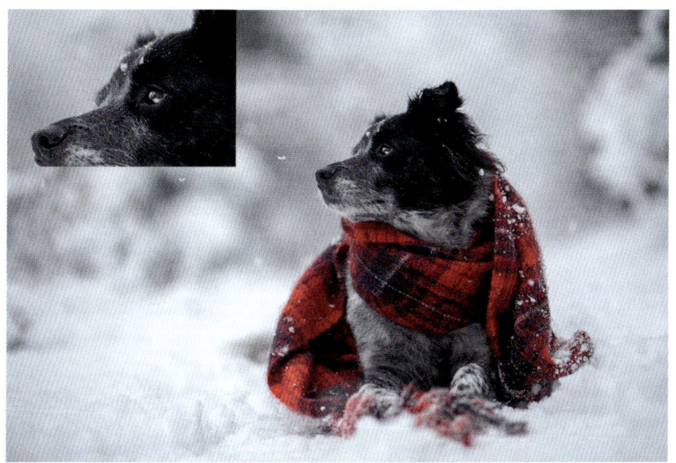

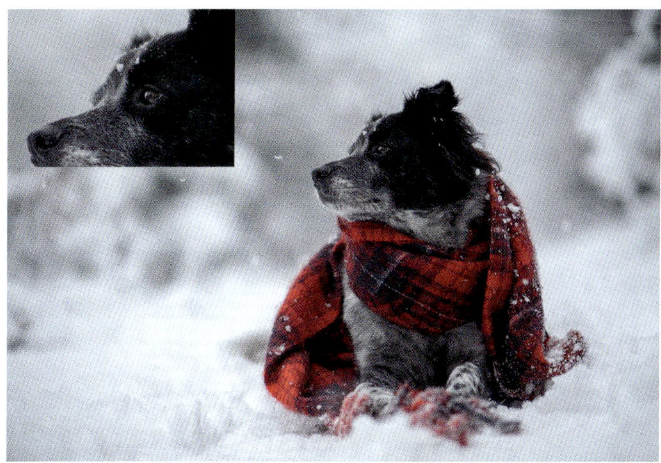

Abbildung 10.17
Der direkte Vergleich zeigt, dass Yuris Auge durch die Herausarbeitung beider Lichtreflexe sehr künstlich wirkt.

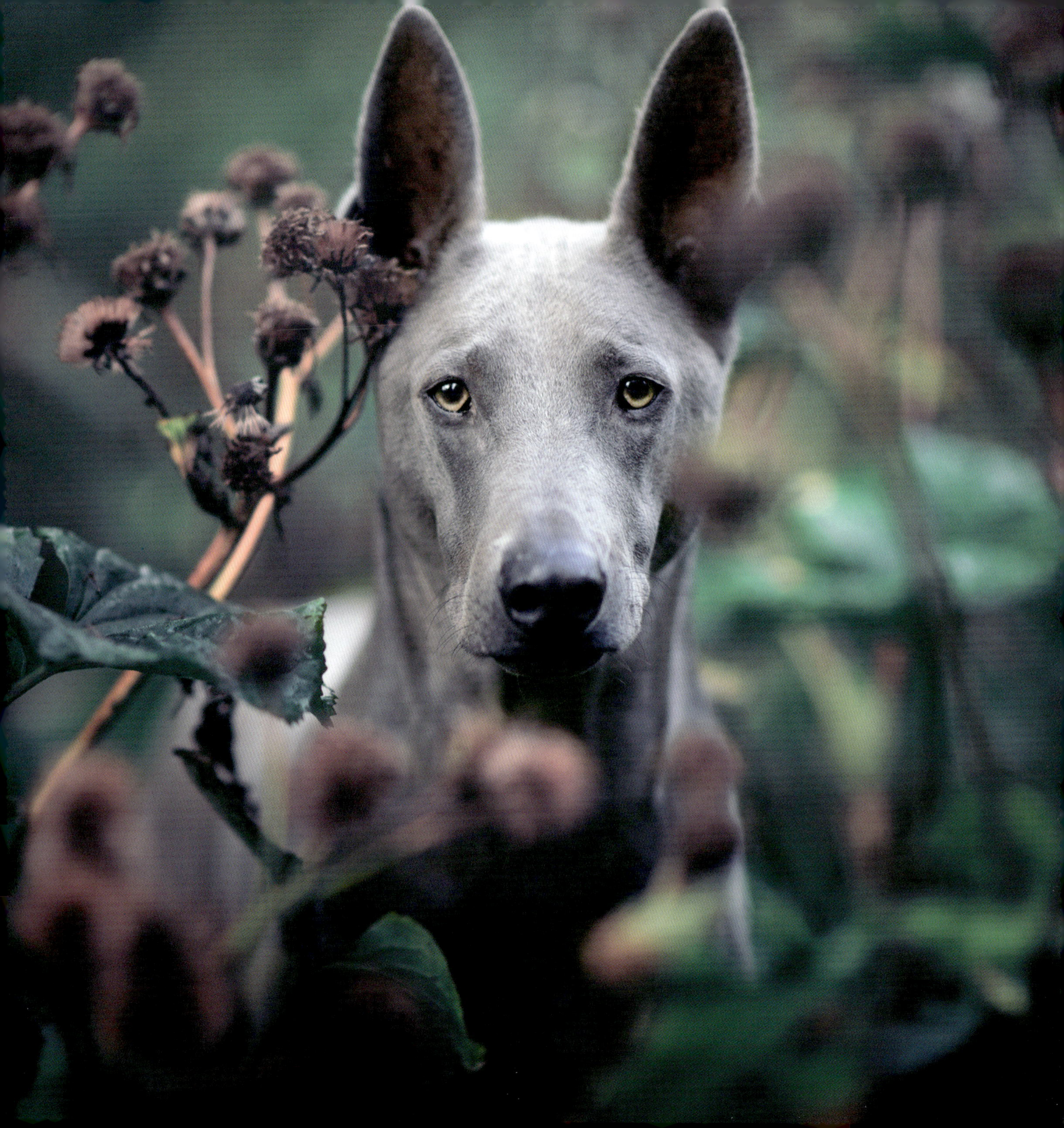

KAPITEL 11
Bildbearbeitung

11.1 MEINE GEDANKEN ZUR FOTOGRAFIE UND BILDBEARBEITUNG

Die Bildbearbeitung gehört für die meisten Fotografen zur Fotografie dazu. Die einen tauschen gesamte Hintergründe aus, die anderen optimieren nur das Notwendigste. Fotografie ist eine Art von Kunst, deshalb ist es für mich völlig legitim, Bilder in großem oder kleinem Ausmaß so anzupassen, so zu verändern oder so zu manipulieren, dass es den eigenen Vorstellungen entspricht.

Ich bearbeite meine Bilder manchmal mehr und meistens weniger.

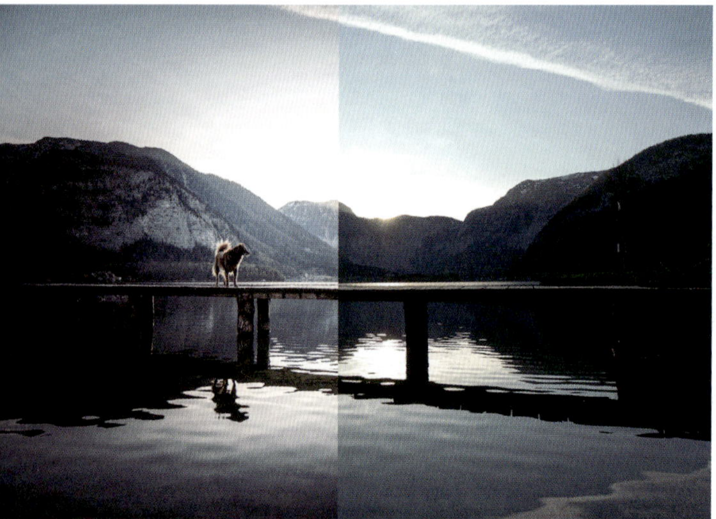

Abbildung 11.1
Bildbearbeitung gehört für mich definitiv zur Fotografie dazu.

Auf eines achte ich jedoch besonders: den Hund so zu zeigen, wie er ist, und auch das Bild nur zu optimieren und nicht komplett zu verändern. Ich möchte mit meinen Bildern zeigen, wie ich die Welt sehe, wie ich die Situation im Aufnahmemoment wahrgenommen habe, und möchte den Betrachter mit auf unser Abenteuer nehmen. Ich möchte Landschaftselemente und Emotionen herausarbeiten, um die Stimmung mit all ihren Facetten zu transportieren. Bildbearbeitung hin oder her. Mein Herz schlägt trotzdem mehr für das Fotografieren. Aus diesem Grund bin ich immer sehr bemüht, das Bild schon während des Fotografierens so zu gestalten, wie ich es in meinem Kopf habe.

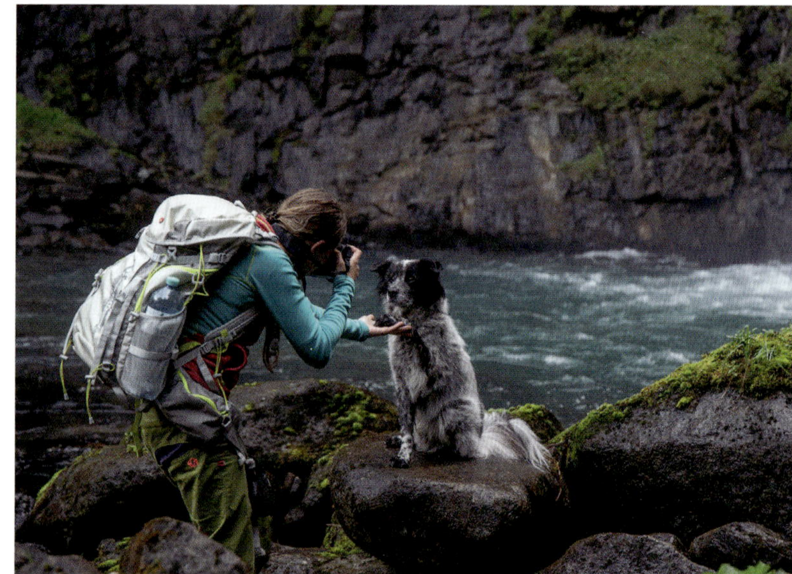

Abbildung 11.2
Fotografieren ist einfach meine größte Leidenschaft. Foto: Franzi Reusch.

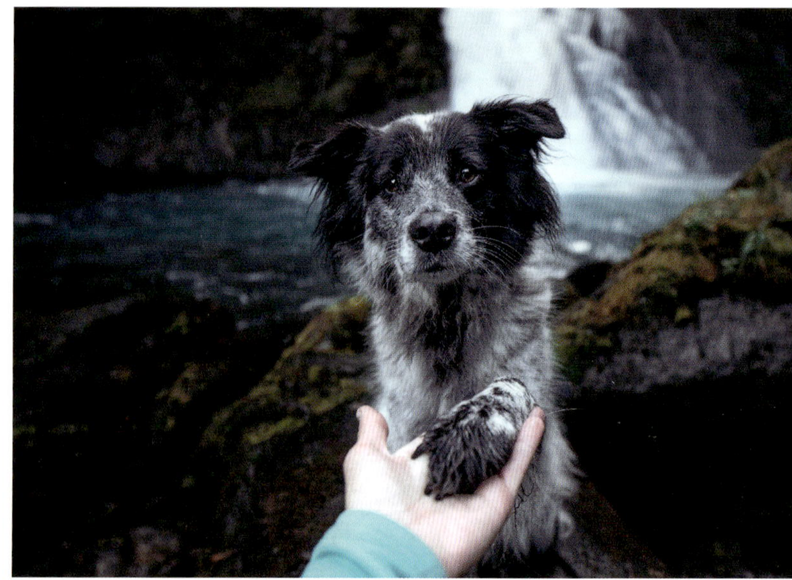

Abbildung 11.3
Ich könnte mir keinen besseren Job vorstellen, als mit Hunden zusammenzuarbeiten.

Meine Bearbeitung

In der Bildbearbeitung verändere ich meist nur wenig und optimiere die vorhanden gewesene Situation. Ich helle wichtige Stellen auf und dunkle unbedeutende Stellen ab. Ich verstärke die unterschiedlichen Licht- oder Wetterstimmungen, um ihnen mehr Wirklichkeit zu verleihen. Du fragst dich jetzt wahrscheinlich, warum ich das »mehr Wirklichkeit verleihen« nenne, wenn ich eigentlich die Ausgangssituation im Foto verändere. Du kennst folgende Situation sicher. Du siehst eine Lichtstimmung, aber kannst sie nicht auf dem Bild so wiedergeben. Da haben es Landschaftsfotografen im Vergleich zu Hundefotografen oft noch etwas einfacher, da sie nur die Landschaft korrekt belichten müssen. Wir Hundefotografen müssen versuchen, einen Mittelweg zu finden, um sowohl die Landschaft als auch den Hund korrekt zu belichten. Wir können das Bild nicht so dunkel belichten, damit jedes noch so kleine Licht-Schatten-Spiel im Bild vollständig zur Geltung kommt. Deshalb fotografieren wir immer mit einem gewissen Kompromiss. Zudem müssen wir, sobald wir Hunde in einer Landschaft ablichten, auch immer ein gutes Gleichgewicht hinsichtlich der Blende finden. Um die Landschaft gut zur Geltung zu bringen, lautete die Devise, kleine Blende; um den Hund ins entsprechende Licht zu rücken, große Blende.

Wie du siehst, haben Hundefotografen viele Kompromisse einzugehen, und das zeigt sich oft in weniger intensiven Licht- und Wetterstimmungen. Daher ist es ja eigentlich nur unser gutes Recht, diese Stimmung durch die Bearbeitung wieder zurückzugewinnen.

Um die Emotionen auf den Fotos besser zum Ausdruck zu bringen, kommen bestimmte Farben zum Einsatz, andere werden reduziert oder hinsichtlich des Farbtons angepasst. Wenn es zur positiven Bildwirkung beiträgt, verändere ich auch die Umgebung. Störende Elemente, die den Blick des Betrachters vom Hund weglenken, werden entfernt. Dabei habe ich nicht das Gefühl, das Bild zu verfälschen.

Bei der Bearbeitung der Hunde selbst bin ich jedoch sehr streng, was zu große Veränderungen betrifft. Ich möchte den Hund im Bild mit der richtigen Fellfarbe, mit der richtigen Fellstruktur und mit der richtigen Augenfarbe zeigen. Für mich geht es darum, ihn in seiner Individualität wiederzugeben. Das heißt für mich, kleine Störfaktoren, die sich nur auf eine gewisse Zeit beschränken, werden aber retuschiert. Wie zum Beispiel Schmutz an den Augen oder kleine kahle Stellen, von denen man weiß, es werden wieder Haare nachwachsen. Hingegen würde ich Narben oder Pigmentflecken nicht entfernen. Mein eigener Hund Yuri hat an seinem rechten Auge eine Narbe durch eine Bissverletzung. Sein Auge ist dadurch kleiner und je nach Lichteinfall sieht man manchmal einen kleinen Riss am Unterlid. Das gehört zu ihm und wird auch nicht entfernt. Ich habe einmal bei einem Bild versucht, das »gesunde« Auge zu spiegeln und über sein anderes Auge zu kopieren. Es sah auch eigentlich »schön« aus, doch wirkte es für mich befremdlich. So sieht er einfach nicht aus. Es gehört zu seiner Geschichte dazu und macht ihn irgendwie aus. Diese Narbe ist eigentlich der Beginn unserer gemeinsamen Geschichte. Yuri wurde, kurz bevor er aus Rumänien zu uns kam, gebissen, deshalb musste ich das Auge noch über zwei Wochen pflegen. Das hat unsere Bindung natürlich gestärkt. Hinter Narben stecken oft sehr emotionale Geschichten für den Besitzer, deshalb würde ich sie nie entfernen. Bei Kunden handhabe ich das meistens so, dass ich sie einfach frage. Die meisten haben bis jetzt jedoch immer Folgendes geantwortet: »Nein, das gehört zu meinem Hund dazu, bitte nicht entfernen«, und ich war sehr happy mit dieser Antwort.

Ich halte nichts von zu viel »Dodge and Burn«, da Hunde dadurch für mich oft zu plastisch und fast schon wie gemalt wirken. Natürlich werden die Augen entsprechend aufgehellt, aber nur in einem solchen Ausmaß, dass sie ihre ursprüngliche Farbe behalten. Ich habe auch schon die ein oder andere Delle zugunsten des Bildes verflüssigt, und dabei geht es nicht darum, den Hund schlanker zu machen. Der Verflüssigungsfilter wird oft sehr negativ betrachtet, denn viele sehen darin einfach nur das Werkzeug, mit dem man Hunde oder auch Menschen schlanker macht. Aber mit dieser Intension setze ich diesen Filter nicht ein. Ich nutze ihn zum Beispiel sehr gerne bei meinem eigenen Hund Yuri. Ich fotografiere ihn sehr oft mit Geschirr. Dadurch steht das Fell meist schrecklich ab. Wenn ich aber das Geschirr entferne, muss ich natürlich diese abstehenden Härchen etwas anpassen, und genau hier kommt der Verflüssigungsfilter zum Einsatz. Manche Hunde sitzen oft recht buckelig. Da habe ich schon mal den Buckel etwas zurechtgerückt. Oder bei liegenden Hunden sieht die Schulterpartie oft eigenartig aus.

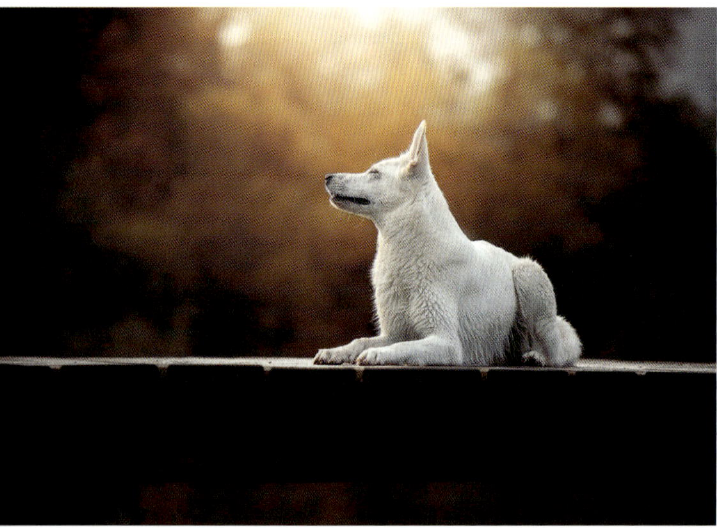

Abbildung 11.4
Durch eine etwas ungünstige Pose entsteht eine kleine Spitze an Tamanis Rücken.

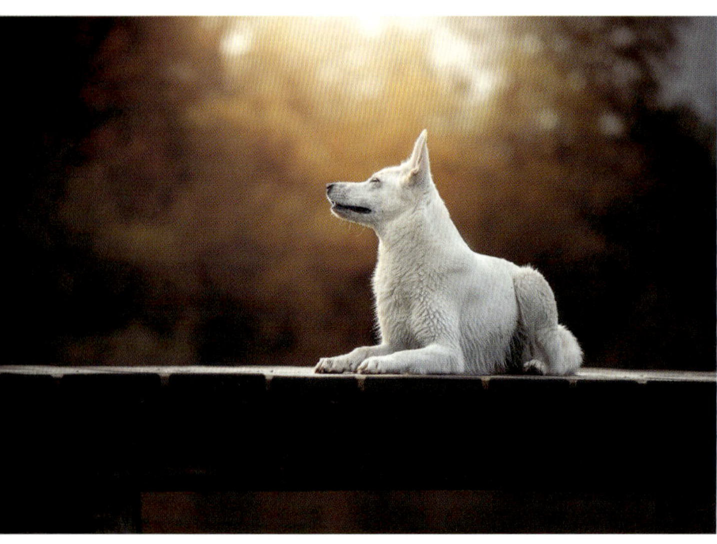

Abbildung 11.5
Mit dem Verflüssigungsfilter konnte ich diese Spitze ohne Probleme korrigieren.

Das Beispiel der Schäferhündin Tamani soll dir zeigen, wie minimal ich das Verflüssigungswerkzeug einsetze. Die Rückenpartie bekommt durch eine ungünstige Lage der Hündin diese kleine Spitze. Diese Spitze habe ich mit dem Verflüssigungsfilter etwas gleichgerichtet. Hätte sich die Hündin etwas gestreckter auf den Platz gelegt, wäre diese Delle auch nicht entstanden. Ohne sie wirkt das Bild einfach besser.

Ein paar Vorher-Nachher-Vergleiche

Wenn ich fotografiere, habe ich das Endbild meistens schon im Kopf. Wenn nicht, mache ich mir noch einmal gründlich Gedanken darüber, bevor ich mit der Bearbeitung beginne. Denn sonst endet das meistens in einem Chaos. Es ist auf jeden Fall entscheidend, sich schon vorab zu überlegen, wohin man mit der Bearbeitung möchte. Wie soll das Endergebnis wirken?

Ein Tipp von mir ist, dir deinen eigenen Workflow anzueignen, damit du strukturiert bei der Bearbeitung vorgehen kannst.

Hinweis

Bei mir sieht der wie folgt aus:

1. Anpassung des Bildschnitts
2. Retusche störender Elemente am Hund und in der Umgebung
3. Grundnachschärfung
4. Augen hervorheben
5. Kontrastanpassung
6. Farbanpassung
7. Tiefe erzeugen
8. Wenn nötig etwas Dodge & Burn
9. Prüfung und Anpassung der einzelnen Ebenen
10. Richtig speichern

Ich habe dir einige Vorher-Nachher-Vergleiche angehängt, um dir einen kleinen Einblick in meine Art der Bildbearbeitung zu geben.

Abbildung 11.6 wurde bei Dämmerung und schon relativ schlechten Lichtverhältnissen aufgenommen. Ich habe mit einem kühleren Weißabgleich gearbeitet, um die mystische, dunkle und kühle Stimmung bereits beim Fotografieren zu verstärken. Ich habe bewusst Finn dunkler belichtet, um die Strukturen und Farben der Wolken zu erhalten.

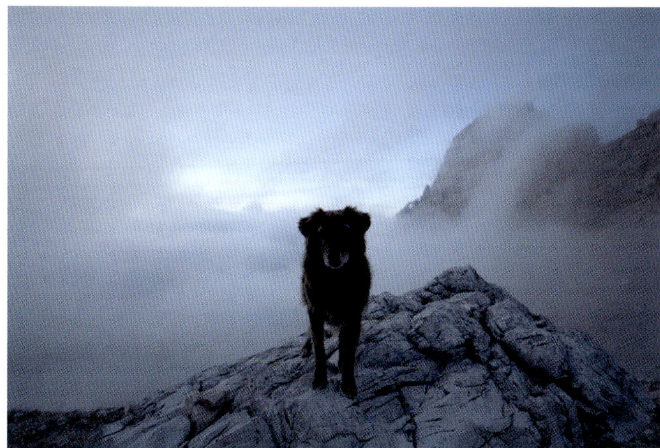

Abbildung 11.6
Out of Cam. 19 mm, f/2.8, 1/400 s, ISO 1250.

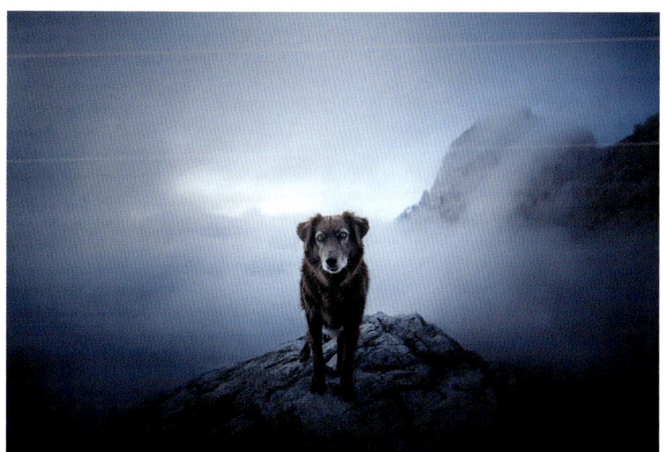

Abbildung 11.7
Um die Wirkung des dichten Nebels zu verbessern, habe ich den Untergrund entfernt.

Innerhalb der RAW Entwicklung habe ich die Tiefen etwas angehoben und die Belichtung korrigiert. In Photoshop selbst ersetzte ich den Untergrund auf der linken Seite durch Nebel, um dem Betrachter mehr das Gefühl zu geben, Finn sei hoch oben über der Nebeldecke auf einer einzelnen freien Felsnadel. Den Stein, auf dem Finn steht, verkleinerte ich etwas, um die Nebelwirkung noch einmal besser hervorzuheben und auch der Höhe mehr Ausdruck zu verleihen. Zusätzlich habe ich Finn über die Gradationskurve, speziell im Gesicht, etwas aufgehellt. Zudem verstärkte ich die blauen Farbtöne, setzte eine Vignette und erhöhte den Kontrast des Hintergrunds.

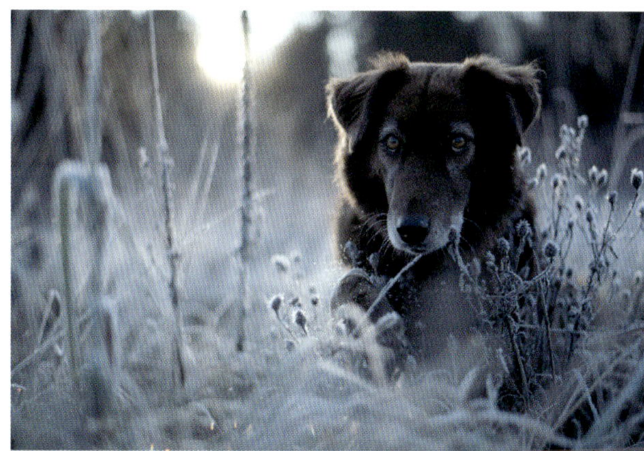

Abbildung 11.8
Out of Cam. 50 mm, f/2, 1/1600 s, ISO 200.

Generell fotografiere ich immer lieber etwas dunkel. Bei diesem Foto war wieder eine dunklere Belichtung notwendig, damit das Bokeh im Hintergrund nicht ausbrennt. Ich wählte eine Stelle, an der die Sonne direkt hinter den entfernten Sträuchern steht, um Finn davor zu positionieren.

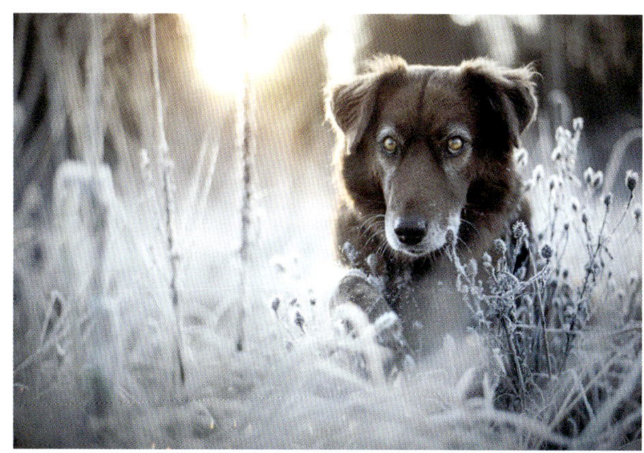

Abbildung 11.9
Die Farbe des Hintergrunds habe ich auf Finns Fellfarbe abgestimmt.

Bei diesem Foto (Abb. 11.8 und Abb. 11.9) veränderte ich aufgrund des guten Ausgangsfotos nicht mehr viel. Die Farbtemperatur, die Belichtung sowie die Tiefen habe ich im RAW-Converter bereits angehoben. Ich arbeitete mit dem Abwedler, Schwammwerkzeug und Nachbelichter-Werkzeug die Augen von Finn heraus. Ich wollte bewusst diesen bereits vorhandenen Warm-Kalt-Kontrast verstärken. Aus diesem Grund habe ich das Gegenlicht betont und den Hintergrund wärmer gestaltet. Dabei achtete ich darauf, dass die Hintergrundfarbe Finns Fellfarbe sehr ähnlich ist. Ich entschied mich, den Blauton aus dem Reif zu reduzieren, um nicht noch eine weitere Farbe im Bild zu haben.

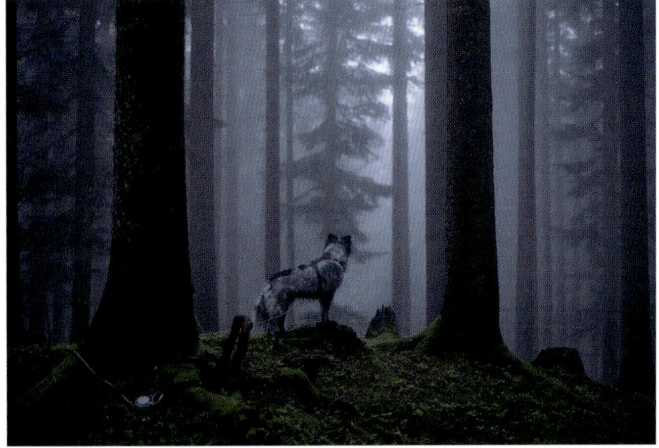

Abbildung 11.10
Out of Cam. 50 mm, f/2.2, 1/400 s, ISO 800.

Wie du auf diesem Foto von Yuri siehst, geht Sicherheit vor (Abb. 11.10). Yuri war an dem Baum angeleint, da ich mich relativ weit von ihm entfernen musste. Ich fotografierte hier mit dem 50 mm f/1.8, um eine gute Freistellung zu erzielen, weil die vertikalen Linien, durch die Bäume, doch sehr dominant im Bild zu sehen sind. Natürlich hätte ich mit einer Blende von f/1.8 die Freistellung zusätzlich positiv beeinflussen können. Ich wählte eine etwas kleinere Blende, um sicherzugehen, dass Yuri aufgrund der Distanz trotzdem scharf abgelichtet ist. Meinen Aufnahmewinkel wählte ich so, dass Yuri von den beiden großen Bäumen eingerahmt wird und hinter seinem Kopf nicht ein Baumstamm verläuft. Eine ganz leere Fläche konnte ich nicht finden, und da der Nadelbaum auf jeden Fall dezenter wirkt als ein durchgehender Baumstamm, habe ich mich für diesen entschieden.

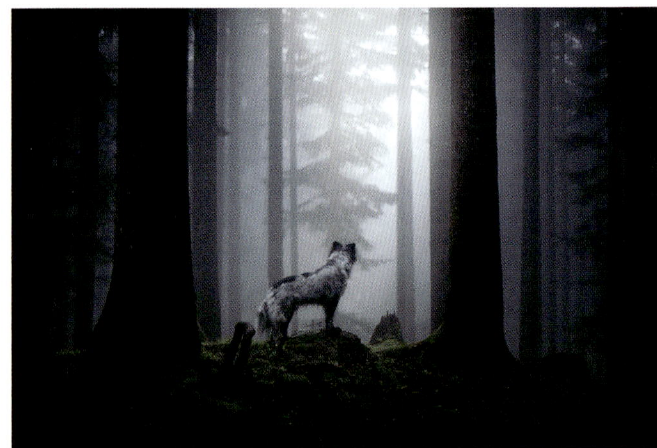

Abbildung 11.11
Um Yuri besser vom Hintergrund abzuheben, wurde ein Radialfilter eingesetzt.

Neben dem Geschirr und der Leine retuschierte ich zusätzlich ein paar störende Äste. Ich habe Yuri etwas aufgehellt und speziell den Bereich in seine Blickrichtung durch einen Radialfilter heller gestaltet. Die Ecken ließ ich relativ dunkel, um eine Umrahmung zu kreieren. Zusätzlich reduzierte ich noch die Blautöne, indem ich die Sättigung entnommen habe.

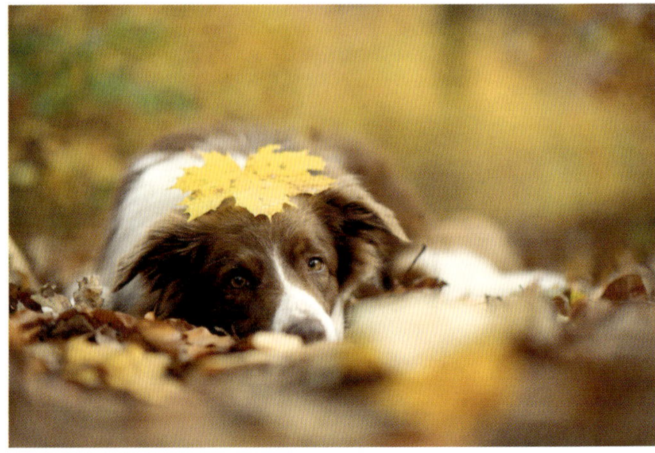

Abbildung 11.12
Out of Cam. 85 mm, f/1.8, 1/1250 s, ISO 200.

Bei dem Foto der Border-Collie-Hündin Alice waren die besten Lichtungsverhältnisse gegeben, somit konnte ich ohne Probleme die Hündin optimal belichten (Abb. 11.12).

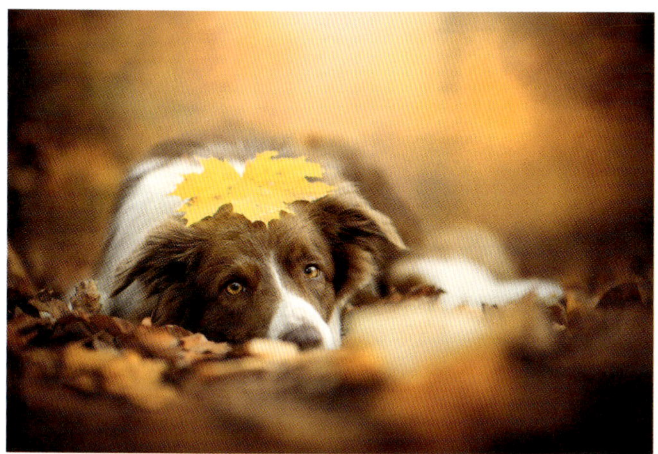

Abbildung 11.13
Fertiges Foto

Bei dem Foto von Alice veränderte ich vor allem die Farben. Die Gelb-Braun-Töne des Ausgangsbilds waren mir zu langweilig und ich wollte die herbstliche Stimmung besser zur Geltung bringen. Hierfür korrigierte ich die Gelbtöne innerhalb der Selektiven Farbkorrektur, indem ich die Cyan-Töne entfernte und die Magenta-Töne leicht anhob. Des Weiteren wurden ein paar feine Ästchen entfernt. Mithilfe der Gradiationskurve habe ich die linke Gesichtshälfte aufgehellt. Um Alice etwas besser vom Hintergrund abzuheben, erstellte ich direkt hinter ihr einen Radialfilter und wählte den Ebenenmodus auf weiches Licht. Zusätzlich fügte ich einen Radialfilter in der Mitte am oberen Bildrand ein, um einen leichten Lichtschein anzudeuten. Dieses Mal wurde der Ebenenmodus jedoch auf Normal eingestellt und die Deckkraft der Ebene stark reduziert. Um eine natürliche Umrahmung zu schaffen, wurden die Bildränder dezent abgedunkelt.

Abbildung 11.14 erforderte wieder eine etwas dunklere Belichtung, um die Wolkenstruktur zu erhalten. Gerade diese ist von großer Bedeutung, um die mystische Stimmung im Bild zu zeigen. Die Belichtungszeit habe ich kurz gewählt, um die Bewegung von Elsa einzufrieren. Gerade beim Winken oder Aufstehen des Hundes solltest du eine kurze Belichtungszeit verwenden, da sonst schnell verwischte Pfoten auf dem Bild zu sehen sind. Um Elsa entsprechend stark, stolz und mächtig wirken zu lassen, habe ich eine sehr tiefe Position genutzt.

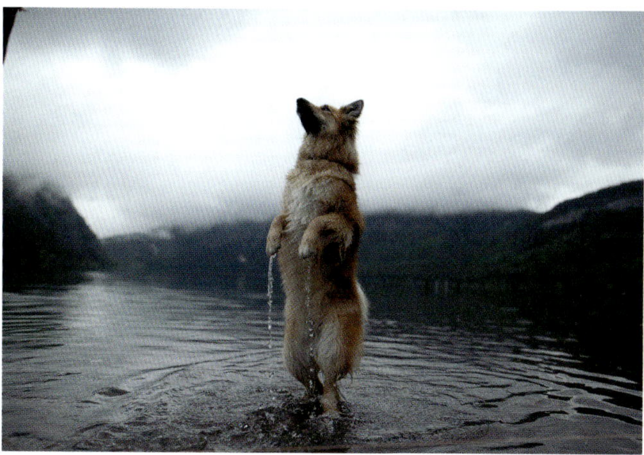

Abbildung 11.14
Out of Cam. 24 mm, f/2.2, 1/1000 s, ISO 400.

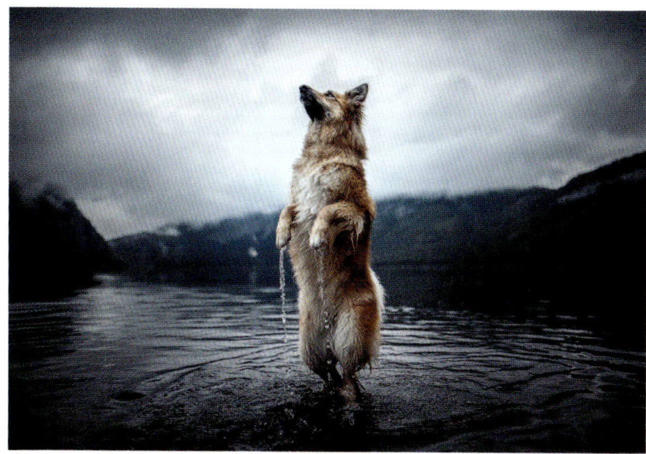

Abbildung 11.15
Die dunklen Wolken sorgen für eine tolle Stimmung.

Im RAW-Converter nahm ich bei diesem Foto die Lichter und auch das Weiß raus, um jegliche Struktur in den Wolken behalten zu können. Die Stimmung an diesem Tag war sehr düster, aber auch mystisch, und genau das sollte das Bild widerspiegeln. In Photoshop begradigte ich das Bild, da die Seekante schief verlief. Um nicht noch mehr Bildinhalte zu verlieren, nutzte ich das Freistellungswerkzeug. Bei »Inhaltsbasiert« wurde ein Häkchen gesetzt und so füllte Photoshop automatisch die leeren Pixel. Der Abstand von Elsa zur unteren Bildkante war mir etwas zu gering. Deshalb vergrößerte ich den Bildausschnitt nach unten hin. Damit das Gesicht der Hündin besser zur Geltung kam, arbeitete ich die Konturen mit dem »Dodge and Burn«-Effekt dezent heraus.

Die Nebelstimmung an diesem Tag habe ich genutzt, um Bilder von Yuri und der Lampe zu machen (Abb. 11.16). Die Belichtung wählte ich so, dass ein Blick auf das Histogramm vor allem keine Ausreißer in den Lichtern zeigte. Ich wusste, das Bild wird dunkel bearbeitet und der Nebel darf nicht überbelichtet sein.

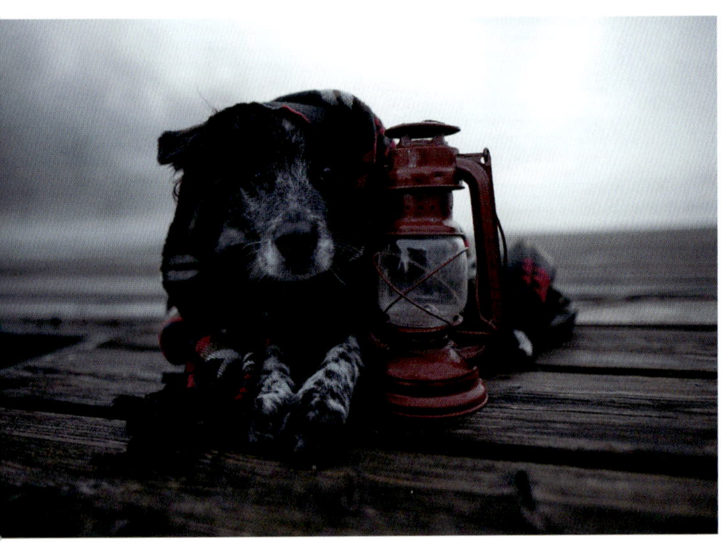

Abbildung 11.16
Out of Cam. 24 mm, f/1.8, 1/800 s, ISO 125.

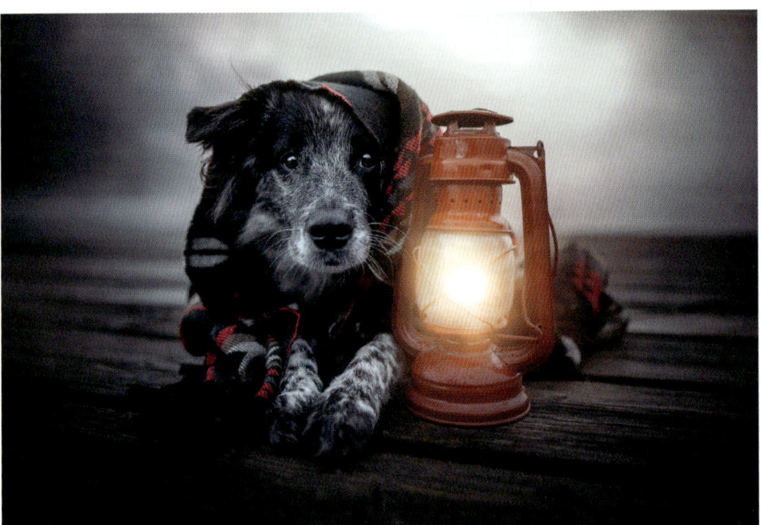

Abbildung 11.17
Hier kamen die Flares von Gerst und Krolop zum Einsatz.

Nach der Anpassung der Tiefen und Lichter im RAW-Converter habe ich in Photoshop zuerst den Steg angepasst. Zum einen wurde er begradigt und zum anderen wurde die leere Ecke mit dem Ausbessern-Werkzeug inhaltsbasiert gefüllt. Ich erstellte eine Vignette und hellte Yuri über die Gradationskurve auf. Als ich mit der Bearbeitung so weit zufrileden war, nutzte ich noch zwei unterschiedliche Flares von Gerst und Krolop, um Licht in die Lampe zu zaubern.

Tipp

Beim Einsatz von Flares und Overlays nutzt man in den meisten Fällen den Ebenenmodus »Negativ Multiplizieren«.

Wie dir vielleicht bei den vorherigen Vorher-Nachher-Vergleichen aufgefallen ist, habe ich nur selten viel am Bildschnitt geändert. Ich mag es nicht, Bilder zu croppen, und bin deshalb sehr bemüht, den Bildschnitt während des Fotografierens schon so gut wie möglich anzupassen. Bei Bewegungsaufnahmen helfe ich jedoch des Öfteren nach.

Bilder, die ich bei direkter Sonne aufnehme, bearbeite ich in der Regel kaum. Dieses Bild wurde hauptsächlich im RAW-Converter angepasst. Ich habe die Belichtung, die Tiefen und Lichter angepasst. Zusätzlich erhöhte ich die Klarheit etwas, um die Wassertropfen besser zur Geltung zu bringen. In Photoshop wurde das Bild nur noch nachgeschärft und die Augen leicht aufgehellt.

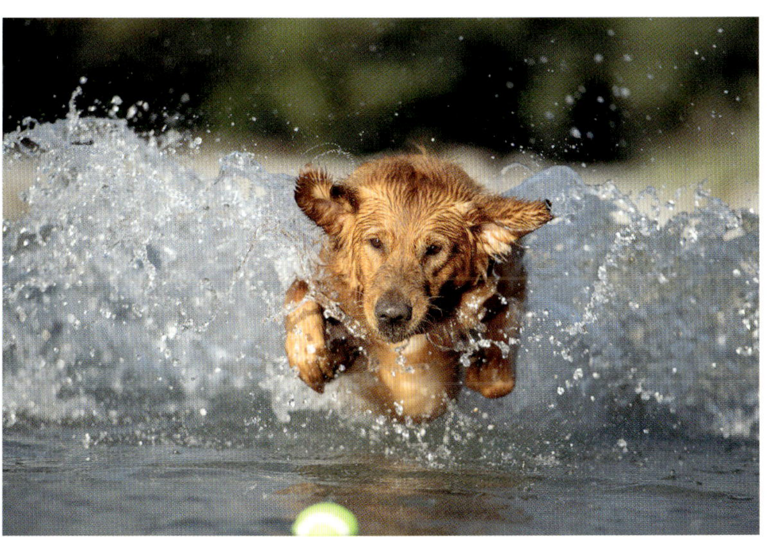

Abbildung 11.18
Out of Cam. 200 mm, f/3.2, 1/1600 s, ISO 125.

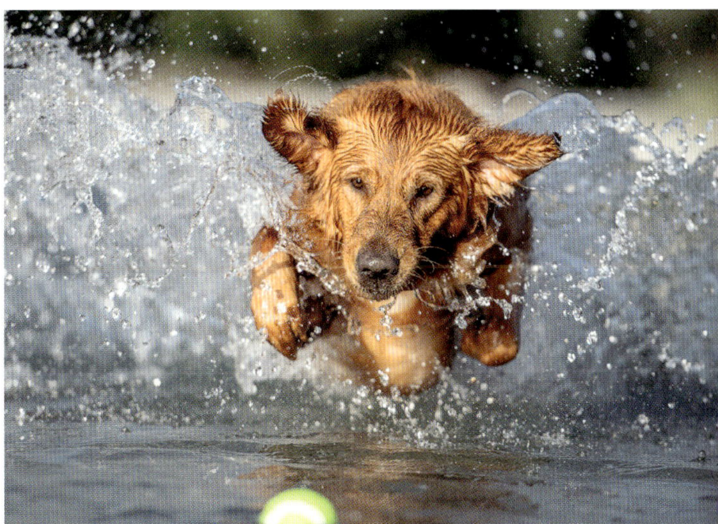

Abbildung 11.19
Bei diesem Bild wurde der Bildschnitt angepasst.

11.2 GRUNDLAGEN IN PHOTOSHOP

Das letzte Kapitel meines Buches möchte ich noch der Bildbearbeitung widmen. Wie ich im vorigen Kapitel bereits beschrieben habe, gehört die Bildbearbeitung für mich zur Fotografie definitiv dazu. Wie du selbst anhand der Vorher-Nachher-Vergleiche gesehen hast, verändere ich oft nicht viel.

Es gibt viele Bildbearbeitungsprogramme, ich arbeite jedoch nur mit Photoshop. Ich habe schon des Öfteren versucht, mich mit Lightroom anzufreunden, bin jedoch immer kläglich gescheitert. Ich sehe dort nur Bearbeitungsoptionen, die ich in Photoshop um vieles einfacher umsetzen kann.

Dieses Kapitel soll kein Bedienungshandbuch für Photoshop sein. Photoshop ist ein umfassendes Programm und ich selbst nutze wahrscheinlich gerade mal einen Bruchteil davon. Ich möchte dich in diesem Kapitel mit ein paar der für mich wichtigsten Werkzeuge und Funktionen vertraut machen. Dabei sollst du einen kleinen Einblick in meinen Workflow bekommen.

Monitorkalibrierung

Auch wenn das jetzt nur indirekt etwas mit Photoshop zu tun hat, möchte ich darauf hinweisen, dass es ganz wichtig ist, den Monitor hinsichtlich der Farbwiedergabe und Helligkeit zu kalibrieren. Stimmen die Farben oder die Helligkeit deines Monitors nicht, wirst du dein Foto nicht stimmig bearbeiten können. Die Folge davon ist, dass dein Foto im Druck nicht so aussehen wird, wie du gedacht hast, und auch auf vielen weiteren Monitoren falsch angezeigt werden wird. Hierfür gibt es unterschiedliche Systeme, die die Kalibrierung für dich übernehmen. Die Apple-Geräte sind eigentlich dafür bekannt, gut kalibrierte Bildschirme zu haben. Als ich mir vor zwei Jahren einen Mac gekauft habe, war ich von der Auflösung richtig begeistert. Ich habe jedoch ganz vergessen, die Helligkeit einzustellen, und habe auf der besten Helligkeitsstufe begonnen, Bilder zu bearbeiten. Die Ergebnisse waren katastrophal, kontrastlos und viel zu dunkel.

Seither schaue ich mir die Bilder immer wieder am Handy, anderen Geräten und ausgedruckt an, um die Farben und Helligkeit zu kontrollieren.

Grundeinstellungen

Damit du deine Bilder entsprechend bearbeiten kannst, ist es von großer Bedeutung, die Farbräume der Kamera und des Bearbeitungsprogramms aufeinander abzustimmen. Dabei kannst du dich zwischen den Farbräumen SRGB und ADOBE RGB entscheiden. Eine etwas präzisere Farbwiedergabe hat ADOBE RGB. Egal für welchen Farbraum du dich entscheidest, wichtig ist nur, dass du die Fotos im selben Farbraum aufnimmst, wie du ihn auch in Photoshop eingestellt hast. Hierzu gehst du in Photoshop auf »Bearbeiten« und in die Farbeinstellungen.

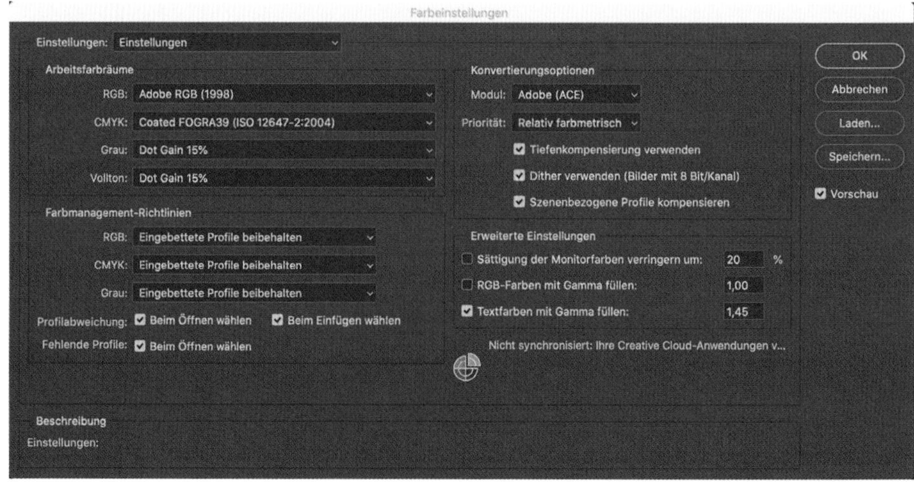

Abbildung 11.20
Es ist wichtig, den Arbeitsfarbraum der Kamera und des Bearbeitungsprogramms aufeinander abzustimmen.

Der Arbeitsbereich in Photoshop sollte so gestaltet sein, dass nur die wichtigsten Dinge eingeblendet sind. Am besten wählst du rechts oben den Arbeitsbereich »Fotografie« aus und optimierst diesen für dich. Wichtige Elemente wie die Werkzeugleiste, die Ebenen, das Protokoll, die Aktionen und die Eigenschaften sollten immer eingeblendet sein.

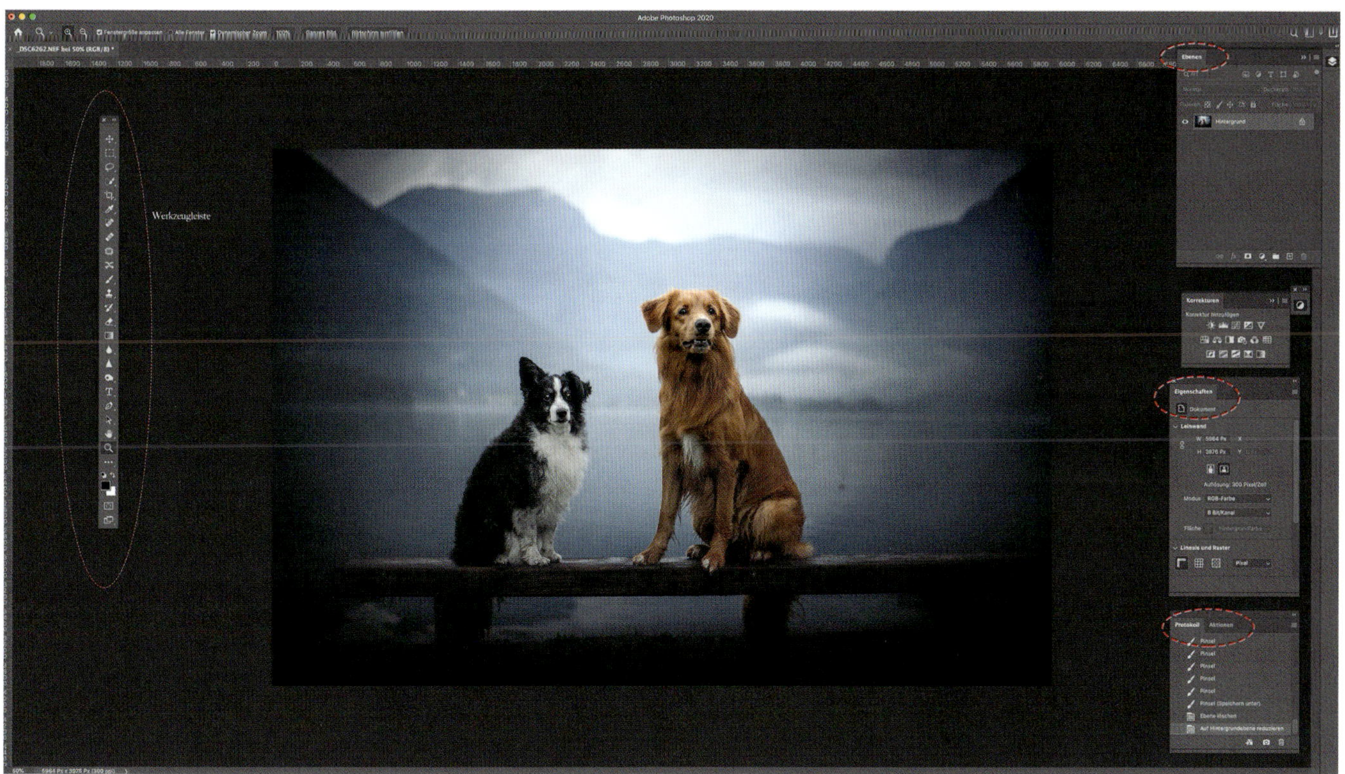

Abbildung 11.21
Der Arbeitsbereich in Photoshop

Ich arbeite mit einer grauen Arbeitsfläche. Warum? Weil Grau relativ neutral wirkt und die Hintergrundfarbe die Wirkung des Bildes verändert und dadurch wird wiederum die Bearbeitung beeinflusst. Arbeitest du mit einer schwarzen Arbeitsfläche, wirken die Bilder kontrastreicher und dunkler. Dies kann deine Bearbeitung dazu beeinflussen, dass du entweder zu dunkel bearbeitest oder zu hell, weil du die dunkle Wirkung ausgleichen möchtest.

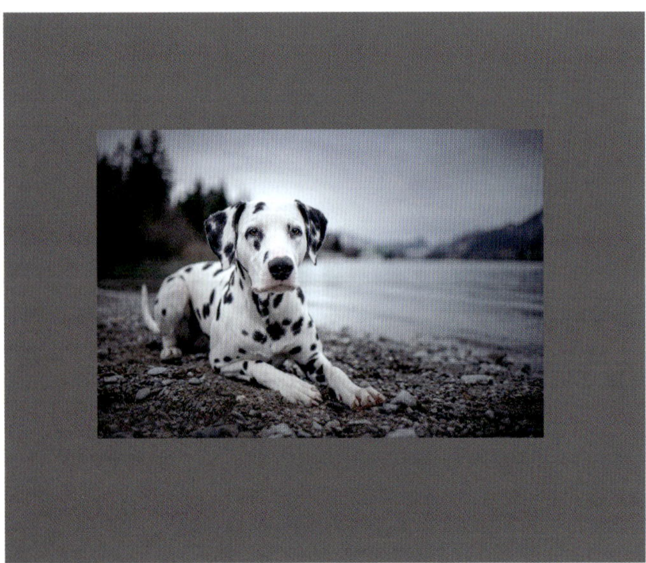

Abbildung 11.22
Der graue Arbeitsbereich eignet sich am besten für eine neutrale Bearbeitung der Bilder.

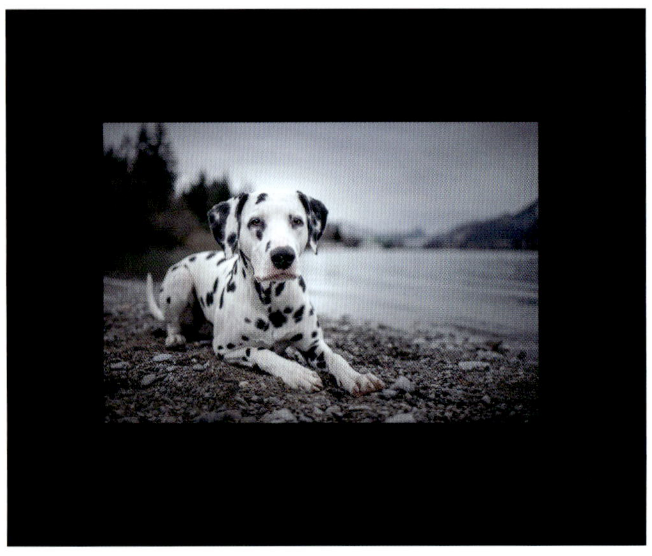

Abbildung 11.23
Die Wahrnehmung der Bilder ändert sich durch die Hintergrundfarbe.

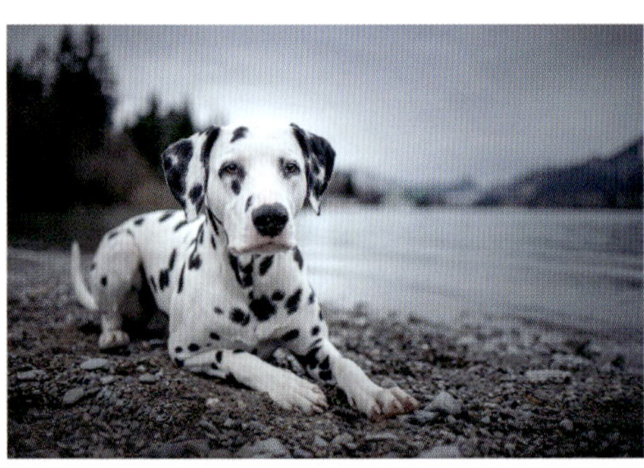

Abbildung 11.24
Der weiße Hintergrund lässt das Bild heller wirken.

Die Werkzeugleiste

Die Werkzeugleiste ist eines der wichtigsten Elemente für das Arbeiten in Photoshop. Durch ein Anklicken werden die einzelnen Werkzeuge aktiviert. Bei den Werkzeugen mit dem kleinen Dreieck auf der rechten Seite verstecken sich noch weitere Werkzeuge dahinter, die mit einem langen Klick der linken Maustaste aktiviert werden. Sobald du ein Unterwerkzeug ausgewählt hast, erscheint dieses in der Werkzeugleiste. Möchtest du wieder das ursprüngliche Werkzeug auswählen, musst du wieder lange links klicken. Gerade wenn man noch nicht so vertraut mit Photoshop ist, kann das oft zu Verwirrungen und langem Suchen nach einem bestimmten Werkzeug führen.

Für die Bildbearbeitung nutze ich vor allem die Werkzeuge Bereichsreparaturpinsel, Kopierstempel, Scharfzeichnerwerkzeug, Freistellungswerkzeug, Schnellauswahlwerkzeug, Pipettenwerkzeug, Pinselwerkzeug, Abwedlerwerkzeug und Farbwähler.

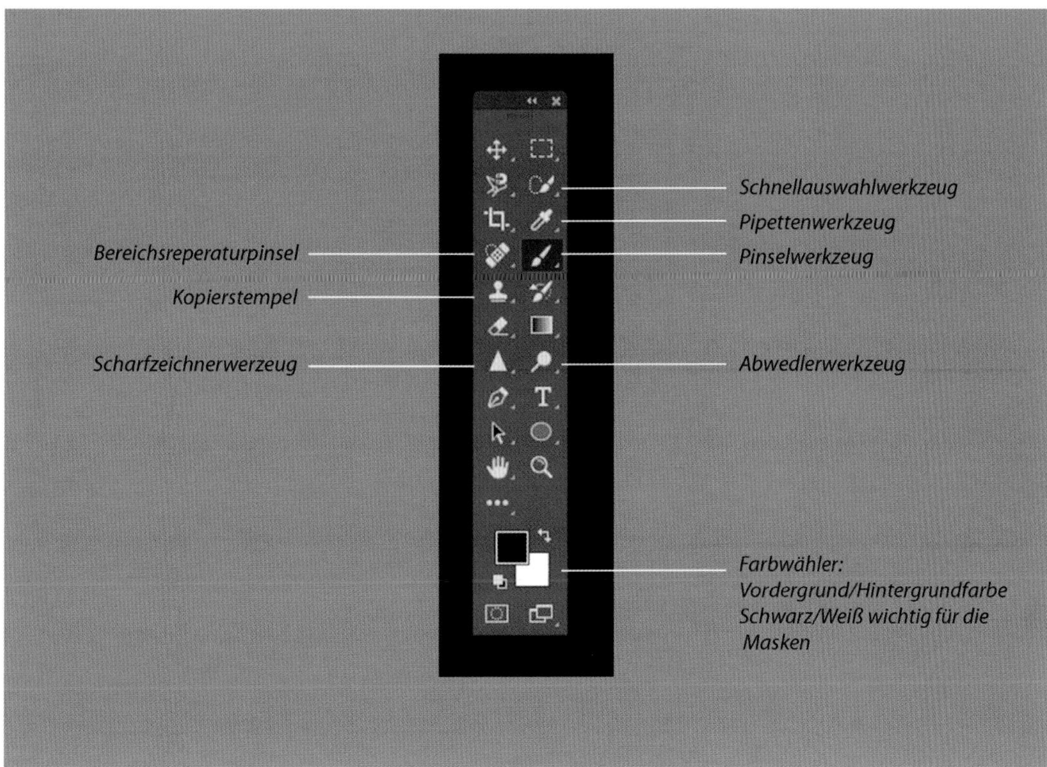

Abbildung 11.25
Die Werkzeugleiste in Photoshop

Freistellungswerkzeug

Das Freistellungswerkzeug hilft dir dabei, das Foto freizustellen und gerade auszurichten. Dabei werden visuelle Linien eingeblendet. In der Optionsleiste kannst du die Freistellungsoptionen wählen. Du kannst das Seitenverhältnis anpassen, die Werte für Höhe und Breite tauschen und die Überlagerungsoption wählen. Die Überlagerungsoptionen bieten dir unterschiedliche Möglichkeiten. Du kannst dir die visuellen Linien entsprechend der Drittel-Regel, des Goldenen Schnitts, der Goldenen Spirale usw. einblenden lassen. Dadurch ist es sehr einfach, den Bildschnitt harmonisch zu gestalten.

Bereichsreparaturpinsel

Der Bereichsreparaturpinsel ist das wohl einfachste Retuschewerkzeug in Photoshop. Wenn der Haken auf »Alle Ebenen aufnehmen« und die Art auf »Inhaltsbasiert« (einzustellen in der oberen Taskleiste) gesetzt ist, funktioniert er am besten. Vor allem, wenn man kleine störende Stellen im Fell wegretuschieren will, leistet er eine tolle Arbeit. Mit dem Bereichsreparaturpinsel fährst du über die Stelle, die du entfernen möchtest. Ich nutze ihn für die kleinen Elemente wie Schmutz an den Augen, störende Haare usw.

Reparaturpinsel

Der Reparaturpinsel ist der fortgeschrittene Bereichsreparaturpinsel. Er kann alles, was auch der Bereichsreparaturpinsel kann, nur mit der zusätzlichen Funktion, dass man sich selbst die Quelle aussuchen kann. Hierfür einfach die Alt-Taste drücken und die gewünschte Quelle auswählen. Jetzt wird mit der Unterstützung des inhaltsbasierenden Füllens die Quelle auf das Ziel kopiert und entsprechend angepasst.

Ausbessern-Werkzeug

Auch das Ausbessern-Werkzeug funktioniert auf eine ähnliche Weise, nur andersherum. Beim Reparaturpinsel wählt man erst die Quelle, dann das Ziel, beim Ausbessern-Werkzeug wählt man erst das Ziel, dann die Quelle. Hierbei nicht wie bei einem Pinsel, sondern mit einer Auswahl. Dadurch dauert es zwar teilweise etwas länger, doch man ist auch deutlich präziser. Man muss nicht jedes Mal die Pinselgröße anpassen, denn man kann eine komplett freie Auswahl erstellen und diese Auswahl dann einfach auf einen sauberen Bereich ziehen.

Kopierstempel

Wie der Bereichsreparaturpinsel wird auch der Kopierstempel für das Wegretuschieren verwendet. In diesem Fall wählt man mit gedrückter Alt-Taste + linker Maustaste den Bereich aus dem Bild aus, den man über die Stelle kopieren will.

Größe/Härte/Modus/Deckkraft können in der Optionsleiste eingestellt werden. Der Modus von Bereichsreparaturpinsel und Kopierstempel ist auf »Normal« gestellt. Zusätzlich kann man auch noch die Größe verstellen, wichtig ist, die Härte auf 0 % zu setzen, damit man schöne Übergänge schafft. Beim Kopierstempel kann man noch zusätzlich die Deckkraft variieren. Den Kopierstempel mit geringer Deckkraft nutze ich zum Beispiel, wenn ich bestimmte Objekte, wie einen Ast, nicht vollständig aus dem Bild entfernen möchte, sondern nur dezenter machen will.

Scharfzeichnerwerkzeug

Setze ich hauptsächlich zum Nachschärfen der Lichtreflexe der Augen ein. Wichtig ist, dass die Stärke in der Optionsleise dabei auf ca. 10 % gestellt ist. Du kannst dadurch noch mal deutlich den Glanz in den Augen verstärken.

Schnellauswahlwerkzeug

Das Schnellauswahlwerkzeug wird verwendet, um spezielle Bereiche leicht und schnell auszuwählen. Ich verwende es vor allem bei der Auswahl des Hundes, um eine Maske zu definieren.

Pipettenwerkzeug

Mit dem Pipettenwerkzeug lässt sich Farbe aus einem beliebigen Bereich des Bildes aufnehmen und als aktive Vordergrundfarbe definieren.

Pinselwerkzeug

In erster Linie wird das Pinselwerkzeug bei den Masken eingesetzt. Man kann in der Optionsleiste wieder Größe/Härte/Deckkraft verändern. Generell stellt man auch hier wieder den Härtegrad auf 0 % ein.

Zudem verwende ich den Pinsel häufig, um störende Elemente im Hintergrund oder Vordergrund des Bildes abzuschwächen. In diesem Zusammenhang kommt auch das Pipettenwerkzeug zum Aufnehmen der Farbe zum Einsatz.

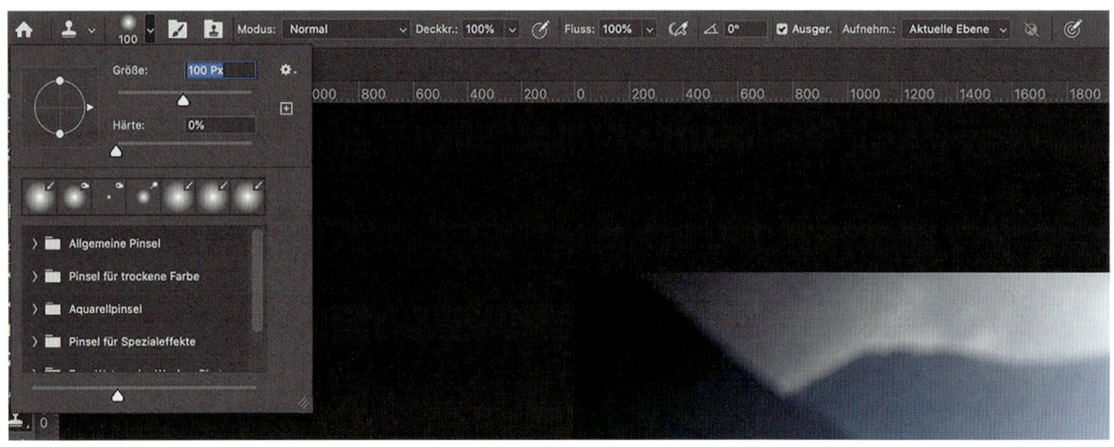

Abbildung 11.26
In der Optionsleiste kannst du unterschiedliche Einstellungen für das jeweilige Werkzeug vornehmen.

Die Optionsleiste

Fast alle Werkzeuge haben eine eigene Optionsleiste, in der du weitere Einstellungen treffen kannst. Die Grafik zeigt dir die Optionsleiste des Kopierstempels. Hier kannst du die Größe, die Härte, den Modus oder auch die Deckkraft noch anpassen.

Abwedlerwerkzeug

Dieses Werkzeug nutze ich, um die Augen des Hundes herauszuarbeiten. Wichtig hierbei ist, darauf zu achten, dass der Bereich auf »Mitteltöne« und die Deckkraft auf etwa 10 % eingestellt ist. Der Bereich wird nur auf Tiefen geändert, um wirklich ganz dunkle, kaum sichtbare Augen zu retten. Achtung, nicht die Pupillen des Hundes in den Tiefen aufhellen – sonst sieht es aus, als ob das Auge trüb sei. Den Bereich »Lichter« kann man verwenden, um die Lichtreflexe selbst noch etwas aufzuhellen.

Protokoll

Über das Protokollbedienfeld kann man zu einem beliebigen Status des Bildes innerhalb der aktuellen Arbeitssitzung zurückkehren. Jedes Mal, wenn ein Bild verändert wird, wird der neue Status als Protokollobjekt in das Bedienfeld eingefügt.

Ebenen und Masken

Die Ebenen und Masken sind der Grund, warum ich das Arbeiten mit Photoshop bevorzuge. Zu Beginn ist es etwas verwirrend, aber hat man die Arbeit damit einmal verstanden, möchte man sich eine Bildbearbeitung ohne sie nicht mehr vorstellen.

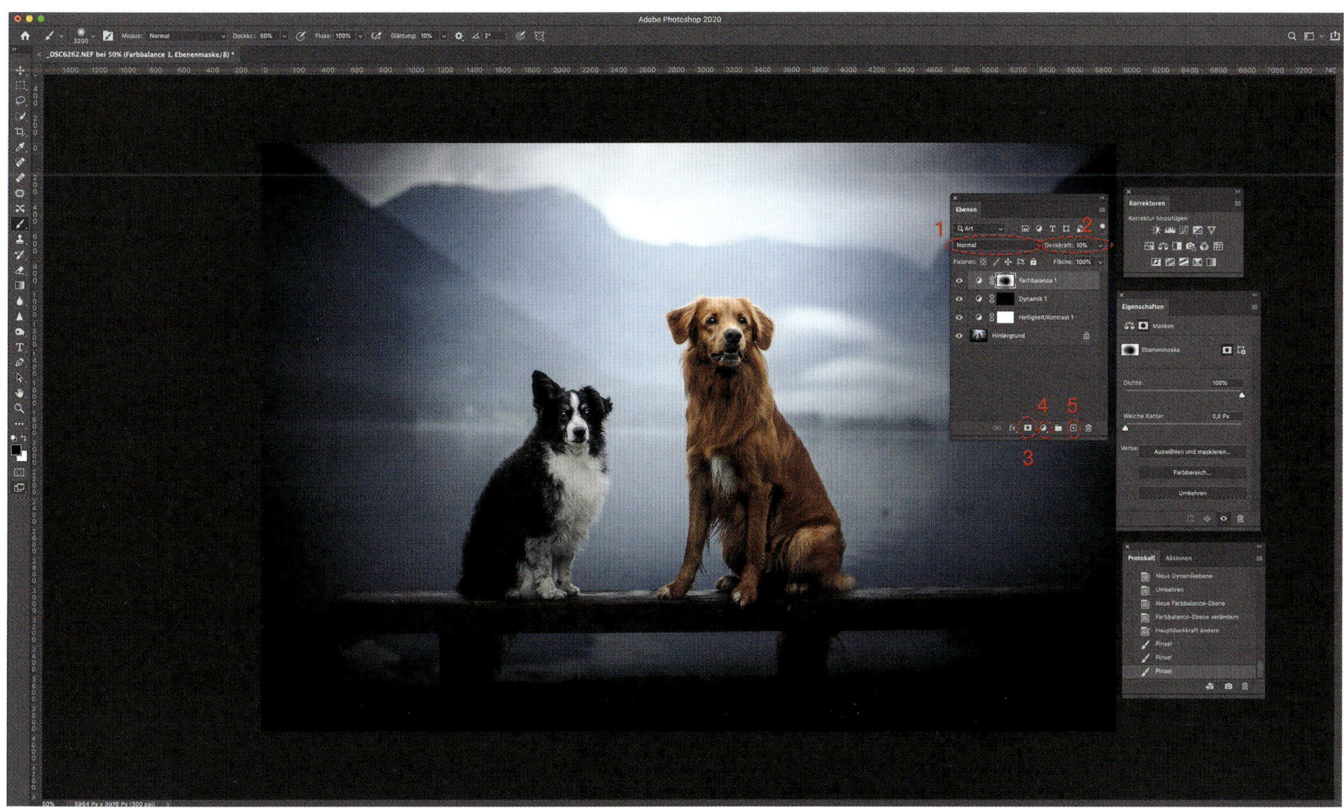

Abbildung 11.27
Im Bedienfeld der Ebenen kannst du den Modus ändern (Nummer 1), die Deckkraft anpassen (Nummer 2), eine Maske hinzufügen (Nummer 3), die unterschiedlichen Bearbeitungstools öffnen (Nummer 4) und eine neue leere Ebene erstellen (Nummer 5).

Ebenen sind sozusagen die einzelnen Schichten, die innerhalb der Bearbeitung über das Ausgangsbild gelegt werden. Mithilfe der Masken bestimmst du, wo und wie stark ein Bearbeitungsschritt am Bild angewendet wird. Du kannst dir Masken wie eine Schablone vorstellen, die unerwünschte Bearbeitungsschritte an bestimmten Teilen des Fotos ausblendet. Eine Maske verdeckt gewisse Informationen und macht sie deshalb unsichtbar.

Ein weiterer Vorteil der Ebenen und Masken ist, dass sie immer wieder korrigiert und verändert werden können. Dein Ausgangsbild bleibt dabei unberührt.

Zusätzlich kannst du den Ebenenmodus ändern, um unterschiedliche Effekte zu erzielen. Weitere Korrekturen kannst du vornehmen, indem du die Deckkraft abschwächst. Um eine Maske zu erstellen, musst du im Ebenen-Bedienfeld auf die Schaltfläche »Ebenenmaske hinzufügen« klicken. Wenn du direkt die Bearbeitung über das Ebenen-Bedienfeld öffnest, öffnet sich automatisch eine neue Ebene mit Maske.

Wie nutzt du diese Masken jetzt richtig?

Um die Maske festzulegen, nutzt man das Pinselwerkzeug. Im Farbwähler wählst du Schwarz oder Weiß aus. Wichtig ist, die Farbe, die vorne ist, zeigt die aktive Farbe. Mit dem »schwarzen Pinsel« holst du das Ausgangsbild zurück. Das heißt, alles, was schwarz auf der Maske zu sehen ist, ist nicht von der Bearbeitung betroffen. Alle Bereiche, die weiß in der Maske sind, sind von der Bearbeitung zu 100 % betroffen.

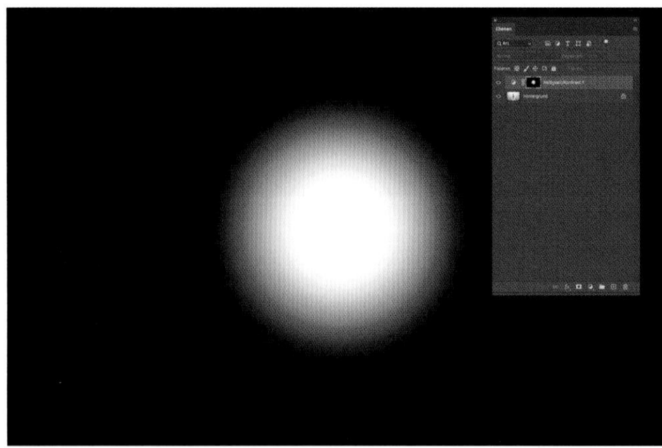

Abbildung 11.28
Die Veränderung durch die Helligkeit/Kontrast-Ebene wird im weißen Bereich angewendet. Der schwarze Bereich ist nicht betroffen.

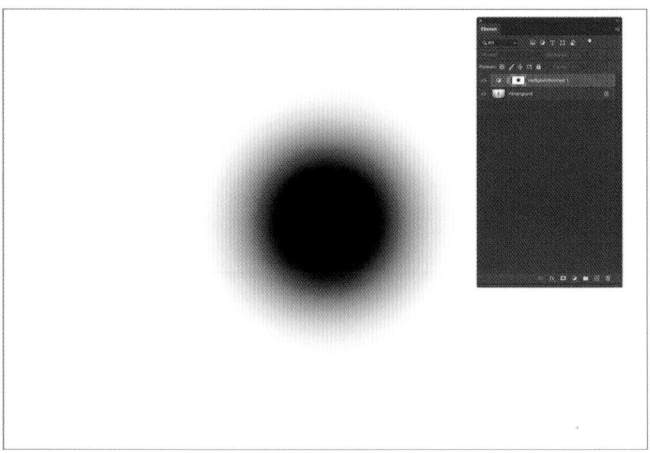

Abbildung 11.29
Hier ist die umgekehrte Maske zu sehen. Ein Großteil des Bildes ist von der Veränderung betroffen, nur der schwarze Kreis nicht.

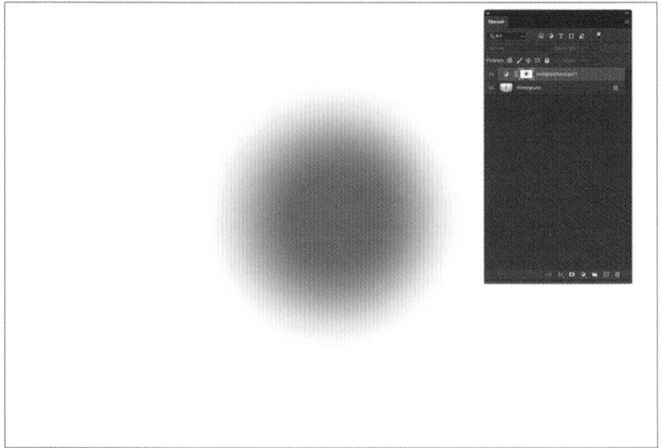

Abbildung 11.30
Diese Maske zeigt dir, dass auf dem gesamten weißen Bereich die Veränderung zu 100 % angewendet wird und im Bereich des grauen Kreises nur zu einem gewissen Prozentanteil.

Mit der gedrückten Alt- und Umschalttaste (Windows) bzw. Wahl- (Option) und Umschalttaste (Mac) auf die Ebenenmaskenminiatur wird die Maske auf dem Foto in einer rötlichen Maskierungsfarbe angezeigt und man sieht genau, wo man die Maske noch ausbessern muss. Beim erneuten Klick auf die Maskenminiatur wird die Farbanzeige wieder deaktiviert.

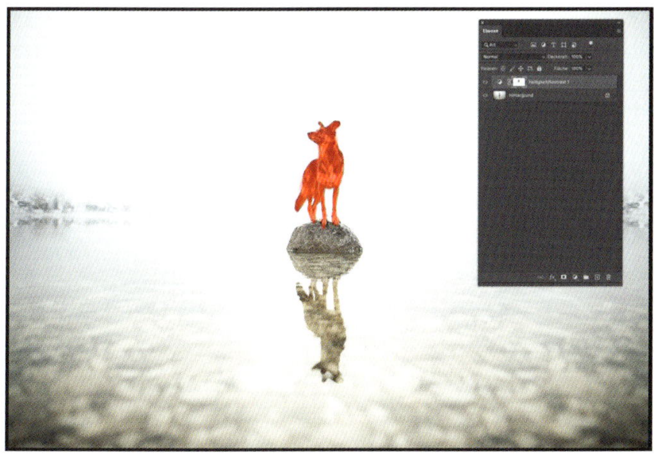

Abbildung 11.31
Du kannst dir die Maske direkt im Foto einblenden lassen.

Mit gedrückter Alt- bzw. Wahltaste und linker Maustaste kannst du eine Maske auf andere Ebenen ziehen. Mit der Tastenkombination Strg bzw. Command + i kehrst du die Maske automatisch um.

Camera RAW

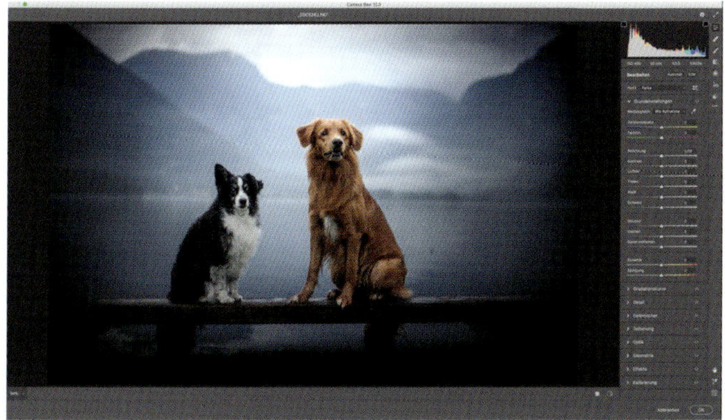

Wie du schon weißt, arbeite ich nur mit dem RAW-Format. Um meine Bilder zu entwickeln, nutze ich Camera RAW. Es gibt aber auch noch einige andere RAW-Konvertierungsprogramme von unterschiedlichen Herstellern. Um in den RAW-Converter zu gelangen, klickt man einfach doppelt auf die Datei und diese öffnet sich automatisch im Converter. Im RAW-Converter könntest du das ganze Bild fertig bearbeiten. Ich möchte dir in diesem Kapitelabschnitt nicht alle Möglichkeiten zeigen, die dir der Converter bietet, sondern lediglich meinen Workflow dort schildern.

Zu Beginn werfe ich immer einen Blick auf den Bildschnitt. Wenn nötig, schneide ich das Foto etwas zu und richte es gerade. Vor allem wenn schiefe horizontale und vertikale Linien im Bild aufeinandertreffen, korrigiere ich diese mit dem Transformieren-Werkzeug im Reiter »Geometrie«. Habe ich nur horizontale Linien oder vertikale Linien zu korrigieren, mache ich das meistens mit dem Auswahlwerkzeug in Photoshop, um nicht unnötig Bildbereiche zu verlieren.

Danach kümmere ich mich um die Grundeinstellungen und arbeite mich von oben bis unten durch. Dabei schaue ich mir als Erstes die Farbtemperatur und den Farbton an. Die Farbtemperatur wird der jeweiligen Stimmung des Fotos, wenn nötig, angepasst. Bei Winteraufnahmen wähle ich die Farbtemperatur eher kühl, bei Aufnahmen im Herbst wähle ich sie eher warm, um die Aussage des Fotos noch einmal zu verdeutlichen. Da ich den Weißabgleich aber schon während des Fotografierens einstelle, muss ich hier meistens nur noch feine oder gar keine Korrekturen machen. Deshalb nutze ich in den meisten Fällen nur die beiden Regler. Wenn der Weißabgleich jedoch gar nicht stimmt, weil ich ihn beim Fotografieren falsch eingestellt habe, nutze ich die Weißabgleich-Pipette. Diese findest du in der Werkzeugleiste. Du wählst sie einfach aus und klickst auf eine graue Fläche. Dadurch wird automatisch der Weißabgleich erstellt. Des Weiteren kannst du auch direkt bei den Grundeinstellungen den Weißabgleich für die unterschiedlichen Lichtarten auswählen.

Danach geht es weiter mit der Belichtung. Diese korrigiere ich in den meisten Fällen nur sehr dezent. Den Kontrast lasse ich fast immer unberührt. Das ist wahrscheinlich darauf zurückzuführen, dass ich relativ dunkel fotografiere und daher nicht noch mehr Kontrast in den Bildern möchte. Ist die RAW-Aufnahme jedoch sehr kontrastlos, adaptiere ich diesen auch.

Ganz wichtig ist die Anpassung der Lichter und Tiefen im RAW-Converter. Um die Lichter und Tiefen entsprechend anzupassen, klicke ich jeweils mit gedrückter Alt-Taste auf den Regler. Im Idealfall ist bei den Lichtern nur eine schwarze und bei den Tiefen nur eine weiße Fläche zu sehen. Das würde bedeuten, dass das

Bild weder überbelichtete noch unterbelichtete Stellen aufweist. Sind jedoch gelbe, rote oder blaue Flecken sichtbar, deutet das auf Über- bzw. Unterbelichtung hin. Normalerweise müsstest du die Lichter so weit rausnehmen, bis die Farben verschwinden. Dann kannst du sicher sein, dass keine Stellen mehr überbelichtet sind. Die Lichter nehme ich meistens so weit raus, bis keine Farben mehr zu sehen sind. Bei der Anpassung der Tiefen musst du aber aufpassen, denn es nimmt den ganzen Kontrast aus dem Bild, und das sieht gerade im Hintergrund oft nicht gut aus. Wenn ich nach der Korrektur der Lichter und Tiefen noch nicht zufrieden bin, werfe ich einen Blick auf die Reiter »Schwarz« und »Weiß«.

Tipp

Lasse dich nicht zu sehr von ein paar kleinen unterbelichteten Stellen verunsichern. Du kannst diese kleinen Bereiche in Photoshop noch einmal versuchen zu korrigieren. Oder sie bleiben einfach kleine unterbelichtete Stellen. Das ist auf jeden Fall besser, als die Tiefen bis zum Anschlag rauszunehmen und den ganzen Kontrast zu verlieren.

Die letzten fünf Reiter »Struktur«, »Klarheit«, »Dunst entfernen«, »Dynamik« und »Sättigung« bleiben bei mir meistens unberührt. Fehlt natürlich Farbe in der RAW-Datei, erhöhe ich die Dynamik. Aber das passiert eigentlich selten. Im Großen und Ganzen mache ich die gesamten Farbanpassungen erst in Photoshop. Außer ich sehe im RAW schon eine Farbe, die ich unbedingt etwas dezenter gestalten möchte. Diese passe ich über die HSL-Einstellungen an. Hier korrigiere ich sowohl den Farbton als auch die Sättigung.

Bei Landschaftsaufnahmen erhöhe ich manchmal die Klarheit etwas, um gewisse Strukturen hervorzuheben. Ich achte dabei aber darauf, den Hund nicht zu stark zu verändern. Zusätzlich ist es wichtig, im Reiter »Details« das Foto nachzuschärfen. Dabei schiebst du den Schärfe-Regler auf ca. 70. Chromatische Aberrationen lassen sich im Reiter »Objektivkorrektur und Kalibrierung« sehr einfach entfernen.

11.3 TIPPS UND TRICKS BEI DER BEARBEITUNG

Photoshop ist ein umfassendes Programm, das dir unterschiedliche Wege anbietet, um bestimmte Bearbeitungsschritte durchzuführen. Ich möchte dir hier ein paar meiner Tipps und Tricks zeigen, wie du relativ einfach dein Foto noch optimieren kannst.

Tipps zum genauen Ausmaskieren

Das wohl Wichtigste in der Bildbearbeitung sind saubere Masken, zumindest dann, wenn die Bearbeitung intensiver wird.

Um eine genaue Maske zu erstellen, nimmst du das Schnellauswahlwerkzeug und wählst damit den Hund aus. Einzelne abstehende Härchen werden dabei unberücksichtigt und erst im nächsten Schritt mit in die Maske aufgenommen. Danach wählst du im Menü »Auswählen und Maskieren«. Es öffnet sich ein neues Fenster. Hier habe ich die Anzeige auf »Überlagerung« und 50 % gestellt und alle anderen Einstellungen auf 0 gesetzt. Du wählst links das Kanten-Verbesserungs-Werkzeug. Wähle eine eher harte Pinselspitze mit annähernd der Größe der Haare und male damit den Hund nach. Photoshop nimmt nun automatisch die einzelnen Härchen mit in die Maske auf. Es ist wichtig, dass du den ganzen Hund damit nachmalst, um unschöne Kanten zu vermeiden. Je nachdem, wie gut sich der Hund vom Hintergrund abhebt, leistet Photoshop gute oder weniger gute Arbeit. Werden Bereiche des Hundes mit ausmaskiert, die eigentlich nicht ausmaskiert werden sollen, nutzt du das Pinselwerkzeug, um den Bereich zu demaskieren. Bei kurzhaarigen Hunden erstelle ich die genaue Maske meistens über die globalen Verbesserungen. Ich erhöhe dazu die Pixel der »Weichen Kanten« und verschiebe die Kanten etwas in den Negativ-Bereich. Sobald du mit der Auswahl zufrieden bist, wählst du bei »Ausgabe« »in neue Ebene mit Ebenenmaske« und klickst auf OK.

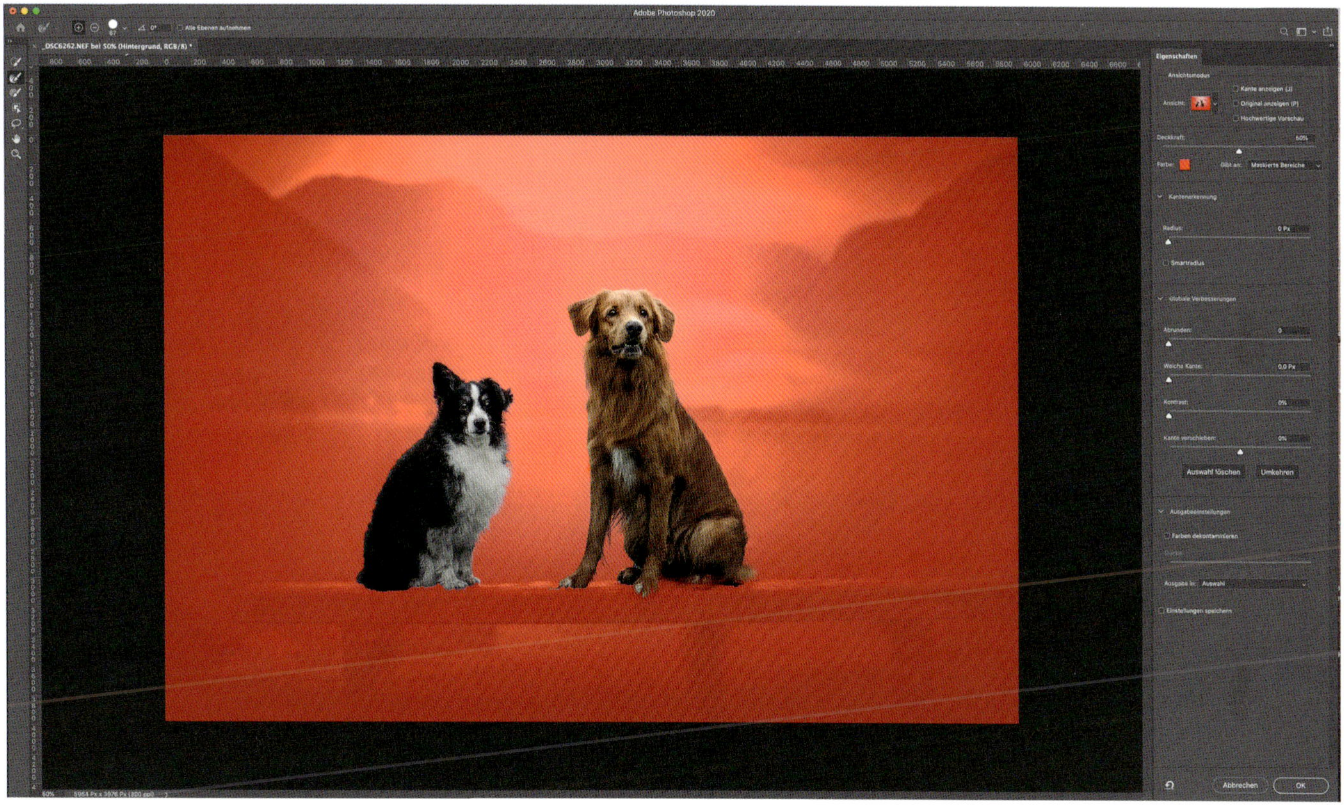

Abbildung 11.32
Im Menü »Auswählen und Maskieren« kannst du die Maske optimieren.

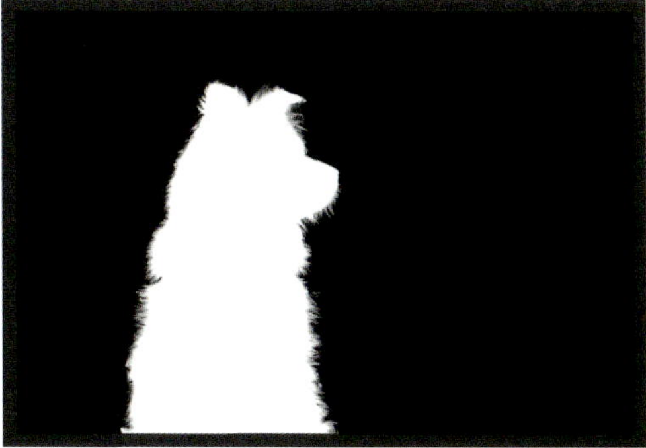

Abbildung 11.33
Je besser sich der Hund vom Hintergrund abhebt, desto besser kann Photoshop einzelne Härchen erfassen.

Scharfzeichnen des Hundes

Generell ist zwischen scharf und gestochen scharf noch einmal ein kleiner, aber feiner Unterschied. Da man in der Hundefotografie meistens offenblendig arbeitet, ist der Schärfebereich natürlich sehr klein. Sieht man den direkten Vergleich, bevor und nachdem ich das Foto scharfzeichne, fällt einem erst auf, wie groß der Unterschied ist und wie sehr sich dieser Bearbeitungsschritt lohnt. Und genau aus diesem Grund schärfe ich alle meine Bilder zu Beginn der Bearbeitung noch einmal nach. Für mich hat sich die folgende Methode am besten bewährt.

Schritt 1:

Zu Beginn ist es wichtig, die Ebene zweimal zu duplizieren. Dazu wählst du im Bedienfeld »Ebenen – Ebene duplizieren«. Du benötigst zwei Kopien, um das Nachschärfen noch anpassen zu können. In unserem Ebenenfenster befinden sich nun drei Ebenen.

Schritte 2:

Du stellst den Ebenenmodus der obersten Ebene auf »Lineares Licht« und drückst die Tastenkombination Strg + i bzw. Command + i, um die Ebene umzukehren. Danach stellst du die Deckkraft dieser Ebene genau auf 50 %, damit du nur noch eine graue Ebene siehst.

Schritt 3:

Um nun die wichtigen Details scharfzuzeichnen, öffnest du das Menü »Filter/Weichzeichnungsfilter/Matter machen«. Es öffnet sich ein neues Fenster. Hier ist es wichtig, den Radius auf 5 % zu stellen und den Schwellenwert zwischen 50 und 55 zu legen.

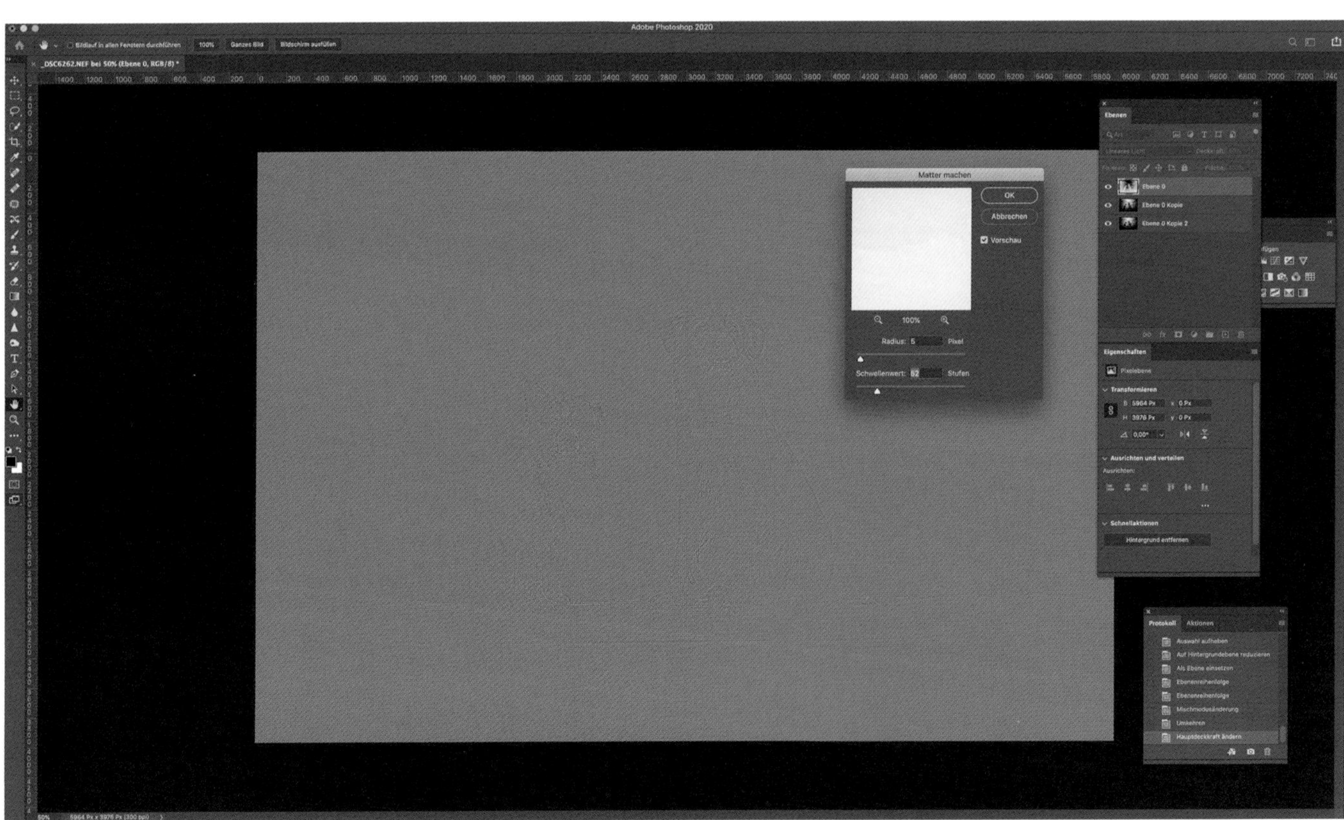

Abbildung 11.34
Grundnachschärfen des Fotos über den Weichzeichnungsfilter »Matter machen«

Die Einstellung wird mit einem Klick auf OK abgeschlossen. Nun kannst du die Strukturen im Bild sehen, die nachgeschärft werden.

Schritt 4:

Im letzten Schritt markierst du die beiden oberen Ebenen und reduziert sie auf eine Ebene. Danach stellst du den Ebenenmodus auf »Ineinanderkopieren«. Durch Anpassung der Deckkraft kann man das Nachschärfen noch justieren. Ist man mit dem Ergebnis zufrieden, fügt man beide Ebenen wieder auf eine zusammen.

Tipp

Bei Bildern im hohen ISO-Bereich rate ich dir dazu, das Nachschärfen lediglich am Hund anzuwenden und mit einer Maske zu arbeiten. Denn mit dem Nachschärfen wird natürlich auch das Rauschen im Bild verstärkt.

Tipp

Falls dir diese Methode des Nachschärfens gefällt, kann ich dir empfehlen, eine Aktion dafür anzulegen, damit du diese doch sehr aufwendigen Schritte nicht immer und immer für jedes Foto wiederholen musst. Falls das Aktionenbedienfeld noch nicht eingeblendet ist, musst du es im Fenster öffnen. Danach gehst du im Bedienfeld »Aktionen« auf »Neue Aktion«. Es öffnet sich ein neues Fenster. Gib der Aktion einen entsprechenden Namen, zum Beispiel »Grundnachschärfen«, und klicke auf »Aufzeichnen«. Danach musst du einmal alle Schritte durchführen, damit Photoshop die Aktion aufnehmen kann. Sobald du fertig bist, klickst du im Aktionsbedienfeld auf das Stop-Symbol oder auf »Aufzeichnen beenden«. Ich rate dir, die Aktion zu stoppen, bevor du alle Ebenen zusammenfügst, damit du individuell das Scharfzeichnen für das jeweilige Foto noch einmal mithilfe der Deckkraft der Ebene anpassen kannst.

Augen hervorheben

Wie schon in dem Kapitel des Hundeausdrucks erwähnt, sind die Augen des Hundes ganz entscheidend für die Bildwirkung. Gerade deshalb ist es auch so wichtig, diese innerhalb der Bildbearbeitung noch etwas besser zu betonen. Dabei gebe ich dir aber vor allem einen Tipp: Die Augen sollten nach der Bearbeitung trotzdem noch natürlich aussehen und auch dieselbe Farbe haben.

Bei Hundeaugen, die bereits den richtigen Glanz haben, reicht es, wenn man mit dem Abwedler-Werkzeug arbeitet, um die Augen noch besser hervorzuheben. Hierzu duplizierst du das Ausgangsbild und benennst die neue Ebene zum Beispiel mit »Augenkorrektur«. Du wählst in der Werkzeugleiste den Abwedler aus, stellst die Größe entsprechend der Augen ein, stellst die Belichtung auf ca. 10 % und beginnst, die Mitteltöne herauszuarbeiten. Danach kannst du, wenn nötig, den Bereich auf Lichter stellen und den Lichtreflex im Auge aufhellen. Bei ganz dunklen Augen kannst du zusätzlich noch die Tiefen auswählen und über die dunklen Bereiche malen. Aber achte darauf, nicht die Pupille aufzuhellen, da es sonst aussieht, als ob der Hund einen milchigen Schleier über den Augen hätte. Im nächsten Schritt wählst du das Scharfzeichner-Werkzeug aus. Achte auch hier darauf, dass die Stärke nur in etwa bei 10 % liegt, und arbeite damit noch einmal über die Augen. Es verleiht ihnen einen Tick mehr Schärfe und lässt sie damit noch intensiver strahlen. Für die Bearbeitung der Augen ist es wichtig, in das Bild zu zoomen. Als Kontrolle solltest du dir jedoch zwischendurch immer die 100-Prozent-Ansicht anzeigen lassen, um zu sehen, ob die Bearbeitung nicht zu extrem wird.

Ein gewisser Lichteinfall in den Augen der Hunde führt oft zu sehr starken Lichtreflexen. Dadurch kommt die Pupille nur noch schwach zur Geltung. In diesem Fall kannst du das Nachbelichter-Werkzeug nutzen. Dabei stellst du die Deckkraft auf 20–30 %. Am schönsten wirkt der Lichtreflex in einem klaren Weiß. Durch die Himmelreflexion entsteht jedoch oft ein blauer Lichtreflex. Diesen kannst du ganz einfach mit dem Schwamm-Werkzeug entfernen. Dabei wird der Modus in der oberen Menüleiste auf »Sättigung verringern« gestellt.

Schau dir am besten die Augen des Hundes ganz genau an, denn wenn die Iris mehrere Farben oder Helligkeitsabstufungen enthält, kannst du diese differenziert bearbeiten, um das bestmögliche Ergebnis zu erzielen.

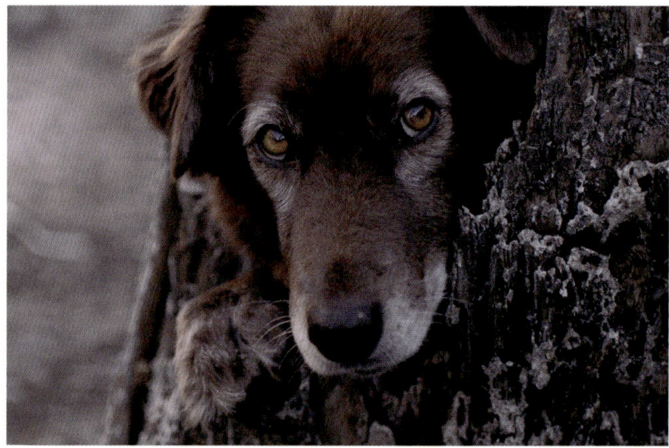

Abbildung 11.35
Finn hat auch vor der Korrektur schon sehr ausdrucksstarke Augen.

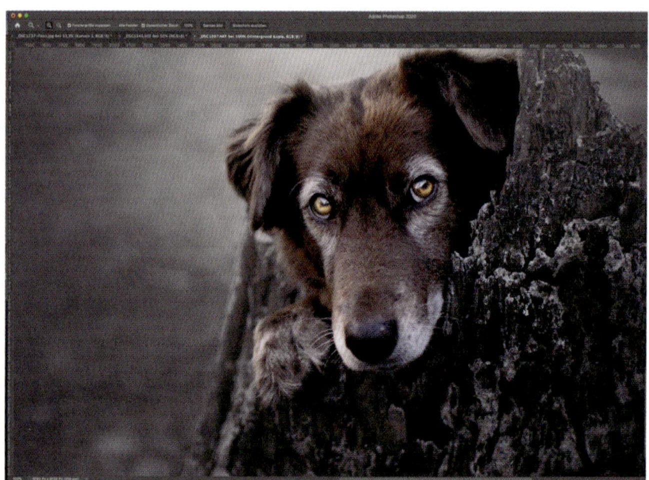

Abbildung 11.36
Nach der Bearbeitung leuchten die Augen richtig und ziehen die Blicke des Betrachters sofort auf sich.

Hier siehst du die Augen meines Hundes Finn. Durch ihre helle Farbe sind diese auch schon vor der Bearbeitung sehr ausdrucksstark. Dennoch lohnt es sich, die Augen noch besser herauszuarbeiten. Wie du siehst, werden die Augen durch eine passende Bearbeitung richtig lebendig.

Manchmal lässt es die Lichtsituation nicht anders zu und man bekommt während des Fotografierens nur sehr wenig Glanz in den Augen. Bei schwierigeren Fällen empfehle ich dir wieder, das Ausgangsbild zu duplizieren, korrekt zu benennen und mithilfe des Schnellauswahlwerkzeugs die Augen auszuwählen. Danach wählst du im Menü »Bild/Korrektur/Tiefen/Lichter«. Du nimmst die Tiefen so weit raus, bis dir die Augen in etwa gefallen, und bestätigst die Bearbeitung mit OK. Da durch das Aufhellen der Tiefen Kontrast verloren geht, ist es wichtig, diesen wieder hinzuzufügen. Dazu wählst du wieder »Bild/Korrektur/Helligkeit/Kontrast« und passt noch etwas die beiden Komponenten an.

Farbstiche im Fell entfernen

Die Umgebung reflektiert sich immer im Fell des Hundes, manchmal mehr und manchmal weniger. Gerade im grünen Wald entstehen oft fiese grüne und sehr intensive Farbstiche. Um diese Farbstiche im Fell zu entfernen, gibt es unterschiedliche Möglichkeiten.

Meine bevorzugte Methode, um Farbstiche zu entfernen, sieht wie folgt aus: Um den Farbstich zu entfernen, erstellst du dir eine neue Ebene und stellst den Modus auf »Farbe«. Danach wählst du je nach Fellfarbe des Hundes Schwarz oder Weiß oder nimmst den Farbton der Fellfarbe mit der Pipette auf. Danach malst du über die Stellen im Fell, an denen du den Farbstich entfernen möchtest. Die Deckkraft des Pinsels setze ich auf ca. 20 %. Zur weiteren Korrektur kannst du wieder die Deckkraft der Ebene reduzieren.

Achte aber immer darauf, dass der Hund durch diese Anpassung nicht grau wird. Gerade bei schwarzen und weißen Hunden ist es verlockend, die Farbe sehr stark zu entziehen.

Weiches Licht, natürliches Licht und einen märchenhaften Look erstellen

Weiches Licht

Eine Möglichkeit, natürliches Licht in das Foto zu bringen, ist der Einsatz einer radialen Verlaufsfüllung. Zu Beginn musst du darauf achten, dass du beim Farbwähler die richtige Farbe eingestellt hast. Ich arbeite meistens mit einem weißen Radialfilter.Bei Herbstbildern nutze ich auch gerne warme Farbtöne, diese nehme ich direkt mit der Pipette aus dem Bild auf. Danach wählst du im Bearbeitungsmodul die Verlaufsfüllung aus. Es öffnet sich ein neues Fenster. Hier ist es wichtig, bei Art »Radial« zu wählen, den Winkel auf 90° belassen und die Skalierung zwischen 100 und

150 % zu setzen, je nachdem wie es zu deinem Foto passt. Das Häkchen musst du bei »an Ebenen ausrichten« setzen. Mit der linken Maustaste kannst du die Verlaufsfüllung überall im Bild platzieren. Hast du alles ausgewählt und das Licht an eine passende Stelle gesetzt, kannst du den Bearbeitungsschritt mit einem Klick auf OK bestätigen.

Im letzten Schritt stellst du den Ebenenmodus auf »Weiches Licht«, passt zusätzlich noch die Deckkraft der Ebene an und maskierst den Hund aus.

Natürliches Licht

Beim natürlichen Licht gehst du genau so vor wie bei der Erstellung des weichen Lichts. Nur wird dieses Mal der Ebenenmodus auf »Lineares Licht« gestellt und nicht die Deckkraft, sondern die Fläche reduziert. Auf 100 % sieht dieser Effekt wirklich schrecklich aus. Aber sobald du die Fläche entsprechend angepasst hast, wirkt es sehr natürlich. Ich wähle meistens ca. 10 bis 20 % dafür.

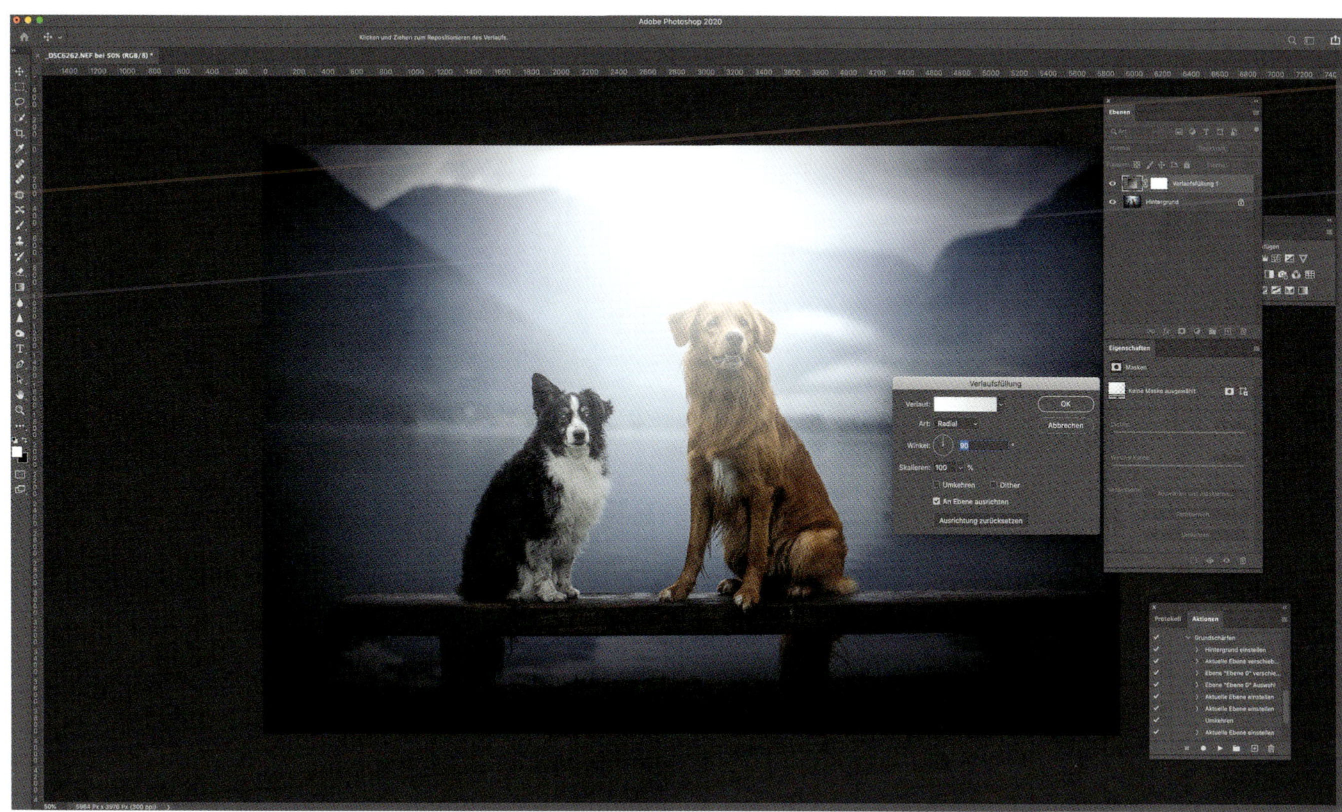

Abbildung 11.37
Mithilfe des radialen Verlaufsfilters kann man unterschiedliche Lichtstimmungen im Bild erzeugen.

Märchenhafter Look

Um deinem Foto einen märchenhaften Look zu verpassen, machst du wieder dieselben Schritte wie beim weichen und natürlichen Licht. Dieses Mal stellst du den Ebenenmodus auf »normal« und passt die Deckkraft entsprechend an. Meistens wirkt es gut, wenn der radiale Verlauf direkt hinter dem Hund gesetzt wurde, da er dadurch deutlicher vom Hintergrund abgehoben wird und das Foto neben dem verträumten Look auch zusätzlich mehr Tiefe bekommt. Hast du jedoch einen natürlichen Lichteinfall, setzt du das Licht dort, wo es einfällt. Blickt der Hund in eine bestimmte Richtung, macht es auch Sinn, mit dem Verlaufsfilter den Bereich in Blickrichtung heller zu gestalten.

Mit diesen drei Methoden kann man tolle Bearbeitungen erzielen. Wichtig ist es jedoch, den Hund entsprechend auszumaskieren. Gerade bei der Verwendung des Radialfilters für einen märchenhaften Look ist eine sehr exakte Maske notwendig. Sieht man trotzdem unsaubere Stellen, würde ich dir raten, die Dreckkraft so weit zu minimieren, dass man sie nicht mehr sieht.

Ich nutze den märchenhaften Look nur bei gut freigestellten Bildern. Bei Landschaftsaufnahmen nutze ich vor allem das weiche und natürliche Licht, um den Hund ein bisschen besser vom Hintergrund abzuheben. Dabei setze ich diesen Effekt so dezent ein, dass man nicht sieht, dass etwas verändert worden ist.

Kontrast und Glanz hinzufügen

Kontrast füge ich vor allem bei Landschaftsbildern hinzu, bei klassischen Porträts eher weniger. Gerade bei Fotos von Hunden am Wasser wirkt dieser Effekt meistens sehr gut.

Zu Beginn duplizierst du wieder deine Hintergrundebene. Danach wählst du »Filter/Weichzeichnungsfilter/Gaußscher Weichzeichner«. Es öffnet sich ein neues Fenster, in dem du den Radius zwischen 35 und 45 Pixel wählst. Bestätige den Schritt mit OK.

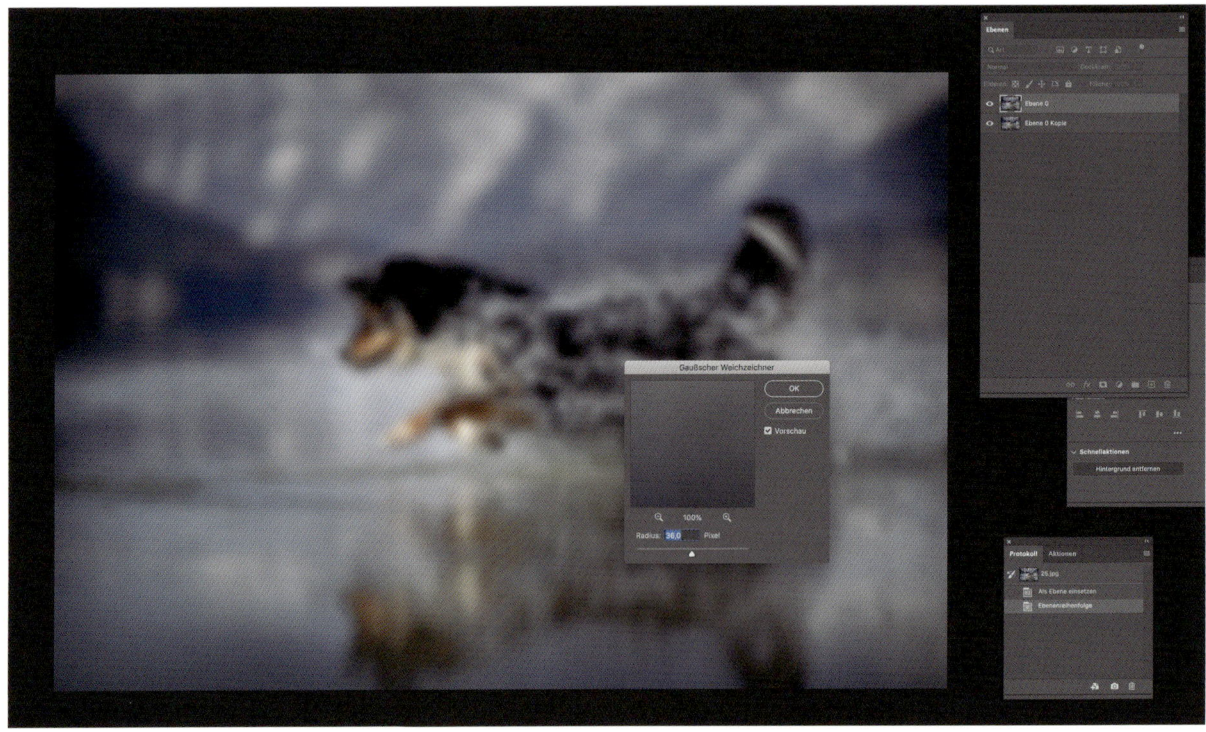

Abbildung 11.38
Mit dem Gaußschen Weichzeichner und dem Ebenenmodus »Weiches Licht« kannst du Glanz und Kontrast in dein Bild bringen.

Danach hast du vorerst ein verschwommenes Foto vor dir. Um dies zu ändern, stellst du den Ebenenmodus auf »Weiches Licht«. Mithilfe der Deckkraft und einer Maske kannst du den Effekt wieder sehr gut anpassen. Gerade sehr dunkle Bereiche und den Hund maskiere ich immer ein wenig aus, um den Effekt nicht ganz so stark anzuwenden.

Dodge and Burn

»Dodge and Burn« bedeutet Abwedeln und Nachbelichten und genau so heißen auch die beiden Werkzeuge in Photoshop, die bei dieser Technik zum Einsatz kommen. »Dodge and Burn« ist eines der beliebtesten Techniken in der Beautyretusche. Auch in der Hundefotografie ist ein gezielter und dezenter Einsatz lohnend. Diese Technik kann man nutzen, um den Hund plastischer wirken zu lassen. Bestimmte Konturen im Gesicht des Hundes oder die Fellstruktur werden dabei betont.

Um »Dogde and Burn« einzusetzen, erstellst du zunächst eine neutrale graue Ebene. Dazu klickst du auf »Ebene/Neu/Ebene« und es öffnet sich ein neues Fenster.

Hier wählst du den Modus »Weiches Licht« und setzt ein Häkchen bei »mit neutraler Farbe für den Modus weiches Licht füllen (50 % Grau)«. Du bestätigst mit OK. Die graue Ebene ist durch die Überlagerungsart nicht zu sehen. Mit dem Abwedler und dem Nachbelichter-Werkzeug werden nun entsprechende Veränderungen vorgenommen. Dabei nutze ich wieder eine Pinselspitze mit geringer Deckkraft zwischen 10 und 20 %.

Wichtig

Helle Bildbereiche wirken näher und dunkle Bildbereiche weiter weg.

Möchtest du später bestimmte Bereiche wieder korrigieren, kannst du das ganz einfach mit einem Pinsel, der dieselbe graue Farbe wie die Fläche hat.

Aber wie geht man nun am besten dabei vor bzw. was hellt man auf oder dunkelt man ab?

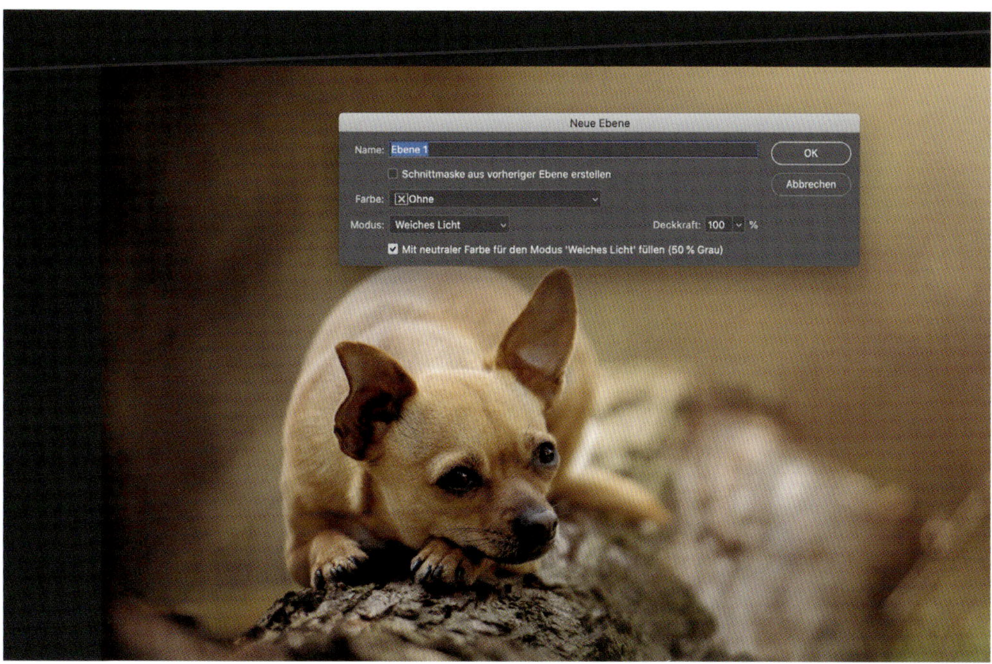

Abbildung 11.39
Erstellung der neuen Ebene

Dazu wirfst du einen genauen Blick auf die Helligkeitsabstufungen im Fell des Hundes. Generell werden helle Fellstellen aufgehellt und dunkle abgedunkelt. Je nach Foto sind diese Helligkeitsabstufungen besser oder auch schlechter zu erkennen. Die Größe der Pinselspitze wählst du entsprechend der Größe des Bereichs, der aufgehellt bzw. abgedunkelt werden soll. Ich arbeite dabei meistens nur im Bereich der Mitteltöne. Möchtest du die Effekte verstärken, kannst du zusätzlich auch noch in den Tiefen oder Lichtern arbeiten.

Mit dieser Technik kannst du zum Beispiel gezielt die Augen des Hundes größer wirken lassen oder auch kleiner machen. Je nachdem, welche Bereiche du aufhellst oder abdunkelst, erzielst du einen anderen Effekt. Wenn du zum Beispiel den Lidrand aufhellst und darunter noch mal leicht abdunkelst, wirken die Augen größer.

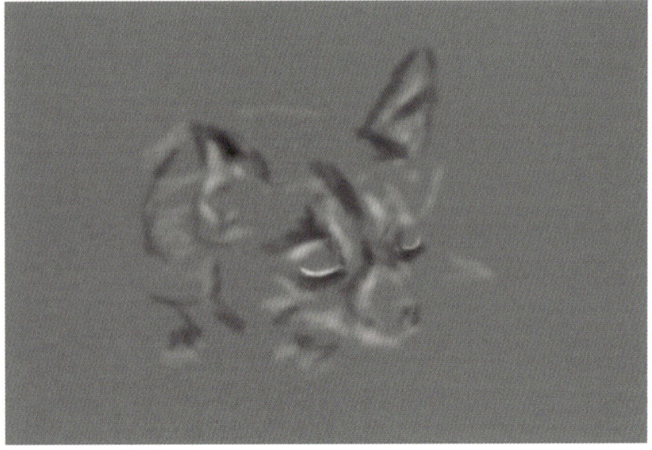

Abbildung 11.40
Hier siehst du die neutrale, graue Ebene mit der »Dodge and Burn«-Anwendung.

Ich setze diese Technik meistens nur sehr dezent ein, da für mich die Hunde bei einer zu starken Anwendung einfach zu künstlich wirken. Deshalb passe ich am Ende immer noch einmal die Deckkraft der Ebene an.

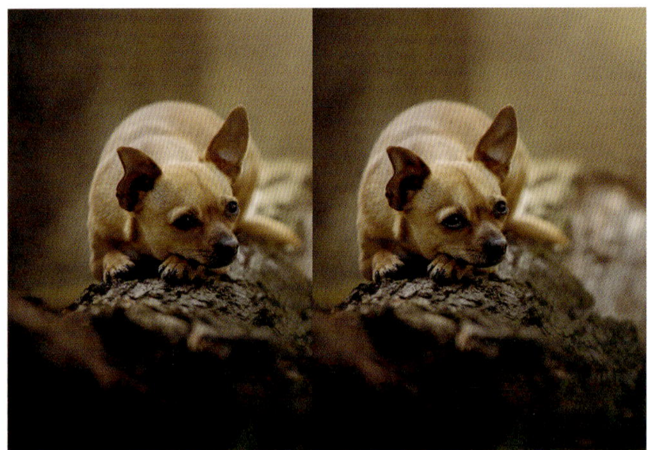

Abbildung 11.41
Der Vorher-Nachher-Vergleich beim Einsatz von »Dodge and Burn«. Um es besser ersichtlich zu machen, habe ich bei diesem Bild den Effekt etwas kräftiger eingesetzt.

Bildschnitt-Anpassung und Ausrichtung des Bildes

Das Freistellen bietet dir die Möglichkeit, den Bildaufbau noch harmonischer zu gestalten und ihn zum Beispiel der Drittel-Regel oder an den Goldenen Schnitt anzupassen. Du kannst das Freistellungswerkzeug nutzen, um den Bildausschnitt zu verkleinern, zu vergrößern oder um den Hintergrund gerade auszurichten.

Du wählst dazu das Freistellungswerkzeug aus und ziehst einen neuen Rahmen auf. Wenn du die Maus an die Eckgriffe bewegst, kannst du das Bild auch entsprechend drehen, um es gerade zu richten.

Wichtig

Achte beim Zuschneiden darauf, dass du die originalen Proportionen des Bildes beibehältst. Dazu musst du einfach »Verhältnis« oder »Originale Proportion« in der Optionsleiste einstellen.

Wenn durch die Anpassung des Bildschnitts in gewissen Bereichen kleine Flächen ohne Pixel entstehen, ist das für Photoshop kein Problem. Seit der Version Photoshop CC gibt es nämlich die »Inhaltsbasierte Füllung bei Freistellung«. Diese inhaltsbasierte

Technologie dient zur intelligenten Füllung dieser kleinen Lücken. Wichtig hierfür ist es nur, dass du in der Optionsleiste ein Häkchen bei »Inhaltsbasiert« setzt.

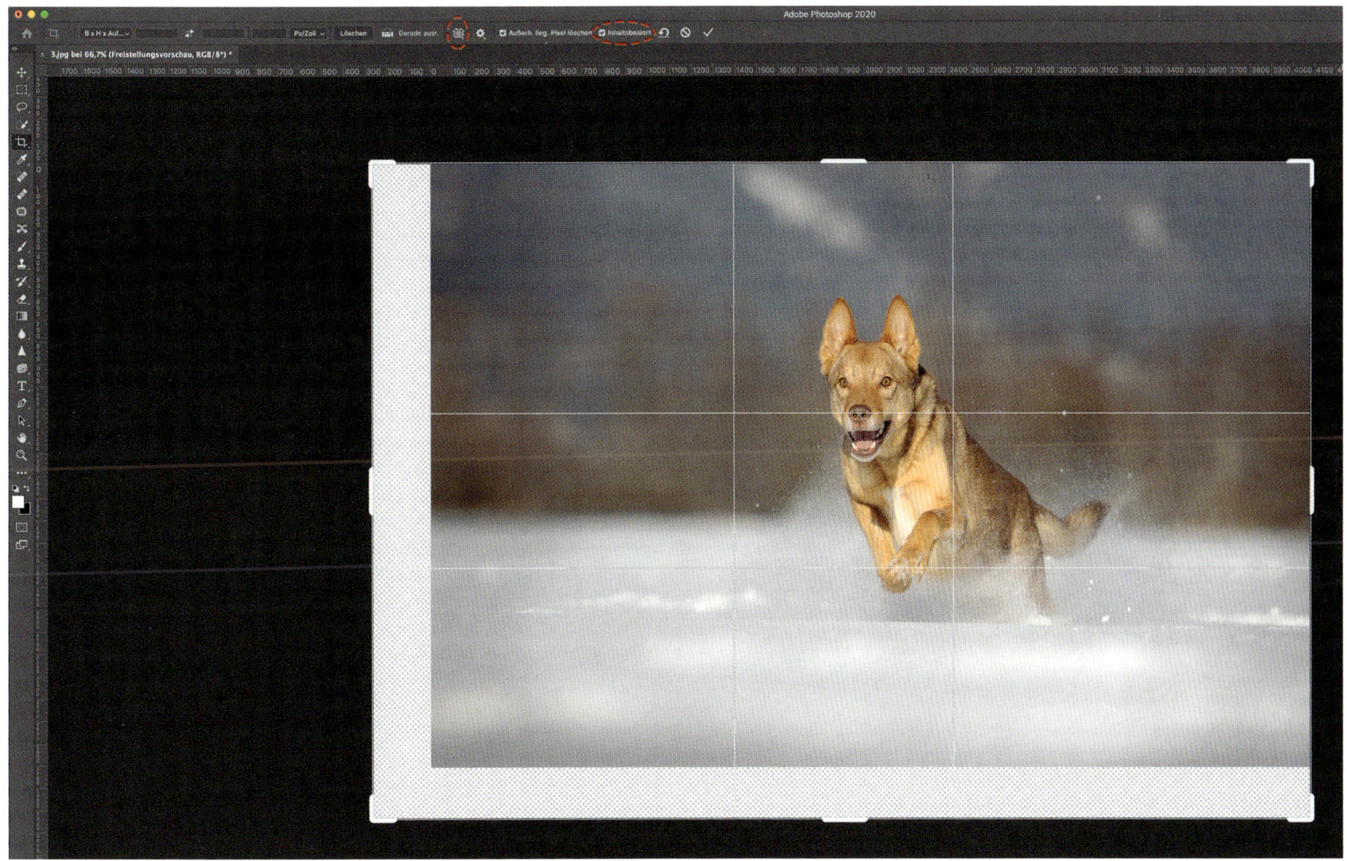

Abbildung 11.42
Beim Vergrößern des Bildausschnitts ist es wichtig, ein Häkchen bei »Inhaltsbasiert« zu setzen.

Wenn du mit dem Ergebnis zufrieden bist, drücke die Enter-Taste. Es ist wirklich unglaublich, wie präzise Photoshop die dabei entstandenen Lücken füllt. Das Ergebnis ist meistens stimmig und man muss nur in den seltensten Fällen kleine Bereiche noch einmal korrigieren. Falls es doch dazu kommen sollte, nutze ich meistens zur Korrektur das Ausbessern-Werkzeug oder den Kopierstempel.

Achtung

Sollte diese inhaltsbasierte Füllung bei der Freistellung nicht funktionieren, ist eventuell der Classic-Modus aktiviert. Dieser Modus unterstützt jedoch die inhaltsbasierte Füllung nicht. Um den Classic-Modus zu deaktivieren, musst du das Freistellungswerkzeug aktivieren und in der Optionsleiste auf das kleine Rädchen klicken, um den Haken bei Classic-Modus zu entfernen.

Ratsam ist es auch, die Option »Außerhalb liegende Pixel löschen« zu deaktivieren. Ist diese Option deaktiviert, wird eine nicht-destruktive Freistellung angewendet und es werden keine Pixel entfernt. Das heißt, wenn du zu einem späteren Zeitpunkt doch noch einmal den Bildschnitt anpassen möchtest, sind auch noch die Pixel außerhalb des aktuellen Freistellungsrahmens erhalten.

Erstellung eines Blätterregens

Gerade im Herbst sind Bilder, auf denen ein Hund unter fallenden Blättern zu sehen ist, besonders beliebt. Ich nutze für die Erstellung solcher Bilder jedoch keine Overlays. Damit die Arbeit mit Overlays nicht künstlich aussieht, braucht man sehr viel Erfahrung, um sie realistisch ins Bild einarbeiten zu können. Ich habe es schon oft versucht, bin aber immer gescheitert und habe mir deshalb eine Alternative dazu überlegt. Und zwar erstelle ich mir meinen Blätterregen schon während des Fotografierens. Dazu sammle ich mit den Besitzern gemeinsam Blätter. Der Hund wird an einer Stelle abgesetzt und der Besitzer beginnt, die Blätter von oben runterrieseln zu lassen. Dabei ist wichtig, dass es nicht zu viele auf einmal sind und der Besitzer die Blätter auch nicht wirft. Hinsichtlich der Kameraeinstellung nutze ich hier, um die Blätter scharf abzubilden, eine kurze Belichtungszeit. Die Hunde haben unter den Blätterregen oft nicht die besten Ausdrücke, in vielen Fällen sieht man ihnen an, dass sie gerade nicht wissen, was sie tun sollen, ducken sich oder machen lustige Grimassen. Andere wiederum finden den Blätterregen richtig toll und versuchen, danach zu schnappen. Auch das kann zu einem sehr schönen Motiv führen. Dabei mache ich ganz viele Bilder und löse in Serienaufnahmen aus. Habe ich genügend Bilder von rieselnden Blättern, wird der Hund noch einmal an derselben Stelle und in derselben Haltung positioniert. In Photoshop füge ich einige Bilder der Serie zu einem zusammen.

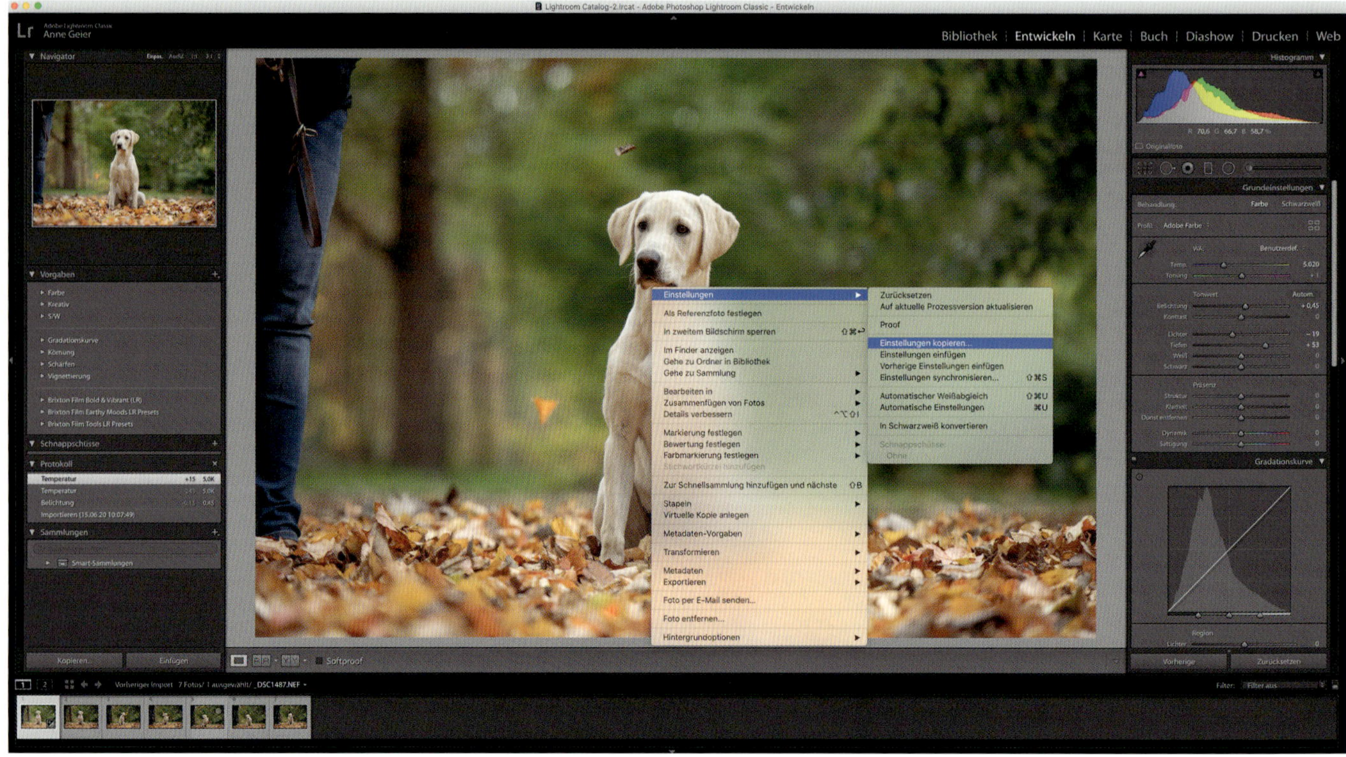

Abbildung 11.43
In Lightroom kannst du ganz einfach die RAW-Entwicklung auf alle anderen Bilder übertragen.

Um dieselbe RAW-Entwicklung an allen Bildern durchzuführen, arbeite ich dieses Mal mit Lightroom. Ich öffne alle Bilder in Lightroom. Dabei wähle ich ein Hauptbild aus, in das ich später in Photoshop die Blätter einarbeite. Das Hauptbild ist jenes Bild, in dem der Hund den besten Ausdruck hat. Dieses Foto entwickle ich in Lightroom, kopiere die Entwicklungseinstellungen und füge sie in die anderen Bilder ein.

Es ist wichtig, dass alle Bilder dieselbe RAW-Entwicklung haben, da es das Einfügen der Blätter um einiges erleichtert. Danach öffne ich alle Bilder in Photoshop. In Photoshop arbeite ich wieder mit meinem Hauptbild. Ich erstelle mir eine neue leere Ebene, wechsle auf eines der anderen Bilder, aktivere den Kopierstempel und kopiere mir ein Blatt aus dem Bild. Ich gehe zurück auf mein Hauptbild, klicke auf die neu erstellte, leere Ebene und kopiere das Blatt auf annähernd dieselbe Stelle. Diesen Vorgang wiederhole ich so lange, bis genügend Blätter im Bild zu sehen sind. Wichtig ist dabei, für jedes Blatt eine eigene Ebene zu erstellen, damit man, wenn nötig, das Blatt immer noch verschieben oder die Größe anpassen kann. Passt der Hintergrund mal nicht ganz genau, nutzt du eine Maske für die Korrektur.

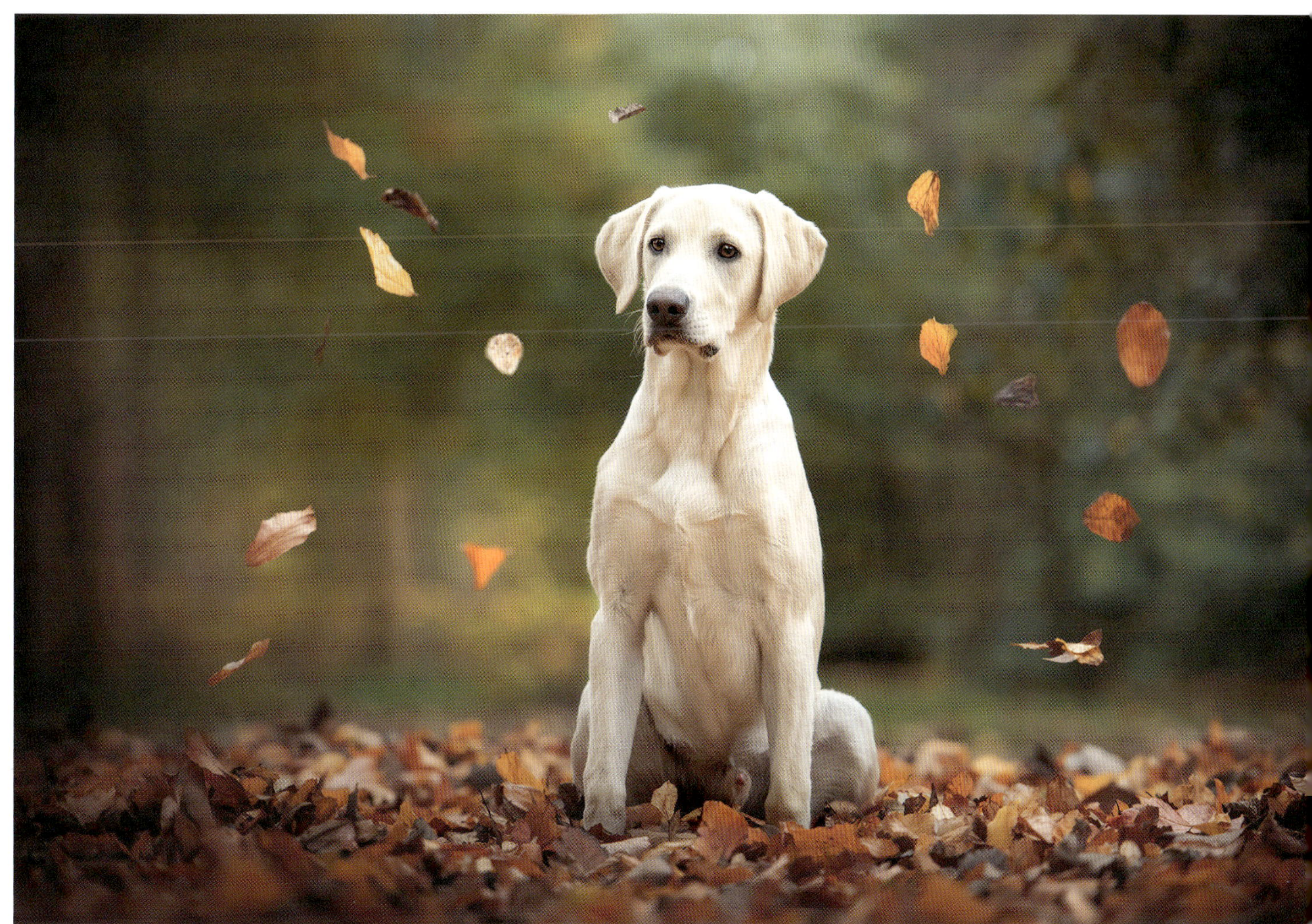

Abbildung 11.44
Das fertige Ergebnis des Blätterregens

Retuschieren von Elementen

Zur Retusche von größeren Elementen im Foto, wie Halsbänder, Leinen oder Geschirre, nutze ich das Ausbessern-Werkzeug. Ich wähle dazu das Werkzeug aus, ziehe das Element, das ich entfernen möchte, nach und gehe dann auf »Bearbeiten« und »Fläche füllen«.

Wichtig ist, dass in dem nächsten Kästchen »Inhaltsbasiert« ausgewählt ist und ein Häkchen bei »Farbanpassung« gesetzt wird.

Die Anpassung, die Photoshop dabei trifft, ist meistens sehr gut. Du kannst aber diese Auswahl anpassen, indem du mit der Maus über die ausgewählte Fläche fährst und diese mit einem linken Mausklick in einen anderen Bereich des Bildes verschiebst.

Eines darfst du beim Retuschieren von Halsband oder Leine aber nicht vergessen: die Fellzeichnung des Hundes. Gerade wenn ein Hund zweifarbig ist und zum Beispiel auf der Brust einen weißen Fleck hat, sollte dieser natürlich beim Retuschieren nicht entfernt werden.

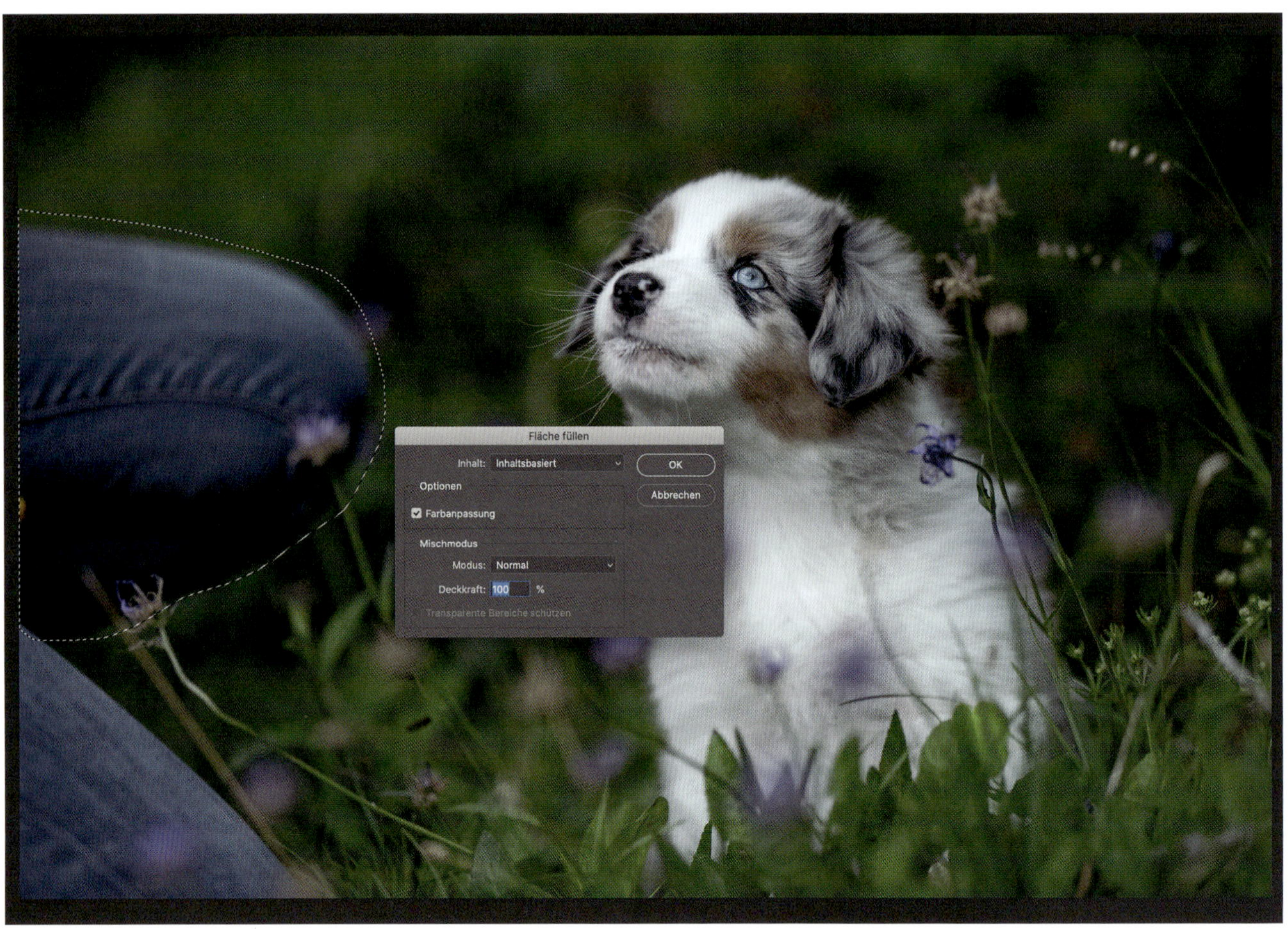

Abbildung 11.45
Das Ausbessern-Werkzeug leistet auch bei der Entfernung sehr großer Elemente eine großartige Arbeit.

Richtiges Speichern der Fotos

Am Ende der Bearbeitung ist es von großer Bedeutung, alle Ebenen wieder auf die Hintergrundfläche zu reduzieren. Erst danach wird das Foto je nach Zweck unterschiedlich abgespeichert.

Um das Foto hochauflösend für dich oder für Kunden zu speichern, wählst du »Datei/Speichern unter« und »JPEG«. Bei den JPEG-Optionen wählst du die beste Qualität: »12/Maximal/Große Datei/Format« Optionen: »Grundlinie«.

Damit dein Bild auch auf deinen Social-Media-Kanälen in einer entsprechenden Qualität angezeigt wird, musst du es richtig abspeichern. Zunächst musst du das Bild verkleinern. Machst du das nicht, macht es Facebook, Instagram und Co für dich, und darunter wird die Qualität deines Fotos leiden. Deshalb wählst du »Bild/Bildgröße«.

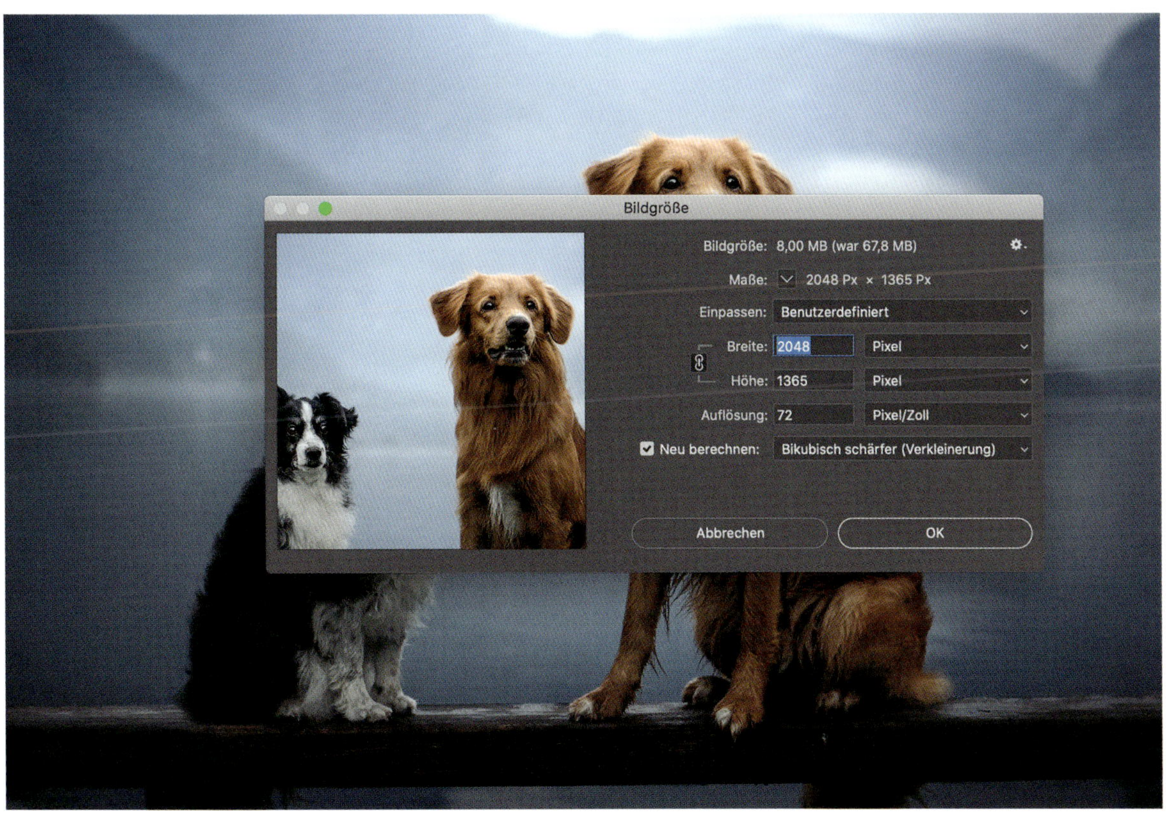

Abbildung 11.46
Das richtige Verkleinern ist für eine ansprechende Wiedergabe im Internet von großer Bedeutung.

Im neuen Fenster muss du unbedingt die Auflösung auf »72 dpi« stellen und die längere Seite deines Fotos auf »2048 px«. Wichtig ist, bei »Neuberechnen« »Bikubisch schärfer Verkleinerung« zu wählen. Danach bestätige mit OK. Da aufgrund der Verkleinerung oft schon etwas Schärfe verloren geht, schärfe ich die Bilder noch einmal über den Selektiven Scharfzeichnungsfilter nach. Dazu klickst du im Menü auf »Filter/Scharfzeichnungsfilter/Selektiver Scharfzeichner«. In dem neu geöffneten Fenster wählst du je nach Foto eine Stärke zwischen 50 und 100 % aus. Den Radius stellst du auf 1,0 und bestätigst mit OK.

Im nächsten Schritt musst du die Datei richtig exportieren. Dazu wählst du »Datei/Exportieren/Für Web Speichern«. Im neuen Fenster ist es wichtig, die Parameter so, wie du es in der Abbildung siehst, zu setzen. Das Häkchen bei »Optimiert« und »in SRGB konvertieren« ist dabei besonders wichtig. Ich schraube, wie du siehst, auch die Qualität immer etwas runter.

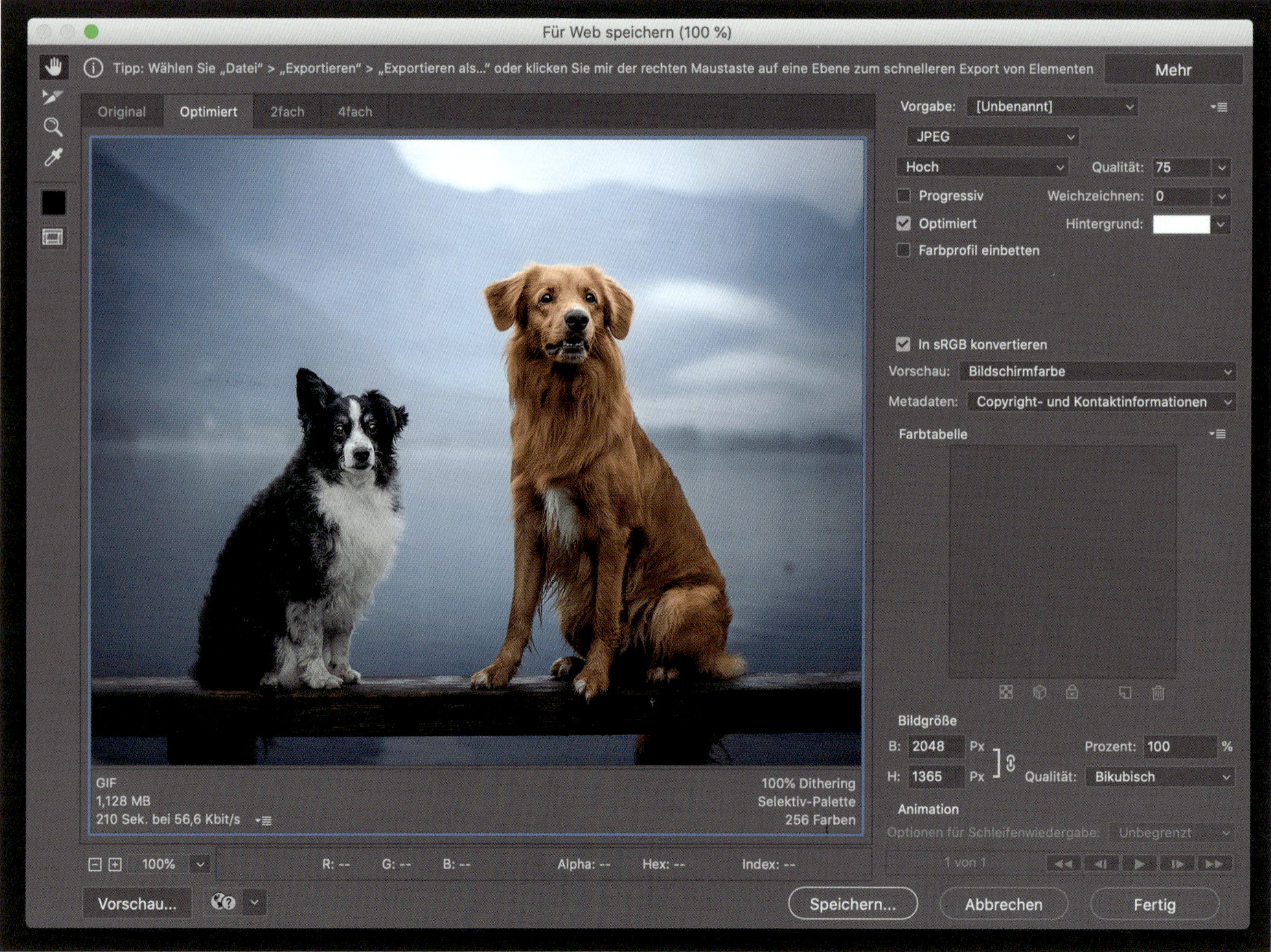

Abbildung 11.47
Über die Exportfunktion kannst du die Fotos speziell für Web speichern.

Metadaten der Abbildungen

Abbildung 2.3 – 200mm f/2.8 1/1000 ISO 200
Abbildung 2.3 – 200mm f/4.0 1/800 ISO 200
Abbildung 2.7 – 85mm f/1.8 1/1600 ISO 200
Abbildung 2.8 – 85mm f2/0 1/1600 ISO 200
Abbildung 2.9 – 24mm f/4.0 ISO 200
Abbildung 2.16 – 85mm f/1.4 1/1600 ISO 160
Abbildung 2.17 – 24mm f/2.5 1/3200 ISO 200
Abbildung 2.21 – 85mm f/1.8 1/640 ISO 200
Abbildung 2.22 – 130mm f/3.2 1/640 ISO 200
Abbildung 2.23 – 85mm f/1.8 1/1000 ISO 200
Abbildung 2.24 – 24mm f/2.8 1/1600 ISO 160
Abbildung 2.25 – 160mm f/3.2 1/1000 ISO 200
Abbildung 2.26 – 85mm f/2.0 1/1600 ISO 200
Abbildung 2.27 – 190mm f/3.2 1/1600 ISO 160
Abbildung 2.28 – 200mm f/2.8 1/1000 ISO 200
Abbildung 2.29 – 200mm f/2.8 1/320 ISO 640
Abbildung 2.30 – 35mm f/2.0 1/640 ISO 200
Abbildung 2.31 – 85mm f/1.6 1/800 ISO 320
Abbildung 2.32 – 85mm f/2.2 1/800 ISO 320
Abbildung 2.33 – 85mm f/2.0 1/1600 ISO 200
Abbildung 2.37 – 85mm f/1.8 1/800 ISO 320
Abbildung 2.38 – 35mm f/2.5 1/3200 ISO 200
Abbildung 2.41 – 180mm f/2,8 1/640 ISO 200
Abbildung 2.42 – 17mm f/4.0 1/1000 ISO 160
Abbildung 2.43 – 200mm f/2.8 1/320 ISO 640
Abbildung 2.44 – 95mm f/3.2 1/1250 ISO 320
Abbildung 2.45 – 125mm f/2.8 1/1000 ISO 160
Abbildung 2.46 – 35mm f/2.0 1/800 ISO 200
Abbildung 2.47 – 180mm f/2,8 1/1000 ISO 640
Abbildung 2.49 – 185mm f/2.8 1/640 ISO 200
Abbildung 2.50 – 35mm f/2.0 1/1250 ISO 200
Abbildung 2.51 – 85mm f/2.0 1/2500 ISO 200
Abbildung 2.52 – 24mm f/2.2 1/800 ISO 320
Abbildung 2.53 – 85mm f/1.8 1/800 ISO 200
Abbildung 2.54 – 165mm f/2.8 1/800 ISO 200
Abbildung 2.57 – 200mm f/2.8 1/1000 ISO 200
Abbildung 2.58 – 110mm f/2.8 1/1000 ISO 200
Abbildung 2.59 – 24mm f/2.0 1/4000 ISO 160
Abbildung 2.60 – 35mm f/2.0 1/1250 ISO 200
Abbildung 2.61 – 85mm f/1.4 1/640 ISO 200
Abbildung 2.62 – 35mm f/2.0 1/1250 ISO 200
Abbildung 2.64 – 85mm f/2.0 1/1250 ISO 200
Abbildung 2.65 – 35mm f/2.0 1/1000 ISO 200
Abbildung 2.66 – 35mm f/1.8 1/800 ISO 320
Abbildung 2.67 – 35mm f/2.0 1/500 ISO 200
Abbildung 2.68 – 85mm f/1.8 1/320 ISO 1000
Abbildung 2.69 – 35mm f/3.5 1/500 ISO 200
Abbildung 2.70 – 24mm f/2.8 1/1600 ISO 160
Abbildung 2.71 – 85mm f/1.4 1/1000 ISO 200
Abbildung 2.72 – 85mm f/2.0 1/2000 ISO 200
Abbildung 2.73 – 50mm f/2.0 1/800 ISO 200
Abbildung 2.74 – 85mm f/1.8 1/640 ISO 400

Abbildung 3.2 – 200mm f/3.2 1/2000 ISO 200
Abbildung 3.3 – 185mm f/3.2 1/1600 ISO 200
Abbildung 3.4 – 50mm f/2.0 1/1000 ISO 500
Abbildung 3.6 – 24mm f/2.2 1/3200 ISO 200
Abbildung 3.9 – 200mm f/2.8 1/1250 ISO 1000
Abbildung 3.11 – 190mm f/2.8 1/1000 ISO 500
Abbildung 3.12 – 200mm f/3.2 1/1600 ISO 200
Abbildung 3.14 – 190mm f/2.8 1/5000 ISO 200
Abbildung 3.15 – 190mm f/3.5 1/2500 ISO 200
Abbildung 3.16 – 200mm f/2.8 1/1250 ISO 320
Abbildung 3.17 – 200mm f/2.8 1/2500 ISO 200
Abbildung 3.18 – 200mm f/3.2 1/1250 ISO 320
Abbildung 3.19 – 200mm f/2.8 1/1250 ISO 160
Abbildung 3.20 – 200mm f/2.8 1/1250 ISO 640
Abbildung 3.21 – 200mm f/2.8 1/1000 ISO 400
Abbildung 3.22 – 135mm f/1.8 1/1250 ISO 320
Abbildung 3.23 – 200mm f/2.8 1/1000 ISO 400
Abbildung 3.24 – 190mm f/2.8 1/1250 ISO 1000
Abbildung 3.26 – 200mm f/2.8 1/2500 ISO 200
Abbildung 3.27 – 200mm f/2.8 1/1250 ISO 200
Abbildung 3.28 – 180mm f/2.8 1/1000 ISO 200
Abbildung 3.29 – 160mm f/2.8 1/1250 ISO 640
Abbildung 3.30 – 180mm f/2.8 1/1000 ISO 500

Abbildung 4.1 – 35mm f/2.8 1/800 ISO 400
Abbildung 4.3 – 85mm f/2.0 1/400 ISO 800
Abbildung 4.5 – 200mm f/3.2 1/800 ISO 500
Abbildung 4.6 – 35mm f/2.5 1/1250 ISO 160
Abbildung 4.7 – 24mm f/1.8 1/800 ISO 200
Abbildung 4.8 – 20mm f/2.8 1/800 ISO 200
Abbildung 4.9 – 85mm f/2.0 1/1250 ISO 160
Abbildung 4.10 – 200mm f/3.2 1/500 ISO 400
Abbildung 4.11 – 135mm f/1.8 1/640 ISO 500
Abbildung 4.14 – 135mm f/3.2 1/500 ISO 320
Abbildung 4.15 – 35mm f/1.8 1/640 ISO 200
Abbildung 4.16 – 85mm f/1.8 1/1600 ISO 160
Abbildung 4.17 – 85mm f/1.8 1/1600 ISO 160
Abbildung 4.18 – 35mm f/2.8 1/320 ISO 200
Abbildung 4.20 – 85mm f/2.0 1/400 ISO 200
Abbildung 4.21 – 85mm f/1.4 1/3200 ISO 200
Abbildung 4.22 – 85mm f/1.6 1/640 ISO 200
Abbildung 4.23 – 35mm f/2.0 1/640 ISO 160
Abbildung 4.24 – 190mm f/2.8 1/500 ISO 320
Abbildung 4.31 – 200mm f/2.8 1/500 ISO 200
Abbildung 4.32 – 200mm f/2.8 1/500 ISO 200
Abbildung 4.35 – 24mm f/2.2 1/1250 ISO 200
Abbildung 4.37 – 50mm f/1.8 1/400 ISO 500
Abbildung 4.39 – 135mm f/1.8 1/500 ISO 320
Abbildung 4.40 – 85mm f/2.0 1/800 ISO 320
Abbildung 4.42 – 35mm f/1.8 1/1600 ISO 200
Abbildung 4.43 – 24mm f/3.5 1/320 ISO 400
Abbildung 4.44 – 35mm f/2.0 1/500 ISO 200
Abbildung 4.45 – 200mm f/2.8 1/1250 ISO 500
Abbildung 4.48 – 14mm f/2.8 1/1000 ISO 200
Abbildung 4.49 – 85mm f/1.8 1/640 ISO 200
Abbildung 4.50 – 50mm f/1.8 1/500 ISO 200
Abbildung 4.51 – 85mm f/1.6 1/640 ISO 200
Abbildung 4.52 – 85mm f/1.6 1/500 ISO 200
Abbildung 4.53 – 135mm f/1.8 1/1600 ISO 200
Abbildung 4.54 – 85mm f/1.6 1/400 ISO 500
Abbildung 4.55 – 35mm f/2.8 1/1250 ISO 200
Abbildung 4.56 – 24mm f/1.8 1/4000 ISO 160
Abbildung 4.57 – 24mm f/2.2 1/2500 ISO 200

Abbildung 5.2 – 85mm f/2.0 1/1600 ISO 160
Abbildung 5.3 – 50mm f/2.0 1/1600 ISO 160
Abbildung 5.4 – 50mm f/1.8 1/640 ISO 500
Abbildung 5.5 – 200mm f/2.8 1/1000 ISO 1000
Abbildung 5.6 – 35mm f/1.8 1/1600 ISO 200
Abbildung 5.7 – 85mm f/1.8 1/800 ISO 200
Abbildung 5.8 – 35mm f/2.0 1/1000 ISO 200
Abbildung 5.9 – 135mm f/2.0 1/1000 ISO 200
Abbildung 5.10 – 85mm f/1.4 1/1000 ISO 200
Abbildung 5.11 – 50mm f/1.8 1/2000 ISO 200
Abbildung 5.12 – 50mm f/2.0 1/1600 ISO 160
Abbildung 5.14 – 35mm f/1.8 1/640 ISO 400

Abbildung 5.15 – 35mm f/2.0 1/800 ISO 200
Abbildung 5.16 – 20mm f/3.2 1/1600 ISO 200
Abbildung 5.17 – 16mm f/4.0 1/250 ISO 200
Abbildung 5.18 – 24mm f/2.0 1/500 ISO 320
Abbildung 5.20 – 35mm f/2.5 1/800 ISO 200
Abbildung 5.21 – 185mm f/3.5 1/640 ISO 200
Abbildung 5.22 – 35mm f/2.0 1/5000 ISO 200

Abbildung 6.1 – 35mm f/1.8 1/1600 ISO 160
Abbildung 6.2 – 200mm f/2.8 1/1000 ISO 200
Abbildung 6.3 – 85mm f/1.4 1/500 ISO 200
Abbildung 6.4 – 135mm f/2.0 1/1250 200
Abbildung 6.5 – 35mm f/2.5 1/5000 ISO 160
Abbildung 6.6 – 24mm f/3.2 1/800 ISO 200
Abbildung 6.7 – 85mm f/1.6 1/1250 ISO 160
Abbildung 6.8 – 85mm f/1.6 1/1000 ISO 160
Abbildung 6.9 – 85mm f/1.6 1/640 ISO 200
Abbildung 6.10 – 50mm f/2.2 1/800 ISO 200
Abbildung 6.11 – 35mm f/2.0 1/800 ISO 200
Abbildung 6.12 – 135mm f/1.8 1/1600 200
Abbildung 6.13 – 85mm f/1.6 1/500 ISO 200
Abbildung 6.14 – 85mm f/1.4 1/250 ISO 800
Abbildung 6.15 – 135mm f/2.0 1/500 ISO 200
Abbildung 6.16 – 35mm f/2.0 1/1250 ISO 200
Abbildung 6.17 – 135mm f/2.0 1/1000 200
Abbildung 6.18 – 135mm f/2.0 1/1250 200
Abbildung 6.19 – 85mm f/1.6 1/640 ISO 200
Abbildung 6.20 – 50mm f/2.0 1/1600 ISO 200
Abbildung 6.22 – 50mm f/1.8 1/125 ISO 2000
Abbildung 6.23 – 85mm f/1.8 1/500 ISO 640
Abbildung 6.24 – 50mm f/2.0 1/1000 ISO 200
Abbildung 6.25 – 50mm f/2.0 1/1000 ISO 200
Abbildung 6.26 – 135mm f/2.0 1/800 200
Abbildung 6.27 – 50mm f/1.8 1/1250 ISO 200
Abbildung 6.29 – 85mm f/1.4 1/400 ISO 640
Abbildung 6.30 – 85mm f/1.6 1/640 ISO 200
Abbildung 6.31 – 135mm f/1.8 1/640 ISO 500
Abbildung 6.32 – 135mm f/2.0 1/2000 ISO 200
Abbildung 6.33 – 135mm f/1.8 1/640 ISO 400
Abbildung 6.35 – 85mm f/2.0 1/640 ISO 200
Abbildung 6.36 – 50mm f/2.2 1/320 ISO 640
Abbildung 6.38 – 50mm f/1.8 1/1250 ISO 200
Abbildung 6.40 – 85mm f/1.6 1/1000 ISO 200
Abbildung 6.42 – 85mm f/1.6 1/400 ISO 640
Abbildung unter 6.44 – 85mm f/1.6 1/800 ISO 200
Abbildung 6.46 – 85mm f/1.6 1/1600 ISO 200
Abbildung 6.50 – 85mm f/2.2 1/1600 ISO 160
Abbildung 6.58 – 85mm f/1.6 1/2000 ISO 200
Abbildung 6.60 – 50mm f/2.2 1/640 ISO 200

Abbildung 7.1 – 160mm f/2.8 1/1250 ISO 160
Abbildung 7.2 – 135mm f/3.2 1/2000 ISO 160
Abbildung 7.3 – 35mm f/2.0 1/4000 ISO 160
Abbildung 7.4 – 50mm f/2.0 1/250 ISO 200
Abbildung 7.5 – 50mm f/2.0 1/320 ISO 200
Abbildung 7.6 – 20mm f/7.1 1/400 ISO 160
Abbildung 7.7 – 200mm f/2.8 1/1250 ISO 160
Abbildung 7.8 – 135mm f/2.0 1/2500 ISO 200
Abbildung 7.9 – 16mm f/4.0 1/1000 ISO 200
Abbildung 7.10 – 70mm f/2.8 1/1250 ISO 200
Abbildung 7.11 – 14mm f/3.2 1/1000 ISO 200
Abbildung 7.12 – 24mm f/3.2 1/800 ISO 200
Abbildung 7.13 – 35mm f/2.8 1/1600 ISO 200
Abbildung 7.14 – 35mm f/3.5 1/1000 ISO 200
Abbildung 7.15 – 28mm f/7,1 1/320 ISO 200
Abbildung 7.16 – 16mm f/4.0 1/800 ISO 200
Abbildung 7.18 – 200mm f/2.8 1/800 ISO 200
Abbildung 7.19 – 35mm f/2.8 1/2500 ISO 200
Abbildung 7.21 – 35mm f/3.5 1/640 ISO 200
Abbildung 7.24 – 16mm f/5.0 1/160 ISO 200
Abbildung 7.25 – 180mm f/2.8 1/800 ISO 320
Abbildung 7.26 – 135mm f/1.8 1/1250 ISO 200
Abbildung 7.27 – 200mm f/2.8 1/1000 ISO 160
Abbildung 7.29 – 85mm f/2.0 1/500 ISO 200
Abbildung 7.30 – 35mm f/1.8 1/1000 ISO 200
Abbildung 7.31 – 27mm f/4 1/320 ISO 200
Abbildung 7.32 – 85mm f/1.6 1/1000 ISO 200
Abbildung 7.33 – 50mm f/1.8 1/500 ISO 500
Abbildung 7.35 – 85mm f/2.2 1/1250 ISO 200
Abbildung 7.36 – 35mm f/2.2 1/640 ISO 320
Abbildung 7.38 – 102mm f/2.8 1/1000 ISO 400
Abbildung 7.43 – 24mm f/2.8 1/500 ISO 400
Abbildung 7.44 – 50mm f/1.8 1/640 ISO 500
Abbildung 7.45 – 35mm f/1.8 1/200 ISO 1000

Abbildung 8.1 – 35mm f/3.5 1/4000 ISO 200
Abbildung 8.4 – 50mm f/5.0 1/800 ISO 200
Abbildung 8.5 – 16mm f/4.0 1/320 ISO 1000
Abbildung 8.6 – 14mm f/2.8 1/1250 ISO 200
Abbildung 8.7 – 50mm f/2.5 1/3200 ISO 200
Abbildung 8.8 – 85mm f/1.6 1/800 ISO 200
Abbildung 8.9 – 85mm f/2.0 1/500 ISO 640
Abbildung 8.10 – 50mm f/2.2 1/400 ISO 800
Abbildung 8.11 – 14mm f/8 1/250 ISO 500
Abbildung 8.12 – 35mm f/3.5 1/500 ISO 200
Abbildung 8.14 – 85mm f/2.8 1/2500 ISO 250
Abbildung 8.15 – 24mm f/2.8 1/5000 ISO 200
Abbildung 8.16 – 35mm f/1.8 1/2500 ISO 200
Abbildung 8.17 – 50mm f/3.5 1/5000 ISO 200
Abbildung 8.18 – 24mm f/2.5 1/2500 ISO 200
Abbildung 8.19 – 24mm f/2.8 1/500 ISO 320
Abbildung 8.20 – 14mm f/6.3 1/500 ISO 200
Abbildung 8.23 – 20mm f/3.2 1/1600 ISO 200
Abbildung 8.24 – 20mm f/3.2 1/1600 ISO 200
Abbildung 8.25 – 35mm f/3.5 1/1600 ISO 200
Abbildung 8.26 – 35mm f/2.8 1/2500 ISO 200
Abbildung 8.28 – 35mm f/2.8 1/1600 ISO 200
Abbildung 8.29 – 14mm f/2.8 1/640 ISO 200
Abbildung 8.30 – 35mm f/2.5 1/5000 ISO 200
Abbildung 8.31 – 14mm f/3.2 1/500 ISO 200
Abbildung 8.32 – 14mm f/2.8 1/2000 ISO 200
Abbildung 8.33 – 24mm f/2.8 1/2000 ISO 200
Abbildung 8.34 – 24mm f/2.0 1/1250 ISO 200
Abbildung 8.35 – 24mm f/2.2 1/640 ISO 200
Abbildung 8.36 – 24mm f/2.8 1/800 ISO 200
Abbildung 8.39 – 35mm f/3.2 1/1250 ISO 200
Abbildung 8.40 – 35mm f/1.8 1/2000 ISO 160
Abbildung 8.41 – 14mm f/3.2 1/800 ISO 200
Abbildung 8.42 – 16mm f/4.0 1/1000 ISO 200
Abbildung 8.43 – 24mm f/2.2 1/640 ISO 500
Abbildung 8.44 – 24mm f/2.8 1/800 ISO 320
Abbildung 8.45 – 20mm f/2.2 1/2000 ISO 200

Abbildung 9.1 – 35mm f/2.2 1/640 ISO 500
Abbildung 9.4 – 50mm f/1.8 1/400 ISO 200
Abbildung 9.8 – 35mm f/2.2 1/3200 ISO 200
Abbildung 9.9 – 85mm f/1.4 1/640 ISO 200
Abbildung 9.10 – 85mm f/1.6 1/1000 ISO 200
Abbildung 9.11 – 85mm f/2.0 1/1250 ISO 200
Abbildung 9.13 – 85mm f/2.8 1/800 ISO 200
Abbildung 9.15 – 85mm f/1.4 1/500 ISO 200
Abbildung 9.16 – 50mm f/2.5 1/1250 ISO 200
Abbildung 9.17 – 85mm f/1.6 1/800 ISO 200
Abbildung 9.18 – 85mm f/1.6 1/800 ISO 200
Abbildung 9.19 – 35mm f/2.0 1/400 ISO 200

Abbildung 10.1 – 35mm f/2.0 1/320 ISO 400
Abbildung 10.2 – 200mm f/2.8 1/1000 ISO 1000
Abbildung 10.3 – 135mm f/2.0 1/500 ISO 320
Abbildung 10.7 – 195mm f/3.2 1/640 ISO 400
Abbildung 10.10 – 135mm f/2.8 1/1600 ISO 200

Index